MAANSHAN NIANJIAN

马鞍山年鉴

2003

马鞍山市人民政府主办

马鞍山年鉴编委会编

方志出版社

图书在版编目(CIP)数据

马鞍山年鉴. 2003/《马鞍山年鉴》编委会编. —北京：方志出版社，2003. 10
ISBN 7－80192－067－8

Ⅰ. 马… Ⅱ. 马… Ⅲ. 马鞍山市—2003—年鉴 Ⅳ. Z525. 43

中国版本图书馆 CIP 数据核字(2003)第 095226 号

马鞍山年鉴(2003)

编　　者：《马鞍山年鉴》编委会
责任编辑：夏红兵

出版发行：方志出版社
（北京市建国门内大街 5 号中国社会科学院大楼 12 层）
邮　编　100732
网　址　http://www.fzph.org
邮　箱　zbsh@fzph.org
经　　销：新华书店总店北京发行所
印　　刷：南京四彩印刷有限公司

开　　本：787×1092 毫米　1/16
印　　张：18. 75
字　　数：663 千字
版　　次：2003 年 10 月第 1 版　　2003 年 10 月第 1 次印刷
印　　数：0001－1500 册

ISBN 7－80192－067－8/K·54　　定价：100. 00 元

编 辑 说 明

一、《马鞍山年鉴》是马鞍山市人民政府主办、马鞍山市年鉴编纂编委会(马鞍山市地方志编纂委员会)组织编纂的大型综合性、实用性、权威性、资料性工具书。它逐年系统地记载马鞍山市政治、经济、文化和社会各项事业发展的基本情况,为读者了解马鞍山、研究、认识马鞍山提供丰富的信息。

二、2003年版《马鞍山年鉴》记述时段为2002年1月1日至2002年12月31日,仍然采用分级分类法,按照类目、分目、条目三级分类编纂。全书主体部分共分26个类目、113个分目,838个条目。

三、为充分反映年度特色及地方特色,本刊年鉴较上年在类目设置及编排上进行了调整:卷首增设特载,收录"省委决定调整马鞍山市党政负责人"、"马鞍山市第十三届人民代表大会第一、二次会议"、"政协马鞍山市第七届委员会第一次会议"等内容;将往年的"军事·政法"类目分列为"军事"、"政法"两个类目;根据市情变化的实际,对"工业"、"农业"、"商业贸易"、"文化"等类目中的分目设置进行了调整。

四、人物类目中收录的各类人物,由于征稿渠道的局限性,遗漏者可能不少,敬请读者谅解,也希望今后积极提供资料。附录中"组织机构及干部名录"记录的干部任职情况,一律以2002年12月31日的任职统计为准,年内变化情况未作记载。

五、本刊年鉴所载资料均由全市各部门、各单位、各区县提供,并经撰稿单位领导审核,全市综合性统计数字由市统计局提供,各项事业数据由各部门提供。考虑到统计口径的不同,凡引用本刊数据的均以市统计局公布的数据为准。

六、《马鞍山年鉴》的编纂出版,得到全市各部门、各单位及社会各届的关心支持,在此表示衷心的感谢,同时希望继续得到帮助。

《马鞍山年鉴》编辑部

省委书记王太华在当涂农业科技示范园视察调研

副省长张平、市长丁海中参观日本三菱公司卡车工厂

马鞍山市与西班牙阿尔冈达雷伊市缔结友好城市

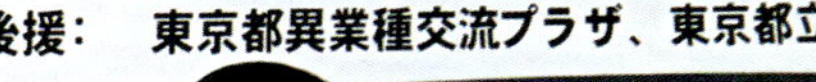

马鞍山市在日本东京举行马鞍山投资说明会

马鞍山市招商团赴台湾招商

日本伊势崎市市长矢内一雄参观星马汽车股份有限公司

马鞍山高新技术创业服务中心揭牌仪式

高新技术创业中心大楼

一九九九——二〇〇〇年度

全国科技进步先进市

中华人民共和国科学技术部
二〇〇二年二月

韩国昌原市少年合唱团一行41人来马鞍山市访问。图为“中韩少年合唱音乐会”场景

马鞍山市总工

2002年，马鞍山市总工会带领各级工会组织以邓小平理论、“三个代表”重要思想为指导，按照“抓机制、办实事、转作风、求实效、促发展”的总体要求，结合实际，开拓进取，突出重点，狠抓落实，全面完成了市委、市政府和省总下达的目标任务，各项工作迈上新台阶，工运事业有了新发展，为维护我市改革、发展、稳定大局作出了新贡献。市总工会连续七年获得全省工会目标管

“两节”期间，市委书记郑牧民、市长丁海中等市领导带领工会的同志深入困难职工家庭，开展“进万家门、知万家情、解万家难、暖万家心”的送温暖活动。

市总工会召开全委会，总结、部署工会工作。图为市总主席王厚林与基层工会主席签订工会工作目标责任书

组织开展创建文明行业街头评议活动

理工作一等奖，并荣获“全国工会实施送温暖工作先进单位”、“全国市级工会财务工作先进单位”、“安徽省档案工作目标管理一级单位”称号；市总工会女工委员会被全国总工会授予女职工先进集体称号；马鞍山市被授予“安徽省厂（事）务公开工作先进组织单位”称号；马鞍山市劳动竞赛委员会办公室荣获“安徽省组织劳动竞赛先进单位”称号。

市委、市人大，市政府、市政协领导参加劳模迎春座谈会

举办全市《工会法》知识竞赛

市政府、总工会召开联席会议

组织开展全市企事业单位向困难职工送温暖捐赠活动。图为捐赠仪式现场

市总领导检查送温暖物品发放情况

召开全市新建企业工会工作会议

共青团马鞍山市委

市领导视察工作并与机关人员座谈

小荧星艺术团多次参与省、市大型活动

青年志愿者广泛开展"三下乡"活动

少先队活动丰富多彩

局领导班子成员，自左至右：王若鸿（纪检组长）、王石林（副局长）、芮琼（局长、编办主任）、江世伟（副局长）、曹述生（编办副主任）

自左至右：姜先英（市人才中心主任）、梁发年（市政府新闻办主任）、芮琼（市人事局局长、编办主任）、江世伟（市人事局副局长）

市人事局和编办合署办公，承担着全市人事人才和机构编制综合管理工作。市人事局内设7个科室，下设2个事业单位；市人事争议仲裁办公室设在市人事局；市编办内设2个科室。局机关、编办现有工作人员30人。

2002年，在市委、市政府的坚强领导下，局领导班子率领全局同志与时俱进、开拓创新、务实求效，圆满地完成了党政机构改革任务，在全市全面推行竞争上岗、双向选择工作，322名优秀人才通过竞争走上科级领导岗位，科级领导轮岗面50%以上；实施人才强市战略，举办人才集市48场，交流成功2516人（次），引进本科和中级职称以上专业人才395人；实施引智项目17项，引进外国专家25人；积极开展博士后科研工作站申报工作，马钢股份公司博士后科研工作站获人事部批准；引入竞争机制安置军转干部，突出抓好企业军转干部稳定工作，使企业军转干部一直保持稳定态势。以“三个代表”重要思想为指导，内强自身，外塑形象，努力创建学习型、服务型、廉洁型和诚信型机关，在全市政风评议中位于前列。

市委副书记姚玉舟视察2003年春季人才大集市

日本专家在马钢进行现场技术指导，提供智力服务

市人事局在市体育馆举办2003年春季人才大集市

马鞍山市计划生育委员会

主任 王桂英

2002年，马鞍山市人口与计划生育工作以学习宣传贯彻《人口与计划生育法》为主线，以稳定低生育水平为核心，进一步加强计划生育综合治理，全面推进计划生育依法行政，全市人口与计划生育工作继续呈现良好的发展态势。2002年全市人口出生率控制在12‰以内，政策符合率达96%以上，长效节育措施落实率达90%以上。连续13年完成省政府下达的人口控制目标。在全省人口与计划生育目标管理考核中，我市获得了流动人口计生综合治理奖。

市长姚玉舟代表市政府与县、区、有关部门签订人口与计划生育目标管理责任书

2003年全市人口与计划生育工作主要目标任务是：围绕稳定低生育水平这一核心任务，全面贯彻"一法三规"和省《条例》，不断提高计划生育依法行政水平和优质服务水平。确保全市人口出生率控制在11.5‰以内，政策符合率达96%以上，长效节育措施落实率在90%以上，努力促进出生人口性别比的平衡，为全面建设小康社会创造良好的人口环境。

全市广大计生工作者以各种形式宣传《人口与计划生育法》

马鞍山市公安局

市局机关民警在街头设点接受群众法律咨询

奖状

马鞍山市公安局

在2002年度全省群众安全感调查中综合得分第二名

二○○三年一月九日

2002年，全市公安机关在市委、市政府和上级公安机关领导下，与时俱进，开拓进取，深化公安工作改革，狠抓队伍建设，继续开展同“法轮功”邪教组织作斗争，较好地遏制住了“法轮功”非法活动反弹势头。顺利完成了全国“两会”重要活动和重大节假日期间的安全保卫工作任务。坚持“严打”方针不动摇，推进严打整治斗争向纵深发展，相继组织开展了“打黑除恶”，打击经济犯罪“秋风战役”、打盗车“猎鹰行动”、“打击两抢一盗”、“扫毒大行动”、“治爆缉枪和查禁毒鼠强”等专项行动，破获各类刑事案件9511起，抓获处理违法犯罪嫌疑人4112人，追缴赃物总价值1043.61万元。全市社会政治稳定，治安状况总体平稳，群众安全感显著增强，基本实现了严打整治“两年为期”的奋斗目标。公安部、国家统计局开展的2002年全省群众安全感调查，我市综合得分85.4分，位列全省第二名，属于最安全的城市之一，获得了省公安厅表彰。

“猎鹰行动”中向群众发还被盗车辆

市戒毒所民警为戒毒人员上法制课

民警在街上巡逻

马鞍山市人民防空办公室

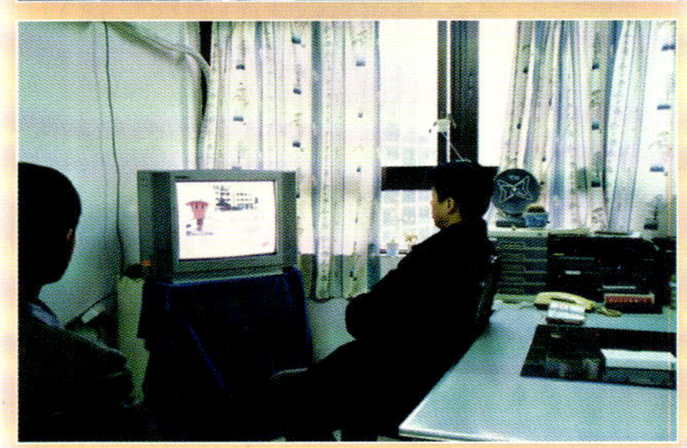

2003年市人防办在全省率先利用多种媒体同步发放防空（防灾）警报信号（图为10月23日利用电视发放防空警报信号）

2002年度，市人防办以做好新时期军事斗争准备为目标，积极探索人防向民防转换的新路子，进一步深化人防改革，各项工作取得了可喜成就。在基础设施建设方面全年新增防空地下室总面积14000余平方米；由省人防办、市计委批准立项于2001年12月底开工建设的民防指挥中心工程，在人防部门大力督促下，抓工期、赶进度，在确保工程质量的前提下于2002年11月28日主体结构顺利封顶，提前一个月圆满完成既定目标。“十五”人防重点工程建设项目，市级人防指挥所工程，已经国家人防办审批完毕，各项前期准备工作基本就绪。此外，防空警报试鸣有所突破，2002年10月23日我市在全省率先利用广播电台、电视台同步播放防空警报信号获得成功，开创了全省人防系统利用多种媒体播放警报信号的先河，大大拓宽了城市警报信号覆盖面。

“开拓进取，与时俱进”，在今后的工作中，随着人防干部队伍年龄结构、知识结构和专业结构的进一步优化，人防办将朝着“政治坚定、业务精湛、纪律严明、作风过硬、廉政高效”的准军事化方向快步迈进。

“平战结合、为民造福”。图为人防办四季春商城一隅

团结、奋进的人防办领导班子成员

为实现“两防一体化”而建设的民防指挥中心工程

主任　戴维民

"3·15"建筑业法律、法规宣传咨询服务活动

马鞍山市建筑管理处

马鞍山市建管处于1986年4月成立。单位性质为正县级自收自支事业单位。该处行使市政府对全市建筑行业的管理职能，并受建设行政主管部门委托开展行政执法。

全处经市人事部门核定事业编制94人，现有各类专业技术人员71人，其中正高级工程师1人，副高级工程师14人，各类中级专业技术职称33人，初级专业技术职称23人。处机关内设职能科室有：办公室、财务科、资质管理科、政工科、工会。同时，建管处下辖8个正科级自收自支事业单位。

2001年7月全国建筑安全检查汇报会，省建设厅副厅长吴晓勤讲话

建筑业与"WTO"知识讲座暨新资质证书颁发仪式，建管处书记赵正华讲话

组织全处职工收看十六大开幕

市长姚玉舟、副市长龙李海、政府副秘书长胡明柱听取全市规划工作汇报

根据马鞍山市总体规划建设的——马鞍山市花雨广场

马鞍山市规划局

局领导、专家在评审规划方案

局领导班子（从右至左）：刘继忠、张跃北、钱毅、卢保平、秦宜明

马鞍山市国土资源局

(2)

(1)

(3)

(1)坚强有力的市国土资源局领导班子

(2)市国土资源局大力推行国有土地使用权招标、拍卖、挂牌出让方式，自2000年以来，共招标拍卖挂牌出让土地14宗，面积453.48亩，3年来上缴政府土地纯收益2.24亿元。图为市国土资源局王海风局长同杭州西湖房地产集团签订东晖花园东园土地出让协议书

(3)市国土资源局组建以来，注重提高干部队伍的执法水平，狠抓机关干部职工的执法培训。图为市国土资源局举办全市执法监察培训班

(4)市国土资源局狠抓矿山综合整治工作，及时查处私挖乱采等违法行为。图为市国土资源局炸毁非法开采矿井

(5)市国土资源局不断加大违法建设打击力度。图为市国土资源局拆除违法建设

(5)

(4)

马鞍山市土地发

主任 赵才水

马鞍山市土地发展中心是直属马鞍山市国土资源局的非盈利性事业单位，是接受市政府委托实施国有土地资本运营工作的法定机构。其主要职责是代表政府垄断土地供应渠道。即通过征用、收回、置换等方式，将处于分散状态的土地归集于政府的“土地储备库”，并有计划地组织前期开发，变“生地”为“熟地”，最后由市国土资源局根据城市规划和用地性质，将储备的土地投放市场，规范供地方式，优化投资环境，为政府宏观调控土地供应市场服务。

市分管领导为运营工作作指示

国土资源部监察部领导视察运营工作

土地出让签字仪式

展中心

马鞍山市土地发展中心揭牌现场

国有土地资本运营街头宣传

同济大学教授为中心干部职工讲课

中心党总支慰问市聋哑学校师生

马鞍山市环境保护局

市环保局领导班子

2002年，马鞍山市全面启动实施创建国家环境保护模范城市工作。8月，市委、市政府下发了《马鞍山市创建国家环境保护模范城市实施方案》，提出了2005年建成国家环境保护模范城市的目标，将创模十大工程落实到37个部门和单位。成立了创模工作领导小组，设立了创模办公室，多次召开协调会，全力推进创模工作。8月8日，市委、市政府召开了由省环保局、市委、市人大、市政府、市政协主要领导参加的全市环境保护暨创建国家环保模范城市动员大会。丁海中市长代表政府分别与社会经济专业组、城市环境与生态建设专业组、环境质量与污染控制专业组、宣传教育专业组等四个创模专业组签订了责任状。全市创建国家环保模范城市工作全面展开。

8月8日，市委、市政府召开全市环境保护暨创建国家环保模范城市动员大会。全市创模工作全面启动

市环保局、市文化局联合主办的“环保之夏”纳凉晚会，既丰富了市民的文化生活，又通过竞答宣传了“创模”

师范学校

实施“青蓝工程”，全面提高教师学历层次和业务水平。图为校长喻长志与即将赴高校攻读硕士学位的教师签定培养合同

加强英语专业的教学，引进外籍教师加盟。图为彼得正带学生们讲课

优化师资队伍，聘请高校兼职教授讲学。图为高校教师在作学术报告

加强对外合作与交流，加强教师队伍建设。图为喻长志校长迎接从英国培训归来的教师场景

马鞍山师范学校建立于1958年，由国家投资办学，为全国先进师范学校、全国语言文字工作先进单位、省一类师范学校、省学校艺术教育工作先进单位、省第五届文明单位，是一所特色鲜明、成绩突出的教师培养、培训基地。

现校址位于市经济技术开发区内，占地300余亩，建筑面积4.6万平方米。新校区按照全新思路打造“电子校园”、“人文校园”，配置有现代化的微机房、数码钢琴教室、微机教室、理化生实验室、多媒体演播厅等等。一流的校园信息平台沟通各功能馆室，可实施“远程教育”；添置钢琴近百架、数码钢琴46台；图书馆藏书8.1万册。目前全日制在校生1200人，教学班29个；在职教职工123人，具有研究生水平的32人，外籍教师2人，外聘高校兼职教授18人。开设师范类专业6个(普师、幼师、音乐、美术、英语、体育)、非师范类专业3个(商 贸英语、工艺美术设计、计算机应用)，各专业学制五年，毕业生由国家颁发大专文凭。

培养“一专多能”，实施素质教育“八个证书制度”，加强校园文化建设。图为学生社团“英语角”在活动

学校“以人为本，”高度重视学生可持续发展。设立奖学金、助学金、勤工俭学岗位和实行学费减免，帮助贫困生就学，鼓励发奋读书，目前单项助学最高金额为每学年1000元。

马鞍山市第十一中学

校长　孙宏辉

马鞍山市第十一中学是一所具有50多年办学历史的普通完全中学，学校建筑面积2万平方米，拥有48个教学班，2800余名师生，办学规模列全市中学第二。学校环境优美，教学设施先进，拥有现代化的微机房、多媒体教室、理化生实验室、音乐室、美术室、舞蹈厅、学生阅览室等各种馆室，藏有图书3万多册，期刊200多种，为学生提供了现代化的学习、活动场所。学校现有教职工180人，其中省特级教师2人，市级“学科带头人”1人，市级骨干教师12人，中学高级教师43人，中学一级教师79人，研究生课程班毕业9人。高素质的教师队伍，为教育教学质量的提高奠定了坚实的基础。

近年来，学校大力推进素质教育，毕业生综合素质不断提高，多名学生的成绩在全市名列前茅，数百名学生被输送到高等院校，一大批学生在全国、省、市级各类学科竞赛中获奖。学校先后获得“市级文明单位”、“园林化单位”、“安全文明校园”等多项荣誉，社会知名度进一步提高，并正在向“学生满意、家长信赖、社会公认”的一流学校的更高目标迈进。

全国劳模刘国平老师

学校领导与省劳动模范叶明（右三）省特级教师高家柱（左一）交谈

学生微机房

目　录

特　载

专　文

大事记

市情综述

城市建设

环境保护

工 业

建筑·地质勘查业

交通·邮电

房产业

农业

商业贸易

旅游业

财政·税务·审计

金融·保险

经济监督管理

党 政

党派群团

军　事

政 法

科 学

教　　育

文　　化

卫生·体育

社会生活

县　　区

人　　物

荣誉榜

生活新知

附 录

索 引

特 载

省委决定调整马鞍山市党政负责人

省 委 通 知

2003年4月15日,中国共产党安徽省委员会发出皖[2003]53号、57号文件,对马鞍山等市党政负责人进行调整,全文如下:

关于邵国荷等同志职务任免的通知

各市委,省委各部委,省直各单位党组(党委),各大学党委:

省委决定:邵国荷同志任亳州市委书记;免去金巨保同志的亳州市委书记、常委、委员职务,调省另有任用;梁卫国同志任宿州市委书记;免去陈树德同志的宿州市委书记、常委、委员职务,调省另有任用;陈世礼同志任淮南市委书记;丁海中同志任马鞍山市委书记;韩先聪同志任安庆市委书记;叶显义同志任池州市委副书记。

中共安徽省委

关于丁海中等同志职务变动的通知

中共马鞍山市委:

省委决定:提名丁海中同志为马鞍山市人大常委会主任候选人,免去其马鞍山市人民政府市长职务;提名姚玉舟同志为马鞍山市人民政府市长候选人。

请按照有关法律规定办理。

中共安徽省委

黄林龙在全市干部大会上宣布省委决定

2003年4月25日上午,市委召开全市领导干部大会。省委组织部副部长黄林龙宣布了省委关于丁海中同志任马鞍山市委书记,提名为市人大常委会主任候选人,不再担任市长职务;提名姚玉舟同志为市长候选人的决定。省委副书记王明方到会并作重要讲话。他说,马鞍山在全省的地位十分重要,省委对马鞍山的改革开放现代化建设历来十分重视。近年来,在省委、省政府的领导下,马鞍山市委、市政府带领全市人民团结一心,艰苦奋斗,扎实工作,全市精神文明建设和党的建设取得了明显成绩,改革开放和现代化建设迈出了新步伐。王明方在肯定了马鞍山近年来的工作后,对全市的工作提出要求。第一,要用省委决定统一思想,维护全市改革发展稳定的大局;第二,要全面贯彻“三个代表”重要思想和十六大精神,加快发展,富民强市;第三,要进一步加强领导班子自身建设。王明方强调,在当前,要切实做好防治非典工作,从实践“三个代表”重要思想、维护人民根本利益的高度,充分认识防治非典的极端重要性和紧迫性,按照中央、省委、省政府的部署,把工作抓紧抓好。

丁海中、姚玉舟在会上发表讲话,他们表示,今后的工作中,要从马鞍山实际出发,坚决贯彻执行中央和省委决策部署,确保党的路线方针政策不折不扣地得到落实;坚持把发展作为第一要务,以在加快皖江开发开放中率先突破、在全省率先全面建设小康社会统揽工作全局,全力以赴把经济搞上去;坚持人民利益高于一切,把为人民谋利益作为一切工作的出发点和归宿,恪尽为民之责,当好人民公仆;坚持党要管党、从严治党,扎实推进党的思想组织和作风建设;以党的建设新的伟大工程保证全面建设小康社会目标的实现;加强学习、提高素养,解放思想、勇于创新,敢于负责、永不懈怠,艰苦奋斗、严格自律 。

市委、市人大、市政府、市政协、市纪委班子领导,全市副县级以上单位主要负责人参加会议。

(郑 梅)

马鞍山市第十三届人民代表大会第一次会议

市十三届人大一次会议概况

市十三届人民代表大会第一次会议于2003年1月3日至8日在马钢会堂和南湖宾馆举行。出席会议的代表282名,列席人员109名。会议听取和审议马鞍山市人民政府工作报告;听取和审议马鞍山市人民政府关于全市2002年国民经济和社会发展计划执行情况与2003年计划草案的报告,审查、批准市2002年国民经济和社会发展计划执行情况与2003年国民经济和社会发展计划;听取和审议市人民政府关于全市2002年财政预算执行情况和2003年财政预算草案的报告,审查、批准市2002年财政预算执行情况和2003年财政预算;听取和审议市人大常委会工作报告;听取和审议市中级人民法院工作报告;听取和审议市人民检察院工作报告;选举马鞍山市出席安徽省第十届人民代表大会代表23人;选举市十三届人大常委会组成人员和市政府领导人员、市中级人民法院院长、市人民检察院检察长。

(谷传树)

市十三届人大一次会议选举产生新一届人大常委会

常委会主任、副主任、秘书长

主　任　郑牧民

副主任　茆家培　赖祯林　杜永田　陶德甫　王兴来　尹孔贵　王明贵　刘　恩　王月明

秘书长　魏俊智

常委会委员（以姓氏笔画为序）

王厚林　王德贤　伍惟鼎　刘月华（女）　李克章
肖鸿飞　吴祥荣　邱显康（女）　张复新
胡邦明　钟国山　耿　军　徐亦元　徐如栋
陶明华　黄　河　曹以安　麻元友　臧刘章（女）
撒世勤（女）

市十三届人大一次会议选举产生新一届市人民政府

市人民政府市长、副市长

市　长　丁海中

副市长　聂庆义　牛弩韬　单文钧　刘荣华　龙李海　吕金宝　陈苏汉

马鞍山市第十三届人民代表大会第二次会议

市十三届人大二次会议概况

马鞍山市第十三届人民代表大会第二次会议于2003年6月19日在南湖宾馆举行。这次会议是届中增加安排的一次人民代表大会，应到市人大代表280名，列席人员120名。大会的指导思想和任务是：以邓小平理论和“三个代表”重要思想为指导，认真贯彻执行党的十六大精神，坚持党的领导，充分发扬民主，严格依法办事，补选市人大常委会主任和市人民政府市长，动员全市人民在前5个月取得成绩的基础上，为实现年初制定的全年目标、夺取抗击非典的全面胜利而努力奋斗！

会议的议程有两项：1. 听取市人民政府关于2003年以来工作情况报告；2. 补选市人大常委会主任、市人民政府市长。

代市长姚玉舟向大会报告了2003年以来的政府工作，他在报告中说，上半年，我们遭遇了一场突如其来、前所未有的非典疫情威胁的考验。在省委、省政府的领导下，到目前为止，全市没有发现非典诊断病例和疑似病例，使抗击非典取得了预期成效。在抗击非典的同时，市政府紧紧抓住经济建设不放松，突出重点，迎难而上，经济和社会发展取得了新成绩。一是经济建设保持提速增效的好势头；二是对外开放和改革攻坚取得重要进展；三是重点项目建设加紧实施；四是各项社会事业和精神文明、民主法制建设取得新进展。下半年，市政府工作总的要求是：坚持防治非典、发展经济两手抓，把抗击非典凝聚的力量转化到经济建设上来，加大力度落实加快发展的一系列决策和部署，全面完成2003年经济和社会发展的目标任务。会议补选丁海中同志为市人大常委会主任、姚玉舟同志为市人民政府市长。

（谷传树）

市十三届人大二次会议选举产生市人大常委会主任、市政府市长

市人大常委会主任 丁海中　　**市人民政府市长** 姚玉舟

市十三届人大常委会主任、副主任简历

郑牧民 中共马鞍山市委书记，市人大常委会主任、党组书记。

1951年5月出生，汉族，安徽凤阳县人，中央党校研究生学历。1968年9月参加工作，1973年12月加入中国共产党。曾为宿县栏杆公社知青，合肥工业大学学生、合工大专职团干、学生辅导员。历任合工大团委副书记、书记，共青团安徽省委副书记、书记、党组书记；省体委主任、党组书记，六安地委副书记、行署专员。1998年3月任中共马鞍山市委书记。2003年1月当选市人大常委会主任。后调任省政协副主席。

丁海中 中共马鞍山市委书记，市人大常委会主任、党组书记。

1951年4月出生，汉族，江苏宿迁人，大学学历。1968年12月参加工作，1975年6月加入中国共产党。曾为泾县白华公社知青，芜湖市晶体管厂工人，合肥工业大学学生；历任芜湖市起重运输机器厂技术员、车间副主任、副厂长，市计委副主任，市轻工业局局长，党委副书记，市计委主任、党组书记，市人民政府市长助理、党组成员，芜湖经济开发区管委会主任（副厅）、工委副书记，芜湖市委常委、市人民政府常务副市长、党组副书记；省计委副主任、党组成员；中共马鞍山市委副书记，市人民政府副市长、代市长、市长、党组书记。2003年4月任中共马鞍山市委书记，6月当选为市人大常委会主任。

茆家培 马鞍山市人大常委会副主任、党组副书记。

1942年11月出生，汉族，安徽肥东县人，大学学历。1964年8月参加工作，1966年7月加入中国共产党。曾为安徽教育学院、皖南大学学生。历任芜湖地区四清工作队队员，宣城县佟公公社副大队长；马鞍山市第六中学教师，市革委会宣传小组工作人员，市委宣传部办公室副主任，市教育局党委书记，市委宣传部副部长、部长，市委常委、市委副书记、市委政法委第一书记。2001年任市人大常委会副主任、党组副书记；2003年1月再次当选为市人大常委会副主任。

赖祯林 马鞍山市人大常委会副主任、党组副书记。

1942年8月出生，汉族，四川巴中人，大学毕业。1967年9月参加工作，1966年5月加入中国共产党。历任马钢公司二铁厂秘书，市委办公室秘书，市政府办公室秘书、副科长、副主任，市委办公室副主任、主任、副秘书长、督查室主任、秘书长、市委常委。2001年任市人大常委会副主任、党组副书记；2003年1月再次当选市人大常委会副主任。

杜永田 马鞍山市人大常委会副主任、党组成员。

1945年3月出生，汉族，安徽濉溪县人，大学学历。1968年9月参加工作，1973年12月加入中国共产党。历任宿县农林局办公室文书，马鞍山市市区革委会办事组秘书，市向阳机械厂党支部副书记，花山区委委员、区团委书记、副区长，金家庄区副书记、区长、区委书记。1993年1月任市人民政府副市长、党组成员；2003年1月当选市人大常委会副主任。

陶德甫 马鞍山市人大常委会副主任、党组成员。

1942年8月出生，汉族，安徽当涂县人，中专学历。1963年8月参加工作，1971年4月加入中国共产党。历任芜湖地区五·七干校工作人员、宣传站秘书、团委常委，共青团安徽省委青农部副部长、办公室主任，中共雨山区委书记，中共马鞍山市委办公室主任、市纪委副书记，市农经委主任、党组书记，市政府秘书长、党组成员，市人大法制委主任委员。1998年1月任市人大常委会副主任、党组成员；2003年1月再次当选市人大常委会副主任。

王兴来 马鞍山市人大常委会副主任、党组成员。

1943年11月出生，汉族，安徽马鞍山市人，大专学历。1963年9月参加工作，1974年3月加入中国共产党。历任团市委宣传组组长，市委组织部组织科干事、副科长、科长、副部长、组织员办公室主任。1998年1月任市人大常委会副主任、党组成员；2003年1月再次当选市人大常委会副主任。

尹孔贵 马鞍山市人大常委会副主任、党组成员。

1942年10月出生，汉族，安徽和县人，大学毕业。1966年9月参加工作，1972年6月加入中国共产党。历任马鞍山市石油煤建公司工作人员，市计划委员会工作人员、副主任、主任、党组副书记、书记。1998.tif年1月任市人大常委会副主任、党组成员；2003年1月再次当选市人大常委会副主任。

王明贵 马鞍山市人大常委会副主任、党组成员。

1948年10月出生，汉族，安徽凤阳县人，大学毕业。1968年10月参加工作，1982年2月加入中国共产党。曾为安徽明光市太平乡知青，马鞍山市橡胶厂工人，《马鞍山报》记者，安徽大学中文系学生，历任中共马鞍山市委宣传部、市委办公室干事，市纪委常委、办公室主任，市人大常委会办公室主任、副秘书长、党组成员。1998年1月任人大常委会副主任、秘书长、党组成员；2003年1月再次当选市人大常委会副主任。

刘　恩 马鞍山市人大常委会副主任、党组成员。

1944年7月出生，汉族，河北唐山市人，大专学历。1965年1月参加工作，1966年3月加入中国共产党。历任空一军汽车教导连学员，空军朝阳川场站汽车连班长、排长、连政治指导员，政治处主任、副政委，空军海浪场站政委，空军航空兵第21师政治部主任；马鞍山市监察局副局长，市检察院副检察长、党组副书记。1991年3月任市人民检察院检察长、党组书记；2003年1月当选市人大常委会副主任。

王月明 马鞍山市人大常委会副主任、党组成员。

1950年8月出生，汉族，安徽马鞍山市人，大专学历。1968年12月参加工作，1982年6月加入中国共产党。曾为马鞍山市郊区濮塘公社知青，市争光木器厂工人，市第七中学教师，市毛纺厂办事员、副厂长、厂长，市经委副主任，市轻工业管理局局长、党委书记，当涂县委副书记、县长，市人大常委会副秘书长、秘书长、党组成员。2003 年 1 月当选市人大常委会副主任。

市十三届人民政府市长、副市长简历

丁海中 （简历见本书第 4 页）

姚玉舟 中共马鞍山市委副书记、市人民政府市长、党组书记。

1960 年 3 月出生，汉族，安徽枞阳县人，大学毕业。1979 年 8 月参加工作，1987 年 9 月加入中国共产党。历任东至县杨桥中学教师，淮南市第八中学教师、团委副书记，淮南市大通区团委干事、团委副书记、团委书记，淮南团市委副书记、书记、党组书记（其间：先后挂职担任天津市武清县委副书记，凤台县委副书记），共青团安徽省委副书记（其间：1994 年 8 月至 1995 年 12 月，在中央党校合肥分校领导干部班函授学习，2000 年 3 月至 2001 年 1 月，在中央党校青干班学习）。2001 年 4 月任中共马鞍山市委副书记，同年 6 月当选为中共马鞍山市委副书记、兼任市委党校校长。2003 年 4 月任马鞍山市人民政府代市长，6 月当选为市人民政府市长。

聂庆义 马鞍山市人民政府副市长、党组成员。

1962 年 9 月出生，汉族，安徽怀宁县人，大学学历。1983 年 7 月参加工作，1985 年 12 月加入中国共产党。历任马鞍山市第十七中学教师、团委副书记，团市委办公室秘书、调研室副主任、组宣部部长、副书记、书记，团中央维权部部长助理（挂职），中共雨山区委书记、1998 年 10 月任市人民政府副市长、党组成员。1999 年 5 月兼任马鞍山经济技术开发区党工委书记。2003 年 1 月再次当选为市人民政府副市长。

牛弩韬 马鞍山市人民政府副市长、党组成员。

1962 年 9 月出生，汉族，安徽无为县人，中央党校研究生学历。1981 年 7 月参加工作，1985 年 6 月加入中国共产党。历任无为县粮食局会计、县政府办公室秘书，巢湖行署办公室办事员、秘书、副科长、科长、副主任、主任、党组副书记、书记，省政府办公厅秘书一室调研员、副主任、三处处长。2002 年 4 月任马鞍山市人民政府副市长、党组成员。2003 年 1 月再次当选为市人民政府副市长。

单文钧 马鞍山市人民政府副市长(挂职)。

1955年10月出生,汉族,江苏无锡市人,大学学历。1974年2月参加工作,1989年1月加入中国共产党。曾为肥东县路口公社知青,一机部通用机械研究所工人,中国科技大学学生,中科院固体物理研究所表面物理研究室工作人员、业务处副处长、办公室副主任、办公室主任、研究所所长助理、党委副书记、副所长。2002年6月任市人民政府副市长(挂职)。2003年1月当选为市人民政府副市长(挂职)。

刘荣华 马鞍山市人民政府副市长、党组成员。

1954年10月出生,汉族,安徽肥东县人,大专学历。1974年3月参加工作,1975年11月加入中国共产党。曾为庐江县泥河区知青、大队主任、党支部书记,马鞍山市回收公司工人、政工科办事员、副科长、副经理,市棉麻公司副经理,市土产日杂公司经理,市供销社副主任、主任,市供销商业总公司总经理,市地税局局长、党组书记。2001年8月任市人民政府市长助理、党组成员。2003年1月当选为市人民政府副市长。

龙李海 马鞍山市人民政府副市长、党组成员,兼任市人民政府秘书长。

1954年10月出生,汉族,江苏江宁县人,大学学历。1972年4月参加工作,1972年6月加入中国共产党。历任市郊区人保组、政工组干事,杜塘公社党委副书记、书记,雨山乡公社党委书记,第二中学干部班学员,霍里镇党委书记,向山区乡镇企业局局长、副区长、区长、区委副书记,市政府秘书长、党组成员,政府办党组书记,市行政服务中心党工委书记。2003年1月当选为市人民政府副市长。

吕金宝 马鞍山市人民政府副市长、党组成员。

1957年3月出生,汉族,安徽无为县人,大学学历。1976年2月参加工作,1977年12月加入中国共产党。曾为无为县黄龙公社知青,马鞍山市纺织厂工人、团委负责人、组织科科长,市机构改革人事小组工作人员,市委政研室综合科科长,市人事局工作人员、办公室主任、人才交流中心主任,金家庄区委副书记、区长、区委书记、区人大常委会主任。2003年1月当选为市人民政府副市长。

陈苏汉 马鞍山市人民政府副市长、党组成员。

1952年3月出生,汉族,江苏盐城人,大学学历。1968年12月参加工作,

1975年7月加入中国共产党。曾为繁昌县峨桥公社知青，马钢公司一轧厂工人、团委副书记、党委副书记，团市委副书记，市机械局党委副书记，市经委机械行办主任，市地方工交工委副书记，市经委副主任，花山区委书记，市科委主任、党组书记，市科技局局长、党组书记。2003年1月当选为市人民政府副市长。

政协马鞍山市第七届委员会第一次会议

市政协七届一次会议概况

市政协七届一次会议于2003年1月2日至7日举行，市委全体常委、市人大正副主任、市政府副市长、原六届市政协正副主席、军分区政委和七届市政协全体委员参加了会议。在马鞍山的省政协委员、驻马鞍山的省属单位和市政府部门负责人列席了会议。会议听取和审议了六届市政协陈义金副主席代表六届市政协常委会所作的常委会工作报告，听取和审议了余永怡副主席代表六届市政协常委会所作的提案工作情况的报告。列席了市人大十三届一次会议，听取和讨论了《政府工作报告》、两院工作报告和其他有关报告。大会进行了换届选举，经投票表决，选举产生了由53人组成的新一届市政协常委会。会议讨论通过了市政协七届一次会议各项决议。会议期间，委员们围绕全市的大政方针积极建言献策，在明确城市发展定位，优化经济发展环境，加快经济结构调整，大力发展外向型经济，加快农业产业化以及教育、科技、文化、体育、医疗卫生、社区建设、生态环境和科普事业等方面提出了许多建设性的意见和建议，会议取得了圆满成功。

（孙信滨）

市政协七届一次会议选举产生新一届市政协常委会

常委会主席、副主席、秘书长、委员

主　席　顾章根

副主席　陈义金　陈大娜　陆平君　戴自明　周宏基　余永怡
　　　　秦德美　孙文植　吴成荣　田战雷　李　影

秘书长　徐连彬

常委会委员（按姓氏笔画为序）

王少平　王庆年　王启荣　王青松　韦卓问　甘迎春
石小平　吕恩庶　刘　冰　刘为洲　刘玉兰（女）

刘先桃(女) 刘阳生 严歌平 吴秀华
何桂芳(女) 沈玛莉(女) 张 林(女)
张美蓉(女) 陈立民 陈江源 陈兴康
陈春林 陈祥斌 罗熙贤 周东红 项 爽 秦元哲
袁 峰 夏文宝 徐开才 郭 龙 诰圣国 黄晓红
彭盼友 葛芦生 甄 炯(女) 樊 伶
颜惠钰 潘 欣(女)

市政协七届常委会主席、副主席简历

顾章根 马鞍山市政协主席、党组书记,马钢(集团)控股有限公司党委书记、副总经理,马鞍山钢铁股份有限公司党委书记、副董事长。

1947年12月出生,汉族,上海浦东人,大专学历,1968年12月参加工作,中共党员。历任上海冶金专科学校学生,马钢一铁厂工人、干事、秘书、副科长、纪委书记、党委副书记、书记,马钢股份有限公司工会主席、监事,马钢(集团)控股有限公司党委书记、副总经理,马钢股份有限公司党委书记、副董事长。2003年1月当选为市政协主席。

陈义金 马鞍山市政协副主席、党组副书记。

1942年2月出生,汉族,湖北黄陂人,高中学历。1963年12月参加工作,1965年4月加入中国共产党。历任解放军一军二师六团战士、司务长,一军政治部干事、副主任,一军炮兵团政治处主任,解放军军政大学学员,南京陆军学校一大队副政委、三大队政委;马鞍山市人武部政委,马鞍山军分区副政委、政委,市委常委;安庆军分区政委,安庆市委常委;马鞍山市政法委书记,市委常委,市纪委书记,市政协副主席、党组副书记。2003年1月再次当选为市政协副主席。

陈大娜 马鞍山市政协副主席,党组成员。

1947年4月出生,汉族,江苏苏州人,大专学历。1966年9月参加工作,1987年10月加入中国共产党。历任马鞍山市财政局办事员,市郊区红旗公社下放干部,市财政局企财科专管员,市财政局副局长、局长,市政府副市长,党组成员。2003年1月当选为市政协副主席。

陆平君 马鞍山市政协副主席,党组成员。

1943年12月出生,汉族,浙江舟山

市人，大学学历。1967年9月参加工作，1979年2月加入中国共产党。历任浙江大学学生，马钢第一烧结厂工人、宣传干事、技术员，马钢教学班物化助教，马鞍山市委组织部干事、副部长，市人事局局长、党组书记，市政协副主席、党组成员，市委统战部部长。2003年1月再次当选为市政协副主席。

戴自明 马鞍山市政协副主席、党组成员。

1944年6月出生，汉族，安徽和县人，大专学历。1964年9月参加工作，中共党员。历任和县城区小学教师、濮陈公社团委副书记、乌江区团委副书记，县革委会秘书组工作人员、副组长，县委办公室副主任兼秘书组组长，西埠区委副书记、革委会副主任兼范桥公社党委书记，乌江区委副书记、书记；安徽农学院干部专修班学员，和县县委副书记、县长，含山县委副书记、县长；马鞍山市人民政府副秘书长，市委常委，当涂县委书记，市人民政府副市长、党组成员。2003年1月当选为市政协副主席。

周宏基 马鞍山市政协副主席。

1947年8月出生，汉族，浙江湖州人，大学学历。无党派人士。1970年8月参加工作。历任哈尔滨军事工程学院学生，江西九江六机部435厂工人，马鞍山钢铁设计研究院机械室技术员、计划处工程师、行政处副处长、工程承包公司副经理、常务副经理、高级工程师，马鞍山市人民政府副市长。2003年1月当选为市政协副主席。

余永怡 马鞍山市政协副主席、党组成员。

1945年8月出生，汉族，安徽无为县人，中技一年学历。1961年9月参加工作，1972年3月加入中国共产党。历任马鞍山市食品公司秘书、干事，市商业局党委办公室秘书，市委办公室秘书科秘书，市政府办公室秘书科副科长、办公室副主任、主任，市政府副秘书长，市政协副主席、党组成员。2003年1月再次当选为市政协副主席。

秦德美 马鞍山市政协副主席，致公党马鞍山市委主委。

1941年4月出生，汉族，广东梅县人，大学学历。1963年8月参加工作，致公党党员。历任华南师范学院化学系化学专业学生，冶金部沈阳矿山研究所技术员，冶金部马鞍山矿山研究院技术员、工程师，选矿药剂研究室主任、高级工程师，选矿所高级工程师。1999年10月任致公党市委主委。2003年1月当选为市政协副主席。

孙文植 马鞍山市政协副主席，民进马鞍山市委主委。

1943年9月出生，汉族，安徽合肥市人，大学学历。1967年9月参加工作，民进会员。历任南京航空学院航空一系无线电专业学生，解放军113部队技术员，市科委工程师，市人防办指挥通信科科长兼通信站站长，金家庄区人民政府副区长，民进市委副主委、主委。2003年1月当选为市政协副主席。

吴成荣 马鞍山市政协副主席，农工党马鞍山市委主委。

1962年10月出生，汉族，安徽无为县人，大学学历。1984年8月参加工作，农工党党员。历任皖南医学院医疗专业学生，无为县卫生防疫站医师，马钢医院医师、主治医师、副主任医师、干部病房副主任。2001年9月任农工党市委主委。2003年1月当选为市政协副主席。

田战雷 马鞍山市政协副主席，民盟马鞍山市委主委。

1962年8月出生，汉族，天津市人，大学学历。1983年7月参加工作，民盟盟员。历任阜阳师范学院中文系学生，马鞍山师范学校教师、教导处副主任、主任，市教委副主任。2002年2月任民盟市委主委。2003年1月当选为市政协副主席。

李 影 马鞍山市政协副主席，民革马鞍山市委主委。

1953年8月出生，汉族，辽宁沈阳市人，大学学历。1971年2月参加工作，民革党员。曾为马鞍山市佳山公社下放知青，市人民医院普外科护士，皖南医学院学生，市人民医院内科医师，市人民医院B超室医师、主治医师、副主任医师、主任医师。2002年9月任民革市委主委。2003年1月当选为市政协副主席。

专　　文

在全市经济工作会议上的讲话

（2003 年 1 月 14 日）

市委书记　郑牧民

2003 年是全面贯彻落实党的十六大精神的第一年，是我们在加快皖江开发开放中实现“率先突破”的关键之年，做好全年的经济工作，意义十分重大。现在，2003 年经济工作的目标任务和工作重点已经明确，能否全面完成预定目标，关键取决于我们的工作，取决于抓好落实。各级党委必须按照中央和省、市经济工作会议的要求，切实加强和改进对经济工作的领导，坚定不移地抓好发展这个执政兴国的第一要务，进一步强化以经济建设为中心的意识，聚精会神搞建设，一心一意谋发展，确保完成全年经济工作各项任务。

第一，必须集中精力牢牢抓住第一要务，大力营造加快发展的浓厚氛围。党的十六大再次强调，必须把发展作为党执政兴国的第一要务。这个重要论断，体现了“三个代表”重要思想和科学内涵，揭示了发展与执政、兴国与执政的内在关系，表明了党始终坚持以发展为己任，以兴国为目标，以富民为取向的信念和态度。同时也表明，在党面临的一系列任务中，发展始终是第一位的任务、根本任务、中心任务。一切工作都要围绕这个“第一要务”来进行。

把发展作为执政兴国的第一要务，最根本的就是要坚持以经济建设为中心，立足实际，顺应潮流，不断开拓促进先进生产力发展的新途径。应该看到，近年来特别是去年以来，市委、市政府不断强化经济建设的中心意识，以解放思想、优化环境为着力点，以招商引资为主要抓手，把大家的精力集中到抓对外开放和经济发展上来，取得了较好的效果，有力地促进了全市经济的较快增长。这种业已形成的良好工作局面，必须继续坚持、巩固和发展。当前，改革发展稳定的任务十分繁重，我们要完成今年的目标任务，为在加快皖江开发开放中“率先突破”、全面建设小康社会奠定坚实基础，必须进一步突出“第一要务”，紧紧抓住经济建设这个中心不放松，不能有丝毫的分神和懈怠。各级党政组织和领导干部都要始终把经济建设作为头等大事来抓，紧紧围绕经济建设这个中心来思考问题，开展工作，把大家的心思和精力集中到抓工作、求发展上来。要进一步解放思想，鼓励和支持改革创新，一切妨碍发展的思想观念都要坚决冲破，一切束缚发展的做法和规定都要坚决改变，一切影响发展的体制弊端都要坚决革除，努力创造想干事、能干事、能干成大事的良好氛围。要坚持一切从实际出发，善于把上级精神与本市实际结合起来，认真分析研究工作中存在的深层次问题，敢于突破，勇于探索，创造性地做好工作。

第二，必须充分调动全市各方面的积极性，努力形成加快发展的强大合力。实现今年经济发展目标，是一项全局性的任务，需要充分调动和发挥全市各方面的积极性和创造性，共同为加快发展献计出力。各级党委必须充分发挥统揽全局、协调各方的领导核心作用，组织和动员全市各方面力量积极投身经济建设主战场。加快经济发展，各级、各部门、各单位和各个方面都责无旁贷，必须紧紧围绕经济建设这个中心，了解把握全局，服从服务大局，把做好本职工作与促进经济建设有机结合起来，形成加快发展的合力。需要强调指出的是，县区经济是我市经济的重要组成部分，充分调动县区积极性，发挥县区在加快经济建设中的作用，对全市经济发展至关重要。目前，县区经济发展势头较好，但同时县区也面临着任务重、困难多的较大压力，既要抓经济建设，又要抓精神文明建设，既要推进改革、促进发展，又要承担维护社会稳定的任务。面对新的形势和任务，县区各级干部必须进一步振奋精神，集中精神，牢牢把握经济建设这个中心，不断提高驾驭经济工作的能力，尤其是要进一步深化企业改革，加快推进工业园区建设，大力发展民营经济，促进县区经济快速增长，在推动全市经济发展中发挥更大的作用。市里方方面面都要关心县区发展，给县区以更多的支持。

第三，必须进一步转变作风，狠抓各项工作任务的落实。落实不力是我们工作上的一大顽症。去年，市委、市政府在完善目标管理、建立抓落实的机制上做了不少工作，今年要继续改进这方面的工作，尤其是要进一步强化和改进督促检查，建立完善抓落实的领导责任制和工作机制，把抓落实体现在经济工作的各个环节、各个方面和全部过程，确保促进经济发展的各项决策和措施真正落到实处。对每一项重点工作，都要明确责任，把工作要求具体化，建立严格的责任制和责任追究制，做到赏罚分明。要加大经济性督查和跟踪督查力度，不搞无助于工作落实的检查和评比。全市各级领导干部要大兴艰苦奋斗之风，大兴调查研究之风，大兴求真务实之风，坚决反对形式主义和官僚主义，深入实际，深入基层，深入群众，集中精力解决好改革发展稳定中的突出问题和关系人民群众切身利益的实际问题，集中精力做好以经济建设为中心的各项工作，抓好各项既定工作部署的落实。

政府工作报告（摘要）

——2003 年 1 月 3 日在马鞍山市第十三届人民代表大会第一次会议上

市　长　丁海中

各位代表：

现在，我代表市第十二届人民政府，向大会作政府工作报告，请予审议，并请市政协委员和其他列席人员提出意见。

一、2002 年和过去五年工作的回顾

2002 年，在省委省政府和市委领导下，市政府团结和依靠全市人民，坚持以经济建设为中心，全面加大各项工作推进力度，较好地完成了市十二届人大五次会议确定的任务，全市经济和社会发展取得了新成绩。

（一）经济发展全面提速增效。全年完成国内生产总值 155 亿元（预计，下同），比上年增长 12.7%，超预期增幅 3.7 个百分点，表明我市经济经过结构调整步入了稳健攀升的轨道。工业经济增长速度和效益全面提升，全部工业总产值 153 亿元，比上年增长 22%；规模以上工业企业销售收入 183 亿元，增长 23%；综合经济效益指数 113，提高 16 个百分点。马钢生产经营和经济效益再创新水平，在全市经济增长中继续发挥主力作用。市属工业在星马、山鹰等骨干企业和一批外来投资企业的强力拉动下增势强劲，县区工业呈现加速兴起势头，市属、县区工业对全市工业增长的贡献率达 70%。农业在结构调整中稳定发展，总产值 10.5 亿元，比上年增长 3%。乡镇企业回升加快，营业收入 70.6 亿元，比上年增长 8.6%；实现税收 1.12 亿元，增长 16%。商贸流通业通过改制重组和开放引进，发展活力明显增强，完成社会消费品零售总额 41.3 亿元，比上年增长 8%。苏果超市销售额再增三成。天润发、上海联华、华联、农工商超市集团接连进入，浙江海外海汽车贸易城的开工建设，本地一批流通、餐饮企业的扩张，推动全市商贸流通业进入整合和提升的发展阶段。采石风景区被批准为国家级风景名胜区，强化了濮塘风景区管理，旅游业得到新的发展。个体私营经济增加值 32.4 亿元，比上年增长 19%，占国内生产总值比重上升到 21%；实现税收 1.3 亿元，增长 30%。各领域的固定资产投资高速增长，形成新一轮投入高峰，预计全社会固定资

产投资58亿元,比上年增长66.9%;投资结构更加合理,技改投资增长91.8%。在经济发展和征管加强的基础上,各项税收大幅度增长,市、县、区财政全面超收,全市财政收入23.14亿元,比上年增长16%,超预期增幅7个百分点;财政支出结构得到调整和优化。金融机构加强风险监管,积极支持经济建设,年末存贷款余额分别比年初增加21.5亿元和4.7亿元。

(二)对外开放取得明显突破。开发区和县区工业、旅游园区建设步伐全面加快,开放型经济的优良载体正在加速构建。开发区西区路网骨架基本形成,提前实现了3.2平方公里的开发目标,东区建设进入启动阶段,并已开始规划跨过采石河向南推进。当年入驻项目27个,工业产值达到15亿元,开发区聚集投资、促进增长的作用初步显现。慈湖工业园和三个区工业、旅游园规划建设全面展开,当涂工业园框架初步拉开,招商工作取得一定进展。通过年初解放思想大讨论和招商引资目标责任制的推行,全市"敞开东大门,实现大开放"的浓厚氛围开始形成,各领域全面开放、全员招商的新局面初步显现。日本大同、台湾中橡等企业增资扩股,北京首创、广东格力、浙江万马等国内著名企业进入我市投资兴业。全年实际利用外资4 300万美元,是上年的2.4倍;利用省外资金8亿元,比上年增长一倍。对外贸易继续发展,进出口总额3.3亿美元,比上年增长15.1%。马钢积极应诉美国H型钢反倾销调查并取得胜诉。对外工程承包、劳务合作、设计咨询等取得新进展。与国际友城的合作深入拓展,和西班牙阿尔冈达·德雷伊市结为友好城市。

(三)以国企改革为中心的体制改革深入推进。以"政府置换土地、企业置换产权、职工置换身份、健全社会保障"为主要内容的产权制度改革,在工、商、交、建企业全面实施,取得了突破性进展,已有24户大中型企业进行了产权多元化的改制。马钢、十七冶等企业的学校剥离工作正在加紧准备,即将实施。矿院、设计院转制进入市场的活力进一步显现。全年1.1万余名国有企业下岗职工顺利出中心,提前一年基本实现全市国企下岗职工由基本生活保障向失业保险转轨并线的目标,为国有企业改制和资产重组创造了条件。以明确投资和经营主体,强化国有资产保值增值为主要目的,建立了国有资产管理运营新体制框架。对城区管理体制实施了重大改革,将6个方面的36项事权和165户国有集体中小企业下放到三个区,同时完善市与区财政体制,全面塑造经济和社会发展的权力、责任、利益主体,为城区发展注入了动力和活力。养老、失业保险覆盖面扩大、征缴率提高,克服困难将矿院、设计院养老保险纳入全市统筹。对城镇职工基本医疗保险政策进行了重大调整和完善,覆盖面扩大到22.6万人,减轻了广大职工医疗费用负担。城市居民最低生活保障面达到1.6万户3.6万人,基本实现了"应保尽保"。城市户籍制度改革取得良好效果,已有2.2万人办理了进城落户手续。经过新一轮市县机构改革,机构、编制分别精简26%和30%,分流人员得到妥善安置。

(四)城乡基础设施建设步伐进一步加快。围绕城市发展新目标,启动了新一轮城市总体规划修编,完成了新区控制性规划和部分专业规划。在规划指导下,城市"东扩南进"框架迅速拉开。江东大道南北延伸段、红旗南路中段拓宽如期完成,湖西南路、九华路等骨干道路提前竣工,313省道三期工程、马濮旅游公路加紧建设。公用设施配套建设全面加快。雨山湖分流工程全线竣工。第四水厂、第二污水处理厂、天然气利用工程动工兴建。房地产开发通过整顿、规范,开始步入健康发展的轨道,全年房地产投资额达10亿元,比上年增长31.2%;开工面积80万平方米,竣工面积54万平方米,分别比上年增长17%和4%。土地市场进一步依法规范,国有土地资本运营取得显著效果。小城镇建设取得新进展,当涂县城和一批重点镇的服务功能得到增强。国债水利项目高质量实施,长江马鞍山河段整治一期工程、重要堤防除险加固和一批排涝泵站建设项目顺利完成,沿江山丘区抗旱工程扎实推进,提高了防洪排涝抗旱能力。为了建设适宜创业和居住的环境,全面启动创建国家环保模范城工作。

(五)人民生活水平继续提高。把就业作为民生之本,采取多种措施促进就业和再就业,全年新增就业岗位1.6万个,城乡劳务输出8.4万人,城镇登记失业率为4.2%。各级财政增加社会保障和困难救助的支出,确保了下岗职工基本生活费、离退休人员养老金和城市居民最低生活保障金的按时足额发放。通过发展经济、扩大就业、各种要素参与分配,居民收入增速加快,城镇居民人均可支配收入和农民人均纯收入分别比上年增长10.5%和6%,超预期目标5.5和3个百分点。年末城乡居民储蓄存款比年初增加14.3亿元。城市人均住房建筑面积比上年增加0.8平方米;物业管理进一步规范。安排到我市的350名三峡移民得到妥善安置。年初安排的老旧小区和背街小巷整治一期工程、农村饮用水工程、"信息入村"等8件为民办实事项目,已完成6件,2件按计划实施。

(六)科技教育和各项社会事业取得新进展。高新技术创业服务中心经过一年紧张建设投入使用,入驻企业18家,开始发挥科技产业"孵化器"作用。矿院国家级金属矿山固体废物处理与处置工程技术研究中心获得批准。我市再次获得“全国科技进步先进市”称号。中小学危房改造和布局调整取得成效。发展民办教育取得新突破。安工大瞄准目标不懈努力,各方面给予通力支持,进入快速发展轨道,东校区一期工程顺利建成,在校生规模扩展到1.5万人,软件职业技术学院正在积极筹建之中。高等师范专科学校加紧筹建,新校区一期主体工程基本竣工。利用国内著名高校资源创办的网络大学开始投入建设。群众性文化活动和专业文艺创作活跃。成功发行一枚采石矶特色邮资信封。广播电视服务质量进一步提高。疾病预防措施得到积极落实。竞技体育在省十运会上取得好成绩。人口出生率控制在省下达的13‰以内。文明创建活动多层次深入开展,创建文明城市工作实现比较稳定的良性循环。

一年来,依法行政工作扎实推进。市政府承办的148件人大代表议案、建议和307件政协提案按要求办复。着力于整治经济发展环境、转变政府职能,全面清理全市各类政策规定,宣布废止和失效179件;改革行政审批制度,取消了106项行政审批事项,取消降低了18项收费。进一步完善市、县行政服务中心运作机制,努力为投资者和广大群众提供有效服务。以成品油、集贸、旅游、房地产四个市场为重点的各类市场秩序整治取得阶段性成果。安全生产基础工作继续全面强化,重大安全隐患得到果断整治。行政监察工作深入推进,廉政建设得到加强。"四五"普法深入开展。社会治安形势保持稳定。国防动员、民兵预备役、"双拥"和人防工作继续加强。各级信访组织为化解社会矛盾作出了积极贡献。其他各项工作都有新的进步。

2002年取得的令人鼓舞的成绩,标志着市十二届人大一次会议确定的五年主要任务已经顺利完成。过去的五年,是跨越世纪的五年,是马鞍山经受体制转轨、城市转型的阵痛,经受亚洲金融危机影响和市场急剧变化的冲击,经受连续两年长江特大洪水袭击的严峻考验,战胜困难扎实前进、取得显著成就的五年。

这五年,综合经济实力显著增强。五年间,国内生产总值年均增长9.6%,人均国内生产总值突破万元,2002年达1.3万元;工业总产值年均增长11.3%;农业总产值年均增长3.5%;社会消费品零售总额年均增长7.2%;外贸进出口总额年均增长7.9%;财政收入五年累计96.7亿元,年均增长9.4%;固定资产投资逐年加大,累计完成181.4亿元,年均增长10.2%,其中国债资金8亿元,一批骨干项目相继建成,促进了即期增长,增强了发展后劲。

这五年,结构调整取得重大进展。工业结构发生了积极变化,支撑经济增长的能力不断增强。马钢通过技术改造,产品竞争力明显提升。市属工业通过改制、改造和引进,骨干企业群体加速形成。马钢年销售收入在全省率先突破百亿元,星马、山鹰公司分别突破10亿元、5亿元,销售收入过亿元企业增加到13家,由马钢和一批骨干企业领跑的工业梯次发展格局开始形成,规模以上工业增加值占全市工业比重提升到85%。农业结构得到调整优化,主要农产品优质品率达90%以上,经济作物占农作物比重达50%,养殖业产值比重提升到60%。民营经济的持续扩张和外来资本的不断进入,带动了所有制结构和产业结构的调整。个体私营经济税收年均增长12%,梦都、翠林等在竞争中崛起的品牌企业已走出城门,向外拓展连锁经营。非公有制经济占全市经济的比重达到35%。一、二、三次产业比重由1997年的12:61.8:26.2调整为8.5:59.9:31.6。

这五年,改革开放向纵深推进。市场化取向的改革力度不断加大,市场经济体制框架基本形成。国有企业改革攻坚克难,向纵深发展。马钢内部改革、主辅分离取得新进展。十七冶在开拓市场中开始显现生机。市属企业进入资本市场取得突破,山鹰公司成功上市并获准增发可转换债券,星马公司上市已获批准,天源科技等企业进入上市辅导期。天成纺织等近百户国有集体企业实施了改制,催生和壮大了一批新的增长点,激活了一大批存量资产。乡镇企业改制面达到99%。土地二轮承包改革顺利完成。农村税费改革稳步推进,减轻了农民负担。住房制度改革不断深化,新的住房体制基本建立。以养老、失业、医疗保险和城市居民最低生活保障为主要内容的社会保障体系基本形成,农村社保体系建设开始启动。市区行政区划调整、社区组建、市与区的事权财权划分、相对集中行政处罚权试点、新一轮市县机构改革等工作顺利实施,行政管理体制改革跨出了重要的一步。以启动开发区建设为重点,不断加大对外开放力度,五年累计实际利用外资1.3亿美元、内资24亿元。对外经济合作、友好交流都有新的发展。

这五年,城乡面貌发生新的变化。完成了314省道改建,马芜高速公路、313省道等一批项目加快建设,对外交通网络正在加速形成。新建、改建、扩建30多条主次干道,初步形成了“七纵七横二环一线”的城市道路网络,正在加紧拉开百万级人口城市的构架。金家庄旧城改造取得显著成效。公用设施建设快速推进,承载、服务功能得到增强。小城镇建设取得明显进展。城市环境综合整治定量考核连续五年名列全省前茅。五年来,在巩固国家卫生城市、园林城市成果的基础上,先后荣获中国优秀旅游城市、全国创建文明城市工作先进市称号,以及中国人居环境范例奖、迪拜国际改善居住环境良好范例奖。

这五年,人民生活得到较大改善。五年间,城镇居民人均可支配收入由6 108元增加到7 650元,农民人均纯收入由2 545元增加到2 930元。城市人均住房建筑面积由17.5平方米增加到21平方米,物业管理覆盖面扩大到85%;农村人均住房面积由25平方米增加到32平方米,居住质量得到提高。五年中,近2万名下岗职工实现了再就业,越来越多的农民进入城镇务工、创业和生活。城乡困难群众的生活得到基本保障。市政府实施69件为民办实事项目,解决了一批群众关注的热点、难点问题。

回顾五年来的实践,我们深深地感到,马鞍山作为一个受传统体制影响较深、以传统产业为主体的工矿城市,要走上一条符合时代要求、具有自身特点的加快发展之路,第一,必须摒弃一切不合时宜的思想观念,坚决突破思想观念上的种种障碍,在实践中解放思想,在解放思想中统一认识,敢为人先,勇于创新,放胆迈步闯出发展新路;第二,必须保持奋发有为的精神状态,以宽广的视野审视自己,以更高的目标鞭策自己,敢于和先进地区比拼,攻坚克难,奋力拼搏,不断开拓前进;第三,必须把发展作为第一要务,以加快发展为主题,集中力量于经济建设主战场,抢抓机遇发展经济,以加快发展促进结构调整,以加快发展解决前进中的困难和问题;第四,必须把开放型经济作为最具带动力的经济龙头,以招商引资为重中之重,强力实施大开放主战略,全面推进体制创新、科技创新,为生产力的发展注入不竭的动力;第五,必须把提高人民生活水平作为出发点和归宿,正确处理改革、发展、稳定的关系,最大限度地调动和发挥一切积极性、创造性,凝聚各方面力量,万众一心奔向富民强市的宏伟目标。

过去五年的成就确实来之不易,这是认真贯彻中央、省委省政府的决策部署,在市委正确领导下,在市人大市政协监督支持下,全市人民团结一心、不畏艰难、负重奋进、共同努力的结果。在此,我谨代表市第十二届人民政府,向全市广大工人、农民、知识分子和各级干部,向各民主党派和无党派爱国人士、各群众团体,向国家和省驻马单位、解放军驻马部队、武警官兵,向所有关心支持马鞍山发展的同志们和朋友们,表示衷心的感谢!

总结过去的五年,我们也清醒地看到,马鞍山在发展中还面临不少困难和矛盾,政府工作中还存在许多问题和不足,主要表现在:一是思想观念、行为方式不适应大开放的要求,开放型经济滞后对经济、社会发展的影响广泛而深刻。二是体制机制不适应发展市场经济的要求,改革还面临十分艰巨的攻坚任务。三是经济结构不合理的矛盾仍然突出,产品科技含量不高、传统产业竞争力不强、新兴产业发展缓慢、个体私营经济和县区经济实力比较薄弱。四是城镇就业不足和农民增收不快的矛盾仍然突出,困难群体还需要从多方面进行救助。五是政府系统一些干部的观念、本领和作风与加快发展的要求、人民群众的期望还有较大差距,官僚主义、形式主义在各级政府机关中还不同程度地存在,纠正部门和行业不正之风、加强廉政建设的措施还需要进一步落实。对这些困难和问题,需要进一步采取有效措施,切实加以解决。

二、今后五年的奋斗目标和主要任务

新世纪的前20年,是按照党的十六大的战略部署,全面建设小康社会的新的历史阶段,是重要的战略机遇期。今后五年,是这一发展新阶段中至关重要的起步期,是马鞍山改革攻坚期、发展提速期、向更高目标奋进的跨越期。

当前,国际资本向我国加速流动,沿海资本向内地加速转移,以上海为核心的长江三角洲加速崛起,皖江开发开放加速拓展,为我市发挥产业基础和区位条件,更加有效地利用外来投资加快结构调整、加快生产力发展提供了更多的现实机遇。同时,随着经济全球化、市场化的快速推进,沿海发达地区及周边城市在高起点上加快发展,也使我市面对着更大的竞争压力。我们必须审时度势,以强烈的危机感和使命感,以拼搏进取的昂扬姿态抢抓机遇、迎接挑战,全力以赴把我市现代化建设推向加速发展的新阶段。今后五年,要在全面完成"十五"计划的基础上,到2007年国内生产总值比2000年翻一番,实现物质文明、政治文明和精神文明共同进步,为提前实现国内生产总值翻两番、全面建设小康社会奠定坚实的基础。主要预期目标为:国内生产总值年均增长12%;财政收入基本同步增长;固定资产投资年均增长20%;城镇居民人均可支配收入和农民人均纯收入年均分别增长8%和5%,城镇登记失业率控制在4.5%以内。确定这样的目标,是在加快皖江开发开放中率先突破的内在要求,是加快发展、富民强市的必然选择,通过努力也是完全有可能实现的。我们要奋力拼搏,力争完成得更好一些。

今后五年的主要任务是:

——对外开放取得新突破。加大力度实施大开放主战略,全方位、多层次、宽领域扩大对外开放,构建加快发展的新平台。五年力争实际利用外资5亿美元、内资100亿元,年均增长35%;进出口总额保持两位数增幅。到2007年,外来投资占固定资产投资达20%以上,进出口总额占国内生产总值的比例达25%。

大力构建以开发区为龙头的一区五园体系。五年内完成各类园区开发面积30平方公里,整体塑造形象,形成规模产出能力,使园区成为经济增长和技术创新的基地。开发区西区要形成较大的产出规模,全面建成东区,跨过采石河发展南区,力争完成开发总面积15平方公里以上。慈湖工业园完成基础设施配套,支持现有企业增资扩股,并力争有一批骨干工业项目入驻,形成大中型骨干企业集中区。县区工业、旅游园基本完成功能开发,招商引资取得重要进展,成为县区经济强劲增长的动力源,带动县区经济跻身全省先进行列。同时,支持一批特色乡镇工业园的规划建设。

以招商引资为重点推动开放型经济加快发展。深入发动,强化责任制,形成全民招商、全市引资的局面。

以更加积极的姿态加速融入长江三角洲。主动接受长江三角洲的辐射,尤其要利用上海的资源和“申博”成功带来的商机,借势发力,错位发展,形成比较优势,使马鞍山逐步成为与长江三角洲互动发展的现代加工制造业基地、绿色食品供应基地和富有特色的休闲旅游基地。全面参与南京都市圈建设,尽快在交通等基础设施对接上取得更大进展,在产业融合上收到明显成效。寻求与江宁区合作,突破行政区划共谋发展。坚持开发开放双向促进,积极与皖江地区尤其是芜湖、铜陵加强协作,合力打造"马芜铜"城市群品牌,努力在加快皖江开发开放中率先突破。

坚持不懈地整治和改善发展环境。牢固确立环境是发展第一要素的意识,坚持从强化责任抓起,从解决突出问题抓起,从法制和制度建设抓起,不断优化政策、信用、人文等环境,使马鞍山投资创业环境更具吸引力和竞争力。

——结构调整形成新格局。坚持以结构调整为主线,在发展中推动结构调整,在调整中实现加快发展,为全面建设小康社会奠定坚实的物质基础。

走新型工业化之路建设工业强市。培育多元化投入主体,尤其要全力引进加工制造业项目,以信息化带动工业化,加速构建新型工业化体系。支持马钢加快技术改造,并运用有效资源发展深加工和非钢产业,使非钢产业比重有明显提高,实施低成本扩张、高效率发展。市属、县区工业要通过市场化运作和必要的扶持,着力推进骨干项目建设,主攻专用汽车及汽车零部件、新材料、精细化工、生物医药、造纸、磁性材料等支柱产业和高新技术产业,推动骨干企业规模化、中小企业优质化,形成大而强、专而精的企业群体,使马鞍山由产品结构比较单一的重工业基地,加快向形成一批支柱产业的现代加工制造业基地跨越。到2005年,马钢销售收入要达150亿元,2007年力争再上一个新台阶,继续走在全省工业企业前列;到2007年,市属和县区工业争取有1户企业销售收入超50亿元,2-3户企业超10亿元,5户企业超5亿元,20户企业超亿元,规模以上工业企业超200户,力争规模以上工业企业销售收入年均增长20%以上,带动全市经济快速发展。

围绕农民增收加快农业和农村经济结构的战略性调整。以工业理念和措施调整农业结构,发展农村经济。在推动现有产业化龙头企业加速发展的同时,积极利用外来资本、民间资本、工商资本培育和发展加工型龙头企业,大力发展"订单农业"。到2007年,争取引进和培育出销售收入超亿元的龙头企业5户以上,带动更多的农户增收。坚持城郊型农业的结构调整取向,围绕市场抓农业,实施农业综合开发,建立健全农产品质量标准体系、检验检测体系和认证体系,积极发展绿色食品、有机食品和无公害农产品,建设一批特色鲜明、规模效益突出的生产基地,把重点面向长江三角洲城市居民消费的"餐桌经济"做大做强,并力争在农产品出口上取得突破。以培育块状经济、配套经济、特色经济、劳务经济为着力点,以发展个体私营经济为切入点,促进乡镇企业的振兴。全力推广农业科技,通过有组织的培训,提高农民科技文化素质,使全市良种良法逐步实现全面覆盖,使农业技术水平和劳动生产率有较大幅度的提高。利用世贸组织有关规则,合理有效地加强对农业的扶持,促进农业增效、农民增收、农村稳定。

大力推进现代服务业的加快发展和传统服务业的全面振兴。积极创造条件,加速服务业的对内对外开放,开发就业经济、税源经济,促进产业协调发展。继续引进有实力的企业,借助外力与民间资本加快商贸流通等传统产业的整合和改造,基本完成企业重组和业态调整。依托区位条件,积极发展物流配送产业。把旅游业、房地产业作为潜力产业加以精心培育。实施采石古镇及周边的整体开发,打响采石风景区品牌,形成旅游业龙头板块。以花山旅游园规划建设为载体,加快城东开发和濮塘风景区的建设,构造旅游业集散功能,形成服务业发展新亮点。推进雨山湖、青山、横山风景区建设,营建具有特色的景区景点体系。引导房地产企业进行规模化开发、集约化营销,全面加强物业管理,提升开发质量,满足市民对住房的多层次需求,增强对周边居民的吸引力,带动全市房地产业健康快速发展。积极培育和引进各类中介机构,加快发展社区服务业,促进第三产业整体繁荣。

增强结构调整的支撑力量。加强全市科技资源的整合,建立有效的科技创新和成果转化机制,争取在环保产业、新材料产业发展上取得突破。构建各类教育协调发展的新格局,提高基础教育办学水平,重点发展高等教育、职业教育和优质高中教育。鼓励发展民办教育,扩大教育资源总量。全面完成农村中小学布局调整和危房改造。到2007年,高等教育毛入学率达到18%,基本普及高中阶段教育。高起点制定规划,动员各方面力量,积极发展信息产业,大力推进经济和社会信息化,打造“数字马鞍山”。

——体制机制实现新变革。以更大的决心和力度攻坚,突破一切影响发展的体制性障碍,构建与世贸组织和市场经济规则相适应、充满活力的体制基础。

深化产权制度改革。全面完成国有集体中小企业改制。推动大型企业产权多元化改革取得决定性进展,改革和完善分配制度,建立现代企业制度。按照中央部署,完善国有资产管理体制,建立权利、义务、责任相统一,管资产与管人、管事相结合的资产运营体系。强力推进国有经济战略性调整,推动经营性资产向优势企业、优秀经营者集中。

进一步健全社会保障体系。巩固和完善养老、失业、医疗保险,实施工伤保险,启动生育保险,推进农村社保体系建设,建立对低收入者的救助制度,充分发挥社会保障制度“安全网”和“减震器”的功能作用。

毫不动摇地加快发展个体私营经济。培育、转制、引进并举,扫除障碍,放宽领域,放开手脚,调动一切积极因素,把广大人民群众创业创新的热情、智慧和力量激发出来,大办民有、民营、民享的民营经济,推动个体私营经济以快于全市经济的增速发展,力争到2007年,个体私营经济在国内生产总值中所占比重增加到30%。

进一步转变政府职能。继续深化行政管理体制改革,全面推进事业单位改革。继续实施城市管理重心下移,发挥区街功能。深化行政审批制度改革,不断深入地清理和减少行政审批及各类行政性收费,在开发区等有条件的地方试行"无费区"。完善政务公开和政风评议,变行政型管理为服务型管理。引入竞争机制,强化培训和管理,努力建设一支素质优良、作风过硬、能够担当重任的公务员队伍。

——城市化迈上新台阶。坚持城市"东扩南进"总体战略,注重城北与南京的衔接,全面加强城乡规划建设,大力推进城市现代化、城乡一体化和生态建设,加速城市化进程。到2007年基本形成大城区框架,实行组团式发展,建成区面积力争增加到70平方公里,初步形成布局合理、功能配套的城镇体系,力争城市化率达58%。

高水准建设城乡基础设施。配合建成马芜高速公路,实施乡镇“半小时上高速”工程,抓紧开展南京轻轨线延伸至我市的项目前期工作,加速构建接轨长江三角洲的路网体系。实施城市主干道向东、向南延伸工程。南延湖东路,与湖西路、江东大道共同跨过采石河向南推进,与当涂县城对接。湖北路、湖南路跨越东环路、慈湖河向东延伸,建设慈湖河路、秀山路,拓展"东扩"构架。按计划建设沿江大道,为滨江发展创造条件。配合宁芜铁路复线改造,同步实施市内主干道平交改立交工程。同时,高水平改造一批市内主次干道,大幅度提高市内交通水平。加强公用设施建设,进一步提升水、电、气、通信等配套功能。实行高标准、大面积的区域性整体开发,加快建设新区。推进综合开发,继续实施旧城改造,重点解决城区居民危房问题,五年内基本完成市区成片危旧房和"城市中的村庄"改造。实施江河治理、防洪、排涝、水库除险加固、抗旱综合治理、水土保持等六大工程,增强城乡防洪保安能力。加大对农村的基础设施投入,改善农民生产和生活条件。

因势利导发展小城镇。编制城镇体系规划,形成中心城区—卫星城—重点镇—中心村的合理布局。坚持以产业支撑、特色兴镇,开辟市场化筹资渠道加快建设,完善小城镇功能。到2007年,当涂县城面积达到15平方公里,人口达到15万;博望等城镇的集聚、辐射能力明显增强。

强化生态环境建设。完善城市水系的规划和建设,综合治理采石河、慈湖河,建成集防洪效益、生态效益于一体的连续、开放的绿地景观带;新辟道路同步实施高品位的环境景观建设,构建与现代化城市相匹配的新的园林体系框架。全面整治雨山湖,推进佳山、雨山景观改造,建设园林城市核心精品。高度重视农村生态保护,保持青山秀水的田园风光。实施城乡绿化一体化,建设“绿色马鞍山”。到2007年,城市人均公共绿地面积达10平方米,绿化覆盖率达45%,全市森林覆盖率达16%以上。以创建国家环保模范城为载体,加强水、气、噪声污染治理和固体废弃物的处理,全面改善城乡环境质量,促进可持续发展。

——人民生活达到新水平。推进发展和变革,不断满足全市人民日益增长的物质文化需求。加快发展文化艺术和文化产业,进一步提高广播电视服务水平。分期逐步建设大剧院、博物馆、新图书馆、新科技馆。

努力建设人人学习、终身学习的“学习型城市”。大力发展卫生、体育事业,提高市民的健康素质。继续稳定低生育水平,推动人口与计划生育工作持续健康发展。大力促进就业再就业,五年新增就业岗位8.5万个以上。积极营造有利于创业创新的氛围,保护一切合法收入,放手让一切劳动、知识、技术、管理和资本的活力竞相迸发,让一切创造财富的源泉充分涌流,让全市人民更快地富裕起来。到2007年,力争全市人均国内生产总值达到3 000美元,城镇居民人均可支配收入超1万元,农民人均纯收入达4 000元,中等收入家庭比重不断提高,城乡居民家庭财产明显增加,过上更加宽裕的生活。坚持不懈地加强精神文明和政治文明建设,深入推进文明城市创建和依法治市,大力塑造创新、开放的城市文化,促进人的全面发展。

三、2003年的重点工作

2003年是新一届政府的开局之年,也是实施“十五”计划的关键一年。今年政府工作的总体要求是:以邓小平理论、“三个代表”重要思想为指导,深入贯彻党的十六大精神,以全面建设小康社会统揽工作全局,调动一切积极因素,推动改革开放、经济建设和各项社会事业取得明显进展,人民生活继续改善,为实现今后五年的奋斗目标、在加快皖江开发开放中率先突破迈出坚实的一步。全市经济和社会发展的主要预期目标为:国内生产总值增长12%,财政收入基本同步增长,固定资产投资增长50%以上,外贸进出口增长10%,实际利用外资5 000万美元、内资10亿元以上,城镇居民人均可支配收入和农民人均纯收入分别增长8%和5%,城镇登记失业率控制在4.5%以内,人口出生率控制在省下达的指标之内。为此,必须着力抓好以下九个方面的工作:

(一)不失时机地推动大开放迈出更大步伐。

(二)全力推进企业改革攻坚取得整体突破。

(三)着力培育工业经济新的增长点。

(四)进一步推动个体私营经济提升发展水平。

(五)大力促使县区经济快速崛起。

(六)全面加强城乡规划建设。

(七)深入实施科教兴市战略。

(八)努力扩大就业和改善人民生活。

(九)促进精神文明建设和社会各项事业协调发展。

四、加强和改进政府自身建设

今后一个时期,要实现马鞍山跨越式发展,必须以改革的精神全面推进政府自身建设,不断提高施政水平。

(一)大兴学习之风,建设学习型政府。

(二)加快转变职能,建设服务型政府。

(三)坚持依法行政,建设法治型政府。

(四)切实改进作风,建设勤政廉洁型政府。

各位代表,勤劳智慧的马鞍山人民在过去的岁月里创造了历史的辉煌。在党的十六大精神的指引和鼓舞下,经过市场经济大潮洗礼的马鞍山,已踏上追赶奋进、跨越发展的新征程。升腾的希望感召着我们,宏伟的目标激励着我们,我们的任务光荣而艰巨。让我们高举邓小平理论伟大旗帜,全面贯彻“三个代表”重要思想,在省委省政府和市委领导下,团结一致,真抓实干,开拓前进,谱写富民强市的新篇章,创造马鞍山人民的幸福生活和美好未来!

中共马鞍山市委 关于在加快皖江开发开放中实现“率先突破”的决定

(2002年12月6日中国共产党马鞍山市第六届委员会第四次全体会议通过)

为认真贯彻党的十六大精神,全面落实省委、省政府加快皖江开发开放座谈会提出的马鞍山、芜湖、铜陵三市“在改革开放和经济发展上率先突破”的新要求,推动全市开放型经济更快更好地发展,加快推进全面建设小康社会的进程,特作出如下决定。

一、充分认清马鞍山开发开放面临的新形势

1. **正确估价我市开发开放的现状**。经过12年特别是近几年的努力,全市上下以解放思想、优化环境为先导,大力实施外向带动战略,在参与区域开发开放中取得了积极进展。结构调整加速推进,一批骨干企业群体加快形成;投资环境不断得到改善,利用外资逐年有新的增长;对外贸易不断扩大,经济外向度进一步提高;开发区建设取得明显突破,对投资的聚集作用开始显现。这些都为我们进一步加快开发开放积累了可贵的经验,打下了良好的基础。但是,也必须清醒地看到,目前我们的经济总量不够大,所有制结构还不够合理,经济外向度不高,对经济支撑拉动作用不够明显,尤其是在思想观念、行为方式和推进工作机制上还明显不适应开发开放的新要求。总之,目前,全市开发开放只是刚开头,才起步,正处在新的重要转年时期,今后的任务将会更加艰巨。

2. **高度重视面临的机遇和挑战**。党的十六大提出,本世纪头20年,是一个必须紧紧抓住并且可以大有作为的重要战略机遇期,为我们实施新一轮开发开放开辟了前进的道路。一方面,我们面临着难得的历史机遇:国外产业加速向我国转移,长江三角洲等沿海发达地区产业加速向中西部地区推进,以信息化带动工业化的发展格局正在形成,有利于我市在新一轮产业分工中抢占先机。另一方面,在全球经济一体化的新形势下,区域经济竞争日益加剧,周边城市纷纷争抢对外开放主权,发展势头强劲,使我们面临着不进则退、小进也是退的巨大竞争压力。我们必须进一步增强加快发展的历史责任感和时代紧迫感,抢抓机遇,负重奋进,全面实现在加快皖江开发开放中“率先突破”的目标。

二、加快开发开放的总体思路和主要目标

3. **加快开发开放的总体思路**:

以邓小平理论 和“三个代表”重要思想为指导,以全面建设小康社会为奋斗目标,全面贯彻省加快皖江开发开放座谈会精神,坚持以大开放为主战略,以招商引资为突破口,加速与长江三角洲地区融入和对接,主动参与国际国内分工体系,推动外向型经济更快更好地发展,及早把我市建成与长江三角洲互发展的现代加工制造 业基地、绿色食品基地和休闲旅游基地,在加快皖江开发开放中实现“率先突破”,为推动全省经济加速发展作出新的更大贡献。

4. **加快开发开放的主要预期目标**:

未来10年,全市国内生产总值年均增长12%;财政收入与国内生产总值基本同步增长;固定资产投资年均增长20%;实际利用外资和内资年均分别增长20%和40%,进出口总额年均增长10%;城镇居民人均可支配收入和农民人均纯收入年均分别增长8%和5%。到2005年,全市人均国内生产总值超2 000美元;2007年力争达到3 000美元。再经过5年的努力,力争国内生产总值比2000年翻两番,步入全面小康,为在全省率先基本实现现代化奠定坚实基础。

三、加速融入长江三角洲发达地区

5. **深化与南京都市圈城市间全方位合作**。重点加强与都市圈各市在交通、旅游、信息、金融、商贸等方面开展深度合作,形成分工协作,优势互补机制。按照发挥特色、错位发展的原则,着力塑造出有比较优势的产业结构,提高产业竞争力。推进一系列重大交通基础设施建设,加快我市通往禄口机场公路的对接,做好南京轻轨线延伸至我市的建设前期准备,构建一体化的交通网络。依托南京全国物流中心,主动参与构筑长江三角洲物流、商流大通道。以南京经济区域、长江沿岸中心城市协调会为基础,保持和扩展政府间的经常性交往,引导推动全方位合作。加强与芜湖、铜陵等沿海各城市的经济联系和合作,推进资源共同开发和产业优化重组,实现优势互补、共同发展。在与南京的交界地带和沿边地区,采取更加灵活的政策,推进区域经济合作和交流。

6. **加快与东部发达地区产业对接**。紧紧抓住东部发达地区产业和资本转移的有利时机,吸引该地区具有一定竞争力的劳动密集型产业转移到我市生产,进一步巩固在汽车、机械、仪表等方面业已形成的配套协作关系。面向长江三角洲地区城市市场,大力发展城郊型农业,不断扩大我市优质农产品在该地区的市场份额;积极引进农业产业化龙头企业,着力提高我市优质农产品的附加值。进一步加大商贸合作力度,积极引进该地区骨干商贸企业重组改造商贸流通企业,带动我市商贸业的加快发展。加强新兴服务业的合作,争取发展同业拆借市场和跨地区的票据抵押业务,积极争取上海、南京等地的商业银行和地方金融机构来我市设点,大力吸引证券公司和非银行金融机构以及各类中介服务机构到我市设立分支机构,提高我市服务业的整体水平。

7. **加强科技、人才等方面的深度合作**。巩固和发展我市与长江三角洲特别是中科院系统、上海和南京高校、科技院所的联系与合作,吸引高科技人才来我

市转化科技成果,实现高新技术产业化。重点是推动市内企业与该地区的高校和科研院所开展多种形式合作,建立产学研结合的科研开发体系,提高技术创新能力。规划建设高校园区和网络大学,吸引更多的知名高校来马鞍山建立新校区或远程教学点。

四、全力推进以园区建设为核心的开发开放

8. **千方百计引进大企业、大财团入园建设**。坚持以现代工业为主,以高新技术为主,多渠道引进和利用外资,加快省级开发区建设。高效率开展招商引资活动,重点吸引国外跨国公司和沿海大企业、上市公司进区投资。"十五"末力争引进5—8个上千万美元或超亿元人民币的项目,并有超亿美元或10亿元人民币的大项目,发挥在全市招商引资中的主力军作用。继续做好湖西南路以西规划区内的支路网和配套工程建设,加速入区项目建设,尽快形成新的经济增长点。启动实施东区基础设施建设,加快项目引进和综合开发,加速建成东区。加快推进南区规划和基础设施建设,着手进行南区起步区建设。高水平探索体制创新,认真落实在税收、收费、土地征用等方面的优惠政策,强化服务体系建设,努力创造"无费区"。同时,加快各类特色园区建设,进一步优化完善功能分区和园区布局,形成"一区多园"、政策共享的发展格局。推进慈湖工业园的基础设施配套和起步区的项目建设,发挥交通、区位优势,突出发展临港加工业和精细化工,加速形成聚集效应。加快县区工业(旅游)园的功能开发和项目建设,抓好一批特色乡镇工业园的规划建设,吸引外来投资者到园区兴办工业项目,尽早使园区成为县区经济的重要增长点,进而推进县区经济跨入全省先进行列。

9. **积极推动大企业、大单位招商引资**。全力推动大企业、大单位"以大引大"、"以强引强"、"以优引优",主动与上市公司、国内排头兵和国际跨国公司合资合作,做大做强自身。积极鼓励马钢大力开展招商引资,发展非钢产业,推进投资主体多元化,实现招商引资的新突破。全面推动马鞍山钢铁设计研究院、矿院、安工大、十七冶等驻马大单位招商引资工作,支持他们将优势项目、优质资产、自有知识产权拿出来与外来投资者合作,在扩大开放中强壮自身。全市所有骨干企业、驻马单位都要在招商引资、合资合作上取得新的进展。

10. **不断扩大对外贸易和经济技术合作**。鼓励马钢等一批有出口自营权的单位和企业扩大出口,大力扶持县区企业、乡镇企业和民营企业出口,巩固和扩大"三资"企业出口,形成多渠道对外贸易新格局。实施市场多元化战略,调整出口产品结构,在继续扩大钢铁及制成品、磁性材料、纺织服装加工、机电、化工产品出口的同时,着力增加高附加值和高新技术产品的出口份额。坚持"引进来"和"走出去"相结合,鼓励有条件的企业到境外开办实体,带动商品和劳务出口,扩大对外工程承包,支持市内科研院所发挥科技人才优势,积极开展技术贸易。

11. **毫不动摇地鼓励和支持民营经济的发展**。更加放宽投资领域,凡是国家允许对外资开放的领域,都允许民间资本的进入,激活民间资本更多地进入发展领域。积极扶持有实力的民营企业做响品牌,扩大规模,提高竞争力。加大国有集体中小企业和乡镇企业改制力度,鼓励个体私营经济参与国有企业资产重组,加快国有资本的退出步伐,大力发展混合所有制经济。紧紧抓住沿海地区特别是浙江、广东、福建民间资本向外扩张的有利时机,大力吸引更多有实力的民营企业来我市发展。建立和完善民营企业在土地使用、税收管理、投融资、信息服务等方面的政策,进一步强化服务,创造公正、宽松的发展环境,实现公平竞争。加大金融支持力度,建立民营企业融资担保机构,解决融资难的问题。大力扶持发展民营科技企业,进一步提高民营经济发展质量。力争到"十五"末,个体私营经济上缴税收占全市税收比重15%以上,安排新增就业人员75%以上;到2007年,个体私营经济上缴税收占全市税收比重20%以上,安排新增就业人员80%以上。

五、加快建设"三大基地"

12. **着力打造现代加工制造业基地**。坚持走新型工业化之路,以信息化带动工业化,以工业化促进信息,努力实现我市加工制造业的跨越式发展。加快推进工业结构优化升级,着力提高工业化水平,进一步做大做强工业经济,加速构建现代加工制造业基地的框架。全力支持马钢实施冷热轧薄板等重大技改项目,加快结构调整步伐。做强钢铁主业,建成国内外建筑业用钢和铁路用钢的精品基地,并围绕资源综合利用与开发和钢铁产品的深加工,发展非钢产业,到2005年,马钢销售收入突破150亿元。以市属优势骨干企业为主体,大力推动资产优化配置,加快形成专用汽车、纸及纸制品等支柱产业。通过招商引资等多种途径,在精细化工、磁性材料、机械加工制造等行业,培育一批名牌产品和企业,提高市属工业产业集中度,充分利用我市发展加工制造业的有利条件,引导外来投资者兴办高新技术产业、支柱产业和优势产业项目,形成新的竞争优势。力争到2007年,马钢销售收入再上新台阶,市属、县区工业中有1户企业销

售收入超50亿元,2—3户超10亿元,5户超5亿元,20户超亿元,规模以上工业企业超200户。

13. **加快建设绿色食品基地**。统筹城乡经济社会发展,建设现代农业,发展农村经济,增加农民收入,是全面建设小康社会的重大任务。继续坚持以市场为导向,依托我市在粮油、水产品、蔬菜、畜禽等方面的比较优势,加快建设西靠大青山、东临石臼湖的高效绿色农业开发区和城郊无公害蔬菜基地。以工业的理念发展农业,坚持走“三资农业”之路,大力支持产业化经营项目建设,培育壮大一批有影响的农产品加工龙头企业。积极扩大招商引资,兴办新的龙头企业,增强辐射带动效应。加快推进农产品流通工程和品牌工程建设,建立健全农业社会化服务体系,加强农业信息服务,发展新型营销方式,整合现有品牌,努力开拓绿色产品市场。

14. **大力加强休闲旅游基地建设**。发挥我市“中国优秀旅游城市”的品牌效应,全面整合旅游城市形象,提高城市知名度和美誉度,加快旅游产业的开发。加强采石风景区、中心城市旅游区、濮塘风景区、青山风景区等重点旅游项目建设,加快以休闲度假为主导的旅游产品开发,完善设施和服务,增强竞争力。深化旅游企业改革,建立规范的现代企业制度,培育旅游市场主体,促进旅游企业向市场化、规模化、品牌化方向发展。加大宣传促销力度,进一步拓展与沪宁苏杭旅游区和皖南旅游区的横向联系,加强与沪宁地区旅行社的联合,将旅游线路延伸至马鞍山,实现互动发展。力争到2005年,实现旅游总收入14亿元,年均增长15%;到2007年,实现旅游总收入30亿元以上。

六、不断推进城市化进程

15. **修订完善城市总体规划**。按照科学规划、合理布局的方针,立足于未来城市的发展需要,大力实施城市“东扩南进”总体战略。未来几年,在继续改造老城区、完善主城区的同时,大力拓展新城区,重点是跨过采石河向南推进,延伸至当涂城关,逐步拉开大城区框架,形成市、县一体的城市发展新格局。争取用10年或稍长一点的时间,把我市建成城区面积超100平方公里、人口超100万的现代化大城市。在城市周边实行组团式发展,优化城市空间布局。有计划地撤并部分乡镇和村的建设,提高资源配置效率。

16. **进一步加快城市建设步代**。适应城市规模扩张的需要,加快中心城区建设,配套完善城市道路管网和排水体系。完成采石河、慈湖河整治,进行高品位景观建设,形成新的旅游线和休闲带,加快马芜高速公路、城市骨干道路和出口路以及长江岸线港口建设,推进供水、污水处理和天然气利用等城市公用设施重点工程,提高城市综合承载能力。树立经营城市理念,把城市可经营的产品和服务推向市场,使其资本化、产业化,促进城市良性发展。用市场机制推进小城镇建设,建立多元化投入机制,重点抓好当涂城关、博望、向山、濮塘及一批中心镇建设,形成布局合理、功能配套的小城镇体系。消除不利于城镇发展的体制和政策障碍,引导农村劳动力合理流动。到2005年,使我市城市化率达到54%;力争到2007年,使我市城市化率达到58%。

17. **加强环境保护和建设**。按照可持续发展的要求,以创建国家环保模范城为载体,抓好城市污水处理、河湖整治、节能降耗、清洁生产等环境保护十大工程建设,全面改善城市环境质量。加强农村生态环境保护,结合农业结构调整,大力发展生态农业。以环城林带和城市森林公园建设为重点,实施城市立体绿化工程,塑造山水园林特色,建设“绿色马鞍山”,提高城市品位。

七、全面优化发展环境

18. **进一步解放思想,切实改善创业环境**。坚决冲破一切妨碍发展的思想观念,坚决改变一切束缚发展的做法和规定,坚决革除一切影响发展的体制弊端,在全社会形成团结一致谋发展、齐心协力创大业的浓厚氛围。坚持把解放思想落实到实际问题的解决上,进一步改善和优化发展环境,着力解决好影响发展环境的突出问题,促进开发开放和经济发展。深入推行行政审批制度改革,切实减少和简化行政审批项目和内容,规范行政行为。进一步清理整顿行政和事业收费,坚决取消不合理收费,严肃查处乱收费行为。深入开展政风评议活动,进一步改进和完善评议办法,使之更加适用有效。牢固树立亲商、安商、富商意识,坚持一切为投资者着想,不断加强和改进服务。完善投诉受理中心运行机制,加大对影响投资环境违法违纪行为的查处力度,切实保护投资者合法权益。进一步强化诚信意识,加快推进企业和个人的信用登记等制度建设,建立健全社会信用体系,打造“信用的马鞍山”。

19. **加大改革攻坚力度,突破制约发展的体制性障碍**。坚持以国有企业改革为中心环节,积极推进以市场为取向的各项改革,不断完善社会主义市场经济体系。分行业、分层次全面推进各类企业改革,按照现代企业制度的要求,对国有大中型骨干企业进行规范的公司制改制,健全法人治理结构,实现投资主体多元化。继续推进“三个置换、一个保障”,加快国有集体中小企业改制步伐,明年全面完成资产和职工身份置换。大力推进商贸流通、粮食、交通、城建等领域的企业改革，吸引社会资本参与，尽快取得明显突破。加大国有资产管理体制改革力度，建立和完善地方政府代表国家履行出资人职责，享有所有者权益，权利、义务和责任相统一，管资产和管人、管事相结合的国有资产管理体制。着眼于转变政府职能，继续深入进行行政管理体制改革，加速行政型管理向服务型管理转变。积极推进事业单位改革，全面落实政事分开。加快推进社会保障制度改革，完善城镇职工基本养老保险制度和基本医疗保险制度，健全失业保险制度和城市居民最低生活保障制度，建设社会保障体系。立足自身，争取支持，切实解决经济转型中遇到的社会保障问题。落实促进就业的政策和措施，千方百计扩大就业。

20. **完善和落实鼓励政策，增强发展开放型经济的竞争力**。加大政策创新力度，继续清理与WTO规则不相适应的政策和规定，加快建立符合国际规范的各项优惠政策，完善有利于招商引资的政策支持体系。认真执行国家和省、市关于鼓励开放的有关政策，确保各项优惠政策全面落实到位，增强对外招商的吸引力。扎实推进国有土地资本运营工作，结合企业改制盘活存量土地，加大闲置土地处置力度，充分挖掘城市土地的巨大潜力。积极探索农村集体建设用地流转工作，深化集体土地使用制度改革。抓住我市作为国土资源部征地制度改革试点城市的机遇，积极推动征地制度改革，保障建设用地需要。改革和完善市场准入制度，降低企业设立门槛，争取由审批制改为登记制，营造便捷的市场准入环境。积极创造条件，争取省在我市实行直供电试点，降低企业成本，增强对外来投资的吸引力和产品竞争力。实行投资奖励政策，对外来投资者在我市投资的工业、农业、高新技术产业和基础设施项目，在一定年限内，按企业对地方财政贡献额的一定比例给予奖励。

八、切实加强对开发开放工作的领导。

21. **强化组织领导，形成整体合力**。加快开发开放，事关全市经济发展的大局，必须进一步加强领导。市委、市政府和市招商引资工作领导小组，要定期分析形势，研究解决开发开放中的重要事项和重大问题，强化协调、指挥和督查。各级党委、政府要把发展开放型经济摆在经济工作重中之重的位置上，主要领导要亲自推动招商引资工作，亲自过问重大招商项目，分管领导要具体抓，并把各方面力量有效组织起来。全市各部门、各单位都要进一步强化开发开放第一的意识，把抓好开放和招商引资作为自己的主要任务，并在工作中加强协作，密切配合，相互支持，形成推进开发开放的强大合力。

22. **严格实行责任制，狠抓任务落实**。进一步完善招商引资工作责任制，建立严格科学的考核体系，把开发开放特别是招商引资工作作为对有关部门、单位和领导干部完成岗位目标的重要考核内容。对完成任务的部门和引资有贡献的集体和个人，年底市委、市政府给予奖励，成绩突出的给予重奖。对当年完不成考核任务的部门和单位，对主要负责人给予通报批评；第二年仍不能完成考核任务的，主要负责人应主动辞职。各级干部尤其是各级领导干部，要进一步改进工作作风，深入实际，深入基层，调查研究，了解实情，切实解决开发开放中的实际困难和问题，创造性地做好开发开放各项工作。

23. **加强人才培养、引进和使用，构筑开发开放新的人才高地**。新形势下加快开发开放，归根到底要靠人才。各级党委和政府一定要牢固树立尊重知识、尊重人才、尊重创造的思想，切实把人才的培养、引进和使用，作为推进开发开放的一项基础性工程来抓。健全在职学习、离职培训、挂职锻炼和出国研修等制度，加快培养各类专门人才，努力提高人才队伍整体素质。认真制定人才引进优惠政策，开辟引进人才“绿色通道”，敞开引进高层次紧缺人才，鼓励国内外优秀人才以各种方式为我市工作。完善人才市场建设，进一步深化干部人事制度改革和分配制度改革，优化人才创业环境，加快形成各类人才脱颖而出的激励机制，以适应开发开放的需要。

大 事 记

2002年度马鞍山市大事纪要

1 月

5日　中共安徽省委、安徽省人民政府向马钢(集团)控股有限公司、马鞍山钢铁股份有限公司发去贺电,祝贺马钢集团2001年销售收入达到102.7亿元,在全省工业企业中率先超过100亿元。8日,副省长黄岳忠代表省委、省政府专程前往马钢祝贺,并对马钢未来发展提出新的更高要求。

6日　市委副书记、代市长丁海中与副市长陈大娜率市有关部门负责人前往马钢,祝贺马钢公司2001年销售收入首次突破100亿元。

7日　在北京召开的全国建设工作会议上,马鞍山市雨山湖治理及城市环境综合整治获首届“中国人居环境范例奖”。

△　省人大常委会副主任王秀智率人大调研组来马鞍山调研,征求市、县人大常委会领导和部分省人大代表对省人大常委会2002年工作要点(草案)的意见。

9日　至13日,政协马鞍山市第六届委员会第五次会议召开。

14日　代市长丁海中在南湖宾馆会见北京首创集团股份有限公司总经理潘文堂、首创集团京放投资管理顾问有限公司总经理汪洪等一行9人。双方就城市水务和房地产开发等合作项目的相关情况以及具体合作方式进行了深入洽谈。

16日　至19日,马鞍山市第十二届人民代表大会第五次会议召开,大会采用无记名投票方式,依法补选丁海中为市人民政府市长,依法补选徐如栋为市十二届人大常委会委员。

17日　省委常委、省政法委书记任海深一行,在市委书记郑牧民陪同下到当涂县调研政法工作。

18日　总投资24亿元人民币的马鞍山至芜湖高速公路开工典礼在马鞍山市东环路西段隆重举行。副省长黄岳忠、省交通厅厅长王兴尧、市委书记郑牧民、市长丁海中以及芜湖市领导出席了开工典礼。

21日　马鞍山矿山研究院筹建的我国唯一的“国家环境保护矿山固体废物处理与处置工程技术中心”通过国家环保总局验收。

22日　马鞍山市人民政府下发《关于改革户籍管理制度,推进我市城市化进程的通知》。《通知》下发后,全市即取消户口控制指标,实行市区户口准入制度。

△　全省长江堤防加固及移民建镇工作会议在马鞍山市召开。副省长田维谦主持会议,省委常委、常务副省长张平出席会议,市长丁海中就马鞍山市堤防加固及移民建镇工作情况作汇报发言。

29日　受省委、省政府委托,以省总工会常务副主席赵国屏为组长的省总工会送温暖小组,带着30万元慰问金,先后到马钢、向硫矿和十七冶三家大型企业,看望慰问部分特困职工家庭。

30日　青啤(马鞍山)公司正式通过挪威DNVISO9001—2000版国际质量体系认证。自此,该公司可以正式生产销售“青岛啤酒”,成为青啤集团公司本部以外能生产“青岛啤酒”的第二家企业。

31日　中橡(马鞍山)公司新工艺炭黑项目——IFC(国际金融公司)、中国工商银行联合贷款暨IFC资本金投入签约仪式在南湖宾馆隆重举行。省外经贸厅副厅长姚小培、市长丁海中、常务副市长鲍寿柏等出席了由安徽省工商银行、IFC国际金融公司和中橡公司中外三方的签字仪式。该项目协议涉及IFC投资200万美元,提供贷款900万美元;安徽省工商银行提供贷款4 100万元人民币。

2 月

1日　马鞍山市经贸发展有限公司成立。市委书记郑牧民、市长丁海中和市人大主任朱佩蓉共同为新公司成立揭牌。该公司的成立,标志着马鞍山市国有资产管理体制和机制的创新迈出实质性步伐,它担负并将完成国有资产的战略性调整和重组、实现国有资本保值增值的重要任务。

2日 马鞍山市第十二届人大常委会举行第二十八次会议,决定任命牛弩韬为市人民政府副市长。

4日 市委、市政府召开全市机构改革动员大会,市委书记郑牧民作动员报告,市长丁海中宣读《马鞍山市党政机构改革方案》。马鞍山市党政群机构改革全面启动。

7日 市领导郑牧民、丁海中、靳林春、刘桂兰、周宏基、陈义金等分三路赴私营企业慰问,勉励私营企业主在新的一年抓住机遇,加快发展,为马鞍山市经济建设作出更大的贡献。

8日 由市委宣传部、市文化局、市文联共同主办的2002年马鞍山市迎春书画展在市展览馆开展。此次书画展共展出165幅书画作品,历时十余天。

10日 经济学家厉以宁教授来马鞍山市考察讲学。副省长卢家丰、省政协副主席秦德文会见了厉以宁教授。厉以宁教授在市及马钢领导郑牧民、丁海中、顾建国、鲍寿柏等陪同下考察了位于马鞍山经济技术开发区内的安徽星马汽车有限公司,并在马钢宾馆作了《关于企业文化建设的几个问题》的讲座。

13日 下午3时许,当涂县横山林场发生火灾,经及时全力组织扑救,至14日上午8点40分火势得到控制。此次森林火灾过火面积约46.67公顷,烧毁森林22公顷。

20日 副省长卢家丰、市长丁海中在南湖宾馆会见法国圣戈班集团总裁、首席执行官白枫先生、圣戈班集团亚洲区总代表卢瓦亚先生及圣戈班集团中国总代表米歇尔·丁先生等一行,就进一步扩大在马鞍山市的投资合作交换了意见。

△ 马钢职工康复中心(马钢医院新住院大楼)工程举行奠基仪式。大楼由南京建筑设计院设计,总投资达6 200万元,建筑面积为29 943平方米。

3 月

1日 中共马鞍山市委、马鞍山市人民政府为表彰马钢对全市经济发展作出的重要贡献,决定重奖马钢领导班子100万元人民币,市长丁海中、市委副书记、常务副市长鲍寿柏、副市长牛弩韬等前往马钢送奖,表示祝贺。

3日 市委、市政府重奖6家业绩优良企业的经营管理者,共发给奖金125万元。6家企业是:市星马汽车股份有限公司,奖金40万元;安徽山鹰股份有限公司,奖金20万元;市天成纺织有限公司,奖金20万元;万能达发电有限公司,奖金20万元;马鞍山发电厂,奖金15万元;市金星化工(集团)公司,奖金10万元。

△ 以麦克·果先生为首的澳大利亚国际商会代表来马鞍山市访问,并进行有关合作项目的洽谈。市长丁海中、副市长陈大娜、周宏基会见了澳大利亚客人。

4日 市委、市政府召开全市精神文明“双十佳”表彰大会。会议向获得2001年度全市精神文明十件好事代表、十佳市民授奖,颁发奖旗、证书;向获得2001年度全市精神文明“双十佳”提名奖者颁发证书。

6日 市长丁海中在南湖宾馆会见台湾中兴银行副董事长郭弄先生和台资企业杭州德川建材有限公司总经理郭敬禄先生。

△ 市长丁海中在南湖宾馆会见法国圣戈班穆松桥公司总裁易墨文先生、副总裁添福先生及穆松桥公司交流总监拉格斯特先生等一行。双方就进一步扩大在马投资合作交换了意见。

△ 马钢股份公司三钢厂转炉煤气回收系统正式投运。该系统是日本国政府绿色环保机构NEDO组织无偿援助我国的转炉煤气回收示范项目。

7日 星马汽车公司专用汽车2 000台技改项目竣工暨5 000台专用汽车技改项目开工典礼在马鞍山市经济技术开发区内隆重举行。副省长黄岳忠、国家经贸委副主任王炳南、国家经贸委行业规划司副司长苏波、市委书记郑牧民、市长丁海中、市人大常委会主任朱佩蓉、市政协主席李福增等共同为5 000台专用汽车技改项目开工剪彩。

7日 副省长黄岳忠在市长丁海中、副市长周宏等陪同下,到市天成纺织公司调研企业改制情况。

8日 马鞍山市国有企业干部人事制度改革推出重大举措,即:取消企业和企业领导人员的行政级别,按照分层分类和管少管好的原则,市委只管理经贸发展公司等10家企业的董事长、党委书记、经理。

△ 马钢“十五”重点技改项目之首——投资1.285亿元的三钢厂新六机六流连铸机,进行设备连动试车后的首次钢流过身热试获得成功。该机生产线的建成,为马钢结构调整,提高产品技术含量和竞争力,适应国际国内钢材市场变化,开辟了美好前景。

△ 中共马鞍山市委出台《关于“敞开东大门、实现大开放”大讨论活动的实施意见》。大讨论活动旨在找出并破除阻碍马鞍山市对外开放的主要障碍,引导广大党员干部进一步解放思想、创新观念,促进和扩大对外开放,推动全市经济和社会各项事业加快发展。

14日 市长丁海中分别会见意大利普拉托商会

会长董文扬、副会长杨文敏及台湾中橡公司副总经理盛小逸等,宾主双方就有关合作、投资问题交换了意见。

16日 省委副书记王昭耀率省水利厅厅长吴存荣等有关部门负责人,来马鞍山市检查江堤加固工程情况。王昭耀对马鞍山市江堤加固工程总体进展表示满意,同时要求确保在汛前的6月份完成主体工程,年底全面完成长江马鞍山堤防建设。

△ 市长丁海中、副市长聂庆义会见上海浦发集团有限公司副总裁李南涌一行,双方就有关合作项目交换意见。

17日 丁海中会见珠海格力集团副总经理陈顺一、格力集团电工公司总经理王世惠一行。丁市长欢迎格力集团公司来马鞍山市投资办企业,并表示将给予大力支持。

18日 马鞍山市经济责任审计局成立。该局的主要职责是开展领导干部任期届满、任期内调动、转任、轮岗、免职、辞职、退休等经济责任审计。

19日 马鞍山市中纬复合材料有限责任公司正式挂牌。该公司的成立,完成了由国有控股企业向民营企业的转化,标志着马鞍山市国有企业改革实现了新的突破。

21日 市长丁海中分别会见以法国驻沪领事馆商务参赞傅龙先生为首的法国政府和企业代表团及美国多福集团海奥公司亚太区总监史诺先生等,副市长牛弩韬参加会见。

24日 至27日,市委副书记姚玉舟率马鞍山市党政代表团赴江苏昆山、江阴和上海浦东、松江考察,学习沿海发达地区对外开放的先进经验。市领导靳林春、茆家培、杜永田、牛弩韬、陈义金等参加考察。

28日 以马鞍山矿山研究院为主发起人,联合安徽恒信投资、安徽中周实业、安徽省国有资产运营有限公司等7家共同投资设立的安徽天源科技股份有限公司成立,市领导郑牧民、丁海中、朱佩蓉、李福增等前往祝贺,中国钢铁工贸集团公司总裁助理王为钢和市委书记郑牧民为公司揭牌。该公司注册资金4 000万元,其中国有股占78.75%,民营股占21.25%。

△ 安徽新力药业马鞍山分厂1.5亿支水针项目破土动工,市领导郑牧民、丁海中、朱佩蓉、李福增和新力药业董事长许克强等出席开工典礼。该项目总投资3 440万元,分两期进行,达产后,预计年销售收入可达1.5亿元。

4 月

1日 按照国家农业部长江禁渔工作的要求,自即日12时起,长江马鞍山段开始禁渔,将到6月30日12时解禁。

2日 至7日,市委书记郑牧民率马鞍山市党政代表团赴浙江台州、温州两市学习考察。

4日 省长许仲林、副省长田维谦在市领导丁海中、姚玉舟、杜永田的陪同下,视察长江马鞍山段江堤加固工程。

7日 至23日,以市长丁海中为团长的市经贸友好代表团对日本伊势崎市、韩国昌原市进行友好访问。访问期间,代表团与两市市长、议会议长就进一步加强交流与合作进行磋商,并拜会了部分世界著名商社和企业,举办了招商引资经贸洽谈会。

11日 市委书记郑牧民在南湖宾馆会见新任中橡(马鞍山)公司董事长盛小逸和新任中橡(马鞍山)公司总经理林信荣等。

13日 据《马鞍山日报》报道,在第六届东西部合作与投资贸易洽谈会上,以副市长牛弩韬为团长的马鞍山代表团取得丰硕成果,共签订投资、贸易、技术合作等各类项目总金额达13 780万元。

15日 市委书记郑牧民在南湖宾馆会见市政府经济顾问奚树祥总裁及其引荐的上海宝钢益昌有限公司董事长陈凤岗先生、上海白金汉商业广场董事长颜光雄先生、上海资产管理有限公司董事长黄若惠女士和上海宝德汽车有限公司副董事长陈德助先生等,双方就在马投资兴业等事宜进行了广泛的交谈。

24日 市长丁海中在南湖宾馆会见台湾海威国际工程顾问股份有限公司执行董事林赐全先生、台湾生态科技股份有限公司董事长周百禄先生和该公司大陆区总经理余憬松先生、台湾佳都大饭店总经理林博章先生、台湾诚友国际有限公司总经理林志斌先生和远东运动经纪股份有限公司协理陈皓铨先生等,双方就投资合作等事宜进行了坦诚的交谈。

26日 由马鞍山市人民政府主办、中国国际贸易促进会上海市分会协办的"2002年中国马鞍山城市投资环境推介会"在上海华亭宾馆举行。市长丁海中和上海市政府秘书长姜斯宪分别在会上讲话。参加这次推介会的有俄罗斯、爱尔兰和土耳其等20多个国家驻上海总领事馆的领事和商务代表,有美国、日本、德国、法国、印度、埃及、加拿大、西班牙、意大利、丹麦、韩国等一百多家企业负责人和代表。青岛润泰事业有限公司、上海农产品中心批发市场有限公司还分别与马鞍山市经贸委、市土地局和当涂县政府签订合作协议书。

28日 中国工商银行安徽省分行向马钢公司建筑用薄板项目贷款16亿元签字仪式在马鞍山市南湖宾馆举行。省分行行长刘卫星、副行长蒋玉林,市及马钢领导郑牧民、丁海中、朱昌逑出席了签字仪式。

30日 马鞍山市再就业先进表彰暨事迹报告会在市政府东二楼会议室召开。大会授予青啤(马鞍山)有限公司等16家单位“马鞍山市下岗职工再就业工作先进单位”、彭荣刚等5人“马鞍山市下岗职工再就业带头人”、袁淑梅等10人“马鞍山市下岗职工再就业先进个人”称号。

5 月

7日 市长丁海中、副市长聂庆义会见南京一德集团董事长陈俊一行,丁市长欢迎一德集团来马鞍山市投资兴业,扩大发展。

8日 中共马鞍山市委举行六届三次全委会,选举产生9名出席省党代会会议代表,他们是:方志宏、成浩、吕金宝、朱兴亚、杨燕、宋金虎、姚玉舟、顾章根、魏俊智(按姓氏笔画为序)。

9日 市长丁海中、副市长聂庆义会见来马考察星马汽车公司的美国多福集团高级顾问艾华德先生、美国多福集团所属绿森设备公司副总裁罗腾先生及美国多福集团驻华首席代表黄彬女士等,双方就合作事宜进行了洽谈。

10日 在著名剧作家吕宕逝世5周年之际,马鞍山市举行《吕宕文选》出版首发式,省文联名誉主席、著名作家鲁彦周、市政协主席李福增、市委副书记鲍寿柏等到场祝贺。吕宕先生生前创作了不少电影文学剧本、话剧剧本、报告文学、文学随笔等,特别是其执笔的电影文学剧本《鸦片战争》(即《林则徐》)制片放映后,在国内外产生了巨大影响。

11日 省委、省政府在马鞍山市召开“入世后的皖江开发开放”专家研讨会,省委常委、副省长张平到会作了重要讲话,国家统计局、国家计委规划司、华东师大等专家教授以及省内沿江城市的市长参加研讨。

△ 北京师范大学网络教育学院马鞍山教学站(设于马鞍山电大内)在市人民会堂举行揭牌仪式。

△ 马鞍山市第十七届“江南之花”大型文艺活动拉开帷幕。此届活动的主题是“共建美好家园”。活动内容有广场汇演、调演、文艺展演、书法、美术作品展、露天电影放映周等,历时13天。

12日 省委书记王太华、常务副省长张平一行到当涂博望镇,对促进农村加快工业化、城镇化建设问题进行调研。

△ 当涂县政府大院2.06公顷国有土地使用权挂牌竞标出让。市宏图房地产开发有限责任公司经过4轮竞标,最终以1 420万元取得这宗土地使用权。8月8日,重新选址新建的当涂县行政中心(县党政机关办公设施)开工建设。行政中心位于城关行陈村境内,占地6.73公顷,分两期建设。

13日 全国人大常委会内务司法委副主任张丁华率全国人大常委会《消防法》执法检查组来马鞍山检查消防执法工作。

△ 马鞍山市城建重点工程——九华路开工建设。该路呈东西走向,西起沿江大道,东到东环路,全长约8公里,道路红线宽60米,计划投资约2 800万元。

14日 至17日,以副市长聂庆义为团长的市贸易投资代表团赴香港招商取得丰硕成果,共签订2 033万美元出口贸易意向和合同、1 625万美元投资意向和合同。此次洽谈会上,马鞍山民营企业所签进出口贸易合同,第一次超过了国有企业。

15日 至17日,在国家科委于广西南宁召开的全国科教兴市工作经验交流会上,马鞍山市被授予“全国科技进步先进市”称号,市委书记郑牧民、市长陈世礼、副市长鲍寿柏、科技局长陈苏汉被评为全国科技进步考核先进个人。

17日 经国务院审定,采石风景名胜区被列为国家重点风景名胜区。

△ 马鞍山经济技术学校挂牌成立。该校系经省政府批准、在马鞍山职业教育中心的基础上建立的经济类普通中等专业学校。

18日 格力电工马鞍山有限公司成立。格力集团董事长徐荣、市长丁海中为该公司揭牌。

△ 当涂工业园区管委会揭牌暨首批入园项目(4个)签字仪式隆重举行。当涂县县长方志宏主持仪式,市人大主任朱佩蓉、市政协主席李福增为管委会成立揭牌,市长丁海中发表了热情洋溢的讲话。

20日 全市公安机关开展以打击偷盗自行车、摩托车犯罪为重点的“猎鹰行动”。至7月中旬,公安机关共抓获盗车贼213名,追缴自行车823辆,摩托车179辆,案值200余万元。

21日 国家气象局局长秦大河一行冒雨视察马鞍山市气象设施和农网建设工作。

△ 至22日,马鞍山市工商业联合会(商会)第五届会员代表大会在雨山湖饭店召开。省政协副主席、省工商联(总商会)会长王鹤龄到会致词祝贺,市长丁海中到会发表讲话。会议选举王青松为市工商业联合会(商会)会长。

22日 马鞍山市政府与北京首创股份有限公司自来水项目合资框架协议在南湖宾馆签订。合资框架协议的主要内容:首创出资购得市第二水厂60%股份,控股合资经营;双方共同负责计划中的市第四水厂项目的筹资建设工作。这是马鞍山市公用事业建设中的首个合资项目。

23 日　以市长王竹鸣为团长、常务副市长高雪坤为副团长的昆山市政府代表团来马鞍山市参观考察。市长丁海中、副市长戴自明会见了昆山客人。

25 日　市长丁海中在南湖宾馆会见来马进行商务考察的比利时驻上海领事馆商务专员艾瑞克先生及其夫人、比利时富通基金管理(亚洲)总裁田仁灿先生等一行,双方就开展商业合作等共同感兴趣的话题进行了交流。

29 日　以彼德罗·迪埃斯·奥拉萨尔瓦市长为团长的西班牙阿尔冈达·德雷伊市友好代表团抵达马鞍山,进行参观考察和经贸洽谈活动。5 月 31 日,举行两市建立友好城市的签字仪式。

△　马鞍山市召开全市行政机关推行政务公开工作动员会。会议决定在市、县(区)政府各部门全面推行政务公开,并要求确保在 7 月 15 日前全部实施到位。

6　月

1 日　以市委书记郑牧民为团长,市发展计划委、外事办、花山区、商业银行等单位负责人参加的马鞍山市经济友好代表团,圆满结束对美国马里兰州、佩尔斯市及加拿大哈密尔顿市友好访问归来。

6 日　马鞍山市药品监督管理局挂牌成立。

9 日　马鞍山市第一家股份制医院——仁济口腔医院正式开业对外服务。

12 日　雨山区雨山中心小学新校园落成。新校园坐落在环境优美的鸳鸯小区,占地 1.33 公顷,校舍建筑面积 5 000 平方米,可容纳 1 300 多名学生。

15 日　据《马鞍山日报》报道,首部记载建市以来文化事业发展成就的《马鞍山市文化志》日前正式面世。

18 日　至 19 日,市长丁海中、市委副书记姚玉舟率马鞍山市党政代表团赴江苏省高淳县、浙江省长兴县和本省广德县就县域经济如何实现快速发展问题进行专题考察调研。

20 日　市委、市政府在当涂县举行当涂发展专题调研会。会议要求当涂各级党政领导进一步解放思想,以对外开放为突破口,推动当涂县域经济超常规发展。市委书记郑牧民、市长丁海中、市政协主席李福增等出席会议。

△　马鞍山市人大常委会第三十次会议决定:单文钧任市人民政府副市长(挂职)。

△　下午 3 时 40 分左右,位于霍里镇原农科站大院内的 20 头奶牛遭雷电电击死亡。死亡的 20 头奶牛均为青壮年期,死前无任何疾病症状,死后头部皮层有电击烧焦痕迹。

23 日　市长丁海中在南湖宾馆接受了由人民日报社、新华社、中央人民广播电台、中央电视台、经济日报社、工人日报社、中国青年报社、法制日报社等中央新闻单位记者组成的中国“安全生产万里行”采访团的采访。

25 日　广西贵港市副市长韩广宗率领贵港市政府考察团来马鞍山市进行考察交流,副市长牛弩韬会见了贵港客人,双方就两地开展经济合作事宜进行了广泛的交谈。

26 日　美国纽菲尔公司和江苏省农业资源开发局来马鞍山考察、洽谈 4 666.67 公顷种养基地及高新技术创业服务中心后续工程等项目。

△　中国金属学会主办的主题为“节能降耗降成本,炼铁环境更好”的 2002 年全国炼铁生产技术暨炼铁年会在马钢召开。

30 日　以日本伊势崎市市长矢内一雄为团长、议长堀田荣一为副团长的友好代表团一行 6 人抵达马鞍山市访问。市长丁海中、市人大主任朱佩蓉、市政协主席李福增分别会见了来访的伊势崎客人。

7　月

1 日　总投资 3 000 万元人民币的马钢钢构生产中心建成投产。钢构生产中心是马钢发展非钢产业的重点项目之一,设计年产量 2 ~ 2.5 万吨。

△　马鞍山市地下管线普查(现状测绘)工作正式开始。此项工作约需一年时间,完成全市地下管线(设施)普查,在此基础上建立动态管理信息系统。

△　红旗南路中段拓宽工程竣工。该路拓宽工程是衔接开发区、实施城市东扩南进战略目标的重要举措,总投资为 3 000 万元人民币。

2 日　市委书记郑牧民、副市长周宏基在南湖宾馆会见来马鞍山考察的美籍华商杨赛德一行。杨赛德是 PRIMANEX 公司首席执行官,与其随行的还有台湾富鑫创业投资公司美国公司副总经理林金龙、美国金利集团总裁李林等。

4 日　马鞍山市行政学院和马鞍山市社会主义学院举行授牌仪式,市委书记郑牧民、市长丁海中、市人大主任朱佩蓉、市政协主席李福增分别为“两院”授牌。新成立的“两院”与市委党校一个机构三块牌子,由市委党校校委会统一领导。

9 日　副省长蒋作君率省有关部门负责人深入马鞍山市长江堤防检查指导防汛工作。

10 日　马鞍山市工商联浙江商会成立。据统计,浙江籍人在马注册登记的各类企业、公司办事处近60个,个体工商户近200家,从业人员1 000多人。

12日 省长许仲林率省政府一行人来马鞍山市走访部分省人大代表并进行座谈,听取代表们对省政府工作的意见和建议。市委书记郑牧民、市人大主任朱佩蓉等参加了座谈会。

△ 至19日,市长丁海中率马鞍山市招商团赴浙江杭州、温州等地招商。

13日 “安徽省迎接党的十六大胜利召开中小学生一框邮展”在马鞍山展览馆拉开帷幕。此次邮展展出了来自全省15个城市100余名中小学生送展的一框邮集110部。

15日 下午2时,马鞍山市实测气温达39.9℃,这是马鞍山地区自1959年有气象记录以来的最高气温。

16日 上午,马鞍山市人大常委会领导朱佩蓉、赖祯林、刘桂兰、陶德甫、王兴来、李学智、尹孔贵、王明贵分别前往合肥、芜湖开发区参观。下午,市人大领导一行到马鞍山经济技术开发区听取开发区管委会工作汇报并实地视察开发区企业。

17日 国家经贸委副主任欧新黔在市委书记郑牧民、副市长牛弩韬的陪同下,到星马专汽股份有限公司考察。

18日 副省长黄岳忠在马钢公司领导顾建国、顾章根、朱昌逑的陪同下,冒着高温深入马钢生产、建设工地现场,亲切慰问战斗在高温一线的广大职工。

20日 无锡青草地乳业有限公司与马鞍山江南集团签订收购江南集团牛奶场意向书。

22日 由人民日报社、新华社、光明日报社等10多家中央新闻单位组成的中央新闻采访团来马鞍山市采访政协工作。市委书记郑牧民、市长丁海中、市政协主席李福增等接受了采访团的集体采访。

△ 至26日,安徽省年鉴理论研讨会在马鞍山市召开。中国地方志年鉴编辑部主任王熹、省地方志办公室主任崔厚贤、副主任王宜斌、副市长聂庆义及各地市代表共70余人参加会议。

24日 省委副书记沈跃跃在省委副秘书长张万宽、省委组织部副部长秦亚东陪同下来马鞍山检查指导工作。

26日 据《马鞍山日报》报道,安徽省民营企业百强评选近日揭晓,马鞍山市民营企业大汗物资公司、锦华百货公司、志民房地产公司、梦都实业公司、鸿泰集团公司5家公司榜上有名。

△ 马鞍山市创建市、区、街道、社区四级就业服务网络工作正式启动。首批确定的13个市级试点社区和17个区级试点社区的工作人员在市劳动保障局接受专业培训。

28日 中国太平洋财产保险股份有限公司马鞍山中心支公司成立。

30日 市长丁海中、副市长聂庆义会见浙江海外海集团执行总裁唐新民,杭州热电集团董事长、总裁聂忠海,浙江嘉德房地产公司董事长李方平和安徽金鼎集团总裁丁劲松一行,并就有关合作事宜进行了广泛交谈。

△ 由创建于1956年的马鞍山市建筑设计院整体改制而成的“汇华建筑设计有限公司”挂牌。

31日 全国人大常委、民进中央常务副主席张怀西,全国政协常委、民进中央副主席王立平率民进中央调研组一行,在省人大常委会副主任、省民进主委朱维芳等陪同下抵达马鞍山市,就“长江下游地区环境保护与修复对我国可持续发展的影响及对策”问题进行为期两天的专题调研。

△ 美国BES公司总裁大卫·奥康奈先生来马鞍山市访问,就环保治理项目和环保产业投资等与马鞍山市及马钢等有关方面进行了洽谈。市委书记郑牧民、副市长聂庆义等在南湖宾馆会见了大卫·奥康奈一行。

8 月

1日 市公安机关开始为全市自行车等非机动车办理牌照并实行上牌管理。2003年1月起,将对全市非机动车进行全面清查。

△ 由中共安徽省委统战部主办、马鞍山市委统战部协办的全省“民主监督内涵及地位作用研讨会”在马鞍山召开。

△ 马钢新建三钢厂5万立方米煤气柜开始回收进气。

2日 省军区司令员种明辉、政委戴长友率省军区机关全体干部参观马钢公司。

4日 洪宾丝画在中国工艺美术博览会暨“2002年华艺杯评选展”中,获得一项铜奖和一项优秀奖。

5日 “马鞍山市现行文件阅览中心”在市档案局揭牌,这标志着公众可直接查阅官方现行的红头文件。

7日 安徽省国防动员委员会综合办公室主任会议在马鞍山市召开。会议由省政府副秘书长、省国动委综合办公室主任邱江辉主持,省军区副司令员、省国动委副主任狄玉增,省军区参谋长、省国动委秘书长汤朝荣出席会议并讲话。

△ 以日本伊势崎市土地开发公司事务局长高柳直辅为团长的伊势崎市第十六次学生访问团来马

鞍山市访问。

△ 向山镇明财选矿厂尾矿库倒塌,库下 9.23 公顷水田、1.09 公顷旱地和 1.34 公顷水面被淹没,4.58 公顷农田进了尾矿,3.03 公顷旱地无水浇灌,490 多人发生饮用水困难,部分交通、通讯、电力设施被毁。酿成尾矿坝倒塌的责任人王明才涉嫌重大责任事故被公安机关刑事拘留。

8 日 马鞍山市召开环境保护暨创建国家环保模范城市动员大会,省环保局长童怀伟、市委书记郑牧民、市长丁海中到会讲话,市人大主任朱佩蓉、市政协主席李福增等出席会议。

△ 下午,由市委书记郑牧民、市长丁海中率领的马鞍山市招商团抵达合肥,参加 8 月 9～10 日的“皖浙经济合作项目推介会”,并进行一系列的招商活动。此次推介会上,马鞍山市共签订 10 个项目,吸引浙江企业投资 34 亿元人民币,位居全省前列。

9 日 在合肥“皖浙经济合作项目推介会”上,当涂县人民政府与浙江中源房地产公司签署中源公司投资开发建设“姑孰新城”的协议。“姑孰新城”规划选址位于姑孰路两侧,占地 27 万平方米,项目总投资 2.5 亿元人民币。

10 日 以国家档案局局长毛福民为组长的国家档案行政执法检查组来马鞍山市检查指导档案工作。市及马钢公司领导郑牧民、顾章根、姚玉舟、聂庆义、顾建国等陪同检查组先后到马钢、市档案局实地察看档案工作。

13 日 上午 10 时许,在原马建二公司院内的一座旧楼拆除现场,墙体突然倒塌,3 名正在作业施工的泗县籍民工当场死亡。

△ 14 时 30 分,当涂薛津镇百峰采石场 300 立方米左右片石从采场顶部坍塌,造成 3 名现场作业工人被砸身亡。

15 日 马鞍山市政府与中国银行安徽省分行签订金融业务合作协议。中国银行安徽省分行行长祁泽瑞、市委书记郑牧民、市长丁海中出席签字仪式。

17 日 2002 年国际标准舞“红三环”杯安徽锦标赛在马鞍山市体育馆举行。此次比赛是安徽省第十五届国际标准舞锦标赛,参赛选手 800 多人。

23 日 以韩国昌原市总务局局长崔判东为团长的昌原市少年合唱团一行 40 余人抵达马鞍山市,进行访问和演出活动。

△ 经公安机关缜密侦查,8 月 22 日发生在国家级文物保护单位——朱然墓园的被盗案告破。犯罪嫌疑人缪某落入法网,被盗的 6 件仿制青铜车、马被追缴。

27 日 上午 10 时许,满戴着重庆巫山县大昌镇移民的 10 多辆大客车驶入当涂县城关,当涂干群热烈欢迎来自三峡的亲人。此次来当涂的大昌镇移民共 88 户、350 人,分别移居博望、塘南、黄池等 10 个乡镇。

28 日 省长许仲林、省政府秘书长徐立全及省水利厅、计委等领导,在市领导丁海中、姚玉舟、杜永田等陪同下,实地视察马鞍山市防汛工作。

△ “上海农工商超市马鞍山大卖场”建设项目签字仪式在上海农工商总部举行。该项目由市广电局、市三和工贸有限责任公司和上海农工商三家联手,总投资 6 000 万元,其中上海农工商投资 4 500 万元。项目在马鞍山建成后,将促进市场繁荣并可安置就业 300 多人。

9 月

8 日 十七冶建筑工程有限责任公司正式挂牌。该公司由十七冶原下属土建一公司、二公司和工安公司的大部整合组成,在册职工 6 000 余人,具有独立法人资格。公司具备房屋建筑、市政工程二级施工总承包资质,兼具筑炉、地基、钢结构、环保工程的专业承包二级资质。

11 日 省人大常委会副主任刘广才来马鞍山,听取有关方面对市、县(区)换届选举工作意见,市人大常委会主任朱佩蓉、副主任茆家培、赖祯林、王兴来及县(区)人大常委会负责人参加了座谈。刘广才副主任还参加了在马鞍山举行的省职工思想工作研究会。

16 日 市政府批转市交通局、市编办、市国资办、市计委、市经贸委、市审计局《关于马鞍山港口管理体制改革的实施意见》。该《实施意见》根据政企分开、“一港一政”的原则,撤销马鞍山港务管理局,组建港口企业集团,将原港务局行使的行业和行政管理职能予以剥离,设立马鞍山市港口管理局(副县级事业单位),划归市交通局。

17 日 以美国费城商业局第一副局长尹今一·崔雷先生为团长的费城经贸代表团一行 17 人访问马鞍山市。随团的美国 10 家企业与马鞍山多家企业和部门对口举行洽谈。市长丁海中、副市长聂庆义、牛弩韬会见了美国客人。

24 日 为改善投资环境,扩大招商引资,促进经济发展,市政府制定并印发《关于涉及建设项目规费征收和减免的意见》。《意见》暂核定 23 项,涉及市政、交通、能源、水利、科技、文化、教育、卫生、环保等项目,其中有 19 项实行规费免征。

△ 市长丁海中、副市长聂庆义在市经济技术开

发区管委会二楼贵宾厅会见英国美顿贸易公司董事长贝克曼先生一行,双方就在开发区投资兴建耐火材料项目进行了坦诚交谈,并达成广泛共识。

25日 中国贸促会常务副会长万季飞在省贸促会会长高红姝陪同下,专程来马鞍山视察市经济技术开发区建设发展情况。市长丁海中陪同视察。

26日 马钢集团南山矿业公司高村采场一期工程竣工投产,预计年产铁矿石150万吨,为马钢南山矿持续发展奠定了基础。

△ 政协马鞍山市六届委员会第二十五次常务会议通过决定,对市政协专门委员会设置和工作职能作如下调整:一、将台港澳侨联络委员会更名为港澳台侨和外事委员会;二、将经济科技委员会更名为经济委员会;三、将文教卫体委员会更名为教科文卫体委员会;四、新成立人口资源环境城建委员会。

28日 为扩大对外开放,加速工业化、城市化建设,经市政府同意,市计委规划制定了《马鞍山市开发区、工业(旅游)园区产业布局的意见》。按此《意见》,马鞍山市在加快建设市经济技术开发区的同时,将发挥各方面的积极性,分别建设慈湖、当涂、金家庄、雨山工业园区和花山旅游园区。开发区和各工业(旅游)园区将形成各自的产业特色,成为区域和全市经济增长的带动力量。

△ 马鞍山市首家民营医院——马鞍山市红十字医院正式营业。

30日 马钢不锈钢生产线一期工程竣工投产,填补了马钢产品一项空白。这条生产线可年产2 500吨不锈钢棒线。

10 月

10日 市长丁海中会见阿联酋国皇冠润滑油公司总裁穆罕默德·阿里·阿萨一行,并就该公司来马鞍山投资有关事宜进行深入会谈,副市长聂庆义参加会见。

11日 副省长黄岳忠及省发展计划委员会副主任李朝东、省经贸委副主任蔡庆中等在市及马钢领导郑牧民、顾建国、顾章根、朱昌逑等陪同下,深入马钢热轧、冷轧薄板工程及移地大高炉大修工地了解施工进展情况。

△ 副省长黄岳忠在市南湖宾馆会见日本三菱汽车株式会社副社长宇佐美、三菱商事株式会社总代表武田等客人,并就星马公司"5 000辆重型专用汽车项目"合作事宜进行了洽谈。省发展计划委、省经贸委及市委、市政府主要领导会见时在座。

△ 安徽省新时期教育创新研讨会暨陶行知研究会三届三次年会在马鞍山召开。会议就如何开展教育创新、推进素质教育、提高教育整体水平进行了交流和研讨。省老领导王光宇、省人大常委会副主任苏平凡、省教育厅副厅长胡平平、市长丁海中等出席会议。

14日 马鞍山中国国际吟诗节——吟诗会在采石公园隆重举行。市领导朱佩蓉、李福增、陆阳、靳林春、孙铭和、李学智、周宏基、何永炎以及日本、韩国等中外嘉宾出席吟诗会,并观看了演出。

17日 副省长田维谦、省政府副秘书长王首萌等来马鞍山考察农业和旅游业发展情况。市长丁海中、市委常委、当涂县委书记陈鹏、副市长杜永田等陪同考察调研。

18日 天源科技(马鞍山)通力磁材有限公司挂牌运营。市长丁海中出席了揭牌典礼。该公司的成立,将对马鞍山磁材基地的发展产生积极的推动作用。

△ 市长丁海中会见来马鞍山进行商务考察的法国拉法基水泥集团奥兹特克先生一行以及日本东洋铁球株式会社社长春日仲一先生等外商,双方就商业合作进行了友好交谈。

21日 市政府第25次常务会议决定对106项行政审批事项予以取消和调整,这是自2000年以来的第三批清理。前两批清理已取消和调整252项。

22日 安徽工业大学东校区建成使用,3394名本科新生全部入住。市长丁海中出席延时一月举行的开学典礼。安工大东校区是市重点工程,它的建成有力地推动了马鞍山高等教育的发展。

24日 至25日,全省加快皖江开发开放座谈会在马鞍山举行。省委副书记、代省长王金山主持会议,省委书记王太华作了重要讲话。这次会议主要是总结近年来皖江开发开放的成绩和经验,分析当前面临的新形势、新机遇,进一步把开发开放工作提高到一个新水平。省有关领导王明方、张平、王秀智、卢家丰、王鹤龄以及滁州、马鞍山、巢湖、芜湖、宣城、铜陵、池州、安庆等沿江八市市委书记、市长,省直有关部门负责人、省重点企业负责人参加了座谈会。

29日 省人大常委会副主任苏平凡组织马鞍山部分全国、省、市人大代表座谈,就省人大工作和部分热点问题听取代表们的意见和建议。市人大常委会主任朱佩蓉、副主任茆家培、王兴来出席了座谈会。

11 月

1日 至2日,由西藏山南地区地委书记宋善礼、地区行署专员白玛赤林等一行17人组成的党政代表团来马鞍山参观考察，市领导郑牧民、丁海中、姚玉舟、成浩、杜永田等陪同参观考察。代表团还会见了马鞍山 3 名援藏干部家属，向她们献上了哈达。

3 日　至 15 日，市长丁海中率团对台湾进行考察访问，广泛接触了台湾工商界、科技界各方人士，洽谈落实了一批项目，访问取得圆满成功。

5 日　党的十六大代表郑牧民、顾建国启程随安徽代表团赴京参加党的十六大。

7 日　市政协主席李福增率市经济友好代表团对马鞍山国际友好城市——日本伊势崎市、韩国昌原市进行访问。

11 日　根据国务院办公厅《关于转发交通部水上安全监督管理体制改革实施方案的通知》，经省编委皖编办[2002]128 号文批复，马鞍山市航运管理局、马鞍山市港航监督船舶检验处更名为“安徽省马鞍山市地方海事局、安徽省马鞍山市港航管理局”，两个机构一套班子，下设当涂、雨山、花山、金家庄 4 个海事处，10 个海事所。

14 日　市地方志编纂委员会举行第九次会议，会议决定从 2003 年起全面启动马鞍山市地方志续修工作。

18 日　全国第三十四期市长研究班考察团一行 40 人来马鞍山考察调研，市长丁海中、副市长戴自明陪同参观考察。

19 日　市政府批复同意组建安徽星马汽车控股集团有限公司。公司为国有独资性质，注册资本 1 亿元人民币。

△　市长丁海中会见法国永德宁集团总裁若科斯一行，双方就在市开发区投资事宜进行了广泛交谈。法国永德宁集团是世界第一家生产沥青矿植物纤维彩色屋瓦的厂商，其产品销量居世界之冠。

20 日　市委召开副县(处)级以上领导干部大会，传达党的十六大精神，对学习宣传贯彻十六大精神进行部署。十六大代表、市委书记郑牧民作了传达报告。

22 日　市长丁海中会见韩国昌原市副市长河三锡率领的经贸代表团，双方就在市开发区投资兴业事进行交谈。副市长聂庆义、单文钧等参加了会见。

26 日　马鞍山市万马工业园奠基暨万马机床制造有限公司揭牌仪式在市经济技术开发区隆重举行。市委、市人大、市政府、市政协领导郑牧民、朱佩蓉、丁海中、李福增、陆阳、赖祯林、聂庆义、牛弩韬等参加奠基和揭牌。万马工业园由著名的民营企业浙江万马集团投资兴建，改制后的市机床总厂将搬迁到工业园重建为万马机床制造有限公司，争取一年后竣工投产。

27 日　马鞍山钢铁设计研究总院举行建院 40 周年庆祝大会。全国政协常委傅锡寿、中冶集团副董事长、常务副总经理李书臣、市领导郑牧民、朱佩蓉、李福增、顾建国、刘桂兰、周宏基等参加了庆典仪式，马钢、十七冶、矿院、安工大等单位领导顾章根、朱昌逑、刘喆、杨志清、王运敏、孙建华、邢善所等亦到会祝贺。经过 40 年的艰苦创业，马鞍山钢铁设计研究总院已经建成为以钢铁工程咨询、设计和承包为主的国家大型科技型企业，并正大力创建科技型集团，向国际型工程公司过渡。

29 日　至 30 日，中国优秀旅游城市复核工作检查组对马鞍山进行了复核检查，总体评价是：马鞍山市高度重视发展旅游经济，规范旅游市场，旅游城市格局逐渐显现，整体得分优秀。

12　月

8 日　马鞍山高新技术创业服务中心在市经济技术开发区揭牌。省人大常委会副主任苏平凡、中国科技大学党委书记汤洪高共同为该中心揭牌。中科院南京分院院长严寿宁、省科技厅厅长唐承沛、中科院合肥分院副院长匡光力、市领导丁海中、朱佩蓉、李福增、姚玉舟、成浩、陆阳、聂庆义及南京大学、东南大学、合肥工业大学、安徽工业大学、马钢、十七冶、矿院等单位领导参加了揭牌仪式。马鞍山高新技术创业服务中心成立于 1999 年，是省级创业中心，可为创业者提供高水准、全方位的综合服务。截至 2002 年 12 月，已与台湾福臻实业公司、深圳豪信科技公司、上海休普技术陶瓷有限公司等 17 家企业签订了孵化协议，项目涉及纳米材料、电子与信息、环保节能、光机电一体化等高新技术领域。

△　至 12 日，市辖三区一县政协换届选举工作结束。赵皖生任当涂县政协主席、傅玉琴任花山区政协主席、魏来源任雨山区政协主席、陈国光任金家庄区政协主席。

9 日　省军区司令员王贺文少将率工作组来马鞍山检查指导民兵预备役工作。市军分区司令员陆阳、政委徐如栋陪同检查。

11 日　自 2002 年 4 月启动的市管企业改为区管工作全面结束。这次下放给区管企业共有国有、集体企业 165 家。其中雨山区 22 家，金家庄区 23 家，花山区 120 家。原市属的采石茶干厂、第一塑料厂、市玻璃厂、市仪表厂、轻工机械厂等均改为区属。

12 日　黄池食品(集团)公司的“传统酱类人工接种和控制生产发酵”项目，获国家科技部 80 万元农业科技成果转化资金无偿资助。这是马鞍山市首次获得国家科技部农业科技成果转化资金支持，标志着该市农科成果转化工作取得重大突破。

△ 至14日，市辖三区一县人大换届选举工作结束。陈鹏任当涂县人大常委会主任，毛长江任县长；魏俊智任花山区人大常委会主任，龚明任区长；宋金虎任雨山区人大常委会主任，杨少虎任区长；吕金宝任金家庄区人大常委会主任，史达武任区长。

16日 嘉荣（马鞍山）实业发展有限公司揭牌暨工业园奠基仪式在开发区举行。市领导郑牧民、丁海中、朱佩蓉、聂庆义、戴自明、牛弩韬、陈义金等出席仪式。嘉荣工业园由香港知名企业嘉宜有限公司投资兴建，这是开发区内兴建的第三个工业园区。

17日 副省长文海英来马鞍山调研经济发展及城市建设情况。市长丁海中、副市长聂庆义、戴自明、单文钧等陪同调研。

18日 经过3年零8个月的建设，雨山湖分流主体工程胜利竣工。省人大常委会副主任苏平凡、市领导郑牧民、丁海中、李福增、姚玉舟、陆阳、靳林春、尹孔贵、戴自明、牛弩韬、陈义金、余永怡等出席了竣工典礼。雨山湖分流工程对马鞍山“东扩南进、实现双百”，缓解内涝压力，改善城市生态环境和加速开发将产生重大影响。

△ 由北京首创股份有限公司和市自来水公司共同出资组建的马鞍山首创水务有限责任公司成立。北京“首创”董事长刘晓光、总经理潘文堂、副总经理张扬、李德标、市领导郑牧民、丁海中、李福增、姚玉舟、陆阳、靳林春、尹孔贵、戴自明、牛弩韬、陈义金、余永怡及省内兄弟城市自来水公司等有关方面负责人出席了揭牌仪式。

21日 市慈湖工业园举行揭牌开园仪式。市领导郑牧民、丁海中、李福增、姚玉舟、靳林春、陈鹏、茆家培、聂庆义、单文钧、陈义金等参加揭牌仪式。慈湖工业园是市级工业园，规划面积12.63平方公里，区位优越，基础设施齐全，园内已有法国圣戈班、台湾中橡等跨国公司和丰原、格力等国内上市公司入驻，还有金星、巨龙、合力等省内著名企业。慈湖工业园将重点发展生化、精细化工、金属制品、冶金制品业，形成特色园区。

24日 由台湾大润发集团投资1亿元人民币兴建的马鞍山天润发平价购物广场隆重开业。省外经贸厅副厅长杨焕泉、省台办巡视员诸葛仁、省台办副主任王玲、润泰集团上海大润发有限公司副董事长黄明瑞、市领导丁海中、朱佩蓉、李福增、鲍寿柏、成浩、陆阳、靳林春、孙铭和、周宏基等为开业剪彩。天润发平价购物广场占地面积2.4万平方米，是迄今马鞍山最大的一个商业投资项目，也是营业面积最大的一家综合性超市，它对繁荣市场起到一定促进作用。

25日 市政府2002年为民办实事之一的农村饮水工程完成，共建水库1座、饮水专用塘4口、打井119眼，利用水库、自来水管网和过滤井接自来水工程35处，解决了近万名农村人口饮水问题。

26日 总投资3亿元的国家重点技改项目——山鹰纸业集团有限公司8万吨箱纸板工程竣工并投产。中国造纸协会副秘书长张新平、省轻工协会副会长仲建平、市领导郑牧民、丁海中、朱佩蓉、李福增等为工程竣工投产剪彩。

△ 在国有商贸企业改制中，连年亏损的国有雨山湖饭店被马鞍山民营企业梦都餐饮公司收购。

28日 由浙江海外海集团投资建设的马鞍山汽车城在市经济技术开发区开工建设。海外海集团董事长高国良、执行总裁唐新民，市领导郑牧民、丁海中、朱佩蓉、李福增、陆阳、聂庆义、戴自明等为开工奠基。

△ 至29日，省委副书记、省纪委书记杨多良率领省委、省政府慰问组，专程将20万元慰问金及部分棉衣、棉被、大米、食糖送到马鞍山，解决部分特困群众元旦、春节期间生活困难。

市 情 综 述

历史 · 地理

【地理位置】 马鞍山市位于长江下游南岸、安徽省东部,地处北纬 31°46′42″~31°17′26″与东经 118°21′38″~118°52′44″之间;东临石臼湖与江苏溧水县和高淳县交界;西濒长江与和县相望,南与芜湖市郊、芜湖县、宣城县接壤;北与江苏省南京市江宁区毗连,具有临江近海,紧靠经济发达的长江三角洲的优越地理位置。马鞍山市最北点在慈湖河入江口,最南点在黄池镇水阳江中心航道线上,最西点为江心洲与和县之间长江主航道中心线,最东点处于石臼湖中心线。全市总面积 1 686平方公里,南北最大纵距 54.4 公里,东西最大横距 46 公里。

【历史沿革】 马鞍山地区历史悠久,西周时属吴国,春秋战国时期先后改属越国和楚国,秦至西晋均属丹阳县(县治今当涂县丹阳镇)。东晋咸和四年(329 年),淮河之滨的当涂县(今安徽怀远县境内)流民南徙,遂于今南陵一带侨置当涂县,江南始有当涂县名,但非实体县。永和元年(345 年),江北豫州(今河南东南部,湖北东部)侨置于牛渚(今采石)。南朝梁天监元年(502 年),分丹阳县置南丹阳郡,郡治采石。隋开皇九年(589 年),将侨置于皖南一带的当涂县徙治姑孰城(今当涂城关镇),此是姑孰为当涂县城之始,迄今相沿不变。北宋太平兴国二年(977 年)设太平州,治姑孰城,辖当涂、芜湖、繁昌三县。元改太平州为太平路。元至正十五年(1355 年),朱元璋率起义军攻占当涂,改太平路为太平府,辖县照旧。明清府治隶属不变。民国裁府留县,当涂县直属安徽省。1949 年 4 月当涂解放。1954 年 2 月设马鞍山镇,隶属当涂县。1955 年 8 月设马鞍山矿区政府(县级),隶属芜湖专区。1956 年 10 月 12 日,国务院批准设立马鞍山市,为省辖市。当涂县先后隶属芜湖专区(地区)、宣城地区。1983 年 7 月,当涂县(除大桥公社外)划属马鞍山市。

马鞍山是 20 世纪 50 年代后期崛起的新兴钢铁工业城市,现辖三区一县。建市时,马鞍山建成区面积只有 0.7 平方公里,人口 5.65 万人,经 40 多年建设,马鞍山已由原来名不见经传的小村庄发展为人口达 120 万人、国内生产总值 154.8 亿元、建成区面积达 38 平方公里的新兴工业城市。马鞍山不仅城市生态环境优美,而且地理位置独特,形成了“九山环一湖,翠螺出大江”独特的城中有园,园中有城的城市风光。其城市建设和环境保护先后受到国家有关部委的多次表彰,先后获得“国家卫生城市”、“国家园林城市”、“全国十佳绿化城市”、“全国创建文明城市工作先进城市”、“全国科教兴市先进市”、“中国优秀旅游城市”称号。马鞍山市已成为扬子江畔一颗璀璨的明珠。

【自然资源】 马鞍山矿区地处长江下游宁芜——罗河成矿带,是我国七大铁矿区之一。矿区内铁矿山有马钢(集团)控股有限公司所属南山、姑山、桃冲铁矿及待开发的罗河铁矿,已探明的铁矿产地有 31 处,伴生矿产地 10 处,铁矿总储量 16.35 亿吨,占安徽全省铁矿总储量的 57.32%,其中能满足工业开采的约 10 亿吨以上。矿床规模以大中型为主,矿体较大,储量亿吨以上的有 5 处,矿石平均品位 36.55%,多属易选的磁铁矿石,经过选别流程可获得精矿品位达 53%~64%。马鞍山郊区的高村、陶村、和尚桥,当涂县境内的白象山,庐江县境内的罗河是潜力很大的后备矿山。硫铁矿集中分布在马鞍山郊区的向山、马山地区,总储量约 2.62 亿吨,约占安徽全省储量的 55.39%。伴生的磷资源储量大,品位高,仅以南山铁矿凹山矿采场和尾矿坝中含磷计算,储量达 1427 万吨,约占安徽全省磷矿储量的 1/3。钾长石矿主要分布于市郊葛羊山西部,储量达 100 万吨,剥离层薄,开采条件好,是陶瓷、玻璃、造纸工业的重要原材料。制造钾肥、硫酸原料的明矾石矿,主要分布于向山地区的大黄山,储量约 210 万吨,含明矾品位 38.7%。可作水泥工业掺料的石膏矿,分布于市区东南向山,为中型矿床。此外,还蕴藏可供开采的金、铜等有色金属矿及高岭土、云母等一些非金属矿。

马鞍山市土地总面积为 1 686 平方公里(约 16.86 万公顷),其中耕地面积 4.77 万公顷。

全市(不含当涂县,下同)年平均降水量 1 060 毫米,形成大气降水总量约 2.9 亿立方米。河川径流总量达 1.13 亿立方米。长江流经市区西部,平均年过境径流量高达 9 794 亿立方米,是发展工农业生产最可靠的水资源。马鞍山市境内长江水面达 21 平方公里左右,其他河流、湖泊、水库总面积约 19 平方公里,其中湖泊面积 1.51 平方公里,池塘面积 11.67 平方公里,河流水面积5.7平方公里。地下水资源丰富，其流速约0.525厘米/昼夜，流量为0.22立方米/昼夜。地下水一般在深度2米左右的含砂蓄水层中，砂层之下为含水量最高的淤泥层。另外，地下水位还随季节的变化而变化，变动幅度约在0.2～0.5米之间。地下水的总流向，由地势高的东部向地势低的西部流入长江。

（孙 轶）

【人口·区划】 2002年末，马鞍山市有居民家庭362 844户，比上年增加5 842户，增长1.64%；年末总人口1221200人，比上年增加20 707人，增长1.73%。在性别构成上，男性人口632 848人，女性人口588 352人，男女性别比为107.56。在农业人口与非农业人口构成上，全市农业人口679 418人，非农业人口541 782人，占总人口的比重分别为55.64%和44.36%，与上年相比，分别降、升1.19个百分点。全市出生人口10 541人，死亡人口5 175人。2002年，全市迁入人口35 345人，迁入率29.19‰；迁出人口20 269人，迁出率16.74‰，净迁移率12.45‰。

全市土地面积1 686平方公里，其中市区301平方公里，当涂县1 385平方公里。全市辖1县3区，14个乡，17个镇，122个社区居委会，366个村民委员会。

2002年基层政权建设统计表

	单 位	全 市	市 区	当涂县
一、县以下组织机构				
（一）县辖区数	—	—	—	—
（二）镇数	个	17	3	14
（三）乡数	个	14	3	11
（四）街道数	个	13	13	0
二、村（居）民自然组织				
（一）居民委员会个数	个	122	88	34
居民小组数	个	1762	1492	270
居民委员会人数	人	617	515	102
其中：女性	人	554	496	58
（二）村民委员会个数	个	366	62	304
村民小组数	个	4474	472	4002
村民委员会人数	人	1361	236	1125
其中：女性	人	308	63	245
（三）村民自治模范县区数	个	1	0	1

（徐宏勇）

【气候】 2002年，马鞍山市全年的气候特点是：气温月月偏高，这是自1994年以来气温连续第九个偏高年；全年降水总量正常略偏多，降水时段分布不均，3～6月降水总量与常年平均值相比偏多近1倍，4～5月出现了近1个月的连阴雨天气；冬、春两季偏暖，夏、秋两季偏旱，全年无重大灾害性天气出现。

一、气温。全年平均气温市区为17.5℃（当涂17.0℃），比常年平均偏高1.6℃（当涂1.1℃），其中冬季12月至2月各月比常年偏高2.4℃—4.6℃，春季平均气温仍持续偏高，产生了近50年来的最明显的暖冬、暖春。4月下旬开始，北方冷空气活动明显，全市平均气温转为正常，夏、秋两季（7～12月）平均气温与常年比近于正常。全年极端最高（39.9℃）极端最低（-4.5℃）气温，均出现在历史极值范围以内。

二、降水。全年降水总量市区为1129.1毫米（当涂为1150.5毫米），与历年平均降水总量相比偏多近2成，其中4～6月份3个月降水总量市区为535.9毫米，当涂为531.6毫米，近全年降水总量的5成，比常年同期平均降水总量（244.9毫米）偏多近1倍。7月降水偏少常年近7成，但梅雨期间降水量与近10年平均量相比较正常。8～11月各月降水总量均偏少与常年同期5～6成，12月份降水量112.7毫米，比历年平均偏多近8成。总观全年的降水分布，可以看出，主要降水出现在上半年的4～6月份，下半年降水偏少（除12月份），全年降水时段分布不均匀。

三、日照。全年日照时数为1717.5小时，当涂为1742.0小时，与历年平均日照时数相比偏少近300小时。4～6月各月均偏少在2～4成，7～8月偏多在40小时左右，9～11月份接近于常年时数，12月份（74.1小时）则偏少达7成。

全年冬、春两季平均气温较历年同期偏高2.2℃～4.0℃，降水总量呈偏多态势。1～2月份日照较为充足，且雨水条件较好，有利于越冬农作物的生长，但暖冬的出现造成了病虫害基数较大。3～5月日照少于常年在3成左右，且4月下旬至5月底出现的长期连阴雨天气，其降水总量比常年同期偏多近1倍，由于时值夏收作物的关键阶段，造成了小麦、油菜的减产。7～11月气温与历年同期相比正常略偏高，但降水总量偏少（各月偏少在2～8成不等），造成了夏、秋两季的小范围干旱，由于马鞍山地处长江沿岸，小范围的干旱对农作物的生长造成的影响不大。综观全年，除出现一场大到暴雨造成市区部分地区短时积水外，全年无重大灾害性天气出现。

（张 健）

国民经济与社会发展

【国民经济发展情况】 2002年，积极应对加入世贸组织后的新形势，进一步优化发展环境，扩大对外开放，加大招商引资力度，大力推进国有企业改革，着力培育新的经济增长点，经济发展活力明显增强，运行质量显著提高，主要经济指标增幅创近几年来最好水平。全年国内生产总值突破150亿元，达154.8亿元，按可比价格计算，比上年增长12.7%，增速比上年加快3.7个百分点。其中：第一产业增加值13.2亿元，增长2.2%；第二产业增加值93亿元，增长15.2%；第三产业增加值48.6亿元，增长11%。

结构调整步伐加快。经济结构进一步优化，三次产业结构由上年的9.3:59.2:31.5调整为8.5:60.1:31.4。非公有制经济尤其是私营个体经济增长加快，全年私营个体经济增加值为32.4亿元，比上年增长19%，占国内生产总值的份额达21%。市级工业加速发展，市级工业产值占全部工业总产值的比重由上年的23.06%上升到27.78%。市场价格平稳。全年居民消费价格指数为100.2，价格总水平比上年微升0.2%。其中，食品类价格上涨0.7%，衣着类、医疗保健及个人用品类和娱乐教育文化用品类价格分别上涨1.6%、2.7%和1.9%。家庭设备用品类、居住价格类、交通通信类价格分别下降2.3%、1.5%和4%。

农业生产稳定增长。全年完成农业总产值(按1990年不变价格计算)10.46亿元，比上年增长2.3%。其中：农业产值4.51亿元，下降2.1%；林业产值0.14亿元，增长5.2%；畜牧业产值1.78亿元，增长4.9%；渔业产值4.02亿元，增长6.5%。养殖业所占比重由上年的53.5%升至55.4%。夏粮、双季稻种植面积大幅度减少，夏粮作物种植面积下降10.5%，早稻种植面积下降21.8%，双季晚稻种植面积下降16.8%；蔬菜种植面积扩大较多，增幅为14.4%，达到0.34万公顷。粮食、茶叶增产。全年粮食产量35.72万吨，比上年增长5.1%；茶叶产量87吨，比上年增长22.5%。棉花、油料减产。受自然灾害和价格大幅下降调减播种面积的影响，棉花、油料产量均有所降低，棉花产量1825吨，比上年下降29.6%；油料产量5.28万吨，比上年下降21.7%。畜牧业、渔业生产稳步发展。全年肉类总产量达2.75万吨，比上年下降2.5%；牛奶产量达1475吨，增幅超过三成，为34%；水产品产量达5.9万吨，比上年增长3.3%。

工业生产强劲增长。全年共完成全部工业总产值(按1990年不变价格计算)153.23亿元，比上年增长21.86%，增速比上年加快6.82个百分点。其中：市级工业完成42.57亿元，马钢完成70.56亿元，县区工业完成40.1亿元，分别比上年增长46.79%、12.56%和17.73%。在全部工业总产值中，规模以上工业企业共完成工业总产值125.27亿元，比上年增长25.17%，增速比上年加快7.33个百分点。工业经济效益大幅提升。全年规模以上工业经济效益综合指数达115.93，比上年提高19.24个百分点。全年累计实现产品销售收入184.61亿元，比上年增长23.36%；实现利税21.18亿元，比上年增长34.78%；实现利润8.43亿元，比上年增长64.88%。工业企业亏损面有所下降，亏损企业亏损额比上年下降14.38%。

固定资产投资高速增长。全年累计完成全社会固定资产投资61.68亿元，比上年增长77.49%，增速比上年加快63.89个百分点。其中：基本建设投资完成18.75亿元，比上年增长83.93%；更新改造投资完成27.06亿元，比上年增加1.36倍；房地产投资完成9.97亿元，比上年增长30.86%。按经济类型划分：国有经济投资22.79亿元，增长53.47%；集体经济投资1.72亿元，增长8.86%；其他经济投资32.32亿元，增长129.55%。开发区建设投资成倍增长，完成2.77亿元，比上年增加1.25倍。

商业市场繁荣兴旺。全年累计完成社会消费品零售总额41.42亿元，比上年增长8.27%。按地区分：市区社会消费品零售额31.17亿元，比上年增长8.76%；当涂县社会消费品零售额10.25亿元，比上年增长6.8%。按行业分：批发零售贸易业零售额29.78亿元，比上年增长15.04%；餐饮业零售额4.77亿元，比上年增长19.19%。其中限额以上批发零售业和餐饮业增幅分别为19.36%和22.94%。

外贸进出口继续增长。全年外贸进出口总额完成34579万美元，比上年增长20%。其中：进口25165万美元，比上年增长62%；出口9414万美元，比上年下降29%。在出口总额中，马钢出口5738万美元，下降35%；市级及县区出口3676万美元，下降18%。

财政收入大幅增长。全年累计完成财政收入24.12亿元，比上年增长20.51%，增速比上年加快11.94个百分点。其中：中央财政收入12.17亿元，比上年增长17.58%；地方财政收入11.95亿元，比上年增长23.64%。全年累计财政支出14.26亿元，比上年增长34.58%。

金融运行稳定。年末金融机构存款余额为148.84亿元，比年初增加20.37亿元。年末贷款余额为91.38亿元，比年初增加8.12亿元。全年货币投放294.09亿元，比上年增加59.56亿元；货币回笼278.92亿元，比上年增加55.67亿元；货币净投放15.17亿元，比上年增加3.88亿元。

居民收入增加较多。据居民家庭抽样调查,全年城镇居民人均可支配收入达 7 720 元,比上年增长 12.2%;全年农民人均纯收入为 2 919 元,比上年增长 5.6%。年末城乡居民人均储蓄余额达 7 597 元,比上年增加 1 127 元,增长 17.41%。

【社会事业发展情况】 2002 年,随着国民经济的快速发展,全市各项社会事业取得新的进展。

各类教育全面发展。全年财政用于教育支出达 1.91 亿元,比上年增长 24.84%,增幅比上年提高 18.59 个百分点。年末中等专业学校 3 所,在校学生数为 2 603 人;技工学校 4 所,在校学生数为 4 241 人;职业学校 8 所,在校学生数为 3 036 人;普通中学 66 所,在校学生数为 7.47 万人;小学 261 所,在校学生数为 11.29 万人。小学适龄儿童入学率为 99.77%,升学率为 99.5%,初中毕业生升学率为 60.9%。其中:市区升学率为 90.2%,当涂县升学率为 42%。

科技经济一体化取得成效。全年财政用于科技三项费用达 1 526 万元,比上年增长 17.2%。全市大中型工业企业科技活动内部支出达 7.98 亿元,比上年增长 80.5%,占销售收入的比例升至 4.76%。年末全市拥有国家级技术中心 1 家,省级企业技术中心 5 家。全年共开发新产品 65 项。全年代理专利申请 52 件,继续位居全省前列。

文化事业健康发展。年末拥有公共图书馆 2 个,藏书 31.37 万册。艺术表演团体 3 个,群众艺术馆、文化馆 5 个。年末广播人口覆盖率为 94.58%,电视人口覆盖率为 95%。年末共有有线电视台、站 30 个。年末有综合档案馆 2 个,档案资料 11.03 万卷册,总建筑面积 3 138 平方米。

卫生事业不断进步。年末共有卫生机构 246 个。其中:医院、卫生院 50 个;卫生防疫、防治机构 7 个;妇幼卫生保健机构 5 个;个体办诊所 42 个。共有病床 3 342张,其中医院、卫生院病床3 258张。共有卫生技术人员 5 046 人,其中:医院、卫生院 4 255 人,卫生防疫、防治机构 222 人,妇幼卫生保健机构 60 人,个体办诊所 64 人。在卫生技术人员中,医生 2 226 人,护师、护士1 892人。全年四苗全程接种率达 98.8%,乙肝疫苗全程接种率达 100%。

体育事业蓬勃发展。在省十运会比赛中,马鞍山市运动健儿共获得 47 枚金牌、28 枚银牌、36.25 枚铜牌。中小学体育达标率保持较高水平。全市中学体育达标率为 92.1%,小学体育达标率为 94.6%。

环境保护事业继续发展。年末共有环境监理、监测站 7 个,环境噪声达标区 15 个,总面积 27.2 平方公里;烟尘控制区 9 个,总面积 38.2 平方公里。人均绿地面积 8.49 平方米,城区绿化覆盖率达 42.57%,城市面貌大为改观。全年完成环境污染治理项目 37 项,工业烟尘排放达标率 97.6%,工业废水排放达标率 95.63%,工业固体废物处置利用率 96.5%,集中式饮用水水源水质达标率 100%。

劳动就业服务体系进一步完善。年末经认定的职业介绍机构为 10 家。全年共对 1.7 万人进行职业指导和培训。劳动力市场共举办用工洽谈会 51 次。全年新增就业岗位 1.6 万个。城镇登记失业率为 4.2%。

社会福利事业不断巩固发展。年末全市拥有社会(儿童)福利院 34 所,拥有床位 1578 张,年末在院人数 1193 人;社区服务中心 12 个,社区服务设施 983 个。

(徐宏勇)

【马鞍山作出在加快皖江开发开放中率先突破的重大决定】 2002 年 10 月,省委、省政府在马鞍山召开加快皖江开发开放座谈会,对皖江开发开放作出了新的部署,明确要求马芜铜地区必须承担更大的责任,在皖江开发开放中率先突破。根据省委、省政府的部署和要求,马鞍山结合实际,于 12 月 6 日作出在加快皖江开发开放中实现率先突破的决定。其总体思路是:以邓小平理论和“三个代表”重要思想为指导,以全面建设小康社会为目标,全面贯彻省加快皖江开发开放座谈会精神,坚持以大开放为主战略,以招商引资为突破口,加速与长江三角洲地区融合和对接,主动参与国际国内分工体系,推动外向型经济更快更好地发展,加快将马鞍山建成与长江三角洲互动发展的现代加工制造业基地、绿色食品基地和休闲旅游基地,在皖江开发开放中实现率先突破。奋斗目标是:未来 10 年,全市国内生产总值年均增长 12%;财政收入基本同步增长;固定资产投资年均增长 20%;实际利用外资和内资年均分别增长 20% 和 40%,进出口总额年均增长 10%;城镇居民人均可支配收入和农民人均纯收入年均分别增长 8% 和 5%。到 2005 年,全市人均国内生产总值超2 000 美元;2007 年力争达到 3 000 美元。再经过 5 年的努力,力争国内生产总值比 2000 年翻两番,步入全面小康,为在全省率先基本实现现代化奠定坚实基础。

【积极参与南京都市圈建设】 马鞍山地处南京都市圈的核心圈层,近年来,两市的合作交流不断扩大。2001 年 9 月,马鞍山和南京市政府签订了《关于加强两市全面合作的会谈纪要》,在原则、方向、领域、机制等方面形成了指导两市合作的框架性协议,两市有关部门签订了交通、科技、旅游合作意向书。在两市政府倡导和社会各界的共同参与下,马鞍山与南京的合作在多方面取得了积极的进展。交通方面,宁马高速公路已于

1998年建成通车，连接苏南的313、314省道改建工程基本完工，当高大桥正在加紧建设，马濮旅游公路经上北庄连接南京三环线的公路正在做前期工作，马丹路江苏段改建工程即将开工建设。科技方面，马鞍山与南京大学、东南大学达成了全面合作协议，聘请了7名专家教授担任市决策咨询委员会委员，每年拿出200万元资金作为两校的科技成果转化基金。旅游方面，市采石公园率先开辟马宁旅游直通车，南京等地的多家旅行社将旅游热线延伸到马鞍山。企业合作方面，两市企业跨市购并取得了实质性进展，当涂肉联厂被雨润集团购并后，发展势头较好；苏果超市在马鞍山已开办了30多家连锁店，年销售收入达1.3亿元；一批家庭装饰企业进驻马鞍山，一些科技企业在积极寻求合作，苏宁、五星等企业正在为进入马鞍山做准备。

（市府办综合一科）

招商引资

【实际利用内外资创历史最好水平】 2002年，马鞍山市形成以招商引资促进经济和社会发展的共识，招商引资呈现良好的发展势头，实际引进资金取得了突破性进展。全市新批外资项目11个，实际利用外资4 272万美元，利用内资8亿元，超额完成省委、省政府下达的招商引资任务。招商引资工作主要特点是：一是引进外资数量增长快。实际利用外资是上年2.4倍；引进内资是上年1.33倍。二是引进的大项目、接洽的大企业明显增多。台湾大润发、美国多福、日本大同服装、香港嘉宜、北京首创、广东格力、上海浦发、浙江海外海、浙江新湖、浙江万马等国内外知名企业纷纷进驻或来马考察，待批和在谈的外商投资项目规模较大。三是外资企业纷纷增资扩股。台湾中橡公司增加投资1 166.8万美元；法国圣戈班集团拟出资700多万美元，收购巨龙公司在合资企业中的全部股份；香港廖创兴集团拟出资收购高科磁材公司的全部股份，正在洽谈之中。四是投资领域进一步拓宽。由单纯投资加工业向商贸、房地产、公用设施、农业等多个行业扩展。出现了台湾大润发、上海农工商、浙江海外海等商贸企业，香港嘉宜等服务企业，华龙等房地产企业，北京首创集团、香港中华煤气等公用事业企业。五是招商引资与国企改制改组的有效结合取得新的突破。格力公司收购市电磁线厂，组建格力电工（马鞍山）有限公司；台湾大润发收购原轮胎厂地块建成天润发超市，已取得了良好的经济效益和社会效益；浙江万马集团收购机床厂已开工建设。还有一批招商与改制组合运作项目正在实施之中。

【强化招商引资工作责任制】 2002年，市委、市政府把强化招商引资工作责任制作为进一步加大招商引资工作力度的重要工作来抓，推行“一把手”工程，实行项目首问负责制和项目跟踪落实制度，强化目标责任管理。一是实行目标层层分解。市政府向全市25个单位下达了招商引资目标任务，向全市76个单位下达了引荐资金任务，使全市所有职能部门都有招商引资任务，都承担一份责任。二是加强平时的工作督查和落实力度。市政府为确保招商引资各项工作落到实处，定期主持召开招商引资调度会，市利用外资工作领导小组成员及有关项目单位负责人参加会议，项目单位在会上汇报项目进展情况，逐一解决各类项目在洽谈和实施过程中遇到的困难和问题，并将在建、签约、在谈的项目，按进度要求列出工作责任表，进行跟踪服务落实。全年召开了6次招商引资调度会，对招商引资工作产生了巨大的推动作用。三是进一步加强领导。市五大班子领导纷纷带头抓招商，并要求市直各部门在招商引资工作中确保“四有”，即有领导分管、有专门工作班子、有明确的目标任务、有招商经费保证。对开发区、招商局等主要责任单位，在机构改革中充实了力量，县、区设立了专门招商机构，全市范围内形成了招商引资的工作网络。四是强化招商引资目标考核。市委、市政府对年初下达的招商引资目标任务，配套了一系列考核措施和办法，先后下发了《马鞍山招商引资目标考核暂行办法》、《关于加强招商引资目标任务考核的通知》、《2002年目标任务考核实施意见》等，明确提出突出招商引资目标考核。规定凡超额完成年初下达的招商引资任务50%的单位，考核位次上升一位；未完成招商引资目标任务的单位，实行“一票否决”。

【多形式招商引资显见成效】 2002年，马鞍山市进一步改进招商引资方式，提高招商引资效率，除组团参加国家和省举办的一些大型招商经贸活动外，坚持“请进来，走出去”方针，重点开展“小分队”招商。一是组织好大型招商引资活动，突出对外宣传。先后组织有关部门和企业参加省政府组织的中西部地区（西安）合作恳谈会和皖港投资贸易洽谈会。在5月中旬的“皖港投资贸易洽谈会”上，开发区与香港客商签约一批项目，马钢与外商签约高炉水渣微粉项目。4月份在上海成功地举办了马鞍山市“投资环境推介会”，通过上海贸促会等部门，邀请一批国外驻沪总领馆的商务代表和在沪的有关企业负责人参加了推介会，取得了较好的效果。二是精心组织“小分队”招商，突出招商实效。市招商局、开发区、县、区及有关综合部门先后组织了数批小分队赴江苏南京、镇江、江阴、昆山以及上海松江等沿海地市开展招商活动，取得明显效果。抓住浙江省政府代表团来安徽洽谈投资合作前的契机，组织由市领导亲自带队的招商“小分队”到浙江杭州、绍兴、台州、温州、宁波等地开展宣传推介活动，与当地企业家面对面直接对话，并分别在杭州、温州召开了近70家企业老总参加的座谈会。经过招商团的艰苦努力，市有关单位与浙江的一批知名企业达成了投资合作意向，并于8月份在合肥举行的皖浙经贸洽谈会上进行签约。8月8日，首批签约的6个项目，引资15.37亿元，分别是：浙江新湖集团投资7亿元建设“马鞍山中心市政广场项目”，浙江省经济协作公司投资2.6亿元建设“花山区旅游园开发项目”，浙江广厦集团投资2亿元建设“国际度假村及旅游园基础设施项目”，浙江万马集团投资4 700万元“整体收购市机床厂”项目、并在开发区投资8 000万元建设“万马工业园项目”，浙江中原房地产公司投资2.5亿元建设“当涂姑孰路改造项目”。8月9日，市政府与浙江海外海集团签订总投资11亿元系列合作项目，并被列入皖、浙两省合作的149个项目之一，这些项目包括投资3.7亿元建设“五星级宾馆项目”、一期投资1.3亿元建设“汽车商贸城项目”。招商“小分队”的推介和宣传发挥了很大作用，外商纷纷慕名到马鞍山市考察洽谈投资，全市共接待来访考察的客商100多批次，其中有法国政府和企业代表团、法国圣戈班集团总裁、西班牙阿尔冈达德雷伊市政府代表团、日本和韩国等政府代表团、美国多福集团、日本三菱公司等重要境外客商。三是开展网上招商和委托招商，突出招商的覆盖面。除政府网外，还建立了马鞍山招商引资网，在网上发布项目和政策，及时更新有关资料。同时还积极开展委托代理招商，通过出台引荐外资奖励政策，鼓励社会各界积极参与招商，全社会招商的氛围十分浓厚。

【进一步优化投资环境】 2002年，市委、市政府把解放思想、优化发展环境作为招商引资发展经济的行动先导，通过不断解放思想，进一步增强开放意识，优化投资环境。一是深入开展思想解放大讨论，做到与时俱进。三四月份，市委、市政府利用2个月时间在全市范围内开展了声势浩大的“敞开东大门，实现大开放”的解放思想大讨论活动，查摆并解决存在的突出问题。市委、市政府出台了《关于整治和改善经济发展环境的实施意见》，并对全市各单位和部门贯彻落实情况进行了检查。通过这次大讨论活动，进一步统一了全市上下的思想认识，形成了以招商引资促经济发展的共识，有力地推动了招商引资各项工作。二是真抓实干，形成工作合力。全市各部门密切配合，主动为外来投资者做好服务工作。格力电器收购星宇公司项目，在经贸委等部门的共同努力下，从年初的初步接触到5月8日正式投产，仅用了不到3个月的时间就完成了所有工作。台湾大润发收购市轮胎厂地块建设马鞍山天润发超市项目，经过市招商局、经贸委、建委、土地、规划等部门多轮灵活务实洽谈，取得了成功，并在较短的时间内为其办好了各种报批手续，从8月份开始动工建设到12月24日正式营业，仅用了4个月的时间，就建成了2.4万平方米的大型购物超市，效率之高，在马鞍山市企业的建设史上是少见的。三是充分调动各方面积极性，形成全民招商的良好氛围。在马各大单位也纷纷行动起来，加入招商引资行列。马钢和香港嘉华公司合资建矿渣微粉项目在抓紧筹建，矿院引进外资组建了天源科技公司，设计院引资组建了工程公司；安工大在引资扩大液压锤项目的同时，正积极招商建设科技园。全市上下形成了服务招商、参与招商的浓厚氛围。

（包　亮）

【慈湖工业园】 慈湖工业园是市政府批准设立的工业经济园区，西临长江，南至慈湖路，马钢原料库，北连苏皖省界，东至205国道和化工路，规划面积12.63平方公里。产业定位是着重发展化工产业，吸纳高能耗和大进大出的项目。区内现有圣戈班管道公司、中橡公司、丰原生化集团有限公司、格力电工有限责任公司、金星化工集团、巨龙有限责任公司、合力公司、万能达发展有限公司、发电厂等69家企业。

【县区工业、旅游园】 当涂工业园：2002年5月18日正式挂牌。位于县城西北部，南起提署西路，西临长江，东沿姑孰路和205国道，北至314省道以北700米，面积约7平方公里，其中起步区2平方公里。园区以发展现代工业为主，高新技术产业优先，同时兼顾水陆运输、商贸流通、房产物业、旅游休闲等配套服务的产业。现已有川洋药业、海狮巾被、友邦制造、电力物流等项目开工建设，投资规模近3亿元。丰原食品、云南工贸、吉林电子等一些意向入园的项目正在洽谈之中。基础设施建设已经展开，远期规划面积60平方公里。

花山旅游园：位于霍里镇东路以西、静山路以北、镇西路以东、新马霍路以南，沿马濮旅游公路西侧500米范围，规划面积约4平方公里。总体定位为具有集散功能的休闲度假中心，2003年首期1.2平方公里开工建设。

雨山工业园：位于雨田路以西，205国道以东，南环路以北，宋山以南，规划面积3.78平方公里，园区以一类工业为主，2003年开工建设，计划通过3年的努力，使工业园二三产业产值达40亿元，地方财政收入达1亿元。

金家庄工业园:位于原205国道及化工路以东,东环路以西,联合路延伸段以南,林里路以北,规划总面积约5.2平方公里(其中含江苏天然村1平方公里)。园区以一二类工业为主,着重发展冶金、机械、铸造、化工、纺织等劳动密集型加工业和仓储业。2003年开工建设。

(强瑞青)

开发区建设

【开发区概况】 马鞍山经济技术开发区是省政府批准设立的省级开发区,首期规划面积6.8平方公里,1999年6月开工建设。经过几年努力,基础设施建设,招商引资等工作都取得了较大进展。累计完成基础设施建设投资1.81亿元,建成主次干道9条,道路总长11.1公里,西区3.2平方公里"三纵六横"的道路网骨架基本形成,初步实现"五通一平"。共引进项目35个,累计总投资22.59亿元,其中外资项目16个,投资1.04亿美元;内资项目19个,投资13.98亿元。已建成项目13个,投资3.59亿元。2002年完成工业产值15亿元,实现利税1.65亿元。进出口总额6 300万美元。西区3.2平方公里已完成项目布点,目前正着手开发3.6平方公里的东区,并调整规划,跨过采石河向南发展。开发区将按照"配套完善西区、加快建设东区、规划拓展南区"的总体思路,加快推进基础设施建设,狠抓招商引资。计划到2005年,全面完成东区3.6平方公里和南区3平方公里的开发建设;到2007年,力争完成南区10平方公里的开发建设。开发总面积达到16.8平方公里,把开发区建成全市对外开放的窗口、技术创新的基地,城市新区的典范。

【招商引资和经济增长势头两旺】 2002年,围绕市政府年初下达的3 000万美元外资和3亿元人民币内资的引资任务,马鞍山经济技术开发区管委会进行层层分解,落实责任,集中力量组织突破。全年开发区共引进项目27个,投资总额折合人民币20.2亿元,是前两年的8.3倍。其中,外资项目12个,投资总额9 659万美元,是前两年的13.4倍;合同利用外资3 165.4万美元,是前两年的6.6倍;内资项目15个,总投资12.1亿元,是前两年的6.6倍。在突出项目引进的同时,加快项目建设力度。星马3 000辆专用汽车改造,大同清野针织品公司等3个项目正式投产,福达工业园基本建成,发展势头良好。2002年区开发实现工业产值15亿元,利税2亿元,进出口总值8 000万美元。实现产值和利税分别比2001年增长1倍以上,进出口总额增长50%以上。经过3年多的开发建设,开发区已初步形成以专用汽车制造、机械加工、服装服饰、磁性材料为主导的特色产业群体和星马公司等一批骨干企业为支撑的经济发展格局。

【基础设施建设全面展开】 马鞍山经济技术开发区建区后,坚持一次规划分步实施的基础设施建设原则,在完成开发区总体规划和西区3.2平方公里控制性详细规划编制和报批工作后,2002年8月又完成了东区3.6平方公里控规和南区规划大纲的编制工作,并经市规划委员会批准,为开发区下一步建设提供了科学合理的依据。开发区道路网建设加快推进,8月份开发区北界的九华路和中轴线湖西南路建成通车,与已建成的红旗南路和南环路一起,形成了西区主干道环网。与此同时,开发区从2001年起投资5 500万元启动的西区"一纵四横"支路建设,相继建成朱然路、阳湖路东段,梅山路西段、青山路,加上由星马公司投资建设的西塘路中段,构成西区一纵五横的支路环网,水、电、通讯等管线随路入区。开发区西区3.2平方公里"三纵五横"的道路网骨架已基本形成,基本实现了"五通一平",招商引资的硬件设施进一步完善。开发区办公楼于7月18日正式建成投入使用,开发区管委会服务条件得到明显改善。

【软环境建设进一步加强】 建区以来,开发区的软环境建设不断得到加强。一是完善职能,1999年中共马鞍山市委专门下发了《关于加快开发区建设的决定》,赋予开发区市级经济管理权限,为开发区建立与市场经济接轨的新的管理体制奠定了良好的基础。近年来,开发区紧紧围绕落实《决定》精神,加强与各有关部门的协调磨合,将其中的大部分权限落实到位,为招商引资和基础建设创造了良好的条件。二是健全机构,把原定的3局1室调整为6局1室,人员编制由原来的25名增加到45名,公安、工商、市容等派驻开发区的筹备机构也陆续入区办公。三是优化服务,在完善职能、健全机构的同时,管委会根据开发区工作的实际,制定了详细的工作服务流程,编印出台了开发区服务指南,明确办事内容和程序,限定办事时间,公开服务承诺。管委会还制定出台了一整套内部管理制度,依法行政,规范服务,"一幢楼办公、一个窗口对外、一条龙服务"的管理服务体系初步形成。

(办公室)

精神文明创建工作

【加强公民道德建设】 2002年,马鞍山市精神文明创建工作突出重点,大力宣传《公民道德建设实施纲要》。

广泛宣传省委、市委贯彻纲要的意见,各新闻单位开设《加强公民道德建设》专题、专栏,制作并推出宣传20字基本道德规范公益广告,各基层单位通过各种形式进行宣传教育。市文明委组织万人上街开展公民道德建设宣传、实践活动,掀起学习《纲要》热潮;市委宣传部、市文明办编写《市民素质教育手册》印发全市各单位,并组织公民道德先进人物巡回演讲;市文明办会同有关部门、单位举办了"公民道德建设"知识竞赛电视决赛等活动,营造公民道德建设的浓厚社会氛围,使《纲要》宣传家喻户晓,深入人心。与此同时,广泛开展"三做"活动,"在社会做一个好公民、在单位做一个好职工、在家庭做一个好成员";市直机关深入开展创"四优"文明机关和"争做人民满意的公务员"等评选活动;市中小学开展了"做师德标兵"、"争当三德建设合格的小公民"等活动;各企事业单位结合自身特点,开展了丰富多彩的实践活动;各国营、民营商业和服务行业开展诚信竞赛,推动树立适应社会主义市场经济发展的道德观念的形成,进一步优化了城市经济发展环境。在此基础上,层层树立先进典型。以文明市民学校为阵地,对市民进行素质培训,促进人的全面发展。认真做好第十四届全市"双十佳"评选表彰工作,坚持做好省月评十佳事迹的推荐和宣传工作。各区、当涂县、马钢、十七冶及全市各部门、各单位都自下而上地树立一批可亲、可敬、可信、可学的先进典型。大力宣传典型事迹,引导人们崇尚先进、学习先进,逐步形成良好社会风尚。在全省公民道德知识竞赛中,马鞍山市荣获三等奖和组织奖。2002年,《安徽日报》曾3次对马鞍山市开展公民道德实践活动进行了充分报道。为使第十五届"双十佳"评选表彰活动更能体现时代精神,贴近基层群众,扩大覆盖范围,2002年度的双十佳评选名称改为"十佳诚信集体、十佳文明市民",以突出"诚信"、"文明"内涵。年内,还编纂了《马鞍山精神文明建设工作》(2001年篇)一书,客观科学、全面地总结了创建工作的成功经验,为今后全市精神文明建设提供借鉴。

【扎实开展三大创建活动】 年内,全市精神文明创建工作扎实开展了三大创建活动。第一,巩固提高创建文明城市工作的成果。创建工作始终坚持从群众最关心、最需要解决的问题出发,加快城区道路改造,加大力度解决老旧小区路不平、灯不明、下水不通等热点、难点问题,积极巩固发展"三个覆盖"成果,市容市貌得到进一步改观。对全市摊点进行重新分类划点,做到摆放有序,不脏不乱,人在地净。第二,全面提升文明行业创建水平。在创建文明行业方面,积极拓宽行业创建范围,由原来的21家扩大到44个窗口行业和执法部门,并积极向基层延伸。广泛开展优质服务竞赛和诚实守信活动,规范服务标准,着力在全市营造"讲信誉、讲规范、讲秩序"的良好氛围。第三,深入开展文明村镇创建活动。创建文明村镇活动是以巩固提高农民的生活质量、倡导健康文明的生活方式为主要内容,配合小城镇发展战略,着力加大文明村镇创建力度。2002年7月,马鞍山市顺利通过"全国创建文明城市工作先进城市"复查。中共十六大召开前夕,当涂博望镇被中央文明委授予第二批"全国创建文明村镇先进镇"、金家庄区检察院被授予"全国创建文明行业先进行业"、星马公司被授予"全国精神文明建设先进单位"称号。

【全面推进社区创建】 为推动社区创建工作,市文明委印发了《马鞍山市创建文明社区暂行管理办法》和《考评标准》。各社区以"倡导文明新风、共建美好家园"为主题,全面开展文明社区的创建活动。同时,积极开展创建"安全文明社区"、"青年文明社区"、"科普示范城区(社区)"和文化、科技、卫生、法律"四进社区"等活动。2002年底,全市评选出14个市级文明社区。其中,雨山鹊桥社区被中央文明办和民政部授予"全国创建文明社区示范点"称号。

(吴其芳)

【精神文明创建工作稳步推进】 2002年是公民道德建设年。一年来,马鞍山市以学习贯彻《公民道德建设实施纲要》为重点,加大精神文明创建力度,精神文明建设工作稳步推进。5月份,印发了马鞍山市《公民道德教育读本》。六七月份,举办了全市"公民道德建设"电视知识竞赛等系列活动。11月份,举办了《民族魂》公民道德建设大型图片展。通过在全市广泛开展"在社会做一个好公民,在单位做一个好职工,在家庭做一个好成员"的"三做"活动,组织公民道德建设先进事迹报告团赴基层巡回演讲,较好地营造了公民道德建设的社会氛围。以"倡导文明新风、共建美好家园"为主题,大力加强文明社区创建工作,启动了马鞍山市第一届文明社区评比活动,全市涌现出一批文明社区。此外,解放路、湖西路集贸市场被确定为全市创建"百城万店无假货"示范街、示范市场,东方红副食品公司、新亚百货大楼作为省"诚实守信、优质服务"先进典型在全省广泛推广。十六大召开前夕,马鞍山顺利通过中央文明委组织的"全国创建文明城市工作先进城市"复查验收。

(汤德生)

南京都市圈

【概况】 南京都市圈是以南京为核心,以放射状通道为依托,促进城市之间的相互联系与协作,吸引辐射周边城市与区域,带动周边地区经济社会发展的最大城市群体。建立南京都市圈的根本意义是,打破行政界限的束缚,从区域的角度,统筹安排经济社会建设,优化生存环境,协调城乡关系,按经济、社会与环境功能的整合需求及发展趋势,构筑相对完善的城镇群体空间单元;逐步形成与核心城市具有高度的经济、市场一体化的城市功能地域。

2002年9月,跨越苏皖两省八市的"南京都市圈规划纲要"出台,2003年元月初,江苏省政府批准南京都市圈规划。规划中的南京都市圈将以南京为核心,地域范围涵盖江苏省的南京、镇江、扬州市的全部、淮安市的南部和安徽省芜湖、马鞍山、滁州的全部以及巢湖市的部分地区。根据规划使优势产业向圈层辐射,促进发展六大区域性产业群;整合都市圈旅游资源;建设基础设施网络,实现快速交通;消除各城市市场壁垒,推行市场一体化。纲要对都市圈的发展提出了总体目标。经济方面,人均GDP到2005年要从目前的1.16万元提高到1.8万元,2020年要达到7.8万元;平均城市化水平要从2000年的46%分别提高到2005年的52%和2020年的66%。都市圈的总体结构为:南京都市发展区为"核心",仪征、句容、马鞍山等为核心圈层,扬州、镇江、芜湖、巢湖为紧密圈层。此外,宁扬、宁镇、宁芜构成三条产业及交通发展的主轴,宁淮、宁蚌、宁合、宁杭成为四条副轴。规划还指出,都市圈内将跨区域合作建设自然保护区45个左右,使自然保护区的覆盖率达到10%。

(翟 边)

【完成《南京都市圈发展态势与成长策略研究》】 南京市规划局会同南京市委办公厅、南京市规划设计研究院、南京市交通规划研究所等单位联合编制的《南京都市圈发展态势与成长策略研究》于12月完成,由都市圈发展的基本理论、南京都市圈发展的总体状况、南京都市圈发展的基本态势、南京都市圈成长的总体策略、南京都市圈建设的措施建议等五个部分组成。南京都市圈是以南京为核心的圈层式空间地域,具有较强的向心力,属于典型的"单中心多核"大都市圈类型。提出南京都市圈的总体定位是:国内最具竞争力的都市圈和核心型经济区;全国经济格局中承东起中、承南接北的战略性发展地域;国际一流的化工基地、全国先进制造业基地和教育科研中心之一;以"山水城林"为载体、"大江风貌"为意境的国际性风景旅游区;历史文化厚积与现代文明先导的先进发展区域。区域交通网络的构筑、生产服务业的培育、旅游市场的整合发展、商贸服务业的建设和社会服务事业的共享等方面是南京都市圈培育与建设中的关键。

(何强为 程大林)

南 京 市

南京临江近海,是中国东部地区一座综合性工业基地、重要的交通枢纽和通讯中心,全国四大科研和教育中心城市之一,是中国华东地区仅次于上海的大商埠。改革开放以来,南京经济持续健康快速发展,2002年经济和社会发展主要指标创"九五"期间最好水平。

全市国内生产总值完成1 295亿元,比上年增长12.5%;实现财政收入265亿元,增长26.7%。郊县经济发展明显加速,完成国内生产总值423亿元,同比增长18.8%。工业集中度有新的提高,经济稳步增长,运行质量和效益明显提高。实现工业增加值498亿元,增长11%;工业总投入241亿元,增长54.3%;扬子石化65万吨乙烯改造工程等一批重大技改项目建成投产。第三产业继续保持快速增长势头,实现增加值620亿元,增长13.2%。商贸流通加速扩张,成功举办中国旅游交易会等旅游会展活动,旅游倍增计划成效显著。房地产市场进一步活跃。

2002年,南京市第一轮城市建设全面展开,总投入181亿元,创历史最高,新区建设和老城改造取得明显成效。城市规划步入科学化、规范化、公开化轨道,在城市建设中的先导作用明显增强。地铁、龙潭港区、宁杭高速公路一期工程进展顺利,长江三桥、铁路南京站改造工程开工建设。河西新区5平方公里中心区建设开始启动,大学城建设进入高潮。十运会场馆以及玄武湖隧道、赛虹桥立交枢纽等一批重大项目顺利推进。北极阁、石头城风貌区建设全面展开。全市拆除主干道两侧的违章和影响景观的建筑103万平方米,完成小区出新202万平方米,完成180幢高层建筑亮化工程,优秀民国建筑和传统民居得到有效保护,历史文化名城的风貌进一步显现。

2002年,南京市城镇居民人均可支配收入和农民人均纯收入分别增长11%和6.2%。城乡市场繁荣,居民消费水平进一步提高。社会消费品零售总额达526亿元,增长12.7%。住房、通信、旅游等新兴消费升温,家庭轿车购买量快速增长。群众文化生活更加丰富。为民办实事的任务全部超额完成。社会保障力度明显加大,社会养老保险金征缴面达99%。安置上岗就业人员15.5万人次,全市已有70多万人参加了城镇职工基本医疗保险,扶贫帮困体系初步建立,困难群体的生产生活保障和救助工作得到加强。城市最低生活保障金标准提高10%,建立低收入家庭廉租房保障制度,建成经济适用住房7万平方米,第一批符合条件的居民拿到了新房。开办惠民医院。建立困难职工援助中心,在就业、子女教育和法律援助等方面给予帮扶。

(蔡群英)

扬州市

扬州市总面积6 638平方公里,其中市区面积973平方公里,总人口452.22万人。2002年,全市实现国内生产总值558.93亿元,比上年增长11.1%。人均国内生产总值1.24万元,按现行汇率折算达1 500美元,在苏中地区继续保持领先水平。三次产业比重由上年的13.31∶48.68∶38.01调整为12.67∶48.77∶38.56。劳动力转移有所加快,农村劳务输出持续增加,全年全市劳务输出55.59万人,比上年增加5.79万人。

全年财政收55.6亿元,比上年增长36.6%,人均财政收入1 299元,首次超过1 000元。财政收入占GDP的比重为9.9%,比上年提高1.9个百分点,地方财政收入30.04亿元,比上年增长55%。

全年粮食种植面积调减2万公顷,粮食总产量212.87万吨,比上年增长3.4%;棉花总产量1.09万吨,下降31.8%;油料总产量11.71万吨,下降16.4%。扩种蔬菜、花木、林果面积6 667公顷,全年农林牧渔业总产值139.36亿元,比上年增长6.1%,以“扬州鹅”、“高邮鸭”以及禽类、畜类、水产为重点特色的养殖业发展加快。全市30家市级重点龙头企业实现销售收入53.7亿元,利税1.83亿元。

全年实现工业总产值1003.2亿元,首次突破千亿元大关。全部工业实现增加值237.4亿元。其中,国有企业及年销售500万元以上的非国有企业完成增加值180亿元。工业企业改制中,国有股的比重从年初的63%下降到53%,私营企业和“三资”企业份额不断上升。建筑企业完成总产值234.26亿元,实现增加值44.35亿元,分别比上年增长14.8%和15.9%。

全市完成社会固定资产投资180.22亿元;社会消费品零售总额182.76亿元;旅游业总收入52亿元。年末,金融机构各项存款余额592.79亿元,各项贷款余额356.23亿元。

全年新增加省级以上高新技术企业14家,高新技术产品103个,开发新产品975个;实施省级以上火炬计划、星火计划项目76个。扬州电大与扬州职大合并办学,扬州教育学院与扬州、高邮两所师范学校合并建立新的教育学院。

全市在岗职工年均工资1.2万元,比上年增长11.2%;城镇居民人均可支配收入7 833元,恩格尔系数达到42%;农民人均纯收入3 920元。

(杨根才)

镇江市

镇江市西距南京市70公里,土地总面积3843平方公里,下辖丹阳、句容、扬中3个市和丹徒、京口、润州3个区。总人口267.13万人。

2002年,全市完成国内生产总值561.19亿元,比上年增长12.3%;人均实现国内生产总值21 030元,比上年增长12.2%。财政收入56.8亿元,比上年增长39.2%。全社会固定资产投资完成185.6亿元,比上年增长23%。实现社会消费品零售总额150.9亿元,比上年增长12.1%。国民经济结构调整初见成效,三次产业增加值结构由上年的6.8∶55.4∶37.8调整为6.2∶55.8∶38.0。

农业结构调整稳步推进,农村经济稳步增长。外向型农业、有机农业、生态农业呈现基地化、规模化、特色化趋势。2002年,全市完成农、林、牧、渔业总产值66.75亿元,比上年增长3.4%。工业生产增势加快,重点企业支撑明显,经济效益成效显著。全市完成工业增加值265.84亿元,比上年增长15.0%。其中,全部国有及年销售收入500万元以上的非国有工业企业(简称规模以上企业)完成增加值192.4亿元,增长17.4%。全市规模以上工业企业实现销售收入625.24亿元,增长22.9%;实现利税总额47.87亿元,增长37.0%,其中利润总额19.36亿元,增长108.0%。全市重点行业和骨干企业科技创新能力增强,涌现出电子、化工、造 纸等优势行业。农村工业稳定发展,完成增加值91.17亿元,增长16.2%。大中型工业企业发展势头较好,完成增加值96.18亿元,增长17.8%。工业结构调整进展顺利,支柱产业和高新技术产业支撑作用增强。“国家火炬计划镇江光电子与通信元器件产业化基地”获科技部批准建设。高新技术产品实现销售收入、利税分别占全市定报工业企业的22%和48%。私营个体经济加速发展,对GDP增长贡献率高达40.4%,拉动GDP增长4.8个百分点。全年全市私营个体经济实现增加值125.7亿元,比上年净增23.8亿元,增长22.5%。

旅游业发展明显加快,全年接待国内外游客625.1万人,比上年增长25.7%。全市旅游创汇6713万美元,增长25.9%;国内旅游收入47.5亿元,增长10.3%。金山、焦山、南山、茅山景区得到改造和整治,“大旅游”格局初步形成。

对外开放全面拓展,利用外资再创新高。全年新签外商直接投资项目349个,其中1 000万美元以上项目77个,比上年增加59个。合同利用外资10.41亿美元,增长103.1%;实际利用外资5.01亿美元,增长54.2%。全年进出口总额20.98亿美元,增长44.3%。全市5个省级开发区新签合同利用外资2.31亿美元,增长99.2%;实际利用外资1.36亿美元,增长83.8%。

经营城市取得突破,城乡面貌明显改观。城建投入资金达到47.9亿元,比上年增长47.1%。做足"显山、露水、透绿、现蓝"生态文章,彰显"城市山林、大江风貌"城市特色。新建和改造城市道路57.7公里,新增绿化面积265.85万平方米,新增公共绿地94.78万平方米。

2002年,城市居民人均可支配收入8 208元,增长14.2%;农民人均纯收入4 451元,增长6.2%。

(杨国祥 杨正宏)

马鞍山市

2002年,马鞍山市经济增长速度和效益全面提升。全年完成国内生产总值154.8亿元,按可比价格计算,比上年增长12.7%,增速比上年快3.7个百分点。财政收入大幅增长,全年累计完成财政收入24.12亿元,比上年增长20.51%,增速比上年快11.94个百分点。

工业生产借助国际市场逐步复苏、国内市场需求回升的有利时机,在重点骨干企业的拉动下,实现快速增长。全市完成工业总产值(按1990年不变价格计算)153.23亿元,比上年增长21.86%,增速比上年快6.82个百分点;全市规模以上工业经济效益综合指数达115.93,比上年提高19.24个百分点。农业结构调整取得新的进展,农作物种植比重由上年的55.2%降至54.5%,养殖业所占比重由上年的53.5%升至55.4%;全年粮食总产量35.72万吨,比上年增长5.1%;畜牧业产值1.78亿元,渔业产值4.02亿元,分别比上年增长4.9%、6.5%。建筑业继续回升,全年施工工程3 534个,实现增加值9.96亿元,比上年增长19.38%。邮电业保持快速发展势头,全年完成邮电业务总量7.59亿元,比上年增长16.8%;年末电话用户50.84万户(其中移动电话22.73万户),互联网用户超过4万户。

对外开放取得突破性进展,引进外资成倍增长。全市不断优化投资环境,加大招商引资的力度,全年实际利用外资4 272万美元,比上年增加1.4倍,实际利用内资9.9亿元人民币。旅游业发展持续加快,全年共接待国内游客175.37万人次,比上年增长32.54%;接待入境人数6 104人次、24 355人天,分别比上年增长17.61%、18.29%。

(陈 波)

芜湖市

芜湖市位于安徽省东南部,辖芜湖、繁昌、南陵3个县和镜湖、新芜、鸠江、马塘4个区,全市总面积3 317平方公里,其中市区230平方公里。2002年,全市总人口221.74万人,其中市区人口67.09万人。

2002年,全市完成国内生产总值245亿元,比上年增长12%;实现财政收入34亿元,比上年增长16%;三次产业比重为9.7∶54.4∶35.9,第一产业比重下降到10%以下,第二产业比重上升了2个百分点。完成全社会固定资产投资85亿元,比上年增长12%。全市金融机构各项存款余额213亿元,比年初增加29亿元,其中储蓄增加19亿元。各项贷款余额177亿元,比年初增加30亿元。全市批准外商投资企业60个,比上年增加18个。实际利用外资8 000万美元,比上年增长60%。全年实际引进内资35亿元,同比增长34.6%。外贸进出口总额2.5亿美元,比上年增长26.2%。旅游总收入24亿元,其中国内旅游收入19.5亿元,旅游创汇收入1980万美元。社会消费品零售总额80亿元,比上年增长7%。城镇居民人均可支配收入达6 400元,比上年增长8.6%。农民人均纯收入2 840元,比上年增长3.2%。

(谢迎春)

滁州市

滁州市位于安徽省东部,习惯称皖东。全市行政区域总面积1.33万平方公里,辖琅琊、南谯两区,来安、全椒、定远、凤阳四县及天长、明光两个县级市,总人口423万人。2002年全市完成国内生产总值285亿元,实现地方财政收入17亿元。龙头企业发展到90家,24个农产品被评为国家"绿色食品",跨地区转移农村劳动力41.5万人,城镇居民人均可支配收入6 202元,农民人均纯收入2 202元。

(张守法 许恒贵)

巢湖市

巢湖市位于安徽省中部,南滨长江,怀抱巢湖。总面积9 394平方公里。2002年,辖无为、庐江、和县、含山4个县及居巢区,人口451.4万人。

巢湖资源丰富,素有"鱼米之乡"、"鸭子王国"之称;交通便捷,市内铁路公路网纵横交错,邮电通讯遍及城乡,可以依托合、芜、宁三个航空港和芜湖外贸码头,直达世界各地,是安徽省重点对外开放地区之一。

2002年,全市实现国内生产总值221.6亿元,同比增长8.4%;财政收入12.2亿元,按可比口径增长8.6%;全社会固定资产投资77亿元,增长10.4%;三次产业比重由上年的27.5:38.8:33.7变为26.5:39.5:34.0。

农业结构继续优化,粮经作物面积比为48.3:51.7,养殖业产值首次超过种植业;安全农产品生产基地面积扩大到1.73万公顷,和县创建全国无公害蔬菜生产示范基地工作通过农业部验收,全市获得无公害品牌认证数居全省首位,千里绿色长廊一期工程获省一等奖。工业生产稳中加快,实现工业增加值69.9亿元。实现三产增加值75.2亿元。社会消费品零售总额72.6亿元。旅游业发展较快,全年接待游客183万人次,增长11.3%,实现旅游总收入7.1亿元,增长21%。

大力整治经济发展环境,推行全民招商和定点招商。全年实际利用外资2 619万美元,其中直接利用外资2 165万美元,增长7.4%;引进市外资金26.3亿元,增长164%;实现外贸出口总额4 003万美元,增长13.1%。在经济发展、社会稳定的基础上,人民生活得到改善,城镇居民人均可支配收入5 711元,农民人均纯收入2 333元;城乡居民人均储蓄存款2 730元,增加420元。科技教育发展加快,新建立了市高新技术创业服务中心和科技信息网络;巢湖学院、巢湖职业技术学院顺利挂牌。

(周小平)

2002年南京都市圈各市经济发展基本情况表

城市名称	辖区面积(平方公里)	辖区人口(万人)	所辖区县(个)	国内生产总值(亿元)	财政收入(亿元)	实际利用外资(万美元)	固定资产投资(亿元)	旅游收入(亿元)	进出口贸易(万美元)	社会消费品零售总额(亿元)	城市居民人均可支配收入(元)	农民人均纯收入(元)
南京市	6 597	563.28	13	1 295	264.92	155 398	602.95	220.4	1 009 422	525.17	9 157	4 579
扬州市	6 638	452.22	7	588.93	55.6	25 600	180.22	52.02	151 400	182.76	7 833	3 920
镇江市	3 843	267.13	6	561.19	56.8	50 100	185.6	50.05	209 800	150.92	8 202	4 451
马鞍山市	1 686	122.12	4	154.8	24.12	4 272	61.68	8.04	34 579	41.42	7 720	2 919
芜湖市	3 317	221.74	7	245	34	8 000	85	24	25 000	80	6 400	2 840
巢湖市	9 394	451.4	5	221.6	12.2	2 619	77	7.1	4 403	72.6	5 711	2 333
滁州市	13 300	423	8	285	17	3 643	58.4	6.4	11 085	73.7	6 202	2 220

城市建设

城建综述

【概况】 2002年,全市城建工作者进一步解放思想,抢抓机遇,求真务实,开拓进取,全年完成住宅开发、基础设施建设(不含供电、邮政、通讯等)、小城镇建设投入达19.5亿元,比上年增长36.5%,有力地拉动了全市经济增长。

一、城市规划的龙头作用进一步发挥。认真贯彻执行《城市规划法》,紧紧围绕城市发展新目标,努力为全市经济建设和社会发展服务。启动了新一轮城市总体规划修编,修编纲要通过省建设厅组织的专家评审。完成28平方公里新城区控制性详规、重要地块、各区工业(旅游)园控规、中小学布点等专项规划的修编和审查工作。成立了地下管线普查领导小组,完成管线普查的前期准备和现状调绘工作。加强基础测绘工作,完成62幅1:1 000地形图修测、新测。配合澳大利亚TMG集团完成了市政广场概念设计和方案演示,进入施工图设计阶段。提高城市规划的透明度,首次举办了马鞍山规划成果展,广泛吸收社会各界的意见,收到良好效果。全年共依法审核发放选址意见书72项,建设用地规划许可证141项,建设工程规划许可证281项,较好地发挥了规划的龙头作用。

二、基础设施承载能力进一步增强。在规划指导下,城市"东扩南进"的框架迅速拉开。江东大道南北段延伸、红旗南路中段拓宽如期完成,湖西南路、九华路、葛羊路东段、健康路、康乐路、重阳路均提前竣工交付使用,313省道三期工程、马濮旅游公路加紧建设。市政设施维修养护按计划开展,结合畅通工程对湖东路与湖北路交叉口、红旗路与湖南路交叉口进行了渠化改造,对湖东路中段人行道板进行了更新。被列为办实事项目的背街巷道路及老旧小区整治一期工程按计划和要求完成,大大改善了老区环境。雨山湖分流工程经过3年多的建设全部竣工,大大提高了城市防汛排涝能力,也使南部新区的生态环境和投资环境明显改善。供水、供气、供电、电信、邮政、公交等公用事业稳步发展,基础设施建设取得积极进展。利用荷兰政府贷款筹建的第二污水处理厂、与北京首创集团合资筹建的第四水厂已经动工兴建,天然气利用工程按国家西气东输计划同步实施,市区管网改造和储配站等设施前期工作进展顺利。公交条件进一步改善,覆盖面不断扩大,车辆更新和档次再上台阶,全年新增公交车辆63台,28路公交线路的开通解决了师苑新村多年交通不便的老大难问题。

三、园林绿化和景区建设取得新进展。全市组织实施绿化美化工程63项,新增各类绿地44.66公顷,其中,新增公共绿地30公顷,居住区绿地10公顷。重点进行雨山湖分流工程、江东大道二期工程以及新建骨干道路的绿化美化;实施并完成金字塘公园综合整治和湖西绿地改造工程;朱然文化公园一期工程如期开工建设;按计划开展了太阳广场改造、花雨和新源广场绿化调整、道路绿化补植及佳山、雨山公园等重点地段绿化改造;社会绿化指标全面超额完成,成功举办了金秋花卉展览,新命名10家园林化单位,提高了园林城市品位。采石风景区规划编制在抓紧进行,配套设施建设按计划开展,古栈道、人防工程已竣工,被国务院批准为第四批国家级重点风景名胜区。

四、房地产与住宅开发建设保持良好势头。坚持开发与管理并重,把加快住宅开发和加强房产管理作为一项重要任务。2002年,全市完成住宅建设投资10亿元,超计划3.7亿元,比上年增长15%;住宅施工面积150万平方米,超计划20万平方米;住宅新开工面积84万平方米,竣工面积72万平方米,均超额完成年计划,分别比上年增长11%和7%,建成了珍珠西园、湖西路小区、鸳鸯小区4期、平塘花园、春天花园1期、翡翠园、湖景家园1期等住宅小区,珍珠西园还被省建设厅授予"十佳小区"。

五、建筑业健康发展。坚持建管并举的方针,以贯彻《建筑法》、《招标投标》等法规为主线,把整顿规范建筑市场秩序作为行业管理的重要工作,促进了建筑业的健康发展。全市完成建筑业总产值25亿元,实现建筑业增加值7.24亿元,比上年增长54.7%。严格执行建筑市场准入和清出制度,完成了新资质标准就位工作,全市建筑业企业由167家减少到87家,其中二级以上企业有17家,达到了队伍精简、结构调整的初步目标。按照公开、公平、公正的原则,有形建筑市场功能得到进一步发挥。全年办理工程建设报建项目111项,面积105.42万平方米,总投资10.45亿元;全年办理施工许可证217份,领证率达100%。进一步规范招投标行为,应招标工程的招投标率和应公开招标工程的招投标均达到100%。经过整顿规范,全市建筑市场秩序有了明显好转,市场各方主体依法从事建设活动和执行强制技术标准的自觉性逐步得到强化。

六、小城镇建设取得新成绩。当涂县委托东南大学完成了《县城镇体系规划》编制大纲,8个试点镇依据总体规划,加紧了详细规划编制工作,依法建设意识加强。小城镇基础设施建设步伐加快,全年完成建设投入3.8亿元,新建了花山区濮塘镇农民文化活动中心、博望镇文化广场等一批集镇文化设施;新建和改造向山镇供水管网等一批集镇供水排水设施;完成黄池镇变电所、通讯塔、食品市场等一批配套工程;新建龙山桥旱岭公路、石桥环城公路等一批集镇道路。建立小城镇建设激励机制,对博望、丹阳、黄池、石桥、向山镇等8个试点镇实行目标管理,安排300万元给予以奖代补奖励,极大地调动了各试点镇的建设积极性和创造性。

七、体制创新取得突破。建设系统企事业单位改革迈出可喜步伐。市自来水公司与北京首创集团合资组建了"马鞍山首创水务有限公司",运营二水厂、筹建四水厂,并将在一年内完成整体合资;燃气总公司以天然气利用项目为纽带,与香港中华煤气公司合资谈判取得积极进展;省房马鞍山市公司按照现代企业制度要求,由国企规范改制为民营企业;建筑设计院根据国家改企转制要求,一步到位地改制为民营科技有限公司,均开创了全省同行业改制的先河。

(吴道文)

【城市"东扩南进"步伐加快】 2002年度,马鞍山市城建开发紧紧围绕城市"东扩南进"的发展目标,道路重点工程建设快速推进。完成了城市南部的九华路、湖西南路、红旗中路、花园小区外排,城市东部地区的江东大道二期、葛羊路,城区老路健康路、团结路延伸改造,以及康乐路、重阳路、向阳路等城市主次干道11项工程的建设任务,并配套完成了路灯、绿化等工程。全年完成总投资约22 010万元,占年计划113%,建成道路总长约19.54公里,提前一个季度完成了年度任务。道路重点工程的推进,进一步扩大了城区面积,提升了城市基础设施功能,城市环境面貌亦大为改观。

在项目筹备、组织建设中,市城建开发处把执行建设部项目"四制"贯穿建设全过程,实行每项工程签订工程安全、廉政、计划生育合同制度。通过抓工程前期控制、规范建设程序、提高质量管理、强化现场协调、合理调度资金等工作,全面实行施工队伍、材料采购招投标,江东大道二期路面用水泥、钢盘砼涵管等大宗材料进行全国范围内公开招标,降低了造价,取得较好社会、经济效益。在征迁工作中,由于分工明确,协调到位,政策解释到位,九华路仅用3天就完成了拆迁任务,为工程施工争取了时间。施工阶段,城建开发处不断进行制度、管理创新,重点工程施工主要部位实行见证取样和送检制,管线施工实行施工联络员、进退申报、监理制等新举措;城区东部的葛羊路工程软基复杂,改粉喷桩施工为强夯和级配碎石加土工格栅技术,收益明显。

(城建开发处)

【城建监察执法规范有序】 城建监察大队是市建委下属的一支执法队伍,主要负责建设工程、供水、燃气、市政公用设施等领域的监察执法工作。2002年,大队按照建委布置,着重抓了三件事:一是深入扎实执法,规范有序工作。按照城建监督管理条例,加大工作力度,全年共处理违章526起,立案查处39件,挽回经济损失近2万元。二是积极主动配合重点工程建设。全年共拆迁房屋5.3万平方米,确保了重点工程建设的顺利进行。三是热线电话24小时值班,严守岗位,工作规范。全年受理电话884件,承办市长热线888件,办结率达98%。

(龙存丽)

城市规划

【规划审批推行政务公开】 2002年,市城市规划局全面推行规划审批公开制度,改革完善以往规划管理的运行机制,以彻底改变"门难进、脸难看、事难办"的工作作风。该局先后制定了《马鞍山市城市规划局依法行政手册》、《马鞍山市城市规划局政务公开手册》和《实施细则》,并制成印刷品发给各建设单位。同时,通过新闻媒体进行全面宣传,把规划局的工作职能全方位对外公示,以便于社会监督。通过改进审批例会制度,每周增开一次审批例会,保障审批项目快速运转,大大缩短了审批周期。通过建立规划许可告示牌制度,让广大市民知道自己身边的工程建设是否按照规划实施,是否影响他人和自己的权益。

【完成18项重点规划审定工作】 市城市规划局根据市规划委员会的工作程序安排,组织由专家组成的评审组,开展对全市重大建设项目、重点地段规划方案等的审定工作。2002年,该局先后审定通过开发区东区详细规划、采石风景区规划、市政广场、采石河综合整治、商业步行街、东南区控规、中小学布点规划及慈湖、金家庄区、雨山区工业园的控制性详细规划等18项,并将规划的内容落实到具体管理和建设中。

【发挥规划的龙头与服务作用】 城市规划部门不断强化自身素质,淡化权力意识,增强服务意识,为开发开放引进项目提供最佳的规划意见,为城市重点工程、基础设施建设出谋划策,积极发挥规划的龙头、服务作用。2002年,规划部门配合澳洲TMG集团完成市政广场概念设计,方案已经演示,并汇总各方反馈意见,进入扩初设计阶段;为建设生态园林城市,与水利部门对采石河治理提出具体要求,通过招标方式选择了采石河景观规划方案;积极做好九华路、健康路、葛羊路、石山路、曙光路、城建路、花雨路等道路改造前期规划工作;完成各工业园区、西班牙飞龙公司、澳大利亚斯格集团、北京首创集团阳光房地产公司的房地产开发项目的规划选址工作,并提出了规划设计条件。完成花园居住区、碧云天城市花园等住宅建设规划,完成安徽工业大学、市第二中学、市网络大学、大学园区的规划选址和方案评审工作。开展城市地下管线普查工作,已完成管线调绘,初步选定广州城市信息研究所为管线普查监理、信息系统开发单位,签订了合作意向书。

落实"为民办实事"项目,改善百姓的"菜篮子"。规划新建3 080平方米塘岔农贸市场和3 000平方米金马农贸市场,规划2 000平方米重阳路农贸市场、2 000平方米师范路农贸市场和1.96万平方米安民农贸批发市场。此外,市规划部门还完成13座公共厕所的规划审批工作。

为贯彻国务院《关于加强城乡规划监督管理的通知》(国发[2002]13号),市规划部门结合马鞍山市情实际,制定了《马鞍山市建设工程规划验收暂行规定》,对规划建设项目进行全过程的监督。监督工作从灰线验收、正负零验审、竣工验收三个环节进行,防止擅自改变规划的现象发生。同时严格按照全市相对集中行使行政处罚权的要求,配合行政执法局及时查处违法建设。全年共计发放选址意见书72项,314.5万平方米;建设用地规划许可证141项,126.5万平方米;建设工程规划许可证281项,91.5万平方米;竣工验收许可证101项。

【完成主要规划编制(设计)工作】 2002年,市规划局将修编城市总体规划作为工作重点,完成多项主要规划的编制(设计)工作。主要项目有:经济技术开发区西区控规的合并,慈湖工业园总体布局方案,当涂县新市镇工业园控规,机床厂改造规划,九华路、健康路、葛羊路、石山路、曙光路、城建路、花雨路等道路工程设计7项(总长度4 840米),雨污水排水工程设计10项(总长度1.02万米),管线综合3项(总长度69.7公里)。

【更新基本地形图】 2002年,测绘工作完成东环路以西部分指令性任务白板测1/1 000基础图8.5平方公里、东环路导线8公里、采石河整治修测1/1 000带状地形图2.25平方公里、湖东南路至314省道带状地形图5.25平方公里,配合地下管网普查测设首级控制网200个I级GPS控制点,完成平板测安工大东南园校区3.5平方公里。此外,还完成市重点工程及其他委托任务,共计测绘各类比例尺地形图6.3平方公里,征地测绘75项,测设界址点587个,土地分类点3281个,单位宗地图51宗,定位放线157件。

2002年度马鞍山市主要规划编制(设计)项目汇总表

序号	项目内容	编制及设计单位	责任单位
1	城市总体规划编制工作	安徽省规划院、市规划院	市规划局
2	城市东部南部地区28平方公里控制性详细规划	安徽省规划院、市规划院	市规划局
3	开发区东部地区控制性规划和南部地区总体规划	芜湖市规划院	开发区、市规划局
4	东南苑控制性详细规划	市规划院	市规划局、市土地局
5	商业网点布点规划	市规划院	市规划局、市工商局
6	中、小学布点规划	市规划院	市规划局、市教育局
7	杨桥地区控制性详细规划	市规划院	市规划局、市土地局
8	花果山地区控制性规划	市规划院	市规划局、市土地局
9	加油站布点规划	市规划院	市规划局、市石油公司

序号	项目内容	编制及设计单位	责任单位
10	园林绿地系统规划	省规划院	园林处、市规划局
11	采石风景区总体规划	东南大学	采石风景处、规划局
12	交通规划	市规划院	市规划局
13	马鞍山市政广场概念性规划及初步设计	TMG集团	市规划局
14	采石河综合概念规划设计	泛亚易道公司	市规划局、市水利局
15	金家庄工业园规划	安徽省建工学院	金家庄区、市规划局
16	慈湖工业园规划	安徽省建工学院	慈湖工业园管委会、市规划局
17	花山旅游园规划	上海城市设计事务所	花山区、规划局
18	雨山区工业园规划	芜湖市规划院	雨山区、市规划局
19	市商业步行街规划建筑设计	同济大学	市中房公司、市规划局
20	马鞍山网络大学规划设计	华南理工大学	市教育局、市规划局
21	马鞍山二中规划设计	华南理工大学	市教育局、市规划局
22	马鞍山市大学城概念性规划	同奥建筑设计事务所	市规划局
23	新建农贸市场、公共厕所的规划	市规划局	市规划局、市容局
24	开展全市地下管网普查	广州城信所	市规划局

市政建设与管理

【概况】 2002年,市政工程管理处围绕城市发展"双百"目标,加快"国债项目建设"、"城市防汛排涝"、"为民办实事"等重点项目的实施进度,加强市政设施的维修养护和管理,促进了市政设施及管理水平的进一步提高。国债重点项目——雨山湖分流工程竣工,使全市人民"活水穿城"(引长江水入湖)的梦想得以变为现实;一批为民办实事项目的完成,为群众生活带来了便利;城市防汛排涝设施的进一步完善,确保了城市安全度汛。全年共完成市政建设维护投入6 121万元,其中城市维护费2 292万元,国债资金3 829万元。

【雨山湖分流工程按期竣工】 雨山湖分流工程从1999年4月12日全面开工建设,历经3年零8个月时间,于2002年12月18日按期竣工。工程总投资1.5788亿元,完成了5.36公里河道渠化、1座大型泵站和两岸25.5公顷的绿化景点建设任务。该工程于2001年、2002年与马鞍山市其他建设项目一起获得"中国人居环境范例奖"和"迪拜国际改善居住环境良好范例奖",并获得省建设工程最高荣誉——"黄山杯"。

【完成石山路改造等为民办实事项目】 2002年,市政管理处承担了石山路延伸、曙光路改造等背街小巷整治以及湖东路人行道改造等为民办实事重点工程。这些工程的工期大多安排在7月底前完成,时间紧,点多,面广,施工压力大。为确保工程如期顺利完成,市政处精心组织,科学统筹,团结奋战,6月底曙光路改造提前竣工,国庆前石山路延伸、湖东路人行道改造全部竣工,湖东路、湖北路交叉口和红旗路、湖南路交叉口两处畅通工程进展顺利。为充分发挥雨山湖分流工程的功能,10月底,按照市政府安排开始实施碧溪河整治工程,总投资790万元,整治工程已全面展开,预计2003年上半年全部竣工。

【市政设施养护维修】 2002年,市政管理处加强市政设施的养护维修,努力为城市经济发展和人民生活创造良好的市政设施条件。在道路养护方面,重点加强主干道的养护,对红旗路、花山路、湖东路、车站路、石山路快车道，湖南路、湖东路、湖北路慢车道进行大面积养护，全年共养护道路面积1.7万平方米，调整人行道2 200平方米。路灯养护方面，全年共维修路灯3 210盏(次)，亮灯率保持在95%以上，并完成了师苑路、朱然路、公园路路灯新建，湖东路、铁城路人行道步道灯安装，团结广场、常青路、湖北路、湖西路、湖东路路灯改造，共新建、改造路灯434盏。下水设施养护方面，全年共疏通下水管道7.14万米，清掏窨井5.91万座(次)，清掏淤泥1 878吨，更换各类井盖396套；完成公园路、湖东路四方宾馆、艳阳路与雨山路叉口、湖东路与雨山路叉口等处下水设施改造，以及红旗路、长江路涵洞清淤和部分下水管道改造。

(市政处办公室)

【第二污水处理厂初步设计获省批准】 2002年12月，马鞍山市第二污水处理厂初步设计方案获省计委批准。该厂规划选址位于宁芜铁路以西、205国道以东的雨山河边，占地10.34公顷，设计服务区域11.02平方公里，服务人口30.5万人，生产规模为日处理污水10万吨。项目概算总投资1.4586亿元，其中从国家开发银行贷款5 700万元，申请利用荷兰政府贷款4 118万元(498万美元)，自筹4 768万元。该工程计划2003年基本建成主体设施，2004年底投入运行。

(自来水公司)

园林绿化

【概况】 2002年，马鞍山市实施66项绿化美化工程，植树17.5万株，铺草30.1万平方米，种花200.3万株，垂直绿化2.2万株，植绿篱15.1万米。全年市区累计新增各类绿地44.66万平方米，其中新增公共绿地29.66万平方米，居住区绿地10万平方米，单位附属绿地5万平方米。到2002年底，市区各类绿地面积发展到1 763.92万平方米，其中公共绿地486万平方米，市区绿地率和绿化覆盖率分别达到40.08%和42.57%，人均公共绿地面积8.49平方米。城市绿化水平得到进一步提高，特别是4.6公里长的"南排"两岸绿化和景点建设、金字塘公园综合整治、江东大道二期绿化，湖西南路配套绿化、花雨广场大树移植，以及牡丹园、翡翠园、南湖花园、平山花园等一批新建小区配套绿化和背街小巷整治，绿化质量较高，美化效果明显，人居环境显著改善。

【荣获2002年迪拜国际改善居住环境良好范例奖】 迪拜国际改善居住环境最佳范例奖于1996年由联合国人居中心(现联合国人居署)和阿联酋迪拜市政府共同创立，以表彰那些在改善居住环境方面作出杰出贡献的组织和项目。

2002年迪拜国际改善居住环境最佳范例奖的评选在广州举行。由来自世界各地的专家组成的技术咨询委员会对各国申报的500多个项目进行了评审，从中挑选出106个优秀项目作为该奖的最佳范例(全球百佳)。经专家评审，马鞍山市城市环境治理项目获良好范例奖。

【创建园林化单位、园林化居住区活动深入开展】 2002年，全市深入扎实地开展了创建省级、市级园林化单位和园林化居住区活动，促进了城市绿化进一步向深度和广度发展，提升了全市绿化整体水平。创建活动中，有4家单位被评为市级园林化单位，3个居民小区被评为市级园林化居住区。市级园林化单位是：安徽星马汽车股份公司、马鞍山市特殊教育学校、马鞍山市慈湖一小、马鞍山市东苑小学；3个市级园林化居住区即：牡丹园小区、雨山五村小区、马钢塘岔小区。

(储茂成)

公用事业

【市自来水公司概况】 市自来水公司始建于1958年，1962年9月投产，日供水能力仅有1.2立方米。经过40多年建设发展，公司日供水能力达到33.5万立方米，供水管网(直径100毫米以上)总长352公里。公司现有3座水厂(含原第二水厂)，设有营业所、管道维修中心、给排水工程处、管道安装队、水质监测中心、水表检定站、设计室、净水剂厂。公司员工总数425人，其中：高级专业技术人员5人，中级专业技术人员38人，初级专业技术人员58人，专业技术人员占职工总数的23.76%。1993年，公司通过省供水企业资质审查，成为全市惟一取得生产城市生活饮用水资质，集产、供、销、修、管为一体的社会服务性中型供水企业。

2002年度，公司铺设直径100毫米以上管道40.13公里，完成售水量5 200万立方米，实现工业总产值4 570万元。由于售水价格上调及财政补贴支持，2002年公司实现了扭亏为盈目标，实现利润52.32万元，上缴税金342万元。

【马鞍山第四水厂初步设计方案通过评审】 马鞍山第四水厂项目设计总规模为20万立方米/日，占地7.67公顷，厂址选择在城北慈湖乡联农村马和公路南侧，采用平流沉淀池加气水反冲滤池的净水工艺。项目预算总投资23 212万元，一期工程投资为15 965万元，供水能力10万立方米/日。该工程已完成征地工作，初步设计方案于9月份通过省计委的评审。

【马鞍山首创水务有限责任公司挂牌】 为实施扩大开放、招商引资战略,推进供水企业改制,2002年5月,市政府就市自来水公司与北京首创股份公司合资合作签订了框架协议。9月28日,市自来水公司与首创就二水厂合资合作举行签约仪式。12月28日,马鞍山首创水务有限责任公司正式揭牌。合资公司总注册资本为1.2亿元人民币,其中北京首创公司占60%股份,市自来水公司占40%股份。

【天然气工程建设稳步推进】 根据国家"西气东输"工程的总体部署,市燃气总公司积极开展天然气利用工程项目的前期筹备工作,先后完成了《马鞍山市天然气利用工程可行性研究报告》、《马鞍山 市天然气利用工程环境影响评价报告书》及《马鞍山市天然气利用工程初步设计》的编制。2002年,《马鞍山市天然气利用工程可行性研究报告》获省计委正式批准,标志着天然气利用工程正式进入全面实施阶段。年内,天然气门站建设已完成土地规划报批、地质灾害评估等前期工作,进入省国土资源厅及市国土资源局的征地程序。

为配合天然气接纳和工程建设,在《马鞍山市天然气利用工程可行性研究报告》的基础上,市燃气总公司开展对天然气利用工程的专项研究,确定了包括技术、经济、财务、环保、价格及政策等课题在内的11个子课题。通过对城市的管网、设施建设工艺、技术方案和管理体制的研究,并结合全市煤气管网和配套设施的现状,制定了全市天然气管网及配套设施建设的具体方案。此外,市燃气总公司还成立市场组,对全市主要工业企业、各大宾馆、饭店、医院、院校等天然气用户用气量进行了详细调研。

【改造续建天然气管网】 为做好2003年底接入天然气准备工作,2002年市燃气总公司投入大量人力、财力,对城市早期敷设现已老化腐蚀的部分中压干管进行改造。运用高压水清洗"反转内衬"免开挖修复技术,对市区湖东路、湖南路等地下直径400毫米的中压管,红旗路、湖南路等地下直径300毫米中压管共约12公里的管网进行改造。同时,配合城市道路建设,完成了江东大道、红旗南路、健康路、雨山路东段、313省道、湖西南路、九华路及开发区内的天然气干管(中压A管)敷设约20余公里,投入资金约2 800万元。

【燃气总公司引资改制取得突破】 为引入外资,加快建立现代企业制度的步伐,燃气总公司抓住"西气东输"的机遇,按市场化、公开化、规范化、系统化规则,先后与新奥燃气、意大利CPL公司、香港中华煤气等多家公司接触商谈引资改制事宜。通过认真比选,最终选择香港中华煤气公司作为马鞍山天然气项目建设的合作伙伴。2002年8月,市燃气总公司与香港中华煤气公司签订了共同建设开发利用天然气的合作意向书,并相继完成了合资合同文本的拟定及引资改制方案的制订工作。

(苏 宜)

【公交行业保持发展好势头】 2002年,马鞍山市公交行业继续保持良好发展势头。全年行车1 846万公里,营收4 489万元,全员劳动生产率3.8万元/人·车,分别比上年增长8.46%、16.81%、15.15%;客运总量8 150万人次,日运送乘客22.33万人次;单位成本2 170元/千公里,为省内同行业同口径最低。全年购置新车63辆(高档旅游客车7辆),新开纺织厂至上湖的122路、开发区管委会至火车站的20路、纺织厂至工人电影院的127路、教师新村至火车站的28路4条无人售票线路,新增和调整公交站点36处,新建新式不锈钢公交站棚16处。向山调车场工程竣工,雨山路调车场易地建设全面施工,开发区综合调车场开工建设。公交行业全面推行星级服务评比与考核工作,扎实开展"质量服务年"、创建"人民满意的基层站所"活动,公交服务水平显著提高,乘客投诉大幅下降。

【调整开发区营运线路】 从7月1日起,市公交总公司对开发区一线的营运线路及车辆进行调整,以优化开发区的交通环境,更好地支持开发区建设。该公司将原120路公交车改为20路公交车,终始站点为开发区管委会至火车站,车辆由原来的6辆小巴更换为10台中客,使用月票。

【28路公交车开通】 随着城市不断向东向南扩展,为了方便教师新村及平山地区居民出行,减轻湖东路10路、6路、14路公交的高峰交通压力,市公交总公司新开了28路公共汽车。28路公交车从教师新村到火车站,途经湖东路、湖南路、花山路、湖北路、红旗路。沿途停靠雨山路、大北庄、影华园、新亚百货大楼、市人防办、马钢高级技校、公交一公司、马濮路口、东源建材城、轮胎厂、矿院、文化宫、人民医院、红旗桥、长途汽车站等站点,实行无人售票,一元一票制,月票可用。先期投入10辆中型公共汽车,首末班时间为6:00和19:30,两边对发。

【127路公交车开通】 根据马鞍山市政协委员提案及大北庄、老市区居民的建议,市公交总公司于9月6日

开通纺织厂至工人电影院的127路小公共汽车。127路公交车贯穿于雨山、大北庄、花山和金家庄地区,该线路沿途停靠站有马建二公司、珍珠园五村、珍珠园四村、市物价局(中国人寿大厦)、中行金融大厦(大北庄)、洪滨丝画艺术馆(影华园)等。先期投入6辆小公共汽车,实行无人售票,一元一票制,不使用月票。首末班时间为6:00和19:00,两边对发。

【开通师生专线】 为了缓解高峰期教师、学生乘车难的矛盾,市公交总公司于9月23日新开火车站至马钢医院的师生专线。师生专线途经红旗路、湖北路、湖东路,沿途停靠的站点为红旗桥、人民医院、文化宫、安工大附中等。该专线车在运营时有醒目的“师生专线”标志。教师、学生凭工作证或学生证,持月票或投币乘车,其他乘客不予乘坐,实行一元一票无人售票制,月票可用。该专线车每天在火车站的发车时间分别为7:00和7:15。

【天润发免费购物班车开通】 由青岛润泰事业有限公司马鞍山分公司投资兴建的天润发超市,于12月24日开门迎客。为方便顾客购物,该公司与市公交总公司签订了班车租用协议,租用公交车7辆用于8条天润发免费购物班车专线的营运。为了保证班线营运正常有序,市公交总公司从下属一公司、二公司调集配备了人员、车辆,以提供运力保证。自天润发超市开业起,8条天润发免费购物班车专线即开通运行。

【开发区综合调车场开工】 总投资约1 000万元人民币的马鞍山市公交总公司开发区综合调车场工程,12月28日在市经济技术开发区动工。新建的这座调车场位于青山路以北、雨田路以东、排湾路以南,建设周期为一年。调车场主要设施为保养中心、油库、全自动洗车台等,停车保养能力可达70标台。该调车场建成后,将大大方便城市南部市民的出行,也有利于合理调整城市公交场站的布局,降低运输成本。

【开展星级服务评比与考核工作】 从2002年1月起,市公交总公司对外线在岗的驾驶员、售票员、调度员及内线在岗的修理人员、检验人员,根据各自在岗工龄、出勤、安全、服务,结合文化程度、技术等级、应知应会考试等情况,确定其星级服务津贴。首批69人分别被评为五星级中的一至四星级,星级津贴的标准暂定为一星级15元,二星级30元,三星级45元,四星级70元,五星级100元。今后每年开展一次对初次申报星级人员的评定工作,每两年开展一次星级资格年审工作。

【公交月票销售突破4万张】 2002年10月,全市公交车月票销售突破4万张,并有继续增长的势头。而在1999年,全市月票最高月销售量为8 000张,仅为现销售量的1/5。月票销量激增的原因,一方面是公共交通便利,1999年以来市公交总公司平均每年增加50台新车上路,到2002年,全市共有公交线路32条,营运车辆305台,市区等车时间间隔为3~5分钟;另一方面,月票价格偏低,使用月票成为超值消费。

(许志海)

市容管理

【大力拆除城区违法建设】 2002年,市行政执法局以拆除违法建设作为工作的重心和推进相对集中行政处罚权试点工作的突破口,在规划、公安等有关部门的配合下,集中力量组织了一系列大规模的拆违统一行动,对雨山区新联村、小双岗、秋口村、开发区部分路段、江东大道沿线、天润发附近以及部分老旧小区内的违法建设进行了集中拆除。同时加强监管,对主干道两侧的在建违法建设,一经发现及时查处,确保主城区不新增违法建设。2002年市行政执法局共拆除违法建设7万多平方米。

【推动摊点规范化管理】 2002年,市容管理局针对在摊点管理中存在的“薄弱时段”和“薄弱环节”“两个薄弱”问题,采取有效措施,推动主次干道摊点的规范化管理。一是因地制宜,在道路畅通、市政设施完好、不影响市容的部分区域,统一设置规范摊点群,实行统一管理,并适度放开部分二级道路,对各类摊点、骑路菜市场实行合理疏导,统一定点经营,做到不脏不乱、人在地洁;二是加强对机动车冲洗点的管理,取缔了部分严重影响市容环境、损坏市政道路的机动车冲洗点;三是对早点、盒饭、大排档等饮食摊点实行归点、限时经营,要求摊主自配垃圾容器,规范摊点的硬件设施,对部分快餐盒饭摊点夜市大排档要求统一餐车桌椅的样式、颜色,做到整齐划一,集中摆放经营;四是对油炸、烧烤等各类无证摊点予以坚决取缔,对摊点占道经营行为及时进行处罚和纠正;五是根据季节变化和摊点管理的需要,调整执法人员的工作时间,打好时间差,做到管理不间断,执法无盲点;六是集中整治与长效管理相结合,适时组织规模较大的市容整治行动,拔除“钉子户”,确保市容环境管理工作取得实效。市容管理局全年共纠正占道经营13.95万处,取缔无证摊点6 571处,清理占道堆放物品1.24万件,组织大小集中整治行动120次,下达限期整改通知书1 232份,没收灯箱、招牌1.41万块,使一批长期困扰市容管理工作的重难点问题得到有效解决,市容市貌明显改观。

【整治城市“牛皮癣”】 近年来,被称为城市“牛皮癣”的各类乱涂写乱张贴的粗劣“野广告”日益增多,布满大街小巷、居民楼洞,严重影响了城市形象。为此,市容管理局一方面加强了日常巡查,对各类“野广告”及时进行清理覆盖;另一方面,集中力量,多次组织执法队员着便装昼夜分散守候进行查处。2002 年,共清理覆盖乱涂乱画 1.26 万处,抓获违法张贴、喷涂人员 25 人,没收各类非法宣传品 1.2 万余份,有力地打击了乱涂写、乱张贴等违法行为。

【加强三轮车统一管理】 针对一些三轮车无视交通管理法规和市容管理的有关规定,肆意与其他车辆抢道,非法载客拉货,乱停乱放秩序混乱的状况,2002 年,市容管理局继续加强对三轮车的统一管理。一方面,根据“统一规划,合理布点”的原则,在全市合理划定了一些三轮车集中停放点,并明确了一些三轮车禁止通行的路段;另一方面,加大对三轮车违章、违法行为的查处力度。在公安、交通等部门的有力配合下,对非法营运的正三轮车和人力三轮车进行了多次集中整治。全年共出动执法人员 1 000 余人次,散发通告 2 000 余份,依法查处违章三轮车 2 000 余辆次,暂扣三轮车 631 辆,有效改变了三轮车非法营运的混乱状况。

【加强户外广告和夜景灯饰管理】 为美化市容市貌,提升城市品位,进一步改善投资环境,2002 年,市容管理局继续加强对户外广告和夜市灯饰的管理。一是做好户外广告设置的日常审批工作。全年审批横幅2 709 条,竖幅 123 条,广告牌 4 509 平方米,旗帜 840 面,彩虹门 101 座,各类街头咨询、宣传、演出活动 173 场次。二是加强对沿街门头招牌的统一管理。对新、改、扩建的门头招牌进行指导、引导、规范,计划用 2 ~ 3 年时间,逐步完成对全市现有门头招牌的更新改造,彻底改变全市门头招牌设置杂乱无序的状况。三是强化夜景灯饰的日常管理。2002 年审批城市夜景灯饰 2 项,督促完成夜景灯饰设施维修 12 项,拟定了《马鞍山市城市夜景灯饰管理办法》草案。四是大力加强户外公益广告建设。2002 年统筹组织设置公益条幅 517 条、公益宣传 41 场次,还先后在解放路、佳山路、湖南路组织设置公益广告灯箱 16 座,在团结广场、火车站、九区道口等处设置和更换交通护栏公益广告牌 96 平方米。

【建筑垃圾管理取得显著成效】 市容管理局依据《马鞍山市建筑垃圾、工程渣土处置管理规定》,集中力量,采取有效措施,加强对建筑垃圾的管理,解决了困扰城市多年的建筑垃圾围城问题。一是加强对施工工地和建筑垃圾运输过程中“两点一线”(即出土点、卸土点、运输路线)的管理,对建筑垃圾进入处置场实行“一车一证一票”制。二是加大道路巡查力度,加强常规休息时间和下半夜的突击巡查,查处违章车辆,控制偷运乱倒现象。三是组建清运队,及时清理、清运市区死角和城乡结合部乱倒的无主垃圾。四是抓好商家门面装潢、居民住宅装潢和主次干道零星建筑垃圾的清运检查,做到及时发现,督促及时清运。五是坚持抓好建筑垃圾处置场管理。根据“综合利用,就近调运”的原则,对建筑垃圾进行合理调剂处置,确保全市建筑垃圾及时妥善处置。六是加强石灰窑管理。与 22 家石灰窑签订了《卫生目标责任书》,规范石灰运输车辆的管理,使石灰污染路面的现象大为减少。2002 年,市容管理部门共与施工单位签订目标责任书 63 份,核发垃圾准运证 2 430 张,下达限期改正通知书 430 份,查处违章 140 余次,处理无主垃圾 8 375 吨,处置建筑垃圾 2.64 万吨,调剂工程渣土约 2 万吨。

(蔡 钧)

【城市环境卫生常年保持良好状况】 2002 年,市环卫处生产作业向着规范化、科学化管理轨道平稳发展,各项指标全面达标。全年累计清运生活垃圾 8.35 万吨,处理垃圾 8.91 万吨(含社会自运垃圾),分别比上年增长 7.83% 和 8.12%;清运公厕粪液 5 340 吨,清运率、处理率均达 100%。对湖东路、湖南路、湖北路等 12 条主干道每天 2 次按时清扫、洒水降尘,提高道路卫生保洁质量。全市公厕无粪便漫溢现象发生,公厕、转运站、垃圾场等生产作业场所消毒、灭蝇及保洁状况良好,城市环境卫生始终保持清洁干净。

【新增 13 座水冲式公厕】 新建和改建 13 座水冲式公厕是 2002 年市政府为民办实事项目之一。市环卫处及时抽调技术力量,组成专门技术小组,全力以赴抓好落实。在公厕的外观及结构设计上努力做到经济、适用、新颖、美观,在选址定位方面则尽量满足广大市民的愿望和要求。该项工程自 2002 年 3 月份开始前期准备工作,8 月份破土动工,至年底,13 座公厕全部竣工投入使用。新建成的 13 座水冲式公厕中,二类公厕 6 座,三类公厕 7 座,平均每座公厕建筑面积 60 ~ 70 平方米,内部设置衣帽钩和衣镜、搪瓷面盆等设施,通风、采光条件更加科学合理,部分公厕还设有残疾人进出坡道。至此,全市水冲式公厕已增至 137 座,公厕设施总体布局更加合理,服务能力进一步增强。

**【生活垃圾产沼回收利用工程(GEF 项目)建设取得新

进展】 2002年,垃圾填埋气体回收利用方案正式实施。该方案主要包括在向山垃圾场建设焚烧厂,利用生活垃圾填埋气(甲烷)作燃料,焚烧医疗垃圾,多余气体供给附近企业作燃料使用,并为此专门成立了“马鞍山市环佳能源有限责任公司”。当年,完成该项目的图纸设计和设备采购技术标书的编制工作,建成垃圾场生产用高位水池和场区道路等配套工程,生化垃圾焚烧厂和新办公区建设已在实施之中,筹备了多年的GEF项目开始进入实质性的建设阶段。

(叶德明)

中国联通公司

中国联通是我国第二家经营电信基本业务和增值业务的全国性国有大型电信企业,1994年7月19日正式成立。目前在全国30个省、自治区、省辖市设立了100多个分公司和若干个子公司,自成立以来,各项业务蓬勃发展,初步实现了电信业务领域引进竞争机制、提高服务质量、推动新技术的采用、降低运营成本,促进电信事业发展的初衷,使中国电信业的发展进入了新的时期。

中国联国联通通信网是国家公用通信网的组成部分。中国电信企业改革、重组之后,中国联通成为中国经营电信业务种类最为齐全的运营商,目前经营范围包括:无线通信业务(GSM和CDMA)、数据通信业务、国际长途业务、长途电话业务、本地电话业务、无线寻呼业务、卫星业务、电话增值业务,以及与主营业务有关的其它业务。

环 境 保 护

环 保 综 述

【概况】 2002年,马鞍山市环保工作,以改善环境质量为目标,围绕创建国家环保模范城市,进一步强化服务经济的大局意识,深入开展工业污染防治、城市环境综合整治以及农村生态环境的保护,各项工作扎实推进,取得新的进展。

"创模"工作正式启动。市委、市政府成立了创模工作领导小组,下发了《马鞍山市创建国家环境保护模范城市实施方案》,提出2005年建成国家环境保护模范城市的目标,并将创模十大工程落实到37个部门和单位。

工业污染防治工作继续深化。投资1 740万元的三钢二次粉尘治理工程竣工,年削减粉尘排放6 000多吨;投资276万元的马钢热电厂一号电除尘改造基本完成;港务原料厂扬尘治理、煤焦化破碎机除尘、三烧电除尘加湿机等项目已建成;二铁、三轧、焦化等五家企业清洁生产方案通过审查。山鹰纸业股份公司日处理1.8万吨造纸污水工程运行良好,获"安徽省环境污染治理优秀工程"称号。

执法力度进一步加大。全市开展为期3个月的严查环境违法行为专项行动,共出动人员959人次,对14家企业进行立案查处,较好地遏制了污染反弹。进一步强化建设项目的环境管理。全年共审批各类项目245个,其中市环保局审批34个,总投资22亿元,环保投资6.4亿元。建立了开发区项目审批联系制度,开发区项目纳入环境管理的正常渠道。加强巡视监理和现场执法工作。市环境监察支队全年共巡视监理960厂次,实施行政处罚7起,下达限期改正通知书19份;雨山区对采石橡胶制品厂、三磺酸厂两家污染严重的企业下达了停产通知书,花山区关停了两个乡镇的3家土烧结厂,金家庄区环保局对新上的国家明令禁止的小高炉炼铁项目实施了停建和罚款的处罚,当涂县对擅自上马的土烧结项目予以取缔。2002年,全市实施行政处罚47起,处罚金额12.4万元;全市征收排污费1 893万元。

生态保护工作稳步推进。南山铁矿被国家环保总局命名为"国家级矿区生态示范区",黄梅山矿在第一期100公顷生态恢复工程的基础上,启动了第二期70公顷生态恢复工程建设,姑山矿对矿山废弃地、排土场、尾矿库等开展了耐适性育苗研究;编写完成《马鞍山市生态环境遥感调查分析报告》,开展蔬菜生产基地环境问题的调查、《马鞍山市绿色高效农业开发区环境保护规划》的编制工作。按照国家环保总局的要求,开展创建"环境优美乡镇"活动,当涂县塘南镇、花山区濮塘镇积极开展了申报活动。

城市环境综合整治继续深入。开展"白色垃圾"、汽车尾气污染、"三产"油烟污染三项专项整治活动,拟定了《马鞍山市机动车尾气污染治理实施方案》和《马鞍山市机动车排气污染监督管理办法》;组织开展两次"禁白"工作集中检查,没收一次性发泡塑料餐具20多万只;对全市餐饮业污染现状进行调查,对11家老的餐饮项目进行了治理。依法开展饮用水的水源保护,认真贯彻实施《安徽省城市饮用水水源环境保护条例》,组织开展市辖长江流域水污染防治规划、城市水功能区划的编制工作。开展放射源安全管理专项整治工作,掌握了全市15家放射源贮存单位、101台放射性设备的基本情况,对矿院等7家重点放射源单位进行了安全管理专项检查,向市食品公司、马钢技术中心、矿院自动化实验室3家问题较突出的单位下达了限期整改通知书。开展电磁辐射环境申报登记工作,召开了全市电磁辐射申报登记工作动员会,对各区、县环保局及重点单位有关人员进行了培训。

各类环境信访案件得到认真处理。开通了12369环保投诉电话,全年受理环境信访案件1 307件,其中,反映噪声污染的有717件,占54.85%;大气污染485件,占37.1%;水污染85件,占6.5%;固体废物15件,占1.13%;电磁辐射5件,占0.38%。妥善处理各类污染纠纷,平息多起居民围堵工厂大门事件,为稳定大局发挥了积极作用。成立了市环保局污染事故应急领导小组,制定了《马鞍山市环保局污染事故应急预案》。

环境宣传、信息、监测、科研工作继续加强。以环保天地、环保园地、环境在线、马鞍山环境等固定栏目为阵地,充分发挥网络的信息优势,围绕"六五"、创模等重要时段和重点工作,开展了系列宣传、培训、教育活动。环境教育首次纳入党校干部培训内容,市青少年环境教育基地被命名为省级环境教育基地。全年完成各类监测数据3.4万个,建成一套环境空气自动监测系统,从9月份开始成功实现环境空气质量日报。

开展了室内环境监测、生态监测工作。完成环保产业情况调查工作,开展了环保项目评审专家库、资料库的调研和完善工作。完成宽带接入工程,环保信息网络建设进一步完善。

【马鞍山市荣获“中国人居环境范例奖”】 1月7日上午,全国建设工作会议在北京召开,会议授予广东省深圳市等5个城市“中国人居环境奖”,授予马鞍山市“雨山湖治理及城市环境综合整治”等28个项目为“中国人居环境范例奖”。马鞍山市是安徽省唯一的获奖城市。该奖项由国家建设部设立,旨在表彰在改善城乡环境质量、提高城镇总体功能、创造良好的人居环境方面作出突出成绩并取得显著效果的城市、村镇和单位。

【民进中央领导来马进行环境与可持续发展专题调研】 7月31日至8月1日,全国人大常委、民进中央常务副主席张怀西,全国政协常委、民进中央副主席王立平率民进中央领导调研组一行,在省人大常委会副主任、省民进主委朱维芳等陪同下,就“长江下游地区环境保护与修复对我国可持续发展的影响及对策”问题进行了为期两天的专题调研。这次调研是中共中央统战部组织各民主党派就“可持续发展”问题开展的重大调研活动的组成部分。在马期间,调研组一行实地考察了当涂县石臼湖自然保护区、南山矿生态恢复项目以及山鹰造纸公司污染防治情况,听取了市政府就环保工作开展情况所作的汇报以及马钢公司生产经营和环保工作的情况汇报,视察了马钢车轮轮箍分公司和H型钢厂。调研组一行对马鞍山作为重工业城市,在环保和城市建设方面所取得的成绩给予了肯定,并要求马鞍山认真分析研究资源型城市生态保护的现状及问题,在湿地保护和矿山生态恢复上重点开展工作,实现可持续发展。

【省城市环境综合整治考核组对马鞍山市环保工作提出六条建议】 5月12~14日,全省城市环境综合整治定量考核组对马鞍山城市环境综合整治工作进行考核后指出,马鞍山市应尽快正式启动“创模”工作,以创建国家环境保护模范城市为抓手,提升城市品位,推动结构调整,促进环境与经济的“双赢”。考核组同时提出六条建议:一是进一步扎实做好“创模”的各项基础工作,尽快成立高规格的领导小组,分解任务,细化责任,全民动员,扎实推进;二是加快产业结构调整步伐,积极做好“十五”期间马钢、地方工业结构调整,加快重点项目建设,把单位GDP能耗、水耗降下来,根本解决工业结构性污染问题;三是加大城市环境基础设施建设力度,尽快落实第二污水处理厂、无害化垃圾处理场的建设资金,力求环境硬件建设上的突破;四是进一步做好饮用水源保护工作,按照《安徽省饮用水源保护条例》的要求,抓紧饮用水源保护规划编制、报批工作,加强饮用水源保护区管理工作;五是进一步深化工业污染防治工作,推行清洁生产和ISO14000认证工作,认真研究应对入世后环境问题的新变化;六是进一步加大污染总量控制工作力度,根据省政府的要求,做好“十五”期间6项主要污染物总量控制指标分解落实工作,特别是二氧化硫排放总量控制工作。

【环保目标责任制年度考核揭晓】 2002年,马鞍山市环保目标责任制考核情况如下:马钢股份有限公司94分,马钢(集团)控股有限公司92分,花山区91分,雨山区90分,金家庄区90分,当涂县88分;38个重点工业企业平均得分为81.5分,较上年提高1.2分。其中,得分在80分以上的企业有27家,其余企业得分在70~80分之间。综合考核情况表明,全市环保目标责任制落实中仍存在一些比较突出的问题:少数领导可持续发展的观念还不够强,重发展、轻环保的现象仍然存在;区、县政府专题研究环保问题的会议还不多;餐饮业油烟、建筑施工噪声等扰民问题时有发生,非工业项目环境管理需要进一步加强。

环保创模动态

【市人大、市政协听取创模汇报】 5月28日、6月5日,市人大常委会、市政协分别举行主任会议、主席会议,专题听取市环境保护局关于马鞍山创建国家环境保护模范城市有关工作的汇报,市人大主任朱佩蓉、市政协主席李福增分别主持会议。会议提出,国家环境保护模范城市作为城市可持续发展的典型,是城市内在美与外在美的综合体现,是全市精神文明与物质文明建设发展的结晶和升华,作为资源型的重工业城市、全省首家“全国卫生城”、“国家园林城市”和安徽的经济强市,努力建成国家环境保护模范城市,对于实施可持续发展战略具有十分重要的意义。这既是大事,也是好事,更是难事。会议认为,市环保局制订的创模方案从城市建设和环境保护的角度提出了很好的建议,方案具体,目标明确,应尽快组织实施;当前对几个环境重点问题,如雨山湖及“两河”水质、江东轧钢厂搬迁、饭店油烟污染、汽车尾气控制、噪声污染、污水和垃圾处理、马钢污染总量控制等,必须引起高度重视,突出重点,集中力量下决心解决。

【市委中心组研究创模工作】 7月25日晚,市委书记郑牧民、市长丁海中、市人大主任朱佩蓉、市政协主席李福增等领导参加市委中心组学习，观看和学习了朱镕基总理在全国第五次环保会议上的讲话，听取了市环保局关于马鞍山市创建国家环境保护模范城市有关情况的汇报。郑牧民强调，创建国家环保模范城市是马鞍山在全省率先基本实现现代化的重要组成部分，每一件工作都与改善人民群众生活质量密切相关，一定要努力达到目标；市委、市政府将召开全市环保会议暨创模动员大会，成立领导小组和各专业小组，对创模工作全力推进；丁海中要求，必须明确责任，签订切实可行的目标责任书，逐项落实，一举达标；在市环保局设立创模办公室，赋予办公室一定职能，确保创模工作顺利开展。

【马鞍山市召开环境保护暨创建国家环保模范城市动员大会】 8月8日，市委市政府召开环境保护暨创建国家环保模范城市动员大会，市委书记郑牧民作重要讲话，市长丁海中作工作报告，市人大主任朱佩蓉、市政协主席李福增出席会议，副市长戴自明主持会议。

丁海中市长在总结全市"九五"期间的环保工作和明确"十五"期间环保目标任务时指出："九五"以来，全市认真执行环境保护基本国策，狠抓各项环保措施的落实，使全市环境质量有了显著改善；"十五"期间，环保发展要坚持以可持续发展为主题，以结构调整、污染物排放总量控制为主线，狠抓工业污染防治、生态环境保护、农村环境保护等重要环节，全面改善城乡环境质量，将马鞍山建设成为经济持续发展、环境清洁优美、生态良性循环的国家环保模范城市。

市委书记郑牧民在动员大会上强调，创建国家环保模范城市，标志着全市环保工作进入了一个新阶段，它是"三个代表"重要思想很重要、很生动、很具体的体现，全市上下应高度重视这项工作，把会议部署的各项工作落到实处，形成"人人讲环保，时时抓环保"的氛围。省环保局长童怀伟专程从合肥赶来参加创模动员大会，并对马鞍山市的环保工作提出了指导意见。

【国家环保总局对马鞍山市创模工作提出要求】 10月10日，副市长戴自明、市环保局局长张东明等专程去北京，向国家环保总局汇报马鞍山市创建国家环保模范城市的情况，递交了马鞍山市人民政府《关于创建国家环境保护模范城市的函》。国家环保总局副局长汪纪戎听取汇报后表示，欢迎马鞍山市加入创建国家环保模范城市行列，并指出：马鞍山市创模的三个基本条件已具备，下一步关键要做好两个方面的工作，一是要动员全社会的力量，共同投身于创模工作；二是创模的各项硬指标，特别是城市生活污水处理率和生活垃圾无害化处理率、绿化覆盖率等，一点不能含糊。

环境监测

【空气质量自动监测系统子站建成并投入使用】 倍受马鞍山市民关注的空气质量日报，在国家环保总局的大力支持下，完成一个子站（大北庄社区监测点）的建设，9月28日起正式发布空气质量日报。这套空气质量自动监测系统采用的是美国DASIBI空气质量自动监测仪器，项目总投资约500万元人民币。监测的污染因子有可吸入悬浮颗粒物、二氧化硫、二氧化氮，空气质量日报发布的数据是采用上一天中午12时到次日中午11时的24个监测数据的平均值，经计算机处理得出当天的空气污染指数和主要污染因子，并对应污染物浓度限值及相应的空气质量类别，形成当日的空气质量日报。空气质量日报通过媒体发布的数据包括污染指数、首要污染物、空气质量级别、空气质量状况四项内容。全市将建成4个空气质量自动监测点，分别是濮塘地区（环境教育基地监测点）、慈湖工业区（第十二中学监测点）、马钢工业区（马钢动力厂监测点）、混合区（大北庄社区监测点，已建）。

【2002年马鞍山市环境质量综述】 2002年，马鞍山市环境空气质量状况良好，二氧化硫、二氧化氮、可吸入颗粒物和一氧化碳的年均值分别为0.021mg/m^3、0.030mg/m^3、0.106mg/m^3 和 2.43mg/m^3。全市降水pH年均值为6.26，年均值较去年有所下降，检出酸性降水3次，酸雨频率为2.4%。2002年长江马鞍山段水质达Ⅱ类标准，与2001年相比状况稳定，满足功能区划要求；慈湖河和雨山河整体水质和上年相差不大；采石河整体达到功能区水质要求；雨山湖水质与上年相比，污染程度有所上升；全市饮用水源水质状况良好，城市环境综合整治定量考核中各项水质指标的达标率为100%。城市声学环境质量保持良好状况，主次交通干线交通噪声平均等效声级为68.0dB(A)，与2001年相比下降了0.9dB(A)；城市区域环境噪声昼间平均等效声级55.7dB(A)，达到了《城市区域环境噪声标准》2类标准，比2001年下降1.8 dB(A)。

污染防治

【马鞍山被划定为国家大气污染防治重点城市】 国家环保总局2002年底公布了由国务院批准的《大气污染防治重点城市划定方案》，马鞍山被划定为"国家大气污染防治重点城市"。这次全国共划定113个城市为"十五"期间大气污染防治的重点城市，包括43个直辖市、省会城市、沿海开放城市和重点旅游城市、4个经济特区城市以及66个其他城市，其中安徽省包括合肥、马鞍山、芜湖3个城市。该方案要求，这113个城市要通过调整能源结构、推行清洁生产、治理汽车尾气、控制扬尘污染、提高城市绿化水平等措施，全面改善大气环境质量，到2005年，使市区大气中二氧化硫、二氧化氮、总悬浮颗粒物和可吸入颗粒物浓度达到大气环境质量标准。

【开展电磁辐射污染申报登记】 马鞍山市从11月5日起，开始进行电磁辐射污染源的申报登记。申报登记的范围是豁免水平以上的电磁辐射建设项目和设备，包括所有已建成的电磁辐射项目和在用设备，以及准备建设的电磁辐射项目、准备购置的电磁辐射设备，包括发射系统、频强辐射系统、电磁能应用设备。凡在城市行政区域内从事电磁辐射活动的单位和个人（公、检、法、军除外）都要进行电磁辐射污染申报登记。同时，市环保部门对全市电磁辐射情况展开调查，调查的重点是影响环境的项目和设备，包括信息传递中的电磁波发射，工业、科学、医疗应用中的电磁辐射，高压送变电中产生的电磁辐射。申报登记工作完成后，市环保局还将组织对未经省、市监测站监测的各污染源周围环境电场、磁场强度进行监测，并在此基础上实现信息系统化，制定相应的环境管理措施。

【查处环境违法行为专项行动取得成效】 根据国家环保总局的统一部署，马鞍山市开展了为期三个月“严查环境违法行为，遏制污染反弹”的专项行动，取得了阶段性成果。6月下旬，市环保局结合高、中考期间噪声污染的控制，开展了以控制施工噪声为主要内容的噪声扰民问题的专项整治工作，集中开展了三次夜查噪声源活动，对全市夜间建筑施工噪声和“三产”扰民噪声开展了专项检查，对群众举报的噪声污染问题一一进行了查处。7月中旬，市环保局邀请部分市人大代表对“严查环境违法行为专项行动”进行督查，市人大领导和部分人大代表先后对9家重点污染企业的污染情况、污染防治设施运行情况及污染治理的进展情况进行了检查。8月，市环保局在对市管工业企业进行地毯式普查的基础上，对5家重点地方企业的污染治理情况进行了突击检查，责令2家违法排污企业限期治理并给予严肃处理。在这次严查环境违法行为活动中，市环保部门共出动检查人员900多人次，检查企业480家，立案14家，结案13家，收缴一次性发泡塑料餐具20多万只，查处了一批影响较大的环境违法行为。

【省放射源安全管理检查组来马检查】 省放射源安全管理专项整治联合检查组于9月7~8日对全市的放射源安全专项整治工作进行了抽查。联合检查组听取了市环保局的专项汇报，并重点抽查了矿院、马钢技术服务中心，市食品公司3家单位。检查组对马鞍山市放射源安全专项检查工作给予了肯定，对全市现有的闲置源要求尽早送省废源库集中贮存，以确保贮存的安全性。全市现有放射性设备101台，其中密封放射源95台，校医学检查仪器5台；共有放射源99枚，其中在用源44枚，停用源55枚，主要类型为钴/60 22枚，铯/137 47枚，其他类型30枚。

【马鞍山发电厂环保技改工程通过验收】 9月12日，马鞍山发电厂环保技改工程——2×125MW机组气力输灰系统的改造通过市环保局验收。该厂原来的气力输灰系统，由于仓泵设备及管路系统设计不合理，加上使用时间长，存在磨损、泄漏、出力低、现场工作环境差等问题。2001年4月，该厂通过调研、论证，决定将原有老化的仓泵及系统拆除，改用“SCB密相正压气力输灰系统”替代，并采用计算机进行集中控制。该工程总投资226万元，其中环保资金48万元。工程于2002年1月投入运行，全年销售干灰8万余吨，经济效益十分可观。同时改造后的干灰系统，无“跑、冒、滴、漏”现象，改善了环境，节约了维护费用，具有较好的社会、环境效益。

生 态 保 护

【南山铁矿被命名为“国家级生态示范区”】 3月7日，国家环保总局命名马钢南山铁矿为“国家级生态示范区”，授予副市长戴自明、马钢集团公司副总经理施兆贵“国家级生态示范区建设优秀领导”称号，授予南山矿业公司经理崔宪“国家级生态示范区建设先进工作者”称号，授予市环保局“国家级生态示范区建设优秀组织奖”。受国家环保总局委托，9月5日，副市长戴自明为南山矿业公司“国家级生态示范区”授牌，同时为施兆贵、崔宪颁奖。戴副市长在会上强调，马钢公司、南山矿业公司一定要不断总结经验，不断探索，进一步加大生态建设工作力度，不断提高生态示范区建设水平；市环保局要进一步加强对矿区生态建设的指导和支持，使生态建设不断取得新的成绩。

【当涂塘南运用新技术处理生活污水】 当涂县塘南镇小康村应用DW系列无动力生活污水处理装置处理生活污水技术，2002年通过县环保部门验收。经监测，该处理装置处理后的生活污水出水水质达到国家《污水综合排放标准》一级标准。该处理技术利用自然水力落差，整个处理过程无动力运行，且结构紧凑、不占地表、无异味,无需专人操作维护,无任何运行费用。与传统的生活污水处理——化粪池相比,它还具有污染物处理彻底,可达标排放,清理周期长且清理时对环境无污染的优点。

【开征污水处理费】 市政府决定,从2002年4月1日起开征污水处理费。污水处理费的征收标准:从供水企业取水(含部分取水)的,居民生活用水每吨0.1元,行政事业用水每吨0.15元,工业用水每吨0.2元,经营用水每吨0.3元;对所有有自备水源企业,按取水(用)水量的80%和每吨0.12元标准执行。单位缴纳的污水处理费可列入成本或管理费用。污水处理费开征后,环保部门不再征收污水排污费。但企业超标排放的污水,仍由环保部门依法征收超标排污费。

环 保 宣 传

【市青少年环境教育基地进入“省级”行列】 省环保局2002年命名全省4家单位为首批安徽省环境教育基地,马鞍山市青少年环境教育基地为其中之一。多年来,马鞍山市十分重视青少年环境教育,成立了“马鞍山市中小学环境教育协调委员会”,在各中小学开展了环境保护渗透教学、环境保护社会实践、“绿色学校”创建、“互动式环境教育”等。自2000年3月起,市环保局、市教委在市中学生实践基地的基础上建立“马鞍山市青少年环境教育基地”,对全市中小学生开展集中、系统的环境教育。基地内建有小环境监测站一座,配备了20多部环境保护资料片及播放系统,建成物种近120种的9个植物小区,编印了结合全市环保实际的专门教材。到2002年底,基地已经接纳了1万多名学生接受环境教育,为提高全市青少年环境意识作出了积极的贡献。

【举办环保之夏纳凉晚会】 市环保局、市文化局从7月中旬到8月底,在市内各主要广场和部分社区分别举办《环保之夏》纳凉晚会和电影晚会,大力宣传“创模”,推动“人人关心环境质量,人人参与‘创模’工作”。在纳凉晚会16场演出和放映中,5万余人次市民参与了活动,收到了预期的效果。

【保护母亲河行动获得表彰】 在1月18日召开的全国保护母亲河行动电视电话会议上,市环境宣传教育中心荣获共青团中央、全国人大环境与资源保护委员会、国家环保总局等八部委共同表彰的“全国保护母亲河行动先进集体”称号。全国共有111家单位受到表彰,安徽省仅马鞍山市环境宣传教育中心和蚌埠团市委2家单位获此殊荣。

【开展环保业务培训】 为适应创建国家环保模范城市的需要,加强企业及基层环保队伍的规范化管理,进一步提高环保工作者的政策、法律、法规以及业务素质,推行基层环境管理工作人员持证上岗制度,10月10～12日,首批马钢系统环保专(兼)职人员的环保专业技术培训班开班。参加培训班的有来自马钢两公司下属二级厂矿的环保专(兼)职人员70余名,市环保局管理及技术人员分别为学员作了环保常用的法律法规、环保管理技能和实用技术、环保项目管理技术等专题讲座。11月18～19日、21～23日,市环保局在马钢盆山农场先后举办2期环保业务技能培训班,分别对地方企业的环境管理人员以及乡镇领导、乡镇环保员开展环保形势、环保法律、环保业务培训工作,并邀请省环保局专家来马讲课。经过培训,考试合格学员全部获得了《岗位技能培训证书》。

(陈有根)

工　　业

工业综述

【概况】 2002年，经贸系统围绕加快工业化进程，以思想解放大讨论为契机，加大招商引资和中小企业改制退位力度，推进企业技术改造和技术创新，积极培育新的增长点，经贸各项工作取得了显著成效，全市工业经济发展迈上了一个新的台阶，主要经济指标再创新高，成为“九五”以来发展最好的年份。全部工业完成工业总产值153.23亿元，比上年增长21.86%。规模以上工业完成工业总产值125.27亿元，比上年增长25.17%；完成工业增加值65.97亿元，比上年增长22.65%；工业品产销率99.15%；实现产品销售收入173亿元，比上年增长16.1%；盈亏相抵实现利润6亿元，比上年增长23.5%；经济效益综合指数达到115.93%，是该指标发布以来的最好水平。一批中小国有企业通过实施多种形式的改革、重组，生产经营呈良性发展势头。一批重点骨干企业对全市工业增长的贡献率进一步提高。全市销售收入过亿元的企业达到12户。

（陆要斌）

【工业经济运行情况及特点】 2002年，马鞍山市完成全部工业总产值153.23亿元，同比增长21.86%，其中马钢完成70.56亿元，市级工业完成42.57亿元，县区工业完成40.10亿元，同比分别增长12.56%、46.79%和17.73%。全年规模以上工业企业效益综合指数达到115.9，比上年提高19个百分点。纵观全年工业经济运行，呈现以下主要特点：

一、工业生产加快发展，产值再创历史新高。2002年，全市工业生产在马钢、市、县区工业全面快速增长的推动下，勾画了一条快速增长曲线。全年工业产值首次突破150亿元大关，达153.23亿元，再创历史新高，同比增长21.86%，创“九五”以来最大增幅，增幅比上年上升6.82个百分点，比“九五”平均增幅上升16.50个百分点。工业经济的增长基础进一步巩固，内在活力进一步增强，其运行轨迹已步入到新一轮强势增长阶段。

二、规模以上工业发展势头好，增幅再居全省前列。2002年，全市规模以上工业在上年快速增长的平台上，继续呈现加快发展的好势头。全年完成工业总产值125.27亿元，同比增长25.17%，比上年加快7.33个百分点，产值总量、增幅均创历史最高水平。全年完成工业增加值65.97亿元，同比增长22.65%，高于全省平均水平7.35个百分点。工业增加值增幅仅低于芜湖市（27%），居全省第二位，对全省增长贡献达到14.3%，拉动全省增幅提高3.2个百分点，已成为全省工业经济重要的增长点。

三、经济效益大幅提升，实现利润突破8亿元。2002年，规模以上工业在生产大幅增长的同时，运行质量和效益进一步提高，主要经济效益指标创“九五”以来最高水平（以下效益指标不含三家电力企业）。突出表现在：1. 工业经济效益综合指数突破100点，达到115.93，比上年提高19.24个百分点，为1998年统计该指标以来最高值。2. 产品销售收入再创历史新纪录，全年实现产品销售收入173.93亿元，比上年增长23.78%，增幅比上年上升5.31个百分点。年末两项资金占用18.9亿元，同比持平。3. 实现利润、税金大幅增长。全年实现利润总额达8.43亿元，比上年增长64.88%，创下“九五”以来最高水平，为全省第三盈利大户；全年企业实现税金总额12.75亿元，比上年增长20.28%。

四、马钢生产经营取得新突破，仍是全市增长重要支撑点。2002年，马钢两大公司通过进一步改善内部管理，不断创新营销策略，加快新投产项目达产，公司潜能进一步释放，生产经营取得新突破、再跃新台阶。全年完成工业总产值70.56亿元，同比增长12.56%，占全市工业产值比重为46.05%，对全市工业贡献为28.7%，拉动全市增幅提高6.3个百分点，仍是全市工业生产增长的重要支撑点。全年主要产品钢和钢材首次跃上500万吨台阶，分别完成538万吨和514万吨，同比分别增长12.69%和16.00%。公司产销保持同步快速增长，全年实现销售收入122.98亿元，比上年增长15.75%，继续保持全省工业企业“巨无霸”地位；全年实现利润总额同比增长47.46%，占全市盈利企业盈利额70.03%。

五、市级工业经济超常发展，对全市增长贡献达一半。在重点骨干企业强劲增长、部分重点技改项目相继投产和新成立企业的带动下，市级工业总量、增幅再创历史新高，全年呈现超常规发展势头。突出表现为：

1. 生产增幅高。全年工业产值增幅高达46.79%，高于全市增幅24.93个百分点。2. 对全市增长贡献大。全市全年工业生产增长一半来自市级工业，全年市级工业对全市增长贡献达50%，拉动全市工业增长10.8个百分点。3. 总量比重上升快。全年市级工业规模不断发展壮大，完成工业产值占全市比重达27.78%，比上年上升4.72个百分点。4. 重点企业、新企业发展快，效益好，规模大。市级重点工业企业发展迅速、规模不断扩大。全年工业总产值超亿元企业达9家(全市12家)，比上年增加3家；全年实现销售收入超亿元企业达7家(全市10家，均不含三家电力企业)，比上年增加2家。星马公司承接上年翻番的增长势头，成为产值、销售收入率先突破10亿元、利润超亿元的市属企业。该公司全年完成工业总产值12.73亿元，实现产品销售收入11.84亿元，实现利润总额1.21亿元，分别比上年增加1.42倍、1.29倍和1.10倍。山鹰、巨龙、圣戈班等企业，全年生产增幅均保持四成以上的高速度。丰原生化、天源科技、格力电工、隆源热电和惊天液压锤等5家新成立企业，生产、效益均保持良好的发展势头，全年完成产值达3.72亿元，占市级工业增量1/4。5家企业全年均保持盈利，其中，丰原生化盈利1 538万元，隆源热电盈利1 200万元，天源科技盈利514万元。

六、县区工业平稳发展，增长势头有所加快。2002年，一县三区加大招商引资力度，搞活中小型企业，县区工业保持稳定发展。全年完成工业产值达40.10亿元，同比增长17.73%，呈加快发展势头。一县三区均保持两位数增长，对全市增长贡献达22%。县区龙头企业群体逐渐形成，实现销售收入超亿元企业1家，超5 000万元企业6家。

(所用数据均为快报数)

(许宏林)

【企业改革向纵深推进】 2002年，马鞍山市国企改革按照“三个置换、一个保障”和“彻底改、改彻底”的思路，进一步规范企业改制，市机床总厂等24户中小企业国有资本从一般竞争性领域退出及职工身份置换取得历史性突破，165户国有集体中小企业下放到区。全年累计完成省下达的29户改制退位目标任务中的27户，占93.1%。特别是市建筑设计院改企转制和首创公司与自来水公司合资组建股份制公司，实现了全省勘察设计事业单位和公用事业单位改革的突破。市属企业进入资本市场取得新的进展，山鹰纸业股份公司获准增发可转换债券，星马汽车股份公司上市已获批准，天源科技股份公司进入上市辅导期。

(牛和平)

【骨干企业发展势头强劲】 2002年，马鞍山市骨干企业发展呈良好态势。以马钢反倾销应诉胜诉为标志，骨干企业适应了加入世贸组织后国际化竞争的新形势，竞争能力明显增强，形成了一批优势企业群体。马钢公司销售收入达到122.98亿元，形成了钢、钢材“双500万吨”生产格局，H型钢产量同比增长46.26%，巩固并拓展了美国、欧洲和国内市场。星马汽车股份公司销售收入连续两年翻番，山鹰纸业股份公司销售收入达到4.88亿元。28户重点企业对全市规模以上工业增长的贡献率达到81.58%。

(麻晓清)

【重大工业项目建设步伐加快】 2002年，马鞍山市在建和新开工工业项目15项，总投资95亿元，全年完成投资27亿元，同比增长135%，投资额及增幅均居全省第一位。马钢股份公司平炉改转炉、山鹰纸业股份公司8万吨高档牛皮箱纸板、星马汽车股份公司年产5 000辆专用汽车一期工程、中橡(马鞍山)化学工业有限公司3.5万吨新工艺炭黑、新力药业(马鞍山)公司1.5亿支小水针等5个项目已竣工投产。5 000辆专用汽车、干熄焦、高炉煤气综合利用等3个项目列入第七批国债贴息计划。已达产的H型钢、4万吨柠檬酸、10万吨啤酒、球墨铸铁管等项目对全市经济快速增长发挥了重要作用。马钢股份公司建筑用薄板、车轮压轧系统、金星化工公司硫磺制酸技改二期工程等9个在建重点项目进展顺利。

(项贤标)

【招商引资成效显著】 2002年，市经贸委共引进外来项目9个，其中：外资项目4个，到位外资1 475万美元；内资项目5个，到位内资6 168万元。天润发超市、新力药业(马鞍山)公司1.5亿支小水针、中橡(马鞍山)化学工业有限公司3.5万吨新工艺炭黑、肯德基第二分店等4个项目相继建成投产，浙江万马集团建设万马工业园等项目进展顺利。圣戈班公司收购巨龙公司所持圣戈班管道公司股份、投资1 000万美元新上管配件、金星公司与丰原集团合资建设6 000吨钛白粉、格力电工公司增资扩股、星马汽车股份公司与美国多福工业集团合作生产油粉罐车、与日本三菱公司合作建设1万辆重车底盘等项目达成初步意向。

(侯义明)

【质量管理工作深入开展】 2002年，全市企业继续开展群众性质量管理活动，继续推广许继集团、海尔集团先进的管理方法，引导企业把握管理的新理论、新思维、新方法，增强企业的竞争能力。年内，马钢39名职工参加全国质量管理统考并获得证书,国有大中型企业40多名中层干部赴省参加质量管理培训;马鞍山发电厂电气分场输变电QC小组获全国优秀质量管理小组奖,马钢建筑路桥公司、马鞍山发电厂、马鞍山万能达发电公司、马钢南山矿、中冶集团马鞍山钢铁设计研究总院、马钢动力厂、马钢自动化工程公司等单位的QC小组获安徽省优秀质量管理小组称号;马鞍山发电厂隆达公司耐磨材料厂综合班获安徽省优秀质量信得过班组称号;马鞍山发电厂、马钢股份有限公司煤焦化公司获安徽省QC小组活动优秀企业称号,郑家方(马鞍山万能达发电有限责任公司)、施大福(马鞍山发电厂)获安徽省质量管理小组活动卓越领导者称号,郑家方还荣获全国质量管理小组活动卓越领导者称号。

(胡玉环)

【安全生产监督管理局成立】 2002年1月26日,市编委以马机编[2002]1号文批准成立市安全生产监督管理局,与市安委会办公室一个机构两块牌子,核定编制12人。2月8日,市安全生产监督管理局正式组建。按照上级要求,市安全生产监督管理局在市安委会和市经贸委的领导下,履行政府监管、法律规范、政策导向、经济制约、宣传教育等安全生产监督管理职责。当涂县、各区的安全监督管理局也随之组建,全市高危行业企业及其他重点企业如马钢各二级厂矿、电厂、燃气公司、金星化工集团等均设置了专职安全生产管理机构。

(倪松涛)

【非煤矿山专项整治成效显著】 按照突出重点、综合治理、标本兼顾、务求实效的原则,马鞍山市开展了非煤矿山、危险化学品、道路交通、建筑安全等10个方面安全生产专项整治工作。其中,非煤矿山整治是专项整治工作的重点和难点。市政府多次召开专题会议部署整治工作,决定关停全市小采选厂,对所有的采石场限期停产整顿,经验收合格后方可投入生产,整改达不到安全要求的依法取缔。市安全生产监督管理局举办了4期共358名非煤矿山负责人参加的安全生产培训班,并利用报纸、电视、广播开设专栏进行强化宣传。为加大现场督察和执法力度,市经贸委、市安全监督管理局组织了数十次现场检查和暗访督查,确保了全市非煤矿山安全专项整治工作的有序进行。经过专项整治,炸、填、关非煤矿山企业达70余家,已通过乡(镇)、县、区和市验收的企业125户,专项整治工作取得显著成效。

(张福星)

【墙改工作超过预期目标】 2002年,全市生产新型墙体材料占墙体总量的比例为26%,同比增长15个百分点,超省下达计划(18%)8个百分点;应用新型墙体材料建筑竣工面积占总建筑竣工面积比例为38%,同比增长16个百分点,超省下达计划(22%)16个百分点;新建H型钢节能住宅示范工程1幢;新建新墙材生产线1条,技术改造新墙体生产线3条,开发新墙体产品2个。全年生产新型墙体材料标砖1.236亿块,节约土地13.33公顷(以挖土深2米计算),节约烧结用煤7 600吨,利用各种工业废渣21万吨,取得了较好的经济效益和社会效益。

(黄兴田)

【散装水泥发展成绩斐然】 2002年,全市散装水泥工作取得了突破性的进展,各项考核指标均创造了历史最好水平。全市共生产水泥21.04万吨,其中散装水泥供应量为9.3万吨,散装率为44.26%,比上年提高6.66个百分点,超过全省平均水平20.91个百分点,超过全国平均水平20个百分点,列全省第一。全市共征收入库专项资金125.02万元,征收率100%,超省下达目标40%,同比增长7%。全年供应预拌混凝土38.4万立方米,是上年度的3倍。全市新建和重新组建预拌混凝土公司4家,投入资金2 000余万元,新增预拌混凝土生产能力52.1万立方米。全市预拌混凝土生产能力达到81.5万立方米,为2003年实现在市区禁止现场搅拌混凝土打下了坚实的基础。

(樊开生)

【企业培训逾万人】 2002年,全市培训企业人员1.09万人。其中,工商管理培训1945人(参加高层次专业管理人员培训80人、参加职业资格培训19人、MBA学位在读79人),基本规范培训1 576人,WTO基本规则培训2 518人,适应性短期培训4 766人,国际合作培训103人。

(黄建萍)

工业结构调整

【各类经济类型在工业经济总量中发生着结构性变化】

2002年,马鞍山市国有和集体企业累计完成工业总产值比上年同期增长3.54%,在全市工业经济总量中的比重已分别由上年同期的9.36%和7.99%下降为7.71%和6.615;股份制企业完成工业总产值比上年同期增长27%,在全市工业经济总量的比重由上年73.87%上升为74.74%,工业结构调整出现积极的变化。

【重点骨干企业对全市经济发展的牵动支撑作用明显】 2002年,以马钢反倾销应诉胜诉为标志,全市骨干企业适应了加入世贸组织后国际化竞争的新形势,竞争能力明显增强,28户重点企业对全市规模以上工业增长的贡献率达到81.58%。马钢是安徽省销售收入率先超百亿的大型企业,在沪深上市公司50强中位居第17位,居钢铁板块第2位,2002年销售收入为118亿元,钢和钢材产量超过500万吨。地方其他工业企业发展不断加快,星马汽车公司专用汽车的产销量和市场占有率列全国第一位,造纸、炭黑、磁性材料、服装等在同行业中也有一定的位次,城市工业化发展进程明显加快。

【外来企业在全市工业经济中发挥着越来越重要的作用】 2002年,以丰原生化、青岛啤酒、格力电工等为代表的外来内资企业,完成产值增长187.15%,对马鞍山市工业增长的贡献率达15.13%。通过引资重组,不仅为企业改制筹集了资金,而且加快了城市的建设和发展,提高了全市对外开放的水平。

【县区及开发区经济发展势头强劲】 以经济开发区为核心的工业园区建设全面提速,工业增量投入加大,发展后劲显著增强。2002年,市辖3个区共计完成工业总产值17.72亿元,比上年增长15.45%;当涂县完成工业总产值10.4亿元,比上年增长45.45%。市经济技术开发区、慈湖工业园区累计完成工业总产值23.16亿元,对全市规模以上工业经济增长的贡献率达44.87%,拉动全市规模以上工业经济增长11.34个百分点。

(陆要斌)

马钢(集团)控股有限公司
马鞍山钢铁股份有限公司

【概况】 2002年末,马钢(集团)控股有限公司职工总数为24 182人,同比减少0.38%;主要生产设备共有10 864台项(6 753台/4 111项)。其中,矿山生产经营用固定资产原值15.23亿元,净值7.42亿元,共有设备6 162台项(4 490台/1 672项),设备总重量3.52万吨。年铁矿开采能力735万吨,年选矿处理能力800万吨。拥有生产经营用固定资产原值27.74亿元,同比减少9.08%;净值16.35亿元,同比减少12.05%;平均折旧率3.9%。2002年末,马鞍山钢铁股份有限公司职工总数为45 766人,同比增加2.96%。主要专业设备有:铁矿烧结机4台,计525平方米,8平方米竖炉4座;炼铁高炉10座,计5 200立方米,其中,300立方米高炉9座,2 500立方米高炉1座,另有铸铁机5台;炼钢转炉9座,其中,95吨转炉1座、120吨转炉1座、50吨转炉3座、30吨转炉1座、20吨转炉3座;炼钢电炉2座,其中,20吨电炉1座、5吨电炉1座;连铸机10套,其中,板坯连铸机1套、圆坯连铸机1套、方坯连铸机7套、异型坯连铸机1套;钢压延加工设备11套,其中,H型轧机1套、中型轧机2套、小型轧机2套、线材轧机2套、中厚板轧机1套、热轧窄带钢轧机1套、车轮轧机1套、轮箍轧机1套;机械化焦炉5座,计295孔。拥有生产经营用固定资产原值147.55亿元,同比减少1.40%;净值96.46亿元,同比减少4%,基本折旧率为5.60%。

【生产经营情况】 2002年,马钢集团公司生产铁矿石原矿724.83万吨,同比增长3.02%;铁矿石成品矿298.76万吨,同比减少0.5%。其中:炼铁块矿13.27万吨,同比减少6.69%;铁精矿粉265.16万吨,同比减少0.92%;铁富粉矿20.33万吨,同比增长9.72%。工业总产值(按1990年不变价计算)为3.87亿元,同比减少0.62%;工业增加值3.77亿元,同比增长3.83%。全年实现利润2.41亿元,同比增长85.43%;资产总计为111.31亿元,同比增长2.91%;长期负债-1.21亿元,同比减少13.2%;流动负债18.71亿元,同比减少16.18%;资产负债率15.72%,同比减少9.37%;主营业务收入13.68亿元,同比增长27.11%;销售费用1 102万元,同比增长309.67%;管理费用2.88亿元,同比增长133.66%;财务费用1 795万元,同比降低7.76%。

2002年,马钢股份公司生产生铁492.54万吨,同比增长6.15%;钢538.03万吨,同比增长12.69%;钢材513.89万吨,同比增长16%,其中,铁道用钢材9.35万吨,普通大型钢材88.90万吨,普通中型钢材72.11万吨、普通小型钢材129.62万吨、线材105.84万吨、中厚板75.32万吨、热轧带钢30.40万吨、盘环件2.35万吨。工业总产值(按1990年不变价格计算)66.69亿元,同比增长13.06%;工业增加值41.56亿元,同比增长20.02%;资产总值171.39亿元,同比增长2.48%;流动资产42.42亿元,同比减少22.19%;长期负债14.53亿元,同比减少3.47%;流动负债38.23亿元,同比增加11.10%;资产负债率为30.78%,同比增长4.06%;产品销售收入109.74亿元,同比增长14.94%;产品销售成本92.24亿元,同比增加12.61%。其中营业费用7 905万元,同比降低13.98%;管理费用5.55亿元,同比增长13.63%;财务费用8 528万元,同比降低34.60%。全年实现税后利润3.84亿元,同比增长84.47%。

【降低成本】 马钢股份公司同口径成本降低率6%，比年度目标多降1个百分点，其中销售成本降低3.63亿元。主要措施：一是炼钢系统实行溅炉护炉。优化耐材结构后，炉龄大幅提高，辅助材料消耗大幅降低。二是通过优化坯料、提高负公差轧制等，提高成材率，减少轧废，仅此降本达9 522万元。三是通过充分利用资源，减少高炉煤气放散，降低氧气放散率。四是坚持铁前“精料”方针，保证了高炉系数稳步攀升。全年高炉入炉品位57.63%，毛焦比等指标同比均有进步。五是增产致使固定费用相对节约，同比降本3亿多元。

集团公司可控费用降低率为5%，完成年度目标。可比产品总成本为5.32亿元，比计划降低405万元。南山矿业公司积极推行“指标分解、指标分析、考核奖励”措施，全年钢球消耗、两选电耗同比分别下降15%和4%；桃冲矿业公司由于选比下降，使原矿消耗降低以及制造成本下降，矿山系统的销售成本也有较大幅度下降，降本达360万元。

【基本建设与技术改造】 2002年，马钢两公司基本建设与技术改造共投资23.41亿元。其中，马钢集团公司投资2.26亿元，马钢股份公司投资21.15亿元。在整个投资中，用于基本建设1.39亿元，占6.37%；用于更新改造22.02亿元，占93.63%。马钢股份公司的固定资产投入全部用于更新改造项目，围绕马钢“十五”结构调整，重点技改项目建设稳步推进。各有关部门和单位按照“投资省、工期短、质量优、达产快、效益好”的总体要求和基建技改领导小组的统一部署，团结协作，开拓创新，认真落实项目经理部制，使所有在建工程项目始终处于受控状态。其中二烧结厂1、2号烧结机、一铁厂9号高炉、三钢厂转炉烟气二次除尘、一钢厂2号125吨转炉、5.5万立方米转炉煤气柜等改造项目年内已竣工投产。高速线材厂和二钢厂高速线材车间两条高速线材轧机技术改造、料场码头改扩建工程、三钢厂LF－VD精炼炉工程等项目年内已近尾声。冷轧薄板、热轧薄板等重点在建工程已进入攻坚阶段，完成投资额18.11亿元，占股份公司固定资产投资的86.09%。此外，其他技改项目投入1.29亿元，结合大中修技改项目完成投资5 245万元。

【技术进步与新产品开发】 2002年，马钢围绕“做精品、树品牌、增效益”，积极推动技术进步和新产品开发。一是组织技术攻关工作。全年组织大型技术攻关16项，如二烧结厂015料场提高混匀矿配比攻关、一钢厂圆坯攻关和新六机六流连铸机攻关、公司8条红送热装线攻关以及5 000吨压力机横梁铸造技术攻关等均取得满意效果。二是公司技术中心与钢铁研究总院、北京科技大学等6院所建立“产学研”实验基地，工作取得实效。如马钢与北京大学合作进行“低碳紧固件用钢工艺”的研究，与清华大学合作开展“薄板连铸连轧机架牌坊”、“5 000吨油压机横梁的浇铸”的研究，与钢铁研究总院开展“建筑用高品质耐火H型钢”、“马钢车轮轮箍连铸关键技术”、“低碳微合金化超细晶粒钢技术”等研究，与西安交通大学进行“微合金化车轮钢研究”的课题合作等。其中，“建筑用高品质耐火H型钢的研制与开发”等3个项目获得国家技术创新项目。7月17日，马钢技术中心检验技术研究所获得中国实验室国家认可，成为国家级实验室。三是新产品开发遵循“集中品种、扩大规模、稳定质量、提升指标、降低成本、增加效益”的工作思路，全年开发13个系列27个品种新产品计75.23万吨，较公司年度开发目标提高了21.3%。

【产品质量认证】 2002年，马钢股份公司的产品质量认证和创优创奖工作卓有成效。钢筋混凝土用热轧带肋钢筋获得了国家质量技术监督局重新颁发的首批生产许可证，船板、矿用钢、快速货车轮通过了国家钢铁产品质量监督检验中心的产品质量认证及国家钢铁协会举办的冶金产品实物质量“金杯奖”，船板、船用角钢及HO8A盘条通过中国船级社年度复查，船板通过德国船级社工厂延期认可，H型钢通过中国船级社工厂认可和德国船级社工厂延期认可，压力容器法兰通过行业产品认证。高速线材、带肋钢筋、火车轮、低合金板通过了安徽省名牌产品复评。

【股份公司进出口贸易取得较大进步】 2002年，股份公司完成进出口总额2.78亿美元，同比增长25.4%。全年进口总额为2.21亿美元，同比增长65.13%。进口贸易中，引进项目8 394.64万美元；备品备件817.46万美元；进口矿石403.21万吨，支付总金额9 780.79万美元；热压铁块14.7万吨，1 641.21万美元；钢坯5.53万吨，1 049.27万美元，进口镀锌卷111.28万美元。

2002年各类产品出口合计25.02万吨，5 737万美元。其中，钢材出口24.87万吨，创汇5 558万美元；其他产品出口0.15万吨，创汇179万美元。在出口业务中，一是实现了车轮轮箍贸易量首次突破1万吨，其中直接出口4 480吨，间接出口7 558吨，车轮出口美国实现零的突破；二是H型钢出口创新高，全年出口量达17万吨；三是成功应诉美国对马钢H型钢反倾销案，终裁零税率。

【马钢炼钢生产实现全连铸】 4月18日，圆坯连铸机在一钢厂正式投产，标志着马钢转炉炼钢实现全连铸。从此形成了具有独特风格的马钢连铸生产体系，充分满足了“线(棒)、轮、板、型”四大主要钢铁产品使用连铸坯的需要。马钢的连铸生产始于1983年，伴随着冶金技术的不断发展，根据后继产品要求，先后引进、建立起多种类型的连铸机。至年末，投入运行使用的有7套方坯连铸机、1套板坯连铸机、1套异型坯连铸机、1套圆坯连铸机。

【马钢成功应诉美国H型钢产品反倾销案】 2001年5月，美国5家钢铁生产厂就中国、意大利、俄罗斯、中国台北等8个国家和地区的10家企业出口美国的结构型钢，向美国商务部和国际贸易委员会提出反倾销调查申请。马钢2000年10月至2001年3月出口至美国的H型钢，被其列为主要反倾销对象进行立案调查。6月20日，美国商务部在完成对申诉书内容审查后，正式立案并启动反倾销调查程序。由于美国将中国列为不属于市场经济地位国家，因此在调查过程中选择印度为替代国，将马钢所有生产要素按替代国价格来套算，并初步裁决向马钢征收159%的关税。为维护马钢的正当权益，马钢灵活运用WTO规则，积极应诉。公司成立了应诉美国H型钢反倾销工作小组，并聘请了美国美迈斯律师事务所和中国王恒涛律师事务所作为公司的诉讼代理，认真配合美国商务部的问卷调查和实地核查，并向美国商务部专员详细介绍了马钢的基本情况、生产工艺流程、H型钢成本核算、原材料采购、产品出口以及公司的运作情况。根据调查结果，2002年5月14日，美国商务部确定马钢H型钢倾销差额为0%，马钢零税率成为美方裁定的7个国家及中国台湾地区若干家企业中情况最好的一家。

(高道石)

【马钢车轮轮箍产品出口取得新突破】 2002年，马钢股份公司直接、间接出口车轮轮箍1.2万吨，首次突破万吨大关。韩国是马钢出口轮箍的最大市场，公司将销售重点从稳定的地铁车轮销售扩大到地铁车轮、货车轮和机车轮三大品种，共出口车轮0.6万吨。泰国是马钢出口轮箍的最主要市场，公司获得泰国首次轮箍招标合同，共交付轮箍7 500件计0.13万吨。年内还向越南、孟加拉国、埃及、斯里兰卡等国出口批量车轮和轮箍。

经过多年努力，马钢出口美国车轮取得了实质性的进展。9月26日，首批300件出口美国PROGRESS公司的H36车轮合同开始履行，这是马钢在取得AAR证书后首次向美国出口车轮，实现了零的突破。第三季度，公司3次参加美国GE公司的全球网上车轮招标。GE公司同意给马钢5种规格机车轮的样品订单，分别为P29、P27、P3、P6、P28。

(兰彩萍)

【不锈钢工程竣工投产】 马钢不锈钢工程由马钢股份公司设计研究院设计，马钢利民建安公司负责土建施工，马钢机电安装公司负责电气施工，马钢耐火材料公司负责设备安装。整条工艺生产线由炼钢—水平连铸—热轧—冷拔组成。

不锈钢工程是马钢第一条不锈钢生产线，一期工程年产量为2 500吨不锈钢系列产品，主要有不锈钢焊丝、不锈钢冷墩铆螺钢丝和不锈钢棒材等，总工期为5个月，实际投资374万元。该工程于2002年1月20日破土动工，6月18日进行炼钢和连铸热负荷试车，首次热试获得成功，顺利拉成Ø60毫米不锈钢连铸坯。8月31日轧出第一卷不锈钢盘元，9月30日正式投产。该工程创出了国内同类工程建设工期和投资的先进水平。

(孙 俊)

【H型钢年产量超设计能力30%】 2002年，H型钢厂以全力满足市场增量和竞争需求为目标，全年完成产量78万吨，超设计能力30%，以100%合同兑现率赢得了广泛赞誉，为巩固和拓展H型钢市场提供了保证，为公司整体效益的提升作出了贡献。

在生产组织上，该厂狠抓作业率和机时产量的提高来提升产量。围绕这个目标，从设备、工艺、生产组织等各方面入手提出改进措施，强化各道工序衔接，并严格按照《时间资源管理及其考核办法》进行考核，使各类事故得到有效控制，机时产量大幅度提高。2002年大于120分钟设备故障次数由上年44次降至18次，设备事故故障率由上年5.31%降至2.94%；计划检修时间由上年744.42小时降至388.22小时，作业率由上年的62%提高到71%，机时产量由97吨/小时增加到123吨/小时。

(吴国胜)

【二钢厂高线改造工程】 二钢厂高速线材改造工程是马钢“十五”期间重点基建技改项目之一，该生产线年设计生产能力为45万吨，产品规格为直径6～13毫米的圆钢和螺纹钢线材，钢种为碳素钢、优质碳素钢和低合金钢，线材卷重为2吨，轧钢保证速度为75米/秒，设备总重量为2 300吨，总装机容量为1.8万千瓦。工程于2002年3月28日正式破土动工，6月进入设备安装。2003年1月进入系统调试，2月20日22时38分成功轧制出第一卷线材，3月18日正式竣工投产。该工程自破土动工到全线热负荷试车成功,仅用了328天,达到了国内同类工程建设的一流水平。工程总投资1.35亿元,全部采取招投标总包制运作,建成国内首条全无扭、控冷、短流程的高速线材生产线。

(王 剑)

【马钢新建一条钢渣加工处理生产线】 马钢集团钢渣公司成立后,为提高钢渣综合处理的能力,发掘渣山的潜在效益,改善环境,经马钢两公司决策,决定投资新建一条新的钢渣加工处理生产线。其生产工艺为1次破碎、4次磁选、6次筛分、渣钢自磨的工艺流程。生产线所有设备都通过自动化主线连锁控制,主要设备有液压式破碎机、渣钢自磨机、振动筛、悬挂式除铁器、磁滚筒、胶带运输机等。钢渣处理能力45万吨/年,技术与工艺水平达到国内同行业先进水平,可完全满足一、三钢厂炼钢生产的需要。工程投资1 600万元,2002年8月中旬正式开工,12月26日建成投产。

(司 恒)

【高村铁矿恢建一期工程竣工】 高村铁矿一期恢复建设工程自2001年5月29日开工建设,于2002年6月27日正式出矿,历时16个月。累计完成采场采剥总量370多万吨,铺设正线铁路4.13公里,采场铁路2.5公里,建成铁路、公路涵7座,建成铁路道口3座,建成1座转载台,生产铁矿石60万吨。

(王传龙)

【马钢检验技术研究所成为国家级实验室】 马钢检验技术研究所于2001年6月开始着手申报中国实验室国家认可的准备工作。先后发布实施了按CNACL201－99认可准则建立的《质量手册》、《程序文件》等体系文件;修订、转换、编制了近400个作业指导书和规程;重新设计和完善了各种质量记录;在人员培训、档案资料、设备运行检查、检测方法与标准、量值溯源和质量记录等方面按认可准则要求,进一步规范了管理;开展检测人员的能力评价和训练,提高了整体操作技能和水平。2002年6月13～15日,中国实验室国家认可委员会委派专家审核组对其体系运行状况进行了现场评审与评价;7月17日,中国实验室国家认可委员会正式批准并通过了实验室国家认可,认可证书号为No.0753。认可的技术能力范围为含铁原料、合金料、冶金产品、金属材料和非金属材料等理化性能检测,项目与参数共217项,体系人员378人。获得认可的实验室检测数据与报告在46个国家和地区都相互认可。

(王 越)

【马钢建设H型钢高层住宅实验楼】 马钢光明新村H型钢高层住宅实验楼工程,初步设计于2000年10月通过建设部和国家冶金局组织的联合专家组审查,2001年4月被批准为建设部钢结构住宅产业化试点工程。该工程是国内第一栋H型钢结构高层住宅,总层数18层,地面以上17层住宅,地下1层为6级人防平战结合的自行车停放场地,总建筑面积约10 000平方米,建筑总高度51米,住宅总户数68户。建筑形式为1梯4户3室2厅短外廊板式住宅,垂直交通设两部电梯和一部防烟楼梯。该住宅设计能满足大空间和灵活分隔辅助空间的要求,套内餐厨合一,整体厨房,整体卫浴,一次性装修到位,居住条件达到较高水平。该工程于2002年元旦开工,7月主体结构封顶,年底维护墙和设备安装以及内装修基本结束。

(高庆军 范 军)

重点企业选介

【星马公司进入中国汽车百强行列】 2002年,安徽星马汽车股份有限公司继续快速发展,企业竞争实力进一步增强,主导产品的市场占有率进一步提升,行业的龙头地位进一步巩固,成为中国最大的工程类重型专用汽车生产基地、中国汽车业百强企业、安徽省50强企业。

2002年,公司完成工业总产值12.7亿元,实现销售收入(含税)13.8亿元,同比增长130%;实现利税1.54亿元,利润8 000万元,比上年增加近1倍。全年共生产专用汽车3 008辆,同比增长87.5%,其中散装水泥车1 264辆,砼搅拌车1 642辆,砼泵车34辆,其他车辆64辆;主导产品散装水泥车、砼搅拌车、砼泵车分别比上年增长21%、212%和143%。

星马公司以创新、领先的开发思想为指导,瞄准行业的技术制高点,坚持以提高产品科技含量和附加值为重点,全方位开发新产品。2002年技术中心共开发新产品78个,其中散装车新产品49个,搅拌车新产品20个,自卸车新产品3个,泵车新产品2个,重型底盘4个。技术中心积极与国内高等院校保持密切的产、学、研关系,与日本三菱公司、极东公司,美国多福等国外知名企业进行合作,先后多批次派专业技术人员前往日本、德国等地研修学习,增强自身技术力量。在产品开发上已经形成了"生产一代、研制一代、开发一代、储备一代"的良性循环,为公司经济效益的提高奠定了基础。

(曩树禹 薛 娜)

【星马汽车股份公司年产"5000辆散装水泥专用车"工

程进展顺利】 重点技术改造项目——星马汽车股份公司年产5 000辆散装水泥专用车技改工程，一期工程“年产2 000辆散装水泥专用汽车”于2002年4月竣工投产，二期工程于2002年5月开工建设，年底已完成厂房地基建设，预计2003年10月竣工投产。该项目于2001年被列入国家第二批“双高一优”项目计划，2002年转入国家第七批国债专项资金项目计划，项目总投资25 144万元，达产后年产系列散装水泥专用车5 000辆，预计可实现销售收入17.7亿元，税金1.1亿元，利润1.4亿元，在国内同行业中处于领先水平。

（吴 凯）

【山鹰纸业股份公司“8万吨/年高档牛皮箱纸板技改工程”顺利投产】 国家重点技改项目——山鹰纸业股份公司“8万吨/年高档牛皮箱纸板技改工程”2000年被列入第二批国债专项资金项目计划，项目总投资19 901万元，2000年12月开工建设。2002年10月1日，项目竣工投产，累计完成投资2.2亿元。技改项目达产后，每年可新增销售收入3亿元以上，利税5 000万元，使该公司产品档次和综合竞争能力大大提高。该公司纸及板纸的年生产能力已达35万吨。

【新力药业股份有限公司“年产1.5亿支小水针技改项目”顺利通过国家GMP认证】 省市重点技改项目——新力药业马鞍山公司年产1.5亿支小水针技改项目于2002年3月开工建设，10月开始系统调试，12月24日通过国家药监局GMP（药品生产和管理规范）认证。项目达产后，每年可新增销售收入1.7亿元，利润1 320万元，税金1 578万元。该项目填补了马鞍山市药品针剂生产的空白，也极大地增强了新力药业公司的市场竞争能力。

【中橡（马鞍山）化学工业有限公司“年产3.5万吨新工艺碳黑项目”顺利建成】 省、市重点技改工程——中橡（马鞍山）化学工业有限公司“年产3.5万吨新工艺碳黑技改工程”2001年10月开工建设，2002年8月底项目竣工，共完成投资1.5亿元。从9月21日投料试产至年底，两条生产线已生产软、硬质炭黑9 031吨。项目达产后，年可新增销售收入1.74亿元，税金1 920万元，利润5 818万元。该公司炭黑产品生产能力已达6万吨以上，居国内第三位。

（吴 凯）

【马鞍山万能达发电有限责任公司】 2002年，马鞍山万能达发电有限责任公司本着在市场中定位、在创新中发展的思路，扎实工作，奋力拼搏，公司各项工作都取得了长足的进步，刷新了公司的年发电量、安全生产记录等一系列指标。全年发电26.5亿千瓦时，同比增长17%；完成销售收入6.1亿元，实现销售利润6 642万元，比计划销售利润超1 459万元；归还建设贷款本金1.6亿元，支付利息1.27亿元，上缴税费7 776万元，较好地完成了董事会下达的各项考核指标。2002年，公司先后获得安徽省“十五”发展创新工程先进集体、安徽省文明单位、马鞍山市先进基层党组织等荣誉称号。

万能达发电公司安全生产实行闭环管理，安全工作做到部门层层把关，职工人人负责。根据安全生产中的实际情况，重新修订了一系列规章制度，严格落实各级人员的安全责任制。依据年度工作的重点，提前制定了《小修工作安全包保合同》，把小修工作的安全措施落实到位，在制度和措施上做到防患于未然。加强对外来临工的培训工作，使安全不留盲点。在全省率先出台了设备检查的过“五关”制度：一过当班运行人员检查关，二过检修人员检查关，三过运行技术管理人员检查关，四过检修技术人员检查关，五过生产职能科室检查关，使设备始终处于监控和在控状态，大大提高了设备完好率。由于安全生产措施到位，公司不仅创造了连续安全生产948天的记录，而且在“迎峰度夏”的关键时候，创下了日发电量1 334万千瓦时和月发电量3.1亿千瓦时的历史新高。

（焦筱巧 印 泉）

【马鞍山发电厂】 2002年，马鞍山发电厂按照“稳定主业、发展多经”的战略思想，加大管理创新力度，加快企业发展步伐，为适应电力体制改革做好应对准备工作。全年发电逾14亿千瓦时，顺利完成省电力公司和皖能公司下达的经营指标。N125机组供电煤耗368克/千瓦时，较2001年下降1克/千瓦时，机组非计划停运0次，发电上网率91.21%；考核机组等效可用系数97.57%，定额完成率达107.1%，主设备一类率100%，各项主要经济指标继续保持一流企业标准。截至12月31日，全厂安全生产2 349天，实现安全无事故第15个长周期，全年实现“七无”目标。2002年，该厂荣获“安徽省先进集体”、“安徽省第三届文明单位标兵”、“安徽省安康杯竞赛先进单位”、“全国体能测定先进单位”等共48项荣誉称号，连续第八年保持华东一流火电企业。

2002年，马鞍山发电厂明确安全管理理念，狠抓安全管理工作。年初，厂部与各单位签订了年度安全目标责任状，实施风险抵押金制度；开展春季和秋季安全生产大检查活动，为确保迎峰度夏和2003年初的安全生产奠定了基础。此外，结合“安康杯”竞赛，在全厂范围内开展以“安全责任重于泰山”为主题的安全月活动;进一步宣传、贯彻《安全生产法》,开展安全知识竞赛和演讲比赛;继续执行习惯性违章记分和设备异常记分考核规定,对各类违章行为及时处理。截至12月31日,全厂安全生产2 349天,创历史最高水平。

【热电联产改造二期工程圆满结束】 马鞍山发电厂加强与山鹰公司合作,对现有设备和系统进行必要改造,向山鹰公司供汽、供水,以满足其生产需要。在2001年6月完成热电联产改造一期工程(即将原8号机4万千瓦的高温高压纯凝机组改造为可调抽凝式)的基础上,2002年年初,开始热电联产改造二期工程,将5号机组1.2万千瓦由纯凝工况机型改为可抽凝式。工程于9月21日实现竣工,各项预定目标均得以实现,历时1年多的热电联产改造工程圆满结束。

【开发区热电厂建设项目获批立项】 2002年,马鞍山发电厂抓住市级经济开发区建设的机遇,积极推进开发区热电厂建设项目。该项目一期工程建设规模为2台12MW可调抽凝式汽轮发电机组,配置2台75吨/小时循环流化床锅炉。项目估算总投资为18 363万元,项目法人自筹资金为30%,其余部分由银行贷款。此项目进展顺利,2002年8月21日获安徽省发展计划委员会批准立项,并与青啤公司、星马公司等重要用户签订了供热意向协议书,其他各项工作也在同步进行。

(刘忠平　徐礼赞)

【马鞍山供电局概况】 马鞍山供电局本部机构设13部一室一中心,辖调度所、变电工区、修试工区、线路工区、城市居民用电服务所、计量所、市郊农电管理所、安徽电力当涂供电有限责任公司、马鞍山市创兴实业总公司。全局职工843人,具有大专以上学历的308人,占职工总数的36.5%。企业管理220KV变电所3座,35KV及以上变电所容量达1 327MVA,担负三区一县的供电任务。马鞍山供电局从强化企业基础管理入手,本着“统一标准,认真实施,严格考核,注重实效”的精神,建立健全了以技术标准为主体包括管理标准、工作标准在内的标准体系,实行模拟市场内部承包经营责任制,完善各种定额和规章制度,加大科技管理含量,不断提高设备的健康水平。市局110KV及以下变电所全部实现无人值守。110KV以上变电设备和输电线路完好率以及设备一类缺陷消除率均达到100%,综合电压合格率99.08%,优于国家一流指标1.08个百分点。在安全管理、文明生产、设备管理、用电管理、节能与技术进步方面取得显著成效,并取得了良好的经济效益和社会效益。2002年,该局被国家电力公司命名为“一流供电企业”,档案目标管理通过国家一级认证,荣获“安徽省消费者满意单位”称号。

2002年12月25日,马鞍山供电局隆重庆祝建局30周年。历经30年的发展,马鞍山供电局拥有固定资产原值7.38亿元,成为国家大二型电力企业,中国一流供电企业,电网日最高负荷达596兆瓦,最高全天供电量达1 258万千瓦小时。

【电力营销业绩突出】 2002年,马鞍山供电局完成购网电量30.37亿千瓦时,同比增长12.2%;售电量29.36亿千瓦时,同比增长12%。其中,当涂供电有限责任公司完成售电量3.1亿千瓦小时,同比增长8.95%。电热欠费余额年末指标数为6 388万元,圆满完成电费回收任务。追补电费及违约使用电费约250万元,线损和销售均价得到有效控制。

【积极推动科技进步】 2002年,马鞍山供电局积极推动科技进步,提高供电系统运行质量。全局设备完好率100%,35KV及以上设备预试完成率177%,设备一类比96.95%;绝缘完好率100%,绝缘消缺率100%。完成调度大屏安装调试工作,全面更新调度自动化系统。完成35KV翠螺、霍里变电所远动自动化改造,局属35KV及以上变电所实现了调度自动化实时监测,提高了供电可靠性。开展带电作业,全年实现多供电1 016万千瓦小时。

【经济效益显著提升】 2002年,全系统完成销售收入11.09亿元,比上年增长10.8%,超计划指标4.8%;固定资产销售率完成182%,超计划24%,实现劳动生产率175 695元/人·年。供电总成本9 392万元,实现不超标。多种经营总收入3.47亿元,超额完成计划指标的15.7%;实现利税1 063万元,超额完成计划指标的112.6%。

【电力建设长足进步】 2002年,新建供电办公大楼正式启用,东郊输变电工程竣工送电,完成500Kv马鞍山开关站的选址工作,220KV江东输变电工程项目已获批准,历时3年、计划总投资1.93亿元的城网改造工程基本通过验收;二期农网改造完成投资4 217万元(含当涂),农网改造项目519个,下户线改造7.8万户;全年累计完成“一户一表”改造49 050户,“管外”居民小区供配电设施移交取得进展。

(郜海波)

建筑·地质勘查业

建　筑　业

【概况】 2002年底，马鞍山市建筑行业共有各类各级建筑业企业87家，其中，一级企业3家，二级企业25家，三级企业47家，劳务企业12家。全年全行业完成建筑业总产值30.98亿元，比上年增长23.92％；各类工程施工总面积348.65万平方米，比上年增长81.59％；竣工面积144.09万平方米，比上年增长23.15％，全行业实现利税总额9 296万元，比上年增长20.52％；实现利润总额3 052万元，比上年增长498.43％，建筑业各项主要经济指标保持了平稳增长的态势。

【新资质标准就位工作圆满完成】 根据国家建设部《建筑业企业资质管理规定》和《建筑业企业资质等级标准》文件精神，市建管部门紧紧抓住优化队伍结构，提高队伍素质，合理控制队伍规模，促进企业改革这条主线，开展建筑企业新资质标准就位工作。从2001年7月至2002年12月，在历时一年多的时间里，建管部门做了大量扎实、细致的工作，保证了全市建筑业企业资质就位工作按时按质完成。就位前全市共有各类各级建筑业企业167家，其中，一级企业2家，二级企业15家，三级企业58家，四级企业50家，非等级企业42家。截至2002年12月底，全市共有87家建筑业企业按新资质标准顺利就位，其中，一级企业3家，二级企业25家，三级企业47家，劳务企业12家。通过新资质标准就位，全市建筑业企业规模得到有效控制，由就位前167家减少为87家，减少48.5％，并形成了施工总承包、专业承包和劳务分包三个序列合理的组织结构，基本缓解了建筑施工市场供大于求的矛盾。全市建筑业企业级别得到整体提升，二级以上企业由就位前的17家、占队伍总数的10.2％，达到就位后25家、占队伍总数的32.6％，增强了高等级队伍在市场上的竞争能力。全市的专业队伍类别得到扩展，新成立了智能、电子和消防等专业队伍7家，新成立劳务队伍12家，填补了全市劳务资质序列空白。新资质就位工作圆满结束，标志着全市建筑业企业组织结构调整初步完成，建筑业企业跃上了一个新的发展平台。

【安全生产、文明施工成绩显著】 2002年，全市建筑业安全文明施工监管工作力度不断加强，水平有显著提高。一是在建筑行业全面推行安全生产目标管理，落实安全生产责任制，逐步形成了管理部门宏观抓，项目经理直接抓，专管人员具体抓的层级管理体系，并与43家施工企业签订了安全目标管理责任书；二是严格实行开工前安全报监和安全资格初审工作，全年共办理安全报监手续170项，安全资格审查77家，从源头上严把安全生产关；三是积极开展“安全生产月”和安全生产拉网式检查等多项检查活动，共检查施工现场194个，对30个施工现场下达了隐患整改通知书，确保安全生产取得实效；四是开展日常安全巡查，全年深入施工现场检查1 250人次，下发《安全文明施工监察意见书》85份，《安全文明施工监察停工通知书》45份。通过加强监管，全市建筑业安全生产和文明施工取得显著成绩。2002年，安工大科研图书楼等3项工程获省“安全文明工地”荣誉称号，碧云天城市花园获省“文明施工小区”荣誉称号，盛族家园7号楼等17个施工现场获市“安全文明工地”荣誉称号。

【有形建筑市场工程交易趋于规范】 2002年是健全和规范有形建筑市场年。健全和规范工作的重点是贯彻落实国家建设部、国家计委、监察部《关于健全和规范有形建筑市场若干意见的通知》精神（国办发[2002]21号），认真开展自查自纠，健全机制，完善功能，规范运作，加强监管。为此，市建管部门开通了“马鞍山工程信息网”，并在办公现代化、信息共享化、服务一体化等方面取得了突破。2002年5月，马鞍山市建设工程交易中心被省建设厅授予创建文明行业“三优四化”示范窗口荣誉称号。按照有形建筑市场的规范要求，全年共办理建设工程报建项目111项，建筑面积105.42万平方米，总投资10.45亿元；工程交易备案1 830份，交易额9.3亿元；监理合同备案81项，工程造价6.5亿元；公开招标发包的项目有175项，建筑面积65.3万平方米，总投资4.12亿元，占工程交易总额的48.7％；办理非招标工程的交易洽谈12项，签订建设工程廉洁协议226份，应招标工程的招投标率和应公开招标工程的招投标率均达到100％。

【建设工程质量整体水平处在全省前列】 2002年，市建管部门认真贯彻执行《建设工程质量管理条例》和新的《建筑工程施工质量验收规范》,以提高住宅工程质量为中心,将创建用户满意工程、消除质量通病和确保工程结构安全为主要工作目标。全年共办理质量监督申请手续241项,监督工程累计达286项,建筑面积89.1万平方米,工程质量监督覆盖率达到100%。全市有9项工程被评为市优质工程,6项工程被评为市"用户满意工程",安徽工业大学3号学生食堂等4项工程被评为省"黄山杯"工程,珍珠西园6号楼等3项工程被评为省"用户满意工程"。全市无一项不合格工程流向社会,未发生一起重大质量事故,建设工程质量整体水平保持在全省先进行列。市建设工程监督站获2002年度全省"优秀监督站"。

(恽新林)

【马鞍山汇华建筑设计有限公司成立】 7月30日,马鞍山汇华建筑设计有限公司成立。该公司为股份制企业,由原马鞍山市建筑设计院改制重组而成。公司成立后,坚持"以效益为中心,以市场为导向",完善现代企业制度,完善法人治理结构,生产经营、管理工作实现高效运转,市场形象和市场地位得以稳步提升。公司全年签订合同额890.93万元,实现财务收入690.57万元,同比(与上年原市建筑设计院相比)增长31%、33%,生产经营业绩创历史新高。

【十七冶公司实现跨越式发展】 2002年,十七冶公司的经营、施工、生产形势发生了可喜的变化,取得了公司历史上从未有过的好成绩,实现了新的跨越。全年消化历史亏损1 512.91万元,完成年计划的151.3%,按可比口径计算,同比增加1 763.63万元。市场开发签约量15.02亿元,完成年计划的125.20%,同比增长3.02%。实现企业总产值12.251亿元,完成年计划的111.37%,同比增长45.8%。其中:实现建筑业产值9.3656亿元,完成年计划的104.06%,同比增长40.5%;实现多元产值2.8943亿元,完成年计划的144.72%,同比增长66.7%。全年劳动生产率19.7311万元/人·年,完成年计划的146.16%,按可比口径计算,同比增长45.49%。实现在建工程资金回收率88.20%,完成年计划的103.76%,同比下降3.61个百分点;产品销售资金回收率94.50%,完成年计划的99.50%,同比下降1个百分点;债权回收6 122.51万元,完成年计划的83.30%,同比下降9.3个百分点。实现单位工程优良率97.78%,完成年计划的195.56%,同比增长19.78个百分点;实现工程一次交验合格率100%。全年月均千人负伤率0.09,低于0.5的控制指标;年千人重伤率0.27,低于0.3的控制指标;工亡1人,未实现工亡为0的目标。全年工程合同履约率100%。顾客满意度为83.5%,超计划目标3.5个百分点。十七冶公司主要经济指标实现突破性的大幅增长,公司的经营规模、效益水平、劳动生产率、职工人均收入水平跃上了一个全新的台阶,企业跨入一个新的历史发展阶段。

【十七冶公司实施系统开发战略见显效】 2002年,十七冶两级公司高度重视市场开发工作,实施系统开发战略,抓住市场机遇,乘势而上,取得了市场开发的新突破,实现了市场份额的快速增长。两级公司加强市场开发队伍的组织、思想、作风建设,充实、完善有利于市场开发的激励措施,保障市场开发工作的需求和投入,组织、参与以市场开发为目的的社交与公关活动,组织公司各方支持配合市场开发工作。公司诸多经营部门,不辞劳苦,如期拿到了新的施工企业资质,及时地保证了市场准入资格。诸多技术质量部门,在有关专业公司、项目经理部的支持配合下,精心组织、推进贯标工作,按计划目标通过了ISO9001-2000版质量管理体系认证,有力地增强了市场开发的竞争实力。感于公司依法经营、诚实守信的良好记录,经财务、资产等部门的不懈努力,市商业银行、建设银行终于先后核准了给公司共计1.1亿元的用于投标的保函额度,为公司的市场开发工作克服了一大资信障碍,为市场开发解除了后顾之忧。以上海不锈钢项目经理部为代表的、以让业主满意为标志、以创精品工程为目标、以建标准化文明工地为重要内容、以技术进步为手段的施工项目管理实践,获得了越来越多的业主的赞扬,极大地改善了公司的社会形象,有力地支持了市场开发工作。全年公司系统共参加投标238次,中标153次,中标率高达64.29%,同比提高22.69个百分点;编标标的额39.03亿元,中标标的额15.02亿元,标的额中标率高达38.48%,同比提高10.93个百分点。

【十七冶公司实施人才战略】 2002年,十七冶公司从制度创新、机制创新入手,出台了一系列有利于留住人才、吸引人才、用好人才、造就人才的政策性措施:《关于进一步深化劳动人事制度改革的若干规定(试行)》、《工程技术专业专家和技术带头人评聘与管理的暂行办法》、《十七冶关于实行技术有偿服务的暂行办法》、《关于提高1982年以后历届大专以上毕业生基础工资标准的规定》。为多招人才、快招人才,公司还决定:对公司所需专业的大专以上毕业生的招收不设名额限制,对公司急需的人才可以向社会公开招聘。经公司推荐和选拔,又一批优秀的年轻人走上了公司系统两级领导岗位。公司高度重视对职工的培训工作,一年之内不间断地举办了320期培训班,培训17 039人次,其中150名管理人员被选送外培。公司全年投入培训费102.63万元,同比增长36.84%,是历年来最高的。由于公司大张旗鼓、坚持不懈地实施人才战略和公司系统经营形势明显好转,致使一度人才大量流失的趋势发生了逆转。一年中,虽有22名管理人员辞职,但人才流动呈现良性态势,包括57名大专以上学历、中级以上职称的专业人才在内的61名管理人员又回到了企业,48名大专以上学历的工程技术专业的应届毕业生加盟企业。尤其是《关于进一步深化劳动人事制度改革的若干规定(试行)》这项改革举措的出台和实施,与已实施的改革后的收入分配体系相配套,使公司系统形成一种人员能进能出、职务能升能降、收入能高能低的新格局,大力营造了一种留住人才、吸引人才、用好人才、造就人才的新机制。2002年,公司系统广大工程技术人员,心系企业的发展,潜心于企业的技术进步事业,注重技术管理的基础性工作,理论联系施工生产实际,共完成7项施工工艺革新、1项施工设备研制、1项新产品开发、4项技术改造、10项新工法编制、6项旧工法修订,取得了历年来的最好成绩,为公司系统的技术进步做出了突出贡献。

【十七冶公司努力提升企业技术实力】 2002年,十七冶公司以市场为导向,先后投入资金300万元,将早已破败不堪的原五公司马鞍山混凝土搅拌站改造成一座外形美观、工艺先进、计算机控制水平高、年生产能力可达25万立方米的混凝土搅拌站,混凝土公司由此大幅度地超额完成各项年计划,并自成立以来第一次实现盈利;将原水泥预制品车间改造成年金结加工能力达5 000吨的生产车间,扩大了金结公司的生产和盈利能力,为金结公司打翻身仗创造了条件。公司系统全年共投入1 843.7万元(其中医院169万元)用于设备更新,同比增长32.51%。特别是公司通过招标节省100万元、支付800万元购置的日本产200吨履带吊车,代表了当代技术水平。该吊车在上海口岸进关后,立即投入到上海不锈钢工程的钢结构安装之中,备受业主的赞许和施工同行的青睐,实现了公司投资省见效快的初衷。为满足马钢2号焦炉施工工艺需要和增强公司今后焦炉市场竞争力,投资189.27万元,自行制作了焦炉施工必须的钢结构大棚。为创造全天候生产条件,金结公司还自行设计、制作了用于结构喷砂除锈的钢结构移动式大棚。大量的技术装备投入,已经并将继续为企业的持续快速发展发挥积极的助动作用。

【十七冶公司实施精品工程战略】 2002年,十七冶公司为塑造企业良好形象,打造优秀品牌,继续推进施工项目严格执行JGJ59-99《建筑施工安全检查标准》的工作,明确规定安全投入的最低标准,统一项目安全文明标化工地物化形态标准。公司继续实施精品工程战略,工程实体质量跃上了一个新的台阶,很多业主开始以新的眼光看待十七冶,公司以质取胜的品牌效应有力地支持和促进了市场开发工作,展现了更为广阔的市场空间。公司以ISO9001—2000版为标准,新的质量管理体系开始正式运行。公司系统的质量理念、管理意识、监控水平、工程实体质量和产品质量有了质的提高,全年单位工程优良率达到97.78%,同比提高19.78个百分点。上海一钢不锈钢炼钢综合楼工程获上海钢结构协会“金钢奖”(上海市优质工程),马鞍山市江东大道一期工程获安徽省“黄山杯”奖,淮阴30万吨棒材工程和滁州康佳A、B生产楼被评为中冶集团优质工程,马鞍山市花园路桥工程获市优质工程。尤其是上海一钢不锈钢炼钢工程,代表了目前我国冶金建设工程质量的先进水平,受到国家冶金工程质量监督总站的高度赞誉,公司也因此被上海重点工程立功竞赛办公室评选为“优秀公司”。

(施松林)

【市建一公司质量管理水平稳步提高】 2002年,市建一公司认真贯彻执行《安全生产法》,全面落实安全生产责任制,公司各级安全管理人员、工程项目经理、工会干部积极参加《安全生产法》学习,特种作业人员持证上岗率达100%,公司连续6年实现无重大人身、设备、交通、火灾事故。该公司施工的安工大东校区学生住宅楼工程被评为市“安全文明工地”。在上级部门组织的安全知识竞赛中,市建一公司获得省建材协会、省建设厅行业协会授予的“2002年度省建筑安全知识竞赛先进企业”荣誉称号,被市建委授予“2002年度安全目标管理优胜单位”。

2002年,市建一公司着力提高全员质量意识,实施优质施工,多创精品工程。该公司承建的马鞍山市雨山湖分流工程(标段)荣获“黄山杯奖”(省优质工程),马鞍山市生化新村6号楼工程被市建委授予“用户满意工程”,被省建设厅授予“安徽省用户满意工程”,市委党校教学楼工程、安徽星马专用汽车联合厂房工程被市建委授予“优质工程”。该公司施工的市九中教学楼主体结构工程,在全市开展的建筑工程质量大检查中,因施工质量好,受到行业主管部门的通报表彰。市建一公司在城市重点道路工程施工中,强化管理,精心组织,精心施工,确保了湖西南路二标段快车道工程、重阳路快车道工程均按合同工期要求,于2002年7月末实现通车,江东大道工程于2002年10月实现圆满竣工。

公司全年完成企业总产值5 171万元,施工面积10.9万平方米;竣工面积4.2万平方米;全员劳动生产率3.7万元,工程优良品率50.16%,千人负伤率为1.5‰。

(一建办)

【市建二公司实现扭亏】 2002年,市建二公司完成施工产值6 055万元,占年计划的110%,比上年增长8%;全员劳动生产率3.05万元,比上年增长9.1%;施工面积15.86万平方米,竣工面积11.62万平方米;千人负伤率为零。公司经营成果在上年同期负20.8万元的基础上,减亏21万元,实现扭亏为零的目标。在市建委系统2002年度岗位责任制目标考核中,市建二公司被评为“良好单位”,受到市建委表彰。2002年,市建二公司吸取教训,狠抓安全生产,提高全员质量意识,强化科学管理,培养优秀管理人才和施工一线能工巧匠,精心施工,营造精品工程。工程质量全年自评合格率100%,工程优良率45%,创通达机械厂9号楼、紫金花园4号楼、珍珠西苑6号楼、9号楼、矿院新村D楼、博泰商城A楼六项优良工程;珍珠西苑9号楼获“优质工程”,珍珠西苑6号楼和矿院新村D楼获“市用户满意工程”,珍珠西苑6号楼和生化新村2号楼获“省用户满意工程”,公司参加建设的雨山湖分流工程荣获2002年省建设系统“黄山杯”奖。2002年8月,公司通过广东质量认证中心颁发证书后首次质量认证复检。9月,全公司2177名职工(包括离退休人员)纳入全市医疗保险统筹,解决了职工后顾之忧,为企业发展、改制创造了条件。

(童广荣)

地质勘查业

【安徽地矿局322地质队】 2002年,322地质队把发展作为第一要务,坚持围着市场转,跟着市场干,随着市场变,全年完成创收4 613万元,比上年增加1 127万元,上缴国家税金86.75万元,取得了较好的经营成效。精神文明建设取得新的成绩,连续第十六年获“市文明单位”称号。

2002年,该队把开拓市场,承揽大项目作为首要任务来抓,充分发挥技术优势,稳定周边及本省老市场,开拓外省新市场,承揽工程勘察、矿山治理、基础施工、水文工程、江河堤坝加固、物探、测绘工程及地质灾害防治等工程项目。该队马鞍山长江地质工程公司参与国家重点工程——安庆长江大桥灌注桩施工1.5万余立方米混凝土工作量,成桩300多根。特别是在有较大影响的连云港田湾核电站施工的58根大口径桩和马芜高速公路9B标段桩基,工程优良率达到93%以上,且无一根不合格桩,创造了良好的经济效益和社会效益,受到建设方高度赞扬。长江地质工程公司承接的马钢南山矿尾矿坝辐射井排渗工程,采用新技术、新工艺,成功地解决“复杂地形辐射井水平孔钻的难题”,为以后地质软硬层同时出现的情况下辐射井施工开辟了一条新路。

322地质队多方筹资300万元,购置各类新设备20台套,增加了非开挖、打入桩、静压桩等施工技术手段,业务范围扩大到全国十几个省市,且本省、市的施工项目不断增加。该队所承揽的大项目远远超过往年,并跻身于上海浦东申博成功后的新一轮开发行列,全队实现工勘市场收入3254万元。

【地质勘查及地质成果】 2002年,322地质队开展地质工作共4项:局管项目一个,即《宁国市港口膨润土矿调查评价》,野外施工已结束;国家大型调查项目一个,即《安徽省东至——青阳——泾县金银多金属调查评价》。以上两个项目已进入资料整理、报告编制等后期工作阶段。商业性的地质勘查项目两个,即《安徽省繁昌县黄浒矿区膨润土矿详查》、《安徽省繁昌县老虎头水泥灰岩详查》,两项目均已结束野外勘查,着手报告编写。此外,与省地调院合作的国土资源厅项目,即《安徽省宁国市东南部金银、铅锌多金属矿调查评价》,已签订合同,着手筹备工作;与皖南各市、县地矿部门及矿山企业积极联系,争取到了6个地质项目,为发展地方经济作出了一份贡献。

【矿权登记及转让工作有新发展】 2002年,322地质队抓住国家矿权改革的有利时机,进行了3处探矿权的登记,登记面积41.60平方公里,使探矿权总面积达到89.4平方公里。该队通过市场运作,三里金矿的股权及0.715平方公里采矿范围内的地质资料进行了有偿转让,在矿权转让方面迈出了可喜的第一步。

【地质环境监测】 马鞍山地质环境监测站辖区内共有地下水动态监测孔(井)4个,2002年完成水位监测179次,水温监测146次;全年采水质样8个,其中全分析样3个,简分析样2个,污染分析样3个。为对地质监测原始数据进行质量监控,该站对各群测孔资料按季进行复测,检查各类监测原始观测数据、水质分析成果,并进行整理、登记,再由站技术负责人进行审核,以确保监测资料的可靠性。地质环境监测的主要成果有《地质环境监测年度报告》、《地下水动态年鉴表》、《马鞍山、当涂、宣城地区地质灾害预案报告》、《汛前地质灾害调查报告》、《汛期地质灾害调查报告》、《2002年地质灾害通报》、《地下水水情通报》、《2002年地质环境监测工作年报》,并成功地为马钢南山坳铁矿及市燃气总公司建设用地进行地质环境、地质灾害危险性调查、评估,编写出了地质灾害评估和危险性报告,为地方建设防灾、减灾制订防范措施提供了科学的依据。

(赵树伦)

【综合地质大队加快企业化步伐】 2002年,华东冶金地质勘查局综合地质大队按照“队企分开,重组企业”的思路,加快企业化步伐。该队在对市场前景认真调研和分析的基础上,为做大做强饮食服务业和建筑安装业,培育新的经济增长点,顺利实施了东苑酒店的改制改造和华东建安租赁分公司的组建。

东苑酒店地处马鞍山市东苑小区,在业内享有一定的知名度。但是随着马鞍山市餐饮市场竞争加剧,东苑酒店的现有设施和体制软硬条件严重制约其长远发展。经大队和东苑酒店的积极努力和深入调研,决定充分发挥东苑酒店的区域优势和品牌效应,适时进行酒店的股份制改造和二期扩建。通过运作,9月29日,成功注册“马鞍山市饮食服务有限责任公司”。新公司由华东地勘局、综合地质大队、自然人厉夫平、员工个人和华东探测公司五方共同出资设立,注册资本128万,经营范围有餐饮、住宿和商品零售。12月28日,改制后经装潢一新的东苑酒店正式开业。

2002年,华东建安公司顺利完成资质升级,拓宽了市场发展空间。为增强自身实力,新组建了华东建安构件租赁分公司。该分公司按照股份合作制运作,经理参股2万元,员工入股0.8万元。9月12日,公开招聘了租赁分公司经理,员工实行双向选择,竞争上岗。租赁分公司主要从事建筑用钢管及扣件的租赁经营业务。

【综合地质大队地矿业发展势头强劲】 综合地质大队按照“利用三大优势,寻找两个大突破,创立一个新支柱”的工作思路拓宽地勘市场,地矿业发展势头强劲。2002年度该队编制申报成功3个省级地质勘查专项费用项目,即《安徽铜陵城山金矿普查》、《安徽繁昌地区富铁金矿调查评价》和《安徽马鞍山地区霍里地区铜金矿调查评价》,安排工程量约200万元;编制4个局管项目勘查建议书,即《安徽繁昌中分村银多金属矿普查》、《安徽繁昌横东铁矿普查》、《安徽当涂常岭铁矿普查》《安徽宣城茶山化探异常评价》;编制2项国家资补项目勘查建议书,即《安徽宣城茶山铅锌矿普查》和《安徽繁昌寺冲铅锌多金属矿普查》。经华东冶金地质勘查局验证,批准了繁昌横东和当涂常岭两个局管项目。国家资补项目宣城茶山铅锌矿普查也通过国土地资源部专家审查,有望实施。与此同时,综合地质大队抓住机遇,主动出击,积极承揽社会地质项目。先后承担了当涂双梅外河铁矿补勘、荻港杨山和阳山水井、马钢姑山和睦山矿资料转让及主副井、验证孔补勘工程,中标马钢桃冲水泥厂石灰石后备基地详查项目等,扩大了市场空间。

(李 巍)

【华东探测技术公司测绘资质晋升甲级】 华东探测有限责任公司高度重视企业的技术管理,努力提高技术水准,注重各类资质的提高。自2002年初获得ISO9002质量保证体系认证、省(部)级企业档案工作目标管理认证后,测绘资质晋升甲级已获得国家测绘局批准,标志着华东探测公司的测绘技术水准又上了一个新台阶,为该公司开拓市场奠定了坚实的基础。

(刘明忠)

【华东探测公司发展网上业务】 华东探测技术公司适应时代的要求,改变传统的生产和商务模式,在全局率先建立宽带互联网和Internet网站,方便各项目工地与总部的数据和技术交流,建立电子商务的市场开拓模式,并取得成效。由于宽带网络的优势,大容量的数据、技术交流和远程的生产协作变得非常方便,在提高生产效率、降低生产成本的同时,员工也利用宽带网络,加强网上学习,提高了业务技能和生产积极性。由于网络的优势,先后有浙江绍兴、新疆、云南等地的客户通过互联网与该公司联系,并成功打开了乌鲁木齐等大西北市场。

(张孝军)

【安徽省化工地质勘查总院】 安徽省化工地质勘查总院,归属安徽省国土资源厅管理,有职工397人,其中各类专业技术人员41人。该院以计划内地质找矿为主,综合发展工程勘察、地基基础施工、岩土工程施工、测绘工程、机械加工等其他产业。全年完成地质普查项目1个,即安徽省南陵县麻桥沸石矿普查;完成主要实物工作量有1∶1 000地质剖面测量5.4平方公里,1∶2 000地质测量5平方公里,1∶5 000水文工程地质测量60平方公里,槽探及剥土2 500立方米,浅井200米,钻探1 660米;完成了《安徽省宁国县萤石矿普查地质报告》、《安徽省宣州市马山埠石墨矿普查地质报告》和《安徽省歙县茶园坪硫铁矿普查地质报告》的补充资料。全年新增探明沸石矿矿石储量100万吨,新发现、新证实为工业矿床的矿产地1处,即“安徽省肥东县汪小山石墨矿”。2002年,该院完成货币工作量1 620万元,其中预算内拨款620万元(含计划内地质找矿项目);经营性结算收入1 000万元,其中社会地质工作收入550万元,机械加工及其他产业结算收入450万元。全院从事多种经营的职工人数占整个在职职工总数的60%,市场化程度得到进一步提高。

(张 博)

交通 · 邮电

交通运输

【概况】 2002年,马鞍山市交通基础设施建设完成总投资1.35亿元,完成改建公路139.6公里,其中省道4.8公里,县道21.1公里,乡道113.7公里;维修、养护公路完成投资874万元,公路绿化完成投资70万元;按照全省统一部署对全市公路进行了普查和鉴定;完成汽车站场建设投资1 711万元,旅游客车站正式启用,并对长途汽车站进行了改造;投资50万元,对长江渡运通道和内河航道进行了疏浚。进一步开展道路水路运输市场整顿活动,调整部分客运班线,重点加强车站、车船审验等源头管理,不断强化出租车从业人员培训,整治车容车貌,提高出租车整体服务水平。加强市场宏观调控,引导和鼓励大件运输、集装箱运输,改善运力结构,弥补市场不足。加强安全管理,全面落实安全生产责任制,全年无重大水上安全责任事故。

全市交通基本情况表

一、公路建设	数量(条)	里程(公里)	公路等级	里程(公里)	主要公路
国道	1	37	高速	13	"205"
省道	3	59	二级	132	"105"、"313"、"314"
县道	18	287	三级	94	马濮路、澄湖路、围乌路、新黄路等
乡道	173	654	四级	565	/
村道	299	539	等外	772	/
公路总里程:1576公里			全市公路密度(公里/百平方公里):93.5		

二、航运情况	航道里程(公里)	客渡口(道)	渡船(艘)	营运船舶(艘)	船舶运力(万吨)
数量	长江:44 内河:143	39	44	1204	39.8

三、道路运输	客车站(个)	面积(m^2)	出租车(辆)	从业人员(人)	营运客车(辆)	座位(个)	营运货车(辆)	运力(吨)
数量	4	4 350	2 298	4 500	410	10 133	4 593	21 407

2002年交通运输生产情况表

项目	单位	完成情况	占年计划(%)
客运量	万人	377.3	97.2
客运周转量	万人公里	2 9533	106.2
货运量	万吨	108.7	98.8
货运周转量	万吨公里	5 877	102

项　　目	单　　位	完 成 情 况	占年计划(%)
营业收入	万元	9 163.2	108.4
工业总产值	万元	3 086.1	99.6
利　润	万元	393	90.7

（交通局办公室）

【港口管理局成立】 根据国务院、省政府有关港口管理体制改革的通知要求，按照政企分开的原则，马鞍山市港口管理局于2002年9月正式成立。此次港口管理体制改革，是将原港务局行使的行政和行业管理职能剥离，划归市港口管理局。市港口管理局具体承担港口计划、建设审批、港口经营的监管及港口行政规费的征收等行政和行业管理职能。该局为副县级事业单位，隶属市交通局，编制18人。

（市交通局法规科）

【313省道三期改建工程竣工】 313省道三期改建工程是全市2002年重点工程之一，起点为雨山路立交桥，终点为向山镇石山公园，全长4.8公里。其中雨山路立交桥至安工大东校区1.35公里路段按城市主干道标准建设，路基宽54米，水泥混凝土路面；其余3.45公里按二级公路标准建设，路基宽17米，路面宽14米，沥青混凝土路面，工程总投资4 900万元。市公路部门克服各种困难，抢抓工程进度，该路于2002年底建成通车。

【护太路改造工程竣工】 护太路起于当涂县太白乡的泉水湾，迄于护河镇，全长15公里，原有道路路况差通行能力低，改造该长公路被列入2002年市人大重点议案。市交通部门投资255万元，对该路进行彻底拓宽改造，全线铺设油路面。经过3个月的紧张施工，该路于9月底提前竣工。

（市公路局）

【开展“黑头车”专项整治】 “黑头车”由于偷漏国家交通规费，负担轻，运价低，易招引客货源，与合法的营运车辆形成不公平竞争，影响了合法经营者的利益，给人民群众生命安全带来隐患，严重扰乱了运输市场秩序。为此，交通运管部门组织力量，多次开展打击“黑头车”的专项行动，全年共查获6台“黑头”出租车。对查出的“黑头车”，运管部门根据有关法规，进行严厉处罚，维护了市场秩序，促进运输市场健康有序发展。

【调整客运站点】 11月26日，位于红旗北路跃进桥南端已运营20余年的天马汽车站被撤除，该站原有的班线客车被重新安排，改由长途汽车站专线发车。12月20日，大北庄天马客运站撤除，原有班线客车调整到市旅游汽车站发车。客运站点的调整，提高了现有客车站的利用率，便于规范管理，提高服务质量。

【两家旅游客运公司成立】 10月，经省、市两级交通运管部门批准，“马鞍山市运通旅游客运公司”和“马鞍山市公交旅游客运公司”成立。两家公司共有30辆中、高级豪华旅游车，驾驶员经考核持证上岗，实行专业化操作，为全市各家旅行社提供优质的旅游用车服务。专业旅游客运公司的成立，彻底改变了以往旅游靠租用班线车的经营方式，逐步走向规范经营，为马鞍山创造良好的旅游环境、促进旅游业的健康发展起到了积极的作用。

【“驾驶员培训集中报名中心”成立】 7月8日，马鞍山市交通运管部门在全省率先成立“驾驶员培训集中报名中心”。报名中心实行统一培训价格，统一电脑开票，将各驾校报名、咨询、宣传、交费和证件发放集中在一起，同时还将驾校的资金、培训费用、服务项目、考试程序、收费标准和监督电话等内容公布上墙，方便学员的选择和社会监督。集中报名中心的建立，为促进形成公平竞争、健康发展、稳定有序的驾培市场起到了积极作用。

（市运管处）

【马鞍山市地方海事局挂牌】 按照交通部海事机构改革统一部署，根据省编委皖编办〔2002〕128号文件精神，原马鞍山市航运管理局、港监船检局更名为“安徽省马鞍山市地方海事局（港航管理局）”，并于2002年11月挂牌成立。两个机构一套班子，下辖当涂、雨山、花山、金家庄4个海事处及10个海事所。地方海事局的主要职责，是负责全市水上交通安全监督及港口、航道和水上运输市场管理工作。

【当涂民营造船业取得突破性进展】 6月，当涂“江海造船股份有限责任公司”获得国防科工委和交通部全国钢质船舶生产技术认证，这标志着当涂民营船舶制造企业向着规范化发展迈出了重要一步。当涂个体造船业起步较早，发展于80年代中期，近几年达到高潮，已发展到13家。2001年13家企业造船100艘，2002年上半年造船80艘，造船吨位不断加大，最大的达到3 000吨。市县两级港监船检部门，针对当涂造船企业状况，及时研究发展对策，强化造船质量管理，严把船舶质量检验关，积极协助引导企业引进技术和人才，在有关部门的扶持下，当涂13家分散经营的个体造船企业，按照现代企业模式，组建起初具规模的“江海造船股份有限责任公司”，增强了市场竞争力，也为当涂船舶工业的发展打下了基础。

（地方海事局）

【长运公司获部批二级客运企业资质】 11月，市长途汽车有限责任公司获得交通部批准的客运企业二级经营资质，成为全市惟一可经营所有跨省、跨区的长短途客运路线的客运企业。在申报二级客运资质过程中，市长运有限责任公司投入巨资，新增客车140余辆，壮大经营规模，提高车型档次，并根据客运资质评定项目标准，全面完善制度化建设，公司软硬件服务水平及经营管理逐步走向规模化、规范化。

（长运公司）

【汽车维修企业资质评定实行“阳光作业”】 10月，马鞍山市交通部门在全省率先实行二类汽车维修企业资质评定社会参与、众家评定的“阳光作业”。具体评定由一类汽车维修企业的高级工程师、技师组成考评专家组，深入二类维修企业，严格按照考核标准，进行封闭打分。经过公开评定，全市共有7家汽车维修企业达标，获得二类汽车维修企业资质。

（市运管处）

【南京铁路分局芜湖车务段马鞍山站】 马鞍山站是南京分局芜湖车务段管辖下的一个二等区段站，位于宁芜铁路中段，铁路中心里程为K66+635米，北端K65+849米处，以下行进站信号机为界与慈湖站相邻，南端K67+612米处，以上行信号机为界与采石站相邻，为单线横列式客货运区段站。马鞍山站主要承担马钢（集团）控股有限公司、马鞍山钢铁股份有限公司和马鞍山市地方工业到发货物及旅客行包运输任务，全年装车66 834车398.8万吨，卸车118 373车726.5万吨，在南京铁路分局单站装卸车数排在第一位，年运输收入11 506万元排在第六位。2002年末，在册职工381人（其中女职工113人），下设运转、货装、客运3个车间。

截至2002年12月31日，马鞍山站实现行车安全3 373天，劳动安全1 097天，旅客安全7 914天，行包安全8 082天，货运安全6 677天，装卸机械设备安全7 564天，防火安全16 535天。车站连续13年被评为安徽省、马鞍山市“文明单位”，铁道路“全路卫生车站”，上海铁路局、南京铁路分局“文明车站”。

2002年度马鞍山站主要任务指标完成情况

项目 指标名称	单位	计划	实绩	完成计划（%）	同比增减+、-（%）
旅客发送量	万人	85.5	89.2	104.9	+4.9
货物发送量	万吨	390	398.8	102.3	+2.3
运输收入	万元	12 060	11 506.1	95.4	+4.2
日均装车	车/日	179.6	183.1	102	+7.3
日均卸车	车/日		324.3		+14.9
货车静载重	吨/车	59.5	59.7	100.3	+0.5
货物停留时间	小时	29	28.7	101	-1.4
货车中转时间	小时	7.5	7.2	104.2	-4.0
日均办理辆数	辆		9.03		+74
日均编组列数	列		11.9		+4.4
日均解体列数	列		11.1		+7.8

【马鞍山港】 马鞍山港是国轮外贸运输港和集装箱内支线港。港口拥有生产性码头泊位15个,最大常年靠泊能力为5 000吨级(曾停靠装卸8 000吨级海轮)。主营物资装卸、客货运输代理服务、仓储堆存、保管、水陆货物联运中转;兼营辖区船舶联运、水上货物运输、为内外贸船舶提供综合服务机械修理。下设各港务公司、轮驳运输公司、货运代理公司、客运站等。港口主要为上市公司马钢股份有限公司和山鹰纸业股份有限公司以及马鞍山发电厂等地方企业服务,港口装卸货种主要有钢材、金属矿石、非金属矿石、煤炭、集装箱等。2002年辖区货物吞吐量888万吨,港口营运收入5 164.2万元,比上年增长23.29%;实现利润167.5万元,比上年增加64万元。

马鞍山港自然条件十分优越,港区岸线顺直,深水岸线2 412米,经济腹地也十分广阔,是长江中下游天然良港,对完善和发展城市功能及发展外向型经济具有重要的战略地位。

【港口成功装卸超重设备】 11月16日下午,马鞍山港外贸码头成功装卸单件重量达61.5吨的超重货物。该货物系马钢从德国汉堡进口的车轮轮毂轧机设备,其价值达1 400万美元。这是该港自建港以来本港码头装卸的最重单件货物。马鞍山港码头前沿单台起重设备的最大起重量为40吨,港口在获知货源信息后,经充分论证,决定采用两台最大起重量均为40吨的吊车配合起吊的装卸工艺,并精心组织现场作业。确保了该件超重设备的装卸成功。

【辖区吞吐量创历史新高】 2002年,马鞍山港拓宽揽货渠道,均衡组织码头装卸生产,并积极推广装卸新工艺,强化现场管理,实现快装快卸。全港辖区货物吞吐量完成888.08万吨,比上年增长18.88%;装卸自然吨完成403.85万吨,比上年增长29.27%,集装箱装卸首次突破万箱大关,均创历史新高。

(港务局办公室)

邮　　政

【概况】 马鞍山市共有邮政网点31处,委代办点10处,邮政储蓄网点26处,村邮总站332处;信筒127个,信报箱8 250户,邮政书报刊亭49个,绿卡ATM机12台,邮政车辆33台(部),投递段道70个,其中,镇投段道50个、乡投段道11个、机动车投段道9个,全市通邮率达99%。在职职工总数268人。全年进口邮件35.2万袋,出口邮件47.3万袋,转口邮件3.67万袋,邮运里程6万余公里。

通信能力不断增强。开办了安工大邮电所、塘岔邮电所,发展社区服务点15处;在湖北路新布放14个邮政书报刊亭,全市新装7 000户信报箱;开通银联卡系统,实现绿卡与银行卡之间异地跨行支取;新购7部邮运车辆,邮政运能不断增强。

邮政业务稳步发展。集邮业务积极开发地方题材,邀请著名邮票设计家设计"马年鸿运"邮资封片,销售额达50万元;举办了全省中小学一框邮展和《董永与七仙女》邮票设计者俞宏理签名活动。发行业务抓社会热点、体育赛事商机,加快畅销报刊传递抢占市场先机,并整合报刊亭业务,做大业务规模。商函业务组织了明信片有奖竞猜、全局公开揭标发展企业金卡,全年发展企业金卡15.9万枚;速递业务深挖鲜花礼仪、身份证快递、法院文书递送等业务潜力。邮储业务抓住旺季开展跨年度劳动竞赛,利用网点优势和绿卡全国联网优势,做大代收电信资费、代办保险等中间业务,花雨路储汇中心邮储余额突破1亿元。电信代办业务开办代理CDMA放号,扩大非SIM卡、手机等电信终端的销售规模。物流业务利用邮政品牌和网络优势,做大同城牛奶配送业务,开办了天润发超市商品配送业务,县局物流业务实现货运代理日日发,月均收入5万元。

各项管理不断加强。加大对全市邮政业务市场执法检查力度,重点对速递市场、集邮市场检查,查处了申通公司非法揽收特快业务违法行为。出台《邮政柜台出售品管理办法》,查处了市局部分网点非邮政渠道进货销售非SIM卡和非标准信封的行为。深入开展《安全生产法》学习活动,落实安全生产风险抵押金制度和车辆驾驶员管理制度。全局开展清产核资,对成本挂账和不良资产申报核减,资产管理更加规范。加大对历年报刊欠款、营收欠款清缴工作和企业内部审计力度,全年共审计26项,核减资金67万元。

服务水平不断提高。全市26个网点按照省局"四个统一规范"标准,实施服务形象工程,市局投资10万元对湖北路支局等10个局所门头统一装潢改造;在花雨路营业大厅安装了多媒体触摸查询系统;有计划、有组织地开展业务技能和服务规范培训,全年共组织了10期780人次的技能培训;采取明查与暗访相结合的办法,定期对全局服务窗口进行检查,公开行业服务标准,全方位接受用户监督。全区规范性服务窗口巩固率达95%,一星级服务窗口达到10个,二星级服务窗口达到2个,在国家局开展的年度用户满意度测评中,市局取得93.89分的好成绩。

【全面推行管理人员竞争上岗】 根据省局要求,市邮政局科级及科级以下管理人员全面实行竞争上岗。3

月3日,来自市局、县局101名职工参加了科级及科级以下管理人员竞争上岗笔试。通过笔试,32人获得了竞争科级空岗的竞争资格,12人报名参加市局的"物流业务中心经理、信息技术分局局长、储汇分局副局长"3个空岗的竞争。至4月2日,全局科级及其以下管理人员的竞聘工作全部结束。

【发行马鞍山特色邮资信封】 5月24日,马鞍山市市长办公会议研究同意由市邮政局提出的发行具有马鞍山地方特色邮资信封的建议,决定通过整合全市信封资源,利用邮票这一国家名片和邮资信封这一有效载体,宣传马鞍山。市委、市政府成立了由分管市长挂帅的发行马鞍山地方特色邮资封领导小组,具体负责邮资图题材的选定、征稿、确定等。市邮政局深入各大机关、企事业单位进行公关宣传。截至年底,全市各单位签订印有国家级风景名胜区"采石矶"图案的邮资信封合同制作量200万枚,实际制作100万枚。

【邮储业务快速发展】 年初,市邮政局根据邮储业务发展的可行性,提出建成1个亿元网点和2个5 000万元网点的目标,加快邮储业务发展步伐。至12月7日,花雨路储汇中心邮储余额实现了10 120.22万元,解放路储汇中心邮储余额实现了5 019.59万元,两储汇中心首次分别突破1亿元和5 000万元大关。其中花雨路储汇中心也是全区第一个突破亿元的邮储网点。

【开展邮企合作】 11月20日,马鞍山市邮政局和青岛润泰事业有限公司马鞍山分公司(天润发超市)正式签订了邮寄会员卡、印刷品信函、商品广告以及商业保密等4个协议。根据协议条款,市邮政局将为天润发超市提供邮寄投递马鞍山地区会员卡和全年26期商品信息快报封套的设计、制作、封装、投递服务。为做好天润发超市的各项服务工作,扩大商函业务和物流业务规模,市邮政局招聘40名信息投递员,重新划分段道,组建了一支新的投递队伍和一个覆盖市郊的投递网络,同时制定了投递质量考核办法,确保按时限要求做好各项服务工作。

2002年全区邮政业务发展主要指标表

单位:万元

项　　目	完成指标	比上年增长
业务收入	7 252	9.01%
业务总量	8 296.73	-2.99%
收支差额	680	13.33%
全员劳动生产率	16.98	16.70%

2002年全区各单项业务收入完成情况表

单位:万元

单项业务	完成收入	比上年增长
函件	663.96	19.93%
包件	100.10	2.02%
特快专递	338.62	-0.24%
汇兑	136.85	-13.40%
机要	3.09	45.09%
报刊发行	1 240.38	12.60%
集邮	2 081.78	2.50%
邮政储蓄	2 070.43	10.67%
物流业务	107.97	—
代办电信业务	360	19.01%
其它收入	434.29	-43.43%

电　　信

【马鞍山电信分公司】 2002年,马鞍山电信分公司全区完成业务收入比上年增长7.46%,固定电话放号完成4.5万部,完成年计划的100.04%;来电显示完成4.69万户,占年计划的123.59%;ISDN(一线通)完成701户,占年计划的223.67%;ADSL(网络快车)完成1 144户,占年计划的144.81。全年网络接通率96.66%,比省定指标提高1.66个百分点;用户障碍申告率0.79%,比省定指标低1.21个百分点;用户障碍修复及时率99.9%,比省定指标提高1.9个百分点。2002年,五项主要网络运行质量指标与上年相比均有所提高,在全省运行质量指标综合排名仍保持第二的好成绩。在2002年全市对外服务窗口满意率调查活动中,用户对电信服务的满意率为96.97%,比2001年提高0.93个百分点。

【发展商铺通、公务通业务】 2002年,马鞍山电信分公司为抢占有效益的市场,以发展乙类用户为重点,积极发展"商铺通"和"公务通"电话。"商铺通"即在商铺云集的地方集中免费安装电话,用户购201卡打电话,以解除商家因租用门面房流动性较大而不装电话的通话困难,刺激他们的通信消费。"公务通"即在各企事业单位推广"一张办公桌一部电话",内部实现通话自由以达到节省话费的目的。经过公司各部门的积极努力,全年共发展博兰公司、安工大职业技术学院、成功学校、航运管理局等5家“公务通”单位,新增公务通电话60余部,并在东苑建材城和国际装饰大世界发展“商铺通”电话440部。

【宽带业务迅猛发展】 2002年,马鞍山电信分公司加大宽带网业务宣传力度,多次组织宣传推广营销小组深入住宅小区,上门演示宽带业务,开展现场受理、现场装机业务,开展“点对点、面对面”的服务,取得了十分显著的效果。全年共发展ADSL用户1 144户,LAN用户1 520户,分别完成年计划的144.81%和172.73%,宽带业务得到了突飞猛进的发展。

【采石市话分局建成启用】 8月,历经2年的筹备建设,采石市话分局建成启用。采石分局启用后,在原有交换机2 000门容量的基础上又扩容4 000门,大大缓解了采石地区装机难的状况,并使宽带等新业务以及虚拟网也得以实现,满足了采石地区高通信需求用户的实际需要。

【“小灵通”落户钢城】 12月26日上午9时,“马鞍山电信‘小灵通’工程竣工暨开通庆典”在电信公司六楼会议室隆重举行,中共马鞍山市委、市政府领导及“小灵通”工程领导小组成员出席了庆典仪式。“小灵通”工程从2001年9月勘察基站布点开始,历经1年零4个月时间建成。“小灵通”即PHS无线市话系统,它采用微蜂窝技术,将用户端以数字无线方式接入市话网,提供覆盖区内的自由移动使用的市话服务。PHS服务的用户只要携带轻便的PHS电话(即“小灵通”手机),在网络服务区内(全市范围)可以方便地打出或接听市内、国内、国际电话。“小灵通”使用话费等同于家庭固定电话的收费标准,与移动电话收费相比,价格十分低廉。“小灵通”基站发射功率只有500nW,“小灵通”手机的发射功率只有10毫瓦,大约是GSM手机的1%左右,长时间使用对人体不会造成辐射伤害,故又称为“绿色电话”。此外,该系统目前可以提供的功能有主叫显示、呼叫转移、短消息服务等,以后还将提供32K/64K数据通信、定位服务、终端上网等多功能服务。

【实施“红缆”工程】 面对日益激烈的市场竞争,马鞍山电信分公司为进一步改善对大客户的服务、维护工作流程,启动实施了"红缆工程"。“红缆”工程,即将集团用户数据线路中交接箱至用户的一段线路采用小对数专用红缆,只限专线使用,以此大幅度减少线路中的接续点和故障发生,便于发生故障时快速查找、修复。对存有隐患的集团用户数据线路,全部以“红缆工程”模式进行改造。同时,该公司定制全省统一的数据线路、设备识别标志,在数据通信设备和线路上加标,同时加强对用户的技术培训,减少因用户误操作而导致的通信故障,并向重要用户提供定期检测、维护服务。2002年底,银行、证券、公安、消防等重要客户都已启用了“红缆”。

【开展达标创新竞赛】 2002年,马鞍山电信分公司所有营业窗口、公话办、装维公司、网管、传输中心、特服台、测量台、大客户中心等部门组织开展了“用户至上,用心服务”达标创新竞赛活动。通过竞赛,营业窗口从服务环境、服务水平、服务纪律等整体有一个明显的提升。公司市话装移机及时率达到99%,高于全国同行业平均水平1.3个百分点;障碍修复及时率达到98.05%,均超过部、省规定的标准,得到社会各界的一致肯定。

【盗割通信电缆犯罪活动猖獗】 2002年,马鞍山市连续发生30多起通信电缆被盗割案件,造成电信公司直接和间接经济损失百万余元,造成上千家电话用户通信中断,给人民的生活、学习、工作带来极大的不便。犯罪分子手段狡猾,多在夜深人静时,在市郊偏僻处流动作案,多发于霍里镇、佳山乡、雨山乡的行政村。

针对盗割电缆犯罪活动日益猖獗的严峻形势,电信公司积极配合公安部门,采取夜间伏击守候、堵查销赃渠道以及对易发犯罪活动地段的杆线安装断线报警装置等措施进行侦破,在一定程度上遏制了案件的上升势头。

【马鞍山移动通信分公司】 安徽移动通信有限责任公司马鞍山分公司,于2002年9月20日重新注册设立,公司性质为外商独资企业分支机构,隶属于安徽移动通信有限责任公司,下辖当涂县分公司,共有员工65人,平均年龄32.27岁,具有大中专学历员工49人,占全体员工75.3%。

马鞍山移动通信分公司是经营移动通信的专业化公司,2002年,分公司大力发展移动通信业务,至年末,拥有移动用户14万户,固定资产总值2亿多元,业务收入1亿多元。除了GSM传统的语音业务和补充业务外,根据各种层面的用户需求,不断推出适合于各种用户需求的新业务,如:短消息、WAP上网、移动秘书、信息点播、移动自由呼、移动IP电话,语音信箱、虚拟网、一卡双号、移动梦网、GPRS、彩信等新业务。与互联网各内容提供商的合作,基于移动梦网的业务一经推出,就获得广大用户的喜爱。移动通信推出的业务多达20多种,不仅为广大用户提供了通信需求,也极大地丰富了人们的社会生活。2002年,马鞍山移动通信分公司通过GSM六期工程的实施，对整个移动网进行了大规模的网络优化和建设，使全市基站分布更趋合理，网络容量进一步扩大。截至年底，共建有90多个基站，拥有2个交换局，1个关口局，交换容量19万门。在鸿泰新百、贝斯特假日酒店、月亮城地下商城、金鹏大厦地下商城、上海滩大酒店、人民医院等处安装了室内覆盖系统，优化了网络质量。同时加强网络维护工作，牢记网络质量是通信企业生命线的维护理念，为用户提供稳定、畅通的精品网络。

在服务上，公司坚持"服务与业务领先"战略，公司设有1860客户服务电话，1861自动语音查询系统，人工和自动兼备，24小时为用户服务；设立信息服务中心，人工受理"12580"，自动受理"12591"，为用户提供查询、咨询、紧急业务变更以及投诉受理等服务。公司坚持"沟通从心开始"的服务理念，始终信奉用户至上。

（钱咏梅）

【中国联通马鞍山分公司】 2002年，是联通马鞍山分公司从单纯数量扩张型向质量效益型转换的一年。全年以发展CDMA业务为重点，积极开拓市场，大力发展综合业务。公司管理上以规范化为龙头，以预算管理为中心，以绩效考核为保障，使管理走上良性循环的轨道；全年完成总收入比上年同期增长20.81%，业务总数超过10余万户。

2002年，联通马鞍山分公司加快通信工程建设速度，完成七期工程前期基站选址工作、C网二期工程和C网直放站建设，建成C网基站11座，其中新建落地塔1座，抱杆1座，铁塔改造3座；建成C网直放站6个，其中光纤直放站5个，无线直放站1个。室内分布系统建设全部完成，在全市共建室内分布系统7套，建设地点在：月亮城地下商场、富园地下商城、建管大厦、建设大厦、中国银行、宝龙大酒店、盛德轩大酒店。数据工程建设以接入网二期工程——城域网为主，到2002年8月，全面完成3个宽带接入点和12个窄带接入点的施工任务。至此，全市共计接入点达30多个，放设电缆60余公里，数据业务覆盖整个城区及周边城镇。

【CDMA成为电信绿色消费的主流】 CDMA业务是联通"生命工程"，加速发展CDMA是2002年工作的重中之重。CDMA是目前世界上最先进的数字蜂窝移动电话系统，采用先进的扩展频谱和高效的功率控制技术。在通常情况下，CDMA数字移动电话的最小发射功率为0.1—0.2毫瓦，仅相当于GSM手机平均功率的百分之一，极大的减少了电磁辐射对大脑的影响。除此之外，其先天品质优势还在于：1. 声音质量高。其品质已经接近有线电话效果。2. 接通率高。CDMA的扩频技术和频率复用技术，充分利用信道容量，提高网络接通率。3. 保密性能好。电话被窃听可能性在44亿分之一。4. 支持多项业务措施。CDMA采用宽带技术，除支持呼叫转移、呼叫等待、三方会谈、主叫号码显示、短消息、语音信箱、自动漫游等传统增值业务外，在高精度定位以及多媒体业务等多项业务方面独具优势，是现有系统无可比拟的。这些独有的技术优势，使CDMA成为全球电信绿色消费的主流，国际电联组织确定的第三代移动通信标准全部为CDMA。

【数据通信业务全面展开】 中国联通宽带数据网，是中国联通在全国范围内大部分地区建成的宽带、高性能、综合多种业务的现代化数据通信运营网络。IP电话、公用计算机联网、电路仿真、帧中继、、ATM业务，以及真正的全国范围的VPN业务和其他数据增值业务，如视频、多媒体、电子商务等业务已全面向广大用户开放。

（联通办公室）

房 产 业

住宅建设

【概况】 2002年,马鞍山市住宅建设坚持以促进经济增长、提高居民居住水平为中心,加快建设速度,提高住宅建设质量和管理服务水平,规范房地产行业管理,超额完成了全年住宅建设任务,创下了历史最好水平,全行业呈现出可喜的良性发展态势。全年完成住宅建设投资10.08亿元,首次突破10亿元,比上年增长22%,占全市固定资产投资16%,积极推动了全市经济增长。全市完成住宅施工面积164.73万平方米,超年计划26%;完成住宅竣工面积94.14万平方米,超年计划43%。建成了珍珠西园、湖西路小区、鸳鸯小区4期、翡翠园、平塘花园、湖景家园1期、春天花园1期等一批住宅小区,改善了市民的居住水平,城市人均住宅建筑面积达21平方米。

【住宅建设整体水平提高】 开发企业人本化、市场化意识不断增强,在项目开发建设过程中注重高起点规划,高水平设计,高质量施工,高标准管理,从而赢得了客户,提升了居民的居住档次和居住质量。中房置业公司开发建设的珍珠西园在省建设厅开展的全省"十佳住宅小区"评选活动中,因规划设计、建筑设计、住宅科技、工程质量、物业管理等五个方面综合得分位列前十名,被评选为"安徽省十佳住宅小区"。协亚公司开发的翡翠园、协中公司开发的南湖花园等小区参照国家康居示范标准,档次和标准较高,很受消费者青睐。建厦公司开发的银杏园、欣新公司开发的生化新村等小区工程质量多次被评优。市综合公司开发的牡丹园小区荣获市"园林化"小区称号。众多开发企业精心组织施工,开发建设了一批规划设计新颖、配套设施齐全、工程质量优良、居住环境优美的住宅小区,提高了城市住宅建设整体水平。

【房地产招商引资成效显著】 近年来,马鞍山市加大招商引资力度,境内外一些房地产开发企业先后进驻马鞍山从事房地产开发,为城市住宅建设注入了活力。一是为城市融入了大量的住宅建设资金。如杭州西湖集团、浙江万马集团、西班牙飞龙公司、北京首创集团等境内外知名企业,都在马鞍山投资房地产开发项目,使全市2002年住宅建设投资明显加大,首次突破10亿元大关。二是带来了先进的开发经营理念。如浙江万马集团以其先进的营销策略开启了马鞍山市小高层商品住宅消费先河;深安公司开发的湖景家园,引进深圳长城物业,以先进的物业管理理念营造出新的卖点;恒生公司开发的盛族家园以优雅的单体造型、华丽的外墙面饰使消费者为之眼亮。三是促进了马鞍山市土地资本运营。在全市土地实行资本运营之初,江苏恒生公司对盛族家园这一宗土地拍卖项目的成功运作,使全市各开发企业对土地招标拍卖提高了认识,增强了信心,为土地资本运营的顺利推进打开了局面。

【全面开展整顿和规范房地产市场秩序工作】 2002年7~9月,根据国家和省统一部署,马鞍山市全面开展了整顿和规范房地产市场秩序工作。市房地产开发管理办公室协同规划、建管等部门,抽调25人组成专项检查组,开展房地产开发专项检查。检查分4个阶段进行,对全市59个在建项目、17个竣工项目所涉及的63家房地产开发企业进行了全面拉网式检查。检查中,十七冶、恒生、中周、世荣、浙江万马与佳达、当涂翠竹等一批开发企业以其市场信誉好、综合素质高、企业管理规范得到了检查组肯定。同时,针对检查中发现的问题加大查处力度,召开了东部、真如、城镇等10家重点违规开发企业的整改工作会议,发出整改意见通知书17份。至年底,除少数企业外,大部分违规企业已整改到位,清退开发企业价外收费款项300余万元,房地产市场整顿工作取得了初步成效。

【强化行业规范化管理】 加强住宅小区竣工综合验收工作。2002年,市房开办严格按照国务院248号令和省政府129号令规定,对新建成小区的基础设施和公建配套项目进行核查验收。对于在综合验收中发现的问题,及时督促开发企业补建完善。全年组织并完成了鸳鸯小区2、3组团、矿山新村、博泰商城、南湖花园、中周家园、平塘花园等7个项目竣工综合验收工作。加强房地产开发企业的资质管理。开展了2001年度全市房地产开发企业资质年检工作,在规划、土地、建管、房产、物价、工商等相关部门的大力支持下,对全市63家开发企业的概况、开发业绩、财务收支、工程质量等情况进行了全面的检查。根据年检结果,依法分别给予4家开发企业升级奖励,1家企业降级和2家企业吊销资质处罚。加强项目管理。对房地产开发项目实行动态跟踪管理,全年对全市在建的59个房地产开发项目进行了《房地产开发项目手册》核验工作,并督促全市房地产开发企业在销售中认真执行《住宅质量保证书》和《住宅使用说明书》制度,确保实施面100%。认真做好行业统计工作。与市统计局共同开展了市房地产开发综合景气指数统计工作,每季度向社会发布一次"马房景气指数",综合直观地反映全市房地产业发展变化趋势和变化程度。组织开展"放心房"承诺活动。组织28家房地产开发企业发表恪守8项承诺的"诚信宣言",在全市各大新闻媒体上公示,进一步规范售房行为。

【房地产开发企业综合实力明显提高】 房地产开发企业队伍不断发展壮大,2002年,新成立房地产开发企业22家,开发企业总数达94家。其中,四级以上等级公司50家,拥有总注册资金逾8亿元,专业技术人员1 200余人。由于商品房销售形势良好,房地产开发企业总体效益好转,资产质量有所提高。中房置业公司、建厦公司等一些国有企业完成了企业改制,按照现代企业制度运作,激发了企业活力。浙江万马与佳达、中周与康华、世荣与外贸等企业通过合作开发等方式积极加强企业联合,提高实力和竞争力。2002年,全市房地产开发企业完成住宅建设投资7.99亿元,施工住宅建筑面积126.52万平方米,竣工住宅面积71.2万平方米,各项指标均占全市住宅建设总量近8成。2002年全市房地产开发企业共缴纳各项税收(不含教育费附加)约5 940万元,日益成为城市经济建设的生力军。

(汪　俊)

住房制度改革

【稳步推进住房分配货币化】 2002年,马鞍山市按计划落实发放机关事业单位职工的住房货币化补贴,指导改制企业在职工身份置换和解除劳动关系时,预提职工住房补贴;修改调整了《马鞍山市职工住房分配货币化暂行办法》中部分条款,对住房货币化补贴政策进行了完善;指导并协调部分困难企业利用存量土地进行集资建房。全年有27家单位出台了住房分配货币化方案,向11 883名职工发放住房补贴8 320.61万元(含马钢),有9家改制企业预提住房补贴,11家单位共1 200户利用存量土地全额集资建房,面积9万平方米。

【出台实施新的提租售房政策】 2002年度马鞍山市现有公有住房出售成本价由2001年的770元/平方米提高到800元/平方米,租金标准由2001年的2.2元/平方米提高到2.5元/平方米。同时,对全市不成套公有住房情况进行调查,并就出售政策进行了研究。

【进一步加强住房公积金管理】 一是加强住房公积金监管。市审计、财政部门加强监督,同时将市住房委员会通过的《2001年市住房资金管理中心住房公积金财务报告》在《马鞍山日报》上公布,全面公开全市2001年住房公积金收支、收益分配及中心管理费用情况。二是加大公积金归集力度。公积金缴存比例由6%调整为7%以上,缴存基数调整为上一年度月平均工资。同时鼓励有条件的单位适当提高缴存比例,全市已有215家单位住房公积金缴存比例提高到10%以上,最高达15%;进一步督促私营企业、社会团体和新建企事业单位建立住房公积金制度,全市新增建制非公有制企业31家。2002年全市归集住房公积金23 921.26万元,职工正常支取使用11 922.48万元。三是切实改进公积金贷款服务,提高办事效率。向社会作出《关于住房公积金贷款办理时间承诺》,灵活调整了相关操作程序,缩短贷款办理时限,为居民住房消费提供资金支持。全年共向1 712户购房职工发放住房公积金贷款8 556.80万元。四是依据国务院、建设部、省建设厅等文件规定,拟定了住房公积金管理机构调整实施方案,由市政府报经省政府批准,正在积极组织实施。

房地产市场

【房地产交易火爆】 2002年,马鞍山市重点加强对房地产市场的规范和整顿,不断加强市场的监管,规范市场行为,促进了房地产市场的健康有序发展。全市房地产市场继续呈现出购销两旺的势头,全年房地产转让1.5万余起,面积185万平方米,成交额6.4亿元;房地产抵押1 066起,抵押面积33.87万平方米,抵押额6.1亿元;二手房上市交易6 981起,面积50余万平方米,成交额5 000余万元,为财政代收契税2 280万元。

【强化商品房预售管理】 针对部分房地产开发商在商品房销售过程中存在的不法行为,马鞍山市房地产管理部门建立了商品房权属登记预警系统,并完善商品房初始登记制度。设计了正、副本,要求开发商在副本上如实填写预售工程的坐落、栋号和房号,每销售一套,在副本上注销相应的那一套。出台了进一步加强商品房预售管理的意见,按建设形象进度确定投资额,实行配套设施注册备案和一房一卡制度,加强销售管理,防范买空卖空、一房多卖和配套建设移交不到位等行为,切实保护购房人合法权益。

【加强房屋租赁管理】 为加强对房屋租赁市场的管理,市房地产局加强与工商、公安部门的协调配合,扩大商业用房租赁管理覆盖面。建立了与市公安局治安支队联手管理全市住宅租赁市场的机制,有效推进了住宅出租的管理工作,使租赁市场管理面大为扩展,同时为做好全市外来流动人员的计划生育工作创造了有利条件。全年受理租赁登记 3 828 件,面积 25.4 万平方米,年租金额 4 472 万元。

【规范中介服务行为】 2002 年,市房地产管理部门加大房地产中介服务的管理力度,对房地产中介服务人员全面实行执业资格认定和经纪人注册登记制度。经审查,给 124 名具备房地产经纪人资格的中介服务人员颁发了《房地产经纪人执业证》。同时,推广使用统一格式的合同文本,在各中介机构推广使用统一的《房屋买卖合同》、《房地产居间合同》、《房地产代理合同》等 9 个规范性文本,规范了房地产中介服务行为,减少了房屋买卖纠纷。

【清理整顿房地产市场】 按照国务院和省政府关于整顿和规范房地产市场秩序电视电话会议部署,市房地产管理部门对全市 63 家开发公司、77 个在建项目、30 家物业公司、31 家中介公司进行了专项检查,受理并解决了一批居民投诉,查处了一批违法违规的企业,促进了房地产市场的健康有序发展。

物 业 管 理

【概况】 2002 年,马鞍山市物业管理工作在继续扩大实施面的同时,进行了深层次的研究和探索。出台实施了《关于进一步加强住宅区物业管理工作意见》,房产、物价部门共同拟定了新的物业管理服务收费实施细则和物业管理服务等级标准。深入进行物业工作调研,拟定了《马鞍山市住宅共用维修基金管理办法》,完善维修基金的缴存、交割、变更、管理、使用程序。结合商品房预售把关,建立小区服务性公建配套设施清册,确保小区公建配套设施建设到位,移交到位,产权清晰,管理使用规范,为实施物业管理创造有利条件。试点组建较为规范的业主委员会,探索物业管理新的体制和运作机制。东岗小区、十六层住宅楼试点组建业主委员会取得较好效果,为下一步扩大试点和在全市全面推开积累了经验。

【加强房屋拆迁和白蚁防治工作】 根据国务院 305 号令精神,进一步完善马鞍山市房屋拆迁政策和管理。强化拆迁许可证制度,认真调处拆迁矛盾,全年共发放拆迁许可证 20 件,调处拆迁矛盾 20 起,接待来信来访 90 余起。同时积极开展各类房屋拆迁事务,完成了市土地发展中心、马钢公司等 11 项委托拆迁工程,共拆除各类房屋 52 685.49 平方米,涉及拆迁户 663 户。房屋白蚁预防工作的力度进一步加大,切实做好在建工程项目的蚁害预防,积极开展蚁害灭治工作。全年处理白蚁预防工程 86.42 万平方米,接收白蚁预防工程 87.03 万平方米,灭治蚁害面积 1 664 平方米。

(办公室)

农　　业

农业综述

【概况】 2002年,马鞍山市农业和农村经济持续健康发展,农业总产值达到10.46亿元,增长2.3%;农业增加值13.2亿元,增长2.2%;农民人均纯收入2 919元,增长5.6%。农业结构进一步优化。粮经种植结构由上年的55∶45调整到54∶46,饲料作物种植面积发展到133公顷;养殖业得到较大发展,产值占到农业总产值的55.4%;农产品的优质率进一步提高,优质粮油普及率达91.4%和94%,分别比上年提高2.5和6个百分点;三元杂交猪、名特优水产品普及率达27%和29%,比上年各提高5个百分点。农业产业化经营稳步推进。龙头企业的实力与带动力明显增强,黄池食品公司、江南养殖集团、佳乐粮油公司、金马水产协会四大骨干龙头企业,实现营销收入5.4亿元,利税2 959万元,分别比上年增长15%和17.3%,带动13万农户、3.67万公顷原料生产基地,发展"订单农业"2.6万公顷;各类中介服务组织发展到24个,形成3 000名农民经纪人队伍;通过信息入乡入村工程,实现网上交易8 000多万元;争创10个无公害农产品、1个绿色食品,其中黄池小菜获得省名牌产品称号。乡镇企业回升加快。全市乡镇集体企业基本完成改制任务,企业改制后固定资产投入4.99亿元,增长56%,技改投入7 303万元,增加1.16倍,乡镇企业的实力和活力进一步增强;全年实现营业收入71.7亿元,增加值19.3亿元,入库税金1.38亿元,分别比上年增长10.3%、7.9%和17.1%;有29家乡镇企业通过了ISO9000质量体系认证,24个产品获得省级以上名牌产品称号,4个企业被省农行授予"AAA"级信用企业。农业基础设施和生态环境建设进一步加强。完成人工造林1 600公顷,其中退耕还林1 333.3公顷,长江防护林266.7公顷,森林覆盖率增加1个百分点;建立无公害农业标准化生产试验示范基地4个达420公顷,形成了大水面水产品主体生态养殖模式、无公害农产品产业化模式等6种生态农业模式;启动了博望和塘南两处秸秆气化工程建设,新建户用沼气池62口,推广温室大棚1 500公顷;农机总动力增加到46万千瓦,增长1.39%,农机的装备水平和作业水平在皖江片处于领先地位。党在农村的政策得到进一步落实。进一步稳定完善了农村土地承包关系,并在"依法、自愿、有偿"的基础上流转抛荒耕地1 333.3公顷;农民负担监管工作不断加强,在全省率先建立起一支310名的农民负担监督员队伍,加强了涉农收费治理,规范了村内筹资筹劳程序;村级债务化解工作取得初步成效,共化解村级债务4 890万元,占债务总额26.3%,省农委还转发了马鞍山市化债的经验和做法。

【马鞍山市农业委员会成立】 马鞍山市农业委员会是2002年3月全市机构改革时,由原"马鞍山市农村经济委员会"合并原"马鞍山市乡镇企业局"、划出原内设机构水利办公室后组建的,为主管全市农业、林业、畜牧、水产、乡镇企业工作的政府组成部门。新成立的市农委行政编制49人(含林业公安编制8人),事业编制56人,实有在职职工103人,内设9个职能科(室),其中林业办公室、畜牧水产办公室、乡镇企业办公室为副县级,对外分别挂林业局、畜牧水产局、乡镇企业局牌子,下辖14个科级事业单位,另有22个非常设性机构(如指挥部、领导小组及其下属办公室等),工作内容涉及农、林、牧、渔、乡企五大行业和农业、农经、林业、畜牧、水产、区划、农机、乡镇企业八大专业。其工作主要职责:贯彻落实党在农业和农村经济工作中的方针政策,负责农业的结构调整,从事农业科学技术的研究、推广、培训教育,加强农村调查研究,为市委、市政府管理农业和农村工作当好参谋和助手等。

(李世昆)

【农业产业化龙头企业带动作用显现】 2002年,黄池食品集团万吨小菜加工厂和优质种猪场扩建、江南集团乳制品开发和土种鸡种鸡场建设、佳乐优质大米加工厂扩建等项目的实施,一批龙头企业在效益和发展农业经济的带动力上有了明显提高。黄池食品公司、江南养殖集团、佳乐粮油公司、金马水产品营销协会4家骨干龙头企业实现营销收入5.4亿元、利税2 959万元,分别比上年增长15%和17.3%;全市龙头企业带动3.67万公顷原料生产基地,13万农户。已初步建成以沿江、大公圩地区为重点的3.93万公顷优质水稻基地和3万多公顷优质"双低"油菜基地;以城郊为重点的2 000多公顷蔬菜基地;以大公圩地区为重点的4 700公顷稻田养殖基地;以沿江沿湖地区为重点的200多万只水禽养殖基地;以新桥为重点的53.33公顷食用菌种植基地。优质水稻、优质油菜、名特优水产品和三元杂交猪比重得到进一步提高,分别达到91.4%、94%、29%和27%,同比增加2.4、6、5和5个百分点。

【农产品流通工程和品牌建设卓有成效】 2002年,马鞍山市进一步加强“信息入乡”、“信息入村”网络的建设与管理,组建了当涂县级水产协会、蔬菜协会和霍里葡萄协会,全市农产品通过网络实现交易额达8 000多万元。全市拥有各类中介营销组织24个,3 000多名农民经纪人在上海、北京等大中城市设立了36个直销点;马桥、塘南水产品批发市场得到进一步完善,城关蔬菜瓜果批发市场初步建成,占地7.86万平方米的安民农产品批发交易市场已开工建设。同时,加大了知名品牌的开发、争创、宣传和推介力度,全市已有无公害农产品10个,绿色食品1个。2002年,黄池小菜获得安徽 名牌农产品称号,“金菜地”、“山村”、“采石矶”等品牌的市场知名度进一步增强。

(马 骏)

【农机化装备水平进一步提高】 截至2002年底,全市农机总动力达46万千瓦,与上年相比增长1.4%;拖拉机拥有量1.2万台,比上年增长5%;大中型联合收割机125台,比上年增长12%;各种配套农机具1.65万台套,农副产品加工机械动力2.3万千瓦,农机装备结构进一步优化。

(邝加民)

【继续推进农村土地流转】 2002年,马鞍山市在总结、推广薛津镇土地流转试点经验的基础上,积极探索土地流转新经验和新途径,按照“依法、自愿、有偿”的原则,全市共流转抛荒耕地1 333.3公顷,有效控制了耕地抛荒。

【农民负担监督员队伍增至310人】 2002年,马鞍山市继续推进农民负担监督员队伍建设,在2001年10个乡镇建立的100名农民负担督员队伍的基础上,扩大到31个乡镇,全市建立起一支由310名农民组成的农民负担监督员队伍。监督员由市减负办颁发聘书,从事农民负担的监督工作,以切实巩固农村税费改革的成果。

(齐张华)

【新增6个绿色、无公害农产品】 继2001年全市9个产品分别获绿色食品、安徽无公害农产品认证后,2002年又有6个产品分别获绿色食品、安徽无公害农产品认证,核准产量为4 680吨。马鞍山市黄池食品集团公司的“黄池”牌茶干、“黄池”牌酱菜(大蒜头、萝卜、乳黄瓜)4个产品获绿色食品认证;马鞍山市乌龙水产养殖(集团)公司的河蟹、青虾2个产品获安徽无公害农产品认证。

【建成4个农业标准化生产示范基地】 2002年,马鞍山市建立无公害农业标准化生产试验示范基地4个,建设地点为新桥乡、湖阳乡、黄池镇、塘南镇,品种包括粮、油、黄瓜、河蟹,面积为420公顷,其中,水稻180公顷,油菜100公顷,蔬菜66.67公顷,河蟹73.33公顷。基地严格按标准组织生产,制定了《无公害优质粳稻生产技术规程》、《无公害优质油菜生产技术规程》、《河蟹无公害养殖通用技术》和《黄瓜无公害生产技术操作规程》,其中优质水稻、油菜两个技术规程已通过县质监局审定、发布;开展了相关生产技术研究,如农药的科学、综合防治病虫害技术研究,养殖环境与河蟹养成规格关系、河蟹代用饵料与养殖效益关系技术研究;举办了主要针对基地农民大户的技术培训,受训220人,提高了生产者无公害生产技术水平和农产品安全意识。

(王志润)

种植 养殖 林业

【种植结构继续向区域化规模化方向调整】 2002年,马鞍山市农作物种植结构、品种品质结构进一步优化。全市农作物总播种面积91 663公顷,其中,粮食作物种植面积49 950公顷,油料、棉花等经济作物种植面积41 713公顷,粮经比由上年的55∶45调整为54∶46。大宗农作物优质品种比重继续提高,优质水稻达91.4%,优质油菜达94%,分别比上年提高2.5和6个百分点。优质农产品生产基地初步建成,其综合生产能力显著增强。全市已建成2.67万公顷优质水稻和2万公顷优质油菜生产基地,同时还全面启动了农产品无公害工程,农产品质量安全水平有所提高。

【农业生产受异常气候影响较大】 2002年,异常气候对农业生产造成一定的影响,主要表现为:一是4月中旬至5月中旬近一个月连续阴雨、寡日照天气,对处于生长中后期油菜、小麦影响极大,作物渍害、病害发生严重,普遍出现倒伏、早衰现象,经济性状和品质下降,油菜、小麦单产减幅分别达2成、1成以上。二是8月14至17日出现了历史罕见的低温阴雨天气,日平均气温仅22.3℃,凡在此时抽穗扬花的水稻结实率均受到不同程度影响,其中局部地区、部分品种表现尤为突出。市郊种植的江苏产协优63结实率为54.1%~

84.9%,平均67.7%,比往年下降15~20个百分点,普遍减产1~3成,严重田块达5成以上。三是9~10月中旬以持续晴热干旱天气为主,土壤墒情较差,丘陵岗地严重缺水,对秋季旱地作物的生长和油菜正常播种、出苗、生长均造成较大影响,造成山芋等旱地作物减产,油菜出苗不齐,生长较弱。针对农业生产出现的情况,各级农业部门牢固树立服务意识,立足抗灾生产,大力推广农业适用技术,为全市农业取得较好收成起到了积极作用。全年粮食播种面积49 950公顷,比上年调减3.2%,总产量35.7万吨,比上年增长5.1%;油料作物播种面积33 292公顷,比上年增长1.4%,总产量5.28万吨,比上年下降21.6%;棉花播种面积3 275公顷,总产量1 825吨,分别比上年下降16.3%、29.7%。

2002年全市主要农作物产量表

	粮食作物								油料作物	
	小麦		早稻		一季稻		双季晚稻		油菜籽	
	面积	总产量	面积	总产量	面积	产量	面积	总产量	面积	总产量
2002年实际	3 460	9 181	2 755	17 022	37 404	297 446	4 433	27 726	33 138	52 541
较上年增减(%)	-15.9	-24.5	-21.8	-11.0	+2.4	+6.9	-16.9	-16.1	+1.4	-21.6

※ 面积单位:公顷;总产量单位:吨

【农产品优质化工程再显成效】 2002年,农业部门认真按照《马鞍山市种植业优质化工程实施意见》要求,加强领导,全面推动,使项目覆盖面、实施成效和社会影响均比上年有较大提高。全市优质水稻、优质油菜分别达91.4%、94%,分别比上年提高2.5和6个百分点;建立优质高产示范区39个,面积1.94万公顷,其中水稻18个0.83万公顷、油菜21个1.11公顷;建立新品种展示区面积90多公顷,展示品种35个,其中水稻21个58.95公顷、油菜14个31.87公顷;实行订单生产优质水稻1.57万公顷,约占水稻面积的36%,优质油菜1.03万公顷,约占油菜面积的31%。与非示范区相比,示范区每公顷稻谷1125公斤、油菜籽558公斤,项目累计增收稻谷2 992.5万公斤、油菜籽1 216万公斤,总计新增经济效益5 869.1万元(含订单增收)。对照《考核评比细则》,全市评出并通报表彰了塘南、乌溪、濮塘、马桥、城关5个先进乡镇,塘南镇等16个优质高产示范区。

【"协优63"种子风波得到平息】 受8月中旬的异常低温天气影响,市郊近万亩杂交水稻"协优63"结实率严重下降,造成一般田块减产1~3成,严重田块减产5成以上。农户误认为是种子质量问题,纷纷到有关部门上访,一度出现上百农民围堵市政府大门。市农业部门得知这一情况后,及时组织技术人员深入开展田间调查,并将样本送江苏省农科院请专家鉴定,同时邀请省级和市级有关专家进行田间调查分析。经调查鉴证,"协优63"质量符合国家标准,造成减产的主要原因是受不良气候的影响。为妥善处理这场种子风波,市政府专门成立了由市监察局、民政局、财政局、信访局、工商局、质监局以及市、区农委等部门参加的调查组,并根据省专家组的建议,考虑部分农民受损失较大的实际,决定以民政救灾的形式给受灾农户适当补偿。"协优63"种子风波得以平息。

(任 勤)

【畜牧业经济稳步发展】 2002年,马鞍山市畜牧业总体上呈平稳发展态势,实现牧业产值(不变价)17 787万元,比上年增长4.9%。全市肉类总产量27 506吨,比上年下降2.5%;禽蛋产量5 913吨,比上年增长3.8%;牛奶产量1475吨,比上年增长34%。

2002年,围绕把畜牧业做大做优,市农委突出抓紧五项重点工作:一是推进结构调整优化。英国康贝乐猪种的引进,二元母猪的培育发展,杂交猪推广体系的建设,全市三元杂交猪比重由上年22%提高到27%;江淮麻鸡的引进种,带动了优质土种鸡的发展,全市土种鸡养殖数量近200万只,比上年增长20%;奶牛、良种山羊等食草型畜禽也有一定发展;全市畜禽规模饲养约400家,生产的畜产品比重占10%,同比提高4个百分点。二是推进产业化经营。江南集团乳制品加工企业开发液态奶新品种,并进入餐饮酒店,带动发展了18户规模养殖奶牛370多头,同比增长15%;湖阳禽工贸发挥石臼湖牌红心鸭蛋的品牌作用,带动近300户规模养殖户,发展蛋鸭生产。三是推进科技为农服务。通过送科技下乡,开展技术培训,请专家讲座和科学养殖典型现身说法,举办培训、讲座5期,发放技术资料1 800多份,受益农民2 000余人。四是加强动物疫病防治。坚持预防为主方针,实施免疫标识制度,抓好做好以“两瘟一病”为重点的防治工作。全年免疫密度达95%以上,免疫标识率达80%左右;开展禽疫病普查,累计粪检耕牛941头、猪200头、山羊105只,普治耕牛367头、山羊28只,监测畜禽2 730头(只);强化畜禽检疫监督,保障肉食的安全,全市定点屠宰受检率达100%。五是开展兽药专项打假,规范兽药市场经营,共检查兽药经营者160户,取缔无证经营62户,没收非法所得3 000余元,查处违规经营兽药20户,没收伪劣兽药标值2 000余元,收缴氯霉素等违禁药品价值近3 000元,净化了兽药市场;同时,对符合条件的经营者重新核发《兽药经营许可证》98份。

2002年马鞍山市畜牧业生产情况表

项 目	单 位	2002年	比上年±%
肉类总产量	吨	27 506	-2.5
禽蛋产量	吨	5 913	+3.8
牛奶产量	吨	1 475	+34.0
年末生猪存栏	万头	18.96	-4.6
其中:能繁母猪	万头	0.58	-3.8
年末牛存栏	万头	0.94	-29.9
其中:奶牛	头	478	+8.1
年末山羊存栏	万只	7.66	+2.4
年末家禽存栏	万只	452.61	+0.1
当年生猪出栏	万头	21.78	-1.3
当年菜牛出栏	万头	0.08	-27.0
当年肉羊出栏	万只	8.36	-9.3
当年家禽出栏	万羽	868.94	+2.7

(闫学志)

【开始实施退耕还林工程】 2002年,马鞍山市首次被列入退耕还林项目区并开始实施退耕还林工程。通过广泛宣传,农民退耕还林热情高涨,并把退耕还林与农业经济结构调整结合起来;各级政府加强退耕还林领导,加大工作督查力度;林业部门加强指导,积极调运苗木,全年共完成退耕还林1 333.3公顷。

【启动长江防护林工程】 2002年,马鞍山市开始启动长江防护林工程。全市人工造林266.7公顷、封山育林200公顷、现有林培育66.67公顷,共营造长江防护林533.3公顷。

【森林生态效益补助制度开始实施】 2002年,马鞍山市开展了林业分类经营工作,对全市森林进行了分类、界定,把森林划成公益林和商品林,对公益林由国家财政给予一定的补偿,当年下拨森林生态效益补偿资金31.5万元。

(李 霖)

【全面实施“信息入村”工程】 2002年,马鞍山市开始全面实施“信息入村”工程。全市366个行政村,已有312个配备了清华同方或联想计算机及打印机、稳压电源、计算机桌椅等,实现了信息联网。为了规范化管理,统一制作了图表铜牌和记录本,并进行了村级信息员的多次培训。各乡、镇、村信息服务站,通过农网下载各类信息2.8万余条,上网发布招商引资、供求等各类信息2 500多条;各乡镇农网信息服务站编印各类信息快报300多期,发放7 000多份,网上成交180余起,取得间接经济效益达8 000多万元,直接经济效益达1 800多万元。该工程已成为民心工程,德政工程,受到农民的欢迎。

(张 健)

水 利

【防汛抗洪任务圆满完成】 2002年,马鞍山市虽未出现大洪大涝,但主汛期江河水位一直在警戒线上下波动,防汛形势一度比较严峻。面对汛情,各级防指坚持“安全第一、常备不懈、以防为主、全力抢险”的防汛工作方针,未雨绸缪早准备,突出重点抓落实。入汛前,及时组建防汛抗旱指挥机构,开展汛前检查,储备防汛物资,修订完善防洪、抗旱和排涝预案。入汛后,各级防指把防汛摆上重要位置,精心组织,科学指挥,合理调度,认真巡查,严密防守,扎实开展防汛工作。整个汛期,全市未垮一库,未溃一堤,江河堤防未发生一起险情,防汛抗洪斗争取得全面胜利。

【重点水利工程建设取得突破】 2002年,全市国债水利工程建设共安排3大类20个单项工程,总投资22 511万元。其中,江堤加固工程18项,投资19 941万元;姑溪河清淤工程1项,投资1 396万元;城关排涝站工程1项,投资1 174万元。工程建设中,各责任单位严格落实江堤建设责任制,适时调整作业计划,细化施工方案,强化管理,工程进展快,质量高。截至年底,江堤加固工程完成投资19 062万元,占主体工程的98.5%。共加固达标堤防29.3公里,填塘固基14公里,护坡16公里,建成防汛道路37.2公里,改建加固穿堤涵闸40座,累计完成土方353万立方米,石方7.8万立方米,混凝土2.97万立方米。

沿江山丘区抗旱工程是市政府为民办实事项目,主要内容为:当涂县建15座小(二)型水库、4座抗旱站、30口当家塘;城区建2座小(一)型水库、10座小(二)型水库、30口1万立方米以上的当家塘、1条骨干渠道、8座提水站,总投资2 203万元。整个工程计划分3年实施完成,其中当涂县、雨山区2年内完成。当年是实施该工程的第二年,截至年底,工程累计完成投资1 629.2万元,完成土方155万立方米,石方7 807立方米,混凝土2 388立方米,占计划任务的100.1%。

农村饮水工程是市政府为民办实事项目,涉及15个乡镇、43个行政村、134个村委会,需解决8 291人的饮水困难,总投资578万元。工程在5月份获批后,各相关单位迅速分解落实任务,签订目标责任书,做好规划、设计等前期工作,积极组织实施。截至年底,共完成投资602.7万元,打井118眼,兴建水库引水工程3处,接自来水工程32处,建水库1座,挖人饮专用塘4口,解决了9 258人的饮水困难,完成计划的112%。

采石河综合整治工程,东起姜家村,西至采石风景区,包括防洪和景观建设两部分。防洪工程为北岸6.7公里和南岸6公里堤防整治,景观工程为堤防两侧各100~300米景观建设。当年主要任务是做好项目的前期工作,编制完成了《采石河防洪工程规划方案》,组织评审了采石河景观概念设计方案。工程计划于2003年正式动工建设,分年实施完成。

【农田水利基本建设平稳推进】 2002年,面对农田水利基本建设的新形势,市水利局及时调整工作思路,开展调研活动,推广机械化施工,加强技术指导,强化质量监督,农田水利基本建设得以健康开展。当年冬春水利兴修自11月上旬全面展开,12月掀起高潮,至年底已基本完成任务。全市共完成土石方287.1万立方米,占计划任务的123.8%。投入施工机械1 138台套,资金1 559万元,整修疏浚沟渠301条126公里,开挖整修塘坝397口,修建加固小水库14座,打机电井119眼,完成各类水利工程1 159处。主要实施完成了大公圩、陈焦圩、连千圩、团结圩、军民圩等万亩以上圩口堤防除险加固工程、农村饮水工程、沿江易旱山丘区抗旱工程和圩区内部治理工程。此外,还完成了市级重点农水和集体站更新改造工程及小型水库除险加固工程的前期工作。

(胡 伟)

“菜篮子”工程

【概况】 2002年,马鞍山市“菜篮子”工作围绕“保市民食菜安全、促农民增加收入”这一目标,坚持以保障长期稳定供给为目标,以提高“菜篮子”产品质量、卫生安全水平为核心,认真组织实施“放心菜”工程,推动“菜篮子”科技进步。2002年全市蔬菜总产量19万吨,水产品5.89万吨,鲜奶0.147万吨,禽蛋0.59万吨,分别比上年增长5.5%、2.97%、34%和3.8%。肉类2.75万吨,较上年下降2.5%。菜篮子质量不断提高,名特优蔬菜副食品生产供应比重明显提高。蔬菜上市品种由过去60多种,增加到现在的100多种,名特优品种达80多种,畜禽良种率达80%以上,水产品优良覆盖率达70%以上,无公害蔬菜比重有较大幅度增长。

【组织实施“放心菜”工程】 为了提高菜篮子产品质量,让市民吃菜安全卫生,市菜办把“放心菜”的生产、销售、管理作为新一轮菜篮子工作的重点,狠抓落实。一是扩大“放心菜”生产基地。通过对部分蔬菜生产基地环境质量检测,在原市郊基地的基础上,拓展到当涂县部分重点产菜乡镇,使全市“放心菜”基地扩大到393公顷,分布在近郊及当涂共7个乡镇。二是开展农药市场治理整顿。从4月份开始,组织市农委、工商、公安、质监等部门对城市结合部和近郊专业菜地农药经销部每月进行一次检查;在病虫害高峰期,组织3区1县检查组,对“放心菜”基地安全用药进行督促、宣传、教育,严禁销售使用高毒、高残留农药,净化农药市场,近郊专业菜区销售使用违禁农药的现象得到有效控制。三是推广无公害生产新技术。频振式灭虫灯是一种物理方法防治病虫害的新技术,全年推广杀虫灯140盏,辐射3区1县7个乡镇,有效控制菜田面积466.67公顷,大大降低该区域菜田虫口基数,减少了农药的施用量。四是开展无公害蔬菜标准化生产试点示范。按照《马鞍山无公害蔬菜生产技术规程》分叶菜类、茄果类、瓜类和豆类,分别在3区1县设立示范点,落实示范面积15.31公顷。为了搞好无公害蔬菜标准化生产示范,市菜办印发了《无公害蔬菜生产技术规程》,举办生产技术培训班,制订了无公害蔬菜生产技术实施方案,派技术人员下点指导。五是抓蔬菜农残安全检测。首先建立蔬菜农残检测网络,在3区1县和市蔬菜批发市场、18个集贸市场及5个重点产菜乡镇建立农残检测站(点),各检测站点由市菜办统一提供仪器试剂、统一挂牌、统一技术培训、统一检测方法;其次加大蔬菜安全检测力度,从5月初至10月底,蔬菜批发市场和集贸市场检测点对蔬菜坚持每天抽样检测,日抽检8~10个品种,检测结果挂牌公示,农残超标蔬菜当场没收销毁。截至10月底,市区农贸市场共抽检22 680批次,农残超标126批次,销毁不合格蔬菜1 756公斤。

【加大科技兴菜力度】 2002年,马鞍山市加大力度推进蔬菜科技示范大户和蔬菜科技示范园建设。督促县(区)蔬菜、农业部门对科技示范大户工作进行层层布置落实,要求各乡镇蔬菜科技示范大户一般不少于10户,并在品种、技术上给予指导服务,在资金上给予支持。花山区当年选定20个农业科技示范户,进行定向跟踪技术指导服务,并拿出20万元给予扶持。同时,充分发挥芦场蔬菜科技示范园的示范带动作用。一是搞好功能定位,将其功能定在四个方面:"三新"(新品种、新技术、新材料)示范推广的窗口,无公害蔬菜产业化经营的龙头,名特优蔬菜繁育供应的中心,中小学生农业科技教育的园地;二是进行园区经营机制创新,实行科技人员职称、收入与项目成果、产量效益挂钩,引入竞争机制;三是加强与科研院所挂钩协作,加速新品种和科技的开发应用,该园先后与中科院蔬菜花卉研究所、江苏农科院等开展技术协作;四是积极开展新品种、新技术的引进示范工作。成功引进种植了迷你黄瓜、圣女小番茄、绿茸菜、超甜玉米、油麦菜、彩色椒、墨西哥食用仙人掌、菊苣等新特品种,并陆续供应超市、宾馆及农贸商场。通过科技大户、蔬菜科技园的示范带动,蔬菜新品种、新技术的推广应用取得新的成效,全年新引进推广名特优品种达20多个。

【实施"菜篮子"产业化经营】 2002年,市菜办把培育和发展壮大龙头企业作为推进"菜篮子"产业化经营的突破口。帮助黄池食品集团公司与黄池镇农民发展订单农业133.33公顷,按照标准化要求组织农民生产豇豆、黄瓜、菜瓜、辣椒、萝卜、榨菜等蔬菜150万公斤,订单农户的收益达120万元,带动了周边一大批农民致富。帮助当涂银塘镇银福食品公司创办蔬菜加工项目,泡菜产品已投放市场。江南养殖集团是集饲养生猪、奶牛、养鸡等产、加、销为一体的龙头企业,通过外联市场、内联千家万户走上公司加农户路子,逐步构建区域化布局、规模化经营、现代化管理、社会化服务的发展模式。集团公司所属牛奶场闯出一条"奶牛下乡、牛奶进城"的新路子,下乡奶牛达800多头,日进城牛奶达8 000公斤。与此同时,积极发展中介服务和产销合作组织,把培育市场营销主体、发展中介服务和产销合作组织、提高组织化程度作为发展菜篮子经济的一项重要工作来抓。在已有蔬菜、水果、畜牧、水产、水禽等10多个乡镇专业协会的基础上,2002年帮助当涂县组建蔬菜协会,帮助菜科所组建"绿园科技贸易服务中心",为生产者提供产前、产中、产后服务,推进无公害蔬菜产业化经营。

(市菜办)

乡镇企业

【概况】 2002年,马鞍山市乡镇企业经济总量保持较快增长。全市乡镇企业实现营业收入71.72亿元,同比增长10.3%,高出全省平均水平3.3个百分点;增加值19.36亿元,同比增长7.9%,高出全省平均水平0.4个百分点;入库税金1.386亿元,比上年增长17.1%,高出全省平均水平8个百分点。全市乡镇企业完成固定资产投资49 945万元,比上年增长56%;其中新增固定资产投资37 460万元,比上年增长116%。乡镇企业全年累计发放工资7.3664亿元,比上年增长2.9%。

【个体私营企业增势强劲】 到2002年底,全市农村个体私营企业发展到9 681家,占乡镇企业总数的96.5%。个体私营企业现价总产值、营业收入、增加值三项指标分别占全市乡镇企业相应指标的79.5%、79.9%、78.9%,实交税金占79%,成为全市乡镇企业经济增长的主要拉动力量。

【规模企业发展加快】 2002年,全市乡镇企业中,年营业收入500万元以上的规模企业发展到99家。其中:500~1 000万元的企业47家,1 000~5 000万元的企业43家,5 000万元以上的企业9家。规模企业虽然仅占全市乡镇企业总数的0.8%,但其实现的营业收入达217 337万元,占全市乡镇企业营业收入717 284万元的30.3%;实现增加值54 786.54万元,占全市乡镇企业增加值193 592万元的28.3%;实缴税金占全市乡镇企业实交税金13 860万元的47.6%,规模企业的支撑作用明显。

【乡镇企业改制工作取得明显成效】 2002年,全市有652家乡村集体企业改制,乡村集体企业总量由年初的1 003家下降到351家,全市个体私营企业个数占乡镇企业总数比重由年初的90%上升到96.5%。改制企业主要是矿山、采石、花炮、福利、农业等企业,应改而没改的企业有37家。乡镇企业改制的主要形式有:经营者持大股,或买断,或向社会出售;采取增量扩股的方式,增强集体资产的控制力;采取租赁、承包方式对资不抵债的企业进行改制;对股份合作制企业实行再改造,促进股权集中。

(钱光红)

商业贸易

商　　业

【消费品市场平稳增长】　2002年，马鞍山市消费品市场平稳增长，全市实现社会消费品零售总额41.42亿元，同比增长8.27%；批发零售贸易业同比增长15%，餐饮业增长19.2%。全年消费品市场呈五大明显特点：第一，假日经济对消费品市场推动作用十分明显。重点商贸企业“两节”、“五一”和“十一”黄金周销售分别增长37.7%、34.2%和41.5%。第二，城市高于农村，市区消费品零售额同比增长8.76%，增幅高于农村1.96个百分点，占整个消费品零售总额的75%。农村市场发展缓慢制约了全市消费品市场的快速增长。第三，现代流通方式快速推进，市场份额向优势企业集中。国内连锁业著名品牌上海华联、联华、农工商、苏果和外资大润发等采取加盟连锁、直营连锁等形式抢滩马鞍山，连锁业已成为全市商业发展的一大亮点。流通业重组改制迈出坚实步伐，民营企业锦华百货有限公司整体租赁经营商业大厦、新亚百货大楼租赁顺华大厦、梦都餐饮公司收购雨山湖饭店等，全市商贸企业改组改制步伐明显加快。第四，市场物价稳中有升，居民收入增加稳定，消费质量提高，住房、汽车、教育、信息等新的消费热点正在逐步形成。第五，整顿和规范市场经济秩序的力度进一步加大，市场秩序明显改善。2002年，全市开展以集贸市场、加油站、旅游市场、房地产市场等为重点的专项整顿及其他市场整顿工作，有效地规范了市场流通秩序。

【市场整顿取得阶段性成果】　2002年，马鞍山市开展以集贸市场、加油站、旅游市场、房地产市场等为重点的专项整顿和其他市场整顿工作，取得明显成效。全年累计出动执法人员1.5万人次，查处各类案件3 724件，案值11 076万元，罚没款680.2万元；受理各类举报案件1 128件，涉案金额890万元，涉案人员1 945人，其中移送司法机关案件5件，逮捕15人，举报案件办理和办结率分别达100%和98%，有效地净化了市场环境。

【天润发平价购物广场落户马鞍山】　2002年，马鞍山商贸流通业最大的招商引资项目天润发平价购物广场建成并投入运营。该项目由台资大润发公司投资9 000万元兴建，经营面积2.4万平方米，集批发零售于一体，经营品种约2.4万余种，用工900人。项目于8月24日开工建设，12月24日开业，建设速度之快，创台湾大润发公司在国内34家连锁超市之最。天润发是安徽省目前最大的超市，投入运营后，连创马鞍山市单日销售额纪录。天润发不仅为马鞍山市新增了一处大型休闲购物场所，也为加快全市商贸流通业的现代化进程和业态调整作出了积极贡献。

【华联商厦积极调整经营结构】　为顺应现代百货业态的发展方向，针对马鞍山市超市、大卖场的竞争发展态势，2002年8月，华联商厦进行为期50天的全面调整装修。调整装修后的华联，积极倡导时尚与品味的消费理念，突出以服装商品为龙头的特色经营。9月20日重新开业后，华联商厦取得了良好的经营业绩，整体毛利率较同期提高3个百分点。

【锦华百货有限公司租赁商业大厦显生机】　民营企业锦华百货有限公司立足“在发展中求生存、在生存中求发展”，及时抓住国有企业进一步深化改革的历史机遇，2002年7月重组全市最大一家国有商业零售企业——商业大厦。经重组改造后，大厦营业面积扩充至8 000多平方米，不仅为城市增添一个舒适的休闲购物场所，也为城市再就业工作作出了积极贡献。2002年，锦华百货有限公司销售额达8 000万元。

（冯　凯）

【整顿规范药品市场秩序】　马鞍山市药品监督管理局是2002年6月新组建的行政执法机构，担负着辖区内药品和医疗器械的科研、生产、经营和使用等环节的监管职能。该局认真贯彻落实全省集中整治药品、医疗器械市场会议精神，从维护社会政治稳定，维护药品、医疗器械市场正常秩序，维护广大人民群众身体健康和生命安全出发，深刻认识专项整治工作的重要性，转变观念、转变职能、转变作风，“外树药监形象，内强人员素质”，认真分析全市药品和医疗器械市场的现状，采取明查、暗访和督查相结合的方法，整顿、规范药品、医疗器械市场秩序。集中整治工作突出抓好四个结合，一是普查摸底与重点抽检相结合；二是经常性检查与突击性检查相结合;三是实施处罚与规范管理相结合;四是公平执法与取信于民相结合。在这次集中整治中,共出动执法检查人员8人次,出动车辆246台次;共检查药品、医疗器械生产企业5家,药品、医疗器械经营企业44家,医疗机构198家;立案37件,涉案金额30.8万元,结案33件,没收无证经营药品、医疗器械货值10.8万元,收缴罚款6.23万元。整治工作做到"管市场不留死角,查案件不留情面,抓工作落实到位",规范了全市药品、医疗器械的生产、经营秩序。

【强化农村用药监管】 根据省药监局《关于开展农村用药、医疗器械大检查工作的通知》要求,针对马鞍山市农村药品市场混乱、从业人员法制观念淡薄、农民依法维权意识和自我防范意识较弱的现状,市药监局把整治农村药品市场秩序,强化农村用药监管作为工作的重中之重。该局组织人员深入到全市农村31个乡镇、362个行政村、598个村级卫生室,开展"一法两条例"的宣传工作,制定了一系列保障措施:一是建立药品质量四级监督网络;二是严格药品购进登记制度;三是实行药品代购和配送办法,建立药品监督联动机制。与此同时,还建立了药品监督检查情况登记制度,对全市(含当涂县)农村市场所有涉药单位的检查均实行"一户一表"制,进行标准化、规范化、制度化管理。通过大力宣传、整治,农村用药情况得到明显好转,确保了广大农民用药的安全有效及农村药品市场的规范有序。

【深化药品流通体制改革】 市药监局坚持"以监督为中心,监、帮、促相结合"的工作方针,积极帮助药品、医疗器械生产经营企业的开办和规范化管理,大力促进地方医药经济的发展。该局制定了《马鞍山市零售药店设置暂行规定》,对申请开办零售药店所具备的条件和申办程序都作了明确规定。截至年末,经省、市药监局审批开办的药品零售药店31家,医疗器械生产企业2家,医疗器械生产经营企业3家。同时,加快实施GMP(药品生产质量管理规范)、GSP(药品经营质量管理规范)的工作步伐,年末,马鞍山市医药总公司通过了医药商业药品经营批发企业的GSP的认证;安徽省新力药业股份有限公司马鞍山分厂冻干粉车间和小针剂车间通过了GMP的认证,安徽丰原药品零售连锁店通过了GSP认证。

【执业药师考试通过率逐年递增】 为加强药品管理,保证药品质量,保障人民用药的安全有效,2001年12月1日颁布的《药品管理法》对药品经营和生产企业的开办都明确要求必须具有经过资格认定的药学专业技术人员。随着执业药师报考条件的逐步放宽,报考人员意识的加强,近几年来,执业药师的通过率逐年递增。2002年,全市158人报考,47人通过,通过率较上年增长26%,且当年报考人数和考试通过人数均居历年之首。尽管如此,执业药师仍显匮乏。为此,作为执业药师的一种补充,2002年国家药品监督管理局下发了在药品经营企业进行从业药师资格认定工作的通知。马鞍山地区当年共有133人取得了从业药师资格(资格有效期至2004年6月30日),从而大大地缓解了执业药师人员供需不足的矛盾。

(杨　萍)

【石油公司改革、经营、管理取得显著成效】 中国石油化工股份有限公司安徽马鞍山石油分公司,经营汽油、柴油、煤油、润滑油等四大类100多个品种的成品油和石化产品。2002年在国有资产保值增值的前提下,销售四大类成品油9.8万吨,同比增长21%;实现销售收入2.9亿元,同比增长12%;实现利润342万元,同比增长90%,全面超额完成了上级下达的各项经济指标,位居全省同行业前列,保持了持续、快速、健康发展的良好势头。

批零并重经营,提升经营业绩。随着成品油经营环境的变化,石油公司及时调整营销策略,变重批发轻零售为批零并重,千方百计扩大零售市场。将长江石油接卸码头专用趸船和当涂县公司废弃的内河码头趸船改造为接卸、加油两用的水上加油站,在不增加投资、人力的情况下,增加水上零售加油量1万吨。通过新建、收购,新增陆地加油站6座,并通过多种措施扩销,新增加油量1万吨,全年实现零售经营量5.2万吨,占总销量的53%,同比增长63%。批发业务也得到巩固和发展,全年共批发、直供成品油4.6万吨,同比增长18%。在搞好成品油批零经营的同时,积极开发乙烯焦油等石化产品经营业务,全年共销售乙烯焦油1万吨,同比增长100%。

深化内部改革,增强企业活力。根据集团公司持续重组、减员分流、深化改革的统一部署,市石油公司取消县公司建制设立经营部,实行市县经营一体化,并压缩管理层,减少中间环节,县管理层人员由23人压缩到7人。在严格定岗定编、竞争上岗、双向选择的基础上,通过置换身份、协议解除劳动合同、内部退养等形式,改制分流正式职工177人,市石油公司固定职工由原来的365人减少到188人,大大改善了队伍结构,提高了员工素质,提升了工作效率。劳动生产率由原来的71万元/人·年增加到154万元/人·年。

强化安全管理,确保正常经营。安全是成品油销售企业的生命线,市石油公司党政班子以责任重于泰山的责任感持之以恒抓好安全管理工作。公司明确了“安全第一、预防为主、全员动手、综合治理”的工作方针,建立两级安全领导组织和警卫、消防分队,制定了安全承诺、安全检查、风险抵押、责任追究、领导干部定点联系、事故处理三不放过等一系列管理制度,并下大力气抓制度落实,抓目标管理,抓隐患整改。全年对433人进行了安全知识培训,其中科以上干部66人;356人参加了三次明火实战演习和技术比武,其中专职消防队员28人;公司共查处、整改安全隐患15项次。扎实的安全管理,管出了显著的社会效益和经济效益,为公司的改革、发展、稳定提供了可靠的安全保障。市石油公司在集团公司的安全检查评比中,年年进入前5名。

(陈少华)

【烟草业概况】 马鞍山市烟草专卖局(公司)现有在职职工100人(含烟厂分流人员14人)。2002年,市局(公司)认真贯彻国家局“一要规范、二要改革、三要创新”的行业工作要点,紧密围绕省局(公司)“资源统一配置、业务流程重组、营销组织再造、企业战略创新”的集团化发展理念,坚持“夯实基础、稳健发展、与时俱进、开拓创新”的工作方针,积极探索企业现代化管理思路和模式,继续深化烟草企业内部改革,整体推进专卖管理、网络建设、名烟扩销“三大工程”,全面加强信息化建设,开创了各项工作的新局面,经济指标取得历史性突破。2002年,全区销售卷烟3.74万箱,同比增长11%;销售收入3.14亿元,同比增长27.8%;实现利税4 488万元,同比增长28.7%;利润3 583万元,同比增长46%;上缴各类税费2 604万元,同比增长38.7%。

【加速经营网络建设】 市烟草局(公司)按照“整合资源、合理布局、服务创值、批零双赢”总体指导思想,重点优化城网运行模式,完善农网配送体系,积极推进以“电话订货、网上配货、电子结算、现代物流”为特征的现代化营销网络建设。在配合专卖整合零售户的基础上,重点对线路、访销人员进行整合优化,扩充服务内涵,优化网络运行质量,实现网络增值。通过客户经理考试、星级员工评定和竞标上岗,基本上形成了一支有一定营销经验的客户经理队伍。通过两次线路整合,一定程度上提高了网络运行的速度和质量,也给进一步整合创造了条件。特别是撤销县区卷烟仓库,实行全区统一大配送,县区实现了零库存管理。在为客户和市场服务的同时,积极拓展新领域,加快物流体系建设,全省统一品牌的安泰服务在全市初步形成品牌效应。经过5个多月的运作,配送品种规格达到85个,实现含税配送额50多万元。

【严格烟草专卖管理】 2002年,市烟草局继续加大整顿和规范卷烟市场经济秩序的力度,保持专卖管理的高压态势,“户籍化”管理、零售户整合初步显现成效。积极探索专卖管理新思路,分别成立市、县公安驻烟草治安办公室和重点乡镇管理所,与公安、工商等执法部门的联系得到加强,联席会议效果明显,特别是县局主动寻求政府支持,变行业行为为政府行为和社会行为有所突破;大要案查处及追刑力度继续加大;内部管理和队伍建设进一步加强,执法水平有一定程度的提高。全年出动打假打私2.77万人次,查扣各类非法卷烟3.88万条,挖出地下制假工厂1个、不法烟贩囤积点107个,处理大小案件493起,罚没款15.82万元,治安拘留16人,行政拘留2人,刑事拘留10人,其中批捕7人,判刑6人。通过加强管理,市场控制力和市场净化率明显提升,经营户守法率为85%,市场净化率为90%。

【加快信息化建设】 2002年,市烟草公司信息化进程进一步加快,建成基于互联网的企业局域网,构建行业网站、企业网站、视频会议、FTP、IP电话等利用宽带传输的涵盖全区的信息高速公路,搭建了一个功能比较完善的信息平台,工商卷烟调拨、银行结算、服务营销、专卖户籍化管理、办公自动化等业务系统先后上线运行,客户数据库、物流信息系统、电话订货系统、电子结算系统、客户订货系统等正在抓紧建设。在信息平台的支撑下,管理流程和业务模式不断优化和完善,不仅实现了各类信息资源的高效共享,而且促进了信息管理水平和企业形象的提升。

(办公室)

【物资集团完成整体改制】 马鞍山市物资集团成立于1992年,下属全民企业10家。到2002年10月,物资集团拥有职工1 031人,其中离退休人员240人。1997年起集团先后成立了4家有限责任公司,建立了马钢钢材代理机制,并在煤炭、民爆产品、旧汽车拆解、农机产品等经营方面都有较大幅度的提高,年销售额最高时达10亿元。根据国家关于国有资本退出中、小流通企业竞争行列的方针,2002年,市委、市政府对物资集团提出了加快改制步伐的要求。根据改制方案,集团企业分为两种改革形式:对8家企业实行“人资分流”,分流后的企业利用原企业的无形资产、专营优势重组新的企业;对2家企业实行引入民营资本改造,建立符合现代企业制度的有限责任公司。至年底,所有企业完成改制。

供 销

【概况】 2002年,市直供销社系统完成商品销售2.01亿元,完成年计划的126%,比上年增长32%,超额完成市委、市政府考核目标;当涂县社完成商品销售9 228万元。市直系统农业生产资料销售2 517万元,其中化肥2.18万吨、农药20吨;当涂县农业生产资料销售3 136万元,其中化肥2.32万吨、农药461吨、农膜1吨,较好地满足了农业生产需要。根据全国总社财务挂账分列考核办法,市直系统财务挂账划断后实现盈利24万元,同比增长50%。全系统全年招商引资3 600万元,较好地完成了市委、市政府下达的考核目标。与此同时,全市供销系统还较好地完成全年的体制改革、农资打假等工作考核目标。

【积极推进体制创新】 2002年,市供销社系统积极创新体制、转换机制,推动了改革的进一步深入。一是珍味南北货有限责任公司在重组资产为零、"苏果"品牌为本的基础上,在全市国企商业中率先进行了民营化改革。1997年10月该公司进行了首次改制,由于改制不彻底,企业仍按国有企业的模式运作,严重制约了企业的发展。市供销社从经济发展的大局出发,根据"三个有利于"标准和企业改革条件比较成熟的实际情况,决定实行"靓女先嫁",对珍味公司实行二次改制,并于2002年11月22日举行了新公司挂牌仪式,圆满完成了改革任务。此项改革,供销社虽然牺牲了一定的利益,但对全系统的改革起到了推进器作用。

二是积极筹备棉麻公司下属的华润糖酒副食有限责任公司和金华润商贸有限责任公司的产权制度改革。1999年,棉麻公司组建了华润糖酒副食公司,并在此基础上组建了金华润商贸有限责任公司和银润棉花经营有限责任公司,把棉花经营独立出来,转换了经营机制。虽然组建的三个公司都是有限责任公司,但运作方式仍沿袭国有企业运作方式。供销社根据实际情况,同意棉麻公司把华润公司和金华润公司合并,进一步深化产权制度改革,适应市场经济需要。

三是继续通过资产重组的形式扶优扶强。为进一步壮大农资(集团)公司的实力,2002年5月,供销社把向山供销社、霍里供销社交由农资(集团)公司托管,实行统一管理,较好地支撑了全系统的经济发展。

四是继续实行各种形式的承包和租赁经营。回收公司、果品公司、土产公司、华润房地产公司、采石供销社、汽车修理厂根据各自实际情况,继续实行了各种形式的承包经营和租赁经营,求得了稳定与生存。

【调整经营业态】 2002年,全市供销系统经营结构调整取得新的突破,果品公司发挥自身优势,集中精力发展旧货市场,先后投入资金10多万元,把旧货市场由原来不足2 000平方米扩大到3 500平方米,增添了旧自行车、旧摩托车、二手电脑等旧货销售,先后在当涂、和县开辟了旧货市场分部,取得了较好的效益;回收公司经过多方努力,组建了"紫金典当有限公司",成为该公司新的经济增长点;土产公司理顺了烟花爆竹经营关系,认真抓好烟花爆竹的专营工作,满足了节日市场需要。

(薛思谦 唐 莹)

粮食贸易

【概况】 2002年,马鞍山市粮食系统干部职工严格执行国家粮食购销政策,围绕年初制定的目标,深化改革,谋求发展,维护稳定,取得了一定成绩。市区粮食购销企业全年收购粮食7 700吨,促销粮食1.09万吨,安全储粮6.03万吨。与上年相比,全系统减亏40万元。

【国有粮食企业改革有突破性进展】 为推进国有粮食企业改革,2002年,省、市政府分别下发了《关于加快国有粮食企业改革的意见》(皖政〔2002〕8号、马政〔2002〕53号)。根据上级要求,市粮食局本着积极稳妥,一企一策的原则,精心准备,周密组织,按照"收储先行,逐步推开"的思路,有序推进企业改革。至2002年11月上旬,粮食收储公司第一粮库、第二粮库、储贸公司等3家企业共有107人依法解除劳动关系,完成省粮食局下达改革目标数110人的97%,实现了零的突破。此外,3家企业还有32人内部退养,16人自愿办理协保手续。3家企业职工解除劳动关系后,有69人经考核重新聘用上岗,38人自谋职业,企业的运行机制得到有效转换。

【粮食系统8家企业下放城区管理】 根据市委、市政府马发〔2002〕3号文件精神,市粮食系统8家企业(524名职工)下放城区管理:市面粉厂、饲料厂、长青塑编有限公司、春暖服装辅料厂下放雨山区,中马食品有限公司、天地贸易商行、鸿翔印刷厂下放花山区,富康面条厂下放金家庄区。市粮食局严格执行政策,加强协调联系,组织专人认真清点资产,于7月11日办妥了移交手续。

【富园饭店、富丽园大酒店整体租赁经营】 原属粮食系统的富园饭店、富丽园大酒店因多种原因长期亏损,欠工程款、银行贷款等债务合计达4 000万元，且存在重大消防隐患，面临关停，职工思想波动较大。市粮食局从有利于企业改革、有利于盘活存量资产、有利于职工安置的大局出发，经两个饭店职代会同意，决定实行“先租后售”。在市国企改革领导小组指导下，通过公开招租和几十轮艰苦谈判，与民营企业市宏兴物贸有限责任公司达成整体租赁协议。

【全面轮换市县国家储备粮】 马鞍山市市、县两级共有国储粮1.1万吨，因储存时间较长，经鉴定为陈化粮。2002年，根据中储粮总公司的部署和要求，市、县两级粮食购销企业协调落实仓容、资金、人力，推陈出新，对1.1万吨超期储存的国储粮分批进行了全面轮换，解决了多年来一直想解决的老大难问题。由于市场调研充分，引进价格竞争机制，轮换中没有发生亏损，取得了良好效果。

【珍珠园粮店获国家“粮油销售放心店”称号】 2002年，为配合开展百城万店无假货活动，整顿和规范粮油销售市场，向广大消费者提供优质、安全的粮油，中国粮食行业协会决定在全国开展评选“放心粮油”和“放心粮店”活动。市珍珠园粮店从抓好粮油质量和服务质量入手，加强粮店的软、硬件建设，精心准备，积极参评，经层层检查验收，获得全国首批(共45家)“粮油销售放心店”称号。同时，市粮油食品批发站、市军供站获得全省首批(共17家)“粮油销售放心店”称号。

【当涂龙山桥粮库扩建工程按期竣工】 当涂龙山桥粮库扩建工程于2001年11月动工，在市县两级计划、粮食部门督查下，高标准、严要求，于2002年11月按期完工，顺利通过省、市有关部门的联合预验收。

【公开拍卖九华粮店】 九华粮店位于采石唐贤街，占地198平方米，长期闲置。为盘活存量资产，筹集企业改革成本，决定对外公开拍卖。2002年12月6日，该店按规定程序在市远程拍卖行挂牌，并以25万元的拍卖价成交，开了全市国有粮店公开竞价出售的先河。

(王有才)

对 外 贸 易

【全市进出口贸易完成良好】 2002年，全市完成进出口商品贸易总值3.46亿美元，完成目标数的113%，同比上升20%。全市完成出口9 414万美元，完成目标数的101%，同比下降29%。其中，马钢国际贸易总公司出口5 738万美元，完成目标数的128%，同比下降35%；市外贸流通公司完成出口553万美元，完成目标数的138%，同比上升56%；自营生产企业出口796万美元，完成目标数的66%，同比下降15%；三资企业出口2 327万美元，完成目标数的73%，同比下降27%。全市完成进口2.52亿美元，完成目标数118%，同比上升62%。

一、积极引导企业发展出口业务。通过近几年招商引资、产业结构的调整，马鞍山市骨干企业群体正在形成，其中一些企业出口潜力比较大，市外贸局引导企业在做好产品内销的同时，更多地关注国际市场，帮助他们充分利用国家和省、市有关鼓励中小企业开拓国际市场的补贴政策，积极发展对外贸易。并先后组织两批中小企业赴阿联酋、土耳其、埃及、德国、法国、荷兰等国家推销其自身的产品，寻找合作伙伴，了解国际市场行情，有力地推动了全市中小企业产品结构的调整，加快了企业开拓国际市场的步伐。同时，马钢积极抓住H型钢美国反倾销应诉案胜诉的有利时机，再次把产品打进北美市场，为扩大出口创汇奠定了基础。

二、积极培育新的出口增长点。马鞍山市结合国有企业改组改制，重点培育新的出口增长点。年产4万吨的丰原柠檬酸项目建成投产，格力电磁线项目也已投产，星马专汽正在与日本三菱公司洽谈合作建设重型汽车底盘生产线项目，与美国多福集团合作生产垃圾车和粉罐车项目，还有一批企业的新项目正在洽谈之中。这些项目的顺利投产，将会促进新的出口增长点的形成。

三、鼓励更多的企业参加国内外的招商会和交易会，寻找更多的外销渠道。市外贸局先后组织有关企业参加了“华东出口商品交易会”、“阿拉伯联合酋长国沙迦经贸洽谈会”、“’98厦门投资贸易洽谈会”、“日本阪神交易会”、“法国第32届国际工业制品及配件博览会”、“深圳高新技术交易会”等大型国家级的经贸洽谈活动。民营企业和中小型企业参会率比往年大幅提高，并取得了较好的交易成果。

【利用外资工作取得较好成绩】 2002年，马鞍山市加大招商引资工作力度，在积极开展走出去，请进来等招商活动的同时，大力开展代理招商、网上招商和专题招商，取得较好成效。全市实际利用外资4 300万美元，是上年的2.4倍。马鞍山市与法国科法斯集团合作建立“境外企业宽带网查询站”，及时帮助企业了解境外企业的资信度，为企业提供招商服务。全市新批外商投资企业11家，总投资5 206万美元，注册资本3 271.5万美元，合同利用外资2 647.7万美元。其中合资企业5家，独资企业6家，分别是马鞍山天龙制衣有限公司、马钢控制技术有限责任公司、马鞍山加华房地产开发有限公司、安徽嘉华马钢新型建材有限公司、马鞍山九洲置业有限公司、马鞍山华龙置业有限公司、康克科技(马鞍山)有限责任公司、嘉荣(马鞍山)实业发展有限公司、马鞍山美高美实业有限公司、向辉宝石(马鞍山)有限公司、福臻(马鞍山)发展有限公司等。

【3家企业境外投资逾百万美元】 2002年,马鞍山市抓住国家鼓励企业到境外办企业和直接投资的时机,努力实施"引进来"和"走出去"这一双向投资的发展战略,进一步提升全市对外开放的层次,拓宽对外开放领域。全市有外经权的企业4家(十七冶公司、马鞍山钢铁设计院、马钢国贸公司、市国贸公司),境外投资企业3家(第十七冶公司津巴布韦(私人)有限公司、马钢德国公司、马钢(香港)公司,3家总投资额112万美元),全年外派劳务人员180人次。2002年境外在建项目是赞比亚2所技工学校校舍维修工程,合同总额136万美元,已完成工作量96万美元;签约项目有十七冶摩洛哥饮用水工程、也门水泥厂工程、马钢钢铁设计院缅甸炼铁厂项目。

【个体私营企业成为新的创汇增长亮点】 随着国家对自营进出口经营权的放宽,马鞍山一些个体、私营企业申报了进出口自营权,截至2002年底,全市共有10家个体、私营企业获权。获权后的个体、私营企业积极参加"WTO暨外贸业务知识培训班"学习,在市外经贸局指导下尽快掌握外贸业务操作和熟悉外贸业务知识。为拓宽外销渠道,这些个体、私营企业老板赴阿联酋、土耳其、埃及等国参加第23届国际机电产品博览会和赴德国、法国参加第32届工业制品及配件博览会。2002年全市个体、私营企业共出口创汇224万美元,比上年增加近5倍,成为新的创汇增长亮点。

(张 惠)

【市贸促会加大对外经贸促进工作力度】 2002年,市贸促会在对外宣传联络、组展出展、招商引资、出证认证和信息咨询服务等方面加大工作力度,取得了可喜的成绩。

加强对外宣传,拓宽外联渠道。市贸促会多方式、多方位、多渠道地扩大对外联络与交往,宣传和介绍马鞍山市的投资环境、招商项目和企业产品。先后向30多个国家和地区的贸易商、投资商、投融资机构寄发宣传画册、项目册800余份,寄发联络函件300余份;走访了20多个国家驻华使领馆、商协会、投融资机构,宣传推介马鞍山;利用因特网、国家贸促会信息网等为企业发布合资合作项目、产品供求信息。此外,还通过组织出访、接待来访和组织参加展览会、洽谈会等形式,与美国、法国、澳大利亚、以色列、日本、韩国、香港等50多个国家和地区的客商进行了广泛接触和交流。市贸促会还借助一流媒体的宣传效应,邀请中央电视台、人民日报、上海电台、上海东方电视台的记者对马鞍山的经济发展和招商活动进行宣传报道。通过经常性的接触与交流,该会已与澳大利亚国际商会建立了友好商会关系,与国家贸促总会、上海贸促会、江苏贸促会、总会驻国外办事处、30多个国家的驻华使领馆、商协会、投融资机构建立了长期稳定的业务联系。

以洽谈会、展览会为载体,积极开展招商引资工作。2002年,市贸促会先后组织80多家企业150多人参加了16个经贸展销会、洽谈会,达成30多个合作协议和意向,取得显著成果。由市政府主办、市贸促会牵头承办的"2002年马鞍山城市环境推介会",邀请了18个国家驻沪总领馆的领事和商务领事、28个国家驻沪机构、50家跨国公司和40多位国内知名企业负责人以及20多家新闻媒体的编辑记者共250多人参会。会上,市经贸委、市土地局与青岛润泰事业有限公司签订了天润发大型超市的合同书,市贸促会与以色列总领事馆达成了免费赴以培训专业技术人员的协议,市有关部门和企业还就农产品、污水处理、高档永磁铁氧体生产等10多个项目达成合作意向。在组织企业参加中欧合作伙伴洽谈会的工作中,该会联系安排了20多家欧盟企业与马鞍山市企业对口洽谈。市玉龙金属制品公司、仰望仁义锅炉厂、惊天液压公司等分别与希腊、西班牙、法国等客商达成了20多个合资合作协议和意向。此外,该会还组团赴澳大利亚、新西兰开展招商活动,参加在阿联酋迦沙举办的"中国吸引外资暨利用外资成果展览会",组织企业参加"香港房地产服务博览会"、"南非—上海投资合作洽谈会"、"安徽—韩国经贸洽谈会"、"南京金秋恳谈会"等10多个会展活动,寻求合作商机,积极为企业招商引资牵线搭桥。

认真做好出证认证及有关法律服务工作。为加强签证管理,提高企业办证人员的素质,市贸促会组织部分进出口企业参加了省贸促会举办的WTO知识讲座和原产地证签证人员培训班,并派员参加华东三省一市领事认证培训以及开展对进出口企业的调研活动。在日常的出证认证工作中,该会推出了全天候为出口企业服务的承诺,签证人员认真贯彻执行有关法律法规,严格把关、热情服务,全年签发出口货物原产地证书168份,单证认证8份,代办领事认证2份,无一差错,为出口企业提供了快捷便利的服务。此外,该会签证人员还积极为马钢国贸公司、东洋铁球公司、新尚高科有限公司等多次提供出证认证业务咨询、改证和有关协调服务,有效地避免了企业的结汇风险,受到企业的一致好评。

(齐业水)

【出入境检验检疫业务创历史最好水平】 2002年,马鞍山口岸全年检验检疫出入境货物4 743批次,货值1.73亿美元,比上年同期批次增加54%,货值增长24%。其中,出境货物4 463批,货值1.07亿美元;进境货物280批次,6 601万美元。全年为出入境人员预防接种163人,健康体检294人;检疫船舶17艘次;签发普惠制产地证证书225份,签证金额499万美元;签发一般原产地证书51份,签证金额611万美元。出入境检验检疫业务创历史最好水平。

【马鞍山口岸无疫情】 2002年,马鞍山口岸加强进出口商品的检验检疫工作,严防疫情发生。全年查验出质量不合格商品20批次,货值58.16万美元。其中1批次4.4万美元进口废纸,因水分超标、纸质霉变被判定不合格商品,及时出具索赔证书,帮助企业索赔。11月,在对安徽山鹰纸业有限公司从美国柏森公司进口的806吨(32个40英尺集装箱)废瓦楞纸箱检疫时,发现一集装箱中夹带有部分生活垃圾,检疫人员立即采取措施,对该批集装箱就地实施卫生处理,对生活垃圾进行销毁,从而及时防止了可能出现的传染疾病的传入,避免了对环境造成的污染。由于严把质量关,进出口企业合法利益得到了保障,也确保了全市口岸无疫情发生。

【口岸外贸运输直运量创历史新高】 2002年,全市口岸工作以建设"安全、畅通、文明、高效"口岸为目标,进一步扩大口岸开放度,加快基础设施建设,完善整体功能,改善通关条件。通过实施《关于鼓励外贸货物直接进出口和就地转关运输奖励办法》,不断拓宽货源渠道,主动提供优质服务,提高了外贸进出口企业从本地口岸进出货物的积极性,取得了明显的经济效益和社会效益。截至12月底,全市共完成外贸运输总量57.68万吨,其中直接运输12.68万吨,转关运输45万吨,集装箱运输6 913标箱。直接运输和集装箱运输量,比上年实绩分别增长21.3%、25.8%,再创历史最好水平。

(王建章)

【认证认可和监督管理工作进一步强化】 马鞍山检验检疫部门加强对进出口企业质量许可证和卫生注册证的发放管理工作,进一步强化进出口商品安全质量许可制度和食品卫生注册登记制度。通过认真审核,2002年全市有7家企业办理了质量许可证和卫生注册证。同时加大对食品和动植物产品的监督管理力度,着重加强对螃蟹等水产品出口企业的卫生注册、登记和监督管理工作。由于管理到位,出口企业的产品质量有明显提高,全年未出现一起外商退货索赔事件,提高了出口企业的信誉度。

【口岸实验室建设和检测水平与国际接轨】 设于马鞍山检验检疫局的"安徽检验检疫局金属材料实验室"为国家注册实验室,2002年4月正式通过国家CCIBLAC认可委员会的ISO/IEC17025换证评审工作。2002年,口岸实验室新增添了新型万能材料试验机、新一代金相显微镜、数字超声波探伤仪等先进的检测设备,该实验室达到了国家同类实验室检测水平。

(秦诗才 樊 勇)

【马鞍山海关】 2002年,马鞍山海关按照年初制定的"强化教育,夯实基础,规范管理,创新发展,努力把马鞍山海关业务建设和队伍建设推向新的阶段"的工作思路,认真贯彻海关工作新方针,不断强化队伍和业务建设,各项工作取得了新的成绩。马鞍山海关全年征收税款3 088.22万元,监管进出口货物61.37万吨,进出口总值9.8亿美元,进出口报关单397份,审批减免税96批,共减免关税、环节税19 870万元。加理加工贸易合同备案179份,同比增长4.68%,核销187份,处理违规案件3起,案值329.98万元,罚没收入31.9万元。

【海关监管、服务水平进一步提高】 2002年,马鞍山海关采取有效措施,提高海关的监管和服务水平。一是加强港口场站的建设,突出监管的有效性。自行开发设计了关港联网管理程序,使海关对码头监管场所的管理水平得到进一步提高。二是加强对企业及进出口商品的风险分析,把进口废纸作为本口岸重点监管商品,主动与港务、理货、承运、山鹰等单位签订合作备忘录,明确责任,强化协作,实现废纸从进场到化浆全过程的有效监管。三是加强综合治理,拓展有效监管范围,积极引导企业规范管理,依法自律,形成齐抓共管的良好局面。四是建立通关效率责任制和专人督查制度,明确责任,加大奖惩力度,大大提高了通关速度。

(办公室)

旅　游　业

旅 游 综 述

【概况】 2002年,马鞍山市紧紧围绕加快发展旅游经济的目标,以“中国优秀旅游城市”复核为重点,进一步加强行业管理和夯实旅游产业基础,规范旅游市场经营行为,加大对外宣传促销和推介力度,努力改善旅游业发展大环境,促进全市旅游经济和旅游业发展走上了新台阶。市旅游局获2002年度全省旅游目标管理考核“优秀单位”,全市顺利通过“中国优秀旅游城市”复核。

2002年度马鞍山市共接待海外旅游者6 104人次、24 355人天,分别比上年增长17.61%和18.29%;国际旅游外汇收入(不含旅游商品创汇)460.91万美元,比上年增长18.78%;接待国内旅游者(不含一日游游客)175.37万人次,比上年增长32.54 %;国内旅游收入7.02亿元,比上年增长2.93%;旅游总收入7.41亿元(不含旅游商品创汇),全市旅游经济继续保持了快速发展的良好势头。

至2002年底,全市有国家级风景区1处,省级风景区(点)、旅游度假村5处,国家级文物保护单位1处,省级文物保护单位5处,城市公园10座、城市花园广场12处,星级饭店11家(其中三星级和四星级各1家,二星级8家);旅游涉外定点餐厅和购物商场13家;旅行社18家(其中国际旅行社1家);省级旅游商品定点生产企业5家,游船公司、旅游车队各1家,旅游直接从业人员近6 000人。

【马鞍山市通过“中国优秀旅游城市”复核】 2002年6月5日至7日,受国家旅游局委托,以省旅游局局长高蔚青为组长的中国优秀旅游城市复核阶段性工作检查组一行6人对马鞍山市进行了检查。检查组先听取了陈大娜副市长关于全市优秀旅游城市建设及整顿规范旅游市场工作的汇报,随后深入一线开展现场检查,先后检查了采石矶风景区、马钢盆山度假村和市青旅等5家旅行社。7日上午,检查组举行了通报会,丁海中市长与全市各县、区、相关部门及旅游企业负责人共70多人参加了会议。省检查组充分肯定了马鞍山市优秀旅游城市建设及整顿规范旅游市场工作所取得的成就,主要表现在三个方面:领导重视,政府主导,旅游设施建设与城市建设有机结合取得了新成就;重视旅游市场整顿规范工作,旅游城市形象得到进一步提升;旅游日常管理工作扎实,为市场整顿规范和创建优秀旅游城市工作奠定了良好的基础。检查组同时对全市导游队伍建设、城市亮化工程、旅游执法队伍建设等方面存在的问题提出了衷恳的意见和建议。丁海中市长在通报会上表示,将进一步深入开展创建最佳优秀旅游城市和整顿规范旅游市场工作,真正把旅游业作为全市的一个支柱产业来发展。

11月29至30日,以省旅游局副局长孙丽芳为组长的中国优秀旅游城市复核检查组一行6人再次对马鞍山市进行中国优秀旅游城市复核检查。检查组先听取了周宏基副市长代表市政府所作的马鞍山市创建中国优秀旅游城市以来的情况汇报,随后召开全市创建优秀旅游城市领导小组成员单位负责人座谈会,听取工作情况,查看有关资料,实地检查了部分旅游企业、公共聚集场所、景区景点。11月30日上午,检查组对检查情况进行反馈:马鞍山市重视旅游业发展,珍惜中国优秀旅游城市品牌,旅游目的地城市逐步显现;对照复核标准,复核检查评定得分“优秀”。

【整顿规范旅游市场秩序取得成效】 国家旅游局将2002年定为中国优秀旅游城市的“旅游市场整顿规范主题工作年”,重点开展改善旅游环境建设和整顿旅游市场工作,力争实现旅游市场和旅游环境的“五无”、“三提高”工作目标。据此,马鞍山市旅游局于年初制定了《马鞍山市整顿和规范旅游市场秩序工作方案》,并由市政府转发各相关部门和旅游企事业单位;全市成立了由分管市长为组长,旅游、公安、工商、质监、物价、市容、交通、卫生、广电、日报等12个部门及新闻单位组成的旅游市场整顿和规范领导小组,从组织机构上保证整顿工作的顺利展开。

2002年9月,市政府召开了全市旅游市场打假打非专项整治工作会议,要求各部门步调一致、联合行动,相互支持和配合,使旅游市场整治工作富有声势;要求各旅游企事业单位结合自身情况,认真整改,落实到位。会议还对上一阶段旅游市场整顿工作进行了总结,并根据国务院办公厅、省、市政府关于开展旅游市场打假打非专项整治工作的通知精神,对下一步全市范围旅游市场打假打非工作作出整体部署。全市23

个相关部门、各县、区政府及全市60多家旅游企事业单位负责人和多家新闻媒体参加了会议。

10月3日至5日，由省旅游局、公安厅、工商局等部门组成的省旅游市场联合检查组对全市黄金周期间旅游市场整治工作进行检查，通过对旅行社、火车站、汽车站、旅游风景区（点）、旅游定点商店等旅游场所的检查，检查组对全市旅行社业务经营、导游服务行为、景区游览环境、旅游客运市场、旅游购物市场等方面的整治工作较满意。经过集中整治，全市基本实现了国家旅游局提出的“五无”、“三提高”工作目标。11月底，在中国优秀旅游城市复核检查中，马鞍山市以优秀的成绩顺利通过了中国优秀旅游城市复核。

【县、区旅游局成立】 2002年，马鞍山市在全市机构改革工作中，根据旅游业在全市经济中的相应地位，进一步加强旅游行业管理和行政执法力度，成立了三区一县旅游局，改变了以往县、区级无旅游主管部门的状况。此外，还给市旅游局增加了人员编制和旅游宣传促销经费。

【建设休闲旅游基地】 为进一步实施“政府主导型”发展旅游业战略，中共马鞍山市委出台的《关于在加快皖江开发开放中率先突破的决定》中明确提出，要把马鞍山市建设成为三大基地，其中之一就是休闲旅游基地，并提出到2007年旅游总收入翻两番达到30亿元人民币。马鞍山市首次把旅游业摆到如此重要地位，预示全市旅游业发展在今后五年必须走超常规之路。

【假日旅游“黄金周”火爆】 2002年，市旅游局继续做好“黄金周”、“双休日”假日旅游文章。春节、“五一”、“十一”三个黄金周，市旅游局精心安排，周密部署，专门下发文件，在全市旅游企事业单位中广泛开展旅游安全和旅游服务质量教育，并组织市假日旅游协调成员单位对全市旅游景区（点）、饭店、旅行社进行全面的执法大检查。黄金周期间，市旅游局实行24小时值班制度，对外公布值班电话和旅游投诉电话，妥善处理突发事件和旅游投诉，认真做好黄金周旅游信息预报、黄金周每日信息分析日报、数字统计和赴景区（点）、饭店开展游客现场抽样调查等各项工作，确保黄金周安全“度汛”。“黄金周”期间，全市没有发生一起旅游安全事故和旅游质量投诉事件，节日旅游市场呈现出繁荣、安详、秩序井然的景象。仅“五一”、“十一”黄金周，全市共接待海内外旅游者49.31万人次，旅游直接收入6 440.51万元，分别比上年增长35.36%和6.97%，实现了“安全、秩序、质量、效益”四统一。

市场开拓

【以宣传推介为先导开拓旅游市场】 2002年，马鞍山市旅游局将大力开拓国际、国内旅游市场作为宣传推介工作的重点。5月中旬，市领导率队，市旅游、文化、风景区等部门组团，参加国家、省旅游局赴日本宣传促销交流活动，推介李白文化和三国文化旅游资源以及国际吟诗节等旅游产品，在东京、大阪、高知的旅游促介会上，散发旅游宣传品2 200多份。11月中旬，市旅游局参加市政府经济友好代表团赴日本、韩国，与境外旅行商、新闻媒体进行广泛的交流和接触，初步建立起合作关系，为进一步开拓境外旅游市场起到了积极作用。

加强与周边重点旅游城市特别是苏、宁、沪、浙地区合作，利用多种形式做好宣传推介，取得良好效果。2002年来马鞍山观光旅游的上海、南京、镇江、无锡、常州、绍兴、温州、合肥等城市的客人明显增多，全市各旅行社接待外地团队和游客数量明显增多，“马鞍山一日游”“二日游”“三日游”等观光、休闲、工业旅游品牌渐见效果，反响良好。加大旅游促销宣传力度，市旅游局积极组织全市旅游企业先后赴上海、南京、无锡、绍兴及省内周边城市进行宣传促销，召开旅游推介会，借别人舞台，唱自己旅游戏。还邀请了上海、南京、苏州、温州、常州、合肥、广州、深圳等城市旅游部门和旅游企业前来实地考察。国内旅交会期间，邀请与会的260多位旅行社经理来马鞍山考察旅游线路，并就旅游客源市场开拓、旅游资源开发、招商引资等方面的问题进行有益磋商，达成共识。充分发挥新闻媒体和互联网“马鞍山旅游”网站的作用，积极宣传推介城市良好的旅游形象。在中央电视台、中国旅游报、华东旅游报及本省、本市报刊、电视台、电台等新闻媒体开展了系列宣传报道，使马鞍山市旅游业的知名度和城市知名度得到很大程度的提高。在4月27日南京《服务导报》上做了一个马鞍山旅游专版，向南京市民介绍采石风景区、李白墓园、濮塘风景区以及采石茶干、洪滨丝画等地方土特产品，对吸引南京市民“五一”黄金周前来旅游起到了很好的作用。在5月版的《旅游博览》杂志上，用7个版面全面宣传马鞍山市的中国优秀旅游城市形象。同时还邀请台湾《自由自在》记者来马鞍山采访，并在其刊物的第91期上用4个版面向台湾、香港游客介绍马鞍山食、宿、行、游、购、娱。加强与“南京一小时都市圈”城市的旅游协作，7月，采石风景区开通了南京市区和本市主要集散地到景区旅游的免费直通车。此外，市旅游局还积极组织全市骨干旅游企事业单位参加了2002年中国（南京）国内旅游交易会、安徽旅游全接触和芜湖旅游博览会等大型旅游宣传促销活动。

【旅游基础设施建设初见功效】 为增强城市现代旅游功能,市旅游局对2002年确定的各项旅游景区(点)、旅游工程以及与旅游相关的建设工程项目,积极参与论证,配合有关部门,疏通融资渠道,多方筹措资金,增加旅游投入,同时加强对项目的指导,促使项目及时交付使用,发挥效益。投资2.5亿元的雨山湖排水工程已竣工,初步形成了一座长达十公里、风景优美的滨河公园;采石风景区三台阁、古栈道等一批项目建设,为城市增添了新的亮点;旅游国债项目——总投资9 000多万元的与禄口国际机场公路相连接的马濮旅游公路改建工程预计2003年底竣工。建立了全市旅游设施项目库,把旅游业发展与国债项目、招商引资结合起来,与浙江海外海集团等单位签订了1个五星级和2个四星级旅游宾馆的引资合同。积极推广旅游行业标准化管理,做好风景区(点)质量等级初审评定和申报工作,濮塘风景区被列为国家"AA"级旅游风景区。全市旅游业发展环境和基础设施条件的改善,增强了旅游业的发展后劲。

行业管理

【加强旅行社管理】 2002年,市旅游局针对近年来全市旅行社发展较快但大多数旅行社规模较小、经营效果不够理想这一状况,严把旅行社审批关,严格按照国务院《旅行社管理条例》及国家旅游局《实施细则》,从经营场所、办公条件、企业实力、人员素质等方面从严要求,成熟一个批准一个,保证了新增旅行社企业的质量。继续实施对旅行社进行量化动态管理,实行末名淘汰制度,形成优胜劣汰的动态管理机制,废除旅行社企业终身制。春秋旅行社、青年旅行社、采石矶旅行社被授予2002年度马鞍山市最佳旅行社称号;采石矶旅行社、长江旅行社被授予2002年度马鞍山市最佳外联旅行社称号,经营亏损、经营不善的楚江假日旅行社、外贸旅行社被取消旅游业务经营资格。

打击非法经营旅行社业务和超范围经营。重点查处非旅行社单位和个人以营利为目的招徕、接待游客,或为游客安排食宿、游览等旅游经营活动,以及以咨询、联络名义从事旅行社业务;查处超范围经营出境旅游。6月,查处了武夷山国际旅行社接待中心在马鞍山私自经营旅游业务的违规行为;7月,查处了江苏省老年总社在马鞍山违规刊登旅游广告。全年共查出21条不规范广告,并责令旅行社改正,进一步规范了全市的旅游广告宣传。严格规范旅行社门市部经营行为,上半年对全市旅行社门市部进行清理整顿和重新登记,要求旅行社门市部做到人事管理制度、财务管理制度、组团活动及导游安排、旅游线路产品四统一,规定其只能招徕游客、提供咨询、宣传服务,不得独立经营、操作团队,杜绝了旅行社门市部承包、挂靠等不正当经营行为。为倡导诚信经营,市旅游局发动全市40家旅游企业联合签订《诚信经营公约》,并对社会公开,实行社会监督,净化了旅游市场经营环境,推动了旅游业健康有序发展。

【加强饭店行业管理】 2002年,市旅游局进一步加大对旅游饭店业规范化和标准化管理力度,同时进一步加快发展旅游涉外饭店的星级评定步伐。根据国家旅游局《中华人民共和国评定旅游饭店星级的规定》,市旅游局认真做好对星级饭店2002年度复核检查工作。经综合考评,南湖宾馆、宝龙大酒店、马钢宾馆获2002年度马鞍山市优秀星级宾馆称号,三家因改制、改造未完成的饭店暂缓通过复核检查。此外,一批宾馆、酒店加入到星级饭店的行列中,对改善城市接待服务水平、提升城市整体形象起到了十分重要的作用。市旅游局还积极组织饭店企业开展申报绿色饭店工作,促进饭店企业提高管理水平和服务质量。

【建立旅游服务监督体系】 年内,市旅游局在全市旅游行业内建立了行政监督、社会监督和舆论监督三位一体的旅游服务质量监督体系,并于3月份在旅行社行业率先推出,各旅行社相应选派骨干力量担任质量监督员。6月,各景区(点)、星级宾馆行业也设立了质量监督员,以维护旅游者和旅游经营者的合法权益。2002年,全市共受理旅游投诉16起,旅游主管部门做到热情接待,秉公及时处理,结案率为100%。

【开展教育培训】 市旅游局加强全行业教育培训工作,局机关工作人员通过执法培训取得了旅游执法证、检查证,提高了依法行政能力和规范管理水平。积极组织全行业职工参加岗位培训、导游考级、经理任职资格考核培训等各类专业培训。先后举办了导游员年审和全国导游员资格考试培训班,有110多人参加导游资格培训、考试;组织了旅行社经理、部门经理参加任职资格考试,全市已有20多人获得旅行社经理(部门经理)资格证书。加强导游人员管理和教育培训工作,全面提高导游队伍整体素质。根据省旅游局统一部署,对全市导游人员进行重新登记造册,建立导游档案,并组织全体导游员认真学习《导游人员管理条例》、《导游人员管理实施办法》、《旅行社管理条例》、《旅行社管理条例实施细则》等法规,进一步提高导游人员的整体业务素质。

(李 军)

财政·税务·审计

财　　政

【概况】 2002年,马鞍山市财政局紧紧围绕服务全市政治、经济建设大局,抓住“组织收入、改善结构”工作主线,继续推进财政改革,发挥财政职能,各项工作稳步推进。财政收入增速上升,支出保障能力明显增强,实现了收支平衡,略有结余。全市财政收入241 242万元,比年初预算增收23 037万元,增长10.56%;比上年实绩增收41 054万元,增长20.51%。全市财政支出142 612万元,完成预算155.50%,比上年增长34.58%。滚存结余14 379万元,其中各单位结转下年使用14 277万元,市级财政净结余102万元。市级财政收入219 346万元,完成预算109.56%,较上年增长19.8%;市级财政支出117 094万元,完成预算159.51%,比上年增长34.29%。

【优化财政支出结构】 2002年,马鞍山市财政部门着眼于全市经济社会发展大局,进一步优化财政支出结构。一是继续夯实农业基础:投入215万元在全市366个行政村实施“信息入村”工程;投入275万元支持当涂县“1543”和“21318”抗旱综合治理工程;争取省财政资金130万元支持濮塘镇沼气项目、江心乡“三增”示范项目和当涂县农业科技示范推广项目建设。二是支持企业发展:通过兑现优惠政策(3 836万元)等措施,支持山鹰、星马、金星、丰原、青啤等24个企业;同时加大科技投入,安排科技三项费用1 468万元,支持35个科技项目;落实粮改政策,拨付粮食风险金1 930万元推进粮食企业改革。三是加大城市基础设施投入,累计争取各类资金4.71亿元投入城市建设。四是努力构建社会保障安全网,投入12 346万元用于社会保障工作,维护社会稳定。

【稳步推进财政改革】 2002年,马鞍山市积极稳妥地推进财政体制改革,取得明显实效。一是实行国库收付制度改革。依据《马鞍山市财政国库管理制度改革试行方案》,制定配套7项制度,对政策、账户、资金、核算作出规定,成立市级国库集中支付中心,确定8家行政单位于11月份实行国库集中收付改革。二是深化政府采购改革。深入学习《政府采购法》,加强基础工作,建立采购项目档案管理制度,实行政府采购项目总结制;制订《市本级2002年政府集中采购目录和限额标准》,编制政府采购预算,提高政府采购计划性。2002年累计招标和询价采购156次,采购规模2 896.98万元,较项目预算节约资金191.31万元。三是强化预算编制改革。以贯彻省人大《预算监督和审查条例》为契机,编制部门预算,调整市直行政事业单位日常公用支出定额标准,选择市公安局等9个单位向市人大报送部门预算,提请人大监督。

【巩固农村税费改革成果】 2002年,为巩固农村税费改革成果,市财政部门开展多项涉农工作。按照公平负担和上限控制原则,调减农业税计税常产,核减农业税计税面积,全市共调减农业税正税50余万元。进一步落实农业税灾减政策,及时发放救灾款834万元。农业税收征管实行“公示制度”,全面推行以“三定”为主、上门服务为辅的征收方式,建立健全税收司法保全制度。广泛开展农村税费改革政策宣传,向全市20万农户发放了《致农民朋友的一封信》。

【加强财政监管】 为加强财政监管工作的力度,市财政局制定了财政监督检查规定,进一步完善、规范财政监督行为。全年开展了下岗职工出中心财政专项资金、中小学危房改造资金、国债项目资金、农村税改督查等13项专项检查;开展对政策性金融业务专项审计;制定土地出让金征收管理制度,强化土地收益管理;清理市政府各部门担保债务,警惕国际秃鹫基金袭击;加强会计管理基础工作,做好会计从业资格证换领颁发工作,制订财政普法“四五”规划,进一步强化行政执法责任制。

(尹昌元)

国家税务

【概况】 2002年,马鞍山国家税务局牢固树立税收经济观,紧紧围绕依法治税、从严治队和科技加管理“三篇文章”,强化组织领导,狠抓工作落实,税收收入持续增长,行政执法不断规范,信息化发展步伐加快,政风行风建设扎实推进。全年组织税收收入总量突破15亿元,增长14.6%,增收1.95亿元;“两税”收入14.8

亿元,增长15.6%,增收额继2000年再度达到2亿元,为全市改革和发展作出了新贡献。

【依法征税力度加大】 2002年,全市国税系统坚持"依法征税,应收尽收,坚决不收过头税"的原则,严格按照收入进度和征管质量"双考"办法强化考核,促进征管运行质量进一步提高。全年税款按期申报率、申报准确率和入库率分别达98%、97%和99%以上,新增欠税滞纳金加收率和涉税处罚率分别达100%和21%。坚持重点税源分级控管制度,全年实现"两税"在1 000万元以上的马钢股份公司等9户重点企业入库税款11亿元,增长8.6%,增收0.9亿元。对个体税收计划继续实行单列、单项考核,采取清漏户、调税负等措施,以查促管,以查促收。督促私营企业规范核算,加强管理,依法纳税。个体、私营税收全年入库6 840万元,增长24.8%。采取分类指导的方法,突出抓好3年以内陈欠税款、重点企业、经济回升快企业的清欠工作,全年共清理企业陈欠税款近2 600万元。

【落实税收政策促进企业发展】 2002年,全市各级国税部门以落实国家各项税收优惠政策为重点,积极谋划,跟踪服务,较好地促进了全市经济发展。一是积极落实鼓励出口政策。对生产企业自营或委托出口货物全面实行"免、抵、退"税管理办法,千方百计争取指标,满足需要。全年共审批办理出口"免、抵、退"税13 910万元,比上年增长40%,促进了出口增长。二是及时落实涉外税收政策。积极营造亲商、便商、富商氛围,严格按照"手续齐全立即办,符合政策坚决办,涉及其他部门协调办"的要求,及时兑现涉外税收政策。全年共减免9户外资企业所得税603万元,应退的782万元出口退税全部到位,壮大了外资企业经济实力。涉外企业税收全年入库2 928万元,增长71.23%。三是全面落实其他政策。全年共减免企业所得税款216万元,审批核销财产损失达3 420万元,办理税前弥补亏损176万元,办理福利企业退税1 476万元。同时,审批核准22户企业使用农产品收购专用发票资格和17户废旧物资回收经营企业免税资格,税收政策服务水平进一步提升。

【金税工程建设卓有成效】 2002年,全市国税系统共安装新版防伪税控系统836户,完成推行计划的104.5%;全年税控企业报税面、存根联数据采集率、抵扣联认证面和一般纳税人档案信息采集率均达到100%,名列全省先进行列。充分依托金税工程协查系统,对日常稽查中发现的可疑发票,及时上网协查,全年共发出109起351份增值税专用发票协查信息,查获虚开增值税专用发票201份,价税合计1 500万元,税款达218万元,初步实现了管住、管好增值税的既定目标。

【不断优化治税环境】 2002年,全市国税系统以全面实施新征管法及其细则为契机,按照内外并举、打防结合的原则,规范执法行为,整顿税收秩序,逐步营造良好的治税环境。内部,坚持将税收执法责任制作为强化执法监督、规范执法行为、提高执法水平的一项重要举措来抓,全面推行税收执法责任制。先后制定了执法责任制、执法质量等级考核评定以及执法过错追究等3个办法,全市国税系统215名执法人员签订了执法责任书,37名干部受到责任追究,增强了广大国税干部依法行政意识。外部,主动出击,促进税收秩序进一步好转。先后出动干部500人次,对55个集贸市场、1 035户纳税户进行了重点检查,清理漏征漏管户318户,查补税款9万元。全市59个加油站217台在用加油机,全部安装了税控装置,纳入了税控管理,并对22户有问题户补税罚款11万元。以查假票、假账、假申报为重点,全年对764户企业实施了稽查,补税罚款1 140万元,查处假增值税专用发票532份,涉案税款381万元,20名犯罪嫌疑人被依法逮捕,12人被判刑,打击了犯罪分子的嚣张气焰。

(陈艳生)

地方税务

【超额完成各项组织收入任务】 2002年,全市地税系统组织各项收入130 233万元,同比增收22 106万元,增长20.44%。其中:组织地方税收入72 784万元,同比增收14 322万元,增长24.50%,完成年度计划指标的106.82%。地方税收入构成,市区66 685万元,同比增收13 34万元,增长25.70%;当涂县6 099万元,同比增收688万元,增长12.71%。全年组织基金(费)收入57 449万元,其构成为养老保险费42 625万元、失业保险费5 550万元、医疗保险费7 931万元,征缴率分别为97%、102%和107%,水利基金1 170万元,地方教育附加费121万元,文化事业建设费52万元,全面超额完成省局下达的任务。

【地方税收环境进一步优化】 2002年,市地税局将开展政风建设专项整治和地方税收环境集中整治列为工作重点,通过认真开展新一轮解放思想大讨论、积极开门纳谏等形式收集各类问题和建议,并从规范执法、文明办税、税风税纪、廉政建设等4个方面制定整改方案,狠抓落实,取得良好效果。一是为经济发展服务的意识和水平进一步提高。不折不扣地贯彻落实各项税收优惠政策,审核批准企业技术改造国产设备投资抵免企业所得税 2 325.43 万元;严格按照程序审批减免336 户次企业税款 4 694 万元;免收下岗失业人员再就业税务登记证工本费 178 户 7 120 元,减免税款 141 户76 万元;参与市政府及有关部门研究制定促进地方经济发展政策,提供各类修改意见 20 余次。二是税收法制建设进一步加强。清理地税成立以来与税收法律、法规相抵触,不符合 WTO 规则,影响公平竞争的涉税规范性文件,共废止或修订文件 50 份,并向社会公告。同时积极做好规范性文件和重大行政处罚备案审查工作以及重大案件审理工作,备案审查规范性文件 6 份,备案审查重大行政处罚 25 件、金额 163 万元,重大案件审理委员会审理案件 3 起,滞补罚款 306 万元。建立健全地方税执法保障联系会议制度,完善治安办与公安机关的联合工作制度,联合查处偷税案件 30 余起,涉案金额 120 万元。在基层分局全面推行税收法制员制度,将行政执法的监督关口建立在基层征收、管理环节,从行政执法的源头把关。三是纳税服务水平进一步优化。新建和改造了征管分局等 5 个办税服务厅,办税服务厅整体环境更加整洁、方便、文明、规范。以增加公开办税的透明度为重点,积极实施一系列文明办税措施,认真推行“办税八公开”制度、局长接待日制度,严格实行“首问负责制”,纳税人满意度提高。精简和改进涉税检查,实行所有涉税专案、专项检查归口稽查局管理,严格执行涉税检查计划和审批制度,试行税务检查限期结案制度,同时改进检查方法,以案头资料分析和重点检查为主等。

【征管质量进一步提高】 2002 年,马鞍山市地方税收征管质量进一步提高。一是结合机构改革,调整征管范围,理顺了管理体制。按照省局“集中征收、属地管理、社会护税、统一稽查”的精神,结合机构改革,制定了《马鞍山市地税局征管范围调整方案》,对原征管格局进行了全方位调整,共调整企业户 1 816 户、个体户7 470户,最大限度与马鞍山市财政体制配套,进一步理顺了管理体制。二是狠抓创建标准化分局工作,征管基础工作进一步加强。在 2002 年省局标准化分局创建验收中,稽查局、征收管理分局、雨山区分局达到一级单位标准,花山区分局、当涂县城关分局、当涂县稽查局等 3 个分局达到二级单位标准,当涂县局征管分局、龙山桥分局、黄山分局、黄池分局、石桥分局达到了三级标准,验收合格率 100%。全市地税系统 15 个基层单位 13 个单位达标,达标率 87%。配合标准化分局创建,全局档案工作普遍得到强化,市局晋升省特级先进单位,5 个分局档案管理晋升省一级先进单位。三是强化征收管理,堵塞征管漏洞。根据征管实际,先后出台完善了《马鞍山市交通运输业地方税收征管暂行办法》、《个人所得税核定征收暂行办法》、《门票管理办法》和《税控收款机管理暂行办法》。开展了交通运输业税收专项治理活动,进一步规范了交通运输业征管秩序。针对房地产业企业所得税征管漏洞,实行了房地产开发企业分期申报预缴企业所得税、年终汇缴的办法,全市房地产开发企业预缴入库企业所得税 812 万元,比上年增加 3 倍。实行土地增值税预征办法,全年征收 524 万元,比上年增收 493 万元。四是认真开展征管质量检查考核,促进征管质量提高。重点考核登记率、申报率、入库率、欠税增减率和滞纳金加收率,各项指标明显优化。五是加强税控装置推广工作。按照先试点、再推广的思路,全年在饮食业、旅馆业、娱乐业等 29 户企业推行使用税控计价器 42 台。从试点运行来看,运行平稳,税款普遍增长,有效遏制了发票二次使用和混用现象,同时纳税户也逐步体会到了税控收款机带来的方便、快捷、低成本等好处,取得了初步成效。

【继续开展税收征管改革】 市地税局积极贯彻“科技加管理”的方针,以信息化加专业化为特征的新一轮征管改革逐步展开。一是加强征管系统应用管理。在把住数据关,确保征管信息准确、完整、及时的基础上,全面推广应用新征管系统,全局进入新征管系统管理的企业已占总户数的 88%,当涂县局完成了应用前的准备工作。按照省局部署,及时对征管软件多个模块进行多次升级,开展了一系列实际应用开发工作,安装使用了涉外评税软件。二是进一步落实计算机技能培训工作。在全员初步普及培训的基础上,制定培训规划,确定了逐年达标要求。2002 年,全局有 150 余人获得各类计算机登记证书,1 名同志获全省“十大计算机操作能手”称号,1 名同志获首届网上计算机知识大赛三等奖。三是城域网建设正抓紧进行。拟定了城域网建设方案,市区除金家庄区分局和边远所外已全部进入市局征管网络管理,当涂县局建成了税收广域网,建设覆盖全系统税收城域网条件已成熟。

(储德胜)

审　　计

【概况】 2002 年,马鞍山市审计机关紧紧围绕党委、政府中心工作,坚持全面审计,以“依法审计、服务大局、围绕中心、突出重点、求真务实”的审计工作 20 字方针为指导,全面履行审计监督职责,进一步加大执法力度,努力为整顿和规范市场经济秩序、净化城市投资环境服务。一年来,共完成审计单位 160 个,占年计划的 151%,查出违纪违规行为金额 26 755 万元。其中:应交财政 2 461 万元,已交 2 200 万元;应减少财政拨款 264 万元;应归还原资金渠道 4 170 万元;责令被审计单位自行纠正违规金额 19 011 万元。移送案件线索 1 起,建议行政处分 1 人,通报批评单位 1 个,提出审计意见和建议 365 条。市审计局还积极提供审计成果,服务宏观决策,共提交审计报告、信息 220 篇,被领导批示或上级部门采用 190 篇。

【继续深化财政审计】 2002 年,市审计局在认真分析预算执行审计存在的薄弱环节基础上,进一步加强对掌管财政资金分配权和管理财政资金较多的重点部门及重点资金的监督。年内,审计了市财政局具体组织本级预算执行及其他财政收支情况,市预算外资金管理局对预算外资金"收支两条线"管理的情况,市地税局税收收入及税收征管情况,市国库办理市级预算资金的收纳、划解、拨付情况,以及市土地局、房产局、人事局、规划局、住房资金管理中心、房地产综合开发管理办公室、产权市场管理处、南湖宾馆建设工程筹建办共 12 个部门、单位的预算执行、工程项目决算情况,并延伸调查了 35 个资金使用单位。同时对"收支两条线"执行情况以及运行中的其他问题进行了审计,剖析产生的原因。通过审计反映,市预算外资金管理局在"收支两条线"基础管理工作上还比较薄弱,对部门(单位)的"收支两条线"规定执行情况的监督、管理与指导没有到位;按照规定应纳入预算管理的部分收费资金仍保留在预算外。为此,市审计局向市政府提出了改进预算外资金管理的建议。

此外,市审计局对金家庄区政府 2001 年财政决算情况进行了审计。通过审计,查出违规行为金额 78 万元,主要存在着民政部门对低保金管理不严,建设部门挤占挪用专项资金,一些单位"收支两条线"执行不到位等问题。

【切实强化专项资金审计】 2002 年,市审计局围绕领导关注和群众关心的"热点"、"难点"问题开展专项资金审计。主要对全市社会保障基金、住房公积金、财政支农资金、三峡移民资金等专项资金进行了审计。针对在全市企业职工基本养老保险基金征集、使用、管理情况审计中发现的问题,向被审计单位提出了审计建议。市劳动保障局、财政局和地税局积极采纳审计意见,组成 4 个社会保障专项稽核组,联合开展对养老保险、失业保险费的征缴专项稽核,取得显著成绩。

【审计工作为国企改革改制服务】 2002 年,审计部门努力改进企业审计工作,积极为政府决策提供科学依据,为国企改革改制服务。一是开展企业资产、负债情况审计。市审计局会同市国资办对市经贸发展有限公司所属 18 户企业的 2001 年末资产负债情况进行了审计,通过审计,摸清了企业家底,为政府指导企业改革、改制提供了可靠的依据。二是开展企业经营者年薪制审计。2002 年是马鞍山市试行企业经营者年薪制的第三年,审计部门对马钢(集团)控股公司、山鹰纸业股份有限公司、星马专汽股份有限公司、中纬复合材料公司、采石港装卸运输公司、华联商厦、糖酒公司、金星化工(集团)公司、海狮巾被一厂等 9 户企业实施审计,为企业经营者年薪制兑现提供了依据。三是开展国有企业改制审计。为配合国有企业改革改制工作,市审计局组织 4 家会计师事务所对 50 户改制企业(列入省考核计划的 20 户,市考核计划的 7 户,其他企业 23 户)的资产、负债实施了全面审计,从而为全市的企业改制工作起到积极推动和监督把关作用。四是根据审计署统一布置,市审计局对市农业发展银行资产、负债、损益情况进行了审计,并延伸调查了 3 户粮棉企业。针对农发行信贷管理和财务管理方面存在的问题,提出了审计建议,为全市粮棉油收购资金安全封闭运行发挥了积极作用。

【开展建设项目预决算】 开展建设项目竣工决算审计。市审计局对南湖宾馆建设项目、市委党校主体教学楼、气象局雷达站、朱然墓二期工程、天主教堂等 7 个项目竣工决算进行了审计。对南湖宾馆建设项目审计时,在社会中介机构已核减工程造价的基础上,通过抽查复审净核减工程造价 193.55 万元,减少了市财政拨款,同时收缴施工单位漏交营业税 19.3 万元。开展建设项目预算执行审计。重点对利用国债资金的江东大道建设项目、雨山湖南排工程开展预算执行审计,通过审计,减少财政拨款 46.16 万元,收缴施工单位漏交营业税 156.47 万元。

【开展上级交办事项审计】 市审计局积极开展上级交办事项的审计工作。一是对省审计厅授权项目的审计。2002 年是历年来省审计厅授权市局审计项目最多的一年,主要有:邮政行业财务收支审计,石油行业财务收支审计,公路系统财务收支审计,住房公积金征缴、管理、使用情况审计。在对邮政行业财务收支审计中,查出虚报业务收入、经营业绩严重不实、会计信息失真严重等问题;在对公路系统审计中,收缴营业税和房产税 115.54 万元,并对存在非法集资问题向市委、市政府进行了反映,市委、市政府以党办〔2002〕25 号文向全市进行了通报。二是完成市领导交办事项审计。主要审计事项有:对原电焊机厂因在企业改制中存在瞒报资产、设置“小金库”等问题开展审计;对联农村部分群众反映征地费使用问题和村办企业经营不景气且财务公开不够等问题开展审计调查;对机构改革中撤销的电子局、化工局、机械局、冶金建材局、商务局、轻工总会、纺织总会和口岸办等8家单位实施了资产负债审计。

【稳步推进经济责任审计】 2002年,全市审计机关共对87个单位、88名领导干部实施了任期经济责任审计,其中:县级及以下党政领导77人,企业领导11人。审计查出违纪违规行为金额6 354万元,收缴财政976万元,应纠正金额7 305万元,提出改进管理建议190条。通过审计发现,被审计单位主要存在截留、挪用专项资金,“收支两条线”规定执行不严,设有账外账,行政收费操作随意性大,经费控制不严,招待费严重超标,建设项目未按规定及时办理竣工决算审计等问题。干部管理部门根据审计结果,结合其他考核情况,对91名领导干部作出了任免决定,其中:晋升5人,撤职3人,免职30人(其中受党政纪处分3人),平调或留任53人。

【内部审计工作取得明显成效】 随着改革开放的不断深入,全市内部审计工作在各级审计机关和社会各界的支持下取得明显成效。2002年,全市47个内部审计机构共对382个单位的财务收支、经济效益、经济责任、基本建设、专项资金等进行审计,查出损失浪费978万元,促进增收节支2 049万元,提出建议、意见被采纳374条。全市内部审计师协会于2002年11月份成立,标志着内部审计工作在管理、协调、交流服务等工作方面迈出了重要一步。

(姚国振)

金融·保险

人民银行

【概况】 2002年,人民银行马鞍山市中心支行认真贯彻落实稳健的货币政策,加大金融监管力度,进一步改进金融服务,在促进地方经济发展中确保了辖区内金融秩序的稳定和金融工作的平稳运行。各项存款增势强劲,2002年末,全市金融机构人民币各项存款余额148.84亿元,比年初增加20.37亿元,增长15.85%。其中,企业存款余额45.48亿元,增加3.1亿元,增长7.32%;城乡居民储蓄存款余额92.77亿元,首次突破90亿元大关。各项贷款增速明显加快,贷款余额91.38亿元,比年初增加8.12亿元,增长9.75%,为近年来增长最快的一年。新增贷款主要集中投放在中小企业、农业以及支持个人消费上。全年累计净投放现金15.17亿元,同比多投放3.88亿元。外汇存贷款余额分别为5 167万美元和6 637万美元。外汇总收入1.1亿美元,同比下降26%;外汇总支出2.4亿美元,同比增长42.8%。

【积极执行稳健的货币政策】 市人民银行积极执行稳健的货币政策,推动金融业和城市经济的发展。疏通货币政策传导机制。积极协助市政府举办了马鞍山市首届银企合作洽谈会及金融产品展示会,共有34家企业与金融机构达成意向性融资协议,签约金额28.21亿元,进一步推动了银企合作。利用召开经济金融形势分析会、各金融机构行长联席会等形式,加强货币政策宣传。充分发挥"窗口指导"作用,督促商业银行增加有效信贷投入。认真贯彻落实《中国人民银行关于进一步加强对有市场、有效益、有信用中小企业信贷支持的指导意见》,创造有利于中小企业发展的环境。2002年全市金融机构新增人民币贷款8.12亿元,对中小企业贷款实际增加近4亿元。支持和引导金融机构加大对县域经济的信贷支持力度。2002年当涂县新增贷款2.81亿元,占全市贷款增量的35%。全市农村信用社新增贷款1.85亿元,占全市的22.8%。积极运用货币政策工具,推动货币市场健康发展。为商业银行办理再贴现5 900万元,调剂头寸资金1.5亿元,解决了商业银行短暂资金困难,支持了银行业的发展。对农村信用社发放支农再贷款3 000万元,增强了"三农"发展后劲,提高了信用社盈利水平,全市农村信用社首次实现了社社盈余,盈余金额为665万元。积极推动个人消费贷款业务发展。全辖消费贷款余额6.14亿元,比年初增加2.90亿元,占全市新增贷款的35.7%。其中,个人住房贷款余额4亿元,比年初增加1.55亿元;汽车消费贷款余额1.02亿元,当年新增0.76亿元。国家助学贷款取得突破性进展,年末贷款余额700万元,当年新增610万元。

【加大金融监管力度】 为推进信用建设,改善金融环境,市人民银行加大了金融监管力度。深入开展创建金融安全区工作,全面推进信用建设。根据省创安办的统一部署,市人行组织实施了对全市金融机构的创安考核工作,完成辖内"创安达标单位"的考核、初审和上报工作,并全部通过了省创安办的验收和现场检查。在创建金融安全区过程中,引导全市农村信用社在农户信用等级评定和全面推行农户小额信用贷款的基础上,结合支持"三农",在农村地区广泛开展争当信用农户、创建信用村(组)和信用乡(镇)活动。2002年创建信用村79个,占全市行政村的21.25%。在安徽省创安办组织的全省创安考评中,马鞍山市荣获"安徽省创建金融安全区工作先进市"称号,全市5家市级金融机构、30家县级金融机构被评为创安达标单位,达标率分别为71%和75%,两项指标均位居全省前列,创安工作取得了阶段性成效。

加强对商业银行贷款质量的监控和考核,促使不良贷款余额和比例继续下降。2002年金融机构不良贷款余额较年初减少1.46亿元,下降3.63个百分点,顺利完成全年不良贷款下降3个百分点的预期目标。加强债权管理,防止企业逃废债形成了整体合力。辖内企业逃废债总额比年初下降1.06亿元,落实率达到77.83%,逃废债企业的户数由228家下降为8家,企业逃废债余额减少为3 011万元,且没有新的逃废债行为发生。加大外汇检查力度,严厉打击非法买卖外汇等各种违法违规行为。

【加强和改进金融服务】 2002年,市人民银行完成当涂县支行的撤销工作,将市区票据交换网络延伸到县,扩大了同城票据交换覆盖面,同城票据交换网络的一级网点达到49个。顺利完成新版人民币5元、5角币的宣传和发行工作。及时掌握辖内现金供应动态，确保现金供应渠道的顺畅。组织发行凭证式国债2.23亿元，为社会各界提供了投资服务，为国家建设筹集了资金。

（黄剑锋）

商业银行

【概况】 马鞍山市商业银行是具有独立法人资格的地方性质股份制商业银行，辖12个支行、1个营业部，内设办公室、人事教育部、审计稽核部、财务会计部、公司业务部、个人业务部、安全保卫部、资金营运部、特殊资产管理部和科技中心10个职能部室，全行员工255人。截至2002年末，全行资产总额200 919万元，较年初增加36 915万元，增幅22.50%；各项存款余额159 342万元，较上年末增加3.56亿元，增幅28.78%；各项贷款余额120 322万元（其中含贴现37 878万元），较年初增加27 987万元，增幅30.31%；全年实现利润1 130万元。

【信贷资产质量继续提高】 截至2002年12月31日，市商业银行三项不良贷款余额5 804万元，不良贷款比例为4.78%，分别较年初下降1 058万元和2.77%，首次实现了不良贷款余额、占比双下降的历史性突破。这表明市商业银行信贷资产质量和信贷资产的盈利能力有了根本性的提高，为今后发展奠定了良好的基础。

【创新个人金融业务模式】 为进一步促进个人中间业务的发展，在充分考察、调研省内外城市商业银行经验的基础上，市商业银行调整了个人金融业务的发展策略，创新个人金融业务的经营管理模式。自9月28日市商业银行“幸福家园个人业务服务中心”正式成立至年末，仅用3个月时间，已累计发放个人汽车消费贷款107笔，贷款余额1 045万元，占全市新增市场份额的60%，贷款收息率100%。

【新一代综合业务系统投入运行】 2002年，为进一步适应业务发展及金融竞争的需要，市商业银行对现有业务系统进行了全面升级改造。新业务系统的成功运行，进一步规范了各项业务的处理流程和账务标准，提升了业务处理的科技含量。新系统所具有的规范统一、应用广泛、外延性强、运行效率高、操作简便、安全可靠、再开发功能强等特点，为将来市商业银行信贷、结算、存款、办公自动化、代理等业务，尤其是个人中间业务的整合和发展，提供了坚实的基础平台和广阔的发展空间。

（办公室）

工商银行

【概况】 2002年，中国工商银行马鞍山分行严格按照人民银行的监管要求，加大改革、创新和管理力度，在复杂多变的市场环境下，实现了各项业务健康、稳定发展。继续进入全国工商银行二级分行综合经营30强行列，名列第27位；经营绩效考核进入前30名，名列第29位。全年实现账面利润4 222万元，实现封闭利润6 186万元。人民币各项存款余额514 125万元，比上年增加42 786万元。人民币各项贷款余额217 555万元，为马钢股份公司、市自来水公司四水厂、市金星化工集团、山鹰纸业股份有限公司、马鞍山港务局、市开发区发展总公司等企事业单位提供了资金支持。

【个人住房贷款余额率先突破2亿元】 中国工商银行马鞍山分行积极调整信贷投向，大力发展个人住房贷款业务，全面组织实施精品计划。在全市率先成立个人住房贷款中心，实行“一站式”服务，推行限时承诺制。增加个贷网点，在全市各办事处开办个人住房信贷业务。搞好市场调查抓源头，对全市有开发项目的所有房地产开发公司逐户走访，了解房源，做好服务。2002年末，该行个人住房贷款余额在全市各家商业银行中率先突破2亿元，余额和增量居全市各商业银行首位，累计支持购房面积50万平方米，帮助约6 000户居民圆了住房梦。

【积极开办消费信贷】 中国工商银行马鞍山分行以汽车消费信贷为突破口，大力拓展消费信贷领域。5月28日，该行“个人汽车消费贷款中心”正式投入运营，并实行银行、保险、汽车经销商联合集中办公。该行通过银企座谈会等形式，先后和大汽配、大众汽车经营部、华联亚飞等8家汽车经销商签订合作协议。当年全行新增个人消费贷款5 209万元，其中汽车贷款新增4 008万元。

【提高外汇业务盈利能力】 2002年，中国工商银行马鞍山分行继续保持国际业务高速发展的良好态势，全年实现国际结算15 033万美元，市场占比达45%；实现结售汇7 301万美元，市场占比达40%。为切实提高外汇业务的赢利能力，该行以国际结算、结售汇为依托，提高重点客户贡献度，抓住马钢薄板项目上马需进口大量设备的良机，一举签下冷轧薄板折合近5 000万美元的进口合同。努力提高服务质量，向客户提供特色金融服务，为马钢股份公司开立了300万美元的融资性备用信用证，为马钢（香港）公司在工银亚洲融资提供担保。大力拓展代客理财与风险管理业务,为马钢股份公司提供汇率风险管理方案,为马钢国贸、星马汽车等优质客户追加贸易融资授信额开辟“绿色通道”。积极拓展业务空间,该行已成为直接办理外商投资项目外汇资本金结汇业务的两家试点行之一,并正式开办“居民个人因私购汇业务”。

【提高牡丹卡创利水平】 2002 年,中国工商银行增加社会有效持卡量,初步实现牡丹信用卡由速度规模向质量效益型转变。加强对特约商户的服务,对大商户实行周巡查制,发现问题及时解决。积极发展财务POS。及时清理空壳卡、睡眠卡,并制定多种奖励办法,刺激用卡消费。截至年末,牡丹信用卡直接消费额1 675万元,卡均消费 1 396 元,卡均存款 2 060 元,卡均创利能力得到一定提高。

【创新金融服务产品】 市工行顺利完成业务系统二期工程建设,会计结算、个人金融、银行卡、服务应用、出纳管理等各项业务系统,提前顺利投产并平稳运行。10 月 8 日,汇通办、牡丹办、城建办等 9 个综合网点全面实行“综合柜员制”。这种新型业务模式投产后,网点服务功能日趋完善,员工热情提高,社会反响热烈。

【加强员工队伍建设】 2002 年,中国工商银行马鞍山分行强化员工素质和技能培训。全年举办各类业务培训班 26 期,累计培训 2 821 人次,人均培训天数 4.67 天,高于全省工行系统平均水平。在培训人数增加的同时,培训内容更加丰富,培训对象明显向一线业务部门倾斜。此外,市工行还组织员工开展技术练兵活动和各类专业技术比赛,以促进队伍整体素质的提高。

(办公室)

农业发展银行

【概况】 中国农业发展银行马鞍山市分行下辖营业部和当涂县支行两个分支机构,其内设机构有办公室、计划信贷科、财务会计科、人事教育科和稽核监察科。2002 年末,各项存款余额 1 193 万元,各项贷款余额56 520万元。全年各项收入 3 491 万元,各项支出 3 865 万元,收支相抵,净亏损 374 万元,超额完成省行下达的利润计划。全行职工 52 人,人均拥有资产 1 000 余万元,居全市金融机构之首。

【收购资金持续稳定封闭运行】 2002 年,市农发行认真执行粮棉购销政策,实现了收购资金持续稳定封闭运行。准确把握粮棉购销政策,积极支持粮棉收购,坚持“区别对待、分类指导”的信贷政策,对中央储备粮油贷款,严格按照国家下达的储备、轮换计划,确保收购和轮换资金的供应;对保护价粮棉贷款按照“收一斤粮、贷一斤粮款”的原则及时足额发放贷款;对非保护价粮棉贷款按照“以销定贷、以效定贷”和市场定价的原则,合并确定贷款供应的最高限量,落实风险防范措施,逐笔审核发放。全年累计发放粮棉油收购贷款13 729万元,支持企业收购粮食 10 417 万公斤,收购棉花 8.7 万担,收购棉籽 10 万担。

改善金融服务,积极支持企业扩大销售。根据省政府减少库存环节财政补贴、增加销售环节补贴这一粮食风险基金政策的调整变化,及时调整对企业顺价销售的监管措施。一是在落实销售补贴的情况下,允许企业“先销后补”;二是真实反映销售价差和应收财政补贴款,督促财政补贴资金到位,及时收回贷款本息;三是坚持“钱货两清”的原则,督促企业加快资金回笼;四是改善服务,积极为企业扩大销售创造条件。全年支持企业销售粮食 8 532 万公斤,销售棉花 4.8 万担,销售棉籽 3 万担,销售油脂 11 万公斤。全年粮棉贷款综合收回率达到 94.16%,剔除销售陈化粮价差影响,综合收贷率实绩为 100%,贷款利息综合收回率达到 80.26%。

【强化资金营运管理】 市农发行按照“区别对待,分类指导”的信贷政策,采取“年度计划、分类实施、按月监测、适时调整”的方式,对储备、保护价粮食收购、非保护价粮棉油收购、粮棉油调销贷款计划实行分类管理,发挥计划的宏观调控和风险防范的约束作用。11 月份,开通了全国电子联行系统,适应电子联行的资金直拨方式,严格资金清调手续,加强了资金头寸限额管理,降低了资金运用成本,全行信贷资金运用率达97.47%。

【规范化管理工作迈上新台阶】 市农发行以加强“两基”(会计基础工作和基层行信贷基础工作)为突破口,把规范化管理作为 2002 年工作的重点,进一步加大业务规范化工作力度。在财务会计规范化建设方面,主要抓会计基础工作的整治,促进财会业务规范化工作上台阶。市分行从 6 月中旬开始,集中一个半月的时间大力开展财经纪律教育活动;7 ~9 月份,在全行开展了一次会计基础工作整治活动,用两个月的时间查摆会计基础工作存在的问题,逐条落实措施,集中整改、完善,对推动财会工作规范化起到了积极作用。为加强信贷业务规范化管理工作,市分行抽调人力,制订出信贷人员岗位职责及整改方案,加大对基层行信贷基础工作的管理,并组成检查组加大对企业库存的检查、监管力度,实现信贷业务规范化工作形式和内容的统一。此外,档案工作在Iotus Notes电子邮件系统开通的基础上,于2002年实行了计算机管理,至此市农发行的档案管理实现了规范化、现代化的目标。当涂县支行的财务会计、计划信贷、档案和安全保卫规范化工作,已进入全省业务规范化建设达标行行列。

(徐其轩)

农业银行

【概况】 中国农业银行马鞍山分行下辖营业部和当涂县支行2个多点行、4个单点行、1个清收专业机构(即红旗北路分理处),37个营业网点,机关内设办公室、人事部、计划会计部、信贷管理部、审计部、风险资产监管部、公司业务部、机构业务部、个人业务部、科技部、监察室、保卫部、工会等13个职能部门,全行员工440人(不含离退休77人、内退人员22人)。2002年,全行各项业务快速发展,多项经营指标创历史最好水平。截至年末,各项存款余额159 458万元,比年初增加19 613万元,完成省分行下达计划的130.34%;各项贷款余额为107 845万元,比年初增加23 650万元,增量存贷比为121.96%,存量存贷比为67.32%;不良贷款净下降1 454万元,完成省分行下达任务的169.66%,不良贷款占全部贷款的41.66%,比年初下降13.42个百分点。实现全口径账面利润724万元,到帐利润736万元,分别比上年增加688万元、907万元,是上年的20倍;人均创利1.5万元,比上年人均多创利1.4万元,中间业务收入和发卡量等都完成了省分行下达的任务。

【积极拓展市场】 2002年,中国农业银行马鞍山分行加大市场开发力度,积极拓展市场营销。成立了市场营销委员会,组建一支50多人的客户经理队伍,确定了重点公关单位,行长作为首席客户经理亲自营销。除对原有优质客户积极寻求更深层次、更广范围的合作外,还加强对新客户业务合作的开发工作,先后与珍味南北货有限责任公司、市经济技术开发区、保险公司等单位签订了全面合作协议。为促进储蓄存款快速增长,结合“迎新春优质服务活动”和开展“世纪之星”教育储蓄活动,该行抓任务落实,抓规范服务,大力进行宣传,拓展储蓄业务。为积极支持城市经济发展,加大了信贷支持力度。在大力支持马钢、星马、开发区等大中型企业发展的同时,还对中小企业、个私经济、农业产业化龙头企业加大扶持力度,先后对雪润肉食品公司、长江钢厂、黄池食品集团等企业给予了信贷支持。为了缓解私营企业资金紧张、贷款难的矛盾,在省分行的积极支持下,与当涂县博望镇12家私营企业签订了5 000万元的综合授信协议,成为全省第二个向乡镇企业授信的银行,随后向其中8家企业发放贷款750万元。为大力发展个人消费贷款,开办了全市首家金融超市,先后推出个人住房贷款、汽车消费贷款、助学贷款、个人生产经营性贷款、个人综合消费贷款等项目,全年共发放个人消费贷款6 730万元,促进了消费,为繁荣市场,推动城市经济发展起到了积极作用。该行除继续做好代发工资、代理保险、票据业务外,经过努力,还新开通了煤气、电信、联通、移动话费、供电(当涂)、交通罚款等代收费系统。当涂县支行于3月28日起全面代理当涂县国库业务,成为全省首家由国有商业银行代理的国家金库县级支库。

【继续深化改革】 2002年,中国农业银行马鞍山分行为推动各项业务快速发展,继续深化改革,对原有的管理方式、运行机制实施了一系列改革。一是对原有的管理模式分步骤进行改革,在市区实现了“扁平化”管理的雏形,即:市区内所有营业所、分理处、储蓄所划归营业部管辖,营业部设置为多点行;其他四个城区支行设置为单点行,管理职能上收市分行。在业务经营上,营业部以国际业务为特色,花山支行以金融超市为特色,解放路支行以银行卡为特色,中岗支行以代理保险为特色;市分行机关内设机构增设了公司业务部、个人业务部、机构业务部。二是按照省分行关于减员增效、工资分配的要求,精简机构6个、内退分流人员22人;打破了延续多年的旧的工资分配办法,多劳多得、按劳取酬的激励机制初步建立起来并已发挥作用。三是对费用分配和管理机制进行改革。除保证基本的开门费和人员工资外,其他都与业绩挂钩,把费用向经营效益好的行倾斜,这对促进增收节支、勤俭办行、多创效益起到了积极的推动作用;成立清收专业机构,挂靠红旗北路分理处,对不良资产实行分账经营;为了分散风险、转移风险,市分行的现金押运工作全部交由保安公司负责,实行社会化管理。四是为了促进决策的科学化、民主化、规范化,提高管理水平,在中断了18年后的2002年8月,召开了全行第二届职工代表大会;建立了行长向职代会报告工作制度和重大决定经职代会讨论的制度,实施了行长接待日制度、行务公开制度等,促进管理水平进一步提高。

(办公室)

建设银行

【概况】 2002年末,中国建设银行马鞍山分行一般性存款余额268 994万元,年度新增53 665万元,新增市场占比37.19%,排全市第一位。其中,企业存款余额

93 571 万元，新增 11 754 万元，新增市场占比达 43.15%；储蓄存款余额达 173 635 万元，新增 41 911 万元，新增市场占比 35.80%。全年累计投放贷款115 681 万元，累计回收贷款 90 037 万元；不良贷款实现了“双降”目标，不良额较年初下降 6 122 万元，不良率较年初下降 4.86 个百分点；在消化历史包袱 5 568 万元的情况下，实现调整利润 4 965 万元，贷款利息收入及中间业务收入均完成省分行下达的年度计划。经过综合评定，马鞍山建行成为安徽省建行系统首批一类行。

【银企合作关系发展良好】 2002 年，市建行确定马钢控股（集团）、星马专汽、万能达发电、圣戈班管道、山鹰纸业等 5 个企业为重点客户，累计投放信贷资金 4.55 亿元，并帮助马钢股份公司获得总行一般授信 18 亿元；成功发展同青岛啤酒、格力电工、建委、安工大、土地发展中心等大客户的信贷合作关系；成立票据管理中心，帮助鸿泰家电、中周实业等大批民营企业办理贴现业务，并积极为十七冶以及其他建筑、建材、商业等企业办理承兑汇票、保函、信用证开证等业务。此外，根据市场需要，市建行推出了具有周转使用、综合用途、循环再贷等特点的个人额度消费贷款，采取优惠措施重新启动汽车消费贷款，使全市近 2 500 名居民圆了住房梦、汽车梦。

【办理核销企业贷款、减免息工作取得重要进展】 市建行利用减免息政策全年为部分企业减免贷款利息达 1 816 万元，利用核销政策向上级行申报 88 户企业呆账核销项目，办理核销不良贷款 2 062 万元，使一大批困难企业减轻了历史包袱，同时实现了自身资产质量的进一步好转。由于该行压缩不良资产工作成绩出色，被总、分行评为“双降”工作先进集体。

【推进机构与人事制度改革】 市建行在将 14 个储蓄所升格为分理处、收回全部代办所的基础上，于 11 月下旬正式启动了“市分行——营业网点”的“扁平化”管理模式改革，撤销机关原有的 17 个科室，新设置 15 个部门，将二级机构、分理处、储蓄所全部划归市分行直管。同时，大力推进人事制度改革，对中层干部、网点负责人全部以竞聘的方式产生。新提拔 14 名科级干部，有 24 名职工经本人申请后批准内部退养，3 名职工被批准自谋职业。

【扎实开展“创优争佳”活动】 2002 年，市工行深入扎实开展以营销和服务为主要内容的“创优争佳”、“客户在我心中”等系列活动，为 32 户客户组建了客户经理小组，为 17 户优质客户配备了首席客户经理、营销和文字客户经理，及时开通了 95533 统一咨询热线，并实行人工坐席。在四个核算主体和两个分理处实现了综合柜员制，为客户提供“一站式”服务；依靠科技在全省建行率先完成三级网改造，金融服务效率有了明显提高。当年，市建行有 3 个单位被省分行评为“双文明示范岗”，另有 3 个单位分别被评为“安徽省文明单位”、“马鞍山市文明窗口”、“巾帼文明示范岗”。

（李　辉）

中国银行

【概况】 2002 年，中国银行马鞍山分行在国家政策调整、同业竞争加速、资源结构不合理等多种因素面前，全行员工同心同德、群策群力，加速结构调整步伐，加快转变观念，进行了业务发展、风险防范、综合管理的改革和创新，取得突出业绩。全行经营利润首次突破 2 000万元，达 2 915 万元；账面利润首次突破 1 800 万元，达 1 852 万元；各项存款余额首次突破 20 亿元大关，达 21.2 亿元；贷款业务取得历史性突破，新增近 6 亿元，余额达 12.9 亿元；国际结算业务量首次突破 3 亿美元，达 3.5 亿美元；不良率降至 3.6%，不良余额降至 4 647 万元。业务增长势头、发展质量、综合竞争能力和可持续发展能力明显提高，员工的精神面貌焕然一新，全行的奋进意识和凝聚力大大增强。2002 年，马鞍山中行首次进入中国银行总行综合评比 15 强，在安徽省中行综合考核中名列首位，并被中国银行总行授予“精神文明建设先进单位”称号，同时成为全国中行系统二级分行中惟一一家“行务公开试点单位”。

【存款业务稳步增长】 截至 2002 年末，马鞍山中行本外币各项存款余额 21.2 亿元，较上年末新增 3.38 亿元，较 1999 年末增加 6.59 亿元，年增幅达 15%。存款余额首次突破 21 亿元大关，其中，对公存款余额 10.38 亿元，较上年末增加 1.67 亿元；储蓄存款余额 10.48 亿元，较上年末增加 1.55 亿元，双双突破 10 亿元大关。各项存款余额市场占有率（4 行口径，下同）16.5%，上升 1 个百分点，新增市场占有率达 21.51%。

【授信业务快速发展】 截至 2002 年末，马鞍山中行全辖本外授信资产首次突破 12 亿元，达 12.92 亿元，较上年末新增 5.87 亿元，较 1999 年末新增 3.65 亿元，年增幅 13%，新增市场占有率达 55.32%，新增市场占比居全市各商业银行之首。人民币各项贷款新增 2.16 亿元，各外币贷款折美元 4 500 万美元。消费信贷较上年末新增 4 700 万元，较 1999 年末增加 8 200 万元，年增幅高达 155%。开立银行承兑汇票 62 笔，2.2 亿元。

【中间业务收益水平大幅提升】　2002年,全行中间业务收入810万元,为全辖最高,占全部收入的15%,创建行以来的最高水平。中间业务收入较上年末增加400万元,较1999年末增加560万元,年增幅13%。进出口结算量首次突破3亿美元,达3.5亿美元,同比增长29%。办理"外汇宝"业务540万美元,同比增加420万美元。累计发行长城卡10 892张,累计办理"四代"业务金额10.18亿元。

【盈利结构渐趋合理】　2002年末,马鞍山中行实现账面利润1 852万元,经营利润2 915万元,同比增盈202万元和867万元,为建行15年来的最高水平。其中中间业务收入810万元,为全辖首位,占全行业务总收入的15%,较上年提高5个百分点;金融机构往来业务收入2 521万元,占45%;存贷利差收益2 253.66万元,占40%,较上年提高28个百分点。中间业务收入和存贷利差收入水平的提高,表明该行的盈利方式已经向着科学、合理的方向转变,市场意识、管理风险能力大大增强。

【不良比率逐年递减】　2002年,马鞍山中行共清收不良资产879万元,清收完成数居全辖第二,核销呆账433万元。由于清收工作成效显著尤其是该行当年授信资产的大幅增加,"放清水冲沙子"的目标初步实现,不良资产余额下降至4 647万元,不良率降至3.59%,较1999年末下降8 931万元,下降了11个百分点,年降幅达3.66个百分点,提前完成了三至五年规划中不良率的下降目标。

【县支行竞争能力快速提升】　截至2002年末,中行当涂县支行各项存款余额首次突破1.5亿元,达1.93亿元,较上年末增加5 131万元;贷款余额4 063万元,较上年末增加1 446万元,其中,消费信贷新增836万元;不良资产余额降至856万元,不良率下降21个百分点,至21%,首次实现了连续"双降"和盈利的目标。2002年县支行实现账面利润130万元,同比增长74万元。

【金融产品推陈出新】　为满足客户对金融产品不断增长的需求,完善业务经营体系,市中行继2001年推出"外汇宝"、"保管箱"等新业务品种后,2002年发放全省首笔可转换公司债券保函,并率先在全市开办了委托贷款、出口退税托管账户贷款及首笔仓单质押授信业务。零售业务上,成立了"个人消费信贷中心",推出了汽车消费贷款、个人留学贷款"一站式"服务、银证转账、电话银行服务、代理保险、代收话费、代收国税等业务,丰富了金融业务品种,增强了该行的竞争能力。

（李弘焱）

保　　险

【人民保险马鞍山分公司】　中国人民保险公司马鞍山分公司是全市最大的国有专业化财产保险公司,经营财产保险、责任保险、信用保险、农业保险和涉外保险等各类理财产保险业务,内设职能部门7个,下辖花山办事处、雨山办事处、当涂县支公司,代理网点遍布全市。主要办理机动车辆保险、企事业单位财产保险、家庭财产保险、货物运输保险、船舶保险、信用保险、各种责任保险等。2002年末有员工116人,其中大专及以上学历55人,具有高、中级职称22人。全年共承担各类财产风险金额198亿元,承担第三者责任限额23亿元,处理各类理赔案5 743件,支付赔款费用4 689.6万元;全年纳税500万元,为全市的经济发展和人民生活的安定发挥了积极作用。

【开办董事职业责任保险】　为推动上市公司建立和完善现代企业制度,规范上市公司运作,中国证监会于2002年1月7日颁发了"上市公司治理准则",对上市公司董事、监事、经理等高级管理人员制定了基本的行为准则。由于上市公司高级管理人员责任重大,市人保公司本着"客户的风险就是我们的风险"的原则,在人保总公司、省公司的大力支持下,适时推出"马钢股份公司董事职业责任保险",承保其董事在执业过程中由于过失行为导致投资者(股东)在证券交易中遭受经济损失,依法承担赔偿责任。该保险为马钢董事会成员提供了保障,有效地化解了他们的职业风险。为上市公司的董事办理职业保险在全国人保系统尚属首例。

【人保公司被列为全省首批建立"三个中心"试点单位】

为转变经营机制,全面实践"以市场为导向,以客户为中心"的经营理念,人保总公司决定在全国分公司机构中设立"业务处理中心、客户服务中心、财务中心",市人保公司被列为全省首批试点公司。市人保公司克服时间紧、任务重等困难,严格按照人保总公司的总体要求和人保省公司的具体安排,保证了"三个中心"建设的顺利推进,并对"三个中心"人员实行"双向选择、竞聘上岗"。5月30日,市人保公司"三个中心"开始运转,财务收付费软件、业务双核软件投入使用。"三个中心"的成立,对市人保公司的管理和经营都发挥了积极的作用。

【消费贷款保险发展迅速】　2002年,市人保公司消费贷款保险业务发展迅速,全年共为557户居民提供了个人抵押贷款房屋保险,为763人办理了汽车按揭贷款保险业务,促进了全市商品房、汽车市场的发展。

（朱朝阳）

【中国人寿保险马鞍山公司】 中国人寿保险公司马鞍山分公司是马鞍山市唯一的国有独资人寿保险公司。下辖县支公司、营业部各1个,代理网点遍布全市。公司主要承保人寿保险、健康保险、意外伤害保险等各类人身保险,以及各类人身保险的咨询、代理。全公司从业人员952人,其中大专以上学历487人,具有中、高级职称102人。2002年全年保费收入17 904万元,继续保持全市寿险市场份额的首位。全年共处理各类理赔案4 500余件,纳税65万元。市公司计财部被评为2002年度全省人寿保险系统先进单位。

【市人寿保险公司成为全省寿险市场领头羊】 2002年,市人寿保险公司面对竞争激烈的寿险市场,充分发扬艰苦奋斗、努力拼搏的创业精神,结合实际,采取切实可行的措施,一举超额完成全年保费计划。全公司保费总收入达17 904万元,同比增加6 647万元,增长59.05%,创下了新单标准保费历史最好的佳绩,成为全省寿险市场的领头羊。

【开辟农村保险业务市场】 随着农村经济的快速发展及资讯的传播便捷,保险日渐成为广大农民朋友的消费热点。为满足广大农民朋友的保险需求,2002年,市人寿保险公司设立了龙山桥镇、石桥镇、黄池镇等10个农村网点服务部,把保险的保障送到千家万户,同时也开拓了农村保险业务新领域。

【荣获"再就业先进工作单位"称号】 中国人寿保险马鞍山分公司在追求自身企业效益的同时,肩负社会责任,注重社会效益,在招聘用人方面,向下岗职工倾斜,尽可能给下岗职工提供再就业机会。该公司全年共录用下岗职工700多名,为解决城市就业问题作出了积极的贡献,被评为马鞍山市"再就业工作先进单位"。

（王　勤）

【平安寿险马鞍山支公司】 中国平安保险股份有限公司马鞍山支公司(寿险),经营团体、个人和银行代理三块业务。2002年,平安寿险本着"服务为本,诚信为天"的经营思路,业务与品质得到同步提升。全年累计保费收入近9 000万元,受理赔案3 089件,理赔金额355万元,返还客户期满保险金及保单红利550万元。

【推行"一站式服务"】 2002年初,平安寿险公司投入大量物力,进行职场的硬件改造,配齐电脑网络设备,提供在公司内部实行"首问负责制"的软件支持,保证了"一站式服务"(即客户的所有问题,无论通过任何渠道,只要交于公司任一受理人员,即可得到相关的全面服务)的顺利有效运行。"一站式服务"模式的启动,使员工工作的能动性、工作效率和服务质量得到显著提高,客户的满意度随之上升。

【开展10万客户大回访活动】 为了保护客户利益,明明白白买平安保险,平安寿险公司对自公司成立以来所有投保平安的10万名客户进行了为期半年的大回访活动。此次活动,使452份早期无法联系的保单得以复效,956份保单办理了附加险加保,3 500余份保单地址、账号及受益人资料等得以重新确认并办理了变更手续,此举受到客户好评。

【银行、邮储保险代理业务全面启动】 自2001年底,平安寿险首次与工商银行签订保险代理协议后,陆续在建行、农行和邮政储蓄业务网点,全面展开平安保险代理业务。平安保险寿险凭借其全新的"千禧红"系列理财险和全方位的配套服务措施,代理业务迅速增加,代理保费累计1 380万元,为钢城市民拓宽了理财渠道。

【赔付安徽省意外伤害险第一大案】 2001年10月16日,马鞍山某单位在南京梅山热轧板厂烟囱施工时,9名工人不慎从100米高处坠落,造成7人死亡2人重残。2002年2月,平安寿险公司理赔结案,累计赔付74.55万元。安徽意外伤害第一大案的赔付,引起中小企业主高度关注,投保意外伤害险的单位数迅速增加。平安寿险为企业抵抗意外伤害风险、保护员工利益、维护企业的正常运行起到了安全护航作用。

（汤　滨）

经济监督管理

计　　划

【全市经济社会发展年度计划完成】 2002年，马鞍山市计委牢牢树立“发展是第一要务”的思想，围绕加快皖江开发开放、实现率先突破的发展目标，充分发挥计委的综合协调与服务大局的职能，用发展的办法解决工作中遇到的困难和问题，在研究编制年度预期计划和中长期规划、安排重大建设项目、促进经济与社会协调发展等各个方面，切实把计划发展工作落实到全面建设小康社会的总体奋斗目标上，有力推进了全市经济的持续健康发展，国民经济呈现出良好的发展态势，各项社会事业全面进步，年初确定的主要预期目标均实现或超额完成。全市国内生产总值完成155亿元，按可比价格计算，比上年增长12.7%，超预期目标3.7个百分点；财政收入完成24.12亿元，比上年增长20.51%，增幅比上年高出11.94个百分点；固定资产投资完成61.68亿元，增长77.5%，增幅居全省首位，且高于上年增幅63.89个百分点；外贸进出口总额完成3.46亿美元，比上年增长20%；实际利用外资4 272万美元，是上年的2.4倍；利用省外资金8亿元，比上年翻一番；社会消费品零售总额41.4亿元，增长8.3%；城镇居民人均可支配收入7 720元，增长12.2%，农民人均纯收入2 919元，增长5.6%；人口出生率控制在省下达的13‰以内。

【大力推进国债和重点工程建设】 2002年，市计委着力抓紧国债和重点项目工作，强化跑省跑部，积极向上争取项目和资金；加大协调和督查力度，建立项目档案和统计报告、调度会等制度，按时上报月度、季度报表，定期发布重点建设简报；积极开展项目前期工作，针对国债投向，精心准备项目，做到了在建一批、跟踪一批、申报一批、储备一批，千方百计争取项目政策。2002年全市重点项目共55项，总投资120亿元，当年计划投资34.23亿元，实际完成投资33.04亿元，占年度计划的97%，占全市固定资产投资的57%。到2002年12月底，有41个重点项目完成或超额完成年计划，占项目总数的75%，其中：马钢平改转工程、阿拉瑞林产业化示范工程、山鹰年产8万吨高档牛皮箱纸板、3.5万吨新工艺碳黑、红旗南路中段改造、健康路、九华路、湖西南路、当涂龙山桥国家粮库、中心血站、安工大附中教学楼、中小学危房改造和高新技术创业服务中心一期工程等30个项目已经竣工或基本竣工，占项目总数的55%；结转项目25个，将于2003年陆续开工建设。2002年落实到位国债及专项资金4亿元。全年签订国债项目建设任务责任书项目13个，总投资8.76亿元，其中国债资金4.81亿元；当年计划投资3.9亿元，实际完成投资3.82亿元，占年计划的98%，其中：阿拉瑞林产业化示范工程、当涂龙山桥国家粮库、中心血站、江堤加固、退耕还林、雨山湖排水整治、农网改造二期、移民建镇、中级法院审判庭、当涂看守所、中小学危房改造11个项目已基本完工；公安局戒毒所一期工程、马濮旅游公路路基完成。

【利用内外资取得突破】 2002年，马鞍山市利用内外资取得重大的突破，实际利用水平创历史新高。2002年全市实际利用外资到位4 272万美元，是2001年全市实绩的2.4倍；实际利用市外资金98 955万元，其中省外资金80 115万元，比2001年增加1倍。开发区和县区工业、旅游园区建设步伐全面加快，开放型经济的优良载体正在加速构建。法国圣戈班集团、日本大同、台湾中橡等世界大公司企业纷纷前来增资扩股，北京首创、广东格力、浙江万马等国内著名企业来马鞍山投资兴业。

【马鞍山市即将用上优质能源天然气】 2002年10月12日，《马鞍山市天然气利用工程可行性研究报告》获安徽省发展计划委员会正式批准，这标志着马鞍山市天然气利用工程将正式进入全面实施阶段。12月27日，《马鞍山市天然气利用工程初步设计》通过专家评审。为利用好天然气，马鞍山市先后组织开展了八次用气量调查和确认，基本确定了到2010年全市的用气量；同时完成了江东大道、红旗南路、健康路、313省道、雨山东路、湖西南路、九华路等天然气中压A级干管铺设共20余公里，现有煤气干管改造成中压B级管道约15公里，天然气工程累计完成投资约5 000万元。天然气发电项目也已上报国家计委。

【编制马鞍山市热电联产规划】 2002年7月，马鞍山市计委组织有关部门编制全市建市以来第一部由市政府正式批准的《马鞍山市热电联产规划》。该规划根据马鞍山城市特点、发展规划、总体布局及2010年前工业及民用汽需求预测情况及现有热源点的供热能力、热用户分布情况确定了市供热规划范围，以现有热源点及拟建热源的供热半径将马鞍山市划分为五个热电联产区域，即江边区域、慈湖区域、花山区域、马鞍山经济技术开发区及周边区域、马钢区域。8月5日市政府正式批准实施。

【马鞍山市旅游总体规划编制完成】 按照国家旅游局《关于加强和规范旅游规划编制工作的意见》的要求，2002年12月25日，《马鞍山市旅游总体规划》通过了由中国科学院、国家旅游局、东南大学、安徽省发展计划委员会、安徽省旅游局、安徽省城乡规划设计院等单位相关专家组成的专家评审组的评审。《马鞍山市旅游总体规划》是在全国范围内第一个通过招标方式由国内一流院校编制设计的城市旅游规划，规划覆盖全市1 686平方公里国土面积，以2000年为基期，规划期为20年，其中包括到2005年的中期实施规划和到2020年的长期发展规划。规划要点主要包括全市旅游的产业定位、发展战略、发展目标和政策措施；旅游城市形象设计和旅游交通网络、旅游文化设施、旅游娱乐设施、旅游服务设施的规划；适应旅游总体发展要求的重要牵动性、标志性景点或建筑物的创意，主城区、采石风景区、濮塘风景区、青山风景区等重点风景区的规划；旅游产品的生产和开发计划；旅游营销策略、措施和方案；环境与资源保护、人才开发、旅游管理、信息网络建设等。

【马鞍山市高效绿色农业开发区建设启动】 为迎接入世后的挑战，促进农业结构调整，提高农业产业化水平和增加农民收入，2002年马鞍山市着手筹建以当涂县大公圩为核心区、南北圩和湖阳圩为拓展区，西依大青山，东临石臼湖，生态环境、人文环境俱佳的高效绿色农业开发区。开发区占地面积约48 350公顷，涉及到10个乡镇，短期内围绕水产、水稻“两水”经济和配套水利、交通、检验、监测与防疫中心等基础设施展开，中长期进行畜禽、瓜果蔬菜和农业休闲观光产业培育。开发区建设年限为10年，总投资概算64 897万元。开发区建成后将填补全省农业的一项空白。

【实施平垸行洪移民建镇工程】 马鞍山市1998年实施平垸行洪、移民建镇工程，到2002年底，共平退了小黄洲、江心洲、彭兴泰兴洲、陈焦圩姑溪河堤外、大公圩黄池堤外、博望军民圩丁洲圩等8个圩口，累计移民3 833户，13 660人，累计完成投资18 310万元，其中国家补助5 778万元，地方自筹12 532万元，圆满完成了省政府下达全部移民建镇任务。5年来，共新建移民房30.2万平方米，拆除移民旧房25.8万平方米，移民安置采取集中安置和分散安置相结合的方式进行。新建了雨山乡芦场村、霍里镇丰收村、城关镇和合小区、城南小区、南苑小区、黄池镇移民新村、博望镇移民新村等7个移民集中安置新村，集中安置移民521户1 447人，插村插组分散安置3 312户12 213人，统一调剂安排移民宅基地和生产用地，统一规划建设道路、水、电等基础设施，确保移民安置地路通、水通、电通。同时，对移民安置相对集中的乡镇中小学、卫生院进行相应的配套建设，确保移民就医和子女就近入学。对移民建房、免收耕地占用税、建房税，对子女入学、户口迁移，办理房产证、经商证照等减免各种行政收费。平垸行洪、移民建镇工程的实施，使全市13 660名移民从此彻底摆脱了长期以来洪涝灾害的困扰，同时也有效地减轻了已平退的8个圩口的防洪压力，累计减少洪涝灾害直接经济损失达9 400万元，减少防洪资金物质消耗2 150万元，减少汛期上堤劳力近2万多人。

【经济动员工作成绩显著】 2002年，马鞍山市经济动员办公室在省经济动员办公室和市国动委的领导下，进行了全市的经济动员潜力调查，建立了经济动员成员单位联系制度和平战结合项目库，编制经济动员预案，组建了经济动员应急分队，包括战时医疗救护应急分队、战备粮应急保障分队、战备物资应急保障分队，并配合国动委进行综合演练。此项工作受到省计委、省经济动员办公室与南京军区高度赞扬，其经验被省经济动员办公室作为先进经验向全省推广。

【企业上市工作取得新进展】 2002年，安徽星马汽车股份有限公司首发A股和安徽山鹰纸业股份有限公司2.5亿元可转债券，先后获得中国证监会核准（待发）；安徽天源科技股份有限公司于3月28日挂牌成立，与天同证券公司达成辅导协议，于9月2日正式进入上市辅导期。

（办公室）

统 计

【统计基础工作得到加强】 2002年，马鞍山市各级统计部门采取多种措施，进一步加强基础统计的各项工作。一是加强对定报和年报工作的协调。市统计局多次召开工作协调会，及时解决定报、年报工作中存在的问题；各县区统计局局长亲自挂帅，狠抓各项任务的落实，使该项工作得以顺利开展。二是通过举办专业知识培训班、统计上岗培训班及技术职称培训班等，进一步提高基层统计人员的业务素质。三是稳定统计队伍。在机构改革中，市、县(区)统计部门积极努力争取，保持了统计队伍基本稳定；各县区针对乡镇机构改革中统计基础工作中的具体问题，寻求对策，加强了基层统计网络建设，理顺了乡镇统计渠道。四是加强数据审核，实行统计数据质量评估责任制。通过各级统计部门的扎实工作，使国民经济主要统计数据真实客观地反映了全市经济的运行态势，得到了省统计局的充分肯定。市统计局在全省综合考核评比中获得先进集体，市城调队获得全省城调系统综合评比一等奖。

【统计服务水平提升】　全市各级统计部门紧紧围绕市委、市政府的中心工作，积极研究经济和社会发展中的热点、难点和重点问题，为党政领导决策提供服务，为社会公众提供信息服务。一是增强统计服务的预见性和主动性。坚持每月月后5日内向市政府提供全市工业经济月度运行情况分析材料，月后10日内向市几大班子领导提供《月度经济运行监测》手册。改版后的《月度经济运行监测》和县区编印的各具特色的统计信息资料，已成为地方党政领导及社会各界及时了解和掌握经济发展动态的“晴雨表”。为迎接省政府“皖江开发开放十周年”会议的召开，统计部门搜集整理皖江各市横向经济发展等统计资料，撰写皖江开发开放10年系列统计分析，全面总结、分析开发开放10年来皖江地区经济发展状况。其中，《皖江开发开放十年中的马鞍山》作为全省加快皖江开发开放座谈会的参阅材料，受到与会者的一致好评。二是积极开展统计分析。市统计部门以《统计分析资料》、《统计信息专报》、《城市调查》、《国民经济统计报告》等为载体，充分挖掘统计信息资源，立足于全市经济发展现状及时跟踪周边城市的发展动态，有针对性地进行横向比较分析，多篇材料引起了市领导的高度重视并予以批示，在政府各部门引起较大反响。其中，《差距与希望》、《马鞍山市城市居民消费资金外流情况调查报告》，在全省统计分析和全省城调分析评比中双双获得第一名，受到表彰奖励。三是努力拓展服务领域。定期通过马鞍山电视台、电台、马鞍山日报等新闻媒体向社会各界发布全市经济形势分析报告和统计公报，编辑出版了《马鞍山统计年鉴》、《当涂统计年鉴》，并及时提供给社会各界，拓展了统计工作的社会影响力，扩大了统计服务的范围。另外，市统计部门还进一步完善县区经济运行考核指标体系，加强对考核数据的审核力度，为市委、市政府评价、考核县区和部门经济工作情况提供了科学依据。

【推进统计方法制度改革】　为了适应市场经济发展的需要，尽快建立起适应现代经济发展的统计体系，市统计局按照国家局和省局的部署，2002年着力在以下几方面加大了改革力度，进行了新的尝试。一是改进工业发展速度计算方法。按照省局统一部署，从2002年1月起试行价格指数缩减法计算工业发展速度。为了切实做好这项工作，市县区各部门密切配合，精心谋划，加强业务培训，建立相关数据库，保质保量地完成了任务，受到省局的好评，此项工作经验和做法在全省各市中正被逐步借鉴和采用。二是推进劳动工资统计改革。按照国家的统一规定，从2002年开始实行劳动工资抽样和全面统计两套报表“双轨”同时运行，进行名录库、数据库的建立维护，较好地完成了有关工资统计方面的数据指标的采集、处理、评估任务。三是认真编制城市房地产价格指数。编制房地产价格指数是一项全新的工作，市城调队认真制定调查实施方案，主动到房产局、土地局、开发办等10个部门进行磋商、协调，确定60个单位作为抽样调查点，及时向市委、市政府提供有关数据，撰写房地产价格指数变化分析文章，为政府调控房地产建设、发展提供了依据。四是认真编制“马房景气指数”。按照省局和市领导的要求，收集、整理自1996年以来房地产开发的月度资料，确定了“马房景气指数”的编制方案。通过试算、评估等各项工作，较准确地反映了马鞍山市近几年来房地产开发景气指数，并与市建委联合召开了“马房景气指数”新闻发布会，在全省率先发布市级房地产景气指数。五是认真开展抽样调查工作。精心组织小型工、商业企业抽样调查、群众安全感调查、“黄金周”旅游调查、2002年全省人口抽样调查等一系列调查活动，为领导决策提供了可靠的调查资料。

【继续做好普查工作】　2002年，是第二次基本单位普查关键年，全市各级统计部门精心组织实施普查工作。经过全市广大普查员的辛勤劳动，克服了时间紧、任务重、人手紧张以及普查类型复杂多变等困难，顺利完成了普查登记、查漏补缺、收表审核、数据处理、质量抽查和汇总上报等各阶段工作，一次性通过了省级普查数据质量抽查和验收。市、县、区普查办分别荣获全国基本单位普查先进集体，受到国家和省基普办的表彰；10人获全国先进个人，5个单位获全国先进集体；45人获省级先进个人，6个单位获省级先进集体，45人获市级先进个人。通过普查，统计部门向社会各界发布了《马鞍山市第二次基本单位普查公报》，编印了《第二次基本单位普查资料》、《马鞍山市第五次全国人口普查资料》、《马鞍山市人口发展报告书》，较好地发挥了普查资料的作用。

【开展全省个私经济调查试点工作】 为全面、客观、真实地反映全市个体私营经济的规模、结构和发展情况，促进全市个体私营经济的健康、快速发展，按照市政府和省局要求，市统计局在全省先行开展全市个体私营经济调查试点，并率先建立个体私营经济统计调查制度。由于个体私营经济点多面广、流动性大、变动频繁，统计难度大。为此，该局进行了一系列的专题调研，并制订了调查方案。省局和市政府联合于11月召开了全省个体私营经济调查动员会，对这次试点工作进行了全面部署。全市近百名调查员，对被抽中的60个居委会内的所有个体工商户以及195个被抽中的私营企业进行上门调查登记，并对调查表进行评估论证。经过全体调查员的共同努力，基本上达到了摸清全市个私经济家底、探索和积累个私调查经验的预期目的。

【统计法制建设取得新突破】 2002年，马鞍山市各级统计机构结合开展“四五”普法和贯彻《马鞍山市统计依法行政工作规范化管理暂行办法》，紧紧围绕提高统计数据质量这一中心，加大了统计普法和统计执法力度。一是市、县、区分别成立了“四五”普法领导小组，制定了“四五”统计普法工作计划。二是举办统计普法骨干培训班，签订了统计行政执法目标责任状；组织近千名统计人员参加统计普法培训和考试，提高各级统计人员依法统计的意识。三是在繁华街道悬挂宣传条幅，主要路口及各乡镇张贴宣传标语，设立街头宣传台，散发《统计法》宣传材料。四是举行“华联杯”统计法律法规知识竞赛，在《马鞍山日报》登载竞赛题，将宣传面扩展到全社会，评选出3名一等奖，10名二等奖，30名三等奖，80名鼓励奖。五是开展统计执法检查。10月，市统计局组成5个检查组，对全市近百家企事业单位进行统计执法检查，对查出的9起统计违法行为给予全市通报批评，并责令限期整改。通过统计执法检查，进一步提高了各企事业单位贯彻《统计法》、依法统计的自觉性。

（徐宏勇）

工商行政管理

【整顿市场秩序，净化市场环境】 2002年，马鞍山市各级工商管理部门认真贯彻落实“全面开展，突出重点，标本兼治，重在治本”的工作方针，继续深入开展整顿和规范市场经济秩序工作，全年出动执法人员4 570人次，取缔无照经营797户，捣毁制假窝点37个，查处各类经济违法案件3 039件，罚没款318万元。一是采取有力措施，开展集贸市场专项整治。分别开展了食品市场、市场经营主体、市场商标广告专项治理活动，共清理市场经营主体6 492户，查处假冒伪劣、商标侵权、虚假广告等违法案件948件。二是严厉打击制售假冒伪劣商品违法行为，强化流通领域商品质量监管。先后对农资、钢材、成品油等市场进行专项整治，查获不合格种子550公斤，包装标注不合格的种子7 266公斤；地条钢3.65吨、不合格螺纹钢996.7吨，违法商品案值150万元；没收不合格汽油6 100公升。三是加大不正当竞争案件的查处力度，切实维护公平竞争的发展环境。先后对市殡仪馆、燃气总公司、供电局等公用事业乱收费用、强制交易等不正当竞争行为进行了清理整顿，对市殡仪馆向不在该馆购买骨灰盒的丧户加收数额不等的装灰费或骨灰寄存费的行为，移动通信马鞍山分公司、联通马鞍山分公司利用其优势地位对不接受其不合理条件的消费者，拒绝、中断、减少应由其提供的相关服务的行为进行了处罚。四是整顿和规范文化娱乐市场经济秩序。联合公安、文化等相关部门重点对全市歌舞娱乐、桑拿按摩、录像放映、电子游戏和“网吧”等文化娱乐场所进行专项整治，开展各类检查67次，查处各类案件51件，促进了全市文化娱乐市场的健康发展。

【强化企业登记管理工作】 全市有各类内资企业4 090户，全年新登记注册内资企业370户。2002年，市工商局严格依照法律、法规规定，对企业登记材料和条件进行审查，进一步加强企业日常登记管理工作。同时，建立企业经济户口工作全面启动，下发企业经济户口卡片5 438份，初步建立了“市局——职能部门——分局——工商所”四级经济户口联动体系。在对企业日常监督管理过程中，市工商局从企业登记的角度出发，开展了安全生产整治工作，检查各类非煤矿山企业214户，取缔、关停75户。

【引导外向型经济健康发展】 市工商局在采取优惠政策吸引外商投资的同时，把对外商投资企业监督管理的重点放在加强出资检查、监督出资到位上。进一步完善外商投资企业登记管理制度，建立健全登记台账、出资台账，准确掌握企业产权关系，保护出资者的利益。截至年底，全市有外资投资企业57户，投资总额23 479万美元，注册资本13 483万美元，外方认缴10 256万美元。

【全力支持个体私营经济加快发展】 2002年，市工商局将个私经济发展作为首要工作来抓。为促进个私经济跳跃式发展，制订下发了《关于贯彻全省工商系统深入开展创建“人民满意的工商所”活动，进一步整治和改善经济发展环境》的实施方案，进一步放宽政策，对中小企业的准入制度进行改革。规定新设立的中小企业注册资金可以分期到位,2002年5月,在全市实行工商受理、抄告相关、同步审批、限时完成的并联审批制度,大大简化了办照程序。到2002年底,全市个体工商户3.7万户,从业人员6.01万人,注册资金3.98亿元;全市私营企业2 794户,从业人员约2.5万人,注册资金17亿元。全年新发展个体户3 847户,比上年同期增长30%;新设立私营企业751家,与去年同期相比增长43%。全市注册资金100万元以上的有250家,500万元以上的有83家,1 000万元以上的15家,集团公司7家,私营企业建立党支部的有18家。2002年,全市个体私营经济新增安置下岗职工约4 000人次,个私税收达12 898万元,同比增长25.22%。

【商标、广告、合同管理】 2002年,市工商局进一步拓展商标注册领域,积极为发展地方经济服务,全市申请注册商标32件。同时,加强对商标使用权的保护力度,共查处商标案件34件,纠正商标使用不当行为72起。进一步加强对户外广告和大众媒体的监管,在建立广告监测站实行动态监测的同时,建立了媒体广告会审制度。全年审批户外广告163件,查处广告违法案件49起。继续强化合同监管,共查处一般合同违法、欺诈案件160起,鉴证各类经济合同1 8225份,登记动产抵押193件,调解合同纠纷185件,建立合同帮扶企业167户,举办合同培训班201期次,受训4 500多人次。

价格监督

【概况】 2002年,市物价局以整顿、治理、改善经济发展环境为主线,用足用活价格政策,规范市场价格行为,整顿价格秩序,严格依法行政,提高队伍素质,为优化城市经济的发展环境、扩展发展空间作出了积极的努力。全年共查处各类价格违法案件168件,比上年增长11%;查处价格违法所得756.98万元,比上年增长383.14%;退还用户423.10万元,比上年增长354%;经济制裁总金额468.95万元,比上年增长209.6%。通过查处价格违法,维护了市场的经济秩序和价格环境。

【规范市场价格秩序】 为优化经济发展环境,市物价部门下大力气规范市场价格秩序。全面推行党政机关、事业单位收费公示制度,规范明码标价行为,提高其收费的透明度,遏制收费的随意性。同时进一步明确收费公示部门责任制,规范收费公示的形式和内容,促进收费政策公开化,强化社会监督。当涂县物价局开展涉农收费的公示工作,全县25个乡镇和涉农收费部门均在收费场所和政务公开栏中进行公示,接受群众监督。

继续深入开展明码标价工作,重点规范集贸市场、大型商场、客运场所、加油站的明码标价行为,落实明码标价划片包干、责任到人的工作责任制。3月,市物价局组织召开了明码标价和收费示范单位座谈会,10家知名商业服务企业共同向社会倡导承诺,带头禁止价格欺诈行为。物价部门还结合重大节日市场检查,对全市明码标价落实情况进行复查,发现问题当场纠正。通过规范,城区明码标价率达80%以上,市郊在60%左右。

开展行政事业性收费年审。全年审核行政事业性收费单位485个,清理乱收费13项,降低收费10项,换发行政事业性收费许可证40多份。

规范商品房价外收费行为。针对住房建设中存在的价外收费等不规范问题,市物价局会同有关部门提出18个收费项目和收费标准减免意见,并拟定了《马鞍山市城市物业管理服务收费实施细则》。

加强药品价格管理。在贯彻落实国家和省制定的药品最高零售价的同时,按照价格管理权限,核定医院自制制剂最高零售价格;积极参与政府定价药品公开招标采购工作,全年对6期中标的216个政府定价规格品种临时零售价格进行了审核确认。

规范农村电价。截止到2002年底,当涂县农村居民用电四到户数为12.61万户,占全县农户数的80%,执行四到户电价每千瓦时0.70元;市郊农村居民用电价格仍维持1998年实行的分类电价水平(每千瓦小时0.68元)。

【开展专项价格检查】 全面开展房地产价格监督检查。由于全市商品房消费一直处于卖方市场,房地产市场价格秩序一度较为混乱,乱收费现象相当突出,自2001年下半年起举报不断。2002年物价部门共受理房地产价格举报案件216件,比上年上升68%;全市房地产开发企业84家(含当涂县8家)中被投诉的有37家,约占总数的44%。为了整顿和规范房地产开发企业价格和收费行为,市物价局于4月至10月对全市房地产开发企业价格和收费开展了专项检查。全年共查处涉房价格违法案件108件,查处违法所得403.36万元,退还消费者金额361.99万元,没收违法所得41.37万元,经济制裁金额403.36万元,有力地维护了消费者利益。

开展涉农价格和收费重点检查。根据省物价局《转发国家计委关于在全国开展涉农价格和收费检查的通知》精神,2月26日市物价局召开了全市涉农价格和收费专项检查工作会议。至4月15日,物价部门共派出5个检查组,出动检查人员42人次,对市郊6个乡镇,当涂县的14个乡镇的农村中小学、农民建房、计划生育、婚姻登记、农电和农网改造等方面价格和收费进行了重点检查。

重点清理涉民、涉农、涉房收费。全面清理整顿外出外来务工人员收费,取消外来人口管理费、计划生育管理费等,规定证书工本费每证最高不得超过5元,同时要求经营性服务收费必须符合“自愿、有偿”的原则,禁止强行服务强制收费行为。当涂县成立了“涉农收费专项检查组”,把涉农收费整治工作作为2002年工作的重点内容。全年四次对全县重点乡镇进行了检查,并且有针对性地走访农户,核对情况,查清问题。

【加强价格法规宣传】 市物价部门广泛宣传价格法规,增强经营者和消费者维权意识。全年在《马鞍山信息》发稿13篇、《政务信息》发稿14篇、报纸35篇、电台30篇、电视台25篇,其中专题有5篇。组织“3·15”消费者权益日、《价格法》实施4周年和“价格举报宣传日”活动,先后3次分别在华联商厦和新源广场设点宣传《价格法》、有关价费政策和价格投诉举报办法等,现场发放宣传材料5 000余份,接受咨询投诉100余人次。通过宣传,广大消费者维权意识进一步提高。物价部门全年受理价格举报、投诉434件,其中来信11件、来访351件、来电71件、电子邮件1件,当年办结430件,办结率99.1%。

(李立志)

质量技术监督

【整顿和规范市场经济秩序工作取得实效】 2002年,市质量技术监督局以保护健康安全为主题,紧紧围绕整顿和规范市场经济秩序,在加强日常监督检查的同时,集中力量,突出重点,展开了对食品、黑心棉、建材、农资、汽车消费品、化学危险品、进出口产品、锅容管特八大类商品打假战役,并与相关部门协调联动,组织开展了对集贸市场、加油站、旅游市场三项专项整治活动。全年共出动执法人员2 000余人次,查处假冒伪劣各类案件367起,其中万元以上案件34起;捣毁制假窝点65个,查获地条钢250吨,无证生产热轧带肋钢筋71吨,不合格螺纹钢223吨,不合格圆钢126吨,销毁土锅炉16台,查获假冒伪劣商品货值150万元。尤其是马鞍山地区出现用地条钢作原料生产螺纹钢一事,一度引起国家技术监督局的强烈关注。为切实履行打假保安全的神圣职责,2002年,市质监局重点组织了对生产“地条钢”以及用“地条钢”生产劣质建筑钢材违法行为的专项整治,重拳出击,铁腕抓质量。其中当涂薛良武个体轧钢厂利用地条钢轧制劣质螺纹钢案,涉及货值26万元,已依法移送司法机关追究刑事责任;龙山桥荆龙轧钢有限责任公司暴力抗法事件被公安部门立案侦查。通过一系列声势浩大的打假行动和专项整治,有效地遏制了制假的势头,净化了商品市场环境。

【扎实开展服务年活动】 2002年,是质量技术监督系统服务年。围绕“服务年”活动,建立了联系企业制度,确定马钢、纺织厂、丰原生化、当涂雪润等20个企业为局领导及机关科室对口联系直接服务企业。通过现场调研,现场办公,帮助企业排忧解难,积极引导企业提高质量管理水平。完成对全市(含当涂县)32家大中型企业质量状况普查,使17家企业通过了质量体系认证,7家企业通过了计量检测体系确认。当涂雪润肉食品公司一年内先后完成质量体系认证的转版和通过了HACCP体系认证,切实提高了企业自身参与市场竞争的能力。同时积极推进名牌战略的实施,制定了全市年度名牌产品培育计划,确定13家企业15种产品作为创省级名牌的培育产品,向省局推荐4家企业产品作为国家免检产品,8家企业15种产品通过省名牌产品复审,全市已有品牌产品16个。此外,还开展对市纺织厂的棉花公正检验,全年免费为该厂检验入厂原棉10 145吨,保证了入厂棉花质量,降低了企业质量成本。

【加强生产许可证管理】 2002年,市质量技术监督局开展了对重点产品生产企业的开业审查和生产许可证换发证工作。受理申请开业审查企业39家,其中饮料企业9家,预制板企业20家,通过审查、整改和复查的企业23家。通过开业审查工作,促进这些企业完善生产条件和质量检测手段,从源头把好对涉及人身健康和财产安全的产品质量关。组织开展了热轧带肋钢筋、水泥、带式输送机、砂轮、不锈钢材、钢丝绳、乙炔气、农药等9种产品的换发生产许可证工作,参与对十七冶水泥厂、长江钢厂等5家企业生产条件现场审核检查工作,以确保全市重点产品的有序生产。

【质量监督工作有效性进一步提高】 市质量技术监督局全年定期监督抽查了26类产品315个批次,合格268个批次,抽查批次合格率85.08%;国家、省级监督抽查88个批次,合格76个批次,抽查批次合格率86.36%;流通领域商品抽查27类406个批次,合格307个批次,抽查批次合格率75.62%,完成了国家和省确定产品的强检任务。同时,该局进一步加强后处理工作力度,对监督抽查不合格的产(商)品单位和个人依法开展后处理，分别对面包、眼镜、食用植物油、涂料、农药、热轧光圆、冷轧带肋钢筋、针织品等8种产品17家企业作出整改和行政处罚的决定，整改率100%，整改合格率100%。

【标准化工作有新的进展】 农业标准化工作有了新的突破。2002年当涂县被列为全省农业标准化综合示范县，为扎实推进示范工作，县政府建立了湖阳大米、新桥油料、黄池蔬菜、塘南水产4个农业标准化示范区，同时为配合示范区建设，组织制定了一系列先进实用的农业地方标准，推动无公害农产品标志的申报工作，为提高农产品质量提供了技术支持，为当涂农业新的崛起注入了动力。强制性标准在全市贯彻实施。市质量技术监督局组织开展对全市食品标签、化妆品标签、房间空调器安装规范等强制性标准贯彻实施情况的监督检查，开展了《室内装饰装修材料有害物质限量》10项国家强制性标准和《农产品安全质量》国家标准的宣传活动，从而保证了强制性标准在全市的贯彻实施。企业标准化基础工作进一步加强。市质量技术监督局审查上报了马钢股份公司H型钢、车轮轮箍等3项采标标志；开展了对规模以上企业产品执行标准情况的普查工作，全年备案企业标准93项；花山区消灭无标生产工作顺利通过省级复查验收。代码工作走在全省前列，全年办理代码证书2 580份，办理代码IC卡3 090张，均位居全省前列。

【强检工作取得新突破】 2002年，市质量技术监督局着力提高强检覆盖率，以出租车计价器强检工作为突破口带动强检工作全面进展。为提高出租车计价器的检定质量和效益，该局完成了出租车计价器动态检定装置的建设，并在交通等部门的大力支持下，出租车计价器受检率大幅提高，共检定2 575台计价器，受检率达到95%以上，比上年同期增长40%以上。同时，强检燃油加油机、里程表、压力表、天平、医用计量器具、集贸市场计量器具等工作进展顺利，全年检定计量器具16 493台件，其中强检计量器具8 940台件，从而保证了量值传递的准确可靠。

【加强锅容管特设备检验】 为确保特种设备安全运行，市质量技术监督部门加强了锅容管特设备的检验工作。2002年检验锅炉334台，压力容器209台，特种设备1 608台，培训锅容管特相关人员632人，有力地保障了安全生产。该局还先后组织4次较大规模的专项大检查，从土锅炉的取缔到贮罐、槽车、安全阀、压力表、称重衡器和气瓶是否定检等，进行细致、全面检查，共出动检查人员455人次，检查单位264个，检查设备499台，排除安全隐患41项，为确保全年锅容管特设备无事故运行作出了积极贡献。

（詹圣军）

国土资源管理

【国有土地资本运营工作取得新进展】 2002年，马鞍山市国土资源局从规范供地方式入手，逐步实现经营性用地征用、供应一个龙头进出，促进土地市场正朝着规范化的方向健康发展。全年征用集体土地36.07公顷，收回土地77.8公顷，全市储备土地达到了320.3公顷。全年共为35家单位办理了供地手续，供地面积132公顷，其中划拨用地16家，面积56公顷；协议出让19家，面积76公顷。对房地产开发经营性用地，一律实行招标拍卖挂牌方式供地，较好地完成了市水产养殖厂、碧溪花园、市中心区安置房共12.3公顷土地使用权的拍卖，以及电信大楼西侧3.8公顷土地和市机床厂4.27公顷土地的挂牌出让工作，共获得土地纯收益1.57亿元。

【以地招商取得明显成效】 2002年，全市共引进内外资房地产开发项目7个，合同引资3.46亿元，已到位1.57亿元。7个开发项目的用地情况：西班牙飞龙公司开发大钟楼西侧3.8公顷土地，土地出让金6 300多万元，已全部到位；杭州西湖房地产公司开发东晖东园26.8公顷土地，土地出让金1.2亿元，已到位6 000万元；浙江万马公司开发原市机床厂4.246公顷土地，土地出让金4 600万元，已到位1 600万元；恒生房地产公司开发葛羊路中段1.3公顷土地，土地出让金632.69万元，已到位200万元；GLOBE开发原湖西路停车场2.8公顷土地，土地出让金3 240万元，已到位486万元；省电力明远公司开发碧溪花园7.6公顷土地，土地出让金5 597.27万元，已到位1 119.454万元；与北京首创集团签订了雨山乡3.04公顷土地房地产开发协议，土地出让金2 279.5万元。

【耕地占补平衡工作成绩显著】 2002年，省厅下达马鞍山市340公顷土地开垦整理任务，全年共完成408.876公顷，并通过省国土资源厅验收确认，超额完成任务。同时，马鞍山市申报的国家级复垦项目已获批准，国土资源部无偿投资800万元，后追加至1 400万元，该项目的开垦工作正在实施之中。

【完成重点工程建设用地的征用】 市国土资源局全年上报31个批次及1个单独选址项目的用地申请，报批土地面积669公顷，其中农用地转用526公顷，较好地完成了步行街、碧溪花园、第二污水处理厂、313省道、鸳鸯小区五组团、红旗南路、电信大楼西侧土地征迁工作,保证了重点工程及时用地。

【矿山综合整治取得明显成效】 2002年,马鞍山市开展了矿山综合整治。整治过程中,注销13家矿山的采矿许可证,取缔5家无证开采的矿山、31家土烧结厂,制止了3家矿山的越界开采行为;关闭14家小选矿厂,停产整顿小采矿5家、小选矿1家,全市参加矿山企业整治验收的企业34家。通过整顿,全市的矿业秩序有了明显好转,尤其是私挖乱采行为得到有效抑制。同时,加强了采矿权审批管理,35家矿山企业办理了采矿权延续登记和变更登记,全市矿山年检率达98%。全年征收矿产资源补偿费221万元(含马钢),并追缴了12万元的矿产资源补偿费入库。

【加大国土资源管理执法力度】 2002年,市国土资源局加大管理执法力度,全年立案查处国土资源违法案件16件,其中土地案件12件,矿产案件4件,除1件仍在查处外,结案15件,结案率达94%;拆除违法建筑面积1 489.86平方米,罚没款8.6万元;办理应诉案件6件,行政复议案件2件,均胜诉。此外,全年共接待群众来信来访37件(次),做到了件件有答复;收到市长公开电话办公室交办的工作58件,办结51件,办结率87.9%。

【业务基础建设进一步加强】 2002年,市国土资源局下大力气狠抓业务基础建设。完成了城镇45.7平方公里土地地籍调查、城市土地价格调查及土地开垦整理规划编制工作,此外还开展了农用地分等定级和矿产资源开发规划的编制工作。全年完成土地评估项目124宗,评估土地总面积253.8公顷,评估资产总额10.22亿元;发放各类土地使用权证7 656宗,其中单位用地223宗,商品房、房改房6 705宗,私房136宗,抵押592宗;投资80万元,用于全局地籍信息系统建设和办公自动化建设。

(李忠武)

国有资产管理

【概况】 2002年,马鞍山市国有资产管理办公室在完善国有资产管理新体制建设,积极探索国有资产管理、监督、运营新机制,加大国有资产结构调整力度,进一步抓好国有资产基础管理等方面积极开展工作,取得一定成效。完成上年度全市行政、企事业单位的财务决算报表汇编工作,共汇编单位900户;全市国有资产总量130.1亿元,其中,企业国有资产119.5亿元(含马钢集团),行政事业单位国有资产总额10.6亿元。完成253户企业上年度国有资产产权登记的年度检查工作,解决了海天集团公司"收购原橡胶厂合同纠纷一案"。完成206户市属企业放区名单的选定,配合有关部门做好放区企业交接工作。会同市财政局、市审计局印发《马鞍山市机构改革期间撤并单位资产财务管理工作实施方案》,并组织人员对机构改革中撤并单位的资产进行了清查、统计汇总,确保国有资产安全。

【国有资产管理规范性文件出台】 为确保国有资产管理工作规范化、制度化,尽快建立一整套适应社会主义市场经济体制的国资管理办法、制度,落实资产经营公司对授权范围内的企业享有的资产受益、选择经营者、重大问题决策和国有资产监管等项权利,建立健全国有资产经营业绩考核制,市国资办经过多方征求有关部门意见,数易其稿,拟定了《马鞍山市国有资产管理暂行办法》、《马鞍山市国有资产经营公司监事会管理暂行办法》、《马鞍山市国有资产管理委员会议事规则》等有关国有资产管理的文件。2002年8月30日,市国资委第一次会议召开,通过了上述3个文件,并按有关程序上报市政府审批。10月16日,市政府第24次常务会讨论通过上述3个规范性文件,并予以公布实施。

【国有资产评估项目由审批制改为核准制和备案制】 为进一步转变政府职能,减少不必要的行政性审批,促进中介机构和从业人员真正做到独立、客观、公正,自2002年4月1日起,市国资办对国有资产评估项目不再进行立项批复和对评估报告的确认批复(合规性审核),正式实行国有资产评估项目的核准制和备案制。对经市人民政府批准实施的重大经济事项涉及的国有资产评估项目,由市国资办负责核准;各级财政、国资部门核准项目以外的所有国有资产评估项目一律实行备案制,备案工作实行分级管理。有关经济行为的资产评估活动由国有资产占有单位按照现行法律、法规的规定,聘请具有相应资质的中介机构独立进行,评估报告的法律责任由签字的注册资产评估师及所在评估机构共同承担。同时,市国资办将加强资产评估管理的法规和制度建设,加强对资产评估活动的监督管理,认真做好国有资产评估工作的核准、备案、抽查等工作,及时制裁违法行为,确保国有资产评估工作健康、有序地进行。

【马钢(集团)控股有限公司开展清产核资】 马钢(集团)控股有限公司为深化改革与发展,进一步转换企业经营机制,完善法人治理结构,全面开展了清产核资工作。为做好马钢公司的清产核资工作，市政府和马钢分别成立了清产核资领导小组，聘请北京利安达信隆会计师事务所为集团公司清产核资的总承包单位，并以2002年9月30日为基准日，对集团公司本部及19家子公司和二级单位开展清产核资。经过近3个月的工作，共清理出资产损失（盈亏相抵后）105 853.03万元。市国资办依据财政部有关文件规定，同意核销所有者权益84 925.47万元，自行消化20 927.56万元。经核定，马钢（集团）控股有限公司资产总额为1 034 859.83万元，负债总额189 227.34万元，所有者权益845 632.49万元。对此次清产核资暴露出来的问题，马钢（集团）控股有限公司进行了认真分析、总结，并制定出具体的整改措施。

【积极做好下岗职工出中心企业存量资产变现工作】 2002年，市国资办积极稳妥地做好下岗职工出中心企业存量资产变现工作。首先，组织专人会同有关部门深入到下岗职工出中心企业，进一步核实企业资产质量及可变现情况，同时委托会计师事务所等中介机构对26家下岗职工出中心企业资产进行清查、评估。其次，拟定了《关于下岗职工出中心托管垫支企业资产处置意见》，并组织人员对托管垫支资产登记造册、宣传推介，组织省、市拍卖公司进行转让拍卖。第三，将处置存量资产工作与招商引资紧密结合起来，想方设法引进国内外知名企业（集团）收购下岗职工出中心企业资产，促进产业结构调整及职工再就业，取得了一定进展。9月25日，市国资办与安徽工业大学华骐环保公司正式签订原破产企业市磁性材料总厂的设备、存货（共计130.77万元）以及破产企业市玻璃厂的厂房、设备、存货和土地使用权（共计98.16万元）资产转让协议，华骐环保公司将利用该资产建设“水处理轻质多孔生物滤料产业化”的高科技项目，项目总投资2 201万元。12月28日，市国资办、市金家庄区人民政府与江苏双沟集团、马鞍山五星精品双沟大曲销售有限公司正式签订原破产企业市太白酒厂的资产（170万元）转让协议，两公司将利用收购的资产，投资850万元恢复“采石矶”酒的生产。

（汪洛林）

【马鞍山市建设投资有限责任公司重组】 为加快城市建设步伐，建立国有资产管理、运营和监督新体制，完善城市建设投融资机制，2002年1月，市委、市政府决定对原马鞍山市建设投资有限责任公司进行重组，使之成为集政府性投融资、城市资本运营和城建国有企业资本运营于一体的经济组织。重组期间，剥离了不良资产，重新划入市燃气总公司、市自来水公司、公交总公司、电力开发公司、南湖宾馆等优质资产；进一步完善了公司法人治理结构，调整董事会成员，成立中共马鞍山市建设投资公司工作委员会，修改公司章程，变更公司登记；完成内设机构的组建和人员调配，建立资金管理、工程项目管理、融资担保等一系列内部管理制度。截至2002年末，公司合并总资产达20.35亿元，净资产12.02亿元，信用等级被国家开发银行和中国银行马鞍山分行评为A级。

【构筑信用平台打通政府建设融资渠道】 为充分发挥建设投资公司政府性投融资的职能，市建投公司认真研究当前城市基础设施金融业务主流银行——国家开发银行的政策及管理要求，并按信贷投资方向合理选定项目，编撰贷款申请报告、项目评审报告及项目市场、效益、资本筹措和项目还款预测，完成长达上千页的《马鞍山市申请国家开发银行城建项目贷款申请书》、《马鞍山市建设公司评级报告》、《马鞍山市债项评审报告》及有关附件，得到国家开发银行的肯定，在全省率先获得国家开发银行第二轮7亿元的城建贷款支持。同时，市建投公司还积极与驻市国有商业银行合作，为城市基础设施建设建立多元化的融资渠道。

（李　平）

【马鞍山市经贸发展有限公司正式成立】 2002年2月，马鞍山市经贸发展有限公司正式成立。公司经市政府授权经营国有大中型地方工商企业资产，注册资金2.2亿元人民币。所经营的大中型地方工商企业，涉及建筑机械、机械制造、纺织印染、矿山开采、工商贸易、五金百货、交家电批发零售、医药采购配送销售等行业。其经营范围主要包括：市国资委授权范围内的资产经营管理，国有资产产（股）权交易，证券交易，融资与投资，资产租赁、拍卖与收购，信息咨询、代理、中介服务等。

市经贸发展公司是具有独立法人资格的国有独资公司，市政府为出资者，代表市政府行使国有资产所有权职能。公司注册资本为授权范围内国有独资企业的注册资本和国有控股、参股企业的国有股本金。公司是国有资本经营机构，依据持有的产（股）权行使出资人权利，以国有资产产权为经营对象，负责国有资产的产权经营和投资管理，通过国有资产的有效运作，推动国有资产进行战略性调整和重组，引导国有资本向支柱产业、高新技术行业及优势骨干企业聚集，增强国有经济的竞争力，实现国有资产的保值和增值。

市政府授权公司经营企业：市机床总厂、海狮巾被集团公司、传动机械厂、高性能磁性材料厂、黄梅山铁矿、星宇特种电磁线有限公司、汽车配件公司、纺织品总公司、百货总公司、糖业烟酒总公司、盐业公司、雨山湖饭店、医药总公司。

公司控股、参股企业：天成纺织公司、马钢巨龙公司、马钢合力金属制品公司、星马汽车股份公司、马鞍山市惊天液压机械制造有限公司、天源科技(马鞍山)通力磁材有限公司、山鹰纸业集团公司、金星化工集团公司。

【格力电工(马鞍山)有限公司成立】 5月18日，格力电工(马鞍山)有限公司举行揭牌仪式，市长丁海中和珠海格力集团董事长徐荣为公司揭牌。格力电工(马鞍山)有限公司是经市政府同意，珠海格力集团以400万元的价格收购市政府授权经贸发展有限公司经营的市星宇特种电磁线有限公司的现有资产，租赁皖通公司的部分厂房、土地和设备，注册500万元成立了格力电工(马鞍山)有限公司。计划当年产特种电磁线1 500吨，销售额4 000万元，利税400万元。2005年前，格力集团总投资将达1.2亿元，形成年产1.5万吨、销售收入4亿元的规模，使马鞍山成为长江三角洲地区特种电磁线生产基地。星宇特种电磁线有限责任公司与格力集团的嫁接，不仅盘活了星宇公司的闲置资产，也为皖通公司下岗职工带来更多的就业机会，减轻了就业压力。

【减持天成纺织有限责任公司200万国有股】 天成纺织有限责任公司是在2001年由原市纺织厂改制而成，总股本1 000万元，其中国有股本占40%，自然人股占30%，职工持股占30%。经过一年运作，企业的经济效益有了明显提高。为了进一步完善法人治理结构，建立起与市场经济规律相适应的现代企业制度，促进天成纺织有限责任公司健康快速发展，依据《公司法》有关规定，并经市经贸发展有限公司董事会研究、报经市国资委同意，减持市经贸发展有限公司持有的天成纺织有限公司40%国有股股权的一半(即200万国有股)。为激发天成公司现经营班子成员的经营积极性，市经贸发展有限公司减持股定向转让给天成纺织公司现经营班子成员。至此，市经贸发展有限公司从原来的控股企业转为参股企业。

【马鞍山市中大汽车贸易有限公司成立】 6月28日，马鞍山市中大汽车贸易有限公司成立。该公司是在原马鞍山市汽车贸易(配件)公司(简称汽配公司)的基础上改制而成的。汽配公司成立于1977年，是一家专业从事汽车贸易的商业企业，原属省直企业，1978年下放到地方。随着市场经济的发展，汽配公司国有体制的诸多弊端逐渐暴露出来，所有者缺位，机制不活，严重削弱了企业的竞争力。为了提高企业竞争力，适应加入WTO的需要，解除对企业发展的束缚，成立了由经营管理层控股、职工自愿参股、保留部分国有股的投资主体多元化的“马鞍山市中大汽车贸易有限公司”。在总股本中，自然人股占55.4%、职工股占29.6%、国有股占15%。新公司将按《公司法》的要求规范运作，由股东会、董事会、监事会分别行使所有者、管理者、监督者的权利和职责。

【锦华公司整体租赁商业大厦】 商业大厦原是马鞍山市商业系统的龙头企业，曾获商业部命名的“明星企业”，连续五年荣获安徽省零售商业十强称号。近年来，商业大厦在市场经济的大潮中原有的优势逐渐丧失，国有企业的机制不活，包袱沉重等缺陷逐渐暴露出来，到2002年初，拥有处于黄金地段8 000多平方米营业面积、800多名职工的龙头企业，已陷入拖欠职工工资、拖欠电费、无法组织货源的困境。锦华百货公司是马鞍山市一家以家电经营为主的民营企业，连续两年荣获安徽省民营企业200强称号。随着企业的发展，锦华公司正寻求向百货业发展，实行多元化经营。通过市经贸发展公司、市百货总公司的积极促成，锦华百货公司整体租赁商业大厦，并投资改造装潢，安置商业大厦原职工。2002年10月1日，锦华商业大厦完成装潢改造重新开业，营业面积达到近1万平方米。

【天源科技(马鞍山)通力磁材有限公司成立】 2002年10月18日，天源科技(马鞍山)通力磁材有限公司举行揭牌仪式。市通力磁材有限公司是1999年7月由市政府出资500万元，市高磁厂以技术、品牌控股，利用原向硫矿马山车间闲置土地、厂房及设备组建的磁性材料有限公司。形成具有一定规模和影响的磁性材料产业基地的。公司成立后，安置了部分原向硫矿下岗职工，但生产经营不佳，没有达到形成具有一定规模和影响的磁性材料产业基地的预期目的，企业因亏损严重陷入了困境。2002年6月，安徽天源科技股份有限公司提出拟参与通力公司改制。通力公司资产重组和改制工作得到了市政府的大力支持，9月18日，确定了天源公司与经贸发展公司合作组建新公司的原则方案。确定新公司注册资本为500万元，其中天源公司以现金出资400万元，占总股本的80%，市经贸发展有限公司以通力公司评估后的净资产参股100万元，占总股本的20%。通力公司资产重组及改制的成功，对做大做强马鞍山磁性材料产业，加快形成磁性材料产业基地具有重要意义。

【万马机床制造有限公司揭牌】 2002年11月26日，

由浙江万马集团参与市机床总厂改制而成的万马机床制造有限公司在马鞍山经济技术开发区举行隆重的揭牌仪式,市委书记郑牧民和浙江万马集团董事长张德生为公司揭牌。

浙江万马集团是浙江省省级重点骨干企业,属浙江省经营规模最大和最佳经济效益企业,位于全国民营企业500强之177位。市机床总厂始建于20世纪60年代,曾经为马鞍山市的工业发展做过较大的贡献。近年来,虽然该企业产品特别是数控机床系列有一定的市场,但生产后劲不足,缺乏必要的资金投入。为引入外来资金、管理和技术,促进企业发展,市经贸发展有限公司偕同机床总厂多次与浙江万马集团磋商,最终达成合作共识,决定共同组建马鞍山市万马机床制造有限公司。新公司按照现代企业制度的要求健全法人治理结构,由浙江万马集团(马鞍山)发展有限公司参股200万元、市机床总厂经营管理层人员参股250万元及自愿入股的职工参股50万元,共同出资500万元组建有限责任公司。新公司将经营发展普卧式车床、数控车床、高性能旋转压机、冶金备件、齿轮、齿轴等产品,借助浙江万马集团的资金优势,大力优化产品结构,拓宽服务领域,力争向高新技术领域拓展,使其成为安徽省数控机床生产基地和机电产品的出口基地。

【雨山湖饭店出售合同正式签字】 2002年12月26日,梦都餐饮有限责任公司整体收购雨山湖饭店的签字仪式在南湖宾馆隆重举行,市经贸发展有限公司总经理汪建刚和梦都餐饮公司董事长沈阳分别在合同书上签字。至此,有着多年历史的省内知名国有企业雨山湖饭店整体转化为民营企业。

雨山湖饭店是马鞍山市一家知名国有服务性企业,始建于70年代末,曾是全市接待上级领导和来宾、举办重要会议的场所,取得过较好的经济效益和社会效益。但近年来,企业经济效益不断下滑,经营陷入困境。梦都餐饮公司是一家以餐饮为主的民营企业,在马鞍山拥有多家连锁酒店,在合肥有2家连锁酒店,属省内知名企业。梦都餐饮公司收购雨山湖饭店(收购价2 600万元人民币),原雨山湖饭店在职职工全部实行身份置换,梦都公司按现代企业用人制度,全部聘用身份置换后的原雨山湖饭店职工。梦都公司计划在3年内将饭店建设成四星级酒店。

【马鞍山市惊天液压机械制造有限公司成立】 马鞍山市惊天液压锤制造有限公司是安徽工业大学创办的高科技企业,拥有各类通用机械加工设备40余套,具有较强的精加工、热处理及测试能力,公司主导产品为液压破碎锤系列产品,是目前国内惟一一家专业从事开发生产液压锤的企业。为顺应改革的需要,进一步理顺产权关系,明确投资主体,完善法人治理结构,市经贸发展有限公司与惊天液压锤制造有限公司经多轮磋商,决定共同发起成立马鞍山市惊天液压机械制造有限公司。新公司注册资金800万元,原惊天液压锤制造有限公司参股450万元,市经贸发展有限公司参股200万元,原企业内部职工参股50万元。2002年12月28日,惊天液压机械制造有限公司在市经济技术开发区举行公司成立揭牌仪式。

(倪利平)

党　政

中共马鞍山市委

【市委六届三次全体会议】　5月8日，市委召开六届三次全体会议，选举马鞍山市出席省党代会代表。市委常委、组织部长成浩作省党代会代表安排、推荐情况说明。会议通过《中国共产党马鞍山市第六届委员会第三次全体会议选举办法》。省委确定郑牧民、丁海中、靳林春、王之廉、孙建华、杨志清6人为省党代表会议代表，会议选举方志宏、成浩、吕金宝、朱兴亚、杨燕、宋金虎、姚玉舟、顾章根、魏俊智（按姓氏笔划为序）为出席省党代表会议代表。市委书记郑牧民就维护稳定问题作重要讲话。郑牧民要求各级党政组织和领导干部一定要把维护社会稳定工作提到重要议事日程，作为政治的、全局的大事来抓，为全市改革开放和现代化建设的顺利进行，为党的十六大胜利召开创造稳定和谐的社会政治环境。

【市委六届四次全体会议】　12月6日，市委召开六届四次全体会议，审议《中共马鞍山市委关于深入学习贯彻党的十六大精神的决议（草案）》和《中共马鞍山市委关于在加快皖江开发开放中实现"率先突破"的决定》（讨论稿）。市委书记郑牧民就制订这两份文件的主要目的和文件内容作了说明。会议讨论并通过了上述两个文件。市委副书记、市长丁海中在会上作了讲话，要求全市上下要切实把思想统一到党的十六大精神上来，把行动统一到加快全市开发开放步伐上来，凝心聚力，为实现"率先突破"而共同努力。

【全市经济工作会议】　市委、市政府召开全市经济工作会议，传达贯彻中央和全省经济工作会议精神，总结2002年经济工作，部署2003年全市经济工作任务。市委副书记、市长丁海中作报告，市委书记郑牧民发表讲话。会议提出2003年全市经济工作的主要目标是：国内生产总值增长12%，力争达到13%；财政收入增长10%，力争12%以上；固定资产投资完成87亿元，增长50%，力争突破百亿元大关，增长90%；外贸进出口增长10%，力争增长15%，其中出口增长12%以上；实际利用外资5 000万美元，力争8 000万美元；引进内资10亿元以上，力争16亿元；城镇居民人均可支配收入增长8%，力争10%；农民人均纯收入增长5%，力争6%；城镇登记失业率控制在4.5%以内。2003年工作重点为：第一、主攻招商引资，全面加快对外开放步伐；第二、大力推动改革向纵深拓展，整体取得明显突破；第三、加大技改投入，着力培育新的工业经济增长点；第四、以增加农民收入为核心，千方百计推动农村经济加速发展；第五、以增强综合竞争力为目标，大力推进城乡基础设施的规划建设；第六、统筹抓好新兴服务业和传统服务业的发展，努力扩大消费需求；第七、努力搞好增收节支工作，积极促进金融改革和发展；第八、深入推进科教兴市战略，不断为加快发展注入新动力；第九、进一步优化发展环境，促进经济更快更好地发展。市委书记郑牧民要求全市上下必须集中精力抓住第一要务，大力营造加快发展的浓厚氛围；必须充分调动全市各方面的积极性，努力形成加快发展的强大合力；必须进一步转变作风，狠抓各项工作任务的落实。

【市委重大决策和部署】　2002年，市委坚持以邓小平理论和"三个代表"重要思想为指导，深入贯彻党的十六大和中央、全省经济工作会议精神，紧紧围绕"加快发展、富民强市"这一主题，作出了一系列重大决策和工作部署。

一、1月7日，市委出台《关于进一步加强和改进党的作风建设的实施意见》。《意见》进一步明确党的作风建设的指导思想和主要任务，要求全市各级党政组织把解放思想放在党的作风建设的首位，树立与时俱进、勇于创新的思想观念；密切联系群众，坚决反对形式主义和官僚主义；坚持标本兼治，扎实抓好反腐倡廉工作。《意见》同时对加强党的作风建设的领导提出了要求。

二、3月8日，市委出台《关于开展"敞开东大门、实现大开放"大讨论活动的实施意见》。《意见》明确了大讨论活动的指导思想和主要内容，即：必须紧紧围绕全面加快对外开放展开讨论，找出并破除阻碍马鞍山市对外开放的主要障碍，引导广大党员干部进一步解放思想，实事求是，创新观念，理清和完善发展思路，全面整治和优化发展环境，促进和扩大对外开放，推动全市经济和社会各项事业发展，加快实现第六次党代会确定的"在全省率先基本实现现代化"的目标。

三、4月28日，市委、市政府出台《关于集中整治和改善经济发展环境的意见》。《意见》指出，集中整治和改善经济发展环境，是适应入世新形势，营造发展新优势，实现马鞍山世纪之初发展目标的迫切需要，也是全市广大群众及企业、投资者的强烈要求。2003 年作为“环境整治年”，全市各方面要集中力量，下决心解决影响经济发展环境的突出问题。《意见》明确了集中整治和改善经济发展环境的指导思想、目标要求和工作重点，并对加强组织领导提出了明确要求。

四、4 月 28 日，市委、市政府出台《关于扩大区级管理权限、健全区级功能的实施意见》。总体原则是加强基层，健全功能；重心下移，属地管理；转变职能，精简高效；人财事相配套，责权利相统一。下放的管理权限共涉及 6 个方面，共 36 项，涵盖经济管理、城市建设与管理、社会事业管理和人事劳动管理等众多领域，并将首批 165 个企业下放到 3 个区，同时完善市与区财政体制，从各个方面调动区级加快发展的积极性。

五、6 月 27 日，市委出台《关于贯彻〈公民道德建设实施纲要〉的意见》。《意见》明确了公民道德建设的指导思想、方针原则、主要内容和具体措施，并对如何加强组织领导，形成合力，推进公民道德建设不断取得新成效作出部署。

六、10 月 22 日，市委、市政府出台《关于进一步做好老龄工作的意见》。《意见》要求从改革、发展、稳定的大局出发，重视和加强老龄工作。并从加强法制建设和社会保障制度建设，切实保障老年人的合法权益；以社会为主体，调动各方面积极因素，大力发展老年服务业；加强领导，进一步开创老龄工作新局面等五个方面制定一系列政策措施。

七、11 月 21 日，市委印发《关于认真学习贯彻党的十六大精神的通知》。《通知》指出，党的十六大是我们党在新世纪召开的第一次代表大会，也是我们党在开始实施社会主义现代化建设第三步战略部署的新形势下召开的一次十分重要的盛会。深入学习贯彻党的十六大精神，是当前和今后一个时期全市的首要政治任务。《通知》要求，各级党委要高度重视，精心组织，切实抓好学习贯彻工作；要把握重点，深入学习江泽民同志的报告；要联系实际，认真贯彻党的十六大精神；要加强领导，切实把学习贯彻十六大精神不断引向深入。

八、12 月 6 日，市委作出《关于在加快皖江开发开放中实现“率先突破”的决定》。《决定》的制定是认真贯彻党的十六大精神，全面落实省委、省政府加快皖江开发开放座谈会提出的马鞍山、芜湖、铜陵三市“在改革开放和经济发展上率先突破”要求的具体措施，对于推动全市开放型经济更快更好地发展，加快推进全面建设小康社会的进程，具有非常重要的作用。《决定》深入分析了马鞍山开发开放面临的新形势，明确了加快开发开放的总体思路和主要目标。并从加速融入长江三角洲发达地区、全力推进以园区建设为核心的开发开放以及全面优化发展环境等八个方面作出了一系列决策部署。

九、12 月 30 日，市委、市政府印发《关于进一步做好下岗失业人员再就业工作的通知》。《通知》指出，当前和今后一个较长时期，全市就业形势仍然严峻，必须进一步强化对就业与再就业工作的领导。《通知》明确了就业与再就业工作的指导思想和目标任务，从努力拓宽就业与再就业门路、不断加强社会保障体系建设以及努力营造有利于就业再就业的社会环境等八个方面作出了一系列决策部署。

十、12 月 31 日，市委、市政府出台《关于大力发展社区就业的意见》。《意见》明确了发展社区就业的指导思想、工作目标、工作内容、工作步骤，并制定了一系列保障措施。

（郑　梅）

【深入开展干部教育培训】 2002 年，市委组织部把“三个代表”重要思想和十六大精神作为干部理论学习的重点，在组织学习上求深入，在领会实质上求深度，在贯彻落实上求深化。举办了 3 期县处级以上领导干部学习十六大精神轮训班，培训领导干部 407 人；结合十六大报告在党建和组织工作方面提出的任务，列出了 60 个学习要点，组织全市组工干部进行重点学习；各级党委中心组、党校主体班次、各机关、企事业单位、各新闻媒体，采取座谈讨论、专题报告、专家辅导，组织宣讲团、讲师团，撰写文章、报道和制作音像等方式，普遍开展学习宣传活动。在加强学习的同时，要求广大干部努力做到学习理论与创造性工作的有机结合。

扎实推进干部培训教育工作。举办 8 期党校主体班和企业干部班，培训学员 1 084 人；举办县处级以上领导干部 WTO 和《干部任用条例》知识培训班，培训领导干部 490 人；牵头组织了公务员考试 2 860 人，分级分类培训公务员 1.27 万人次；选拔 40 名年青干部进行英语强化培训，37 人通过了全国 BFT 考试；选派 60 人到英国、美国等国家进行境外培训，启动了《公务员英语 300 句》培训，首期培训教学骨干 62 人。全年全市培训各级各类干部 2 万余人次。

整合干部培训资源，创新干部培训机制。撤并干部培训机构，组建马鞍山市行政学院、社会主义学院，与市委党校合署，使干部培训资源得到优化配置。建立干部教育培训师资库，采取内联外引的办法，与上海市委党校、江苏省委党校以及英国、香港等培训机构建立合作办学关系，增加了师资力量，提高了培训质量。建立《党政领导干部理论水平任职资格考试办法》、《干部教育培训质量评估制度》，提出了《党政领导干部理论学习学分制管理意见》，探索干部学习、培训新机制。革新青干班办学方式，采取军训、封闭、建立农村基地、尝试互动式教学、组织毕业答辩等办法，提高了青干班办学效果。

加强对年轻干部培养锻炼。4名县区党政正职赴江苏昆山等地挂职锻炼，3名干部担负对口支援西藏任务，选派了32名中青年后备干部到国家科技部、济南市、厦门市等地挂职锻炼。特别是选派了2名优秀年轻干部到两家骨干私企挂职锻炼，开辟了干部挂职的新领域。

【着力加强领导班子和干部队伍建设】 为做好机构改革中党政领导班子配备工作，市委组织部提出了领导干部任职的年龄政策界限，114名县处级领导干部改任非领导职务或提前离岗休息；同时采取优惠政策，鼓励符合条件的领导干部提前退休，共有59名处级干部办理了提前退休手续。机构改革中，全市交流县处级党政领导干部74名，其中党政正职32名，分别占党政班子成员及党政正职的33.7%和58.2%。机构改革后，全市党政领导班子成员的平均年龄由49.02岁下降到46.36岁，党政正职的平均年龄由52.5岁下降到47.7岁；40个党政工作部门领导班子中，有女干部的21个，占52.5%，比机构改革前上升了33.3%；市政府32个工作部门领导班子中，有党外干部的6个。市直部门中层干部全部竞争上岗，先后有482名干部通过竞争走上领导岗位。

组织开展市、县、区换届工作。在市级班子换届中，组织提名的正职全部高票当选，副职及“两长”当选率为93.3%；1县3区换届中，组织提名的正职全部高票当选，副职及“两长”当选率为96.4%。县区换届后，党政班子中45岁以下的干部37名，占67.3%，平均年龄下降了3.5岁。一批政治强、懂经济、会管理、年纪轻、学历高的优秀干部充实到领导班子中。

加强国有企业领导班子建设。全年共调整国有企业领导班子成员26个，其中党政正职7名；提拔市管及协管企事业单位领导干部21名，调整28名。

【深化干部人事制度改革】 探索新的干部选拔任用机制。2002年，市委组织部完成差额考察制试点，出台了《关于选拔任用党政领导干部实行差额考察的意见》。开展“空位公推制”研究，提出了《关于建立领导职位空缺公开推荐选拔制度的意见》，并着手试点。开展党政领导干部考察考核指标体系研究，草拟了《干部量化考核项目细化评价标准》，并着手开发考核软件。开展“考核结果通报反馈制”课题研究，出台了《关于实行党政领导班子和领导干部考核结果反馈暂行办法》，并付诸实施。此外，还完成了《党政领导干部任期制》、《党政领导干部辞职、降职实施办法》修改稿。

创新国有企业领导人员管理体制。改革国有企业领导人员管理模式，出台了新的管理办法，并重新划分管理权限，市管企业由原先的80多家调整为14家。建立新的国有企业选人用人机制，加强对国有资产经营管理者的监督，规范了企业领导班子考核办法。开展企业经营者素质测评指标体系研究，已完成课题报告，为建立企业经营者资质评价中心奠定了基础。

【加大人才培养力度】 建立了全市学术和技术带头人后备人选库，推荐12人作为2002年度省学术和技术带头人后备人选，推荐8人参加享受政府特殊津贴专家评选，组织推荐22名行政管理人员参加中澳合作公共管理硕士（MPA）研究生班学习。举办“入世与政府管理体制变革”、“现代人力资源开发与管理”、“美国和亚太经济与跨国公司和中小企业发展”等专题讲座，以及“招商引资实务与国企改革”培训班，550多名行政管理和人力资源管理人员参加了学习。

【认真做好知识分子工作】 建立了领导干部与专家联系制度，出台企业与优秀专家联系试行办法，补充11名优秀专家进入专家人才库，确定35名专家为市领导联系对象。为从健康、生活多方面关心知识分子，组织全市1 600名优秀专家、享受特贴人员和在职高级技术人员进行了健康体检，组织24名专家到香港、澳门、珠海等地疗养，并帮助解决他们的实际困难，充分调动其工作积极性。到2002年底，全市有各类专业技术人员6.6万人，其中高级职称5 560人，中级职称21 820人，享受国务院特殊津贴的专家172人，享受省政府特殊津贴的专家38人。

【强化干部监督工作】 狠抓《干部任用条例》和干部监督制度的贯彻落实。全年举办7期《条例》培训班，培训干部753人次；开展《条例》知识竞赛活动，全市1万多人参与；对全市16个重点单位执行《关于加强对党政正职干部监督的若干规定（试行）》情况进行检查，找出存在问题，并提出整改措施。认真做好机构改革中领导干部公物移交工作；加强对任期经济责任审计成果的运用，全年收到任期经济责任审计报告47份，根据报告反映的问题，对3名正处级干部进行了谈话、函询或调查。制定了《马鞍山市市级经济责任审计范围及审计主体确定的暂行办法》，全年累计审计企业领导干部21人。

认真办理群众来信来访。全年共受理信访190

件,做到件件有着落。为进一步规范对干部任前公示期间群众反映问题的受理,制定了《关于任前公示期间群众反映问题的调查处理办法(试行)》。

【加强党的基层组织建设和党员队伍建设】 进一步加强农村基层组织建设,市委组织部按照"两推一选"方式对全市365个村进行了换届选举;对全市34名选派到村任职的干部进行考核、培训,并设立80万元村级集体经济发展专项资金,与市科协配合,为下派干部提供经济发展参考项目。开展县区委书记履行农村基层组织建设第一责任人职责情况考核工作,举办全市乡镇领导干部培训班,培训乡镇党委书记、乡镇长31人。

积极推进城市党建工作。坚持和完善党的代表大会制度,指导28家党委顺利换届;结合机构改革重新调整党组织设置,撤销了6个政府部门的职能性党委和7个主管经济的职能局党委;调整落实了下放城区管理的114家企业党组织隶属关系及其所属的4 140名党员党组织关系移交工作;认真做好企业下岗职工党员出中心组织关系接转 工作,全市出中心的591名党员中,582人的组织关系已顺利接转 ;抓好非公有制经济组织党建工作,全市已成立私营企业党组织70家,占应建党组织数的100%;制定了《关于开展创建"六个好"街道党工委和"五个好"社区党支部的实施办法》,以共驻、共建、共享、共荣为目标,扩大覆盖面,形成新格局。

党员电教工作稳步发展,为全市366个村配备了VCD,全年播出《党的生活》电视栏目12期,其中《扳不倒的汉子》荣获全国第七届党员电教观摩评比专题片类红星优秀奖;为109名拟提拔干部和中青年干部培训班学员、后备干部制作了个人音像资料。通过开展农村党员电教科技致富活动,全市建立党员科技服务示范基地100多个,党员科技致富示范户2 000多户。

党员队伍不断优化。全年发展新党员1 943名,35岁以下青年党员1 044名,女党员491名,高中以上文化程度1 570名。同时,开展了私营企业主入党问题专题调研,形成了调查报告,并提出初步意见。在发展党员公示制和实行党员告诫制的基础上,进一步加强进出口管理,对处置不合格党员的退出机制开展了研究。

(邰玉全)

【组织全市新一轮解放思想大讨论活动】 为适应新一轮对外开放的需要,根据省委的要求,市委于3~4月份,在全市开展了以"敞开东大门,实现大开放"为主题的新一轮解放思想大讨论活动。为组织好这次大讨论,市委制定了周密的方案,并组织6个督查组跟踪督查。这次大讨论坚持同学理论、找差距相结合,同整治和改善经济发展环境相结合。坚持"舆论引导,典型开路",通过新闻媒体解剖正反面典型,引发全社会的关注和思考。通过一系列扎扎实实的措施,大讨论取得了较好成效,干部群众中存在的陈旧落后的思想观念和思维方式受到了一次强烈的冲击,为优化环境、招商引资工作营造了良好的氛围。通过大讨论,扩大开放、招商引资、加快发展成为全市人民的共识;经济发展环境得到了优化,"人人都是投资环境,事事关系马鞍山形象"逐步深入人心;机关作风转变有了新的突破,为投资者服务、为人民群众服务的意识显著增强。

【对外宣传工作扎实开展】 2002年,全市外宣工作围绕"敞开东大门,实现大开放"的战略,按照"主渠道,大传媒,高质量"的方针,采取"请进来,走出去"的办法,拓宽渠道,强化对城市整体形象的策划和包装,开创了外宣工作新局面。全年共在省、中央、境外媒体刊发稿件680余篇(件),刊登专版6个,制作外宣片10部(集),外宣画册3 000册,外宣DVD光盘6 000套,各类招商引资旅游手册、折页5 000套,均比上年有大幅度提高。值得一提的是,与中央电视台10频道合作,推出了50分钟的城市形象节目;与中央电视台4频道联合拍摄制作了《华夏文明》8个独立成篇的外宣片,系统推介马鞍山的特色文化和旅游资源;拍摄了中、英版《绿色之城——马鞍山》电视外宣片,并制成DVD光盘。编辑出版了2002版《马鞍山》外宣画册。

(汤德生)

【组织和支持党外人士履行参政议政、民主监督职能】 组织党外人士开好市委"双月座谈会"。2002年,组织召开了6次"双月座谈会",通报全市改革和建设的重要情况,使党外人士在知情的基础上,积极建言献策。推动党派、工商联做好政协提案工作。年初,市委统战部与各民主党派市委、市工商联负责同志多次讨论政协提案议题和工作计划,明确提案课题的调研内容和调研方向,并进一步强调认真做好市七届政协一次会议的提案工作。在市七届政协一次会议上,各民主党派和工商联共提交提案200件,占大会提案总数52.4%,立案率达95%以上。推动党外人士认真履行民主监督职能。继续完善政府部门与民主党派对口联系制度,帮助民主党派与对口部门加强联系。同时,从制度化、规范化上推进了聘请民主党派成员和无党派人士担任各类"特约员"工作,积极探索推进全市政治文明建设的有效途径。

【指导市工商联、民革市委完成换届】 2002年3月初至4月底,在反复酝酿、多次磨合的基础上,产生了市工商联五届领导班子人选名单。5月上旬,市工商联召开第五届会员代表大会,选举产生了新一届执行委员会、常务委员会和正副会长、秘书长。新当选的38名常执委,平均年龄40.18岁,大专以上文化的占76.32%,非公有制经济人士和股份制企业界代表占81.6%,7位副会长均为民营企业和股份制企业负责人。2002年初到9月下旬,为统一民革成员思想,尽快推出民革市委领导班子人选,统战部做了大量工作,民革马鞍山市委按期于9月末召开了第五次代表大会,选举产生了新一届民革市委领导班子。

【民族宗教工作取得新进展】 市委统战部认真贯彻落实全国宗教工作会议精神,8月和10月,分期举办了全市县(区)、乡(镇)、街道党政分管领导、统战、宗教工作干部和市宗教界人士"全省宗教工作会议精神学习班",100多名统战、宗教工作干部和宗教界人士参加了学习培训。同时,还深入宗教团体、教堂、教会点,宣传全国、全省宗教工作会议精神和党的宗教政策。在全市开展宗教工作专题调研,通过调研,在全面了解宗教工作状况、找准宗教工作难点、深入分析问题的基础上,提出了强化宗教事务管理的意见和建议。协调有关方面,妥善处理宗教事务管理方面的问题,并采取有力措施,加强爱国宗教团体自身建设。

【认真做好换届党外人士安排组织工作】 2002年是市、县(区)人大、政府、政协换届年,市委统战部把党外代表人物物色推荐和党外干部培养使用作为全市统战工作的重中之重。一是广泛开展党外代表人物物色推荐和调查了解。向全市有关部门和单位发送了《关于做好党外代表人物物色推荐工作的通知》,布置全市党外代表人物物色推荐工作。在此基础上,对100多名党外代表人物进行了重点调查和考察。二是全力做好换届党外人士安排各项组织工作。9月初,市委统战部成立了市政协换届组织工作领导小组,开展市七届政协党外人士安排组织工作。10月上旬,与市政协党组共同向市委上报了《关于召开市政协七届一次会议暨市政协换届工作有关问题的请示》,经市委同意后,与市委组织部联合下发《关于区政协换届有关问题的补充通知》,进一步明确市、县(区)政协换届组织工作的有关问题。三是广泛进行协商,力求人选安排合理。市七届政协委员整体素质比上届有所提高,委员分布更广泛,代表性和先进性更强。新一届常委会组成人员知识结构和年龄结构进一步优化,53名常委平均年龄48.83岁,与六届一次会议时相比,下降了2.77岁;大学、大专以上学历34人,占常委会成员的64.15%,比六届一次会议时提高5.66个百分点。 (吴功月)

【群众来信来访呈现新特点】 2002年,马鞍山市群众来信来访呈现新的特点。一是信访总量上升,全年市信访局共受理群众来信、来访10 241件人次,同比上升44%。其中,来访9 385人次,上升32.6%;来信856件,下降8.3%;省、市领导交办案件109件,其中省交办18件,市领导交办91件,都于年内办结。全年信访案件按期结案率达100%,要报结果的信访案件结案率达100%。二是越级集体上访增多。全年接待来市集体上访413批,7 433人次,与上年同期相比,批次上升52.3%,人次增加48.7%。集体上访占来访总量的79.6%,其中去省集体上访9批、197人次,同比批次和人数都略有上升,未发生一批赴京集体上访。三是信访反映的问题涉及面广、解决难度大。随着改革的深化,利益格局的调整,信访反映的问题涉及面越来越广,主要涉及政治、经济、生活等上访者切身利益问题大幅度上升,反映建议和举报类的内容增幅较快;反映城市建设、环保等方面的问题明显上升;反映基层干部作风、企业转制职工出中心、社会保障、养老保险、城市建设拆迁补偿安置、土地征迁、社会治安等方面的热点、难点问题相对集中。四是信访表现形式日趋激烈。全年发生集体上访群众围堵市委、市政府大门63次,拦阻湖北路、红旗路交通21次,冲击机关大院和市政府办公室37次。9月23日,向硫矿70名职工卧轨,火车停开23分钟。群众上访中,打横幅、呼口号等异常情况时有发生。

【加强信访工作领导】 为加强对信访工作的领导,调整了全市信访工作领导小组,县区在机构改革中分别成立了信访局。建立了维护社会稳定联席会议制度,全年共召开11次联席会议。层层落实信访工作领导责任制和接待群众来访制度,各级党政领导做到"四个亲自",即:亲自部署信访工作,亲自协调处理信访问题,亲自到现场做劝说工作,亲自阅批群众来信和接待群众来访,凡出现重大集体上访,各级领导都亲自出面协调处理,靠前指挥,化解矛盾。

(朱甲坤)

【解决拖欠老干部"两费"问题】 为解决拖欠老干部医药费问题,全年开展4次离休干部医药费清欠和兑现工作。全市共清欠296.3万元,涉及1 126人次,并由市财政解决248.2万元,主管部门和单位解决48.1万元予以兑现。在开展清欠工作的同时,经过卫生局、财政局、组织部和老干部局等部门的努力,出台了《马鞍山市离休人员、老红军、二等乙级以上革命伤残人员医疗统筹管理办法》。在年底前,全市建立起离休干部离休费、医药费"两费"保障机制和财政支持机制,从根本上解决了老干部的"两费"拖欠问题,达到了省委老干部局提出的有关解决老干部"两费"问题的要求。

【全面落实老干部的政治待遇】 组织老干部开展理论学习。各单位结合老同志的思想实际和身体特点,采取集中与分散、听课与自学、总结与研讨相结合的方法,提供必要的学习资料,认真组织好老同志的理论学习。完善老干部听报告、阅文制度。市老干部局邀请有关专家为全市离休干部作《反恐怖与国家安全》的国际形势报告,各单位按要求及时向本单位老干部传达上级文件精神,市委、市政府不定期地向全市地市级(含享受)的离退休老干部传达中央和省委文件。同时,各有关单位建立和完善了老干部阅文制度,每月集中看一次文件,过一次党组织生活,对生病在家的老干部做到送文件上门。定期向老干部通报情况。市委、市政府领导利用重大节日、纪念日的时机,向老干部通报全市改革开放、社会发展及经济运行等重要情况。组织老同志参观学习。4月份,组织市五大班子离退休老领导赴合肥参观名人馆、徽园、明珠广场;10月份,组织全市地市级老同志参观《马鞍山市规划成果展》。

【加强对党员老干部的教育和管理】 全市共有党员离休干部2 001人,党员数占离休干部人数的85%;离退休干部党支部106个,离休干部单列党支部15个,党小组198个。老干部局按照中组部《关于加强离退休干部党支部建设的意见》的精神,经常深入其中,指导工作。邀请市委十六大精神宣讲团成员为全市离退休干部党支部书记作学习十六大精神辅导报告,帮助有关部门合理设置老干部党组织,选配好支部成员和党支部书记。对于部分老干部党员过组织生活难的问题,及时协调,帮助解决。与此同时,组织开展丰富多彩的文体活动,活跃老同志晚年精神生活。

(左惠琴)

【深化"四优"文明机关创建活动】 2002年是市直机关"作风建设年",市直机关的创建工作紧紧围绕这一主题,拓宽创建渠道,提高创建水平。5月份,市直工委分成4个组,对市直25个市级文明单位、8个"市级青年文明号"、1个省级"青年文明号"进行了考核验收,对35个"四优"文明机关单位特别是窗口服务单位进行随机暗访,加强经常性检查督促,对存在问题着力抓好整改。通过创建活动,进一步促进了机关作风的转变。

【开展"五好党支部"竞赛活动】 继续在市直各单位开展以"好班子、好队伍、好制度、好作风、好业绩"为内容的"五好党支部"竞赛活动。11月份,市直工委组成4个考核小组,采取听汇报、看资料等形式,对申报"五好党支部"的37个单位依据竞赛的标准逐一进行考核,评出2002年度市直机关"五好党支部"33个,并进行了通报表彰。

【建立党风廉政建设两项制度】 市直纪工委制定下发了《关于对市直机关新提拔科级干部实行廉政谈话的意见》、《关于对市直机关违纪受处理党员实行回访的意见》等两项制度,并重视抓好落实。下半年,先后对市直新提拔的10名科级干部进行了廉政谈话,对近两年来受处理的8名违纪党员进行回访,有针对性地做好工作。

(徐 俊)

【市委党校教学科研概况】 2002年,市委党校积极发挥干部培训主渠道作用,努力拓展办学空间,取得了可喜成绩。一是发挥党校主渠道作用,办好主体班次。全年举办主体班次8期,培训干部636人次。其中,县处级干部进修班2期、中青年干部培训班2期,处级以上干部WTO知识培训班3期,乡镇人大主席培训班1期。二是经市委、市政府批准,在党校成立行政学院和社会主义学院,与党校三块牌子,一套班子,整合了全市干部培训资源,拓展了党校办学空间。"两院"成立以来,已举办各类班次13期,培训1 210人次。其中,军转干部培训班1期,公务员英语应用能力培训班1期,公务员计算机应用能力培训班1期,民族宗教干部培训班1期,专业技术人员教育培训班8期。三是加强函授办学,举办各类学历班。现有函授学员(大专、本科、在职研究生)3 070人。四是办好各类短期培(轮)训班。与市有关单位联合办学,全年共举办各类短期培训班3期,培训各级各类干部1 100人次。

与此同时,市委党校还坚持"为提高教学质量服务,为市委市政府决策服务,为全市两个文明建设服务"的宗旨,积极开展科研工作,成果颇丰。全年,教研人员在地市级以上报刊共发表论文54篇,其中在国家级的报刊上发表6篇,在省级报刊上发表5篇。

【市委党校深化人事制度改革】 在干部队伍建设上,实行竞争上岗,双向选择和干部聘用制。结合全市机构改革,校中层领导干部岗位全部推行竞争上岗,并在全市率先实行科级以上干部(实职)聘用制,聘期三年,到期进行考核,优胜劣汰。各处室的工作人员与处室负责人进行双向选择。此项改革有力地促进了教学和管理力量的整合,调动了干部和教职工的工作积极性。

(李险峰)

马鞍山市人民代表大会

【市十二届人大五次会议】 市十二届人民代表大会第五次会议于2002年1月16～19日在南湖宾馆举行。出席会议的代表284名,列席人员125名。会议听取和审议市人民政府工作报告;听取和审议马鞍山市2001年国民经济和社会发展计划执行情况及2002年计划草案的报告,审查、批准马鞍山市2001年国民经济和社会发展计划执行情况的报告及2002年国民经济和社会发展计划;听取和审议马鞍山市2001年财政预算执行情况和2002年财政预算草案的报告,审查、批准2001年马鞍山市财政预算执行情况的报告和2002年市级财政预算;听取和审议市人大常委会工作报告;听取和审议市中级人民法院工作报告;听取和审议市人民检察院工作报告;选举丁海中同志为马鞍山市人民政府市长;通过关于市十二届人民代表大会设置的法制、财经、城建、教科文卫四个专门委员会改由市人大常委会设置工作委员会的决定。

【市十二届人大常委会会议】 2002年,市人大常委会共举行7次常委会会议。

市十二届人大常委会第二十八次会议。2月2日召开,会议传达了省九届人大五次会议精神,讨论通过市人大常委会2002年工作要点;会议决定任命牛弩韬为市人民政府副市长,并对部分市人大常委会工作机构、市政府工作部门的干部作出任免决定。

市十二届人大常委会第二十九次会议。4月3日召开,会议听取和审议市政府关于贯彻实施《中华人民共和国教育法》情况的报告,听取市人大常委会人事代表选举工作室关于乡镇人大换届选举情况的报告,传达学习九届全国人大五次会议精神;免去鲍寿柏同志马鞍山市人民政府副市长职务。

市十二届人大常委会第三十次会议。6月20日召开,会议听取和审议市中级人民法院关于执行工作报告,听取市人大常委会执行工作调查组关于中级人民法院执行工作情况的调查报告;听取和审议市人民检察院关于打击和预防贪污、贿赂犯罪工作报告,听取市人大常委会反贪污贿赂工作调查组关于市检察院反贪污贿赂工作情况的调查报告;决定任命单文钧为马鞍山市人民政府副市长(挂职)。

市十二届人大常委会第三十一次会议。8月15～16日召开,会议听取和审议市政府关于马鞍山市2002年上半年国民经济和社会发展计划执行情况的报告,关于马鞍山市2002年上半年财政预算执行情况的报告;听取市人大常委会财经工委关于视察全市上半年经济运行情况的报告;听取市政府关于全市经济发展有关情况的通报;听取和审议市政府关于马鞍山市2001年预算执行和其他财政收支的审计工作报告;听取市人大常委会财经工委关于马鞍山市2001年市本级财政决算的初审意见,通过《马鞍山市人大常委会关于批准2001年市本级财政决算的决议》。

市十二届人大常委会第三十二次会议。10月30日召开,会议听取和审议市政府关于非煤矿山整治情况的报告,听取市人大常委会非煤矿山整治执法检查组关于开展市非煤矿山整治执法检查情况的报告,通过马鞍山市人大常委会关于认真抓好非煤矿山安全生产整治的决议;听取关于马鞍山市市、县区两级人民代表大会换届选举工作安排意见的报告,通过关于马鞍山市市、县区人民代表大会代表名额和选举问题的决定。

市十二届人大常委会第三十三次会议。12月10日召开,会议听取和审议市政府关于市十二届人大五次会议代表议案、建议、批评和意见办理情况的报告;听取市人大常委会人事代表选举室关于检查市十二届人大五次会议代表议案、建议办理工作情况的报告。

市十二届人大常委会第三十四次会议。12月20日召开,会议通过关于召开市十三届人大一次会议的决定;审议并通过市人大常委会代表资格审查委员会关于市十三届人大代表资格审查的报告;通过市十三届人大一次会议议程(草案)、日程(草案),主席团和秘书长名单、主席团常务主席名单、执行主席分组名单、副秘书长名单(草案),通过市十三届人大一次会议关于设立议案审查委员会和计划预算审查委员会的决定(草案),会议议案审查委员会和计划预算审查委员会主任委员、副主任委员和委员名单(草案);决定列席市十三届人大一次会议人员名单;通过市十三届人大一次会议选举办法(草案)、代表提出议案截止日期及审议程序的决定(草案)、通过市十三届人大一次会议代表质询和询问的办理办法(草案);审议、通过市人大常委会工作报告,提请市十三届人大一次会议审议。

【人事任免】 为做好人事任免工作,市人大常委会总结了多年来人事任免工作经验,建立了任前调查公示、法律知识考试、拟任者表态发言、投票表决、颁发任命书等任命程序。全年先后组织了13人次法律知识考试,依法任免"一府两院"国家机关工作人员103人次,其中任职67人,免职36人,有43人在常委会会议上作了表态发言,取得了较好的效果。

【重大事项决定】 2002年,市人大常委会围绕本行政区域内经济和社会发展的重大事项,认真执行《讨论决定重大事项的规定》，正确行使决定权，相继就财政决算审查、地方政权建设等重大事项，作出决议、决定5项。审查、批准了年度财政决算并作出相应决议，维护了人代会通过的全市计划和预算的严肃性。注意发挥"同级审"在预算监督中的作用，将群众关注的焦点和社会反映的热点作为财政"同级审"延伸审计的重点，加强对国债资金等重点项目的审计监督，督促政府集中财力，加大对企业技术改造的支持，努力培育经济增长点。针对一度出现的非煤矿山安全问题，常委会在执法检查的基础上，依法作出了《关于切实加强非煤矿山安全整治的决议》，要求加强宣传教育，依法加强矿山安全的监督管理，实现非煤矿山的标本兼治。有关部门对少数整治无望的矿井依法关闭，巩固了非煤矿山安全整治成果。

【审议和监督】 2002年，市人大常委会紧紧围绕全市经济和社会发展的重大问题，依法开展监督工作，先后召开7次常委会会议、19次主任会议，重点对教育法、工会法、代表法、国防教育法贯彻实施情况进行检查，对婚姻法、体育法、城市规划法以及城市总体规划贯彻实施情况开展执法调研和视察。在工会法执法检查中，要求有关部门高度重视非公有制企业和集体企业的工会组建工作，认真解决少数企业不同程度存在的侵害职工合法权益的问题。在教育法执法检查中，常委会要求切实保障义务教育投入，整治教育乱收费，推进优质教育资源的合理配置。为推进科教兴市战略的实施，常委会还组织开展了对市科技局科技成果转化工作的评议，要求大力宣传促进科技成果转化法，切实做好科技成果转化的指导工作。

一年来，常委会认真审议"一府两院"有关工作报告，先后听取了市政府关于计划和预算执行情况的报告，关于开展开放型经济和加快开发区建设的报告，关于调整农业产业结构和增加农民收入的报告，关于城市居民最低生活保障以及城镇职工医疗保险制度改革工作的报告，听取了市中级法院执行工作情况的报告、市检察院打击和预防贪污贿赂工作情况的报告。常委会在深入调研的基础上，对城市居民最低生活保障以及城镇职工医疗保险制度改革方案的审议中，要求调整保费计提标准，扩大保障覆盖面，进一步做好"三条保障线"的衔接，切实解决社保基金征缴支付矛盾等突出问题。按照审议意见，市政府及其职能部门进一步理顺了管理体制、协调条块利益，规范和完善了"三条保障线"有关制度。为解决法院"执行难"问题，常委会在审议中指出了执行工作中监督制约措施不到位、部门保护主义干扰执行等问题，要求努力营造良好的执行环境，不断开创执行工作新局面。为打击和预防贪污贿赂犯罪，常委会要求检察机关加大打击和预防的工作力度，依法保障反贪污贿赂工作的顺利开展。为调整农业产业结构和增加农民收入，常委会和主任会议组织开展专题检查和视察，要求政府加大对龙头企业支持和扶持力度，充分发挥其在农业产业结构调整中的带动和辐射作用。常委会负责同志多次深入实地检查水利国债工程和薛丹博抗旱综合工程，督促政府抓好防汛抗旱工作，增强农业抵御自然灾害的能力。同时还对农业税费改革情况、乡镇财政状况、村民饮用水情况、春耕生产、农业综合开发项目进行调研，促进农业发展、农民增收、农村稳定。

【换届选举】 2002年人大换届选举正值党的十六大胜利召开之际，又是在新世纪的第一次人大换届，市人大常委会提前着手准备，制定换届方案，一是成立换届工作协调小组，加强对县、区人大换届工作的指导；二是深入到县、区了解换届选举工作进展情况，对部分大型企业、街道、社区、村委会的选民登记进行了调研，对普遍反映具有共性的问题进行协调，保证了选民登记、代表候选人酝酿、协商、提名等工作扎实推进；三是深入发动，营造了浓厚的选举工作氛围，全市共发出《致选民一封公开信》近20万份，悬挂横幅200多条，张贴标语1万多条，出板报、专版54期；四是充分尊重选民和代表的意愿，严格依法办事。这次人大换届选举，涉及全市选民873 296人，在2002年11月12～21日的直接选举中，实际参加投票的选民803 231人，参选率92%。在选举中，县、区按照《选举法》规定，提名、推荐和酝酿了1 447名初步代表候选人，经协商推荐，依法产生了1 160名正式代表候选人。全市445个选区有433个选区第一轮一次选举成功。全市依法选举产生了23名省人大代表，282名市人大代表和702名县、区人大代表。

【代表工作】 2002年，市人大常委会加强代表工作，充分发挥代表作用，进一步做好人大及其常委会的基础工作。一是加强《代表法》的学习和宣传，提高全民代表意识。抓住4月3日《代表法》颁布实施10周年纪念日的契机，市、县、区和乡镇人大开展了一系列纪念活动和形式多样的宣传活动，营造尊重、关心和支持代表履行职责的良好氛围。二是建立代表活动阵地和联络网。截至2002年底，全市共有制度齐全、活动正常的代表活动室57个。将全市283名人大代表编成21个代表小组，建立5个代表联络组，并以代表活动室为基础，代表联络网为纽带，加强闭会期间代表小组活动的指导，提高了代表活动质量。三是注重代表议案和建议的办理质量。市十二届人大五次会议，代表提出议案5件，建议和批评意见153件。会后，市人大常委会及时交办、全程监督，确保议案和建议的办理质量，代表满意率达90%以上。四是为提高代表在人民代表大会上的审议质量。市人大常委会做好代表会前的服务工作，将会议议题和重要工作报告提前发给代表，征求意见；会前组织代表围绕全市的经济建设和群众关心、关注的热点问题进行视察，使代表们在讨论发言时有针对性；安排好委托县、区人大常委会开展代表视察和调研活动。五是继续推行代表履职卡工作制度。2002年，此项工作在全市全面展开，使市人大常委会能够较全面地掌握和了解人大代表履行职责情况，同时也更好地激励人大代表工作的积极性，增强了代表的职责意识。

（谷传树）

马鞍山市人民政府

【市政府全体扩大会议】 2002年12月22日，市政府召开十二届十三次全体(扩大)会议，专题讨论修改即将提交市人大十三届一次会议审议的《政府工作报告》稿。会议由丁海中市长主持。副市长陈大娜、杜永田、周宏基、聂庆义、戴自明、牛弩韬、单文钧，市政府秘书长龙李海和其他市政府组成人员参加了会议。开发区管委会主任、副秘书长、市政府直属机构、县区政府、中央和省驻马单位以及部门企业负责人列席会议。

【市政府常务会议】 2002年，市政府共召开9次常务会议，即第十七次至第二十五次会议。

1月9日，代市长丁海中主持召开市政府第十七次常务会议，讨论并原则通过关于户籍制度改革意见和开展经常性社会捐助工作意见。副市长鲍寿柏、杜永田、周宏基、聂庆义，市长助理刘荣华，市政府秘书长龙李海等出席会议。

2月22日，市长丁海中主持召开市政府第十八次常务会议，讨论并原则通过新的《马鞍山市征用土地补偿安置办法》，并决定于2002年3月1日正式实施。副市长陈大娜、杜永田、周宏基、聂庆义、戴自明、牛弩韬，市长助理刘荣华，市政府秘书长龙李海等参加会议。

2月26日，市长丁海中主持召开市政府第十九次常务会议，落实分解2002年全市重点工作、重点项目和县区考核目标。副市长陈大娜、杜永田、周宏基、聂庆义、戴自明、牛弩韬，市政府秘书长龙李海等参加会议。

4月2日，市长丁海中主持召开市政府第二十次常务会议，讨论并原则通过《马鞍山市党政机关目标考核奖惩办法》和《马鞍山市整治和改善经济发展环境实施意见》。副市长陈大娜、杜永田、聂庆义、牛弩韬，市长助理刘荣华，市政府秘书长龙李海等参加会议。

4月25日，市长丁海中主持召开市政府第二十一次常务会议，专题讨论《扩大区级管理权限、健全区级功能的意见》。副市长陈大娜、杜永田、周宏基、聂庆义、戴自明、牛弩韬，市长助理刘荣华，市政府秘书长龙李海等参加会议。

5月10日，市长丁海中主持召开市政府第二十二次常务会议，讨论并原则通过《关于清理和废止部分规范性文件的意见》和《关于加快推进我市农业产业化、品牌和农产品流通三项工程的意见》。副市长陈大娜、杜永田、周宏基、戴自明，市长助理刘荣华，市政府秘书长龙李海等出席会议。

6月17日，市长丁海中主持召开市政府第二十三次常务会议，讨论并原则通过对全市现行医改政策进行适当调整和完善的方案。副市长杜永田、周宏基、聂庆义、牛弩韬，市长助理刘荣华，市政府秘书长龙李海等出席会议。

9月16日，市长丁海中主持召开市政府第二十四次常务会议，讨论并原则通过《马鞍山市国有资产管理暂行办法》、《马鞍山市国有资产经营公司监事会管理暂行办法》和《2002年市政府机关政风评议工作意见》。副市长杜永田、周宏基、聂庆义、戴自明、牛弩韬、单文钧，市长助理刘荣华，市政府秘书长龙李海等出席会议。

10月21日，市长丁海中主持召开市政府第二十五次常务会议，听取有关全市行政审批事项清理及相关事宜的汇报，会议决定对106项政府部门和机构行政审批事项予以取消和调整。副市长周宏基、聂庆义、戴自明、单文钧以及市政府有关部门负责人出席会议。

（综合一科）

【向区放权】 为理顺行政管理体制，扩大区级管理权限，健全区级功能，塑造区级经济和社会发展的权利、责任、利益主体，2002年4月，市委市政府在深入调研、精心准备的基础上，专门出台了《关于扩大区级管理权限、健全区级功能的实施意见》，并召开全市城区工作会议，全面部署向区放权工作。这是市委市政府在2001年撤销向山区、实行以城带乡新体制后，在城市管理体制方面采取的又一项重大改革措施。

这次向区放权的总体原则是：加强基层，健全功能；重心下移，属地管理；转变职能，精简高效；人财事相配套，责权利相一致。下放的管理权限共涉及6个方面，共36项，涵盖经济管理、城市建设与管理、社会事业管理和人事劳动管理等众多领域，并将206户市管国有集体中小企业按属地管理原则下放到三个区。

同时,进一步完善市与区财政管理体制,首批165户企业已下放3区,各区推进企业改革工作正有序展开。

(强瑞青)

【市长公开电话办理情况】 2002年度,市长公开电话(12345)共受理人民群众来电69 000余件,市长公开电话办公室答复和办理58 000余件,转交各区、县政府和市政府有关部门及有关单位办理11 000余件。全年交办事项办理反馈率达到100%,办结率为89%。市长公开电话办公室除受理、答复、转办和督办群众来电外,全年还受理市长电子邮件120余件,处理人民来信400余件,接待市民来访100余人次,较好地发挥了党和政府联系广大人民群众的桥梁纽带作用。市长公开电话自2000年8月1日正式开通以来,逐步建立了办理工作制度和程序,在本次政府机构改革中,市长公开电话办公室经批准正式组建,为市政府办公室的内设机构。继设立市长公开电话被评为2000年度“十件好事”之后,市长公开电话办公室又于2002年3月被授予市级“青年文明号”荣誉称号。市长公开电话的53个一级网络单位也加强了自身建设,充实了人员,组建了二、三级工作网络。至2002年末,当涂县、花山区和雨山区分别组建了市长公开电话当涂网站、区长公开电话办公室和承办市长公开电话办公室,市建委开通了“2471234”爱民热线,市工商局开通了“12315”消费者投诉电话,市环保局开通了“12369”环保热线,市物价局开通了“12358”价格举报电话,市质量技术监督局开通了“12365”产品质量举报电话,供电局开通了“95598”电力服务热线,电信部门开通了“180”电信服务热线。这些热线电话与原有的“110”报警电话、“120”医疗急救电话、“119”火警电话、“122”交通肇事报警电话、“148”法律服务热线等,共同构成了一个“全天候”、“全方位”的便民服务热线网络。

(市长公开电话办公室)

【市政府为民办8件实事】 2002年,市政府为民办8件实事中,6件已完成,2件基本完成。1. 实施饮水工程(责任单位:市水利局、建委,当涂县、各区政府)。计划投资578万元,解决山丘区15个乡镇、43个村、134个自然村8 291人的饮水困难。工程5月份开工建设以后,建成水库1座,饮水专用塘4口,打井119眼,利用水库、自来水管网、过滤井实施接自来水工程35处,共解决农村9 258人饮水困难,超额12%完成任务,改善了农民生活条件。2. 实施“信息入村”工程(责任单位:市气象局,当涂县、各区政府)。全市有312个行政村完成了计算机布点任务,市郊所有行政村、当涂县11个乡镇190个行政村实现了“信息入村”。全市“上网村”通过网络获取信息2.9万多条,上网发布信息2 600多条,网上交易成交194起,实现间接经济效益9 050万元,直接经济效益1 950多万元,促进了农村经济发展。3. 整治背街小巷和老旧小区(责任单位:市建委、市容局、房地产局,各区政府)。列入项目已全部完工,累计完成投资1 929万元,占年度计划104%。其中背街小巷综合整治完成投资1 252万元,老旧小区整治工程完成投资667万元,拆除违法建设54 448平方米,新建小区道路17 882平方米,维修道路3 082平方米,铺设下水管道1 640米,下水道清淤7 090米,清理化粪池77座,新建、整修围墙8 757米,绿化64 143平方米,改善了居民居住环境。4. 增强消防安全保障能力(责任单位:市公安局、建委、各区政府)。开发区消防站建设选址已定位,建设资金全部落实,土地征用工作正在进行。市财政安排的80万元购置消防器材专项经费已到位。部分小区消防通道堵塞问题在老旧小区改造过程中已得到解决,部分道路的消火栓已增设,消防保障能力得到提高。5. 加强劳动就业服务市场建设(责任单位:市劳动和社会保障局,当涂县、各区政府)。市人力资源中心市场改造竣工,建成失业保险服务区、劳动保障事务代理服务区、社区就业服务区、劳务输出服务区等场所,完善了中心市场的服务功能。市直属分市场及3区1县分市场改造扩建竣工并投入使用,形成了布局合理的劳动力市场网络,为劳动者提供了便捷的就业服务。6. 增强居民小区供电可靠性(责任单位:市供电局、建委、房地产局)。该项工程计划对全市非供电局直接供电的95个成住小区配电设施进行改造,交市供电局管理。由于改造资金缺乏,当年市供电局只完成马钢5个居民生活小区(1万户)的配电设施改造和移交工作。7. 实施“星光老年之家”工程(责任单位:市民政局,当涂县、各区政府)。当年已建成解放街道、沙塘街道、采石街道、向山镇、南塘社区、杨家山社区及慈湖敬老院等7个“星光老年之家”并投入使用。市民政局计划在全市88个社区和12个街道推广“星光计划”,完善社区功能。新确定的40个项目经规划批准后可动工建设,其他项目待资金落实后即可实施。8. 新建改造13座公厕(责任单位:市容局)。湖南路、和平楼、东苑、轮胎厂、新源广场、湖东路加油站、马钢技校、南山矿菜场、弹簧厂、交通村、金字塘、采石镇、濮塘镇等13处公厕已竣工交付使用,方便了市民生活。

(市政务督查室)

【党政机构改革全面完成】 按照市委、市政府统一部署,市机构编制委员会办公室研究制定了《马鞍山市党政机构改革方案实施意见》,起草了市直38个党政机构、8个群众团体、7个民主党派和市人大、政协、检察院、法院的机构改革"三定"方案，并经市编委会研究批复下发全面实施。根据《马鞍山市党政群机关人员定岗实施办法》、《马鞍山市党政群机关人员分流安排实施办法》，各部门接到批复后，及时启动了本部门的机构改革。县区党政机构改革与市直党政机构改革同步进行，全市党政机构改革年底前全部结束。

在党政机构的设置上，全市撤销了轻工、纺织、机械、化工、电子、冶金建材、商务等7个专业经济管理部门，深化国有资产管理体制改革，解除了政府与企业之间的行政隶属关系；进一步推进行政审批制度改革，在前两年取消、调整252项行政审批事项的基础上，2002年又调整、取消了106项，在机构和人员编制精简上，撤销党政机构8个，调整合并8个。市直党政机构由原来的51个压缩至39个，精简23.5%；行政编制总体精简30%，由原来2 012个精简到1 408个；其中市委及群众团体精简18%，市政府精简35%，市人大、政协精简15%，公检法司四部门精简10%。在人员定岗分流安置上，一是将处级领导干部改非领导职务年龄从58岁提前到55岁，科级领导干部男52岁，女50岁改任非领导职务，同时在工资待遇等方面制定优惠政策，鼓励机关干部提前退休或辞职。全市共有93名机关干部改任非领导职务，其中处级干部59名；6人辞职。二是加大领导干部交流力度，有60名处级干部实行了岗位交流，50%以上的科级干部实行了岗位轮换。三是明确规定"中层干部一律竞争上岗，一般工作人员一律双向选择"，共有154名一般干部走上了科级领导岗位，46名原科级干部在竞争上岗中落选。

在完成党政机构改革的同时，转变政府职能取得新进展：一是调整经济管理部门职能，积极推进政企分开。将原市直有关部门管理的286家企业中的22家交由新组建的市经贸发展公司和市建设投资公司管理，165家中小企业下放到三个城区。二是重新调整市区事权划分，实现管理重心下移。市直20多个部门向区下放了6个方面36项管理事项，涉及财政、教育、科技、文化、卫生、人事、劳动、城建与管理等方面，增强了区级政府管理功能。三是继续改革行政审批制度，促进依法行政。将推进行政审批制度改革，清理行政审批事项作为搞好机构改革、促进政府职能转变的一项重要措施，根据市政府常务会议的要求，结合全市第三次行政审批事项的清理，界定市政府各部门的职能，106项行政审批事项被取销和调整。

【人才开发工作取得新成果】 2002年，马鞍山市加大人才开发工作力度，取得了积极成效。一是创新人才制度和政策。市人事局根据市委、市政府《关于加强人才开发工作的若干意见》，借鉴外地做法，制定了《马鞍山市引进高层次紧缺专业人才的实施意见》，《马鞍山市人才发展专项资金管理暂行办法》，并着手制定全市人才保护价政策。二是积极引进高层次急需人才。全年共举办人才集市48场，交流成功2 516(次)；举办企业经营管理者人才交流会4场，交流成功178人。针对马钢、设计院、经贸委等单位急需高层次人才，组团赴上海等地招揽人才，并拓展网上人才市场，共引进本科和中级职称以上的高层次专业人才395人。围绕马钢和地方工业投资、技改项目，实施了17个引智项目，聘请外国专家25人。三是博士后工作站取得实质性进展。积极主动向省申报了马钢、星马建站报告，多次跑省、跑部开展推介服务，经专家论证，人事部已正式批准设立马钢博士后工作站。建站申报成功，对马钢科技创新、高级人才引进和培养将产生积极的促进作用。四是加大人才培养选拔力度。建立了全市学术和技术带头人后备人选库，将市卫生、教育、马钢等系统72名后备人选纳入管理、培养范围；推荐12人作为2002年度省学术和技术带头人后备人选，继续开展享受政府特殊津贴专家推荐工作。组织推荐22名行政管理人员参加中澳合作公共管理硕士(MPA)研究生班学习，4个出国培训团组获得批准，马钢高级经理人才赴英国培训等3个项目顺利实施。

【公务员管理工作规范有序】 把好公务员队伍入口关，坚持"凡进必考"原则，全年面向社会公开招录人员27名。结合机构改革，全市35个部门全面推行竞争上岗、双向选择，322人通过竞争进入科级领导职位，职位轮岗面达55%，154名一般干部走上科级领导岗位，46名原科级干部在竞争上岗中落选。严格执行机构改革期间人员分流安置政策，共办理机关干部提前退休336人，辞职7人，93名机关干部改任非领导职务。积极开展公务员依法行政、WTO知识、英语300句培训工作，共培训2 800多人次；公务员计算机应用能力培训400人，考核630人。完成2001年度机关、事业单位公务员(工作人员)考核工作，全市25 407人参加了考核，其中优秀等次2 565人，不称职(不合格)等次18人；198名优秀人员被市委、市政府授予先进工作者。

【深化职称制度改革】 以花山区、市水利局为试点，开展了专业技术职务聘任竞争上岗工作；贯彻省人事厅"关于财政拨款事业单位深化职称制度改革若干问题的意见"，取消了岗位指标控制，调整了106个事业单位职称结构比例。根据2002年度各系列评委会评审结果，审批了12个系列584名中级专业技术人员的任职资格；经济、会计系列、职称外语3类3 660人(次)的考试顺利完成，为2 150名各类考试合格人员进行了登记、建档和发证。

（综合调研科）

【制定规范性文件】 2002年，马鞍山市从经济建设和社会发展的实际需要出发，全年共审核规范性文件41件，出台22件。出台的文件内容涉及土地征用、户籍制度改革、国有资产管理、房地产开发管理、社会保障等多个方面，所出台的文件全部通过省政府备案审查。其中《马鞍山市征用土地补偿安置办法》、《马鞍山市国有资产管理暂行办法》、《关于改进房地产开发项目审批管理程序的意见》、《市政府办公室转发〈安徽省统一企业职工基本养老保险制度实施方案〉（试行）实施中有关问题的通知》等重要文件的出台，有效地促进、规范了相关工作的展开。制定规范性文件工作中，实行负责人制度、会审制度、公开制度，并广泛听取各界意见，扼制部门利益，改良行政意识，力求提高执行效果，解决实际问题，引导社会风气。

【清理全市规范性文件和各类政策措施】 为适应"入世"需要和兑现中国政府的相关承诺，市政府法制办组织完成了对市政府规范性文件的第七次清理工作，宣布废止或失效规范性文件71件。7次清理，共计宣布废止或失效规范性文件651件。对各区和政府部门各类政策措施进行了首次清理，涉及各类文件2 096件，政策措施560件，宣布废止或失效108件，并对清理后的相关事宜作了部署。在清理的基础上，编辑发行了《马鞍山市规范性文件汇编》（1980年—2001年）。

【依法开展行政复议工作】 2002年，全市公民、法人及其他组织因不服行政机关具体行政行为申请行政复议的有74件，其中直接向市政府申请行政复议的48件，占全市复议案件数的64.9%，比上年上升54.8%。案件类型涉及公安、工商、土地、城建、物价、劳动、交通、技监等行政管理的各个方面。为完善复议程序，延伸复议效能，市政府法制办制定了《行政复议听证程序》及执行申请书签收和证据签收制度。同时，注重研究解决行政复议中反映出的行政工作中的问题，提升复议效果。

（王正莉）

【行政服务中心"一站式"服务功能显现】 市行政服务中心坚持"便民、高效、廉洁、规范"的服务宗旨，全年受理各类审批件6.86万件，办结6.85万件，办结率99.8%。其中：即办件6.02万件，占各类审批件的87.8%。在中心注册登记外资企业8家，注册资金2 308.15万美元；审批基本建设项目24项，投资5.11亿元；技改项目51件，投入技改资金26.96亿元；房地产投资项目114个，面积189.25万平方米，投资额10.41亿元；在中心收费窗口交费9个单位、38个项目，共收费225.35万元，较好地发挥了行政审批"一站式"服务功能。

一、进驻项目不断优化。市行政服务中心共协调、落实了2批36家单位、327个行政审批项目进驻窗口办公，约占全市现有行政审批项目的47%。对项目设置，坚持"有进有出"，实行动态管理。配合市政府法制办，对现有进驻审批项目清理，共取消和调整了涉及28个单位、106项行政审批项目。

二、实行工商注册登记并联审批。与市工商局联合下发了《在企业登记注册中实行"并联审批"制度的实施办法》，按照"一门受理，抄告相关，同步审批，限时完成"的要求，实行并联审批。同时，制定并实施《市行政服务中心审批事项联审联办制度》，对房地产开发、外商投资等涉及多个部门的重大审批事项，建立了联审联办制度，成为全省首批实行联审联办的中心之一。

三、延伸代理服务。建立代理员制，构建自上而下、上下联动、遍及全市的"一站式"服务网络。在全市3个区、工业园和部分街道、乡镇协商选定9名行政审批办证代理员，并对其进行工商注册、并联审批等方面知识的专题培训，畅通了市级审批事项办理的渠道。

四、推进政务公开和依法行政。行政服务中心对在窗口办理的审批项目实行办事名称、办事程序、提供材料、承诺时限、收费标准和依据"五公开"。编写了《服务指南》，印制了项目办理《告知单》和展板，对需填写的各类申请表格、审批材料等制作了示范样本。建立了由中心、市纪委、监察局设立的投诉中心，以及由"义务监督员"、投资者和市民组成的三级民主监督网络，保证了各项行政审批项目办理的公开、公平、公正。全年共受理投诉5起，全部及时办结。

（行政服务中心办公室）

【内事接待水平不断提高】 2002年，市接待处牢固树立接待工作为改革开放和招商引资服务的观念，全年共接待省内外来宾1 061批，7 362人，12 690人次（与去年同期相比，人数增加368人，人次增加18.5%），其中接待省、部、军级领导92人，地市级领导4 407人，县处级领导及随员1 604人，外来投资者（包括港、澳、台商）1 259人（人数比去年增长98.9%），较好地发挥了接待部门文明的"窗口"、友谊的"桥梁"、协作的"纽带"、信息的"渠道"四方面作用。先后成功接待了中橡公司董事长辜成允先生一行，珠海格力集团董事长徐荣一行，法国圣戈班集团总裁、首席执行官白枫先生一行，法国驻沪领事馆商务参赞傅龙先生为首的法国政府和知名企业代表团,昆山市台商考察团,浙江民营企业家考察团,全国市长研究班考察团等大型团队,并圆满完成“加快皖江开发开放座谈会”、“‘863’新材料对接洽谈会”等大型会务接待工作,为来宾提供了热情、周到的服务。

【制定规范有序的商务接待程序】 随着全市招商引资工作力度的加大,市接待处承担的商务接待任务日趋繁重。为规范操作行为,年初市接待处制定了《商务接待暂行规定》,大大增强了商务接待工作的规范性、超前性和主动性。一是细化接待服务环节,提高服务质量。把市主要领导的职务、姓名和市主要经济部门名称译成英文,在对外商接待中,作为提供优质服务的一项内容延伸。二是不断提升服务水平,注重规范服务。在商务与外事接待活动中,将宴会和会议席卡采用中英文双语标识,使出席宴会与会议的外国客人,可以立即找到自己的座位,同时还在宾主的席卡旁,摆放中英文对照的宾主身份简介卡。三是在接待服务上寻求特色和亮点。精心制作了画面独具马鞍山特色,背景文字资料翔实,并印有中、英、日三种语言版本的宴会席卡。此卡的启用,成为体现城市接待工作有特色、讲规范、上档次的点睛之笔。

(毛善群)

【马鞍山市与西班牙阿尔冈达·德雷伊市缔结为友好城市】 近几年,在西班牙华人邵筱余、朱华夫妇的大力帮助下,马鞍山市与西班牙阿尔冈达·德雷伊市联系日益紧密。通过交往,双方在友好协商的基础上,达成了缔结友好城市关系的意向。5月下旬,阿尔冈达·德雷伊市彼德罗市长应邀率团来马鞍山进行友好访问。5月31日,两市正式签订了缔结友好城市关系协议书。至此,与马鞍山结好为国际友城的城市已有4个。

【中韩少年同台演出】 2002年8月22~26日,国际友好城市韩国昌原市少年合唱团一行41人来马鞍山进行访问。访问期间,两市少年合唱团同台为广大市民演出了一场洋溢着友好与和平之声的节目。演出之余,两市青少年进行了广泛的交流,昌原市少年合唱团还游览了马鞍山风景名胜和市容。

【伊势崎市“友好之翼”市民团来马鞍山访问】 11月3~5日,国际友城日本伊势崎市近260人的“友好之翼”市民团访问马鞍山。市民团在访问期间,与马鞍山市文艺团体、老年大学以及广大市民一起进行了歌舞表演和交流,还游览了风景区和市容,并购买大量的地方特色产品。如此规模的访问团来访,是马鞍山市乃至全省对外交往史上少有的盛事,不仅加深了彼此的了解,增进了人民之间的友谊,也为今后两市的进一步交流奠定了群众基础。

【举办第十四届国际吟诗会】 10月14日,第十四届马鞍山国际吟诗会在采石公园如期举行。参会的外宾主要有日本吟道学院团、韩国昌原市议会代表团,共计66人。客人们除参加吟诗会外,还游览了采石矶,拜谒了当涂青山太白墓园,并乘船游览了长江采石矶至天门山段。客人们在马鞍山期间,还亲身感受了马鞍山市近年来的建设成就,增进了彼此的了解和友谊。

【海外华人心系马鞍山社会公益事业】 截至2002年底,马鞍山市通过侨务途径,先后争取到5项海外捐赠项目,共计近50万元人民币。其中,4项近40万元用于捐建小学校舍,受益的小学有当涂县新丰乡戎楚小学、龙山桥镇双梅小学、亭头乡中渡小学、湖阳乡大邢小学;1项10多万元用于改善城市福利院设施。

(丁瑞祥)

【市经贸代表团赴台湾访问】 11月,市长丁海中率领由市台办、计委、经贸委、开发区、招商局、外贸局主要负责人和金星化工集团公司、星马汽车股份公司董事长等组成的代表团经香港赴台湾,进行为期11天的考察访问。访问期间,代表团广泛接触了台湾工商界、科技界各方人士,考察了一批企业,洽谈和落实一批项目。台湾中橡公司同意进一步扩大生产规模,在马鞍山建立炭烟生产研发中心;中华汽车集团拟与星马专汽就汽车模具生产项目进行合作,项目总部及研发中心设在马鞍山市;中钢集团准备将重型结构项目设在马鞍山;廖氏集团将回购高磁38.46%的股份,独资运作高磁的生产经营,并进一步加大投入;香港金朝阳集团来马就地下管网工程进行洽谈。

(李元军)

政协马鞍山市委员会

【市政协六届五次全体会议】 市政协第六届委员会第五次全体成员会议于2002年1月8~13日举行。会议听取和审议了市政协六届四次会议以来常委会工作报告和提案工作情况报告,听取和讨论了一府两院工作报告以及计划、财政报告,会议组织开展了联组专题协商活动,委员们就推进城市化进程、加快地方经济发展、发展教育文化事业和第三产业、转变机关作风等方面的专题提出意见和建议。整个大会期间,与会委员和列席人员就全市大政方针积极建言献策，表现了高度负责的精神。会议通过了《政治决议》和其他决议。

【市政协六届常委会议】 2002年，政协马鞍山市第六届委员会常务委员会共举行5次会议，即第二十二次至第二十六次会议。

第二十二次常委会议。1月12日举行，会议听取了参加市政协六届五次会议的各委员小组讨论一府两院报告和计划、财政情况报告；审议通过了市政协六届五次会议提案审查情况的报告、政治决议（草案）、关于常委会工作报告的决议（草案）和关于提案工作情况报告的决议（草案）。

第二十三次常委会议。4月4日举行，会议听取了市公安局对全市社会治安情况的通报。

第二十四次常委会议。6月19日举行，会议审议通过了《关于加快推进马鞍山城市化建议案》。

第二十五次常委会议。9月26日举行，会议审议通过《关于加快马鞍山市文化产业发展的建议案》，通过了关于调整市政协专门委员会设置的决定。

第二十六次常委会议。12月19日举行，会议审议通过了市政协六届委员会常委会工作报告（草案）及报告人名单，关于提案工作情况报告（草案）及报告人名单，市政协七届一次会议议程（草案）、日程（草案），提案审查委员会名单，委员分组办法、列席人员邀请原则及分组安排和关于召开市政协七届一次会议的决定。协商决定了市政协第七届委员会委员名单，市政协第七届委员会常务委员会组成人员人选推荐名单，市政协七届一次会议主席团、秘书长名单，主席团常务主席和常务主席会议主持人建议名单及副秘书长提名建议名单。

【围绕中心服务大局建言献策】 2002年，市政协围绕中心服务大局工作取得了显著成效。一是把市委、市政府提出的马鞍山城市发展定位问题作为重点调研课题。在对城市面积、人口、工业化和城镇化水平、城市区位、城市经济支撑和社会就业等情况详细调查，召开有关委员、专家、学者座谈会，赴外地城市考察的基础上，提出了《关于加快推进马鞍山城市化的建议案》。建议案从统一认识、加强领导、提高城市规划水平、扩大就业容量、加强城市基础设施建设、广辟城市建设投融资渠道、提高农村城镇化水平等6个方面，提出23条具体建议。建议案经市政协六届第二十四次常委会议审议通过，报送市政府后受到高度评价，为市委、市政府决策提供了参考。二是为加快城市文化产业发展建言献策。上半年，市政协组织部分委员对我市文化产业发展情况开展了为期两个月的专题调研，在调研的基础上，经市政协六届第二十五次常委会议专题研究，形成了《关于加快我市文化产业发展的建议案》。建议案对全市文化产业发展现状进行了分析，并提出若干建议：尽快制定文化产业发展规划，深化文化体制改革，加大对文化产业的改革扶持和资金投入，加强文化产业人才队伍建设和文化市场管理，大力发展特色文化产业。建议案报送市政府后受到了有关领导的重视。三是对一些人民群众关心的热点、难点问题开展专题调研视察，向有关部门反映情况，提出建议。如解决当涂县山丘区群众饮水困难问题的建议，关于解决原向硫矿破产遗留问题的建议，关于解决湖东路和团结广场交通堵塞问题的建议等，都受到了市政府及有关部门的高度重视。

（孙信滨）

【开展政风转变情况民主监督活动】 10月份，市政协组织30名委员对市经贸委、市农委、市行政服务中心、市建管处、市财政局、市劳动和社会保障局6个部门作风转变情况开展民主监督活动。通过民主监督，委员们向6个部门提出如下建议：进一步转变思想观念，敢为人先，把作风建设措施落到实处；加强自身学习，提高整体素质；尽快转变职能不断推进工作创新。6个部门认真听取、吸纳了市政协委员的意见和建议，对照自身实际及时制定了整改措施。民主监督活动取得了较好的效果。此外，为探索民主监督与舆论监督、群众监督相结合的途径，进一步加大民主监督的力度，市政协与市电视台联合开办了“政协论坛”电视专栏，先后推出了“加快城市化进程”、“繁荣图书市场势在必行”两期节目，受到政协委员和人民群众的好评。

（祝云龙）

【市政协六届五次会议的提案全部办复】 市政协六届五次会议以来共收到提案352件，经审查立案336件，分别送交55个部门和单位办理。市政协狠抓提案办理落实工作，通过从重点提案中推荐为民办实事项目、重点提案由政协领导批办等多种形式交办提案，大力推行开门办案，实行主席领衔督办提案、主席会议和常委会议督办提案，并开展提案办理工作“回头看”等活动，有力地促进了提案办理。截至9月底，所有提案全部办复，办复满意或基本满意率达95%以上。

（韩　鹏）

【积极了解和反映社情民意】 市政协全年共收集委员和各界人士反映的社情民意信息116条，编辑《社情民意》21期。其中，8条社情民意信息反映的问题得到了市委领导的批示。许多社情民意反映的建议、要求，得到了有关部门的采纳。如《市政协委员对我市城镇职工医保制度的意见与建议》中反映的一些问题,在医改政策调整中得到了有效落实;《要严厉打击偷盗自行车、摩托车犯罪》的信息反映后,市公安局认真采纳委员建议,在全市迅速开展了打击偷盗自行车、摩托车犯罪的“猎鹰行动”,并制定了综合管理措施,有效地遏制了犯罪活动,促进了社会治安稳定。

(桂术生)

【进一步巩固和发展爱国统一战线】 市政协认真贯彻落实《中共中央关于坚持和完善中国共产党领导的多党合作和政治协商制度的意见》,牢牢把握团结和民主两大主题,努力营造各党派、各团体和各族各界人士团结一致、合作共事的氛围。一年来,市政协坚持每季度召开一次各民主党派、工商联秘书长联系会,重大决策和重要工作安排均提经有民主党派和无党派代表人士参加的主席会议或常委会议充分协商后决定,组织民主党派、无党派人士和其他各界委员参加各种调研、视察、座谈会、报告会、联谊会等,拓宽其知情问政渠道,活跃合作共事的局面。努力帮助各党派、各团体和各界人士反映问题,解决实际困难。加强与少数民族界和宗教界人士的联系与沟通,支持市基督教协会和天主教协会依法维护正常的宗教秩序,帮助他们协调活动场所建设中出现的有关问题。积极组织委员和“三胞”人士深刻揭批陈水扁“一边一国”的台独谬论,号召委员和各界人士为实现祖国统一大业贡献力量。充分发挥政协委员联系广泛的优势,组织委员中的“三胞”及其眷属赴上海等地招商引资,全年共引资2 000万元人民币、400万美元,已到位人民币500万元。

(胡 凯)

中共马鞍山市纪委

【抓好领导干部廉洁自律工作】 市纪委、监察局以贯彻落实党风廉政建设责任制和领导干部廉洁从政若干规定为重点,狠抓领导干部廉洁自律各项措施的落实。一是认真贯彻落实党风廉政建设责任制。调整充实市党风廉政建设责任制工作领导小组,由市委书记郑牧民担任组长;制定下发《2002年全市党风廉政建设和反腐败工作主要任务分解表》,将全年工作任务分成40大项,一一落实到市委、市政府领导和有关党政职能部门;修订了《2002年全市党风廉政建设责任制贯彻执行情况考核评比办法》,明确量化指标;召开全市党风廉政建设责任制工作会议,部署进一步落实党风廉政建设责任制任务和要求。年底,对党政机关及群团等70个单位贯彻落实党风廉政建设责任制情况进行年度考核,有20名领导干部受到党纪政纪处分。二是继续落实新提拔领导干部廉政谈话制度。全年对72名新提拔的县处级领导干部进行了廉政谈话。三是组织开展在职县处级以上领导干部接受和赠送现金、有价证券和支付凭证情况的登记工作,有52人填报接受现金、有价证券和支付凭证,共计12.4万元,并已全部得到纠正。四是对制止利用公款大吃大喝和通信工具货币化改革情况进行检查。五是对乡镇拖欠工资情况进行调查了解。六是对公车迎亲现象进行检查和纠正。

【查处违纪违法案件】 全市各级纪检监察机关坚持从严治党、从严治政方针,不断加大查处案件工作力度,制定下发了《关于案件检查工作有关程序的规定》、《关于使用“两规”、“两指”措施的有关规定》,严格办案程序,提高办案效率和质量。同时,严肃纪律,对2001年度全市纪律处分决定执行情况进行检查,及时纠正执纪失之于软、失之于宽问题,推进了办案工作的深入。据统计,2002年全市共受理群众来信来访、电话举报1 634件(次),初步核实违纪线索536件,立案调查各类违纪违法案件110件,其中市纪委、监察局自办案件7件。共结案107件,结案率为97.3%。处分131人,其中地厅级1人,县处级8人,乡科级33人。给予党纪处分114人,其中开除党籍44人,留党察看13人,撤销党内职务2人,严重警告29人,警告26人;给予政纪处分38人,其中开除11人,开除留用察看3人,撤职7人,降级1人,记大过6人,记过3人,警告7人;给予党纪政纪双重处分21人。通过查办案件,为国家和集体挽回经济损失557.37万元。

【纠正部门和行业不正之风】 市纪委、监察局按照“谁主管谁负责,管行业必须管行风”的工作原则,督促和会同有关职能部门,认真开展纠风工作。一是纠正医药购销中的不正之风。进行药品集中招标采购,让利给群众218.5万元;取缔非法药品生产、经营户18户,清理销毁假冒伪劣和过期药品、医疗器械案值12万元;查处医药购销中的违纪违法案件1件,给予纪律处分2人。二是减轻农民负担。开展涉农收费专项清理整顿,减轻农民负担50多万元;成立涉农案件查处办公室,对18个乡镇农民负担情况进行重点检查,查处加重农民负担案件4件,给予14人党纪、政纪处分。三是巩固专项治理成果。成立治理公(水)路“三乱”巡视组,经常对“三乱”情况开展明查暗访。针对群众反映湖阳桥水域收取过境船舶押金和314省道博望镇段交通秩序混乱的问题,多次深入现场实地查看,责成县有关部门认真处理。开展教育收费检查,有效遏制了中小学乱收费。四是在市直机关全面推行政务公开。以市政府名义制定下发了《关于在全市推行政务公开的意见》。5月，召开全市政务公开工作会议，明确规定了推行政务公开的单位、部门以及政务公开的重点内容、形式等。7月，会同市政府督查室联合对全市政务公开工作情况进行专题督查。全市各级政府机关及其部门普遍推行了政务公开，实行“阳光作业”。五是组织政风评议工作。从各界人士中聘请32名政风评议员，在9至11月，对市教育局等45个市政府组成部门、直属机构、部门管理机构和省垂直管理单位的政风情况进行民主评议。通过召开座谈会，走访相关部门和基层单位，暗访部门科室和服务窗口，发放问卷调查表，走访市“四中心”（政风建设、外来投资者、侨台资企业、个体私营企业投诉受理中心）、市长公开电话办公室等12个投诉受理机构，全面了解这45个部门的政风建设情况。通过开展政风评议，各级政府部门的政风建设有了进一步好转。

【开展执法监察】 市纪委、监察局积极围绕全市经济工作大局，开展执法监察，维护政令畅通。一是开展公路建设效能监察，重点对313省道三期改造和马濮路改造工程开展专项执法监察，并建立重点工程现场廉政谈话制度，预防和减少了工程建设中腐败现象的发生。二是加大建筑市场执法监察力度。清理并废除带有地方保护和行业垄断内容的规定，把装潢工程、施工监理纳入招标范围统一管理，大力推行“无标底招标”及工程量清单招标。对50余场次招标活动进行了监督，纠正3起建设单位不符合规定的招投标行为，调查处理25个违章违规工程，处理4项违纪违法工程。同时，加强对有形建筑市场的监督检查；市有形建筑市场交易中心被省建设厅授予“示范窗口”称号。三是对国债资金管理使用情况进行监督检查。6~7月份，会同有关部门组成联合检查组，对全市在建的12个国债项目建设情况进行全面检查；8~9月份，又对水利、市政道（公）路、移民建镇等检查中存在问题的项目进行重点回访，现场纠正各类问题22个，督促落实整改措施6项。

【加强党风廉政宣传教育】 市纪委、监察局不断加强党风廉政宣传教育，增强广大党员干部廉政勤政的自觉性。一是组织开展“当好廉内助”活动。召开“庆三八当好廉内助”座谈会，全市正处级党政领导干部家属40余人围绕如何当好“廉内助”开展座谈，并发表“致全市领导干部家属的倡议书”；在《马鞍山日报》开辟专栏，组织开展“当好廉内助”征文活动，刊登稿件23篇。二是开展“强化党的意识，正确行使权力”主题教育活动。组织观看《厦门特大走私案》等录像片和反腐话剧《浪淘碧海》，围绕如何掌好权、用好权开展理论研讨，收到县处级领导干部提交的论文67篇；组织8 000多名党员干部参加“十六大”精神及权力观主题教育有奖知识竞答。三是强化反面典型教育。将市公路局原局长谢儒金等3名党政主要负责人案件向全市发出通报，要求各级领导干部通过发生在身边的典型案例，吸取深刻教训，自觉经受住权与钱的考验。

（毕　颖）

党派群团

民主党派和工商联

【民革马鞍山市委】 2002年底，中国国民党革命委员会马鞍山市委员会共有党员126人，其中女党员38人；具有高级职称35人，中级职称53人，分别占党员总数的30.16%、27.8%和42.1%；平均年龄55.43岁。党员的界别分布：文化教育39名，占31%；医疗卫生科技31名，占24.6%；企业34名，占27%；行政机关19名，占15.1%；其他3名，占2.4%。民革党员中，担任省政协委员1人，市政协委员8人，市人大代表1人，区政协委员8人，市青联委员1人，市妇联委员1人。其中担任市政协副主席1人，市人大常委1人。另外，还有部分民革党员分别被市政法委、市纪委、市教育局、市工商局、市土地局、市审计局、市中级法院等市、区12个有关部门聘为特约或特邀监督员。

【民革市委完成换届工作】 9月28日，民革马鞍山市第五次代表大会召开。会议选举产生了由李影任主任委员、邱显康、殷守章任副主任委员的新一届市委领导班子，实现了新老交替。会议对过去几年的工作进行了总结，并通过了政治决议。

【积极履行参政议政民主监督职能】 民革市委密切关注社会经济发展的重点和热点问题，开展了多项课题调研。在市政协六届五次大会期间，民革市委及民革届别政协委员提出提案42件，立案40件，其中《树立经营城市理念，加快我市建设步伐》被列为大会重点发言，《我市房地产租赁市场亟待规范》同时被列为书面发言。在省政协八届五次和区政协四届五次会议上，民革届别委员分别提出2件和16件具有可操作性的提案。全年有4件提案被列为市、区级政协重点提案，2人被评为先进提案工作者。在社情民意收集、整理和反映工作中，民革市委共向市政协《社情民意》上报信息13条，及时反映了广大群众关注的社会热点、难点问题，被市政协评为"网络先进"单位。

【民革活动丰富多彩】 民革市委积极开展宣传，扩大自身社会影响。一年中向省市报刊、电视台、电台投稿30余篇，7人次接受新闻媒体采访；恢复了《马鞍山民革》的出版发行工作，扩大了与外地民革的联系与沟通。此外，积极开展"三下乡"与关心社会弱势群众公益活动。11月6日，组织部分党员到向山镇举行喜迎中共十六大广场文艺演出，慰问向山镇居民。12月31日，民革市委向当涂县黄池镇戚桥村特困户张本金捐助1 000元和40余件御寒衣物。市人民医院支部还捐资助学帮助一名贫困儿童重返校园。

（殷守章）

【民盟马鞍山市委】 2002年底，中国民主同盟马鞍山市委会有1个总支、12个支部，盟员220人，平均年龄54.8岁，具有中高级职称的盟员占盟员总数97%。市县人大、政协换届后，盟员中担任省、市、区（县）三级人大代表和政协委员32名。其中，省政协委员1名，市人大代表4名，市政协委员15名，区（县）人大代表、政协委员12名。此外，盟员中有16人担任各类特邀（约）监督员。

【积极履行参政议政民主监督职能】 2002年，民盟市委多次参加中共市委、市政协和市委统战部召开的"双月座谈会"、情况通报会和政治协商会议，对经济建设、统战工作、换届工作等提出意见和建议。在全市民主党派负责人会议上，市委主委田战雷作了题为《坚持中共领导的多党合作制度，切实加强民主党派的自身建设》的发言；在"敞开东大门，实现大开放"解放思想大讨论座谈会上，副主委刘为洲就全市招商引资工作提出了"整治环境，完善政策，促进服务"的建议，均产生了积极的影响。为更好地发挥参政党职能，民盟市委及时对原经济科技、教育、妇女3个专委会进行调整、充实，并新成立了老龄工作委员会，积极拓宽盟员参政议政渠道。盟市委高度重视参政议政工作，在市政协六届五次会议上，民盟市委及所属政协委员共提交提案39件，其中盟市委提案8件，委员提案31件，提案立案率100%，居各民主党派第二。民盟市委的《推动我市房地产稳步发展的几点建议》提案，被列为大会口头发言材料，《清除障碍，扎实开展素质教育》提案，被大会列为书面发言材料。一年来，民盟各级各类政府特邀（约）人员尽职尽责，积极参与政风、行风等各种评议、监督活动，较好地发挥了民主监督作用。

【民盟致力于加强自身建设】 民盟市委始终把思想建设放在自身建设的首位,积极开展理论学习活动。8月,盟市委举办新盟员学习班,近20名新盟员参加了学习。盟市委还组织人员积极参加中共市委举办的党外人士学习十六大精神培训班、WTO知识培训班、形势报告会等学习活动,不断提高广大成员的政治素养和理论水平。在组织发展方面,注重吸收政治、业务素质高,参政议政能力强的中青年优秀知识分子入盟。盟市委还在全盟开展评选先进支部和优秀盟员活动,评出2001~2002年度先进支部3个,优秀盟员21名,分别占支部总数的1/4和盟员总数的1/10。

【积极开展社会服务工作】 民盟市委发挥盟内人才智力优势,积极开展社会服务工作。盟市委主办的行知学校,继续坚持面向社会的办学宗旨,2002年举办的各类教学班学生数达280人,有34名大专生获得国家颁发的毕业证书。盟市委热心关注弱势群体,维护贫困家庭孩子受教育的权力,市委向广大盟员发出倡议并组织了向22名"宏志生"捐款活动,共为市二十二中宏志班捐款近3 000元;"六一"儿童节期间,盟市委还特地给珍珠园小学送去500元节日慰问金。此外,民盟雨山支部20位盟员为本支部因家庭不幸处于困境的一位盟员捐款1 270元,民盟行知学校也捐赠了100元,送去了盟员的关心和慰问;一位退休老盟员扶危济困,积极帮助经济困难学生,一次捐给超群学校1名特困学生1 000元。

(杨绍文)

【农工党马鞍山市委】 2002年底,中国农工民主党马鞍山市委会下属6个基层支部,共有党员143人,其中在职党员70人,女党员58人。党员中具有副高以上技术职称的63人,中级技术职称的75人。党员的界别组成:医药卫生界97人,科技界24人,文教界18人。党员中,担任农工党中央委员1人,农工党安徽省委委员1人;担任省政协委员1人,市政协委员10人,其中市政协副主席1人,市政协常委1人。党员中有9人分别被聘为人民陪审员及各类监督员。

【积极参言献策】 在市政协六届五次会议上,农工民主党市委共提交提案26件,其中集体提案8件,个人提案18件。其中,"当前农村卫生工作存在的几个问题及对策"被评为优秀提案,"改善市中心血站工作环境的建议"提出后,血站建设被列为市政府重点工程项目。市委会积极参加"解放思想"大讨论、双月座谈会和市区政协开展的视察活动,结合医疗卫生改革与对口联系单位领导座谈,并针对社会关心的热点问题展开调查研究,积极建言献策。

(陈立民)

【民进马鞍山市委】 2002年,中国民主促进会马鞍山市委会发展新会员8名,截至年底,会员总数101人,平均年龄为44.3岁。其中,退休14人,男65人,女36人。会员界别为:教育48人,科技27人,公务员12人,医卫10人,文艺2人,民营企业2人。市委会下辖7个支部,增补支委2人。市、区两会换届后民进会员任职情况:省政协委员1人、市人大代表1人、市政协委员8人(其中政协副主席1人,常委1人)、区人大代表2人(均为区人大副主任)、区政协委员9人(其中常委3人)、市青联委员2人(其中常委1人)。

【积极参政议政】 2002年初,民进市委召开了第4次"议政调研会",为"两会"的议案和提案收集有价值的信息。在省政协八届五次会议上,民进市委会提交了《加快产业结构调整,促进地方经济发展》的大会发言材料,并被评为八届省政协优秀提案。其他5件提案,均被立案。在市政协六届五次会议上,民进市委会提交了3篇大会发言,即《面对WTO,提升我市旅游竞争力的战略构想》、《我市中小学教育环境的调查报告》、《关于解决金家庄社区居民住房困难的建议》,其中《我市中小学教育环境的调查报告》被市政协评为优秀提案。同时提出的29篇提案,其内容涉及社区服务、城管交通、教育、旅游、房地产开发、法制建设等方面。在全市新一轮思想解放大讨论中,围绕建设好开发区和工业园,积极建言献策。民进市委办获得市政协2001年反映"社情民意"先进集体;会员唐海芳提交的信息《"关于领导干部任期经济责任审计"规定的法律次级问题的建议》,被民进中央议政调研部收录在《2002年"两会"参政议政参考建议》中,并受到中共中央组织部的肯定。

(朱观明)

【九三学社马鞍山市委】 2002年底,九三学社马鞍山市委共有社员128名,平均年龄53岁。社员中具有高级职称者106名,占社员总数的83%;女社员33名,占26%。社员的界别分布为:高等院校20人,科研院所27人,医药卫生11人,工程技术48人,农林7人,政府机关8人,其他7人。社员中担任省政协委员1人;市政协委员11人,其中常委3人;区政协委员7人,其中常委3人;区人大代表3人,其中常委1人。有9名社员分别受聘于市监察局、审计局等单位担任特约行风监督员。

【九三学社认真参政议政】 九三学社市委团结带领广大社员,以邓小平理论和"三个代表"重要思想为指导,认真学习贯彻中共十六大会议精神,围绕中共市委、市政府的中心工作,积极参政议政。在市政协六届五次会议上,社市委及所属政协委员共交提案26件,大会发言1件,题为《大力支持安工大做大做强,加快发展我市高等教育事业》。社市委多次参加双月座谈会、情况通报会,听取了有关全市国民经济运行状况、招商引资工作、企业改革等方面的通报,并对国企改革、素质教育等重大问题建言献策。各类特邀人员也尽职尽责,积极参加政风评议等多种活动,充分履行职能,实行民主监督。

【九三学社不断加强自身建设】 中共十六大召开后,社市委带领各支社迅速掀起了学习贯彻十六大会议精神的热潮。通过纪念九三学社成立57周年,举办了社章、社史讲座,深化广大社员对九三学社参政党性质、地位和使命的认识。在社市委的统一安排部署下,马钢支社、环保支社、设计院支社、机关支社先后完成了换届选举工作。马钢成立了基层委员会,下分马钢集团公司支社、马钢股份公司一支社和马钢股份公司二支社。为加强与广大社员之间的联系与沟通,社市委建立了市委委员接待日制度,编制了社刊《马鞍山九三》。

【九三学社大力拓展社会服务工作】 社市委组织医疗专家到革命老区濮塘镇义诊,165位农民兄弟得到了诊治,受到当地党政部门和群众的好评。11月,社市委副主委 圣国带领20多位生态和林业专家到市林场考察调研,对其今后发展方向、经营模式进行了探索研究,并通过参政议政的渠道,提出建议,为全市的林业发展与保护尽责出力。

(九三市委办公室)

【致公党马鞍山市委】 2002年,中国致公党马鞍山市委发展新党员5名,截至年底,共有党员54名,分属3个支部。其中,女党员22名,占40.74%;具有大专以上学历的45名,占83.3%;具有高级技术职称的29名,占53.7%;有海外(含港、澳、台)关系的38名,占70.4%;平均年龄48.2岁。党员中担任省政协委员2人,其中常委1人;市政协委员7人,其中市政协副主席1人,市人大代表1人;区政协委员4人,其中常委2人。有5名党员分别被聘为各类执法监督员。

【积极开展参政议政工作】 坚持参加中共马鞍山市委的"双月座谈会"、"协商会"、"情况通报会"、"高层谈心会"等各项活动,并提出意见和建议。在市政协六届五次会议上,戴梅英代表致公党市委作了《宁马互动、共谋发展》的大会发言,秦德美、陶晓明在联组会上分别作了题为《关于发展我市绿色食品的几点意见》和《调整发展我市乡镇企业的几点建议》的发言。会上共提交提案12件,其中团体提案7件。市委会坚持突出重点、发挥优势、注重质量、量力而行的原则,以经济建设为中心,年初就召开参政议政工作会议,对全年工作做了布置和安排。4月,致公党市委组织力量赴厂矿和各部门调研,撰写了《循环经济与可持续发展》和《我市中小学课外活动场所的建设与管理》的调研报告,并提交市政协。

【发挥优势做好社会服务工作】 3月,致公党市委组织开展了"伸出您的双手,献出一片爱心"系列活动。一是捐赠衣服,送给安工大贫困学生、社区困难职工;二是到当涂渣湾乡敬老院为孤寡老人及村民义诊;三是关注下岗职工。在市妇联的支持下,召开了一次别开生面的座谈会,下岗职工创业有成者现身说法,鼓励下岗职工自信自强,用自己的双手,靠勤奋的劳动来创造新的生活。

(致公党市委办公室)

【民建马鞍山市委】 2002年,中国民主建国会马鞍山市委发展会员7人,截至年底,全市民建下属支部3个,会员总数52人,平均年龄41.6岁,其中,男会员35人,女会员17人;在职会员45人,退休会员7人;有高级职称的会员占17%,有中级职称的会员占58%。会员的界别分布为:国企21人,私企3人,政府机关、事业单位15人,医药卫生6人,高教3人,中介机构3人,驻会机关1人。会员中,担任市政协委员5人,其中常委1人;区政协委员5人,其中常委2人,副主席1人;担任区级政府实职领导1人。此外,还有6名会员被聘为特约监督员。

民建马鞍山市委团结和带领全体会员,高举邓小平理论伟大旗帜,深入贯彻"三个代表"重要思想,充分发挥参政议政和民主监督两在职能。1. 紧紧围绕中共马鞍山市委、市政府的中心工作,积极建言献策。通过参加中共马鞍山市委的"双月座谈会"、"高层协商会"、"情况通报会"等各项活动,积极提出意见和建议,为民主科学决策献计献策。2. 利用市政协这个舞台充分展示自我。在市政协七届一次会议上,民建首次作为政协界别参加会议,主委周东红代表民建界别所作的《推动经济结构调整,加快现代化进程》发言,受到与会领导和委员们的一致好评;章兵、何祥俊两位会员分别纂写的《明确城市定位,提高城市竞争力》、《营造良好环境，迎接江浙沪辐射》被列为大会书面发言。在市政协七届一次会议上，民建主委共提交11件集体提案，4件个人提案，其中钱学泉会员提出的《关于对雨山湖、南湖治污的建议》被列为重点提案。

（章　兵）

【马鞍山市工商联】 2002年底，马鞍山市工商业联合会共有各类会员1 049个，其中个人会员430个，个体工商户占79.3%；企业会员483个，私营企业占70%以上；团体会员1个。会员群体呈现出以下特点：一是企业会员已从原来非常单一的服务型小企业，发展成为各类综合性企业和企业集团，资金开始从一般加工业、服务业向高新技术、物业管理和教育领域拓展。目前全市有私营企业集团6家，有20多家（次）企业先后进入全省民营企业百强行列。二是企业结构有所优化，生产型、科研型、商贸型和服务型企业的比例趋于合理，有8家私营企业拥有进出口自营权，外向型经济开始起步。三是私营企业主的综合素质得到提高，大多数具有大专以上文化，企业主积极支持企业建立党支部和工会组织，90%以上的企业都参加过各类社会公益事业和光彩事业。四是非公有制经济代表人士的政治地位有了明显的提高。非公有制经济代表人士担任区、县人大代表的有9人，担任政协委员的有78人；担任市级人大代表有9人，政协委员11人，总计为107人（次），较上届增长167.5%。

【发挥优势开展招商引资工作】 市工商联利用全国性健全的组织网络体系，发挥商会联系非公有制企业和代表人士的优势，积极开展招商引资工作。市工商联换届后三次赴温州、台州，两次赴厦门、泉州等地招商，与当地总商会和企业沟通信息，建立联系。积极帮助会员企业向辉宝石工艺厂与外资合作，促成总投资680万美元的中外合资企业宝石工艺厂正式成立，50万美元已经到位。通过市工商联原秘书长引进香港嘉宜公司来马鞍山投资，成立了外商独资企业嘉荣（马鞍山）实业发展有限公司。引进了芜湖嘉科公司在市经济技术开发区投资300万元，成立市瑞博服饰有限公司；雨山住宅开发公司与浙江台州市富强商贸公司合作，引进富强公司4 000万元资金租赁位于红旗中路的综合楼，经营家电、服装等。发挥浙江商会的作用，鼓励、引导浙江籍商人在马鞍山加大投资力度，部分浙商在马新增投资达900多万元。

【市工商联圆满完成换届工作】 市工商联代表大会于5月21～22日召开。大会全面总结了个私经济发展和市工商联5年来的工作，并根据新形势，研究制定了今后5年的工作目标。大会选举产生了第五届执行委员会、常务委员会和正副会长、秘书长。38名新一届执委平均年龄40.18岁，其中非公有制经济人士和股份制企业代表31人，占81.6%；大专以上文化程度的29名，占76.32%；7名副会长均为非公有制经济和股份制企业的经理。领导班子的年龄、文化结构较上届都有较大幅度的改善。

【市工商联浙江商会成立】 截至2002年上半年，浙江在马鞍山设立的企业办事机构有60多家，个体工商户有200多户，从业人员1 000多人。为加强浙江、马鞍山两地的经济交往与合作，促进两地共同发展，根据《中国工商业联合会章程》，市工商联于7月成立了市工商联浙江商会。浙江商会成立后积极开展工作，在组织会员开展学习、进行行业自律、维护会员的合法权益和协助政府到浙江开展招商活动等方面做了大量的工作，取得了一定成效。

【大力促进民营经济发展】 一是加强对个私企业的法律服务。9月初，市工商联与市司法局共同组建了“市民营经济法律顾问团”，为企业提供法律咨询、资信调查、参与商务谈判、草拟法律文书和公证等全方位服务。并在市工商联设立法律咨询站，每周五上午接受企业咨询，解答法律问题。二是创办会刊《马鞍山商会》，搭建民营企业和社会各界的交流平台，为会员提供政策、经济等信息。三是帮助解决贷款难问题。组织银企座谈，帮助企业沟通与银行间的联系。四是成立民生担保公司。在市政府大力支持下，以民营企业投资入股为主要方式，按照市场化原则组建了市民生担保有限公司，面向民营中小企业，提供融资担保服务。五是支持私企参与国企改制改组。市工商联积极支持市梦都餐饮公司、市锦华家电公司、市开拓糖酒公司等参与国企改革，为他们提供政策咨询，协调外部关系，寻求社会各界对私企参与国企改革的支持。六是开展非公有制经济的评优表彰。年初，市工商联根据企业的纳税额、参与社会公益事业情况和企业法人的综合表现，会同有关部门推荐了一批私营企业，在全市优秀私营企业表彰活动中受到市政府的表彰和奖励。市工商联还积极推荐企业参加全省劳动模范的评比活动，会员企业法人周东红、陈治才、许德美被评为安徽省劳动模范，会员企业天成纺织有限公司被评为省先进单位。

【引导非公有制企业回报社会】 在市工商联妇委会的积极倡导下，市工商联于11月建立了爱心基金。在爱心基金揭牌仪式上，非公有制企业共捐资3.9万元。

市工商联会长会议决定，利用筹集的基金资助贫困儿童上学，并进行跟踪扶持，帮助他们完成学业。首批帮困资金已捐助到向硫矿子弟小学。在年底开展的帮助困难职工过“两节”活动中，通过市工商联组织，17家私营企业一次捐款达19.4万元，赢得了社会各界的好评。

（李 峰）

马鞍山市总工会

【大力实施送温暖工程和再就业工作】 2002年“两节”期间，市总工会共筹资90余万元，发放送温暖食品3 100份，下发送温暖救济金34万元，共慰问困难企业243家，救助特困职工4 520户。会同有关部门，举办了“五一”全市下岗职工再就业招聘会和下岗职工再就业成果展，召开了全市再就业工作先进表彰暨事迹报告会；举办首期下岗职工家政服务员技能资格证书培训班，73名下岗职工经过系统培训取得了家政服务员资格证书。截至年底，“市总下岗职工再就业服务中心”接待求职咨询1 189人次，办理求职登记401人，介绍上岗387人。市总工会推进再就业工作的做法，作为典型经验在全省工会促进再就业工作会议上进行了交流。继续实施“育才关怀行动”，市总工会资助了47名特困职工子女上大学，全市各系统基层工会资助126名特困职工子女就学。进一步完善特困职工和特困群体档案，建档率达100%，并实行微机动态管理。同时，积极主动加强与民政部门联系与配合，推动把符合条件的特困职工纳入“尽保”范围。

【进一步强化工会源头参与工作】 在《工会法》修改实施1周年之际，全市各级工会组织开展了形式多样的学习宣传活动，市人大组织对《工会法》贯彻实施情况进行了专题执法检查。8月7日，市总工会与市政府召开第四次联席会议，就困难职工群体生活保障、建立劳动关系三方协商机制等涉及职工切身利益的有关问题提请政府研究。市总工会积极参与有关政策的制定，开展和参与涉及职工切身利益等问题的调研和处理。继续推行集体协商和签订集体合同制度，全市已有551家企业建立了此项制度，覆盖职工18.25万人。认真做好职工来信来访工作，全年接待处理来信来访近400件。积极会同有关部门建立全市“三方机制”，印发了《马鞍山市劳动关系三方协商机制试行办法》，并启动工资集体协商试点工作。切实做好职工劳动保护工作，市总工会参与“三同时”审查验收率达100%。

【广泛开展评选表彰活动】 全市各级工会以实施“十五”发展创新工程为载体，广泛、深入开展各种形式的劳动竞赛和先进人物的评选表彰活动。广泛开展合理化建议活动，全市职工共提建议13 891条，被采纳4 037条，实施1 367条，“双增双节”创效益近5 300万元；开展争创“创新工程示范岗”活动，表彰了127个市级模范班组；广泛开展岗位练兵、技术比武、劳动竞赛活动；组织开展2002年全省劳动模范、先进工作者和先进集体的评选工作，全市35名劳动模范和4个先进集体受到省委、省政府的表彰。

【扎实开展创建文明行业活动】 全市各级工会组织以宣传贯彻《公民道德建设实施纲要》为契机，大力推进职工职业道德建设，进一步深化创建文明行业活动。市总工会印发了《文明行业规范公约》和《文明行业五好标准》，开展文明窗口、文明职工标兵的评选活动，全市创建文明行业活动由原有的21个行业、部门拓展到44个。会同市妇联，开展了争创“巾帼双文明示范单位”活动，全市有106个单位(集体)和解放路一条街数万名职工参与到活动中来。

【加强职工民主管理和监督工作】 2002年，工会组织加强了以职代会为基本形式的职工民主管理、民主监督工作。市总工会加强对职代会制度执行情况的检查指导，全市399家已建立职代会制度的企事业单位有350家召开了职代会或职工大会，占应召开职代会单位总数的88%。组织开展民主评议干部和厂(事)务公开工作，全市共有388家企业和事业单位开展了民评工作，评议企业领导干部4 782名。由市厂务公开办公室草拟的《马鞍山市厂务公开暂行规定》，经市委、市政府同意，于11月发布实施。

【加强工会自身建设】 为做好新建企业工会组织建设工作，市总工会会同市委组织部开展了“党建带工建、工建促党建”工作调研，进一步深化在新建企业中“创建百家示范点”活动。截至年底，全市新建企业组建工会1 668家，会员42 801人，在全省率先完成全年新企建会和会员发展任务。加快社区建会步伐，全市已有82个社区建立了工会组织。及时做好放区企业工会组织关系衔接工作，首批划入3个区的149户企业和16 580名职工的组织关系实现了平稳衔接。结合第五次全国职工队伍状况调查和工会组织基本状况普查，开展了全市的调查、普查工作，建立了全市工会组织状况数据库。市总工会顺利通过省档案管理一级单位的复查验收，完成了机关党支部和机关工会的改选换届工作。

（办公室）

共青团马鞍山市委

【纪念建团80周年活动丰富多彩】 2002年,围绕纪念建团80周年,团市委集中力量于3~6月份开展了8项大的活动,即纪念建团80周年暨"五四"表彰大会、"青年与WTO"解放思想大讨论、青年文明号信用建设主题演讲会、"青春辉煌"专场文艺晚会、"勇立潮头"纪念建团80周年宣传图片展暨团员重温入团誓词活动、"光辉80载"全市青少年团史知识竞赛、建设"马鞍山青少年网站"和"新世纪 我能行""六一"庆祝活动。活动内容丰富,形式新颖,吸引了5万余名青少年踊跃参与。高频率、多层次的教育活动、不仅充分发挥了团组织的育人功能,而且大大增强了全市共青团的社会影响力和辐射力。

【深化青年文明号创建活动】 为巩固和发展青年文明号创建成果,团市委主要做了以下几方面工作:一是进一步建立健全青年文明号创建申报、考核监督和评审表彰的管理体系,将全市的创建活动纳入统一的规范之中;二是抓好青年文明号的典型示范,召开了全市青年文明号命名表彰大会暨青年文明号信用建设示范行动启动仪式;三是加强青年文明号的日常管理,不定期进行明查暗访。这些工作的开展,促进了全市青年文明号的创建水平的提高,2002年全市又涌现出5家省级青年文明号和1家国家级青年文明号。

【继续实施农村改厕工作】 2002年,团市委加大力度,继续实施改厕工作。定期到乡镇和行政村现场检查和指导改厕工作,购买分发4 000多只蹲便器、2 000套双瓮、400多套盖板,发放以奖代补资金26万元(帮扶单位拿出配套奖励资金近20万元)。全市改建新建卫生厕所1.8万座,卫生厕所普及率达到45%,走在了全省改厕工作的前列。当涂县被评为全省改厕先进县。

【引导扶持农村青年科技致富】 围绕全市农业产业结构调整这条主线,团市委将服务农村青年成长成才和脱贫致富作为农村团的工作重点,积极开展了以下几方面工作:一是年初召开全市农村团的工作会议,命名了10个青年科技示范基地,表彰了10名杰出农村青年"四个带头人";二是大力领办农业科技推广项目,扶持当涂县塘南镇中青科技示范园等10个新兴农业项目;三是加大力度培养青年星火带头人,通过市、县、乡(镇)各级团组织大力举荐和培养,全年共涌现出各级青年星火带头人近500名,有力地带动了农村群众致富奔小康。

【深入开展青年志愿者活动】 2002年,团市委从制度建设、工作推动上加大力度,促进青年志愿者活动的深入开展。一是全面推行志愿者注册制度。团市委在全国推行志愿者注册制度定点联系单位金家庄区取得成功经验的基础上,启动了全市推行志愿者注册工作。通过对项目、阵地、队伍和网络建设的不断深化,到年底,全市志愿者注册人数已超过6 000名,志愿者注册工作取得了阶段性成果。二是持续开展卫生志愿者扶贫接力工作,组织招募了3批次志愿者赴当涂县开展卫生扶贫。三是启动实施农业科技志愿者扶贫接力计划,首次招募了10名志愿者进行对口项目扶持。市青年志愿者协会被评选为2002年度全市精神文明建设"十佳诚信集体"。

【马鞍山青少年网站开通】 4月,团市委多方筹资,在全省共青团系统中率先建成开通了地市级青少年网站——马鞍山青少年网站,其注册域名为www.masyouth.com。网站集政策性、理论性、知识性、娱乐性于一体,主要包括党政与青少年、团史资料、组织机构、重要文件、调查研究、青少年动态、休闲娱乐等栏目。此外,还专门设立了青年志愿者、青年文明号等团的工作专栏,马鞍山市希望工程网上援助中心也上挂在此网站中。该网站的建成,开辟了全市共青团工作的新领域,有效地实现了团市委与上级团委及外地市团委之间的工作互动,并成为与广大团员青年密切联系的新纽带。

【市青联六届一次全委会召开】 12月10日,马鞍山市青年联合会第六届委员会第一次全体会议胜利召开。大会实事求是地总结了5年来全市青联工作,制订了未来5年的工作计划,选举产生了新一届青年联合会的领导班子。

【青少年宫素质教育成果显著】 马鞍山市青少年宫作为全市专业校外教育主阵地,着力提倡素质教育,加大对全市青少年在艺术教育方面的培养,2002年各项教育成果成绩斐然。全年共开设26个培训类专业,培训学员13 000人次;开展各类(项)活动20余场次,直接参与者达3万余人次;全年获省级以上各类团体表彰27项次,个人表彰600多人次,取得了良好的社会效益。

(黄瑞霞)

马鞍山市妇女联合会

【妇联组织建设得到加强】 2002年,市妇联制定下发了《"十五"社区妇联发展规划》,全市88个社区全部建立了妇联组织,并在社区开展建立"一支队伍"(志愿者队伍)、"四个阵地"(维权工作站、再就业服务站、家长学校、妇女儿童文化活动室)试点工作。截至年底,全市已成立法律、科技、医疗等巾帼志愿者队伍277支,志愿者人数达3 500余人,开展活动1 400多次。此外,市妇联为市直工委和市教育局争取到妇委会主任职数各1个,至此全市已有3家单位建立了妇委会组织,扩大了妇联组织的覆盖面。

【"双学双比"活动有成效】 各级妇联多次组织专家、技术人员深入乡村田间地头,传授致富信息,并为发家致富缺乏资金的农村妇女牵线办理了829.49万元的贷款扶持业务,受惠农户达1527户。此外,市妇联用争取来的15万元全国"三八"林业资金新建了花卉、果林、苗圃等基地10.67公顷,同时调整基地发展思路,投资与女能手合作建设基地,充分发挥基地的连环带动示范效应。

【推进下岗失业妇女再就业】 市妇联先后组织7期外贸毛衣编织培训班,培训妇女352人次,完成3 700余件外贸毛衣编织任务,为年龄大、技能单一的下岗女工打开了一扇新的再就业之门。在各级妇联组织的共同努力下,全年共介绍1 300多名妇女当上了家政服务员,并向市内外企业推荐了211名女性就业,为妇联系统开展规范化劳务输出开了好头。

【儿童工作有起色】 市妇联与市委宣传部等6家单位在"六一"儿童节组织了1 000多名儿童参加"争做合格小公民"签名活动,与关工委、教育局、环保局等单位联合举办了第五届"苗苗乐"文艺比赛系列活动,开展了"环保杯"我做合格小公民征文活动;市妇儿工委办公室发动80多个党政机关和事业单位向88个社区儿童文化活动室捐书1万余册。市妇联还把开展"小公民"活动与家庭教育工作有机结合起来,在全市大多数社区建立了家长学校,并与团市委、教育局、关工委联合开展了"十佳优秀家长"评选活动。2002年全市家长学校共开课331次,服务市民5 195人次。

市妇联创新"春蕾计划"的实施形式,与市工商联联合在向硫矿子弟小学挂牌成立全市第一个"春蕾女童班";与市教育局、团市委联合举办"手拉手、献爱心"庆"六一"结队仪式,集中向百名特困女童赠送人均500元的助学款。截至年底,全市各级妇联组织当年资助春蕾女童342名,占10年来资助女童总数的42%。此外,市妇联与工行马鞍山分行联手,于"中国儿童慈善活动日"开展募捐活动,共募得资金近2万元,为全市弱势女童奉献了一片爱心。

【五好文明家庭创建活动深入千家万户】 市妇联以"家庭美德在万家"活动为载体,开展了家庭美德在社区、在农村、在企业、在机关、在校园试点工作;牵头承办了由全市2万户家庭参加、历时半年的"联通杯"市十佳"五好文明家庭"、十佳"星级文明户"、十佳"学习型家庭"评选活动;组织了一场有数千名群众参与的"美在万家"家庭文化广场演出。市妇联还与市纪委联合召开了"庆三八,争当廉内助"座谈会,与市禁毒委联合开展"不让毒品进我家"活动。据统计,全年各级妇联共评选出"五好文明家庭"2 264户,"十星级文明户"3 630户,"文明楼院"75栋,文明家庭创建活动深入千家万户。

【维护妇女合法权益工作形成制度】 市妇联注重更新维权工作理念,建立健全了妇女特邀陪审员制度,组建了司法、劳动妇女维权监督员队伍,联合公、检、法、司、民政部门两次召开市妇女儿童维权联席会议,并形成制度,使维权工作进一步走向整体化和规范化。同时,开展新《婚姻法》知识竞赛,通过电台的"妇女之声"栏目、电视台"今日聚焦"和"法与大众"栏目宣传《婚姻法》及其司法解释,增强妇女群众的自我维权意识和素质。2002年全市各级妇联组织共处理信访2 026件,帮教吸毒妇女110名、女"法轮功"邪教组织练习者197名、女性"两劳"回归人员72名,较好地维护了社会的稳定。

(办公室)

马鞍山二中承办：安徽省“研究性学习”现场会

1998年马鞍山二中在全省第一个被评为“省示范高中”

团结、互助、求实、创新的学校领导班子。校长：汪延茂(中)、副书记陈建雄（左二)、副书记高国平（左一)、副校长徐礼荣（右二)、工会主席方经泉（右一)

发挥重点中学的示范和幅射作用，马鞍山二中教师到当涂石桥中学支教

马鞍山第二中学办学传统优良，是一片惜才、爱才、育才的沃土，在省内外乃至全国享有盛名。40多年来培养了一批批精英俊才，是广大莘莘学子向往之名校。

该校现为安徽省重点中学，首所省级示范高中，也是教育部直接联系的学校、全国德育大纲实验学校、全国现代教育技术实验学校，及全国精神文明建设先进单位。学校现有教学班51个(含成功中学)，教职工193人，学生3180人。长期以来，该校立足学校教育教学实际，不断更新办学理念，不断提出新的思路，增加新的内容，学校工作逐年跃升新的台阶：从“首届安徽省文明单位标兵”，到“安徽省首所示范高中”，到入选“全国600强学校”，使办学之路越走越宽，成为全省中学的排头兵。学校在全省乃至全国都产生了良好影响，学校的综合办学实力不断提高，两个文明建设成果斐然，获得21项国家级大奖和20多项省级奖励。

优美的校园环境——教学区

马鞍山二中南大门

优美的校园环境：鹿池

让发展的当涂更开放

县委书记陈鹏在县第十次党代会上作报告

实现当涂迅速崛起，在全省县市级取得领先位置是众望所归的选择，现在，至关重要的是保持清醒的头脑，总结经验，吸取教训，抓住机遇而不可丧失机遇，开拓进取而不可因循守旧，力争上游而不可徘徊观望，快速发展而不可满足现状。全县党员干部始终要有知难而进、迎难而上的勇气，始终要有敢闯、敢试、敢冒的胆略，始终要有咬定青山不放松的毅力，始终要有奋发向上、全力以赴的拼劲，始终要有脚踏实地、艰苦奋斗的作风，努力把当涂的事情办好，不负人民期望，不辱时代使命。

——摘自陈鹏的报告

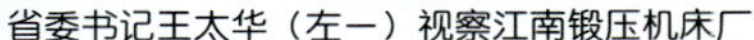

省委书记王太华（前左一）在塘南水产科技园

省委书记王太华（左一）视察江南锻压机床厂

马鞍山市疾病控制中心

党总支书记、主任 李成斌

开拓创新的领导班子

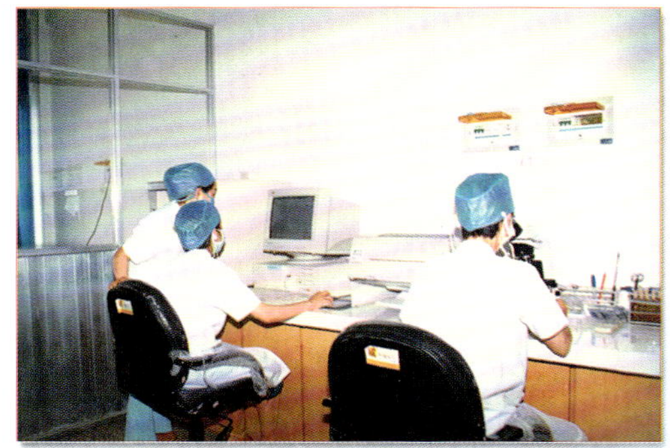
检验科工作人员使用VITEK—32全自动微生物鉴定系统进行细菌鉴定

防疫科工作人员在接听非典热线咨询电话

马鞍山市疾病预防控制中心自2002年7月31日组建以来，牢固树立现代疾病预防控制理念，以提高卫生防病技术为核心，坚持个体防治、综合防治与群体干预并重的疾病预防方针，在疾病监测、卫生检验、计划免疫、公共卫生监测与评价、社会从业人员健康检查、职业病、地方病、肺结核病、血吸虫病、皮肤病、性病、艾滋病预防与控制、健康教育、消杀灭、改水改厕等方面卓有成效地开展了多项工作，充分显示出快速、机动、准确、高效的疾病防范意识与控制能力。尤其是在全市奋力阻击传染性非典型肺炎工作中，市疾控中心及时制定并指导实施各项防治预案，对重点人群开展流行病学调查，为我市抗击非典作出了突出贡献。3年来，疾控中心锐意改革，技术力量不断加强，在思想教育、业务培训、竞争上岗、党风 和廉政建设上取得长足进展。2001、2002年连续两年在全省疾病预防控制目标管理考核工作中荣获第一名。

市疾控中心门诊住院部外景

马鞍山市中心血站

全市2000～2001年无偿献血表彰大会

站长 夏慧新（左） 书记 胡立功（右）

马鞍山市中心血站始建于1989年9月，是全省首批获得采血执业许可证的单位，设置了血源管理、采血成份、血液检验、质量管理、输血研究6个业务科室。在职职工38人，其中高级专业技术人员16名。血站建设得到上级部门的高度重视，2002年12月血站已迁入新址佳山路梨苑1号市卫生大厦，总投资近700万元的新血站大楼正式投入使用，拥有大型捐血车、血细胞分离机、血库冰箱、全自动血细胞计数仪等万元以上设备30台套，献血条件及血站的硬件建设跨入全省先进行列。

血站坚持"服务第一，质量第一"的宗旨，不断更新无偿献血的宣传模式，积极开展街头自愿献血活动，不断巩固发展我市无偿献血的成果，无偿献血100%满足了全市临床用血的需要。2000年5月在全省地方级血站率先引进了先进的"血站计算机网络管理系统"。

站领导班子求真务实，团结进取，狠抓职工队伍建设，坚持"以人为本"，加强单位的文化建设，充分发挥党支部战斗堡垒和党员先锋模范作用，血站的两个文明建设不断取得新的成绩，2000年以来先后取得"全省卫生系统先进集体"、"市先进单位"、"市级文明单位"等称号。

市卫生局、血站联合组织的大型无偿献血主题晚会

卫生监督所领导班子

马鞍山市卫生局卫生监督所是2000年10月全市实施卫生监督体制改革以后成立的卫生监督执法机构，为副县级全额拨款事业单位。内设卫生监督一科、二科、三科、四科、办证科、办公室、行政科、财务科等七科一室。依照《食品卫生法》、《职业病防治法》和《传染病防治法》等卫生法律法规赋予的职责，对全市食品、化妆品生产经营单位、医疗机构、供水单位、厂矿企业和学校依法进行卫生监督检查，对食品、化妆品、饮水和公共场所、厂矿企业、托幼园所和医疗机构的卫生质量开展卫生监测工作，并对违反卫生法律法规的行为实施卫生行政处罚。

2002年，在省、市卫生行政部门正确领导下，马鞍山市卫生局卫生监督所进一步加强了单位的精神文明建设，以社会需求为导向，努力提高办事效率，实行优质规范服务，积极推进依法行政。所领导班子和带领全所职工团结务实，开拓进取，坚持严格执法、热情服务的宗旨，深入宣传卫生法律、法规，强化了经常性卫生监督，积极开展整顿规范市场经济秩序活动，严厉打击违反卫生法律、法规的行为，圆满完成了上级交给的各项工作任务，为全市经济建设和人民身体健康提供了强有力的卫生监督保障。2002年，马鞍山市卫生局卫生监督所先后被国家卫生部授予“全国卫生监督先进集体”、市文明委授予“文明窗口”的称号，单位党支部被市直机关工委评为“五好党支部”。

监督人员在检查

马鞍山市广播电视局

局党组成员参加硬盘播出系统开播仪式，市委宣传部副部长、市广电局党组书记、局长曾凤华启动开播按纽

全体"首席"与市领导、局党组成员合影留念

招商引资项目—上海农工商超市马鞍山大卖场举行奠基仪式

现辖：马鞍山人民广播电台、马鞍山电视台、马鞍山市有线电视网络中心、马鞍山广播电视报社、马鞍山市转播台和马鞍山市广播电视服务公司，共有干部职工320多人，其中中级以上职称人数约占总数的三分之一。

在把握正确舆论导向，不断拓展宣传和服务功能，提升节目质量和品位的基础上，事业发展突飞猛进，相继建设了广播音频工作站，电视综合演播厅、新闻演播厅、虚拟演播室，实现了广播频道专业化和电视全数字硬盘播出，广播、电视节目制作技术水平在全省名列前茅。有线网络采用860兆赫HFC网络双向传输，现传送38套电视节目和数套调频立体声广播，并通过可寻址收费系统加强有线电视用户管理。所辖县（区）、乡镇均已联网，实现了"村村通广播电视"，全市广播电视综合覆盖率达100%。

近年来，该局遵循以"优秀的节目、优异的技术、优良的作风"服务社会的理论，确定了壮大广电产业的发展目标，建立了首席评选制度，实施精品创优战略，一批优秀的节目在国家、省（部）级评比中获奖。

http://www.masinfo.com.cn/gdj
安徽省马鞍山市雨山中路46号
邮编：243011

有线电视中心播出机房

交通音乐台听友见面会现场

马鞍山人民广播电台

播音

交通音乐台开播仪式

二OO二年度
十佳诚信集体
中共马鞍山市委
马鞍山市人民政府
二OO三年三月

马鞍山广播电台四十多年来，在历届市委、市政府的领导和广大市民的关怀、支持下，实现了从有线到无线、从录播到直播、从单台到多台的飞跃。电台自开播以来，始终坚持正确的舆论导向，以新闻立台作为办台方针，兼顾服务类和文艺类节目，同时注重提高节目质量，不断强化精品意识，出现了一批名牌节目主持人。由罗群主持的《城市大哥大》节目，1993年、1997年两次被评为马鞍山精神文明建设十件好事之一；交通音乐台被市委、市政府评为2002年度十佳诚信集体。

近年来，马鞍山人民广播电台对播出设备进行了大规模的更新改造，全部采用了高性能卡座和激光唱机播放音响资料，2001年建起数字音频工作站，实现了广播节目录音、制作、播出数字化。同时建立了先进的播控中心和监测、监控系统，技术设备在安徽省地方市级广播电台中处于一流水平。

万人同庆交通音乐台成立一周年

小九华风景区

清水观音开光

四月初八浴佛法会，惟启法师迎请太子像

小九华位于安徽省马鞍山采石镇西北二里处，原名望夫山，濒江近城，有天池、望夫石、淘金洞等名胜古迹。小九华寺始建于唐代，数次重修，明崇祯年间，建有准提庵。小九华寺屡经战乱，香火一直延绵不断，至今仍保留地藏王殿、准提庵、大雄宝殿、古石阶等设施，实为江南佛教名山。相传，地藏王曾到这里住过，留下许多神奇传说。千百年来，每逢农历正月十五、七月三十，进香者络绎不绝。由于山峦秀美，香火极盛，酷似百里外的青阳九华山，所以人称“小九华”。

目前，已建成金刚殿、千手千眼观音殿、客堂、素餐馆、斋房、僧舍、放生池、茶楼及停车场等设施。一个以上院下院为整体布局，围绕小九华以佛教文化为主体的旅游景区，已初具规模。整个寺院已构成一组完整的楼阁建筑，佛殿琉璃盖顶，飞翘角，雕花梁，朱户花窗，十分雄伟庄严和幽雅别致。前来拜佛观光的香客、游客络绎不绝。江浙、沪杭等省市的众多香客也慕名而来。

金刚殿

香客云集

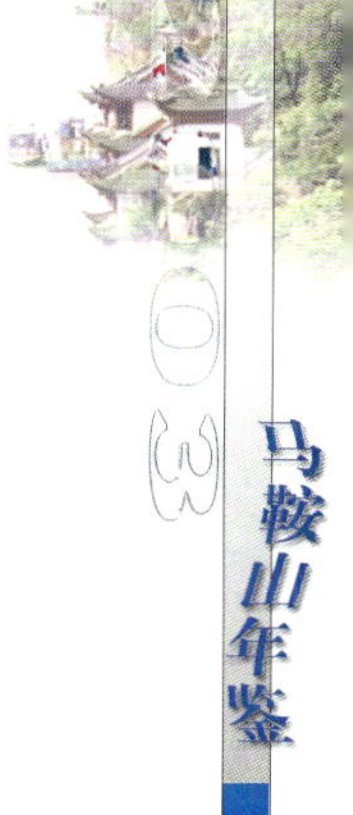

基建审计人员正在对南湖宾馆(四星级)基建项目进行现场审计

主任会计师周代仁(高级审计师、注册会计师、注册评估师)正在上网查询有关资料

安徽江南会计师事务所

审计人员正在为市委办公区改造工程进行跟踪审计服务

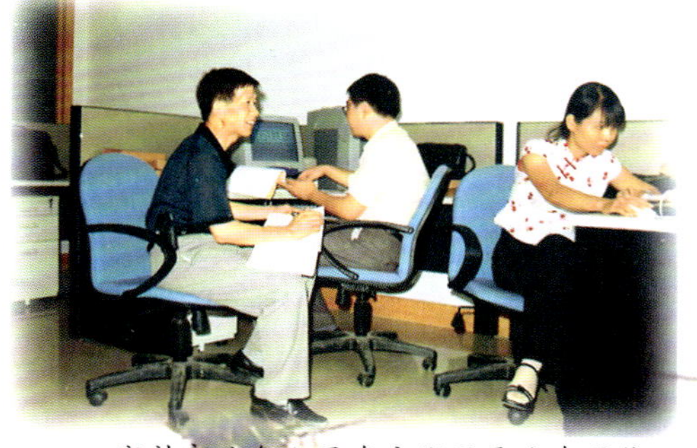

审计部业务人员在安徽星马汽车股份有限公司进行审计的工作现场

安徽江南会计师事务所(原马鞍山市审计师事务所)成立于1988年3月，1999年12月根据国家和省政府有关规定完成了脱钩改制工作，经安徽省财政厅批准，改制成有限责任会计师事务所。

建所15年来，该所坚持“质量第一、服务第一、信誉第一”的宗旨和“客观公正、实事求是”的审计原则，已为省内外上千家企、事业单位提供了优良服务，赢得了广大客户和相关部门的信赖和好评，连续7年被评为安徽省先进审计事务所，1993年以来，曾连续三年荣获“安徽省审计事务所综合实力20强”的前十名，为马鞍山市的经济建设作出了积极的贡献。

安徽江南会计师事务所位于马鞍山市湖南路团结大厦西五楼。该所下设审计一部、审计二部 ，基建审计部、当涂分所及办公室。业务范围涉及各项财务审计、资产评估、税收服务、财务咨询、人员培训等。具有国有企业审计查证资格、资产评估资格、工程造价咨询乙级单位资格和建设工程招投标代理资格。房地产评估资质正在上报审批中。该所拥有涉及财会、法律、管理、税收、工程、评估等各类高中级专业从业人员46人，其中注册会计师24人，注册评估师8人，房地产估价师7人，注册税务师2人，价格鉴定师2人，国际注册内部审计师1人，造价工程师8人。是我市一家管理水平较高、专业人才众多且具有一定规模的社会中介机构。

马鞍山市对外贸易经济合作局

改革开放以来，马鞍山市外经贸事业取得了长足的发展。目前，全市涉外管理机构齐全，外经贸促进服务体系逐步完善。全市现有外商投资企业70余家，世界五百强中的日本丸红公司和法国圣戈班公司亦在我市投资；全市申报获进出口自营权企业有42家，有进出口权的三资企业65家，出口产品达18大类60多个品种，主要有钢铁及制成品、纺织品、服装、机电产品、轻工产品等，产品外销到40多个国家和地区，形成了以马钢国贸、三资企业、自营进出口生产企业、外贸专业公司为主体的四路大军共闯国际市场的格局；全市对外经济合作工作也有了新突破，获外经权企业4家，境外注册企业3家，劳务输出和工程承包遍布东南亚、非洲和中东地区。

优化外经贸企业经营环境，竭诚为外经贸企业服务，让我们共创“入世”后全市外经贸工作新局面。

自左到右依次为纪检组长陈立宽、副局长周鹰、局长陈士楚、副局长周学斌

局长陈士楚同志率团参加国家外经贸部在阿联酋沙迦举办的“中国吸引外资成果展览会”和“2002年春季中国机电产品中东交易会”

获得的荣誉

办公大楼

马鞍山市物价局

局长　张宏展

市物价局主动服务、亲商富商，热情为外商企业排忧解难。图为价格执法人员冒雨主动将《涉及外商投资企业行政事业收费卡》送到外资老板手中

为提高价格执法人员素质，市物价局在年初举办政治业务知识培训班

为更好地实施价格处罚制度，应被处罚单位要求，召开价格处罚听证会，对价格处罚实施听证

马鞍山市国家税务局

创建省级文明单位。图为谢国良局长在全市省级文明单位创建工作交流会上发言

安徽省马鞍山市国家税务局于1994年8月18日成立，为正处级机构，实行由省国税局垂直管 理的领导体制。局机关内设8个行政科室、2个直属单位(涉外税务分局和稽查局)、2个事业单位(信息中心和机关服务中心)，另设机关党委办公室，下辖当涂县国家税务局和市区4个税务分局，担负着全市(含当涂县)2913户工商企业、6403户个体工商户和50个集贸市场的国税征收工作，现有在职干部职工390余人。“九五”以来，全市各级国税部门深入贯彻“两手抓，两手都要硬”的工作方针，从严治税，从严治队，“两个文明”建设取得了显著成绩。连续5年获全省国税系统目标管理考核“优秀”等次，被市委、市政府命名为第八届、第九届“文明单位”，2002年被省委、省政府命名为安徽省第五届“文明单位”。2002年，我市国税系统以“三个代表”重要思想为指导，牢固树立税收经济观，紧紧围绕依法治税、从 严治队和科技加管理“三篇文章”，超额完成了全年组织收入任务，税收收入总量突破15亿 元，增长14.6%，增收1.95亿元；“两税”收入14.8亿元，增长15.6%，为全市改革和发 展作出了新的贡献。

积极参与全市解放思想大讨论，开展“服从大开放，服务纳税人”活动，进一步改进服务质量和效率

开展形式多样的税法宣传活动，大力表彰诚信纳税户

开展丰富多彩的文体活动。图为喜迎“十六”大金秋文艺汇演

马鞍山船舶证照检查站

安徽省马鞍山船舶证照检查站建站于1997年5月6日，直属于省地方海事(港航管理、船舶检验)局。其主要职责是纠正船舶证照不符和船员配备不足等违章行为；依法检查运输船舶规费缴纳情况；维护水上交通安全。

党支部书记、法人代表　宋先林

安徽省马鞍山船舶证照检查站建站以来，遵照交通部的统一部署，在省交通厅、省地方海事局的正确领导下，站党支部团结带领全站干部职工以邓小平理论为指导，认真贯彻落实“三个代表”重要思想，充分发扬了“团结拼搏，敬业奉献，开拓进取”的艰苦创业精神，通过“纠三无、查违章、促办证、堵漏征、抓安全、保畅通”等一系列有效措施，实现了我省籍船舶证照持有率由建站之初的58%提高到目前的98%以上，“三无”船舶基本杜绝，促进了水运市场的繁荣健康有序发展，维护了水上交通安全的稳定态势，受到了社会各界的关注与认可，先后荣获交通部“99联合行动”先进集体，全国海事系统文明达标单位，安徽省百家竞赛“最佳优质服务单位”，安徽省交通系统“文明示范窗口”等荣誉称号。交通部及安徽省有关领导多次到该站参观指导，并对工作给予充分肯定。该站五年来的工作取得了社会、经济、管理、安全、执法等五个方面的突出成绩，成为安徽水运事业的一块里程碑，安徽水运事业的一面旗帜，安徽水运管理的一道屏障，长江安徽段上的一颗明珠。

船检人员在丈量船舶

海事艇在江面巡逻检查

检查站站貌

中国建设银行

马鞍山建行领导班子成员参加2003年工作会议。党委书记行长杨庆生（中），副行长苏宇虹（右一），副行长许春雨（左一），副行长刘希卿（右二），副行长陈联明（左二），工会主席唐礼虎（右三），纪委书记奚秀华（左三）

中国建设银行马鞍山分行是一家有四十多年历史的多功能、综合性的现代商业银行，拥有雄厚的资金实力、良好的客户基础、完善的金融服务和卓越的社会信誉，是国有四大商业银行之一。多年来，该行秉承“不断创新、追求卓越”的经营理念，在巩固和发展传统业务的基础上，坚持以市场为导向，以客户为中心，积极开发新的金融产品和市场，通过遍布全市的分支机构、储蓄网点，向居民、企业和政府机构提供存款、贷款、结算、代理、咨询等全面快速的金融服务，同时，创造了金融业史上的辉煌业绩。截至2002年底，全口径存款、贷款分别超过30亿、20亿元，不良贷款率以近5个百分点的速度逐步下降，经济效益连续三年保持全省建行系统前三名的位次。根据综合排名，该行被列入安徽省建行一类等级行。

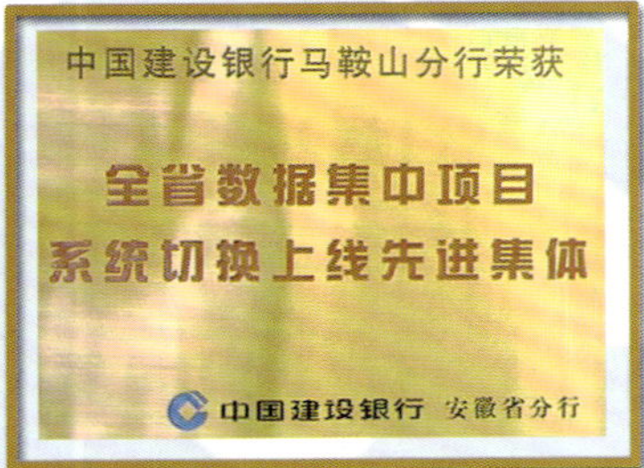

建设现代生活

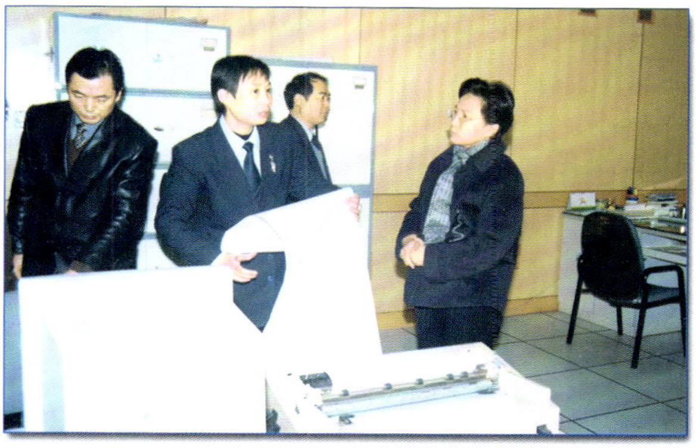

安徽省建设银行总审计师（右）亲临马鞍山建设银行基层网点检查、指导工作

马鞍山建行优秀团员青年远赴革命老区接受革命教育

马鞍山建行大力推进家园文化建设，经常开展喜闻乐见丰富多采的文娱、体育活动

马鞍山建行个人消费贷款中心助你圆梦

中国工商银行

该行党委书记、行长范恒泰与基层部处负责人签订服务责任状与案件防范责任书

该行城建办员工深入住房开发公司为市民现场办理个人住房贷款

2002年，中国工商银行马鞍山分行认真实践“三个代表”重要思想，积极贯彻省行各项工作部署，严格按照人民银行的监管要求，加大改革、创新和管理力度，在复杂多变的市场环境下，实现了各项业务健康、稳定发展。继续进入全国工商银行二级分行综合经营30强行列，名列第27位；经营绩效考核进入前30名，名列第29位。同时进一步强化内控管理，提高服务水平，精神文明建设取得丰硕成果。全行机关7个部处被授予市级“文明单位”称号；金家庄办事处被授予市级“文明单位”标兵称号；马钢办事处、市分行营业部被省政府授予省级“文明单位”称号；全行创建职工之家合格率达100%。

马鞍山分行

该行邀请保险行业、全市汽车经销商等参加汽车消费贷款恳谈会，交流意见，互通信息，以便及时了解需求，进一步提高市场竞争力

该行注重党风廉政建设，利用报告会等多种方式加强干部员工廉政意识

该行组织团员青年前往泾县革命教育基地重温入团誓词

该行利用举办“金融e通道”文艺现场晚会的形式大力营销新兴业务

农行首家金融超市2002年3月正式开业

中国农业银行马鞍山分行

中国农业银行马鞍山分行牢固树立办商业银行的经营思想，坚持以客户为中心，以市场为导向，以效益为目标，抓改革，促发展，大力开拓市场，狠抓不良贷款清收盘活，使经营效益快速提高，综合实力大大增强。现在的中国农业银行马鞍山分行已是资金实力雄厚，电子网络发达，营业网点遍布城乡，是我市四大国有商业银行中营业网点覆盖面最广的银行。目前，除了开办传统的存取款、贷款、结算、票据、国际业务、代理业务等，还开通了95599在线银行、实时电子汇总系统；金穗借记卡、准贷记卡等银行卡已实现全国范围内的联网，可在全国范围内存款、取款、消费；“通汇宝”、“西联汇款”业务，使国际、国内存取款在瞬间完成，其完备、便捷的网络系统，高效、优质的服务质量受到广大市民普遍赞誉；在银行业中处于领先地位的信贷管理系统，也将实现全国联网；金融超市自2002年3月26日开业以来，先后推出八项个人消费贷款业务，受到了广大群众的热烈欢迎。农行马鞍山分行凭借着齐全的业务品种和完善的服务功能在谋求自身发展的同时，积极支持地方经济建设。

由国有商业银行代理的国家金库县级支库在马鞍山农行当涂支行挂牌

中国农行行长助理、安徽省分行行长杨琨、副行长杨泳、甘能平在副市长牛笃韬、市农行行长胡德启陪同下到当涂进行调研

农行对博望镇十二家企业综合授信签字仪式

中国银行 马鞍山分行
BANK OF CHINA

中国银行马鞍山分行"全国金融五一劳动奖状"和"全国五一劳动奖状"揭牌仪式

行长、党委书记　王　庆

合作签字仪式

合同签字仪式

中国银行马鞍山分行成立于1987年2月28日，经过十五年的发展，目前已成为管理逐步规范、风险控制得力的现代化国有独资商业银行。2002年末，该行经营利润首次突破2000万元，达2915万元；各项存款余额首次突破20亿元，达21.2亿元，贷款业务取得历史性突破，新增近6亿元，新增部分市场占有率达55%；国际结算业务量首次突破3亿美元，达3.5亿美元；不良率下降至3.6%，不良余额降至4647万元。不良余额和不良率均居全市商业银行最低。

2002年，马鞍山中行首次进入中国银行总行综合评比15强，在安徽省中行综合考核中名列首位，并被中国银行总行授予"精神文明建设先进单位"称号和二级分行中唯一一家"行务公开试点单位"。2003年，该行分别被全国金融工委和中华全国总工会授予"全国金融五一劳动奖状"和"全国五一劳动奖状"称号。

述职报告会

职工运动会

知识竞赛

举行升国旗仪式

中国人寿保险公司

公司党委书记、总经理　陈克民

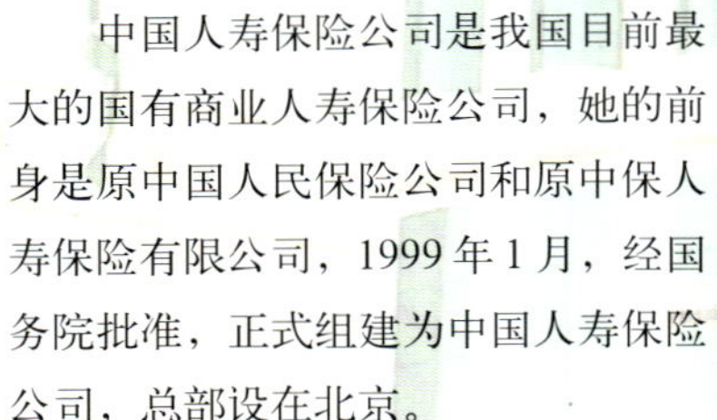

中国人寿保险公司是我国目前最大的国有商业人寿保险公司，她的前身是原中国人民保险公司和原中保人寿保险有限公司，1999年1月，经国务院批准，正式组建为中国人寿保险公司，总部设在北京。

中国人寿保险公司马鞍山分公司是中国人寿保险公司市级分支机构，现下辖一个县支公司，一个营业部，拥有从业人员1000余人。开办的主要险种有：普通寿险、健康保险、意外伤害保险、投资分红保险等100多个险种。公司建立了较完善的业务处理中心、财务处理中心和客户服务中心，经营管理初步实现集中化、专业化、规

公司召开2003年工作会议，布署全年工作任务

公司员工经常走上街头，为市民提供保险宣传咨询服务

公司举办回报社会、回馈客户的酬宾抽奖活动

马鞍山分公司

是中国人寿保险公司在全国范围内统一开通的客户服务专用电话，广大市民和客户可以随时随地拨打95519。她本着诚信为本、稳健经营的宗旨，将热情、真诚、准确、高效地为您提供咨询、查询、投拆、挂失登记、报案登记、客户回访等服务。

95519 服务到永久

范化。1996年分业经营以来，寿险业务得到快速发展，2002年总保费收入近2亿元，业务规模和市场占有率居同业首位，为全市118万人(次)提供了各种人身保险保障，为我市改革开放和经济发展发挥了积极的保险保障作用。

公司总经理：陈克民
公司地址：市珍珠园华飞路1号
服务电话：95519、2365928
传真：0555—2365932

公司新办公大楼

公司2002年获省公司"双文明先进单位"光荣称号

公司大力宣扬"成己为人，成人达己"的文化理念，图为公司举行司歌比赛的情景

为宣传保险知识，公司2003年春节期间开展了送戏下乡活动

国元证券马鞍山湖南路证券营业部

总经理　吴康

国元证券马鞍山营业部(前身为安徽省国际信托投资公司马鞍山证券部)成立于1994年马钢职工股的上市交易日之前。拥有3000多平方米的总营业面积，其中1100多平方米宽敞的营业大厅，400平方米良好的大中户室，230平方米的B股专用交易室，12间新装修设备齐全、条件舒适的贵宾室。营业部采用先进的HP服务器，交易网络采用主干千兆、百兆交换到桌面等各种新的计算机技术，备有2路供电系统、400余台工作机、32台客户自助委托机、12台大厅客户乾隆分析系统、48条电话委托中继线及多路远程委托线路，充分保证网络的安全、稳定及高速运行。开户手续简便、快速。委托方式齐全——柜台委托、自助委托、电话委托、远程委托、代理配股委托、提示新股配售中签缴款。咨询业务广泛，网络系统内设置乾隆、巨灵资讯分析系统，通过广播系统每日两次播出证券信息讲解。

马鞍山市经贸委散装水泥办公室

马鞍山市经贸委散装水泥办公室正式成立于1987年5月4日，人员编制6人，属财政全额拨款事业单位。是我市散装水泥工作的行政管理部门，对全市散装水泥发展及推广使用预拌混凝土负有行政管理责任。在市政府主管部门领导下，负责贯彻发展散装水泥及预拌混凝土的法规、规章和政策；编制相关发展规划和年度供应、使用计划并组织实施；管理和使用发展散装水泥专项资金；协调发展散装水泥和预拌混凝土工作中的问题；开展散装水泥统计、宣传、信息交流以及新技术、新工艺、新设备的研制开发和推广使用、服务等工作。

主任　樊开生

2003年是马鞍山市散装水泥工作实现跨越式发展的关键一年。按照国家有关规定，将出台城区内禁止现场搅拌混凝土的有关规定；贯彻、落实新的《省发展散装水泥管理办法》；全年散装水泥供应目标10万吨，使用目标20万吨，水泥散装率40%；加大对散装水泥设施、设备方面的技改投入，增加贷款贴息继续保持在全省的领先地位。

正在建设的马钢薄板工程大量使用预料混凝土的施工现场

马鞍山市商业银行

许德美行长代表市商行对年度工作优秀的中层干部给予奖励

许德美行长代表市商业银行与市燃气总公司签订银企合作协议

市商行十六大精神学习辅导会

马鞍山市土地评估所

所长　陈新生

马鞍山市土地评估事务所(以下简称土地评估所)是一九九二年经市编办批准成立的自收自支事业单位，也是全省首家成立的土地评估机构。主要从事土地使用权的价值评估以及与土地相关的业务。评估所现有在编职工11人，其中有土地估价师资质的6人，有中级职称的3人(含双重专业技术职称)，评估所拥有各类中级技术人员7人，占在职职工总数65%。现已开展 的业务有土地评估、土地咨询、地产代理等。自评估所成立十多年来，土地评估所先后评估土地面积达30平方千米，评估土地资产总值近 80亿人民币，先后进行了马钢股份公司、皖能、丰原生化、无线寻呼、中国石化、移动通信、山鹰纸业、星马专汽等上市公司的评估；参与了财政部一九九五年的企业清产核资的评估 ；涉及的业务范围有土地使用权出让、转让、出租、抵押、作价入股、破产清算、验资、基准地价、标定地价等评估。为马鞍山的土地使用制度由无偿、无期限、无流动向有偿、有期限、有流动的改革作出了积极贡献。2002年我们完成土地评估项目124个，评估土地总面积253.8公顷，评估资产总额10.22亿元人民币，另外我们还参与了中国人寿和人保上市的土地资产评估。

我们的原则是：科学、公正、公平、合理。

我们的宗旨是：热情为用户服务。

马鞍山市城建档案馆

马鞍山市城建档案馆成立于1984年，随后相继成立了市建设信息中心、市城建档案管理处，馆处合署办公，隶属市建委领导，负责全市城建档案的管理工作。馆内业务机构设置齐全，现有职工18人，馆库面积1500平方米，馆藏档案3万余卷，并保存有党和国家领导人视察我市历史照片、城市发展新旧貌照片1500多张。

近几年来，市城建档案馆在市委、市政府、市建委的领导下，奋发进取，开拓创新，全面加强基础建设，现代化管理水平不断提高，积极地为城市建设、管理提供决策性依据，为社会提供优质档案利用服务，取得显著社会和经济效益。多次受到国家、省、市和主管部门表彰与奖励，连续几届荣获市级文明单位称号，2002年以优异的成绩被建设部评定为国家一级档案馆。

党支部书记　何先荣

2002年12月10日，晋升国家一级考评会

城建档案馆目标管理

证　书

马鞍山市城建档案馆在全国城建档案目标管理工作中，经考核批准，晋升为国家一级城建档案馆。

二○○二年十二月十七日

证书编号：A057

国家一级城建档案馆证书

国家一级考评参观照片展厅

市城建档案馆办公大楼

党委书记 符解梅

副局长葛昌明（左一）、局长范良荣（左二）、党委书记符解梅（左三）

马鞍山市地方海事局

海事局办公楼

马鞍山市地方海事局(市港航管理局)由马鞍山市航运管理局、港航监督船舶检验处更名而来，于2002年11月11日成立。地方海事局主要工作职责：负责全市水上交通监督，港口、航道和水上运输市场管理工作。该局下设4个海事处，10个海事所。辖区拥有集体、个体运输船只1024艘，运力39万吨；现有客运渡口39道，渡船44艘。辖区长江干线36公里，等级航道常年通航里程为118公里。全局有采石港和当涂港2个港区，8个码头泊位。拥有货场8.1万平方米，起重设备最大起重能力35吨，为我省内河吊装设备之最。2002年荣获省交通厅、省地方海事局先进单位。

市地方海事局机关办公大楼于2002年12月28日搬迁至雨山西路99号。

省委书记王太华(中)视察马鞍山农业

马鞍山市农业委员会

农委办公大楼

马鞍山市烟草专卖局(公司)

局长、总经理、党组书记　盛昌科

市局(公司)领导班子成员，左起：副总经理张树华、局长盛昌科、副局长凤利民

3·15节日期间，专卖执法人员走上街头，接受卷烟消费者咨询。图为专卖执法人员向消费者介绍假烟识别方法

市局(公司)召开2003年度全市烟草工作会议，认真总结上年度工作，并表彰先进

马鞍山市烟草专卖局(公司)始建于1981年10月，下辖当涂县局(公司)，2000年10月，取消了县公司法人资格，实现了“市县一体化”格局。现有在职职工100人(含烟厂分流人员14人)，内设人秘(审计)、财务、专卖、销售、信息中心、纪检监察(安保、法规、督查)6个科室(部门)和金叶、安泰物流2个多元化经营股份公司。2002年，市局(公司)认真贯彻国家局“一要规范、二要改革、三要创新”的行业工作重点，紧密围绕省局(公司)“资源统一配置、业务流程重组、营销组织再造、企业战略创新”的集团化发展理念，坚持“夯实基础、稳健发展、与时俱进、开拓创新”的工作方针，积极探索企业现代化管理思路和模式。继续深化烟草企业内部改革，整体推进专卖管理、网络建设、名烟扩销“三大工程”。全面加强信息化建设，着力构建“诚信厚德、勤奋崇智、共创共享”的企业文化，打造“学习型”组织，开创了各项工作新局面，经济指标取得了历史性突破。2002年，实现纯销售37423箱，同比增长11%；销售收入3.14亿元，同比增长27.8%；毛利6892万元，同比增长48.3%；利税4488万元，同比增长27.8%；利润3583万元，同比增长46%；上缴各类税费2604万元，同比增长38.7%。

安徽星马汽车股份有限公司

热烈祝贺"星马汽车"A股2003年4月1日在上交所隆重上市

热烈祝贺 安徽星马汽车控股集团有限公司 安徽星马重型汽车有限公司 2003年5月18日成立

董事长刘汉如(右二)在"星马汽车"上市发行仪式上与副省长黄海嵩(左二)、省政协副主席郑牧民(左一)、市长丁海中(右一)合影

副省长黄海嵩(左)、公司董事长刘汉如(右)为"星马汽车"A股上市鸣锣

市委副书记鲍寿柏代表市委、市政府向星马公司赠送礼品

代市长姚玉舟在星马汽车控股集团有限公司、星马重型汽车有限公司揭牌仪式上致开幕词

揭牌仪式

安徽山鹰纸业股份有限公司

董事长　王德贤

总经理　汤涌泉

安徽山鹰纸业股份有限公司前身为马鞍山市造纸厂，建于1957年。1994年作为地方和全省造纸行业首批股份制试点单位改制为马鞍山市山鹰造纸有限责任公司，1999年改制成立安徽山鹰纸业股份有限公司。2001年11月成功发行6000万社会公众股，2001年12月18日在上海证券交易所挂牌上市，成为安徽省造纸行业首家上市公司。

公司现有员工1000余人，占地约30万平方米，总资产8.31亿元，主导产品为各种等级规格的箱纸板、瓦楞原纸、纸箱等。公司本部主营包装纸及纸板，在马鞍山、苏州、杭州、扬州拥有7家子公司，除马鞍山市蓝天废旧物资回收有限公司和马鞍山市山鹰运输有限公司外，其它子公司均主营纸箱产品。公司产量和经济效益已连续8年居安徽省造纸行业首位，在国内同行业中名列前茅，是安徽省重点扶持发展的40家大型骨干企业之一。

公司以废纸为主要原料生产包装纸板，污染小、成本低，并可节约木材，保护森林资源。同时投资配备了先进成熟的废水处理设施，保证废水达标排放，2000年通过了安徽省、马鞍山市两级环保局组织的安徽省工业企业污染源达标排放验收，被安徽省环保局授予“省环保先进单位”称号。

公司今后的发展战略是：坚持以市场为导向，以经济效益为中心，以产品质量为保证，以技术创新为手段，发展生态纸业，走循环经济之路，逐步把公司建设成为可参与国际竞争的大规模、高效益的现代化造纸企业。

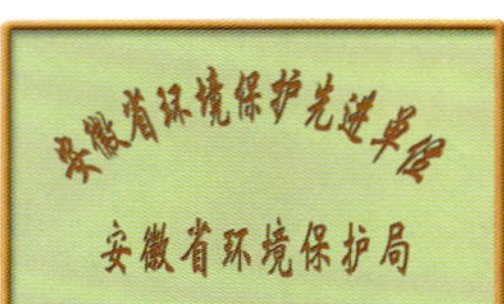

先进的板纸生产线　　产品

公司门楼

中橡(马鞍山)化学工业有限公司是由台湾中国合成橡胶股份有限公司(简称:中橡公司)和国际金融公司(简称IFC)共同投资的外商独资企业。公司总投资4350万美元,注册资金1450万美元。

公司原有炭黑生产装置2.5万吨/年,2003年8月31日完成3.5万吨新工艺炭黑项目后,年生产装置能力达6.0万吨,为国内第三大炭黑生产企业。公司计划在现有生产能力的基础上,分二期再实施扩建计划:2004—2005年扩建到8.5万吨,2008年前扩建到13.5万吨,以使中橡(马鞍山)公司成为全国最大的炭黑生产基地。项目投资2850万美元。

文:孙梁彪　图:强健

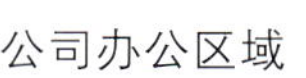

公司办公区域

中橡(马鞍山)化学工业有限公司

生产区域一角

马鞍山华德制衣有限公司

总经理　张镇国

坐落在美丽钢城马鞍山市的华德制衣有限公司是马鞍山经济开发区第一家外商独资企业，成立于1995年12月份，总投资130万美元，建筑面积8000平方米，有员工200多人。经过全体员工的共同努力，现已具有一定规模，已跃居马鞍山市出口创汇先进企业行列，受到全市各界人士的高度评价。

大型缝纫车间

检品室

公司办公楼

泰尔重工有限公司

总经理　邰正彪

该公司是国内制造销售冶金、起重等领域重型机械基础件的专业厂家，为股份制科技型企业 ，坐落于马鞍山市经济技术开发区。公司主要从事：工业万向联轴器、鼓形齿式联轴器、高弹性联轴器、冷热剪切刀片、三合一减速机、蜗轮丝杆升降机等产品的生产、销售及技术咨询服务。是中国重型机械工业协会重型基础件分会会员单位，同时也是中国冶金备件中心会员单位。公司具有生产企业自营进出口权。

公司走管理、科技全面发展并重之路，现已实行CIMS管理，按ISO9002质量保证体系运行。产品技术开发方面，与合肥工业大学联合成立“传动机械工程研究中心”，致力于新型传动机械、剪切刀片等产品的基础技术研究和新产品开发。已成功为国内冶金行业十几条进口轧机生产线提供了成套联轴器备件及剪切刀片，完全替代了进口；同时万向联轴器、鼓形齿式联轴器等产品已出口新西兰等国家。

本公司研制开发的新产品有：高速万向联轴器、重载万向联轴器、硬齿面鼓形齿式联轴器、耐高温复合材料剪切刀片、微合金剪切刀片等。泰尔重工竭诚为冶金、机械、起重、矿山、汽车、造纸、化工等行业提供一流产品和优质服务。

公司宗旨：以人为本、以质取信、服务至善、创新争先。

生产车间

泰尔重工厂区

马鞍山古月汽车出租旅游有限责任公司

经理　张言发

定期给出租车消毒

马鞍山市出租汽车行业 做文明使者 创文明行业 竞赛活动

先进单位

交通局竞赛活动领导组
二〇〇二年二月

二〇〇一年度

交通安全先进集体

马鞍山市道路交通安全竞赛委员会

2003　2004

诚信单位

安徽省消费者协会
二〇〇三年三月

马鞍山市下岗职工再就业工作

先进单位

二〇〇二年四月

马鞍山市古月汽车出租公司是一家依靠党的改革开放富民政策、坚持以人为正、以人为本、以社会效益为重、艰苦创业而逐步发展起来的全市知名民营企业。公司始终坚持“高标准、严要求、上台阶、创一流”的企业精神，坚持严格管理、温馨服务工作准则，争当排头兵，努力塑造城市出租汽车行业文明窗口，先后被省交通厅授予“先进管理企业”、省消协授予“诚信单位”、市政府命名为“先进集体”等光荣称号。

举办安全行车培训班

每年盛夏，多次为驾驶员开展送凉活动

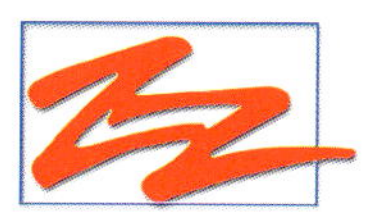

安徽中周集团

安徽中周实业集团公司始建于1995年3月。公司下设：中周房地产公司、中周出租车公司、中周油品公司。八年来，在全市社会各界以及广大市民的热情关心和大力支持下，中周集团牢固树立“做人、做事、做贡献”的价值观念，坚持“追求卓越、客户至上”的经营理念，倡导“和谐、科学、求实、创新”的企业精神，实施“强化主业、多元发展”的企业战略，不断发展壮大，成为安徽省知名民营企业。中周集团在发展壮大的同时，致力于回报社会，尽己所能直接或间接解决了500多名下岗和失业人员的就业问题，累计向国家上缴各项税费2200余万元，连续多年被评为“安徽省先进私营企业”、“马鞍山市优秀私营企业”、“重合同守信用企业”、“民营企业纳税大户”等光荣称号，被中国建设银行安徽省分行评定为“AA”信用等级。

省劳动模范、市十大杰出青年、中周集团董事长周东红

中周出租车公司积极参与全市行业文明创建活动

本市单体面积最大、日加油量最多的中周加油站

康城花园——以人为本，温馨一生

公司总经理　梁　翔

天源科技(马鞍山)通力磁材有限公司是由安徽天源科技股份有限公司控股的永磁铁氧体磁器件生产基地。公司拥有国内最先进的高性能磁体生产线，自动化程度高，生产工艺先进，检测手段齐全，产品性能优良，稳定性好，得到国内外客户的广泛认可，是永磁电机厂家的理想选择。公司主导产品为不同规格的瓦形、方块及环形磁件，适用于汽车、摩托车启动器、刮雨器、玻璃升降器等电机及电动工具，

天源科技(马鞍山)通力磁材有限公司

目前年产高档磁体3000吨，2003年将扩建形成年产6000吨高档磁体生产线，到“十五”末将形成1.1万吨高档磁体生产能力。

本公司拥有一批高素质的技术人才，且有天源科技股份有限公司作为技术支撑平台，可为客户提供全程的技术和质量服务。公司信用良好，银行资信“AAA”级。

公司本着“诚信，互利”的原则，愿真诚地与新老客户合作，以具有竞争力的价格，提供优质产品和技术服务，热情欢迎国内外朋友前来洽淡，合作。

电窑车间雄姿

公司总经理：梁　翔
传　真：0555—3121333、2404729
电　话：0555—3126584、3126574、2404729
公司地址：马鞍山向山镇落星村
网　址：www.TY-magnet.com
邮　编：243031

压型车间全景

群众、反对形式主义、官僚主义，发扬优良传统，保持艰苦奋斗本色，坚持民主集中制原则、增强党的凝聚力、战斗力等4个专题，以组织生活会的形式，进行自我教育、自我反思、自我总结、自我提高，并针对查摆出来的问题，制定了《马鞍山市支队党委机关改进领导作风，防止和反对形式主义、官僚主义的措施》。

（顾顺荣　秦杭军）

人民防空

【人防工程普查圆满结束】　根据安徽省人民防空办公室的统一部署和要求，2001年底，市人防办公室成立了人防工程普查领导小组。普查领导小组抽调专人，反复摸查，至2002年6月，完成了对全市105个人防工程的全面普查。普查中共收集各类图纸资料126张，填写数据统计表格119份，为全市人防工程的规划、发展和管理提供了科学依据。

【民防指挥中心工程主体结构封顶】　民防指挥中心工程总建筑面积7 844平方米，担负着平时向战时转换的应急功能。该工程于2000年3月经省人防办、市计委批准立项，由安徽省人防设计院设计，安徽省第二建筑公司承担施工任务，2001年12月底开工建设。2002年11月28日，主体结构顺利封顶，提前1个月圆满完成既定进度。

【采石翠螺山人防工程通过验收】　翠螺山人防扩建工程总投资106.5万元，扩建后建筑面积2 600平方米，集平时观光旅游和战时人员掩蔽、疏散功能于一体。该工程于2002年5月顺利通过安徽省人防办组织的验收。

【“结建”工作有新突破】　2002年9月，市人防办公室在全市范围内开展了结合民用建筑修建防空地下室执法大检查。检查中，对全市64家房地产开发企业和房屋建设单位的87个工程项目进行了全面核查，追缴人防易地建设费100余万元，1家房地产公司作出修建防空地下室1 000平方米的书面承诺，督促2家房地产开发公司开工建设4 550平方米防空地下室，责令1家房屋开发商对其违法行为限期作出整改。2002年，全市共有23家房地产开发公司承诺修建防空地下室，36个建设单位通过“结建”审查，全年新增防空地下室总面积1.4万余平方米，超额完成南京战区下达的“十五”期间每年新增防空地下室1.37万平方米的任务。

【利用广播电视同步发放防空警报信号取得成功】　为积极探索防空警报试鸣新路子，努力拓宽城市警报音响覆盖面，市人防办公室与广播电视局积极配合，开展广播、电视与防空警报联动报警的研究。经过两单位专业技术人员2个多月的共同努力、反复调试，10月23日，利用广播、电视同步发放防空警报信号一次成功，开创了全省人防系统利用电台、电视台播放警报音响的先河。

（吴莉蓉）

政　法

政法综述

【全力做好维护稳定工作】 坚持把维护稳定作为全市政法工作首要任务，实行党政一把手负总责，分管领导具体负责，一级抓一级，层层负责的领导责任制。认真贯彻落实《关于对发生严重危害社会稳定重大问题的地方实施领导查究的暂行办法》。在全市机构改革中，市、区维护稳定工作领导小组办公室被列为正式机构，与“610”办公室合署办公，明确了职责，确定了专门编制。全市两次组织开展对企业和社会不稳定因素排查化解活动，各区（县）、马钢、十七冶、安工大及市有关部门，严格按照省、市委的部署和要求，认真落实各项措施。针对排查出的各种不稳定因素，区别不同情况和性质，明确责任单位和责任人，实行了重大隐患领导包案制，逐一落实对策，集中进行整治和处理。同时，积极稳妥做好企业军转干部、抗美援朝老战士和要求“退改离”人员的政策落实工作，全市没有发生一起企业军转干部等人员串联上访事件。

【扎实开展同“法轮功”邪教组织的斗争】 全市政法部门认真贯彻执行中央和省、市委关于同“法轮功”邪教组织斗争的决策和部署，突出深挖打击、教育转化和宣传揭批三方面工作重点，以做好重大节日、重要活动和“法轮功”邪教组织敏感日，特别是党的十六大期间社会政治稳定为工作目标，不断推进“四个纳入”要求的全面落实，有力地维护了全市社会政治稳定。一是深挖打击工作取得突破性进展。市公安机关一举破获刘某散发宣传品案件，相继抓获了本市及来马进行非法活动的吴某、许某等“法轮功”顽固分子7人，破获芜湖“法轮功”顽固分子钟某来马串联、传递非法宣传品案件。二是教育转化工作收效明显。通过举办法制教育学习班和大打教育转化攻坚战，一批参与“法轮功”邪教组织活动者得到转化。三是防范控制措施扎实有效。全面落实防范控制措施，不断完善“查控拦堵截”机制，圆满地实现了省、市委年初提出的“零指标”考核目标。四是卓有成效开展“三个专项行动”。深入开展了追逃查失“法轮功”邪教组织活动者专项行动，积极协调广电、公安等部门进一步加强对全市广播电视传输网络的监控管理，全面清查全市卫星地面接受装置和13家电视转播单位，保证了党的十六大期间全市广播电视节目的安全播放。

【坚持开展“严打”整治斗争】 全市政法机关紧紧围绕“两年内社会治安取得新的明显进步”这个目标，以打黑除恶为龙头，以禁毒工作和打击多发性犯罪为重点，继续深入开展“严打”整治斗争。年内相继组织开展了“两打”专项斗争、禁毒“严打”整治斗争、“天网—1”、“天网—2”集中统一行动、打击盗车“猎鹰行动”、打击“两抢一盗”专项斗争和反扒窃专项行动，取得了明显成效。全市公安机关共破案9 511起，抓获处理违法犯罪嫌疑人4 112人，查处治安案件2 911起，查获犯罪集团94个354人；检察机关受理提请批准逮捕的各类刑事犯罪469件712人，批捕445件677人，提起公诉577件998人；审判机关共审结694件1 110人，在判决发生法律效力的741名人犯中，判处5年以上有期徒刑、无期徒刑、死刑的有182人。同时，严厉打击经济领域犯罪活动，破获各类经济犯罪案件391件；查办贪污贿赂、渎职侵权等职务犯罪案件36件38人，其中贪污10件12人，贿赂24件24人，处级以上干部犯罪案3件3人；审结扰乱市场经济秩序案件22件71人，职务犯罪案件36件39人。2002年，全市立刑事案件11 245起，比上年下降8.8%。据公安部、国家统计局开展的群众安全感问卷调查，全市综合得分85.4分，位列全省第二名，受到通报表彰。

【积极推进社会治安综合治理】 全市公安机关不断巩固和完善三级治安防范体系，健全社区治保、调解、安置帮教和治安员队伍等综治组织。实施社区警务改革，年内投入60余万元用于社区警务建设，建成73个警务室，配备社区民警105人。健全农村基层治安防范组织，有效地维护了农村的治安秩序。全市先后组织了社会治安多项重点整治，开展了治爆缉枪、查禁“毒鼠强”专项行动、剧毒化学品市场清理整顿和易爆物品专项整治。开展“春铲秋禁”吸毒人员和毒情普查，建立了全省第一家市级强制戒毒所，在4个乡镇、街道开展创建“无毒社区”活动。制定了《关于开展创建“安全文明社区”活动的意见》，促进了全市88个社区创建活动的持续和深入。加大对流动人口管理的力度，不断提高办证率。继续做好刑释解教人员的安置帮教工作，进一步抓好青少年的法制教育和预防违法犯罪工作。加强各级综治组织建设，举办专题培训班12期，参训基层综治干部达850人，顺利完成年度基层综治干部培训工作任务。2002年，全市共对3个完成目标任务优胜单位、15个先进单位、23名先进个人和14名见义勇为先进分子进行了表彰。

【不断加大执法监督力度】 2002年，市委政法委直接督办、督查各类案件24件，召开公检法司“四长”联席会议11次，先后组织对“猎鹰行动”、“两打”、“两抢一盗”专项斗争、禁毒“严打”整治专项斗争进行专项督查。制定了全市办理盗窃自行车劳教案件工作意见，组织了娱乐场所恶性犯罪问题专题调研，提出了遏制娱乐场所恶性犯罪的对策和建议。7月10日至11月10日，市委政法委在全市政法系统开展了为期4个月的取保候审专项执法检查活动，对全市公检法部门3年来办理的1 837人取保候审案件进行检查，其中人保944人、财保893人，受到省委政法委的高度评价。

（王成中）

【国家安全局内部建设不断加强】 马鞍山市国家安全局成立于1996年12月。建局6年来，该局认真履行国家安全职责，积极开展各项国家安全工作，为维护全市的社会安定、政治稳定作出了积极贡献。一是大力开展业务基础建设，建章立制，先后制定了《岗位目标责任制》、《车辆管理规定》、《信息工作奖励办法》、《档案管理规定》等48项规章制度。二是加强干警队伍建设，积极开展各项政治教育活动，先后开展对党绝对忠诚教育，纪律、作风、态度教育，内部安全审查教育等一系列教育活动。自1996年以来该局先后荣获市、区政府授予的保密先进单位、文明单位、卫生先进单位、园林化单位等荣誉称号，有67人次分别受到立功、嘉奖等各种奖励。

（办公室）

公　安

【严打整治斗争取得阶段性战果】 市公安局坚决贯彻“严打、严防、严管、严治”的方针，四条战线齐头并进，全面出击，整治斗争取得了阶段性重大战果。自2001年4月至2002年7月，全市公安机关共破获各类刑事案件14 034起，其中杀人、绑架、抢劫、强奸、伤害等暴力性案件491起；共查获犯罪集团143个581人，涉案2 832起；抓获处理违法犯罪嫌疑人11 818名，其中移送起诉1 192人，劳动教养159人，治安处罚8 455人；缴获各类枪支662支，子弹8 382发，炸药25公斤，雷管255枚，管制刀具395把，海洛因536克，剧毒物品145.28公斤，淫秽光盘1 863片，淫秽书刊760本，赃款赃物总价值1 100余万元；查处治安案件3 910起，重点整治歌舞厅、电子游戏室、网吧、发廊、出租房屋等复杂场所2 990处（家）。有效地维护了全市社会稳定大局，为改革开放和经济发展创造了良好的社会治安环境。

（李为忠）

【户籍制度改革】 2002年2月1日，为加快推进马鞍山市城市化和城市现代化进程，马鞍山市制定并实施了新的户籍管理制度，新制度取消了户口控制指标，实行市区人口准入制度。主要内容是：凡已具有我市市区常住户口，并在市区有合法固定住所的居民，其配偶、未婚子女、父母均可登记为市区常住户口；非我市市区常住户口，但已具备一定条件的人员，本人及其配偶、随其共同居住的直系亲属均可登记为我市市区常住人口；各类大中专或技校毕业生来我市谋职，暂未落实工作的，可先落户，后找工作，并根据其在市区是否有合法固定住所分别登记为市区常住人口或常住集体户口；外来投资企业或人员，投资达一定规模的，投资人的亲属户口可以登记为市区常住户口。新制度还就全面推进小城镇户籍制度改革作出了具体规定。新户籍制度的实施，使马鞍山成为全省入户“门槛”最低的城市之一。截至2002年底，全市共迁入10 551户，计21 937人。

（强瑞青）

【开展打击盗车“猎鹰行动”】 针对多年来形成的自行车、摩托车被盗突出的这一治安顽症，马鞍山市公安机关从2002年5月20日至8月20日，集中3个月时间，在全市范围内组织开展了一场声势浩大的严厉打击盗窃自行车、摩托车违法犯罪的“猎鹰行动”。在为期3个月的“猎鹰行动”中，全市各级公安机关共破获盗窃自行车、摩托车及销赃刑事案件1 159起，查处治安案件206起，抓获违法犯罪嫌疑人343名，端掉盗窃、销赃团伙22个，移送审查起诉23人，劳动教养7人，治安处罚207人，尚在刑拘、逮捕及取保候审的46人；缴获被盗及无主自行车881辆，摩托车392辆，捣毁收销赃车窝点24处；共向群众发还被盗自行车、摩托车520辆。

【落实非机动车管理配套措施】 公安机关在加强非机动车偷盗案侦控工作的同时，重点加强4项配套措施的落实：一是开发使用非机动车综合信息系统。该信息系统分为4个模块，即被盗非机动车信息、扣压非机动车信息、盗销非机动车嫌疑人员信息和非机动车办牌信息，4个模块之间能相互自动比对，为办案提供依据,并方便群众领取扣压的车辆。信息系统运行后,通过比对暂扣可疑车辆189辆,破案74起,大大提高了办案效率。二是从管理入手为非机动车办理牌证。市公安局印发了《关于办理非机动车牌证,加强对非机动车治安管理的通告》,由交警支队在全市设立11个办理牌证工作点,从8月1日至12月31日,对全市非机动车实行上牌,至年底已有2.5万辆非机动车上牌。三是制定《办理盗窃自行车劳教案件的意见》。为严厉打击盗车违法犯罪提供依据,根据国务院《劳动教养试行办法》,参照相关法律、法规、规定等,征求市中级法院、市检察院、市司法局、市政府法制局等部门意见,市公安局制定下发了《关于办理盗窃自行车劳教案件的意见》。该《意见》的出台,将有利于公安机关更加及时、准确地对盗窃自行车活动实施严厉打击。四是提高自行车、摩托车入棚率。各级公安机关主动与区政府、街道和物业公司取得联系,积极筹集资金,用于存车棚的建设。经多方努力,全市社区新建存车棚15个,提高了自行车、摩托车入棚率,减少了失窃隐患。

【开展剿毒会战】 2002年,市公安机关开展"扫毒大行动",严厉打击毒品违法犯罪。开展禁毒铲毒工作。按照"谁主管、谁负责"的原则,逐级签订禁种责任书,把禁种工作责任具体落实到每一个基层单位。同时动员各方面力量,深入田间地头、厂矿企事业单位和居民区,开展春季铲毒统一行动,共铲除罂粟7 013株。开展"无毒社区"创建试点工作。经省禁毒委批准确定花山区桃源街道、金家庄区江边街道、雨山区采石街道和当涂护河镇作为创建试点社区。各试点单位严格按照"无毒社区"标准,扎实做好创建试点工作。集中收戒吸毒人员统一行动进展顺利。5月中旬,市强制戒毒所挂牌运行,全市公安机关严格落实对吸毒人员的收戒和监控措施。到年底,全市共收戒吸毒人员110人、限期戒毒128人,劳动教养10人,自愿戒毒4人。全市共破获毒品犯罪案件1 691起,毒品治安案件200余起,打掉贩毒团伙20余个,抓获贩毒人员25名、吸毒人员64名,缴获毒品海洛因300余克。

【严厉打击各类经济犯罪活动】 市公安局组织精兵强将,进一步加大打击经济犯罪、整顿和规范市场经济秩序的工作力度,使经济犯罪势头得到有效遏制。一是破获4起虚开增值税专用发票案件,抓获了10名犯罪嫌疑人,查获虚开、伪造增值税发票300余份,价税合计2 800万元,税款300余万元,已追缴赃款近90万元。二是破获一批非法经营案。连续破获7起涉烟违法犯罪案件,其中非法经营卷烟案5起,销售假冒注册商标的商品案1起,非法生产卷烟制品案1起,抓获犯罪嫌疑人11名。三是破获系列合同诈骗案1起。抓获的3名犯罪嫌疑人以雨山建安公司综合大楼为诱饵,向20余家单位及个人诈骗钱款30余万元,在省内外造成极坏影响。四是破获涉嫌生产、销售伪劣产品案件1起。查获不合格钢材700余吨,案值160余万元,抓获犯罪嫌疑人4名,没收非法所得70余万元。一年来,市公安局经侦支队共侦破经济犯罪案件14起,抓获犯罪嫌疑人38名,刑事拘留1人,执行逮捕4人,取保候审1人,移送起诉12起32人,涉案总价值2 000余万元,追缴赃款赃物价值300余万元。

【强制戒毒所建成投入使用】 经过一年多时间的筹备,马鞍山市强制戒毒所于5月15日正式收治戒毒人员,首批39名强制戒毒人员入所接受为期3个月的规范戒毒治疗。该所一期工程总投资392万元,为三层四合院建筑,分办公、戒毒治疗、生活服务3个区域,总建筑面积1 420平方米,能同时容纳100人接受戒毒治疗。

【开展治爆缉枪查禁"毒鼠强"专项行动】 2002年,市公安局相继组织开展了"全市公安机关公务用枪管理使用专项整治"、"民爆物品专项整治"、"剧毒化学物品市场清理整顿"、"查禁毒鼠强等剧毒鼠药专项行动"、"放射源安全管理专项整治"等一系列专项行动,取得显著成果。行动中共检查全市涉枪、涉爆、涉毒、涉放射源的"四涉"单位480家,发现隐患35起,当即整改10起,下达限期整改通知12份,勒令停业整顿12家,吊销许可证1起;收缴炸药6公斤,雷管1 475枚,导火索52米,炸弹2枚,非法枪支64支,仿真枪147支,子弹1 073发,烟花6 743个,爆竹20 086万头,烟花爆竹原材料105公斤,"毒鼠强"粉剂12 500克,氰化钾、氰化钠等各种剧毒化学品200余公斤;查处"四涉"案件31起,处理违法人员25人。组织开展了集中销毁各类非法枪支、子弹、管制刀具统一行动,共计销毁各类非法枪支681支,子弹300余发,管制刀具700余把。同时对历年来收缴的"毒鼠强"等各种剧毒化学物品进行清理登记,并配合相关部门将全市废弃闲置的放射源统一送交省废源库集中贮存,预防了案件、事故的发生。

【实施社区警务战略】 为全面夯实公安基层基础工作,市公安局积极实施社区警务战略,先后制定了《马鞍山市公安局社区警务改革方案》、《马鞍山市公安局社区警务工作规范》、《马鞍山市公安局社区民警工作职责》、《马鞍山市公安局社区警务工作绩效考核细则》等配套制度。根据各社区的户数及社情实际,确立一区一警、一区二警、一区三警的警力配备模式,规范了社区或警务室的统一配置和装备,明确了社区民警收集掌握情报信息、人口管理、阵地控制、安全防范和服务群众五项职责，建立健全一整套社区警务工作制度。截至11月底，全市88个社区已设立社区警务室73个，配备社区民警99人。

【率先在全省建成印章治安管理信息网络系统】 为规范和加强印章行业治安管理工作，预防、发现和打击伪造印章违法犯罪活动，市公安局经过近4个月的努力，顺利完成全市印章治安管理信息网络系统建设并进入正常运行，刻制的“样章”经公安部防伪产品质量监督检验中心鉴定全合格。印章信息系统采用公安部第三研究所等科研单位联合研发的，整体布局分为市、县两级和印章制作点3个部分。市公安局在治安支队设立印章信息系统网络中心，负责印章信息审批、统计汇总等管理，并在市、县各设立一个印章制作平台，具体负责从网络中心数据库下载的印章防伪信息进行制作。

【刑事案件破案率达84.5%】 2002年，全市公安刑侦部门围绕“严打”整治斗争这一中心任务，充分运用职能手段，强化侦察破察，严厉打击各类刑事犯罪活动。据统计，全年共立各类刑事案件11 245起，破案9 511起，破案率为84.5%，追缴赃款赃物总价值1 043.61万元。其中，杀人案件18起，破17起；抢劫案件415起，破151起；盗窃案件7 602起，破3 203起；伤害案件223起，破95起；强奸案件24起，破19起。全年抓获处理违法犯罪人员4 112人，其中逮捕700人，移送审查起诉994人。

【因私出入国境人数大幅度增加】 2002年，马鞍山市公民因私申请出国境总数2 391人次，比上年增加1 244人次，增长108.46%；临时来马的外国人、华侨、港、澳、台同胞2 355人次，比上年增加471人次，增长25%。出国及赴港、澳、台情况：1. 全年出国申请总数1 690人，以事由分，商务164人、劳务8人、就业6人、留学85人、旅游947人、探亲访友385人、定居54人、结婚1人、其他事由40人；前往世界49个家，其中，泰国439人，新加坡208人，美国187人，韩国154人，日本138人。2. 申请去香港404人次，其中探亲111人次，旅游185人次，商务107人次，培训1人次；前往澳门228人次，其中探亲4人次，旅游181人次，商务43人次；赴台湾探亲69人。3. 出国境有以下几个特点：一是申请出国境人数激增，主要原因是国家对出入境管理实施了重大改革，简化了手续，方便了申请；二是前往国有所改变，以往申请前往国家多为美国、加拿大、泰国、新加坡、日本、韩国等地，2002年申请去欧洲、大洋洲国家人数猛增；三是加入WTO使中国同世界各国的经济贸易等合作交流更加广泛，公民出国商务活动持续增长，2001年申请为104人，2002年为164人；四是出国、赴港澳旅游申请明显增加。2001年为383人次，2002年增至1 313人次。

境外人员入境情况：2002年境外人员入境共2 355人次，其中外国人1 772人次，华侨、港、澳、台583人次。以事由分，来马进行商务活动的1 747人次，旅游的450人次，访问考察的62人次，进行学术交流的5人次，探亲访友的88人次，其他事由3人。入境人数较多的国家是：日本724人次，韩国200人次，德国173人次。从境外人员入境情况看，有以下3个特点：一是商务、工程技术人员明显增多，主要原因是马鞍山招商引资快速发展，一些引资项目启动上马；二是入境旅游人数相对减少，主要是因吟诗节规模小，团队旅游人员减少；三是台湾居民回大陆定居、投资、上学的增多。

【110报警服务台诚信为民】 市公安局110报警服务台认真履行“有警必接、有难必帮、有险必救、有求必应”的承诺，热情为民服务，为严打整治服务，取得显著成绩。一年来，110报警服务台共接警135 613次，处置各类警情33 123起。其中，接刑事案件报警1 369起，治安案件报警2 002起，各类纠纷报警17 216起，求助报警2 838起，举报报警5 401起，重大交通事故报警37起，轻微交通事故报警1 699起，火灾报警141起，其他报警1 752起。经110报警服务台下达指令，现场抓获各类违法人员98名。110报警服务台在报警服务中充分发挥龙头作用，建立多警种联动的快速反应机制，热情为群众服务，赢得了群众的广泛赞誉，先后收到群众的表扬信、感谢信和通过“12345”电话表扬等计几十件次。

（李为忠）

【道路交通管理概况】 2002年，交警支队以实施畅通工程创建平安大道为重点，以预防和减少重特大交通事故为着力点，全面加强道路交通管理，不断提高交通管理水平。通过积极开展争创人民满意单位和民警活动，规范工作程序，优化服务质量，强化源头管理，不断提高办事效率。车辆管理所被省公安厅授予全省“人民满意基层单位”，交警四大队被市政府授予全市“文明窗口”单位，事故处理大队荣获全市“十佳提名奖”。运用“道路交通安全竞赛”、“交通安全村”和“交通安全规范学校”等载体，加强对车辆驾驶员，公路沿线村民和中小学生等重点人群的交通安全知识宣传。同时，采取开通交通音乐台、开辟市报交通专刊、制作电视宣传栏目、组织“奇瑞伴你行——交通安全在我心中”大型知识竞赛等形式多样的活动，进一步增强市民的交通安全意识和遵守交通法规的自觉意识。

全年市区共发生各类道路交通事故6 597起,其中轻微5 976起,一般586起,重大35起,死亡36人,伤3 024人,损坏车辆6 366辆,直接经济损失折款337.94万元。与上年同期相比,事故总数上升28.3%,死亡人数下降12.2%,受伤人数上升15.8%,直接经济损失上升58.9%。其中,重大事故连续两年下降,2002年下降14.6%。当涂县共发生各类道路交通事故1 238起,其中轻微525起,一般659起,重大50起,特大4起;死亡67人,伤862人;损坏车辆1 240辆,直接经济损失折款207.57万元。全年共查纠各类道路交通违章28.44万起,其中,轻微13.96万起,一般8.87万起,严重2.63万起,非机动车2.98万起;吊扣驾驶证1 042本,治安拘留46人,治安罚款2 035人次。全市新增机动车辆1.25万辆,其中大型833辆,小型1 834辆,摩托车9 633辆,其他44辆。

【城市畅通工程取得新成效】 2002年初,在公安部、建设部畅通工程通报表彰的全国566个城市中,马鞍山市再次榜上有名,连续第二次被评定为C类城市三等管理水平。为实现市政府畅通工程领导小组提出的“保三争二”的畅通工程工作目标,市交警支队作为“畅通工程”责任单位之一,积极参与,紧密配合,与其他参建单位一起共同做好创建工作。一是深化支队勤务改革,强化路面管理。针对市区道路范围不断扩大,现有警力不足的情况,支队通过内部挖潜,重新调整划定了市区执勤大队行政管辖区域,推行路段承包责任制,以“主次搭配、点段分包、连片管理、相邻联勤”为原则划分警区,并购置50辆巡逻摩托车和10辆桑塔纳警车用于路面一线巡逻,扩大路段管控面。二是坚持长效管理和集中整治相结合。支队联合市容、工商等执法部门,加强城市道路尤其是“严管街”的交通秩序管理,努力减少严重占用道路资源的各种非交通占道行为和严重影响交通秩序违章。同时加强了车辆年检审督促检查,建立健全全市机动车按规定检验长效管理机制。三是加大科技投入,促进交通管理水平提高。2002年,投资126万元,新增信号灯路口5个、“电子警察”路口4个,全市电视监控和电子警察控制路口达15个,占全部灯控路口的46.88%。全市主干道新增113块指路标志牌,增加施划标线道路7条,施划道路里程达105公里,标线施划率为96%;新增渠化路口17处,施划人行横道224处。2002年,市政府继续加大对道路建设的投资,促进实施“畅通工程”。共投入4.99亿元,新增干道11.48公里,先后新建和拓宽了健康路、九华路、葛羊路、313省道、继建了江东大道、湖西南路、红旗南路、康乐路和重阳路。此外还投资70万元,先后增设湖北路、湖东路、湖西路、团结广场、朱然路、铁城路等路段路灯。全市道路总长由2001年的240公里增至2002年的251.48公里,新增道路面积87.07万平方米,人均道路面积10.6平方米。基本实现道路建设和交通管理设施建设同时规划设计,同时建设验收。

【开展交通秩序专项整治】 交警支队积极开展交通违章专项整治,有效预防和减少了重、特大交通事故的发生。全年共进行3次专项整治,1~2月,交警支队与行政执法局、运管处联手在全市集中开展对电瓶车、人力三轮车非法运营,机动车占道和正三轮机动车在市区主干道通行等违章行为进行专项整治。共查扣人力三轮车368辆、电瓶三轮车132辆,正三轮车120辆,处罚违章当事人958人次。6~11月,集中力量开展4项严重交通违章集中整治,支队在全市设置了6个巡逻组,18个固定卡点,投入警力200多人,共查纠4项严重交通违章4 908起,处罚违章驾驶员1.48万人,吊扣驾驶证163本,治安拘留5人。经过整治,全市交通秩序明显好转,未发生特大交通事故,重大交通事故比上年同期大幅下降。10~11月份,支队配合打击“两抢”专项斗争,集中开展为期两个月的摩托车整治统一行动。全面清理全市摩托车档案,在公安部“全国盗抢机动车数据库”中比对摩托车发动机号和VIN码;集中整治无牌无证摩托车;全面清理长期在本市行驶、挂外地号牌的两轮、轻便、三轮摩托车,按辖区登记造册,并向号牌原籍核对。2002年,支队还加大排查整治事故“黑点”力度,与交通局协作,对东环路与宁马高速公路平交口实施了物体隔离,及时消除一处重大交通事故隐患黑点。

(毕 伟)

【消防支队概况】 2002年,消防支队着力推进《消防法》和《军队基层建设纲要》的贯彻落实,推动部队“两化”建设,提高部队综合实力,预防和遏制重特大火灾尤其是群死群伤恶性火灾的发生。支队全年处警488起,出动车辆852台次,出动警力5 370人次,抢救财产价值1 081万元;参加抢险救援19起,各类社会救助30起;共检查单位1 391个,发现火灾隐患1 736处,整改火灾隐患756处;下发重大火灾隐患通知书5份,责令当场改正法律文书534份,责令限期改正法律文书526份,责令7个单位停产停业;审核多层建筑100个,审核建筑面积79万多平方米;确定重点消防单位489个。消防工作为马鞍山市的经济文化建设创造了良好的消防安全环境。

【加强消防信息化建设】 2001年至2002年,市政府陆续拨款120万元用于119指挥调度系统的建设。2002年2月,系统一期工程建成并投入使用。这套系统采用先进的数据通讯技术和多媒体技术,使火灾受理、处警、调度同步完成,提高了处警速度和准确性。为管理使用好这套系统,支队对全体119火警值班员进行了集中培训,使他们掌握该系统的使用方法和计算机基础知识,熟练完成火灾报警的接警处警。在此基础上,支队还完成了自来水管网图、煤气管网图等基础资料的收集和录入工作,进一步丰富了系统的内容,提高了系统效能。10月份,中队终端系统投入使用,实现了支队与各中队的报警联动。119指挥调度系统已连续安全运行11个月,受理各类报警近1万起,无一差错。该系统二期工程——道路监控系统正在建设之中。

【深入开展公众聚集场所消防安全专项治理】 根据公安部等11部委联合印发的《关于开展公众聚集场所消防安全专项治理的实施意见》的文件精神,消防支队在全市范围内开展了公众聚集场所消防安全专项治理活动。从5月15日到6月30日,市消防支队对273家单位进行了消防安全检查,下发各类法律文书318份,其中,《责令限期改正通知书》152份、《责令当场改正通知书》93份、《复查意见书》44份、《消防安全检查意见书》28份、《重大火灾隐患通知书》1份,对28家单位进行了处罚,对61家单位责令其停业,集中治理工作取得了显著效果。为了巩固公众聚集场所的消防安全专项治理工作成果,为党的十六大的胜利召开创造良好的消防安全环境。6月18~21日,消防支队会同市公安局计算机科组织2个检查组、对全市86家网吧进行检查,检查中共发现火灾隐患248处,下发各类消防法律文书79份,并对所有的网吧重新核发《消防安全检查意见书》,检查中发现的各类隐患全部整改完毕并经复查合格。

（刘建国）

检　　察

【概况】 2002年,马鞍山市检察机关认真贯彻党的十六大和全国、全省检察长会议精神,坚持"公正执法、加强监督、依法办案、从严治检、服务大局"的检察工作方针,大力实施市院党组提出的"推进五个一流,树立整体形象,创模范检察院"工作思路,牢固树立大局意识,深入开展严打整治斗争,进一步加大查办和预防职务犯罪力度,全面规范和加强诉讼监督,积极推进检察改革,扎实推进检察队伍和基层检察院规范化建设,各项检察工作都取得了新的成绩,为维护全市社会政治稳定、促进改革开放和经济发展作出了积极贡献。全年全市检察机关有28个集体和44人次受到市以上党政机关和上级检察机关的表彰,金家庄区检察院被评为全国检察机关"科技强检示范院"、全省文明单位标兵和全国创建文明行业"先进单位",市院被评为全省文明单位,其他区县院也都获得市级文明单位称号,全市检察机关进入了文明系统行列。

【深入推进"严打"整治斗争】 根据中央部署和省市委的统一要求,全市检察机关坚持把维护社会政治稳定和整顿规范市场经济秩序作为重大政治任务,进一步增强大局意识和政治责任感,与公安、法院等机关通力协作,积极发挥检察职能作用,深入推进"严打"整治斗争。全年共受理提请批捕案件506件769人,经审查批准逮捕481件732人;受理移送审查起诉案件683件1 164人,经审查提起公诉662件1 141人。出席一审、二审、再审法庭492件次。全市检察机关突出重点,打击杀人、抢劫、强奸、绑架等恶性犯罪以及盗窃等严重影响群众安全感的多发性犯罪,全年共审查批准逮捕属于重点"严打"犯罪144人,其中,涉嫌故意杀人犯罪21人、强奸犯罪22人、抢劫犯罪101人,依法提起公诉111件210人。全市检察机关积极参加整顿和规范市场经济秩序工作,严厉惩治生产销售伪劣商品、金融诈骗、危害税收征管、非法经营等扰乱市场经济秩序犯罪。全年共批准逮捕涉嫌破坏市场经济秩序犯罪29件53人,其中,涉嫌非法经营犯罪26人,涉税犯罪9人,金融诈骗犯罪4人,生产、销售伪劣商品犯罪4人,有力地维护了市场经济秩序。

【大力查办贪污贿赂渎职侵权等职务犯罪】 全市检察机关按照市院党组提出的"办案工作要在稳定去年的基础上求发展,发展中求质量,质量中展示社会效果"的总体要求,突出重点,强化措施,继续采取阶段性战役的做法,集中力量查办贪污、贿赂等职务犯罪大要案。全年共立案侦查贪污贿赂、挪用公款等职务犯罪案件36件38人,其中贪污案10件12人,贿赂案24件24人,挪用公款案2件2人。通过办案共为国家和集体挽回直接经济损失345万元。所立案件中,5万元至10万元的案件9件,10万元至50万元的案件5件,50万元以上案件3件;处级干部犯罪要案3件,大要案占立案总数的53%;行政执法机关案件5件5人,经济管理部门案件1件1人;国企人员职务犯罪案件19件20人,占立案总数的53%;农村乡镇站所等基层国家工作人员犯罪案件7件7人,占立案数的19%。所立案件中,已侦查终结33件,移送审查起诉33件,侦查终结率为92%,移送审查起诉率为100%。已起诉30人,法院已判决17人,有罪判决率100%。

【切实加强诉讼监督】 全年全市检察机关按照"稳定数量,提高质量,强化效果,体现特色"的工作要求,进一步突出监督重点,增强监督实效,全面规范和加强诉讼监督。全年共受理立案监督案件线索63件,要求公安机关说明不立案理由54件,公安机关接到通知书后直接立案38件。全年共纠正漏捕25人,漏诉19人;决定不批捕37人,不起诉15人。通知、退回侦查机关补充侦查62件195人,办理不捕复议复核案件8件,共向侦查机关提出书面纠正意见36人次。全年对认为确有错误的刑事判决依法提出抗诉11件,法院已审结9件,改判3件,抗诉成功率达33%。市、区检察院还加强了对二审上诉案件和再审案件的监督,共出席二审上诉案法庭14件,抗诉案法庭7件,进一步加强了上诉审、再审程序的审判监督,有效地促进了司法公正。全年共受理公民、法人和其他组织不服法院已生效民事、经济、行政裁判的申诉90件,立案审查45件,依法向法院提出抗诉22件;法院已审结43件,其中改判15件。提请省院抗诉4件;提出检察建议9件,法院采纳9件。在促进司法公正的同时,认真做好当事人的服判息诉工作,努力维护司法权威,全年共息诉4件。

【进一步加强职务犯罪预防工作】 全市检察机关按照"打击、预防、监督、保护"四位一体的工作思路,不断探索适应市情特点的预防职务犯罪工作机制,积极推进预防职务犯罪工作深入发展。

深入国有企业加强检企共同预防。市、区检察院在继续和80多家企事业单位开展共同预防的同时,又重点在20多家国有企业中建立健全三级预防网络,积极协助企业建章立制,把预防工作延伸到基层。

联合全市有关部门开展行业系统预防。继续加强在金融、证券、医药等8个行业和领域开展系统预防,协助有关部门和单位完善制度,加强管理,健全监督制约机制。市院预防处还积极参加"全市金融安全区"创建活动,为建设"信用马鞍山"作出努力。

跟踪各类建筑工程强化专项同步预防。针对一些重点工程,检察机关主动与工程双方联系,紧紧抓住施工前、施工中、施工后3个环节,实施同步动态跟踪监督,效果明显。先后发出检察建议40余份,协助有关单位建章立制145条,深入有关单位召开座谈会17次,全年共与168项工程的甲乙双方签订了《工程廉政协议》。

结合办案推进个案跟踪预防。按照"一案一建议"、"一案一预防"的基本要求,先后就个案中发现的问题,向有关发案单位提出检察建议38份,并逐份进行了督促落实。

(何玉明)

审　判

【概况】 2002年,马鞍山市两级法院共受理各类一审、二审及再审等案件6 188件,审结6 174件,同比收、结案数均有所下降,结案率为99.8%,同比上升0.2个百分点;受理执行案件2807件,执结2 545件,执结率为90.7%,同比上升0.4个百分点,执结标的金额达7 018万余元。市中院荣获全国青少年犯罪研究先进集体,雨山区法院、金家庄区法院分获全国、全省指导调解工作先进集体,雨山区法院、花山区法院荣获第五届省级文明单位称号。

【深入开展"严打"整治斗争】 2002年,全市两级法院共受理并审结一审刑事案件761件,同比收、结案数分别增加80件,均上升11.75%。其中,市中院审结一审重大刑事案件38件,增加18件,上升90%。市中院受理二审刑事案件183件,审结182件,同比收、结案数分别增加16件和15件。在判决生效的536件868名被告人中,被判处5年以上有期徒刑、无期徒刑、死刑(含死缓)的182人,共占人犯总数的20.97%;5年以下有期徒刑的328人,占37.79%;拘役70人,有期徒刑、拘役宣告缓刑167人,管制50人,单处罚金61人,免予刑事处罚9人,宣告无罪1人。在刑事审判工作中,全市法院正确处理严格执行刑法与刑事政策的关系,坚持依法从重从快,强化打击力度,突出打击重点,严把案件质量关。全年共审结故意杀人、故意伤害、抢劫、强奸等暴力犯罪及涉毒犯罪案件311件,占案件总数的35.8%。依法审结利用"法轮功"邪教组织破坏法律实施案件2件。对确有悔改或立功表现的27名罪犯依法予以减刑。对吴某等故意伤害、张某等抢劫、强奸、盗窃以及吴某抢劫、贩毒等案件的主犯均依法判处死刑。同时,积极配合公安、检察机关开展"追逃"、"禁毒"和打击"两抢一盗"等专项斗争。

【依法严惩严重经济犯罪】 2002年,全市法院积极参与整顿和规范市场经济秩序工作,依法严惩合同诈骗、虚开增值税专用发票、生产销售伪劣商品、涉税等犯罪,有效维护市场经济秩序。全年审结上述案件33件,判处人犯71人,同比增加15件39人。被告人吴某利用合同实施诈骗犯罪,涉及金额450余万元,被判处无期徒刑。继续加大对贪污、贿赂、挪用公款等职务犯罪打击力度,推动党风廉政建设和反腐败斗争的深入开展,全年共审结上述案件36件,依法追究39人刑事责任,其中县处级干部3人。原市建设委员会主任邵德应因受贿8.2万余元,被依法判处有期徒刑6年。在对犯罪分子判处主刑的同时，充分重视追缴赃款赃物，为国家和集体挽回经济损失。

【继续加强民事审判工作】 2002 年，全市法院共受理各类一审民事纠纷案件 4 715 件，审结 4 702 件，结案率为 99.7%，诉讼标的金额 13 146 万元，同比收、结案数分别减少 1 587 件、1 579 件。其中，市中院受理 132 件，审结 129 件。市中院受理并审结二审民事案件 240 件，结案率为 100%。在民事审判工作中，全市法院认真贯彻执行修订后的婚姻法和相关法律，依法妥善处理婚姻、抚育、赡养、扶养、收养等案件 1 498 件，占民事案件总数的 31.9%，其中离婚案件 1 250 件。在案件审理过程中，依法保护老年人、妇女、未成年人、残疾人和婚姻关系中无过错方的合法权益，积极引导当事人正确处理婚姻家庭关系，弘扬社会主义伦理道德，促进婚姻家庭关系文明健康发展。妥善审理涉及企业改制案件，依法平等保护市场各类主体的合法权益。认真审理金融纠纷案件，积极开展“金融安全区”创建活动，防范化解金融风险，依法维护金融秩序。全年审结涉及金融部门的信贷、融资、票据等纠纷案件 62 件，标的金额 879 万余元。积极审理债权债务、损害赔偿案件，规范市场秩序，培植市场信用，制裁违法行为。全年审结此类案件 1 168 件。高度重视劳动争议案件审理，既依法保护劳动者的合法权益，又维护企业用工自主权。全年共审结劳动争议和劳动报酬案件 60 件。认真审理与人民群众生活密切相关的房地产开发经营、供用水电气等纠纷案件，全年共审结此类案件 91 件。强化农村承包纠纷和与农业发展相关等涉农案件的审理。全年共审理土地、山林、水面等农村承包合同纠纷案件 62 件，促进农业产业结构调整和农村经济发展。从有利于生产、生活和稳定的原则出发，慎重审理群体性纠纷案件，认真做好法制宣传教育和思想疏导。妥善处理了慈湖乡联农村 818 人集体诉讼、雨山乡陶庄村 27 户农民诉讼等社会影响较大的案件。在查明事实、分清是非的基础上，充分运用调解手段平息纠纷，化解矛盾，同时加强对基层调解组织的指导，全年调解结案率达 30.3%。认真做好对新类型案件的审理，共审结涉及知识产权、虚假广告、探视子女权纠纷、确认生身父母等新类型案件 9 件。

【行政审判工作稳步推进】 2002 年，全市法院受理并审结一审行政案件 92 件，收、结案数分别增加 14 件，上升 17.95%，结案率为 100%。行政审判工作出现一些新变化，一是案件类型趋向多样化。涉及工商、税务等 16 个行政机关，其中城建、公安、劳动和社会保障三类案件占总数的 48.9%。二是原告撤诉率高，维持行政机关具体行政行为率低。原告撤诉 47 件，占 51.1%，同比增加 12.6 个百分点；维持行政机关具体行政行为的仅 6 件，占 6.5%。三是行政案件当庭宣判率普遍提高，其中当涂县法院判决的行政案件当庭宣判率达 80%。四是加强对非诉行政案件的审查，依法支持行政机关依法行政。全年共审查非诉行政案件 363 件，裁定予以执行 334 件，其中农业税案件 218 件。五是行政诉讼受案范围进一步扩大，审理了劳动伤残等级鉴定、民政部门违法颁发婚姻证赔偿等新类型案件。此外，市中院受理并审结二审行政案件 14 件。

【进一步完善“大立案”工作格局】 2002 年，全市两级法院继续贯彻落实“立案、审判、监督、执行”分立制度，不断规范立案审查，实行诉讼、举证须知和风险告知制度，推行申请再审立案听证制度，进一步完善“大立案”工作格局。认真开展司法救助工作，全年依法对经济确有困难的 45 件案件当事人（尤其是涉及老年人、未成年人、下岗职工等），缓、减、免交诉讼费用 36 万余元，收到较好的社会效果。

【进一步强化审判监督】 2002 年，市中级人民法院进一步加强审判监督，强化对基层法院的审判监督和指导，确实提高裁判质量。全年共受理各类二审案件 437 件，审结 436 件，结案率 99.8%。其中，维持一审判决 289 件，占 66.3%，同比增加 20.6 个百分点；改判 88 件，占 20.2%，同比减少 2 个百分点；发回重审 11 件，占 2.5%，同比减少 1.9 个百分点。加强对生效案件的审判监督，全年共受理并审结各类再审案件 78 件，结案率为 100%。在作出实体处理的 73 件再审案件中，维持原判 44 件，改判 20 件；在检察机关提起抗诉的 28 件案件中，维持原判 18 件，改判 7 件，调解处理 3 件。

【继续加强执行工作】 2002 年，全市法院坚持审执并重，加强对执行工作的监督、指导和协调，全市先后召开 4 次法院执行工作会议，加强执行队伍教育整顿，推动执行工作再上新台阶。全年共受理各类执行案件 2 807件，执结 2 545 件，执结率为 90.7%，执结标的金额达 7 018 万余元。其中，市中院受理执行案件 164 件，执结 140 件，执结率为 85.4%。在执行工作中，全市法院积极探索新的执行方式，实行债权凭证制度，申请人一旦发现被执行人有可供执行的财产，即可持证申请法院再予强制执行，切实保护债权人的合法权益。强化执行措施，坚持日常执行与集中执行相接合，对涉及金融、房地产、重点建设工程项目等案件开展专项执行，实行重点突破。加大依法执行力度，对 4 名被申请执行人采取拘留措施，汪某非法变卖查封财产被判处有期徒刑2年。严格执行期限,对6个月内不能执结或经批准延长仍不能执结的,执行人员必须写出书面材料,说明理由并提出处理意见。强化非诉行政案件执行力度,共执结各类非诉行政执行案件316件,标的额41万余元,其中农业税费案件218件。实行重大执行案件向党委、人大和上级法院汇报制度,及时传递执行信息,争取支持,确保良好的执行效果。树立"全国一盘棋"思想,积极办理外地法院委托执行案件,全年共执结委托执行案件34件。

【开展"转变作风年"活动】 2002年,根据最高人民法院的部署和市委政法委统一要求,全市法院结合工作实际,认真组织开展"转变作风年"活动。一是加强政治工作。联系干警思想和工作实际,认真抓好"三个代表"重要思想的学习,增强干警的大局意识、宗旨意识和服务意识;开展"增强党的意识、正确行使权力"主题教育,切实改进工作作风;邀请人大代表、政协委员、律师等召开座谈会,广泛征求意见和建议,提高了活动的实效性。二是加强领导班子建设,增强凝聚力和战斗力。三是全面落实党风廉政建设责任制。层层签订党风廉政建设责任书,认真落实"一岗双责",形成一级抓一级、一级对一级负责的党风廉政建设责任制网络;认真执行违法审判责任追究、审判纪律处分和执行工作纪律处分3个《办法》,把对干警的教育和管理延伸到八小时以外。四是突出财务管理、重大事项和选人用人3个重点,通过畅通案卷评查、社会监督和信访举报渠道,强化监督检查力度,自觉接受人大及其常委会的监督,主动接受政协民主监督、新闻舆论监督和人民群众监督。

【全省女法官法律知识竞赛在马鞍山举行】 2002年9月26~27日,由省高院政治部、安徽省女法官协会主办的"全省女法官法律知识竞赛"在马鞍山市举行。全省17个中院和省高院共18个代表队54名女法官参加了比赛。经过一天半紧张激烈地角逐,市中院代表队获得一等奖,省高院、淮南中院等5支代表队分获二、三等奖。

【市中院综合审判法庭投入使用】 2002年12月28日,市中院综合审判法庭正式投入使用。该综合审判法庭是1998年9月经市计委批准立项的国债项目,于2000年6月开工建设,总投资为3 725万元,建筑面积1.3万平方米,共有大中小法庭26个。综合审判法庭的建成使用,为加快全市民主与法制建设,推进依法治市进程提供了良好的物质基础。

【全市法院正式启用法槌】 2002年8月13日上午,随着市中院孙起斌副院长在法庭上的一槌落下,体现现代司法文明与威严的法槌在全市法院开庭审理案件时正式启用。根据《人民法院法槌使用规定(试行)》,法院开庭审理案件时,法槌由审判长或独任审判员使用,其中在宣布开庭、继续开庭、休庭、闭庭和宣布判决、裁定时应当敲击法槌,在维持法庭秩序时可酌情敲击法槌。诉讼参与人和旁听人员听到槌声后,应立即停止发言和违反法庭规则的行为,否则,审判长或独任审判员可根据情况,依照《人民法院法庭规则》的规定予以处理。

(汪章华)

司法行政

【成功举办全市村官法律知识电视大奖赛】 市司法局将农村法制宣传教育作为年度普法工作的主要任务之一,确定以农村基层干部为重点,以举办"村官"法律知识电视大奖赛为载体,推动农村学法用法活动的深入开展。经过近3个月的努力,全市"村官"法律知识大奖赛取得圆满成功。大奖赛通过层层选拔,产生6支代表队以现场竞答的方式参加角逐,同时,每支代表队还组织30名观众参与现场答题。决赛中的部分试题由市文艺部门通过小品、黄梅戏的形式表达出来,使整个决赛融知识性、趣味性、参与性于一体,内容丰富,形式活泼,起到了良好的宣传效果。

【开展全国法制宣传日活动】 2002年的12月4日是全国第二个法制宣传日,又正值现行宪法实施20周年,全市司法行政机关精心组织了一系列以宪法为核心的法制宣传教育活动。一是举办纪念现行宪法实施20周年座谈会。市人大副主任茆家培、市政府副市长聂庆义,部分全国和省、市人大代表以及党政机关负责同志先后畅谈了学习贯彻宪法的体会。通过学习交流,进一步增进了对宪法精神的理解。二是开展"12·4"法律咨询活动。12月4日上午,在新源广场,全市16家执法部门搭起近百米咨询台,向过往群众开展面对面的法制宣传;在当涂城关和金家庄幸福广场,当涂县、金家庄区司法局组织10多家执法部门在繁华地段举办了街头咨询。咨询活动期间,共散发宣传资料3 000多份,展出普法板报200多块,形成浓厚的法制宣传氛围。全市各部门、各单位通过举办法制讲座和法制文艺演出等多种形式,广泛宣传法律知识,传播法治精神,产生了良好的社会效果。

【重点对象法制宣传教育取得新进展】 在领导干部学

法用法方面,全市县处级以上领导干部普遍参加了以WTO知识为重点内容的法律知识学习。为进一步规范领导干部的学法用法工作,市委组织部、市委宣传部、市司法局等部门联合转发省委组织部等部门《关于加强领导干部学法用法工作的若干意见》,建立健全了领导干部学法用法制度。12月9日,上海市人大常委会委员、华东政法学院宪法教研室孙潮教授应邀来马作"'三个代表'与宪法实施"的报告。全市200多名副处以上领导干部集体听取了报告。在公务员学法方面,12月18日,组织全市公务员集中参加了依法行政法律知识测试,取得了优异的成绩。在外来务工经商人员的法制教育方面,金家庄区司法局制定一系列加强外来务工经商人员的法制教育措施,并会同有关部门分别举办外来个体工商户、外来建筑施工人员培训班,提高他们的法律素质。

【不断改进普法教育形式】 各级司法行政部门积极争取市新闻、文化部门的支持和配合,探索新的普法形式,积极创作演出法制文艺节目,努力增强普法教育的生动性。在全省第二届法制文艺调演活动中,马鞍山市选送的节目全部获奖。歌舞《希望之光》思想内容突出法治主题,富有时代精神,具有较强的艺术效果和震撼力,荣获一等奖和创作奖;舞蹈《法律之光》获二等奖。此外,还积极配合市电视台制作《法与大众》专题栏目,组织律师及法律专业人员参与案件评析,借助新闻媒体,扩大普法宣传的覆盖面和影响力。

【稳步推进社区依法治理】 全市司法行政系统广泛开展法律进社区活动,着力提高社区居民的法律素质。2002年6月,司法系统参加全市科技、文化、卫生、法律四进社区活动,在东苑社区设立宣传咨询点,解答群众咨询,散发宣传资料,展出新婚姻法宣传挂图。在第二个法制宣传日期间,各区司法局组织普法骨干深入东苑、中岗、西苑、新风等社区,开展宣传咨询活动,在全市形成上下呼应、整体联动的宣传态势。此外,积极参与社区法制建设,在社区设立法制宣传栏、法制活动室,指导社区定期开展法制宣传教育活动,使社区依法治理步入经常化、制度化轨道。进一步强化社区法律服务。在花山区开展设立法律服务站的试点,指导花山区所辖社区全部设立社区法律服务站,并组织法律工作者、政法战线的离退休干部和大学生志愿者,为社会居民提供经常性法律服务,推动了社区依法治理活动的深入开展。

【法律服务专线工作取得新成绩】 2002年7月,"148"法律服务专线改号为"12348"。"148"指挥中心结合专线开通3周年和启用新的热线号码之机,以创建文明窗口单位为载体,进一步健全各项工作制度,同时加大社会宣传力度,使广大群众及时熟悉新号码。一年来,市"148"指挥中心共为市民和单位提供法律服务2 213件,其中市"148"指挥中心1 871件,县区342件。接受电话咨询878件,接待来访1 310件,提供上门服务25件,解决纠纷78件,提供法律援助33件,避免和挽回经济损失达63.7万元。此外,对待易激化和群体性纠纷,指挥中心坚持主动出击,上门服务,积极做好矛盾调处和上报工作,先后参与向硫矿2 000多名职工出中心、市欣新服装公司女工集体上访等事件的处理,有力地维护了社会稳定。

【司法所文明创建工作不断深化】 以创建"人民满意的司法所"活动为载体,进一步加强司法所规范化建设。确定濮塘镇、沙塘街道、慈湖乡、安民街道、雨山乡和塘西街道等司法所为创建试点单位,加大工作指导力度,并通过召开观摩会等形式,推广试点经验,提高司法所创建水平。市司法局制定下发了《马鞍山市司法所规章制度》,要求司法所上墙公示;统一印制了民事纠纷调解卷宗、民间纠纷排查表、帮教卷宗等样表,实行纠纷调处一宗一卷,刑释解教人员一人一卷,使司法所各项工作逐步走上制度化、规范化轨道。

【积极推进人民调解制度改革】 根据社区建设和企业改制的新形势,市司法局不断充实全市各类调解组织,在社区和新建企业全部组建新的调委会,并对社区调解人员进行培训,提高他们的政治业务水平。制定了人民调解工作考核办法,强化监督,促进调解组织认真履行职责。积极推进人民调解制度改革,2002年底,当涂县湖阳乡与江苏省高淳县淳溪镇共同成立联合调解委员会,为探索建立跨地区联合调解制度作出了积极的努力。一年来,全市各级调解组织共调处民事纠纷3 487件,调解成功3 322件,调解成功率95%,防止民转刑案件395人次,防止民间纠纷激化24件24人次。

【加强法律服务业监督管理】 3月,市律师协会第二次律师代表大会召开后,律协组织机构进一步健全。新一届律协组建了纪律委员会、业务委员会和维权委员会。为便于社会各界对律师业进行监督,在全市律师机构和律师年检注册后,及时在《马鞍山日报》上予以公告,并公布监督举报电话。组织律师参加民事诉讼证据若干规定、知识产权法律实务等培训班,并组织27名新执业律师参加省司法厅举办的岗前培训班。组织全市公证处主任和新注册公证员参加全省公证业务培训,组织全市公证员统一参加年度业务考试。根据司法部的要求,组织45周岁以下未达到本科学历的律师、公证员分期分批参加学历教育。强化律师公证工作的监督,研究制定《关于规范公证服务的若干意见》,开展了全市公证质量大检查,严肃查处违纪违规行为。

【律师公证业务稳步发展】 2002年,全市律师共担任法律顾问319家,办理刑事辩护及代理871件,民事诉讼代理1 175件,解答法律咨询4 855人次,业务创收490万元。全市公证员办理各类公证11 381件,其中国内公证9 967件,涉外公证1 360件,涉港澳台公证54件,公证文书发往18个国家和地区,业务收费156万元。

【法律援助办案超百件】 2002年,市法律援助中心办理各类援助案件102件,其中刑事案件47件,民商类案件48件,非诉讼案件3件,行政诉讼案件2件,公证援助案件2件。该中心在办理援助案件的同时,积极参与社会法制宣传。在全国助残宣传月中,组织律师和社会志愿者送法到市特殊教育学校;在省法律援助条例颁布后,及时将法定的援助条件、对象、范围和程序予以公布,并举办街头法律咨询,认真宣传贯彻条例。

(汪福海)

科 学

科学技术

【再次获得“全国科技进步先进市”称号】 马鞍山市继1999年11月获得“1997—1998年度全国科教兴市先进市”称号后(此称号两年评比一次),2002年2月再次获得“1999—2000年度全国科技进步先进市”称号(国家科技部将创建“全国科教兴市先进市”活动改为对科技进步进行考核并将称号改为“全国科技进步先进市”),全国仅有49个市获此殊荣。牛弩韬副市长和科技局领导出席了在南宁召开的全国科教兴市工作经验交流会,市委书记郑牧民、市长陈世礼、副市长鲍寿柏、市科委主任陈苏汉获全国科技进步考核先进个人称号。

【市生产力促进中心被列入国家级示范中心】 2002年,市科技局整合下属事业单位科技资源,组建了市生产力促进中心。中心按照“组织网络化、功能社会化、管理企业化、服务专业化”的方向,为中小企业提供技术咨询、信息服务、企业诊断、人才培训、新产品开发和新技术推广应用。

全年累计服务市内外大中小型企业72家,其中协助企业上市2家,申报高新技术企业14家;申报高新技术产品10个;协助企事业申报并获得各类基金800万元;联系科研院所28所、高水平专家129人;开展与国际及港澳人员交流7人次;引进项目6项,引进资金200万元。据测算,通过市生产力促进中心组织的各项活动,共为企业增加销售收入3.8亿元,增加利税1 900万元,为社会增加就业岗位760个。2002年底,中心通过了国家科技部组织的考核答辩,被认定为国家级示范生产力促进中心。

【成功举办“马鞍山‘863’新材料项目对接洽谈会”】 为进一步推动“863”计划项目的产业化,实现专家和企业在高新技术及其产业化方面的合作交流,在国家科技部高新司和省科技厅的支持和指导下,11月30日至12月1日,马鞍山市成功召开“863”新材料项目对接洽谈会。会前,市科技局通过国家有关部委和“863”新材料专家征集了国家“863”新材料项目300项,包括新型高性能金属材料、非金属材料、复合材料和新型功能材料项目,收集编印了135个新材料项目简介。会上,全市40余家企业的经理、董事长与来自中科院、北京钢铁总院、清华、复旦、上海交大等20所科研院校的25位全国著名“863”新材料专家就共同感兴趣的项目进行对接洽谈,签订正式合同1项、协议5项、合作意向7项,共13项。通过这次洽谈会,马鞍山企业与全国“863”新材料有关专家建立了联系,为今后进一步合作奠定了基础。同时,进一步掌握了国内外材料技术发展前沿动态,认清了材料产业面临的发展形势及今后发展方向。

【市高新技术创业服务中心建成运行】 2002年12月8日,马鞍山市高新技术创业服务中心建成运行。该中心为1999年经安徽省科委批准成立的省级创业服务中心,位于马鞍山市经济技术开发区内,占地7.2公顷。市委、市政府高度重视市创业中心的建设,将中心作为促进科技经济一体化、培育新的经济增长点的重要工程来抓。市科技局成立以局长为组长的创业中心筹建领导小组,按照“投资省、工期短、质量优”的总要求,抽调精干人员,以建设创业中心为第一任务,加大对工程建设的监管力度,举全局之力确保了工程年内完工。该中心建筑面积5万平方米,由综合孵化器、专业孵化园、软件园、留学生创业园等组成,是高性能、高配置的智能化、网络化的综合孵化基地,可为创业者提供高速宽带网接入、通讯、监控、信息、电子商务、多媒体培训等高水准服务。中心已与浙江科利、温州基件、深圳豪信、安徽金科、上海休普、上海昂立、宜兴当代、北京西海药业、台湾福臻等20家企业签订了孵化协议,入孵项目有软件生产、智能门窗、纳米元器件等高新技术项目。

【高新技术产业快速发展】 2002年,马鞍山市在实施“科教兴市”战略中,继续优先支持高新技术产业的发展。至年底,获认定的省级高新技术企业14家、高新技术产品16个,其中高新技术产品比2001年底增长23.1%。2002年,全市高新技术产业实现产值38.94亿元,比上年增加33.7%;技工贸总收入36.07亿元,比上年增长41.5%;上缴税收总额2.56亿元,创利税3.1亿元,出口创汇4 436万美元,与上年相比,都有较大幅度增长。

【马鞍山科技信息网受省表彰】 安徽省2001年度优秀政府网站表彰大会年内在合肥召开，马鞍山市科技局主办的马鞍山科技信息网获最佳组织奖。马鞍山科技信息网是马鞍山市最大最全面的信息网络之一，是国家信息网的接点。该信息网自1999年开通以来，已成为省科技信息网地市分中心。该网利用Internet技术提供网络中文信息服务，采用国际通用的互联网络标准技术，每天更新信息量约几十万字。共设有科技管理（科技宣传、科技成果、科技项目、科技文档、网上办公）、政策法规、动态信息、科技人才、科技企业（科技企业相关政策、进驻科技企业孵化中心、孵化科技企业概况、科技企业产品介绍）、科学之窗（科技兴市、科技兴农、科技简讯、科技动态）、科技导航、专利查询、网络服务、钢城风貌、电脑之窗、交流园地等12个重点栏目、30个分栏。它是以科技信息为主体，集经济、金融、社会、文化、教育于一体的综合性信息传播系统，已成为传播马鞍山市科技、经济、文化信息的重要渠道。

【市科技进步目标责任制通过省检查考核】 2002年4月26日～27日，省委组织部、省科技厅考核组对马鞍山市党政领导班子科技进步目标责任制进行检查考核，认为马鞍山市在以下几个方面做得较好：一是市委、市政府高度重视科技工作，一把手抓第一生产力，把科技工作放在经济、社会发展的首位；二是强化对科技进步的统一领导和组织协调，县（区）、乡（镇）科技副职到位，整个政策与投资环境比较宽松，各相关部门团结协作，共同推进科教兴市；三是高度重视人才工作，制定了人才的引进、培养和使用政策；四是突出技术创新，重视用高新技术改造传统产业，加快高新技术产业发展，以企业为主体的技术创新体系初步形成，产学研活动有声有色、成效显著；五是科技三项费用财政预算支出比例高于法定比例；六是重视科技管理部门和科技队伍建设，并为其创造良好的工作条件。考核组同时对市民营科技企业的发展及农业高新技术的引进、开发等方面提出了建议和希望。对照《安徽省地方党政领导科技进步目标责任制考核实施办法》，经过评定，马鞍山市考核等级为最高等次。

【组织企业参加皖港生物医药科技洽谈会】 2002年6月，由省政府主办的2002年皖港（香港）生物医药科技论坛暨投资洽谈会在黄山市举行。由市科技局、市计委、市药监局及有关企业组织的马鞍山市招商代表团在副市长牛弩韬的率领下，参加了洽谈会。会上，新力药业马鞍山分厂与上海万兴生物制药有限公司“合作开发氮烯菲林注射液和重组疟疾疫苗”、市高新技术创业服务中心与复旦大学“基于聚合物自组装的药物可控释放体系的开发与应用”、市科技局与上海交通大学纳米材料科学与技术工程中心“纳米科技领域战略合作协议”等5个项目签约，占洽谈会签约项目的1/4。马鞍山发电厂、马鞍山天源科技股份有限公司、金星化工集团还分别与上海交通大学纳米科学与技术中心就“粉煤灰漂球的深层次开发应用技术”、“纳米磁流体工业制备技术”等项目达成合作意向。

【黄池酱发酵新工艺获国家科技资金支持】 2002年，马鞍山市黄池食品（集团）公司申报的“传统酱类人工接种和控制生产发酵中试生产研究”项目，顺利通过国家科技部专家评审，获最高评分等级“A”，并获80万元农业科技成果转化资金支持。这是马鞍山市首次获得国家科技部农业科技成果转化资金，它标志着马鞍山农业科技成果转化工作取得了重大突破。国家科技部从2001年起设置农业科技成果转化资金，是为了加快农业科技成果转化，提高农业的综合竞争力，使其适应加入WTO后面临的新形势。2002年度转化资金总规模2亿元，每项入选成果可获50～100万元的支持，分贷款贴息、无偿资助、资本金注入三种支持方式。马鞍山此次获支持项目属无偿资助，本年度安徽省共有10个项目入选。

【中科院智能所专家来马鞍山进行“产学研”对接活动】 2002年7月，中科院合肥智能所常务副所长、研究员梅涛一行7人，来马鞍山市与部分企业、事业单位进行产学研项目对接洽谈，达成一批初步意向。副市长单文钧参加并主持了此次项目对接洽谈活动。在此次“产学研”项目对接洽谈活动中，中科院合肥智能所的7位专家带来了多项高新技术科研成果，在与马鞍山的10余家企业、事业单位的洽谈中，受到广泛关注。马钢、市巨龙公司、市蔬菜科技园等与中科院合肥智能所就有关智能项目开发应用达成了多项意向性协议，并表示将力争促进合作成功。

【纳米磁性液体跻身国家重点新产品】 马鞍山市民营科技企业金科粉体工程公司的省级高新技术产品“纳米磁性液体”，2002年被列入国家重点新产品计划。国家重点新产品计划是一项政策性扶持的科技计划，对列入该计划的重点项目，科技部择优予以一定数额的新产品研发补助，同时享受相关优惠政策和待遇。

【9项科技成果获省科学技术奖】 马鞍山市共有9项科技成果名列2002年评选的上年度安徽省科学技术奖名单中。马钢股份公司与安徽工业大学合作的“马钢中型（50吨）转炉溅渣护炉系统优化技术应用研

究”、马钢第二炼钢厂的“小方坯高效连铸技术”、安工大的“低磷钢冶炼的基础研究”、矿山研究院与马钢姑山矿业公司合作的“马钢总公司姑山矿业公司露天采矿场边坡可靠性研究与优化决策”等4项科技成果，获省科学技术奖二等奖；安工大华冶高科技工程公司的“高性能线、棒材合金钢导卫”、马钢供排水厂与北京金航信诺科技发展公司合作的“400m^3/h喷雾推进通风中温冷却塔研制与应用”、安工大与上海减压器厂合作的“共热式粮库磷化氢环流熏蒸专用减压器”、马钢股份公司与东北大学合作的“大型钢铁联合企业计算机管理信息系统－MGMIS”、矿院与江西德兴铜矿合作的“矿用超重载汽车刚性路面研究”等5项科技成果，获省科学技术奖三等奖。

【马鞍山参加第二届中国合肥项目—资本对接会收获很大】 2002年11月，由安徽省人民政府、国家知识产权局、国家火炬高新技术产业开发中心、中国生产力促进中心协会主办，合肥市政府承办的第二届中国合肥高新技术项目—资本对接会在合肥市安徽国际发展中心开幕。马鞍山组团参加了此次科技招商盛会。马鞍山市成立了以市科技局、市计委、市委宣传部、市经贸委、市外经贸局、市招商局、市电视台、报社和广播电台为成员的参会代表团，副市长牛弩韬担任代表团团长，科技局局长陈苏汉任秘书长。各成员单位经过两个多月的认真准备，精心策划，完成了投资环境展区、高新技术项目展区、知识产权与专利技术展区、大型产品室外展区等各项布展和组织工作。

会上，马鞍山内容丰富、造型新颖的投资环境展区吸引了大批参观者和各地客商，咨询台上的2 000份马鞍山专刊第一天就被领发一空。这次对接会马鞍山共有20多家科研单位和企业参加了高新技术项目展，在生物医药、新材料、节能环保、光机电一体化等多项领域展示了自己的科技成果和高新技术产品。马鞍山专利产品洪滨丝画引起了华夏国际投资联盟等投资商兴趣和国际会展中心的关注，华夏投资联盟表示要为其引进300～500万元人民币的资金，合肥国际会展中心准备采用其产品装饰落成不久的会展中心。

对接会期间，马鞍山有新型节能高档塞隆结合耐火材料产业化、钛酸钾晶须制备等10个项目对接成功，签订协议总投资1.9亿元人民币、800万美元，其中外商投资250万美元、人民币870万元，签约合同数和投资总额均位于全省前列。此外，“水处理球型轻质多孔生物滤料”和“纳米磁性液体及器件产业化”两个参会项目还被省计委授予安徽省高新技术产业化示范项目，获得了铜牌和证书。

【科技招商引资取得突破性进展】 2002年，为进一步加大科技招商引资、招才引智工作力度，市科技局结合自身实际，采取“一岗双责”制，多渠道宣传马鞍山投资环境和创业环境，以良好的服务举措拓展了科技招商引资新路子。截至年底，签订合作项目37项，达成协议资金2.05亿元人民币、800万美元，其中外商投资1 721.6万元人民币、250万美元，已到位资金801.6万元。

（李吉安）

【市科学技术协会概况】 2002年，市科协所属基层科协组织60个、学会团体40个；市科协机关经机构改革，内设机构仍保留科普部（青少年部）、学会部、咨询部、组宣部、办公室等5个职能部室和机关党支部，人员缩编为15人；下辖“市科技咨询服务中心”，为自收自支事业单位。

一年来，市科协各级组织和所属各学会团体共举办科普讲座350场，听众32 652人次；举办各类科技培训班622期，参加培训47 278人次；举办各类知识竞赛54场，参加者达8 321人次；放映各类科普录像492场，观众达5.6万人次；刊办科普宣传栏2 512期，出版各种科普刊物182期约6.8万份，发放科普资料12.6万份（册）。联合有关单位，共同开展了以“科技是第一生产力”为主题的“科技活动周”大型科普宣传教育活动，开展各种形式的科技科普活动达137项。继续组织送科技下乡活动和创建科普示范城区、街道、乡镇活动，广泛深入开展学习宣传贯彻《中华人民共和国科学技术普及法》的各种活动。组织举办了马鞍山市青少年科技创新大赛，展出青少年发明创造作品140件、科幻画240幅、研究性科技小论文30余篇。组织参加全省和全国比赛，获省优秀项目一等奖1个、二等奖1个、三等奖7个、优秀实践活动项目3个；获全国优秀项目一等奖1个、三等奖3个、优秀科幻画1幅。市七中学生陈宏景发明制作的《追光飞蝶》，获得国家教育部周凯旋基金会“明天小小科学家”三等奖和奖金2万元，市科协荣获全国和省青少年科技创新大赛活动优秀组织单位称号。

认真组织开展学术交流活动。各级科协组织和学会团体全年共举办各类学术会议、学术报告165场，参加者17 530人次；交流学术论文1 005篇；发表于各类报刊杂志上的学术论文933篇，获各类等级奖的共116篇。成功举办“马鞍山IT产业发展论坛”；组织征集9篇论文参加中国科协第四届学术年会；在青年科技人员中征集11篇论文参加省第四届“兴皖之光”青年学术年会；组织指导有关学会团体完成10项软课题决策论证。

继续开展"金桥工程"、"讲理想、比贡献"竞赛和科技咨询服务三大群众性科技活动。全年下达"金桥工程"活动指导性项目计划36项,有28项被列为省级活动项目,有6项申报至中国科协立项,取得了较好的经济效益和社会效益,促进了科技与经济的结合。开展"讲、比"竞赛活动274项,参加的科技人员4 182人次。科技咨询服务保持较好的发展态势,全年共签订技术合同162项,其中,技术服务合同90项,技术咨询合同72项,较好地促进了企业科技进步和经济效益的提高。

【创建科普示范单位】 2002年,创建科普示范城区、街道、乡镇活动进一步深入开展。2002年是创建工作验收达标年,为使创建工作取得实效,市科协加大了对创建的检查和指导力度,各创建单位按照创建要求和计划组织开展活动。经过不懈的努力,科普组织网络、队伍建设、阵地建设、经费投入、科普活动形式和内容都有了长足的进步。雨山区创建工作开展得有声有色,特点鲜明,形式多样,内容丰富,在整个区域形成了一个浓郁的科普氛围,继2001年获得省创建科普示范城区先进单位之后,2002年又被确定为全国创建科普示范城区。当涂县在创建科普示范乡镇活动的基础上,积极进取,于8月被确定为全国科普示范县创建单位。

【深入开展送科技下乡活动】 市科协在做好经常性送科技下乡工作的同时,全年开展了两次较大规模的集中性送科技下乡活动。2002年1月,会同市委宣传部、市文化局、司法局、卫生局等部门,组织30余名科技人员,赴当涂县塘南乡开展送科技、卫生、文化、司法四下乡活动,举办各种科技咨询服务、环保知识科普报告、座谈会、图片展等,有4名科技人员还与塘南乡的种植养殖大户结成了对子。4月,结合农村科普示范乡镇创建工作,又组织约40余名科技人员赴当涂县黄池镇开展较大规模的集中性送科技下乡活动,除继续进行科技咨询、科普展览、科普报告等活动外,还结合当地的实际情况,举办了蔬菜栽培培训班,并为40多位育龄妇女进行了健康检查。两次活动约有2 000余名农民群众和农村中小学生参加,共赠送科技图书1 000余册、录像光盘20余盘,发放科技资料1万余份,展出科普展板70余块、挂图100多幅,深受广大农民群众的欢迎。

【举办马鞍山IT产业发展论坛】 2002年4~10月间,市科协举办了"马鞍山IT产业发展论坛"。组织论坛的目的是为了进一步把握信息技术产业发展方向,检验马鞍山市信息技术应用水平及发展潜力,推动信息技术的应用和产业发展。市科协把举办"马鞍山IT产业发展论坛"作为第二届安徽科技论坛的重点活动之一,首先于4~7月间在有关学会团体会员中进行了广泛的论文征集,共征集论文35篇,内容涉及计算机软件、网络技术应用、安全防病毒、自动控制以及通讯、教育等领域,经组委会认真评审,评出一等奖论文2篇、二等奖3篇、三等奖4篇。所征35篇论文全部结集出版,并送至省科协、市委、市人大、市政府、市政协及相关企事业单位,以供相关决策借鉴参考。其次,于10月14日举办了论坛学术研讨交流会,参加会议的有从事IT行业的60余名专家和学者。与会人员就马鞍山市计算机应用软件产业优势及发展前景、人才与产品优势、电子政务在政府部门的应用及其作用、电子商务如何推进企业产品的市场销售和竞争、马鞍山IT产业制造突破口的准确选择等诸多议题,进行了深入的分析和研讨交流,为马鞍山今后IT产业的发展提供了较为现实的和科学的依据。再次,于10月15日,举办了论坛专家报告会,邀请南京大学软件学院院长、博士生导师陈道蓄教授作了题为《IT产业现状与发展趋势》的学术报告,全市170余名从事IT行业的科技工作者聆听了报告,收到了很好的效果。

【市科协系统完成10项软课题决策论证】 市科协围绕全市经济建设和社会发展中的热点、难点问题,组织10个学会团体完成了10项软课题决策论证。这些论证课题分别为:市农学会的《马鞍山市农业科技示范场调研》、市计算机协会的《加快工业化步伐,把马鞍山建成长江流域重要的加工制造业基地》、市人才研究会的《企业经营管理人才资质评价研究》、市预防医学会的《我市农村当前卫生防病与妇幼保健存在的问题与对策》、市气象学会的《数字化和经济全球化下的马鞍山农业气候研究》、市房地产综合开发协会的《我市房地产招商引资工作现状及对策》、市电子学会的《磨矿控制器的研制可行性研究报告》、市技术经济与管理现代化研究会的《专业性工矿城市马鞍山转型轨迹与思考》、市畜牧兽医学会的《大公圩地区小禽资源开发》、市农机学会的《稻谷干燥机械化技术示范推广》。

(胡建农)

【马鞍山钢铁设计研究总院】 2002年,马鞍山钢铁设计研究总院以提高经济效益为中心,以增强核心竞争力为手段,以模拟运行工程公司为重点,突出抓好深化改革、开拓经营、技术创新、强化管理、人才建设等五项主要工作,推进了全院两个文明建设再上新台阶。全年主营业务总收入1.49亿元,与上年同比增长26%;新签设计、承包、监理合同2.5亿多元,新签海外贸易合同600万美元左右;当年结算营业毛利140万人民币;完成初步设计投资额36.9亿元,完成施工图设计投资额39.58亿元;施工图入库量41 955A_1,其中新图34 562A_1,与上年同比分别增长13%、34.5%,CAD出图量占入库量的99.3%。全年有11个设计项目一次性投产成功;完成科研成果11项,业务建设10项;获得科技进步奖3项,优秀工程设计奖3项,申报专利3项。全年完成的生产经营指标,与上年同期比较,大部分增幅较大,其中主营业务总收入、新签设计合同和监理合同、完成设计投资额和施工图入库量等主要生产经营指标,均创院历史最好水平。

【企业改制取得新进展】 为实现企业持续快速发展,建成以资产为纽带的产权多元化的现代科技集团企业,马鞍山钢铁设计研究总院始终把深化体制和机制改革摆在重要地位。2002年在三个方面取得新进展:1. 工程公司从元月开始模拟运行。根据工程总承包项目管理功能(MEPCT)的需要,参照国际工程公司的模式,总院重组了管理机构,总院先设立经营部、海外部、项目管理部(下设控制室、项目室、采购室、建设室)和11个专业室(所);将暂留在院部的11个处室重组成科技质量部、人力资源部、财务部、院务工作部、党务工作部等5个部,使管理机构大大精简。又于3月5日成立工程公司改制工作组,对拟设立的工程公司的模式、机构、股权设置、投入资源、关联交易以及管理制度等进行考察研究,编制出设立工程股份有限公司的方案(初稿)。又组织干部研讨班对设立方案进行深入研究和广泛征求意见,并经职代会审议后,将设立方案上报集团审批,2003年开始实施。2. 为公司股份制改造创造条件。总院对已经成立的公司进行社会法人参股和职工参股相结合的股份制改造。2002年,成立了由集体和民营资本组成的众元投资有限责任公司,完成马鞍山麦思科自动化系统有限公司的股份制改造工作,成立了由众元投资公司参股的家和房地产开发有限责任公司,并同合肥国祯公司合资成立了安徽中冶马院环境工程有限责任公司。3. 进一步深化"三项制度"改革。2002年,在干部中推行聘用任期制度,院行政系列二级单位和管理部门一把手实行竞争上岗;进行了第二次岗薪调整;全面实施员工聘用合同制度,在对员工前两年工作业绩考核的基础上,对考核排序位次较后的部分员工进行了警示教育,并初步建立起企业内部的激励机制和约束机制。

【积极参与西部大开发】 马鞍山钢铁设计研究总院积极参与中国西部大开发,相继在冶金、监理、民建等行业取得新成果。主要有:监理三峡治污工程。该工程是重庆市的重点建设项目,包括15个污水处理厂和6个垃圾处理厂,日处理污水2万吨,由国债资金支持兴建。2002年10月底,重庆市建委、计委面向全国邀请了38家甲级资质工程监理公司进行资格预审和公开招标,马鞍山迈世纪监理公司以雄厚的实力和良好的信誉在激烈的竞争中一举中的。该工程于12月17日全线开工,迈世纪监理公司监理人员已开赴现场展开工作。承揽内蒙古民建工程重大项目。7月中旬,该院以良好的声誉和雄厚的实力一举承揽到内蒙古亿利资源集团大型房地产开发项目——亿利城市生态花园二、三期工程的设计。亿利资源集团是国家重点企业,拥有总资产20亿元。该集团在开发完成亿利城市生态花园住宅小区一期建设后,2002年又投巨资启动二、三期工程。该工程位于鄂尔多斯市黄金地段,总建筑面积23万平方米。承揽设计西南地区第一条热轧中宽带钢生产线。10月22日,四川川威集团新建热轧中宽带钢工程施工图方案在马鞍山钢铁设计研究总院通过审查。至此,该项工程已全面进入施工图设计阶段。川威热轧中宽带钢生产线设计年产带钢65万吨(冷装)至80万吨(热装),带钢宽度350mm~800mm,带钢厚度1.0mm~10mm,工程静态投资3亿多元。该生产线设计中首次采用了国产中宽带钢热卷箱、全液压AGC厚度自动控制、层流冷却装置、液压式三辊卷取机等新技术。

【蓄热式加热炉被列为国家创新项目】 经国家有关部门核准,马鞍山钢铁设计研究总院开发的"蓄热式加热炉技术",被纳入"2002年国家技术创新项目"。蓄热式燃烧技术是本世纪国际最新节能环保技术,也是一项符合我国可持续发展基本国策的"绿色"技术。近几年来,该院有关专家和技术人员对蓄热式燃烧技术进行了系统的研究和开发,逐步形成了自己的核心技术,其中包括一些关键设备的研制和试验,先后获得了蓄热体、换向阀、空煤气双蓄热予热一体化装置等3项技术专利,在国内处于领先地位。与此同时,该院科研开发的成果,先后在广钢、合钢、韶钢、鹿泉钢厂等地推广应用,获得了十分可观的社会效益和经济效益。

【喜庆建院40周年】 11月27日,马鞍山钢铁设计研究总院庆祝建院40周年,全国政协常委、原安徽省省长、原院长傅锡寿,中冶集团副董事长、常务副总经理李书臣,马鞍山市党政领导郑牧民、朱佩蓉、李福增、顾建国、刘桂兰、周宏基等出席庆祝大会。该院成立于1962年,经过40年的建设和发展,已经成为华东地区规模最大的钢铁设计研究单位,为国家经济建设、尤其是为华东地区的经济建设和社会发展作出了重要贡献。40年来,该院开拓市场遍及全国30个省、市、自治区,总计完成5 000余项工程咨询和设计任务,400余项试验研究,240余项工程承包和工程监理业务,共有300多项科研成果和工程设计获奖。其中,获得国家、部省级科技进步奖250多项,优秀工程设计奖50多项,另有30多项科研成果获得了国家专利权。全院科技成果应用率达80%以上,先后5次进入全国勘察设计行业百强行列。

(傅建设)

【马鞍山矿山研究院】 2002年,马鞍山矿山研究院实现产值1.2亿元,实现到款近亿元,比上年分别增长5.41%和2.8%;全院有8项科研成果通过鉴定,6项成果获得科技进步奖,申请专利2项,获得专利授权4项。2002年取得的主要成绩:

一、发起成立了安徽天源科技股份有限公司。该院联合其他6家发起成立的安徽省天源科技股份公司于3月28日正式挂牌成立,9月份进入上市前的辅导期,股份公司的规范运作带来了良好的经济效益,实现利润近千万元。

二、申报国家级工程技术研究中心获得成功。从获知国家科技部申报工程中心的信息开始,在短短的几个月内该院成功通过了"国家金属矿山固体废弃物处理与处置工程技术研究中心"的论证、评审和审批工作,首批建设经费300万元已下拨到院,这是该院历史获得的第一个国家级工程研究中心。

三、申报国家非煤矿山安全评价中心进展较大。国家非煤矿山安全评价工作是今后该院又一个市场前景广阔的创收领域,按照国家矿山安全生产法的要求,每隔一定时间,生产矿山就要进行一次安全评价。此中心若申报成功,将为该院可持续发展增添后劲。

四、控股成立了天源通力磁材股份有限公司。为促进马鞍山磁材基地的建立和天源股份公司的发展,该院与市国资公司联合控股成立了天源通力磁材股份有限公司。此举使原通力磁材公司渡过难关,生产经营走上正常轨道。

五、资质升级换证工作取得突破。一批市场准入资质得以提高,扩大了业务范围,提高了应用能力,为开拓市场提供了必备条件。

六、开拓新的市场领域。在立足矿山、走出矿山的思想指导下,该院岩土工程专业率先进军高速公路加固领域。当年承接徽杭高速公路7标段的治理工程,合同金额超千万元。

七、获批3项省技术中心。申报安徽省省辖乙种危险化学品评价中心获得批准,开辟了新的市场领域;天源公司获批成为安徽省企业技术中心和安徽省高新技术企业,为今后发展增添了新的活力。 (李雨林)

【地震观测系统实现"三化"】 9月28日,马鞍山市地震数字化地震观测系统顺利通过苏皖两省地震局专家验收,并投入正式运行。该项目技术水平及设备都处在安徽省内先进水平,其建成及运行,实现了市地震观测系统数字化、计算机化和网络化。

【建立市地震应急指挥中心】 10月,市政府拨专项经费50万元,建立市地震应急指挥中心。该中心平时为地震应急指挥中心,震时转为抗震救灾指挥中心,具备快速提供地震应急资料、高速高保障的通信、抢险救灾以及为决策层提供决策依据等方面功能。

(李世华)

社会科学

【市社科联召开学习贯彻党的十六大精神座谈会】 11月27日,市社科联召开学习贯彻中共十六大精神座谈会,交流学习体会,联系实际座谈进一步推动社会科学事业发展,更好地为"加快发展、富民强市"和全面建设小康社会服务的思路和举措。市委常委、宣传部长孙铭和及市委党校、市社科联、市计委、市文化局、市经济学会、市社科学会等单位、社团的领导、学者出席了座谈会。与会者一致认为,党的十六大是我们党在新世纪召开的第一次代表大会,也是我们党在开始实施社会主义现代化建设第三步战略的新形势下召开的一次具有里程碑意义的历史性盛会。它对进一步统一全党思想,凝聚各方面力量,推进改革开放和现代化建设有着重要的现实意义和长远的指导作用。宣传思想战线的同志要成为学习、宣传、贯彻十六大精神的模范,要坚持社会科学和自然科学并重,充分发挥哲学社会科学在经济和社会发展中的重要作用。大家纷纷表示,要在党的十六大精神指导下,进一步加强理论学习,抓好重大现实问题的研究,积极探索社科工作机制,切实推进社科联和有关学术团体的自身建设,努力开创社科工作新局面,为富民强市和全面建设小康社会实现"率先突破"作出应有的贡献。

【市社科联召开学习江泽民"4·28"重要讲话座谈会】 5月23日,马鞍山市社科联召开座谈会,认真学习江泽民同志4月28日考察中国人民大学时发表的重要讲话,来自哲学学会、科社学会、经济学会等10多个学会的20多位社科工作者参加了学习座谈。与会者一致认为,这篇重要讲话是江总书记继2001年8月北戴河重要讲话之后,又一篇关于新世纪发展繁荣我国社会科学事业的重要文献。这充分表达了党和国家对哲学社会科学的高度重视,极大地增强了广大社科工作者的自豪感和责任感。大家纷纷表示,一定要深入学习领会江总书记重要讲话精神,把"五点希望"化为自己的自觉行动,深入改革开放和现代化建设的实际,为党和政府的决策服务,为全市两个文明建设服务。座谈会上,市社科联主席周正国就讲话精神提出了学习贯彻意见。

【社科联强化为经济社会服务功能】 2002年,市社科联及所属学会围绕市委、市政府中心工作深入调查研究,努力为经济社会发展服务。3、4月份,在全市"敞开东大门,实现大开放"为主题的解放思想大讨论活动中,广大社科工作者坚持把大讨论同学理论、找差距结合起来,同整治和改善经济发展环境结合起来,充分发挥智力优势,积极建言献策,受到了市领导和有关部门的好评。市经济学会与市计委、马钢技术中心共同召开"解放思想大讨论专家学者座谈会",与会的30多位专家、教授分析了马鞍山市近10年来的成就与失误,着重对全市的发展战略和定位、人才问题、城市建设等问题提出意见和建议。省《社科通讯》对座谈会情况作了报道,并全文刊登会议综述。为配合省委、省政府在马鞍山举办皖江开发开放十周年纪念活动,市经济学会与市电视台于10月中旬联合开辟《皖江开发开放十周年专家论坛》,有11位专家、教授就如何加快皖江和马鞍山市开发开放步伐、加快融入长江三角洲经济圈等课题作了专题发言。电视节目播出后,引起了很大的反响。市房地产业协会针对马鞍山国有企业改制中职工住房补贴、社区物业管理的体制建设以及房地产市场发展等问题,深入企业、社区调研,提出的一些建议被政府有关部门采纳,促进了房地产业的健康发展。市城市金融学会深入基层亏损银行调研,查找分析原因,提出具体建议,为行领导科学决策提供服务。市经济学会专家组的关于国际钢材大市场和绿色蔬菜食品大市场调研报告,得到了市委、市政府主要领导肯定,批示市计委等有关部门论证、实施。

【结合学科特点开展学术研讨和科普活动】 2002年,市社科联及所属学会,把握主攻方向,结合自身特点,开展了富有成效的学术研讨和科普活动。据对14家学会调查统计,全年共召开学术研讨会19次、座谈会37次,举行知识讲座或咨询55次,举办各类培训班33期、知识竞赛10场。其中有一定规模和影响的主要有:"创建金融安全区、建设信用马鞍山"专题研讨会、"WTO与工商银行经营理念主题教育"研讨活动、"强化新闻职业道德建设"理论研讨活动、"加入WTO后文献信息咨源共享与知识产权保护之间的关系与调整"业务培训、"人口与计划生育法"和"科技档案基本知识"、"糖尿病健康知识"等宣传普及活动。14家学会和会员在全国、省、市级报刊上发表论文243篇,其中全国14篇、省级65篇。

【发挥学术刊物的阵地、窗口作用】 《皖江学刊》是全市广大社科工作者交流学术研究成果的一个重要阵地,也是对外宣传马鞍山的一个重要窗口。该刊全年按期出刊6期,选用各类社科学术稿件170余篇共80余万字。所刊发的一批文章在社科理论界引起了较大的反响,受到广大读者和有关部门及领导的好评。为了提高刊物的指导性、应用性、可读性,市社科联坚持正确思想导向,坚持学术性和应用性结合,在提高刊物质量上下功夫。着重做好三件事:一是精心组织稿件,安排栏目。除了继续办好"经济研究"、"学习园地"、"调查研究"、"探索与争鸣"等常设栏目外,还精心设置了"专稿"、"学习贯彻十六大精神"等栏目。二是定期召开编委扩大会和有关座谈会,具体研究编辑工作,认真分析社科期刊面临的新情况、新问题,努力探索新形势下办好社科期刊新路子。三是努力提高编辑人员业务水平。7月中旬,市社科联派员参加了在乌鲁木齐市召开的"全国社科联期刊经验交流会",学习交流办刊经验。在抓好编辑人员政治学习和业务学习的同时还根据需要,及时调整充实了2位编委会成员。除市社科联主办的《皖江学刊》外,市委党校的《江东论坛》、市统战理论研究会的《马鞍山统战》、市档案学会的《马鞍山档案》、市诗词学会的《采石矶诗词》、市新四军历史研究会的《铁流》等,也都结合学科特点和学会实际,办出了自己的特色。

【6家社科团体荣获"全国先进学会"称号】 9月23日至25日,全国大中城市社科联第十三次工作会议在云南省昆明市召开,22个省、市、自治区82个大中城市的311名代表出席了会议。市经济学会在会上作了交流发言,重点介绍了该会开展学会工作情况、主要成果及经验,展示了马鞍山市社科事业风貌,受到各地代表的欢迎。会议期间开展了全国大中城市社科先进学会的评选工作。按照以工作业绩为依据,以公开、公平、公正、民主为原则,以及学会申请,所在城市社科联推荐的程序,根据《全国大中城市先进学会评选办法》,经评选领导小组审议,大会主席团审定,马鞍山市经济学会、金融学会、糖尿病康复协会、老新闻工作者协会、新闻工作者协会和诗词学会6家社科团体荣获"全国先进学会"称号。

(曹乐平)

【完成《马鞍山当涂地区民主革命斗争简史》征求意见

稿】 年内,市委党史研究室在2001年编写的《马鞍山当涂地区民主革命斗争简史》初稿的基础上,进一步从南京市、江宁区、溧水县、高淳县、宣城市等周边市、县、区党史部门征集资料,对初稿进行了考定、核实、修改和补充,完成了约15万字的《简史》征求意见稿。

【完成《马鞍山当涂地区民主革命时期人物录》初稿】 根据省委党史研究室的要求,2002年,市委党史研究室着手征集民主革命时期在马鞍山当涂地区从事革命斗争人物的历史资料,编写《马鞍山当涂地区民主革命时期人物录》(暂定名),已完成初稿。民主革命时期在马鞍山当涂地区参加革命工作的同志,浴血奋战,英勇斗争,为国家的独立和民族的解放作出了重大贡献和牺牲,他们的业绩是地方党史的重要组成部分,征集编写好他们的斗争事迹,是开展革命传统教育和爱国主义教育的需要。

(张建华)

【为全面启动续修志书工作做好充分准备】 2002年,市续修志书工作进入全面启动前的最后冲刺阶段。市志办在认真总结第一轮修志工作经验的基础上,按照“高标准,严要求”的工作方针,在争取领导、组织动员、谋篇布局、规范操作、资料收集、试点示范等方面积极开展工作。

续修志书前期准备工作扎实有效。一是在年初的全省地方志工作会议结束后,市志办及时起草了《关于全面开展续修志书工作的报告》上报市政府,经市长、分管副市长、秘书长等批示,对全市续志工作做出了科学安排。二是加强领导,调整充实了地方志编纂委员会,增加了一些综合管理部门和3个区政府主要负责人为本届编委会成员,强化了编委会的职能。三是召开了编委会议,审议并通过了续志工作方案、续志篇目设计及任务分工;讨论决定了续志总编、主编的聘任。四是创造条件,采取以会代训、业务交流、外出考察等形式,组织本办和部分修志单位工作人员参加业务培训、锻炼了修志队伍,培养了业务骨干。

做好舆论宣传,为续修志书营造良好的社会氛围。市志办积极争取主流媒体支持,在电台、电视台和报纸上开辟各种栏目,广泛宣传地方志年鉴工作取得的成绩,宣传市情知识,宣传省、市地方志会议精神。通过系列的宣传活动,引起了社会的普遍关注,营造了全社会关心和参与方志事业的氛围。11月13日,市志办3名编辑走进市广播电台黄金栏目——“城市大哥大”直播室,以认真学习贯彻党的十六大精神为主题,从志鉴工作者编修志书年鉴角度,回顾自党的十三届四中全会以来,马鞍山市在改革开放中所取得的辉煌成就,同时就我市的起源、建立和发展、地方志工作职能、志鉴主动为经济建设服务等方面,通过热线电话与广大听众进行直接交流。其间穿插了有奖知识竞答。该专题节目形式新颖,内容丰富,受到广大听众一致好评。节目播出后,不少听众纷纷打电话或上门了解市情知识,并表示了对续志工作的支持。

续修志书试点工作进展顺利。2002年,市志办组织人力,深入马钢公司、市交通局两个续志试点单位,加大业务指导力度,同时认真总结试点经验,指导全市各基层部门和单位的修志工作。目前两家试点单位续志工作进展顺利,《马钢志》已进入审稿阶段,《交通志》开始进行初稿的编写。

基层修志方兴未艾。随着我市续修志书工作的启动,全市许多部门和单位纷纷行动起来,抽调专业人员,落实专项经费,开始部门志、专业志的编修。目前,《武警志》、《市检察志》已完成初稿编纂,《民盟志》已完成资料征集任务。

续修志书练兵活动收效明显。针对本办大多数人员未参加首轮修志工作,实际操作水平亟待提高等现状。市志办创造条件,承担了厦门市湖里区禾山镇志的编写业务,安排业务人员承担了从收集资料、试写到初审、定稿的任务,让他们在实践中演练,不断提高对续志的感性认识,培养修志人员实际动手的能力。

当涂县志办于8月份召开第一次全县地方志暨年鉴编纂委员会议,传达了全国、省、市有关会议精神,研究部署了全县地方志工作,明确了广大编委成员支持修志编鉴的工作职责。

【年鉴创新初显成效】 为了进一步提高年鉴的质量,2002年,市志办紧紧围绕与时俱进、开拓创新、突出年鉴地方特色和时代特色这条主线,多次召开年鉴理论研讨会和年鉴征稿研讨会,群策群力,对年鉴框架结构和稿件撰写提出了具体创新要求。增设了“南京都市圈”、“房地产”、“人物”、“生活新知”等栏目,充实了“南京都市圈”6个城市的简介、房产交易、物业管理、房地产开发企业、WTO知识、医疗保健、新添旅游景点、新闻人物、先进人物等分目,增加了年鉴信息量。同时,鼓励志办工作人员深入基层,贴近社会生活,就市民关注的经济建设、城市规划、劳动就业、社会保障等热点问题开展调查研究,拓宽年鉴征稿渠道,提高了年鉴征稿质量。在实际操作中,实行编纂项目责任制、奖罚分明,大大降低年鉴校对差错率。加大年鉴装帧制作力度,缩短印刷出版周期,确保了年鉴的印刷质量和时效性。年内,成功承办了全省年鉴理论研讨会、“南京都市圈”7个城市年鉴理论研讨会,开拓了创新思路,为今后年鉴编纂的创新奠定了基础。

【积极服务于全市中心工作】 2002年,市志办紧紧围绕市委市政府重大决策和各项中心工作,充分发挥部门优势,发掘志鉴资料,发挥现代媒介作用,主动做好为现实服务工作。

坚持以经济建设为中心,想方设法争取完成市委市政府下达的"招商引资"任务。为此,市志办曾两次派人去厦门,以帮助厦门禾山镇修志为纽带,争取他们的支持,组织台商外商来考察;两次派人去温州、烟台等地通过年鉴编纂方面的合作,寻求商机。同时,单位内部调整了分工,确定一位年富力强的科干专门承办这项工作。

积极配合市委市政府作出的加速融入"南京都市圈"的重大决策,组织人力深入社会调研,发掘整理存档资料,在《马鞍山日报》上开辟"走进南京都市圈"专栏,撰文反映宁马两地经济文化交流的历史和现状,为领导决策和外商投资提供借鉴和咨询。

利用年鉴上网工程,主动为全市招商引资出谋划策。6月,张家港市浩波化学制品有限公司在马鞍山市政府网站市志办年鉴网页上获悉我市当涂"原煤燃器"专利信息,及向我办咨询合作意向。市志办领导高度重视,及时进行联系,经过多次牵线搭桥,促成该公司与当涂县锅炉厂的合作事宜。

主动争取主流媒体支持,在广播电台、电视台、报刊上开辟各种栏目,广泛宣传市情市况和招商引资系列政策,为外商了解马鞍山、投资马鞍山提供便捷的途径。

及时提供市情咨询服务。2002年,市志办就马鞍山市基本情况的调研、几个五年计划执行情况的调查、经济开发区建设、招商引资政策、旅游资源开发、社会治安等方面向市人大、市规划局、市十一中学、市花山区旅游园及浙江、福建、江苏等省内外多家单位提供了市情咨询服务。

当涂县志办积极投身于全县经济建设工作之中,主持编印《当涂工业园区》投资指南专刊。编印出版了《当涂揽胜》系列产品《当涂风景名胜集锦》挂历,对外推介和宣传了当涂,扩大了当涂在省内外的知名度。

(志 文)

教　育

教育综述

【概况】 2002年,马鞍山市教育系统坚持以邓小平理论为指导,认真贯彻落实“三个代表”重要思想,促进了各级各类教育事业协调健康发展。教育系统多项工作受到省、部表彰,家庭教育工作被全国妇联、教育部命名为“全国家庭教育工作先进集体”;青少年读书活动荣获全国组织工作一等奖;市教育局被省审计厅命名为“全省内部审计先进单位”,还被省财政厅、教育厅命名为“教育经费统计先进单位”。

全市三区一县共有各级各类学校452所,其中小学261所,普通中学66所;在校学生22万多人,教职工1.3万人。市区有学校78所,其中小学45所,普通中学26所,职业中学6所;在校生10.4万人,教职工8 400人。义务教育阶段学生入学率小学达到99.97%,巩固率99.9%;初中学生入学率99.48%,巩固率98.6%;15周岁和17周岁接受义务教育完成率分别为99.93%和98.94%;三残儿童入学率为81.4%。

城乡中小学校办学条件进一步改善。市区已基本消灭了危房,当涂县完成了1.8万平方米危房改造。对生活困难家庭的子女入学,采取减免学杂费、捐资助学等形式,保证困难群众的子女入学,各校共减免学杂费近100万元。在市二十二中开办了第一个“宏志班”,专门招收成绩好、家庭贫寒的高中新生,减免其在校的全部费用,社会影响非常好。

普通高中发展迅速。全市共有普通高中14所,其中,市二中、马钢红星中学为省示范高中,市二十二中、安工大附中、当涂一中为市示范高中。各高中办学规模逐渐扩大,办学条件明显改善,还试办了综合高中、特色高中等,以满足市民的不同需求。普通高中招生人数逐年增加,2002年招生3 231人。投入大量资金用于改善高中的办学条件,添置现代化教育教学设备。投资1个多亿的新二中正在建设之中。

职业教育走出低谷。各职业类学校进行了专业课调整,一批重点骨干专业已经建立。进行了学分制改革,加强了对口升学工作,扩大宣传,积极拓宽就业途径。2002年,各职业类学校招生全面回升,招生人数达1 646人。对口升学成效显著,有393人报考,录取302人,录取率为76.8%。

高等教育有了较大发展。师范学校已正式引入专科层次教育,正积极申报师范高等专科学校,投资近1亿元的新校区正在开发区建设,进展顺利。电视大学积极拓展办学空间,努力发展现代远程教育,已与东南大学等一批著名高校合作举办网络大学。原商专分部与安工大合并,成为高等职业技术学院,填补了马鞍山高等职业技术教育的空白。高考升学率逐年上升,2002年全市共有3 194名学生被各级各类高等院校录取,录取率为76.64%,其中重点321人,本科493人。高等教育自学考试迅速发展,有近2万人报名参加各类高教自考,约有1 000多人通过自考取得了学历证书。

民办学校有很大发展。2002年全市共有各类民办学校105所,其中学历教育机构47所,分别为民办高中2所、民办初中4所、民办小学5所、综合性学校1所、民办幼儿园35所,民办学校已经涵盖了从幼儿园到高中的基础教育的整个阶段。全市民办初中在校生3 048人,民办小学在校生1 055人,民办幼儿园在园幼儿2 580人。非学历教育培训达20 555人次。

多渠道筹措教育经费。师范学校率先引资3 000万元建设新校的后勤设施;当涂民办汗青高中、市金太阳民办高中已相继建成并招生;民办建中筹资1 000万元,进行新校舍的征地工作;市教育局成功引进安联公司640万元微机教室项目,装备了20所中小学,并正积极争取不少于1 400万元的第二批微机教室项目,为普遍开设中小学信息技术教育创造了物质条件。

继续强化教师队伍建设。全市新教师培训率100%,小学教师教学基本功参训面达100%,初中教师职务培训合格率为95%。小学、初中、高中专任教师的合格率逐年提高,市区已分别达到98.4%、98.3%、90.8%;继续做好教师学历层次提高工作,全年共有1 500多名教师参加了高学历进修。小学专任教师专科以上学历占专任教师的45.7%,初中专任教师本科学历超过48%,高中专任教师中有150多人参加攻读教育硕士专业学位和研究生课程班的学习,占专任教师的28.7%。全市80%以上的教师能使用现代教育技术手段进行教学,并培养出一批能利用多媒体软件开展教学的专兼职骨干教师。

(孙　涛)

【金家庄区教育】 辖区内有中小学15所,其中小学11所,中学3所,职业高中1所,其中有省传统体育特色学校2所。小学在校生8 210人,初中在校生3 465人。初等教育适龄人口7 020人,已入学7 020人;初级中等教育适龄人口4 236人,入学率为100%,12周岁儿童升入初中的入学率为100%。小学辍学率为0,中学辍学率为0.6%,15周岁儿童文盲率为0,青壮年非文盲率为98.83%。小学专任教师433人,学历合格率为99.1%,小学教师大专以上学历占52%;初中专任教师273人,学历合格率为98.9%。全区小学共有图书95 344册,生均11.6册,中学有图书71 807册,生均20.7册。小学占地面积121 559平方米,建筑面积为40 811平方米,生均分别占14.8平方米和5平方米;中学占地98 221平方米,建筑面积36 712平方米,生均分别占23.5平方米和8.8平方米。

(范汝匆)

【花山区教育】 辖区内有中学8所,小学17所,其中区属小学12所,小学生在校数18 896人。小学适龄儿童入学率、毕业率为100%,小学在校生辍学率为0。花山区在巩固"两基"成果的基础上,加快了实施素质教育的步伐,从2002年秋季开始,作为安徽省33个课改实验区之一,全面开展新课程的实验推广工作。各学校组织教职工参加各级各类培训,做到"不培训不上岗,培训不合格不上岗"。区属小学中城区学校45周岁以下教师专科及以上学历已达到50%,有市级学科带头人1名,市级骨干教师20名。1名教师在全国"引探教学法"观摩比赛中获第一名,2名教师在省级教师基本功大赛中获一等奖,有10名教师被评为区"十佳"优秀教师。完成对519名属地幼儿园、小学教师的任职资格认定工作。组织开展优秀教案及备课笔记评比、精品课评比活动,推出的区级精品课有10节被评为市级精品课。各校制定了今后3年的发展规划和特色办学目标。继健康路小学被市教育局命名为市二星级美育特色学校、湖东路四小被区政府命名为英语特色学校后,湖东路一小被省教育厅、省体育局命名为省体育传统项目学校。有6所学校被评为市级安全文明校园,3所学校被评为市级优秀家长学校,5所学校被命名为市级文明学校,3所学校被命名为区级文明学校。

(施 萍)

【雨山区教育】 辖区内有12所小学(区属4所、马钢6所、十七冶2所)、乡镇中心小学3所(辖村级小学17所);全区中学10所。全区小学学龄儿童入学率100%,辍学率为0。15周岁受教育率达99.9%。雨山区为省级"两基"先进区、"安徽省基础教育课程改革实验区"。2002年,雨山区开始实行"城乡一体化"新体制,教育工作取得三大成绩:一是改善办学条件,抓基础设施建设,在全市率先消灭危房。新建了南村、锁库、落星三所村小,对翠螺小学、采石小学和七联、南庄、梅山、马塘、平山等村小进行了维修。为每所小学配备了一部笔记本电脑和一台多媒体投影仪。杜塘中心小学和佳山中心小学各添置200套新课桌、椅。二是加强教育教学科研工作,在提高教育教学工作水平方面实现了新突破。实施基础教育课程改革实验工作,承办市小学第六届课堂教学研究周、市小学生能力评价研究现场会,开展精品课评选,进行部分年级素质教育综合能力测评。召开全区小学教学质量分析会,举办全区小学教师课程改革创新工程全员培训班。实施雨山区特色学校工程,启动向山小学艺术特色和小学生作文教学改革实验、采石小学省级示范的古诗文诵读、雨山中心小学的英语特色实验、佳山中心小学数学教改实验、杜塘中心小学语文教改实验。三是队伍建设同步加快。推进学校干部和教师继续教育学习培训工作,提高教师队伍整体素质,举办"挑战新世纪、我为教育献力量"教职工演讲比赛。青年教师赵刚在全国第二届小学英语优质课堂教学大赛中荣获一等奖,区教育局在雨山区创建省科普示范城区工作中荣获一等奖。

(王元柳)

【当涂县教育】 2002年,当涂县积极推进教育改革,加强教师队伍和教育基础设施建设,促进了全县教育的稳定和健康发展。

德育思想得到进一步贯彻落实。各级各类学校努力探索德育工作的有效运行机制,加强德育网络建设,把爱国主义教育、日常行为规范教育、法制教育、安全教育作为德育工作的重点来抓。组织全县10万中小学生开展以"崇尚科学,传播文明"为主题的爱国主义读书活动,有25名学生,3名教师获得省级表彰,亭头初中、团结街小学获省优秀组织奖。切实贯彻《公民道德建设纲要》,县教育局向全县中小学印发了《公民道德歌》,组织开展学习活动,进一步树立了良好的校风、班风和学风。

各项教育改革平稳推进。以教师聘用制为核心的人事制度改革全面推行。各校认真贯彻县委、县政府文件精神,结合本单位实际,通过调研和充分酝酿,制定具体实施方案,并经校教工大会通过。截至年底,全县教职工都与学校签订了聘用合同。小学改制全部结束。所有小学都由五年制改为六年制。在梅山、新桥两所学校开展了"初二后分流"改革实验,为农村教育综合改革和农村职业教育的发展摸索经验。中考首次加试理化实验操作,全县共设4个考点,7 000多名学生参加,促进了中学实验教学工作的开展,培养了学生动手能力。改革招生办法,对初中升高中、中技、职高实行一份档案,按考生志愿分期分批录取的办法,确保了中招工作的公平、公正和透明。

教师队伍建设得到加强。全面启动教师资格认定工作,上半年,全县1994年1月1日以后补充到教师队伍的符合认定条件的教师得到了资格认定,共有1 736名教师分别获得初中、小学、幼儿园教师资格证书。下半年又向社会人员受理了教师资格认定申报。另外,有100名未分配的师范类大、中专毕业生通过了教师录用考试,加入到教师队伍行列。继续教育工作进一步加大力度。全县有500多名中小学教师参加了省、市、县举办的继续教育培训;组织教师参加普通话培训,全县有4 000余名教师通过了第一轮普通话水平测试并获得等级证书。100多名中学教师参加了人事部门组织的计算机培训,并取得初、中级等级证书。各种形式的提高学历层次教育在教师中蔚然成风,全县有2 000多名教师参加自考、电大和函授进修,有近200名教师通过自考取得了毕业证书。

民办教育发展态势良好。民办汗青中学和天门私立初中落成并于秋季招生;以"哈哈幼儿园"、"习斌学校"为骨干的民办学校内部管理走上正规,教育质量明显提高。强化了对社会力量办学的监督、指导和管理,对全县民办学校进行了普查和年检,针对年检和普查中发现的问题,提出了具体整改意见,规范民办学校办学行为,促进民办教育事业健康发展。

教学研究有新起色,教育质量稳步提高。开展了丰富多彩的教学研究活动,组织教研人员深入新博、年陡等中小学开展教学视导。4月份,在当涂一中和团结街小学成功举办了首届中小学课堂教学研究周,1 000余名教师参加了活动。开展市县级教研会29次,举办各类论文评比,组织部分中学教师参加了省级教材培训。当涂二中吴瑾获省级教坛新星称号。中学理科教师参加市实验教学基本功竞赛有18人获奖,周明全、邢春生、周幸福三位教师参加省理科教师实验教学基本功竞赛获二等奖;获市级精品课奖4人,市级精品课好评课奖6人,省市级各类组织奖、指导奖、论文奖13人次;市立项课题《小学劳动习惯的培养》通过了市专家组鉴定。高考成绩保持稳定,普通高中招生有所突破。全县共有1 856人参加全国普通高校招生统一考试,录取994人,其中重点院校154人。中考学科成绩明显提高,近3 000名初中毕业生升入普通高中。高中学生参加省学科竞赛有32人次获奖,有107名中小学生在市中小学美术书法作品比赛中获奖。

校园环境得到进一步整治,政风、行风建设成效显著。当涂一中成功创建"省绿色学校",并投入大量财力、人力优化育人环境,积极提高办学水平,争创省示范高中。对全县中小学校园及其周边环境进行了长期不懈的综合治理,逐步消除安全隐患,整治卫生死角,治理摊点和有害青少年身心健康的场所。大张旗鼓地开展政风、行风建设活动,县教育局制定了《进一步加强教育系统政风、行风建设的意见》,与各校签订了行风建设目标责任书,通过加入市教育局教育咨询网、设立举报电话、公开社会服务承诺等,广泛接受社会监督。机关政风好转,行业风气根本转变,师德建设得到加强,乱收费问题基本得到遏制。在全县政风、行风评议中,教育局获第三名。

【民办汗青高级中学正式开学】 当涂汗青中学是由马鞍山大汗公司经理俞汗青先生出资创办的一所寄宿制高级中学。学校于2001年10月动议创办,一期工程占地4公顷。2002年9月1日,学校正式开学上课。招收高一年级8个班,410名学生,高三文、理科补习班100名学生。专、兼职教师约40名,职工约30名。学校理、化、生实验室、电脑室、语音室等教学设备先进齐全,图书、阅览室已向教职工开放,学校食堂、学生公寓规范卫生,至2002年底,已投资2 000万元。

(钱红兵)

【马钢中小学教育】 马钢中小学教育继续保持稳定发展态势。为了做好企业中小学移交政府管理工作,公司成立了分离企办中小学领导小组,与市有关部门进行了反复商谈,在认真做好清产核资工作和有关资料填报工作的同时,保持了教育教学秩序的稳定和教育教学质量的提高。贯彻落实《公民道德建设实施纲要》,组织开展了读书、征文、演讲、夏令营等多种教育活动。召开了校外辅导员经验交流会。组织500余名中学生参加春季农场劳动。开展"济困助学"活动,救助贫困学生86名。大力推进校园文化建设,组织开展了"科技月"、"江南之花"、"新世纪、我能行"、"钢城青少年科技论坛"等一系列活动,增强了广大青少年的实践能力、创新能力。《教培部之歌》在马钢厂歌比赛中获表演一等奖和组织奖。2002年马钢中学有142名考生被本科院校录取,34名被成人本科院校录取,69名被高等职业技术学院录取,1 938人次在各级各类竞赛中获市级以上奖励,其中获国家级奖励118人次,省级奖励90人次。围绕《基础教育课程改革纲要》广泛开展教研教改和师资培训活动,在12所小学开展了青年教师优质课评奖活动,30余名教师参加了省骨干教师培训班学习。为期2年的师资培训研究生课程班基本结束,大部分教师完成了全部课程的学习。2002年马钢命名表彰了15名师德标兵。星光教学楼竣工并投入使用,雨山中学兴建了校园网,4所小学配备了96台计算机,办学条件得到了进一步改善。

(孙贵华)

【市教育局简政放权】 市教育局以机构改革为契机,制定了《贯彻市委、市政府扩大区级管理权限、健全区级功能精神的实施意见》,将区属小学的教育评估、学籍管理、施教区确定、教师调配、初级职务评聘、继续教育、经费管理和干部培训等26项职能下放到各区教育局。区级教育人财事相配套、责权利相一致的城区教育管理体制开始建立。

(王东山)

【教育系统行风建设成效显著】 2002年,市教育局把纠正行业不正之风作为党风廉政建设的重要内容。一是签订纠风工作责任书,推行教育系统行风评议活动。与当涂县、各区教育局、企业教育主管部门及直属学校领导签订纠风责任书,明确各级领导在加强行风建设中的责任。制定了《马鞍山市教育系统行风评议实施办法》,评议内容主要包括被评议对象及其教职工在收费、师德师风、规范办学行为等方面情况。二是把治理中小学乱收费作为市教育局年度重点工作之一。制定中小学校收费标准,印发各学校并在马鞍山日报上公布,规定各学校不得在规定项目之外向学生收取任何费用或超标准收费,在开学收费前,学校要在醒目位置张榜公布本学期收费项目、标准及违规举报电话,开学后各级教育行政部门和物价检查机构组织专人到所辖学校进行收费专项检查,公布物价和教育行政部门的举报电话,主动接受群众和社会监督。对中小学违规收费现象,坚持做到发现一起,查处一起。三是以师德师风建设推进校风教风转变。结合学习贯彻《公民道德建设实施纲要》,广泛开展"铸师魂,树师表,共建美好校园"师德主题教育活动,将全市师德标兵的先进事迹拍摄制成光盘免费发放到各学校,要求各学校组织教师观看。在宣传先进典型的同时,对违反师德规范的教师进行严肃处理。四是努力从行政管理层面规范学校招生行为。普通高中招生过程全部实行电脑操作管理,邀请新闻记者、人大代表、初中非毕业班学生家长代表现场观看录取过程,现场监督。对社会关注的民办学校招生工作,多次召开行政办公会和民办学校领导座谈会,并广泛借鉴外地好的做法,出台了一系列政策,规范民办学校招生行为,并请市纠风办派人到各学校的招生现场进行监督。

(王东山)

【家庭教育工作获全国表彰】 家庭教育与学校教育、社会教育构成我国教育的三大支柱。马鞍山市家庭教育起步早,一直被列入学校德育工作八大常规之一。市教育局专门成立了家庭教育工作领导小组,家庭教育工作每年有计划、有活动、有检查、有总结。积极开办家长学校,先后制定了《马鞍山市中小学家长学校教学纲要》、《马鞍山市家长学校考核验收评比细则》和《家长日常生活行为规范》,市区中小学家长学校开办率达100%。多次开展优秀家长学校、全市好家长、家长学校优秀教员评比表彰活动。组织了万余名家长参加现代家长应知应会知识测试活动,引导广大家长把书本知识转化为科学教育子女的实际行动,使家庭教育深入人心。2002年,市教育局德育办被全国妇联、教育部授予"全国家庭教育工作先进集体"光荣称号。

(徐 良)

【举办全市暑期校长研讨班】 8月12~17日,市教育局举办了为期一周的2002年暑期校长研讨班,来自各直属学校及县、区、企业教育主管部门的100多人参加了研讨培训。通过学习、考察、交流和研讨,大家共同探讨教育面临的新情况、新问题与解决的新途径,进一步明确教育改革与发展的新思路。研讨班上,省教育厅厅长陈贤忠、市委书记郑牧民等分别作了专题辅导或重要讲话,11位校长在"校长论坛"上作了重点发言。研讨班学员还分两组考察了南通、上海和绍兴、宁波等地的教育,学习先进地区教育改革与发展的经验,增强了加速教育改革的意识,明确了奋斗目标。

(卢丙对)

【开展学科带头人、市级骨干教师复评工作】 为加强骨干教师队伍建设和管理,促使学科带头人、骨干教师认真履行岗位职责,充分发挥示范带头作用,根据《马鞍山市学科带头人、骨干教师管理办法(试行)》的有关规定,市教育局对任期已满3年的学科带头人、骨干教师进行了复评,并在此基础上评选出优秀学科带头人2名,优秀市级骨干教师30名。学科带头人、骨干教师的复评,着重审核其师德和任期职责履行情况,坚持标准,注重实绩,优胜劣汰。通过评委会认真、严格的评审,10名学科带头人、201名市级骨干教师复评合格,复评通过率分别为100%、73.4%。

(郃英强)

【启动首次认定教师资格工作】 教师资格制度是一项国家法定的职业许可制度。按照省教育厅关于教师资格制度实施工作的统一部署,市教育局从2002年2月开始全面启动首次认定教师资格工作。市、县(区)教育局均成立了由教育局长担任组长的教师资格认定领导小组,研究制定了教师资格制度实施工作计划。首次教师资格认定工作分两个阶段进行。第一阶段主要受理1993年12月31日前退(离)休教师和各级师范教育类专业应届毕业生,第二阶段将首次向社会人员开放,凡未达到国家法定退休年龄、具有中国公民身份,在思想品德、学历和教育教学能力等方面符合条件者,均可申请认定教师资格。在教师资格认定第一阶段工作中,476人获得高级中学教师资格,176人获得中等职业学校教师资格,15人获得中等职业学校实习指导教师资格,501人获得初级中学教师资格,2人获得幼儿园教师资格。第一阶段认定工作于年内结束。

(邰英强)

【命名表彰一批示范家长学校】 为提高家长学校办学质量和水平,从3月份开始,市教育局在全市中小学开展了"马鞍山市示范性家长学校"评比命名工作。经过初评和复评,命名师范附小、实验小学、珍珠园小学、湖东路三小、十六中、红星中学、二十二中、十三中、六中、职教中心10所学校的家长学校为"马鞍山市示范性家长学校"。

(潘生根)

【马鞍山市少年合唱团成立】 7月1日,马鞍山市少年合唱团成立。市少年合唱团为中小学生合唱团体,由市教育局领导管理。成立市少年合唱团,旨在通过长年定期的合唱基础训练和艺术实践活动,为马鞍山培养出一批具有较强合唱能力的艺术人才,使他们在中小学校的群众歌咏活动中起示范、引导、龙头作用,促进市中小学校合唱艺术的稳步发展。合唱团成员从全市各中小学校在校学生中选拔,定期调整,现有正式团员26名,预备团员20名。

(朱济群)

【举办首届教师文化节】 5月~10月,马鞍山市教育工会举办了首届教师文化节。文化节活动以"树师表、强素质、健体魄、展风采"为主题,分为两个阶段进行。第一阶段由各基层工会根据各自实际,参照文化节项目安排,广泛开展各种活泼健康、积极向上的文化体育活动;第二阶段是开展全市范围内的竞赛活动,共设学陶师陶——板书比赛、党旗颂——语言艺术比赛、共建美好校园——卡拉OK比赛、排球、乒乓球、拔河、象棋、健身操等8个竞赛项目。教师文化节活动促进了教职工的身心健康,丰富了教职工的业余文化生活,推进了教育系统精神文明创建工作。

(张耀静)

【市二中、网络大学新校区开工建设】 市二中、网络大学新校区的建设得到市委、市政府的高度重视,市政府成立了以分管副市长为组长的工程建设领导小组,市教育局专门成立了筹建班子进行新校区的规划选址、土地征迁、方案设计等工作。两校的总体规划方案邀请了国内知名的设计单位参与竞标,最终由国内著名设计单位——华南理工大学建筑设计研究院中标。市网络大学占地6公顷,建筑面积为2.5万平方米,总投资5 000万元。工程于12月20日正式开工,预计2004年6月交付使用。新建的二中新校区占地16公顷,建筑面积4.8万平方米,总投资1.3亿元。预计2003年5月开工,2004年8月交付使用。

【马鞍山师范高等专科学校加快建设步伐】 马鞍山师范高等专科学校是市委、市政府申报筹建的马鞍山唯一一所文科院校,是在现马鞍山市师范学校基础上扩充选址兴建的。新校区位于市经济技术开发区内、马钢党校南侧。近期用地20公顷。学校发展目标为:2005年学校在校生规模2 560人,2010年学校在校生规模4 000人,2020年学校发展成为本科院校,再征土地20公顷,学校在校生规模7 500人。新校区建设于2001年12月28日正式破土动工,2002年4月8日全面开工建设。省教育厅厅长陈贤忠、市委书记郑牧民、市长丁海中和市人大、市政协等领导多次到师范新校区视察指导。学校在20公顷用地范围内规划3个区、15栋单体建筑,总建筑面积8万平方米,一期建设9栋,建筑面积近5万平方米。2002年完成3 600万元固定资产投入(2001年已完成1 200万元投入)。

(胡腊才)

【举行全市大中专、高一新生军训阅兵式】 9月30日下午,市教育局会同市军分区在市体育场隆重举行全市学生军训阅兵式。这次阅兵式是马鞍山市历年来进行的规模最大的一次学生阅兵式,有17个阅兵方队和12个观看方阵。这次阅兵式组织指挥严密,作风严谨扎实,呼号嘹亮,步伐整齐,充分展示了广大学生朝气蓬勃、健康向上的精神风貌。十一中、市技工学校、马钢技工学校等10所学校被市国防教育委员会命名为2002年全市学生军训阅兵式先进单位。市委、市人大、市政府、市政协、市纪委领导及市国防教育委员会成员单位负责人到现场观看了学生军训阅兵式。

(潘生根)

【教育对外合作与交流加快发展】 2002年,马鞍山积极开展国际教育文化方面的交流,学习国外先进的教育教学管理经验和技术,引进国外师资,宣传马鞍山的教育成就。全年接待了韩国的青少年合唱团，举办了中韩青少年交流音乐会，日本伊势崎市组成学生团回访市二中。市二中、二十二中、十三中、红星中学、师范学校等共组织100多名学生赴澳大利亚、英国、韩国等国家参加夏令营活动，组织16名英语骨干教师到英国培训，中外友好交往与合作明显增加。

（吴元鸣）

【承办安徽省第七届中学生田径运动会】 4月13～4月20日，安徽省第七届中学生田径运动会在马鞍山举行。本次运动会由省教育厅、省体育局和团省委联合主办，马鞍山市教育局承办。全省17个地市377名运动员参加跳远、铅球、跑步等项目的角逐。马鞍山市代表队25名选手顽强拼搏，获得团体总分第二、女子团体总分第一名的好成绩，并获得大会特别颁发的“体育道德风尚奖”。

（王东山）

【省陶研会五届三次年会暨创造教育专业委员会成立大会在马鞍山召开】 10月11～12日，省陶行知研究会五届三次年会暨创造教育专业委员会成立大会在马鞍山市召开。省老领导、省陶研会名誉会长王光宇，省人大常委会副主任、省陶研会会长苏平凡，省教育厅，中共马鞍山市委、市人大、市政府、市政协领导以及全省各市教育局、陶研会领导近200人出席了会议。苏平凡会长作了重要讲话，沈培新、胡平平副会长作了总结讲话，马鞍山市教育局等单位作了学陶师陶经验交流发言。大会选举胡平平为省陶研会创造教育专业委员会会长。会议期间，与会代表考察、参观了马鞍山二中、红星中学、七中、师范附小、珍珠园小学的教育教学和学陶师陶工作，充分肯定了马鞍山教育改革与发展的成果，高度评价马鞍山丰富多彩的学陶师陶活动。会议为全面实施素质教育、推进教育创新进行了有益的探索。

（毛运方）

基础教育

【概况】 2002年，全市有小学261所，毕业生23 058人，招生19 403人，在校学生112 954人，教职工5 217人，其中专任教师4 849人；2 536名儿童接受学前教育。普通中学66所，初中毕业生15 210人，高中毕业生3 592人；初中招生22 758人，高中招生5 700人；在校初中生60 599人，高中生14 123人；教职工4 504人，其中初中专任教师2 806人，高中专任教师888人。

小学适龄儿童入学率，市区为99.99%，当涂县为99.88%；小学毕业率市区为100%，当涂县为100%；初中毕业生毕业率，市区为95.2%，当涂县为97.6%；17周岁人口初级中等教育完成率，市区为96.9%，当涂县为94.2%；初中毕业生升学率，市区为92.3%，当涂县为45.6%；高中毕业生毕业率，市区为96.6%，当涂县为94.3%；残疾儿童少年入学率，市县合计，视力残疾为60.1%，听力语言残疾为82.9%，智力残疾为83.4%。

（孙宗发）

【改革省示范高中招生办法】 为认真贯彻落实教育部《关于加强基础教育办学管理若干问题的通知》精神，进一步规范义务教育阶段办学行为，市教育局对省示范高中招生办法进行了改革。改革采取过渡的办法，将省示范高中统招指标的30%分配到各个初中。2002年，市二中和马钢红星中学两所省示范高中招生计划各为600人，统招计划和扩招计划的比例为6∶4，即两所省示范高中统招计划分别为360人，合计720人，按30%指标分配至各个初中的人数为216人，两所省示范高中各为108人。改革省示范高中招生办法是促进学校均衡发展的一个重要举措。

（陈章永）

【举办首届高中“宏志班”】 为解决部分特困学生的就学困难，2002年秋季，市教育局在市二十二中开办高中“宏志班”，用教育扶贫的方式，支持和帮助家庭经济特别困难的优秀初中毕业生完成高中学业。报考“宏志班”的学生都是家庭人均月收入低于最低生活保障线，在校表现良好，且中考成绩总分不低于马鞍山市省示范高中统招最低录取控制分数线的品学兼优的应届初中毕业生。首届“宏志班”学生22人，在高中就读期间，免交书本费、学杂费、实验材料费等一切学习费用，且每人每月享受60元生活补贴。市妇联、团市委、市建行、供电局、马建公司等十几个部门和企业，以及市二十二中全体教职工对“宏志班”学生给予了资助。

（吴元鸣）

【市七中天象馆开馆】 8月9日，市七中天象馆正式开馆。七中天象馆是马鞍山市唯一一家、也是整个华东地区首家倾斜式校园天象馆。馆内天象仪运用现代化的自控、光电技术，由计算机控制运动方式和光的明暗变化，在球形天幕上，再现四季星空中星云、银河、太阳及九大行星的运动变化，形象地演示太阳系、流星雨、人造卫星、慧星等天文现象。该天象馆是华东地区天象馆中最为先进的开放式天象馆，它的建成，为市中小学生增添了又一个科普教育基地。（柴家峰）

职业教育

【概况】 2002年,马鞍山市职业学校招生实现了自1998年以来的首次回升。全市中职与普通高中招生数比为46.5:53.5。当涂县中等职业学校招生1 241人,中职和普通高中招生数比达到32.3:67.7;市区中等职业学校招生数为3 276人,超过了普通高中招生人数,中职和普通高中招生数比达到51.4:48.6,基本实现了高中阶段中职和普通高中教育协调发展。马鞍山市经济技术学校经过一年多的筹建,于5月17日在市职教中心挂牌。308名(占全部毕业生的25%)中职毕业生通过对口升学考试进入高等学校深造。1 226名职业学校毕业生全部参加了技能等级鉴定,一次性合格率达95%以上,其中中级工比例达80%以上。

(钱红兵)

【马鞍山市工业学校】 马鞍山工业学校是马鞍山市惟一的一所工科类中等专业学校,在校学生1 500多人,占地7.53公顷,建筑面积26 534平方米,设备先进,拥有各类实验、实训室18个,实习工厂1个,实习工位320个。建校十几年来,注重构建"341"德育模式和实施"5211"人才工程,办学成果显著。学校把计算机及应用和数控机床加工技术作为龙头专业,加大设备投入,培养出一大批合格人才,深受社会欢迎。

学校瞄准现代高级技术工人的市场前景,于1999年在全省率先开设了数控机床加工技术专业,专门培养数控高级技工,首届毕业生百分之百就业。2002年12月26日,在市教育局和南京工程学院大力支持下,全国数控培训网络南京数控培训中心马鞍山数控培训基地在马鞍山工业学校挂牌,这在全省还是第一家。学校自筹经费100多万元建起了数控培训中心,添置车床15台,数控机床2台以及配套计算机50台和其他设备,并在南京数控培训中心帮助下,建立起一支数控培训教师队伍。学校决定继续加大投入,把数控专业办成学校的特色专业,不仅培养数控专业学生,而且面向其他专业学生,对企业在职职工和社会青年提供技术培训。

(孙 超)

【市职业教育中心综合高中实行分流】 市职业教育中心积极做好综合高中试点工作,根据《综合高中班试点工作实施意见》和学校实际,稳妥地进行首届综合高中高三分流。在第三学年,按学生意愿并结合学业成绩分流,分别编成高职(对口升学)预备班和普通高校预备班。高职预备班的文化基础课程根据对口升学招生考试科目的需要设置,适当兼顾普高会考学科,满足部分学生普高毕业的愿望;专业课程根据专业培养目标,按对口升学招生考试科目设置,技能考核安排在对口高考后进行。普通高校预备班,课程按全日制普通高中第三学年课程计划设置,并结合普通高校招生考试科目的要求,开设与升学相关的课程。

(郤本华)

【马鞍山经济技术学校在市职业教育中心正式成立】

为适应马鞍山市对经济类实用性人才的需求,市职业教育中心利用"国家级重点中等职业学校"的名牌效应,做强做大中等职业教育,2002年3月,经省政府批准,在市职业教育中心的基础上增设经济类普通中等专业学校——马鞍山经济技术学校。学校隶属市教育局,办学规模1 200人,主要开设电子技术应用、计算机及应用、商贸英语等专业,面向全省招生。马鞍山经济技术学校的成立填补了马鞍山市经济类中专学校的空白。

(郤本华)

【马鞍山师范学校】 4月12日,市政府向省教育厅发出"关于马鞍山市师范学校升格为马鞍山师范高等专科学校"的函,申办师专工作正式进入程序。10月19日,市政府向省政府请示筹建马鞍山师范高等专科学校。经批示,被列入省内2003年度首批升格评审学校。至年末,新校区一期主体工程基本竣工,信息科技中心、图书馆、音乐楼、食堂、生活辅助用房、学生公寓及教学楼的主体结构已封顶,建筑面积近6万平方米,完成投资量4 800万元。

学校秋季招生434人,在校生1 200人,均达到历史最大规模。学校继续推进"青蓝工程"的实施,开展"师带徒"活动,强化了校本培训。加强高学历进修工作,选派7名青年教师赴高校脱产攻读教育硕士学位。学校拥有硕士学位或在读硕士教师13名,引进教师16名,其中优秀大学毕业生13人,在职教师达到123人,师资队伍进一步壮大。

学校积极探索5年制师范教育规律,以课程方案研究与自体实验为主,督查、鉴定、验收了各级各类课题38个,出版了2002年刊《马鞍山师范》、《教科研文集》,举办了第二届青年教师课堂教学比赛。实施"考教分离",以考促学、以考促教,转变学风,提高教学质量。深入实施素质教育,发展学生"一专多能",实施"八证制",校园文体活动得到极大丰富。进一步丰富学生艺术实践活动,举办了"第二届师生书画展"等艺术实践活动,建立了皖南艺术实践基地。师生各级各类竞赛成果明显,获得多项荣誉,学校被省委、省政府正式命名为第五届安徽省文明单位。

（钱结海）

【马钢高级技校】 2002年，马钢高级技工学校在全省各类职业学校招生中，以实际招收新生1 398名名列前茅，创出了建校以来招生人数历史新高。学校积极拓展生源市场，改变以往生源结构单一的局面，积极开展跨地区、跨省际招生，招收农村户口及外地学生近300人。2002年学校根据劳动力市场发展的要求，合理设置专业学制，开设了“网络技术与电子商务”、“文秘与办公自动化”、“酒店管理与旅游”、“汽车驾驶与维修”等。同时将学制划分为“2+3”、“3+2”、3年和2年制。在校企联合办学上，定向委培步伐加大，2002年订单招生由最初的1家增到4家，总人数达503人，占招生总数的40%以上。同时学校把联合办学的重点放在提高办学质量、提高文凭的“含金量”上，学生在完成学业后，既可以取得大专文凭，又具有相应的职业技能证书。2002年突破了单一推荐就业的束缚，形成了多渠道分流安置的态势，为毕业生提供了升学、参军、自谋职业、自主创业和推荐就业等多种就业模式。在外地与原有的福建三安公司合作的基础上，又与江苏沙钢、永钢等多家企业进行了联合办学和毕业生就业安置。在本市通过政府搭桥，4月份成功召开了“服务全市经济建设推介会”，与星马、山鹰、巨龙、圣戈班等市骨干企业取得合作，使得应届毕业生就业安置率达92%。

2002年，学校为保证全日制在校66个班级、2 600名学生教学任务的完成，强化了教学管理。通过开展教师任教情况调查、举办公开课教学周、优秀教师评选等活动，促进教学质量的提高。在培训工作方面，学校根据马钢公司的培训计划，精心组织、周密安排，较好地完成了12个工种1 904人的培训任务。此外，学校为开拓社会化培训市场，还与市中橡公司、市星马汽车股份有限公司、市传动机械厂等有关单位合作，完成了5个班143人的培训任务。

为了适应办学需要，突出技能特色，2002年，学校投入近百万元资金进行实验室、实习室的建设和教学设施维修，完成了第二机房、电工实验室、物理实验室、第二电拖实验室、电测实验室建设和教学楼、实习工厂、宿舍、办公楼维修，进一步改善了办学条件。2002年，学校获得全国职业教育先进单位、市文明单位、市国防教育先进单位、市职业技能培训鉴定先进单位、马钢公司先进学校、马钢公司职工教育先进单位、公司十工种职业技能竞赛优秀组织奖等殊荣。

（李绪英）

高等教育

【安徽工业大学】 安徽工业大学是一所以工为主，工、经、管、文、理、法等六大学科门类协调发展的多科性大学，具有硕士、学士学位授予权和招收海外留学生资格，是教育部批准的试行招收高水平运动员的院校之一。在2002年网大的排名中，学校在全国普通高校中列第145位，在理工科高校中列第51位。

学校现有两个校区，校园占地面积近100万平方米，校舍建筑面积超过42万平方米，教学仪器设备总值达6 600多万元，图书资料100余万册，其中电子图书约25万种。学校现有研究生和全日制在校本专科生1.5万人；在职教职工1 600多人，其中教师900余人，具有副教授以上职称的400余人。现设有11个学院，3个系、部，37个本科专业，9个硕士点。有省级重点学科5个、省级重点实验室1个，省级基础课教学实验示范中心1个、省级教改示范专业2个、省级人文社科基地1个。建有13个功能齐全的实验中心和金工、化工、电工电子、计算中心、商务实践中心等五大校内实习基地。

2002年，学校按照“建设省内一流、国内知名的教学科研型大学”的发展目标定位，大力实施四项战略重点：坚持一个中心（即坚持以人才培养为中心）、深化两个改革（即深化内部管理体制改革和教学改革）、实施三个优化（即优化学科专业结构，优化人才培养结构，优化办学资源配置）、实现四个突破（即在学科建设、学位点建设、科学研究、教师队伍建设四个方面取得新的突破），努力提升学校整体办学实力和办学水平。

【安工大名列网大2002年全国大学排行榜前列】 2002年网大推出的“中国大学排行榜”中，安徽工业大学在全国1 300多所高校中名列第145位，在近400所理工科院校中列第51位。安徽工业大学在网大的排名位次，客观地反映了该校近年来改革和发展取得的明显成效。

【安工大具备培养工程硕士办学条件】 受国务院学位委员会的委托，11月28～29日，全国工程硕士专业学位教育指导委员会派出专家组对安徽工业大学申请“冶金工程”、“化学工程”、“电气工程”三个领域工程硕士专业学位授予权进行了实地考察。

专家组考察期间，听取了校长董元篪代表学校所作的申报工作情况汇报，听取了宝钢、马钢、梅山钢铁厂等大型冶金企业与学校在人才培养、科学研究等方面密切合作的情况介绍，参观了学校的有关实验室，查阅了有关材料,与相关学院及研究生部的负责人进行了交流,并到马钢等企业进行实地考察。专家组组长、国防科技大学研究生院副院长陈朝晖教授代表专家组向学校领导反馈了考察意见。专家组认为,安徽工业大学有比较好的办学基础,科研实力强,办学特色明显,“冶金工程”、“化学工程”、“电气工程”三个领域有很强的发展后劲,已经具备了培养工程硕士的办学条件和外部环境。

【安工大2002年秋季招生形势喜人】 2002年秋季,安徽工业大学在全国22个省(市、自治区)实际录取本科生3 394人。其中,第一志愿报考的就有3 177名,占新生总数的93.63%。新生中,中共预备党员6名,共青团员3 301名;少数民族学生40名;省、市级三好学生和优秀学生干部12名;体育运动成绩达国家二级运动员水平者有11名;应届生1 909名,占新生总数的56.2%。新生中,文化课成绩与往年相比有较大提高。有14个省(市、自治区)新生的平均分都在当地本科控制线20分以上,其中安徽省录取理科新生平均分为513分,文科新生平均分为509分,分别高于控制线26分和27分。理科新生最高分为600分(山东考生),文科新生最高分为553分(安徽考生)。2002年,安徽工业大学还招收高职(专科)学生1 580名,第一志愿投档即完成招生计划,文理科投档线均高出安徽省控制线150多分。

【安工大科研水平迈上新台阶】 安徽工业大学历来十分重视科研工作,不断调整科研政策,组织科研力量,积极申报纵向课题,大力推进科研成果的转化、推广和应用。2002年,学校获得的纵向课题数和经费大幅增加,全年获得纵向课题51项,其中,国家自然科学基金项目2项(重点项目1项)、科技部项目3项、教育部科技研究重点项目1项、安徽省自然科学基金项目等40项,共获得各类科研经费5 500万元。全年发表论文800多篇,其中被SCI等收录的有30多篇;出版专著27部,成果鉴定10项(国际先进7项),获省部级以上科技奖8项,申请及授权专利7项(发明专利2项)。

【安工大以评促建扎实有效】 5月15~16日,安徽省基础课教学实验室省级评估专家组对安徽工业大学物理、计算中心、电子电路、电工、基础化学、机械基础、CAD中心等7个基础课教学实验室进行了检查评估,7个实验室均达到省级合格标准。5月28~30日,“两课”教学省级评估专家组对学校“两课”教学工作进行了检查评估。专家组评估后认为,安徽工业大学对“两课”教学工作非常重视,在以评促建的基础上做了大量工作和精心准备,学校发展意识强,事业兴、人气旺,充满生机和活力。在年底进行的安徽省“法学”专业评估中,学校高度重视,有关学院和部门做了大量的工作,抓紧抓好自评复评工作,专业建设不断加强。2002年底,学校还获批成为省级基础课教学实验示范中心(1个)。

(洪芳 胡卫东)

【马鞍山电大】 马鞍山电大注重教学模式、管理模式和运行机制的改革,为建立完善的教学支持服务体系打下了良好基础。通过组织面授辅导课说课活动,引导教师转变观念讲方法、讲知识点,立足课程教学改革探索新教学模式;开展“老带新”活动,使校内校外新从事“开放教育”面授辅导的教师能尽快适应教学;开展论文评比和课件制作评比等形式多样的活动,培养和引导教师进一步掌握和使用现代化教学技术。学校组织教务、教学处有关人员对教学平台、E-mail使用情况进行检查,并要求借助这些信息时要做到“四个及时”,即及时上载中央电大、省电大教学资源,及时发布资源信息,及时回复学生的提问,及时了解学生使用情况。为帮助开放教育学员自主学习,学期初和学期末,学校刻录学习光盘6 000多张发到每位学员的手中,光盘主要内容为授课教师的教案以及教学法大纲、实施方案、往届试卷、一体化设计及资源“路径”等教学资源。

学校陆续新建了13个多媒体教室,5个计算机房,配置了274台计算机,建有财会等模拟实验室,建成了双向视频会议系统和10兆城域宽带校园网。投资20多万元购置了“清华大学网络学堂教学管理平台”和“中央电大在线平台”,学校教学平台上有10个专业、100多门课程的教学资源,学生每天访问量达300余人次。投入近100万元资金进行教学的软硬件建设,购置了办公、IP视频流制作、网上炒股和高级财会模拟等软件,更新了图书管理、mail等软件,购置4台服务器主要用于Web-mail系统、教务管理系统、VOD视频点播系统以及扩容后的图书管理系统;新建了自主学习室、多媒体教室等教学场所,更新了部分机房和语音室。

积极培养高水平高素质的专业教师和技术人员。学校一方面组织教师赴杭州电大、上海电大等兄弟学校参观学习,派专人外出参加培训,另一方面加强对教师、技术、管理、研究等四支队伍的校内系统培训,以提高教学和管理的现代化水平。2002年11月,马鞍山电大顺利通过国家教育部评估,荣获全省电大系统先进集体称号。

【马鞍山电大新建自主学习室】 马鞍山电大在1999

年下半年开辟了视听阅览室，面向学生免费开放。2002年8月，学校投资30多万元新建了120多平方米的自主学习室，方便学生自主学习。自主学习室里有计算机和英语复读机等多种设备，提供了图书杂志、光盘、录像带等丰富的教学资源，还设置了讨论、阅览、视听等区域，旨在引导和启发学生利用多种媒体和丰富的教学资源进行自主学习，体现了学校“学习科学、科学学习、终身学习”的办学理念。自主学习室每天从早上8:00到晚上21:30向学生开放，至年底，已经接待服务学生6 000多人次。

【马鞍山电大成为师资队伍培训新基地】 5月，马鞍山电大与国家教育部直属的重点大学——北京师范大学联合办学，建立北京师范大学网络教育学院马鞍山电大教学站，该站成为马鞍山市师资队伍培训的新基地。6月29日，全市中小学新课程改革师资培训班在电大教学站正式开班。学校通过双向视频会议系统联通了北京师范大学网络学院直播教室，北师大付宜红教授做了首场报告。培训是根据国家教育部和省教育厅要求，分批分期进行以基础教育课程改革为核心内容的新一轮中小学师资培训。本次培训班共办4期，全市有近1 200名中小学教师和学校领导参加了培训。

（赵　芳）

成人教育

【概况】 2002年，全市辖区内有12处高等教育函授站、教学点。针对成人高中学历教育萎缩现状，暂停了成人高中学历教育，6月15日举行了最后一次成人高中学科结业考试。农村成校的培训功能得到强化，全年农村各类实用技术培训人数达82 044人次，25名在农科教工作中作出贡献的同志受到表彰。

（钱红兵）

【马钢职工培训继续深入推进】 2002年，马钢与上海财大、安徽工商管理学院联合举办工商管理研究生课程班，75名厂处级以上干部参加学习培训。与安徽工业大学等院校联合举办冶金、电气、化工、机电一体化、英语等专业研究生课程班，选派了202名专业技术人员参加培训。委托国家会计学院举办了财务总监研修班，培训高级财务人员41名。组织22期业务知识短期培训班，1 396人次参加了培训，其中，轧钢专业项目工程师培训72人，新上岗大学生培训218人。结合冶金行业特有工种的职业技能鉴定工作，组织14 912名职工参加职业技术鉴定辅导培训。此外，还组织140名生产骨干参加高级工提高性培训，599人参加高级工培训，602人参加中初级工培训，并开展了工人技师的培训评聘工作。围绕公司“十五”新建技改项目、引进宝钢“作业长”管理模式以及生产经营、技术改造和技术攻关，重点开展了超前培训和适应性培训，共举办适应性培训班265期。广泛开展群众性技术比赛和岗位练兵活动，全年共举办技术比赛和岗位练兵262次，参赛职工达11 308人次。在“唐钢杯”全国首届冶金行业职业技术竞赛中，马钢公司取得了团体第三名的好成绩，推焦车司机张宁获全国技术能手称号，李明等4名选手获冶金行业技术能手称号。2002年，马钢先后被授予“全国企业职工培训先进单位”、“全国冶金行业跨省代培先进单位”等荣誉称号。

（孙贵华）

文　化

文化艺术

【概况】 2002年,全市文化系统按照"三个代表"重要思想的要求,以满足人民群众日益增长的精神文化生活需求为目标,抢抓机遇,与时俱进,全力推进文化事业的发展,多项工作受到有关部门的表彰和奖励。市图书馆被国家文化部、人事部授予全国文化工作先进集体,市文化局被省文化厅评为省迎"六一"少儿文艺汇演组织奖、全省民歌歌会优秀组织奖、全省文化信息工作成绩突出单位,市文管办获得全省文化市场执法检查先进单位,当涂县和当涂李白墓园管理所分获全省文化市场管理先进县和全省文物工作先进集体,市文化局机关被中共马鞍山市委、市政府命名为市文明单位,市群众艺术馆艺校多次在省部级以上文化赛事中获奖,入选2002年度市"十佳诚信单位",市青少年合唱团在由国家文化部主办的全国青少年合唱比赛中获三等奖,市老年艺术团在由全国老龄委、国家文化部等五部委主办的全国老龄文艺调演中获三等奖;在省部级以上专业艺术赛事中获奖12项,其中,刘松获全国青年歌手大赛民族唱法优秀奖,小品《小夜曲》获"曹禺戏剧奖"小戏、小品剧目二等奖。全市有公共图书馆2个,藏书31.37万册;县、区文化馆4个;市级重点文物保护单位27处,省级重点文物保护单位6处,全国重点文物保护单位1处。市文化局系统在职职工292人,具有高级专业技术职称40人,中级专业技术职称94人。全市有游戏机室53家,歌舞厅101家,网吧150家,音像制品经营点238家,录像放映单位14家。

各项文化事业继续发展。专业艺术展演蓬勃开展,市歌舞团、市黄梅戏剧团完成各类演出263场,观众26.41万人次。基层文化建设取得新进展,当涂县送电影下乡镇135场次,送戏12场次,濮塘镇、黄池镇被省政府命名为"杜鹃花工程"省级点。市展览馆、市博物馆、市图书馆、县区文化馆举办时政、地方文化、艺术、科普专题展览30多场。市群众艺术馆顺利通过国家文化部专家组评估考核。文博图书事业取得新成绩,市、县文物部门配合城乡基本建设,抢救性发掘古墓葬10多处,清理文物100多件。协助公安部门连续破获文物犯罪案件3起,追缴各类文物100多件,其中国家一级文物1件。马芜高速公路考古发掘取得重要成果,清理古墓葬135座,古遗址1处,出土文物500多件。市图书馆新购图书近1.5万册,接待读者15万人次。整顿和规范文化市场秩序工作取得阶段性成果,市、县文化部门举办文化市场执法人员和经营业主培训班10余期,受训人员1 000多人次;会同公安、工商等部门开展联合执法检查100多次,投入执法人员1 000多人次,查处无证照歌舞厅3家、非法音像制品经营点32处,扣缴赌机电脑板74块、电脑主机73台、盗版VCD40000多盘(张)。老年教育事业扎实推进,完成对全市49所合格老年大学评估验收,创建了首个金家庄区老年教育中心。

【黄梅戏电视剧《乾隆辨画》摄制完成】 4月8日上午,由安徽省文化艺术传播中心和市文化局联合摄制的3集黄梅戏电视剧《乾隆辨画》在采石矶风景名胜区开机,省文化厅副厅长田传江,市委常委、宣传部长孙铭和,市人大副主任李学智,市政府副市长陈大娜以及中央电视台、上海永乐电影制片有限公司有关负责人等出席开机仪式。《乾隆辨画》是由市文化局创作、演出的一部优秀作品,曾获得多项国家和省奖励。4月25日,该剧拍摄完成。

【成功举办马鞍山中国国际吟诗节】 10月14日上午,一年一度的马鞍山中国国际吟诗节的重头戏——吟诗会在采石矶风景名胜区内隆重举行。吟诗会上,中、日两国演员们一起表演了古韵悠长的吟诗及歌舞节目,男声吟唱《千古风流采石矶》、韩国民谣《桔梗谣》、日本民谣《拉网小调》、日本山梨吟友会的独吟《枫桥夜泊》、女子合吟《春夜洛阳闻笛》以及市少年合唱团吟唱的李白诗引起观众阵阵喝彩。吟诗节期间,13日上午和下午,市黄梅戏剧团和市群艺馆分别在新源广场和展览馆广场举办了两场文艺演出。市图书馆晴天画廊的"李国桢竹书艺术展"、李白纪念馆的"当代书画名家李白诗意书画精品百人邀请展"、市展览馆的"牧子轩珍藏展"也分别在吟诗节期间展出。

【《马鞍山市文化志》编撰完成】 2002年3月《马鞍山市文化志》编写完成。志书由概述、大事记、各专章和附录四个部分组成,共14章22节,分戏剧艺术、曲艺杂技、音乐舞蹈、艺术表演团体、绘画、书法篆刻、摄影根

人员的培训和技能鉴定,开展技师评聘,在国有大中型企业普遍推行持证上岗制度。全年共组织职业技能鉴定23次、2.25万人,发放职业资格证书2.06万张,其中有166人获得技师资格证书。

【劳动保障法制建设得到加强】 2002年,市劳动和社会保障局认真贯彻劳动保障法规和政策,组织进行社会保障政策落实情况大检查,开展《劳动法》、《工会法》、《妇女权益保障法》等专项宣传,增强了全社会的劳动保障法律意识。不断强化劳动保障监察执法,组建了劳动保障监察大队,先后开展禁止使用童工、追缴拖欠农民工工资、妇女权益保障和矛盾纠纷排查等专项执法检查7次,完成劳动保障年审718家,查处举报投诉案件216起,为农民工追回拖欠工资20余万元,督促2 000多人签订和补签了劳动合同,较好地维护了劳动者的合法权益。大力推行集体合同和劳动合同,加强劳动争议的处理,建立了劳动关系三方协商机制,努力促进劳动关系和谐、稳定。全年鉴证劳动合同9 500多份,处理和仲裁劳动争议案件128起,接待来信来访上万人次。

（施用虎）

民　　政

【城市低保实现“应保尽保”】 2002年上半年,按照国务院、省政府的统一部署,马鞍山市对困难家庭收入的计算方式进行了调整,将家庭收入原按劳动年龄段计算“虚拟收入”的做法,改为按其实际收入计算,使实际人均收入低于最低生活保障标准的家庭全部纳入低保。4月,按照“保障政策不变(即继续贯彻《低保条例》)、保障标准不变(市区仍为195元/人·月,当涂县130元/人·月)和申报程序不变”的原则,市民政局组织力量,对全市困难群体情况进行全面摸排。全市共排查出应保未保对象6 792人,并予以及时纳入,城市低保实现了“应保尽保”。至年底,在册保障对象达到36 340人,保障覆盖面达到了7.13%。

【救灾工作】 2002年,马鞍山市先后发生洪涝、低温连阴雨等多种自然灾害。8月中旬,出现了历史上罕见的低温连阴雨天气,致使杂交中稻普遍减产5成。全市农作物受灾面积2.47万公顷,成灾面积2.13万公顷,因灾减产粮食11.4万吨,直接经济损失1.24亿元,全市受灾人口36.2万人,成灾人口29.3万人,因灾缺粮28万人。灾情发生后,各级民政部门迅速深入灾区察灾核灾,组织灾区群众开展生产自救,及时下拨救灾款物。全市累计下拨了193.7万元救灾款,用于无自救能力的灾民口粮救济,累计救济灾民3.78万人次,确保了灾民不受冻、不挨饿、有住处,灾区社会稳定。

【开展扶贫济困送温暖捐赠活动】 11月下旬和12月下旬,马鞍山市开展了扶贫济困送温暖捐助月活动。全市共划分为20片,分别由牵头单位负责组织协调发动,广泛开展“一日捐”活动,倡导工作人员捐出一日工资,单位捐出一日营利,其他人员捐出一日所得。活动募得的35万余元捐赠款,实行集中管理,封闭运行,由市民政局提出救助计划,报经市政府同意后实施救助。捐赠款物的接收和分配,救助的对象和款额,通过媒体向社会公布。

【顺利进行第五届村委会换届选举】 全市农村第五届村委会换届选举,是重新修订后的《安徽省〈村委会组织法〉办法》和《安徽省村委会选举办法》实施以来的第一次选举,也是与村党支部换届选举相结合的首次选举。3月下旬开始,民政部门依照法律的有关规定,与组织部门密切合作,加大宣传教育力度,精心组织选举活动。在坚持依法选举的同时,引导各村搞好交叉兼职。对选举过程中可能出现的问题,提前制订解决预案。选举中,细致认真地处理群众的每一件来信来访,使选举始终在规范有序的状况下进行。全市366个村委会选举成功362个,选举成功率99%。共选举出村委会成员1 361人,其中村委会主任345人,副主任和委员1 016人,比上届减少485人;中共党员1 013人,占74.4%;高中以上文化程度的486人,占37%;女村委会成员308人,占22.6%。通过选举,村干部人数由每个村的平均5.07人减少到3.77人,每年累计可减轻农民负担194万元,为巩固农村税费改革成果创造了有利条件。

【优抚工作】 2002年,马鞍山市认真落实优抚对象生活水平自然增长机制,进一步安排好优抚对象的生活。年度定补、定恤优抚对象共4 674人,其中定恤人员165人,定补人员4 509人,全年共发放定补、定恤款453.3万元。10月,按照省民政厅和财政厅的要求,提高了部分优抚对象抚恤补助标准,市区“三属”的抚恤标准,农村为233～238元,城镇为357～362元;当涂县“三属”的抚恤标准,农村为155～165元,城镇为180～190元;市区在乡复员军人定期补助标准,农村为180～210元,城镇为300～330元;当涂县在乡复员军人,农村为110～140元,城镇为140～170元,均全面达到或高于省定标准。此外,全年为118名各类伤残人员发放抚恤金(含保健金)100.1万元。修改完善了《优抚对象医疗费减免管理办法》,为312名重点优抚对象补助和报销了24.8万元医疗费。

【妥善安置退役士兵】 2001年冬季,全市共接受退役士兵655人,其中市区335人,符合在市区安置工作的272人(其中转业士官25人)。截至2002年10月,实际安置272人,面对安置形势日趋严峻,市民政局结合中央及省有关双向选择、转移安置和鼓励自谋职业等方面的政策,首次向非公有制经济单位下达了安置任务。自谋职业的退役士兵,除在工商、税收等方面给予优惠政策外,还按服役年限的多少,给予一次性经济补助,即服役满2年的,发给1.8万元补助;满5年的,发给2.9万元;满8年的,发给3.9万元;满10年的,发给4.5万元。对因客观条件限制,确实难以完成安置任务的单位,实行安置任务有偿转移,即经市安置领导小组同意,按每人5万元的标准缴纳安置任务有偿转移金。与此同时,坚持双向选择的原则,在各企事业单位完成安置任务总量包干的前提下,允许退役士兵跨系统交叉流动,努力做到用人单位和退役士兵双满意。

【等级农村敬老院评定】 全市农村敬老院改扩建后,省民政厅予以了及时评定。向山镇、佳山乡、濮塘镇、慈湖乡、亭头乡、龙山桥镇、塘南镇、马桥镇敬老院被评为省一级敬老院,霍里镇、雨山乡、博望镇等17个敬老院被评为省二级敬老院,其余6所为省三级院。省一级院的比例达到26%,在全省处于前列,受到省厅充分肯定。

【老年工作取得新进展】 从2002年6月开始,全市老年工作划归民政部门管理。老龄工作从为老年人办实事、理顺老龄工作关系、加强老龄组织建设着手,积极开展尊老敬老活动,依法维护老年人的合法权益。市老工办印制了3 000份《老年法》发到全市各单位和基层组织,开展学习、宣传。全市累计发放70岁以上老年人优待证9 000余份,60岁以上老年人优待证2万余份,制定出台了《马鞍山市老龄事业发展"十五"计划》,明确了"十五"期间老龄工作和老龄事业发展的方向和目标。市老龄工作关系初步理顺,形成了市—县(区)—乡镇(街道)—村(社区)4级老龄工作网络,为老龄工作的进一步发展提供了有力的组织保证。此外,还以敬老周活动为载体,开展丰富多彩的尊老敬老活动,尊老敬老氛围进一步增强。

【慈善活动有声有色】 2002年,市慈善总会围绕"扶贫、济困、助孤"的宗旨,建立起一支热爱慈善工作的专、兼职队伍,有针对性地开展了捐赠救助活动。刘慧救助行动、慈善助学、关心孤残儿童等多项活动开展得有声有色。全年共募集善款14万多元,衣物数千件,参与捐助的社会各界人士近3万人,受助困难群众数百人,在全市产生了积极影响。

【双拥工作】 2002年,全市共有各级双拥领导组织235个,各种形式的双拥服务组织1 600多个,军地双方以互办实事为主要内容,双拥活动健康开展。市政府出台了《关于驻马部队随军家属就业和生活困难补助费发放暂行办法》,为驻地官兵解决了后顾之忧,深受部队好评。驻马部队积极参与地方两个文明建设,勇担急难险重任务,2月13日,当涂县横山林场发生森林大火,驻军奋力扑火,为挽救人民群众生命财产作出了巨大贡献。此外,军地双方的议事、联席会议、互访、检查评比等系列制度得到有效贯彻,军民的鱼水情谊得到进一步巩固。10月,马鞍山市被省委、省政府、省军区命名表彰为"省双拥模范城"。

【加大收容遣送力度】 2002年,全市共收容遣送外流人口2 120人次,没有发生非正常死亡事故,遣送途中也没有发生人为跳车逃跑等意外事故。在收遣的外流人口中,流浪少年儿童数量较多,达到了225人次;云南、贵州被拐骗(卖)来马的少女也较上年增多,达到了28人。为做好收遣工作,民政部门克服经费紧、人手少的困难,积极与公安机关合作,为净化社会环境、促进经济建设、维护社会稳定作出了积极贡献。

(卞亚奇)

【残疾人康复中心工程进展顺利】 新建马鞍山市残疾人康复中心,是市政府为民办实事项目。该工程位于江东大道与重阳路交叉口处,建筑面积3 800平方米,主楼六层(局部七层),总投资640万元。康复中心主体工程已于2002年12月竣工,预计2003年8月交付使用。这项工程的建成和使用,将大大增强为广大残疾人服务的能力,通过康复和培训,促进残疾人素质不断提高。

【积极推行无障碍设施建设】 根据《中华人民共和国残疾人保障法》和《中国残疾人事业"十五"计划纲要》的要求,市残联与市建委、交通局、公安局等部门共同制定了《无障碍设施建设管理方案》。该方案要求有关部门、单位,严格执行国家工程建设强制性标准中有关无障碍设计的规定,积极推行无障碍环境建设,为残疾人参与社会提供便利条件。

【参赛特奥会取得优异成绩】 第三届全国特殊奥林匹克运动会于2002年9月在陕西西安市举行,马鞍山市参赛运动员13名。在特奥运动会上,马鞍山运动员发扬顽强拼搏的精神,取得了3金、4银、4铜的优异成绩,其中鲁良龙在田径项目比赛中获2枚金牌、1枚银牌、2枚铜牌,康苗苗获1枚金牌、1枚银牌、1枚铜牌,马鞍山市特教学校足球队获足球比赛银牌,金雷、孟磊分别获足球赛个人技术银、铜牌。此外,王伟获特奥会表演项目保龄球赛金牌。

(梁广文)

人 民 生 活

【居民收入再次实现两位数增长】 2002年,马鞍山市城镇人均可支配收入达到7 720元,继续高居全省榜首,比上年增长12.2%,是进入新世纪、也是继1996年以来再次出现两位数增长的年份。居民收入增长的主要因素,是得益于该市围绕经济建设中心,全方位招商引资,优化三资企业发展环境,推进国企改革,实现了经济高效健康发展。除此外,以下三点也是居民收入增长的重要因素:一是机关事业单位职工正常晋升工资,以及提高职务补贴标准的政策性调资。突出表现在8、9月份人均可支配收入分别增长17.19%和21.8%;二是企业经济效益改善使职工收益明显增加。马钢、星马、山鹰公司等企业实现了销售收入和利润的大幅增长,相应调整收入分配政策,提高了职工工资及奖金待遇。上述两项使该市人均工薪收入同比增长12.3%,略高于人均可支配收入的增幅;三是弱势群体收入水平稳步提高。各级财政增加了社会保障和困难救助支出,确保了下岗职工基本生活费、离退休人员养老金、城市居民最低生活保障金按时足额发放,2002年离退休金平均额为10 933元,同比增长6.2%。

【居民消费结构发生新变化】 2002年,马鞍山市人均消费支出5 992元,按可比口径,同比增长7.2%。其中,人均食品消费2 416元,同比增长3.8%,反映食品支出比重的恩格尔系数为38.6%,比上年降低1.3个百分点。人们告别了"节衣缩食"的保守型消费方式,使享受型、发展型消费成为居民生活的主旋律。居民消费结构变化的特点主要有:1. 吃讲营养时尚。食品消费中,主食、油脂、及烟酒消费下降,居民营养摄取范围进一步扩大,禽、蛋、肉类、蔬菜消费增长一成以上,而奶类、干鲜瓜果和在外就餐支出分别上升35.4%、20.5%和9.3%。注重营养结构是食品消费的新观念,享受口味时尚成为挡不住的诱惑。2. 穿讲个性时髦。2002年,人均衣着类支出首次超出600元大关,达到628元,比上年增长27.2%。衣不重彩、千篇一律的穿着消费方式成为过去,人们爱美的天性正通过"服饰"得以尽情的表现。穿讲名牌、时髦和个性,爱穿、会穿、敢穿,显示了现代钢城人朝气蓬勃、热爱生活的精神风貌。3."家电"消费明显"升温"。2002年人均"家电"类支出高达492元,同比增长46.2%。家电产品的不断升级更新诱发了消费热点。大屏幕彩电、多功能冰箱、智能型洗衣机以及各种先进的"现代文明",陆续进入居民家庭。4. 通讯消费强劲上升。2002年人均通讯支出637元,比上年增长78.8%,其中人均通讯工具购置为84元,增长154.5%;通讯费233元,同比增长18.3%。信息时代的到来,为人们提供了一个崭新而又日益不可或缺的消费领域,即"信息消费"。5. 健康意识普遍增强。2002年居民用于药品费、医疗费和滋补品的三项支出为人均412元,增长47.7%。其中药品费支出最多为273元,增长20.9%;医疗费涨幅最高为100元,增长275.6%;滋补保健品受到居民青睐,支出38元,增长46.8%。

【居民耐用消费品拥有量向更高层次迈进】 随着居民收入的增长、生活水平的提高,居民的家底"渐厚"。截至2002年末,有90%的家庭拥有自己私房,按市场估价平均每套达8万多元。每百户家庭拥有彩电124台、冰箱96台、洗衣机94台、空调器80台、淋浴热水器82台、电炊具88台、排油烟机62台、微波炉42台、影碟机46台、家用电脑13台,固定电话94部,手机54部。此外,电动助力车、消毒碗柜、摄像机、数码相机、健身器材等,也正以较快的速度进入居民生活。

【市场价格运行平稳】 2002年,马鞍山市场物价继续处于低位徘徊,全年价格总水平运行平稳。1～12月份,居民消费价格总指数累计比为100.2,商品零售价格总指数为100.3,分别由上年同期的下降0.1%和0.5%,转为小幅上涨0.2%和0.3%,基本扭转了价格总水平连续下滑的局面。

居民消费价格分类指数

类　　别	单　　位	累计比上年
居民消费价格总指数	%	100.2
一、食品类	%	100.7
其中:粮食	%	96.9
油脂	%	99.2
肉禽及制品	%	98.6
蛋	%	105.2

类　　别	单　　位	累计比上年
水产品	%	99.1
蔬菜	%	111.5
鲜果	%	109.1
二、烟酒及用品	%	99.0
三、衣着	%	101.6
四、家庭设备用品	%	97.7
五、医疗保健和个人用品	%	102.7
六、交通和通讯	%	96.0
七、娱乐教育文化用品	%	101.9
八、居住	%	98.5

（陶　光）

民族·宗教

【概况】 2002年，马鞍山市民族、宗教工作得到进一步加强，市民委（市宗教局）由部门管理机构改列为市政府组成部门，区（县）民族宗教办公室也同时被列入政府机构序列；建立健全了区（县）、街道（乡镇）、社区（村）三级宗教行政管理网络，明确了各级网络的工作职责，落实了岗位责任制和考评制。进一步完善了民族、宗教行政执法手段，市宗教局先后制定了《行政执法责任制》、《行政执法公示制》、《行政执法督查制》、《行政执法错案和过错追究制》等四项制度，保证了民族、宗教方面的法律、法规得以正确实施。市宗教局依据《宗教活动场所管理条例》，对全市依法登记的130处宗教活动场所进行了年检，对4处不合格的场所要求限期整改。同时，对全市105处私设聚会点进行治理，有的予以合并，有的责令停止活动或依法取缔，引导3 600余名信教群众到合法的活动场所过正常的宗教生活。制止滥建寺庙现象，劝阻霍里镇部分村民复建“娘娘庙”，制止濮塘镇、慈湖乡部分村民乱建“大山奄”、“土地庙”的非法活动。开展“民族团结宣传月”活动，强化全社会做好民族团结进步工作的意识。春节期间，对少数民族特困户进行了慰问，充分体现了党和政府对少数民族的关心。

【清真寺主体工程封顶】 位于金家庄区繁华地段杨家山的清真寺是政府工程，在各有关方面和广大穆斯林群众关心帮助下，市宗教局在技术资金十分困难的情况下，本着对穆斯林群众高度负责的态度，确保工程做到安全第一、质量第一，完成工程量约为180万元，至年底，清真寺主体工程已顺利封顶。

（综合来稿）

【两处基督教堂获准成立】 2002年5月15日，经市宗教事务局批复，花山区新成立“马鞍山市基督教南社教堂”，地址在该区霍里镇三姚行政村南社自然村；雨山区新成立“马鞍山市基督教花雨路教堂”（为全市基督教的中心教堂），地址在该区雨山路东侧。

【马鞍山代表队获省民族知识电视竞赛二等奖】 2002年7月31日，马鞍山市代表队荣获“安徽省民族知识电视竞赛二等奖”。参赛队员汤俊、汪锋还被选为省队队员，张燕被选为省队指导老师。

【参赛省第四届民运会取得良好成绩】 由省民委、省体育局主办，黄山市政府承办的“绿洲杯”安徽省第四届少数民族传统体育运动会，于2002年11月1～4日在黄山市举行。马鞍山市代表团参加了该次运动会5个项目中的4个项目的角逐。经过参赛运动员的顽强拼搏，代表团取得了良好的比赛成绩。其中，2人分获押加60、70公斤级银牌，1人获得80公斤级第四名；2人分获摔跤62、74公斤级第六、第八名；2人分获武术长、短器械第八名；男、女毽球队分别获得第七、第八名。此外，马鞍山市代表团还荣获“团体体育道德风尚奖”，摔跤队、武术队分获“团体体育道德风尚奖”，另有4名运动员获“个人体育道德风尚奖”。此次马鞍山代表团的参赛项目、人数、成绩均居历次之首。

（家　和　宝　珠）

县 区

当 涂 县

【概况】 当涂县面积 1 399 平方公里,耕地 4.3 万公顷,辖 14 镇、11 乡。年末人口 67 万,其中农业人口 57.2 万。2002 年实现国内生产总值 29.9 亿元,增长 8.5%。

农业 实现总产值 9.3 亿元,增长 2.2%。全县粮经比由上年的 55.7∶44.3 调整为 54.4∶45.6。其中粮食面积 4.6 万公顷,减少 3.2%;产量 33 万吨,增长 6.2%。棉花面积 3 223 公顷,减少 16.5%;产量 1 765 吨,减少 30.6%。油料面积 3.0 万公顷,与上年基本持平;产量 4.75 万吨,减少 21%。稻田养殖发展到 5 300 公顷,比上年增加 600 公顷。渔业产值占农业总产值比重达 44.7%,水产品产量 5.7 万吨,增长 3%。通过实施农业标准化示范县项目等措施,推进农业结构调整,使优质水稻、水产、油菜、蔬菜等具有特色的生产基地初步形成。湖阳乡被评为全国农业结构调整 30 强乡镇之一。黄池食品公司、湖阳粮工贸公司等龙头企业带动订单生产面积 1.37 万公顷。组建县级水产协会,发展会员 1 000 人。农业信息化工作得到推进,开通了农村供求信息"一站通"网站,顺利完成了"信息入村"工程。

工业 实现总产值 29.2 亿元,增长 16.4%。工业经济拉动 GDP 增加 2.5 个百分点。其中县属企业完成产值 4 亿元,增长 5.5%;乡镇企业完成产值 25.2 亿元,增长 18.2%。限额以上工业企业完成产值 10.4 亿元,增长 45.3%。全县工业用电量 1.95 亿千瓦时,增长 11.4%,位居全省县(市)级前列。龙山桥长江钢厂实现工业产值 4.5 亿元,增加 1.2 倍。新市沪马公司完成入库税金 650 多万元,增长 14.8%。雪润公司完成入库税金 480 多万元,增长 37%。重点乡镇工业产值已占全县乡镇工业总量的 80%,重点企业入库税金已占全县地方企业入库税金 70%。工业企业累计完成固定资产投资 2 亿多元。企业管理水平进一步提高,17 家企业通过 ISO9000 质量体系认证。

个私经济 全县个体工商户数达 15 961 户,从业人员 3.1 万人。新发展个体工商户 1 181 户,与上年基本持平,注册资本 2 153 万元;新发展私营企业 282 户,增长 79.6%,注册资本 1.5 亿元。个私经济实现入库税金 5 300 多万元,同比增长 40.2%,占全县工商税收 38.7%。12 个乡镇私营经济园区入园企业 182 家,新入园企业 40 家,新增固定资产投资 1.2 亿元。

第三产业 完成增加值 10.2 亿元,增长 10.2%,占全县 GDP 比重为 33.9%。社会消费品零售额实现 10.3 亿元,增长 6.8%;房地产在建工程 16 万平方米,竣工 12 万平方米。新发展电话 2.4 万部,其中移动电话 1 万多部,普及率继续保持全省县级领先水平。

财税、金融 财政收入完成 2.19 亿元,超收4 700 多万元,增长 28.1%。其中地方收入 1.53 亿元,增长 19.7%。财政支出 2.55 亿元,增长 36.0%。金融机构存款余额达到 24.0 亿元,比上年末增长 14.6%;各项贷款余额 15.7 亿元,较年初增长 21.6%。

改革改制 企业产权制度改革取得新进展。剑桥机床制造公司盘活了原县机械厂部分资产,县力通电器工程公司收购了原县电机厂,县化肥厂等企业资产重组落实了各项前期准备工作。企业职工身份置换改革积极推进。县属工业企业完成职工身份置换人数 740 多人。下大气力推进县属工业企业托管中心和关停企业的水、电分离及房改工作,解决了一些改制企业遗留的热点、难点问题。加快乡村集体资产退出步伐,改制面达 98%。供销系统企业改革取得阶段性成果,丹阳等 7 个基层社进行了全面改制,改制面达 70%。粮食流通体制改革开始起步,粮食购销结构更趋合理。

城乡建设 全社会固定资产投资达 8 亿元,增长 22.9%,其中基本建设投资 2.69 亿元,增长 65.7%。建成太白路、振兴路北段、姑孰路北段,开工建设县行政中心大楼。完成县城西门入口等路段绿化、美化、亮化工程。旧城改造步伐加快,完成东街等老城区道路摊铺、改造工程,建成翠竹广场;房地产开发竣工面积 12 万平方米;引进浙江客商投资 2.3 亿元的姑孰南路改造项目开工建设。经营县城建设用地迈出实质性步伐,成功挂牌出让县委、县政府机关大院旧址、振兴路中段等宗土地。6 个试点小城镇投资 9 000 万元,完成博望住宅小区等 32 项重点工程建设。全县城镇化率已达 32%。当高大桥完成主桥建设工程量的 80%,护太路改造竣工通车,江心乡油路建设按计划实施。完成三峡库区 88 户 350 名移民接收安置任务,受到上级好评。完成龙山桥国家粮库、移民建镇、水利等项目建设;"两所一队"迁建工程、城排项目等建设完成序时进度任务。全面开展农田水利基本建设,农村饮水工程、沿江易旱地区“1543”抗旱工程已全部完成。

社会事业及人民生活 全年人口出生率7.86‰,计划生育率99.5%,继续保持低生育水平。教育事业长足发展,启动中小学危房改造项目31个,改造危房面积1.8万平方米。推出“李白文化一日游”,旅游资源得到进一步挖掘。环境保护工作得到加强,塘南大姜村等被列为省、市级生态村。民政事业同步发展,荣获“全国双拥模范县”称号。养老、失业保险扩面工作取得新突破,企业离退休人员养老金实现社会化发放,基本保证了国有企业和部分集体企业下岗职工基本生活费发放,城镇居民低保面达6%,实现应保尽保目标。城乡居民收入水平继续名列全省县级前列,城镇职工年平均工资近7 000元,增长7.4%;农民人均纯收入2 769元,增长5.3%;城乡居民储蓄存款余额19亿元,增长11.6%;城镇居民户均住房面积由上年的68平方米增加到75平方米。

【当涂工业园区挂牌成立】 当涂工业园区于5月18日挂牌成立。园区位于县城西北部,南起提署西路,北至黄山乡黄山村,西濒长江,东沿姑孰路和205国道。规划中的当涂工业园区总面积60平方公里,一期规划10平方公里,以发展现代工业为主,高新技术产业优先,包括电子信息、生物医药、绿色食品、纺织服装、节能环保和机床制造6个特色工业园。同时,适当兼顾水陆运输、商贸流通、房产物业、旅游休闲等为工业配套服务的产业发展。到年底,起步区基础设施建设按“八通一平”标准和城市化、智能化要求加快推进,建成滨江大道,完成黄山路和工业干道主体工程建设,开工建设年吞吐能力500万吨的园区综合码头一期工程。川洋药业、海狮巾被、友邦制造、电力物流等入园项目开工建设,投资规模近3亿元。一些意向入园项目正在洽谈之中。

【全民招商掀起热潮】 2002年,当涂县把招商引资作为全县经济第一要务来抓,出台了《关于全力招商引资推进全县经济快速发展的决定》,实行各级干部“一岗双责”,建立招商引资任务保证金制度,严格考核奖惩,掀起了全民招商热潮,“招老乡、招老友、招老大、招老外”取得较大突破,招商引资呈现较好发展态势。全年合同引资24亿元,实际到位资金3.7亿元。一些规模较大的项目相继开工建设,博望镇引进客商投资1 000万元扩建博望机床厂;龙山桥长江钢厂引进浙江、上海等地客商投资13.5亿元、征地66.67公顷扩建100万吨钢铁联合生产项目,一期工程开工建设。

【行政中心开工建设】 县行政中心是通过置换原县委、县政府机关大院旧址筹资新建的,于8月8日奠基。新建的行政中心位于振兴路、太白路交界处的西北角,占地4.67公顷,其中2~2.67公顷规划为市民广场,主楼5层,局部7层。新建的行政中心,配有大型会堂,机关食堂和干部单身宿舍,可大大改善原来机关办公条件。该项工程可望2003年10月底交付使用。

【当涂首届上海金秋“石臼湖”螃蟹展示交易会成效明显】 9月28日,当涂县在上海浦东新区“上海农产品中心批发市场”,举办了首届上海金秋石臼湖螃蟹展示交易会,县“四大班子”主要领导及全县10多个乡镇、100多名养蟹大户和水产经纪人参加交易会。交易会当天,2 000多公斤当涂“石臼湖”产的优质大闸蟹销售一空,并与上海农产品中心批发市场和上海几家大酒店签订了常年直销合同。通过交易会,打响了当涂“石臼湖”牌螃蟹的品牌。中央电视台、人民日报和上海各大媒体等纷纷前往采访报道。

【城镇职工医疗保险制度改革正式启动】 9月,当涂县正式成立了医疗保险经办机构,落实了工作人员、办公场所,投资60万元完成医疗保险计算机网络软硬件设施建设,下发了《当涂县城镇职工医疗保险制度改革实施细则(试行)》主体方案和6个配套文件,与5家定点医院签订了服务协议。11月份,开始预征医疗保险费。12月份,参保的职工按照新的医疗保险制度报销医疗费。截至年底,参加城镇职工基本医疗保险单位60家,参保职工4 884人,发放了3 526名参保人员医保证历和医疗保险卡;征收医疗保险费52万元,医疗保险费征缴率达100%。

【芜湖和睦山铁矿正式移交给当涂县】 10月13日,芜湖和睦山铁矿正式移交当涂县,当涂县和芜湖市就此事举行了签字仪式。和睦山铁矿原属当涂,1977年划归芜湖市,隶属芜湖市经贸委,矿区占地面积1.48平方公里,拥有地下铁矿资源3 000多万吨。全矿共有职工420多人,在职280多人。自1978年以来,该矿缓建已长达22年。为更好发挥资源优势,当涂县与芜湖方面进行了多次协商、洽谈,对在职职工进行身份置换和组织实施再就业,现已正式接收和睦山铁矿。

(王启龙)

金家庄区

【概况】 金家庄区总面积53平方公里,人口10.03万人,辖1个乡,13个行政村,4个街道和21个社区居委会。2002 年完成社会总产值 7.43 亿元,比上年增长 19.07%,其中,第一产业完成产值 0.172 亿元,同比增长 7.5%;第二产业完成产值 5.36 亿元,同比增长 16.78%;第三产业完成产值 1.81 亿元,同比增长 10.37%。全年实现财政收入 3 100 万元,区本级财政收入比上年增长 17.65%。

农村经济 粮食总产量 1 448.2 吨,油菜籽产量 340 吨,水稻旱育稀植面积 180 公顷,栽植新品种水稻 160 公顷,油菜 146.67 公顷;造林整地 20 公顷,退耕还林 20 公顷;蔬菜生产保证市场供应,无公害蔬菜由上年 66.67 公顷增加到 80 公顷;生猪饲养量、畜产品产量和效益稳步提高。认真落实党在农村各项政策,扎实开展税费改革,切实减轻农民负担。农业结构调整步伐加快,农业和农村经济的质量和效益有新的提高。农民纯收入持续增长,2002 年达 3 981 元,比上年增长 5.1%。

经济结构 全区经济结构出现积极变化:工业的主体作用进一步突出,占社会总产值比重达 61%,拉动社会总产值增长 10.6 个百分点,贡献率达 87.4%;第三产业进一步壮大,占社会总产值比重达到 24.4%,拉动社会总产值增加 2.6 个百分点,贡献率达 9.8%。

招商引资 招商引资成效显著。成立了经济园管理委员会,出台招商引资奖励政策,编制了金家庄区招商引资项目册,组建了驻昆山办事处,全区上下全力以赴狠抓招商引资工作,取得较大成效。2002 年全区共引进项目 40 个,合同利用内资 1.6 亿元,到位资金 1.18 亿元(不含旧城改造房地产项目新增 1.5 亿元)。

企业改制 群力公司在 2001 年 12 月顺利实施破产后,2002 年通过招商引资,引进了贵阳企业对土地房产进行收购,妥善安置了职工;稳妥处理了电焊机厂改制遗留问题;金源房地产公司完成审计和评估工作,开始审定改制方案;放区企业改制工作有序进行,市金马玻璃厂被高科技华骐公司出资收购,市太白酒厂被双沟集团收购。同时积极推行乡镇企业改制工作,改制乡企 56 家,改制率为 100%。

城乡基础设施建设 按照"一次规划、分批实施"的原则,投资 400 多万元,对杨桥、后钟村、曙光、昭明 4 个陈旧小区及安江等 8 条背街巷道路实施综合整治,共拆除小区违章建筑 450 间 5 000 平方米,新建统一规格 32 栋楼院围墙 5.7 万平方米,安装路灯 51 盏,维修路灯 57 盏,铺草 1 万平方米,植树 1 000 余株。该工程的实施,解决了 7 235 户居民行路难问题,改善了3 118 户居民居住环境。投资 55 万元,完成了恒兴小学排涝工程建设,清淤 1.2 万立方米,建成片石驳岸 350 米,荷塘一口,并对排涝工程进行了绿化美化。全年共完成水利兴修土石方 5 万立方米。在全市率先实现农网"信息入村"目标。完成了"绿色长廊"一期工程建设,建成林带 7.6 公里 119.33 公顷,顺利通过省级验收,并获市二等奖。

旧城改造 截至 2002 年底,各小区总开工面积 40 万平方米,结构封顶面积 29 万平方米,交付使用面积 15 万平方米;改造拆迁面积达 13.6 万平方米,涉及 3 000多住户 9 600 余人,已有部分拆迁户喜迁新居。新建了 1 000 立方米集中供水加压泵房、杨家山煤气调压房和装机总容量 6 000KV 配电房,小区道路、通讯、水电气等管网设施逐步完善。经改造后,人均居住面积由原来不足 10 平方米升至 25 平方米,公共绿地由不足 10% 升至 30%。

社会事业 深入实施"科教兴区"战略,素质教育全面实施,"普九"成果得到巩固;办学条件显著改善,加快了教育现代化进程,兴建了慈湖一小、钟村小学等 4 座教学综合楼,完成了农村学校危房改造工程。群众性文化活动蓬勃发展,开展了文化体育市场规范和整治工作。计划生育工作按照属地化管理体制,不断提高规范化管理水平,人口出生政策符合率达 100%。居民生活质量和社会保障水平不断提高。城镇居民人均可支配收入 7 720 元,增长 12%。社区硬件设施建设加快,"星光计划"开始实施。至 2002 年 12 月份,全区共有低保对象 2 904 户 7 983 人,全年共发放低保金 367 万元,低保覆盖率达 10.5%。再就业工作力度加大,区劳动力市场建成投入使用。环境质量日趋改善,建设项目"三同时"执行率达 100%,烟控区达 10 平方公里,噪声达标区 9.3 平方公里。

民主法制建设 各级人大代表、政协委员的 177 件建议、提案全部办结。组织开展了"打黑除恶"、"两打"等专项斗争,共破获各类刑事案件 2 788 件,摧毁各类犯罪团伙 24 个。深入开展创建安全文明小区、安全文明单位和安全文明社区活动,建成 21 个社区警务室。"四五"普法开始实施。

【实施金字塘公园综合整治】 金字塘综合整治工程自 2002 年 4 月 11 日正式动工,11 月竣工。市、区政府总投资 640 万元,共拆迁 3 802 平方米,清淤 3.05 万立方米,完成土方 2.3 万立方米,新砌驳岸 780 米,铺大理石 900 平方米,并按设计要求安装了路灯,进行了绿色设施建设。整治后的金字塘公园清新、亮丽,与全市最大的幸福广场融为一体,成为老市区居民重要的休闲、娱乐场所。

【工业园区建设取得初步成效】 2002 年,金家庄区把工业园建设作为招商引资和民营经济发展的主要载体来抓,工业园区建设取得初步成效。金家庄区工业园位于205国道及化工路以东，东环路以西，北至联合路延伸段，南至林里路，总面积5.2平方公里。园区控制性详细规划已完成，按照规划方案，园区北部76.33公顷，区域为启动区，已编制上报用地计划41公顷。园区一期征地21.73公顷，征地费用1 700万元。园区共引进格林矿冶环保设备厂等企业9家，引入资金5 000万元，用地11.93公顷。

（童鸿飞）

花 山 区

【概况】 2002年，花山区总面积123平方公里，辖霍里、濮塘2镇和解放、沙塘、湖东、桃源4个街道，共24个村民委员会、32个社区居民委员会，总人口22.3万。全区实现社会总产值15.26亿元，财政收入6 400万元，农民人均纯收入3 434元。

工业经济 全区经济运行平稳，工业企业产、销基本平衡，市场开拓稳中有进，企业基础管理有所改善。全年投入1 200万元，进行新产品开发和技术改造，已初见成效。乙炔气厂开发的微胶化红磷阻燃剂，在全国率先实现工业化生产，畅销国内和东南亚市场。民营企业发展迅速，中周、鸿泰、梦都、天狼等一批上规模的民营企业脱颖而出，在市场激烈竞争中，站稳了脚跟，获得了较快发展，对增加全区财政收入，带动和影响区域经济发展作出了重要贡献。企业改革取得新进展，完成了12家企业的改制工作，有近20家企业进入改制程序，改制工作平稳实施。认真贯彻《安全生产法》及国务院、省市政府安全生产的各项部署，完善了安全生产责任制，组织实施非煤矿山的全面整顿和复查验收，取得了全年无重大责任事故的好成绩。

农业生产 紧紧围绕“农业增效，农民增收，农村稳定”这一主题，以实施农业示范致富工程为突破口，大力促进农业结构调整，推动了全区农业产业化的发展。粮油等主要农副产品在春夏自然灾害较多的情况下，仍获得较好收成。水稻总产11 492吨，油菜籽总产2 371吨；上市蔬菜1 038万公斤，肉类1 235吨，禽蛋85吨，牛奶320吨，水产品480吨，丰富了城乡居民的菜篮子。蔬菜良种和优质粮油品种覆盖率达90%以上，小麦播种面积由上万亩调减到千余亩。西瓜、甘蔗、山野菜、茶叶、果林业等经济作物面积继续扩大，霍里葡萄已成片栽植，初具规模。2 300公顷国家公益林建设、226.67公顷国家级退耕还林工程全面实施。养殖业发展迅猛，奶牛年均养量已达142头，三元杂交猪比例达30%左右，火鸡、梅花鹿等名特优新品也在花山区农村安家落户。为推动农业结构调整，区、镇两级政府拨出专款30万元，组织实施了农业示范致富工程，对30户示范户进行扶持和奖励。其中首批确定的16户示范户，直接带动了周边110户农民共同发展，取得了初步成效。农田水利基本建设得到加强，已完成五亩山干渠整治和3座小（二）型水库建设，改建、扩建当家塘8口、排灌站5座。投资402万元，完成濮塘镇1 333公顷土地治理项目以及启动万亩优质粮油基地建设和农业节水灌溉工程等。省级农村饮用水工程正在逐步实施，市级信息入村工程已全部完成。

招商引资 区政府将招商引资作为对外开放的重点工作，采取了一系列实际步骤和措施。一是建立招商引资工作责任制，强化目标管理，将全年招商引资任务分解落实到区级领导及各镇、街道和区相关部门，层层传递压力和责任。二是编制了花山区招商手册，建立项目库，积极主动地参加西安、厦门、合肥等招商引资洽谈会，大力宣传推介投资环境和投资项目。三是设立招商机构、配备工作人员、落实招商经费。经过全区各方面的共同努力，招商引资工作取得重大成果，全年合同利用外资160万美元，实际到位50万美元，利用内资达1.2亿元。

城镇建设 全面完成为民办实事项目。大力实施背街巷道路及陈旧小区综合整治工程，投资500多万元，集中对14条背街巷道和农机新村、中岗等5个陈旧小区进行综合整治，城区面貌得到较大改观，受到了群众的拥护和赞扬。濮塘镇和风景区建设有新的进展，完成了集镇总体规划设计，新建镇有线电视台、农民文化活动中心、农民休闲广场等。在城镇建设过程中，还积极做好征迁工作，完成了313省道、马濮旅游大道、江东小区、平山小区等10家单位69公顷土地的征迁任务，为实施城市“东扩南进”发展战略作出了贡献。

科教文卫事业 2002年，区政府安排农业科技经费20万元，其中10万元用于奖励农村科技示范户，10万元用于引种人参果、黑牧草等高效经济作物，发展高效农业。教育设施和教学水平跃上新台阶，投入104万元为学校配备微机354台，7所小学的档案工作达省一级标准，湖东二小教学质量在全市名列前茅。群众性文化体育活动丰富多彩，地区性大小广场演出达百余场，送电影进社区和下乡10余场。加强卫生监督检查，开展食品卫生、公共场所卫生监督工作，严厉打击无证生产加工食品的行为。坚持“三同时”制度，加强对城区噪声、油烟污染的治理，取缔土烧结等非法生产企业5家，积极开展“国家环境保护模范城市”、“全国环境优美乡镇”创建活动。计划生育管理力度加大，率先在全市实行镇、街道计生办主任享受高一级工资补贴待遇的政策，利用多种形式开展对新颁布的《人口与计划生育法》和《安徽省人口与计划生育条例》的学习，全区计划生育政策符合率为100%。

精神文明建设和依法治区工作 以提高市民的思想道德素质为重点，大力开展《公民道德建设实施纲要》的学习、宣传、贯彻。各镇、街道、社区通过板报、宣传栏、简报等形式，广泛开展了“共建美好道德家园”教育活动，区域文明程度有了新的提高。创建文明社区、示范社区工作取得积极进展。2002年区政府安排专项资金50余万元，先后解决了4个示范社区和5个基础条件相对具备的社区办公用房，为所有社区配备了电脑和党员电教设备，相继成立了街道社区服务中心和老年星光之家。社区居委会的软硬件设施建设和各项管理工作逐步规范化。实施依法治区“十五”规划取得新进展。全面推行政务公开，增加政府工作的透明度，自觉接受市民监督。通过实施村委会换届选举工作，增强了村民的民主法制意识，优化了村级班子的年龄和文化结构，巩固了农村基层政权。依法加强对宗教事务的管理，坚决取缔违法宗教组织和活动场所。法律服务广泛开展，全区32个社区居委会都设立了法律服务站。建立健全三级治安安全防范网络，社区警务室工作有序有效。通过深入开展“严打整治”斗争，落实社会治安综合治理各项措施，维护了全区社会治安稳定。

【启动旅游园区建设】 花山旅游园位于秀山路以南，湖南东路以北，东环路以东，仙人山以西。花山旅游园定位以休闲、康复、娱乐为主，具有生态文化特色。园区规划面积6平方公里，控制区范围16平方公里(其中起步区建设面积为2.2平方公里)，已完成规划设计，并正式启动建设。

【市人力资源花山分市场建成】 2002年8月，具有先进电子信息网络功能的市人力资源花山分市场建成，场内开设下岗失业职工政策咨询、劳务输出和输入、劳动事务代理等业务。年末，该人力市场安排下岗失业人员2 150人，输出农村劳务250人，办理外来人员务工证2 450人，鉴定(劳务)合同374人。

【实施背街巷综合整治工作】 对花山区城建南路、阕家山小区等14条背街巷道路及中岗小区、湖东三村5个陈旧小区进行综合整治，共完成新建砼道路1.27万平方米、砼下水管道4 178米，配套窨井599座，整修化粪池20座，种植草皮1.13万平方米，拆除违法建筑1.2万平方米，工程总投资745万元。经整治后的小区居民环境，无论是道路状况、路面排水，还是小区绿化、卫生、亮化及其相关配套设施都得到了很大完善。

【实施农业示范致富工程】 为推动农业产业结构调整，区、镇两级政府拨出专款30万元，组织实施农业示范致富工程。致富工程对30户示范户进行扶持和奖励，扶持项目涉及水果、苗木、大棚蔬菜、畜禽水产养殖和油料加工等产业类型，以期带动周边200多户农民共同发展。

【参加省首届社区体育大会获得优异成绩】 9月22日～24日，花山区组队参加了在合肥举行的安徽省首届社区体育大会，所参加的健身路径、健身走、保龄球、台球、社区体育大会展板五个项目全部获奖，成绩优异。其中，“健身走”和“社区体育展板”获第一名(这也是马鞍山市此次参赛仅有的两个第一名)，健身路径获第二名，台球获第三名，保龄球获第六名。

(潘立平)

雨 山 区

【概况】 2002年末，雨山区总面积120平方公里，人口22.7万人，辖2乡1镇4个街道。全区实现社会总产值15.7亿元，同比增长19.8%；完成工业总产值7.35亿元，同比增长20.12%；农业总产值4 110万元，同比增长3.76%；财政收入5 519万元，同比增长26.1%；农民人均纯收入3 720元，同比增长8.17%。

工业园建设 雨山工业园坐落于城市西南角，与市经济技术开发区相邻，东至雨田路，北起印山路，南抵东环路，西达205国道，占地382.621公顷。2002年5月市政府正式批准成立。已成立了工业园管理机构，完成了区工业园经济发展有限公司登记注册工作，制定了企业入园优惠政策，完成园区控制性详细规划方案的设计和评审。同时，以园区为载体，积极开展招商引资工作，已洽谈的较大项目有：瑞典斯亚集团投资800万美元生产子午线轮胎、沪宁金属有限公司投资3 000万元兴建江南钢结构、市三和工贸公司投资1 500万元建设仓储配送中心等项目。

招商引资 全方位、多层次、宽领域地进行招商引资，一些实力雄厚的海外、省外企业来区投资兴业，较大的项目有：香港康辉发展有限公司与福建龙旺实业公司、市康隆有限公司投资42.299万美元、990万元人民币开发平山居住区E组团，佳鑫房地产公司投资18.5万美元进行湖南路房屋改造，浙江万马集团投资4 500万元开发碧云天花园，深安房地产公司投资1 000万元开发湖景花园等。全区实际利用外资60多万美元、内资1亿元人民币。

企业改制 按照“因企制宜，一厂一策”的思路，积极稳妥地推进企业改制，取得突破性进展。6家区属企业中，3家已经成功改制，3家正在积极实施；乡镇集体企业改制面达到98%;街道自办企业基本完成改制,挂靠企业彻底脱钩。

民营经济 2002年末,辖区民营企业560家,个体工商户4 492家,从业人员6 442人。民营企业实现营业收入15.21亿元,入库税金4 800万元,占全区税收的88%。30家规模以上的民营企业实现营业收入8.7亿元,涌现出佳达房产、大汗物流、梦都餐饮等一批纳税大户,其中,100万元以上的8家,50万元以上的18家。

农村经济 积极实施农业产业结构调整示范致富工程,通过示范带动作用,引导农民大力发展特色种植业和养殖业,促进了农村产业结构的调整。按期完成"放心菜"工程、退耕还林项目和国家生态公益林补助金项目。信息入村工程全面推进,全区2乡1镇25个村都建立了农网信息站,形成了区、乡(镇)、村三级综合经济信息网络。沿江山丘区抗旱工程和农村饮水工程基本完工。继续大力发展乡镇企业,提高企业的运行质量和效益,2002年乡镇工业完成产值近6亿元,同比增长37.1%。

城乡建设 积极实施背街巷道路及老旧小区综合整治工程,仅4个月时间,完成44条背街巷、7个社区的14个老旧小区整治任务,拆除违法建设1 500多户3万平方米,总工作量达900多万元,占全市工作量近一半。对市民反映强烈的常青路、育才路和十七冶会堂广场门前"脏乱差"等问题进行了集中整治。对石山公园两侧景点、南湖花园小区、半山花园等实施了绿化美化工程。向山镇改造建设有新的起色,石山路改造二期工程已经完工,商住楼开发项目全面启动。完成丁周圩移民安置工程,共建房100户,安置405人。

土地征迁 全年共完成星马专汽三期、马芜高速公路、九华路中段、市网络大学建设、九华江堤加固、安工大东校区扩建、313省道拓宽、市开发区成片征迁、马钢高村矿炮震区房屋拆迁等20多宗征迁项目,征地330多公顷,拆除房屋1 500余间2万多平方米,无论征地量,还是拆迁量都高于历史上任何一年,保证了市重点项目和重点建设工程的顺利实施,得到市领导及上级有关部门的肯定。

社会事业 投资800多万元,对全区所有小学危房进行了维修改造,并新建雨山中心小学、南村小学等4所小学校舍,极大地改善了办学条件。区文体活动中心工程基本竣工。撤销原有的65个居委会,建立了35个社区。全面完成城市低保扩面工作,城区低保覆盖面达到9.02%。积极实施"星光工程",先后建起牛渚、石山两个"星光老年之家"。完成了第五届村民委员会换届选举工作。安全生产管理得到加强,非煤矿山集中整治工作取得明显成效。

精神文明建设 认真贯彻《公民道德建设实施纲要》,在全区范围内集中开展了公民道德教育和实践系列活动。深入开展创建文明城市工作,辖区顺利通过全国文明城市复查。不断深化文明社区创建工作,组织开展了科技、文化、法律、卫生"四进"社区活动。

民主法制建设 全面实施"四五"普法规划,认真抓好法律法规宣传普及工作,特别是组织公务员学习了WTO有关法规知识。强化社会治安综合治理,开展了"猎鹰行动"、禁毒等多项严打整治专项斗争;继续开展与"法轮功"邪教组织的政治斗争,坚持不懈做好"法轮功"邪教组织参与者的帮教工作;全面启动社区警务室工程,强化基层治安防范。

【大力表彰民营企业】 雨山区十分重视发展民营经济,区委、区政府对2002年度在全区经济发展中作出突出贡献的佳达房地产公司、大汗物资有限责任公司、梦都餐饮永安房地产开发公司等13家优秀民营企业进行了隆重表彰,奖金最高额度达到3万元,极大地调动了民营企业的发展积极性。

【在全市率先建立乡镇、街道分税制财政新体制】 雨山区参照市对区财政新体制,结合区情,在全市率先对乡镇、街道实行"划分税种,核定收支,定额上缴(补助),超收分成,短收自行负担"的分税制财政管理体制,以调动乡镇、街道发展经济的积极性。

【安民农副产品批发交易中心开工兴建】 全市规模最大的综合性农副产品批发市场——安民农副产品批发交易中心于2002年11月28日开工建设。该中心坐落在雨山西路以南、雨田路西侧,总投资3 800万元,占地7.86万平方米,建筑面积5.9万平方米,拥有600多间商业用房、1 000多个摊位,不仅具有综合批发功能,还将安装电子商务和安全监测系统。该项目建成后,将对全市及周边地区农副产品的流通,带动农民调整产业结构及丰富市民"菜篮子"起到积极的推动作用。

(俞能波)

人 物

先进人物

张少全 现任安徽马钢股份公司第三炼钢厂炼钢车间主任。中共党员，大专文化，全国第六届冶金青工技术大赛转炉炉长竞赛冠军，全国新长征突击手。

自马钢股份公司第三炼钢厂三座转炉基础自动化炼钢的成功投产和OG(未燃法)煤气回收的投产，该厂转炉炼钢的科技含量进一步提高，原先的经验炼钢已不再适应形势的需要，科学炼钢已变得十分迫切，必须用科学的思想武装职工，提高职工科学炼钢的整体素质，才能肩负起全厂80%的降本增效的重担。张少全联系转炉炼钢的实际在职工中开展了“如何实施科学炼钢?”专题大讨论，不断加深科学技术是先进生产力的集中体现和主要标志的理解，充分认识到科学进步对生产力发展越来越具有决定性的作用，使广大职工认识到在自己的本职岗位上脑子里必须时时刻刻想着科学，针对自己岗位的实际用科学的炼钢理论指导自己的操作实践，用标准化操作规范自己的行为的极端重要性和紧迫感。

为了使近年分来的优秀大学生挑大梁，担重任。他成立了炉长后备队，这些大学生通过公正、公平的实践操作和理论考试很快脱颖而出，成了炼钢生产的多面手，该车间共有15名大学生升任为转炉炉长和副炉长。

他通过这些行之有效的措施，使炼钢工们的理论和实践操作水平上了一个新台阶。炼钢工们科学炼钢的整体素质得到很大提高。

解决了职工们观念和素质问题后，寻找科学的炼钢理论依据，实现科学炼钢管理、操作、精心“打造”精品生产基地成为他迫切要解决的问题。

碳粉是炼钢终结工序脱氧合金化加入的原料之一，加入的多少，直接体现到这炉钢的整个操作质量，他将市场观念引入到生产现场工作中去，通过建立碳粉模拟市场来规范炼钢工序的“买卖”行为，达到投入产出的最优化。他创造性的开展了工作，进行跟踪控制、考核，要求炉长从转炉兑铁水加废钢那一刻起，就对氧耗、散装料消耗和喷油进行严格的过程控制。如若钢水经浇注工序后变成废品，炉长不但奖金尽失，工资也将拿不全，由此发生对下道工序的“株连”就会使炉长丧失信誉，炉长的位置就坐不稳了。指标的不断细化和提升带来的压力使他们不敢有丝毫的懈怠，每一炉钢、每一道生产工序都要确保优良的工作质量，每一个班都要对自己一天的工作得失进行反思，炼钢工们及时以工作进行“梳理”，及时就生产环节的衔接、质量的提高、品种的兑现、消耗的降低等方面的经验进行交流，存在的不足也及时找到了“金钥匙”，他们从中尝到了甜头。通过加强了炼钢的过程控制，使铁钢比首次实现了破九见八，石灰单耗明显下降，留碳率由去年的60%提高到70%以上，一倒温度命中率、Ar温度和成分合格率都比实现过程控制前有了大幅度的提高，整个炼钢过程的生产成本大幅度降低，不仅如此，质量异议明显减少，成分出格炉次寥寥无几，仅2002年1—4月份，就在2001年高起点的降本基础上再降本600多万元。由于他对品种钢的考核力度和对炼钢过程指标进行控制，炼成率明显提高，品种钢的兑现率均在90%以上，内外部质量上乘，特别是在转炉上难炼的中高碳钢也纷纷冶炼成功，并经世界一流水平的新六机六流连铸机拉坯成功，为实现新六机六流当月投产当月达产提供了保证。公司利润增长点H型钢的产量猛增，并成功地开发了MGFR490B等一系列新钢种。产品源源不断地流向了国内外市场。自1997年4月溅渣护炉技术在三钢厂生根、开花、结果以来，他对转炉油渣动力学、油渣层与炉衬结合机理进行了仔细研究，对炉渣的熔化温度、流动性、炉渣的理化指标、溅渣层的侵蚀机理进行了深入的分析。并在安全确认制的前提下，科学、慎重、创新的使用了溅干渣工艺技术，通过加入轻烧镁和吹氮，增加渣的稠度，使碱度控制在3以上，不仅使炉渣挂牢在炉壁上，起到了“溅得起、粘得上、护得住”的溅渣护炉效果，而且，减少了下一炉石灰等散装料的用量，减少了炉后的渣量，大大降低了成本大头钢铁料消耗，走出了适应三钢厂50吨转炉特点的油渣护炉工艺技术的新路子来。炉龄由1997年前的2 000多炉跃升到现在的2万多炉，炉龄指标提高了近10倍，转炉作业率跃居全国同类型转炉之首，耐火材料和修砌费用大幅度降低。钢铁料消耗比以往有了明显降低。

他和炼钢汉子们争分夺秒、奋勇夺钢，转炉利用系数高达47.16比过去提高11.36，继续稳居全国同类型转炉之首，2000年至2002年三年内共产优质钢760万吨。2001年,使该厂考核成本比计划成本降低3 986.37万元,总成本与上年同口径相比下降8 987万元;2002年,他又为该厂总成本与2001年同口径下降8 900万元作出了巨大贡献。在他的领导下,通过实行油渣护炉工艺技术,炉龄高达20 925炉;2002年转炉平均炉龄比2001年提高8 453炉,最高炉龄达到21 629炉,吨钢耐材消耗降低至1千克以下,仅2001年就降低耐材费用256万元,达到低成本运行下的长寿经济炉龄,实现了马钢几代炼钢人梦寐以求的愿望。他通过创新性的推行溅干渣操作法和留碳操作法,加强炼钢过程控制,不仅使石灰等炼钢散装料消耗大幅度降低,而且使成本"大头"钢铁料消耗也大幅度下降,钢铁料消耗在2000年高起点的基础上降低了吨钢6千克,仅此一项就降低成本1 536万元。品种由过去的几十个通过努力增至到2002年的120多个品种。质量大幅度提高,吨钢废品大幅下降,创历史新低。该同志为提高马钢产品的市场竞争力、提升效益作出了突出的贡献。2002年荣获"马钢劳模"和"安徽省劳动模范"称号,2003年5月被中华全国总工会授予2002年度全国"五一"劳动奖章。

吴双全 现任中冶集团马鞍山钢铁设计研究总院高级工程师、海外事业部主任。中共党员,1983年7月毕业于华东冶金学院机械设备专业,同年8月分配至马鞍山钢铁设计研究院从事设计研究和技术经济工作。1984年任助理工程师,1989年任工程师,1996年任高级工程师。

1996年先后任大马院海外事业部副部长、部长,1997年国际金融危机后,吴双全同志带领海外部职工及时调整对外经营方向,对欠发达国家,积极争取参与联合国的经济援助项目。获得联合援助孟加拉国石料破碎厂设计、联合国粮农组织援助朝鲜小麦种子农药、化肥采购等一系列订单,对发达国家,则积极寻找技术劳务合作,与意大利ANSALDO公司签订合同,提供计算机编程人员,与美国HAVENS STEEL钢结构公司签订了钢结构详图设计合同,与日本第一技研签订热力管网压力容器详图设计合同,技术人员无须出国,在国内绘制详图后通过INTERNET网络就可以发往美国,该院先后参与详图设计的项目包括:美国AK钢厂冷轧厂房,杜邦公司新加坡项目、柯达公司项目等十几项项目。1997~1999这三年平均每年能获得20万美元的涉外咨询收入,同时在他带领下,外贸工作也有较大的发展,自1997年的出口额70万美元,1999年出口额达到180万美元,2000年该部外贸出口260万美元,获利130万元人民币,对外技术服务收益110万元人民币,2001年外贸出口420万美元,获利300万元人民币,人均外贸利润50万元,2002年外贸出口320万美元,获利280万元人民币,新签外贸合同600万美元,与境外近20家厂商保持密切联系,共向外投标25份,同年与国际知名的钢铁咨询公司签订了3项技术合作协议。

该院海外工程和贸易的发展和所取得的成绩,无一不凝聚着吴双全同志的心血和汗水,只要"客户需求,海外部职工没有星期天"是海外部的口号,这几年他加过多少班,出过多少差,没有人能记得清楚,算有三分之一的时间在院里,也只有一个忙碌的身影。他父亲几次病危都无法在床前尽孝,妻子病重手术期间他也还在指挥发运货物。2001年的春节是在院内与外商一起度过的,阴历年三十晚上依然谈判到十一点,大年初一当其他人都沉浸在节日里的时候,而他则带领贸易部的职工与外商还在进行艰苦的谈判。自1999年以来吴双全同志还身兼支部书记,日常管理与业务一个也不能放松,在他的带领和影响下,海外部职工精神面貌和工作干劲始终是最好的。自1998年以来,海外部每年都获得了马鞍山钢铁设计研究总院最佳效益奖。他本人2001年被评为中国冶金建设集团首届劳动模范,2002年先后荣获"安徽省青年兴业领头人"和"安徽省青年职工创业奖"称号。2003年5月被中华全国总工会授予2002年度全国"五一"劳动奖章。

(总工会)

新闻人物

郭 静 花山区环保局监理员,25岁的年轻姑娘因热心助人,获得联合国环境发展官员称赞。

2002年元月中旬的一天中午,郭静驾驶着父亲送给她的新年礼物现代跑车去南京,途经宁马高速公路收费站附近时,发现路边停了辆车,几个人急切向她打手势求助。郭静停车询问,才知道原来他们赶往禄口机场,乘中午班机去北京,现在汽车却在途中抛锚。此刻已近11点钟,再过几十分钟班机即将起飞。郭静原来约好11点30分在南京和朋友见面,时间也很紧迫,当得知其中的两位外宾必须赶上预订航班,参加下午在北京召开的重要会议时,郭静立刻打电话给朋友,推迟见面时间,送外宾去机场。赶到机场时,离航班起飞仅剩10几分钟,一位外宾执意拿出200元钱以示谢意,被郭静一口回绝。

这两位外宾,一位是联合国开发计划署驻北京副代表马克利亚德·尼伊隆哥,另一位是联合国高级专员苗红军。他们是为了一项环保援建工程来马鞍山的。3月,市环保局和环卫处的有关人员去北京参加国家环保总局会议,以最后敲定联合国对我市沼气利用项目的捐助总金额。想不到刚到北京,环保总局的罗主任就告诉他们一个好消息:尼伊隆哥先生曾多次向他们提到并赞扬了那位马鞍山市的热心姑娘，再三说，马鞍山好，马鞍山人更好。苗红军先生当面向我市代表表示，他和民伊隆哥先生都对马鞍山市和马鞍山市民的素质留下了深刻美好的印象，他们十分乐意促进与我市的环保合作。次日，我市代表在会谈中如愿以偿。有关机构仅用半年时间，即最终敲定，除原来已先期投付我市的20万美元外，再追加捐助300万元人民币，用于我市相关项目的后续建设。

郭静所在单位同事对她的为人也有较高的评价。他们说，郭静在1997年学校毕业招聘进单位后，一直表现不错，是一个朴素、热情、好学上进的姑娘。虽然她的家境富裕，她却从不娇气，工作踏实认真，不讲条件，还一贯乐于助人。她先后4次个人义务献血，受到市血液中心多次表扬。平时单位如急需用车，她都主动用私家车为公家帮忙，从不计较个人得失。

沈　君　1977年出生于当涂城关镇一个个体户家庭，1987年由城关大城坊小学升入当涂县一中，13岁时被马鞍山市业余体校教练相中，14岁就获得了省七运会柔道冠军。1995年，沈君进入天津体校深造，当年就在第三届全国城市运动会上获得柔道冠军。1996年的全国八运会上，又为天津队夺得了首枚金牌。1997年被授予天津市“九五”立功先进个人，天津市“三八”红旗手。1998年亚运会上，获得57公斤级柔道银牌；2000年9月首次参加悉尼奥运会，获得57公斤级柔道第五名，10月3日她参加了由中共中央办公厅，国务院办公厅主办的奥运会庆功会。会上，现任中共中央总书记胡锦涛同志亲切接见了沈君等运动员，并同沈君合影留念。

从1995年以来，沈君共获得了不同层次的女子柔道57公斤级冠军9次，其他奖次10多个，而且每次比赛都获得“体育道德风尚奖”，2001年被国家体育局评为“国际健将”，2002年11月在重庆涪陵举行的2002年全国女子柔道冠军赛上，沈君代表天津队又获得57公斤级冠军，被天津市体育局付林训练中心评为“优秀共产党员”。

（强瑞青）

逝世人物

王常修　河南清丰县人，1919年出生，1940年2月参加革命。先后任清丰县抗日政府司务长、管理员、副区长，冀南军区警卫营管理员，军政大学股长、副处长、科长。1958年7月转业到马鞍山市，先后任马钢烧结厂副厂长，市委行政科科长，市房产管理局副局长，郊区慈湖公社党委书记，郊区革委会副主任，市政府行政处副处长，市征迁办公室主任。1980年10月离休，享受地市级待遇。2002年2月23日逝世，终年83岁。

杨晓高　江苏溧阳县人，1921年10月出生，1943年10月参加工作，1946年4月加入中国共产党。先后在溧高县游击队、新四军江南一分区教导队、苏北二分区司令部、华东六纵司令部、江南归队处、南京军区卫生部工作，历任排长、学员、警卫员，连长、管理员、助理员、科长等职。1958年转业到马钢，先后在马鞍山铁厂、马钢二钢厂、马钢二铁厂、公司武装部、耐火材料厂、马钢汽车运输处、马钢运输部工作，历任车间主任、总支部书记、政工组长、部长、副厂长、副处长、副主任等职。1982年11月离休，享受地市级医疗待遇。2002年3月19日逝世，终年81岁。

凤岐山　安徽泾县人，1925年3月出生，1945年1月参加革命工作，1946年2月加入中国共产党。先后在皖南游击队、旌太武工组、泾县茂林区、榔桥区委、泾宁宣边区、宣城人武部、宣城军分区独立营、解放军总政文化政治干部学校、安徽省军区干部文化总校、黟县兵役局、南陵县兵役局、黟县人武部、二机部等单位工作，历任战士、排长、连长、区长、区委书记、副部长、副政委、学员、政教、第二政委、副局长、部长等职。1961年11月转业到马钢工作，先后任马钢耐火厂副厂长、副书记兼政治部主任、厂长、党委书记等职。1987年11月离休，享受地市级待遇。2002年3月23日逝世，终年78岁。

任志平　河北文安县人。1919年9月出生，1938年10月参加革命工作，1939年2月加入中国共产党。先后在华北抗日联军华中军区独立旅、绥远骑兵支队、绥远骑兵旅一团、三团、起义部队骑兵四师、69军107师320团、107后勤技术科工作，历任战士、班长、支部书记、副指导员、指导员、副教导员、科长等职。曾任铜陵财贸委、人民银行、粮食局党总支书记、行长、党委书记等职。1972年12月调来马钢工作，先后任马钢二钢厂、行政处等单位副主任、副处长、处长等职。1982年12月离职休养，享受地市级待遇。2002年4月8日逝世，终年84岁。

刘南生　安徽无为县人，1924年8月出生，1940年参加革命工作，同年7月加入中国共产党。1940年7月至1954年5月先后在临江县、无为县、彭泽县、庐江县、芜湖县、郎溪县任乡长、副区长、区长、科长等职。1954年6月调至当涂县，先后任县文教科长、供销社主任、文化局局长。1985年6月离休，享受地市级医疗待遇。2002年9月9日逝世，终年78岁。

郎　俊　安徽泾县人，1917年12月出生，1938年7月加入中国共产党，同年参加革命工作，1939年6月参加新四军。历任班长、学员、排长、所长、队长、连长、侦察参谋、大队长、科长、支部书记、总支副书记等职。

1958年9月起,先后在马鞍山市建校、市政公司、市委组织部、城建局等单位工作,历任校长、副书记、科长、党委书记、市政协常委等职。1980年9月离休,享受地市级待遇。2002年9月17日逝世,终年85岁。

姜持如 安徽当涂县人,1932年12月出生,1949年9月加入中国共产党,1957年3月参加革命工作。先后任当涂县委审干办公室审干员,马鞍山市银行副行长,当涂县肉类加工厂厂长、书记,当涂县委、革委会常委、副书记、副主任。1979年12月以后,历任当涂县委副书记,县人大常委会主任、县长、县委书记,安徽省乡镇企业局副局长(副厅级)、党组成员。1993年6月退休。2002年9月25日逝世,终年71岁。

霍金玉 河南太康县人,1927年4月出生,1942年10月参加革命工作,1948年8月加入中国共产党。历任新四军二师西分区定凤淮县大队战士、排长,南京警备部队102师304团排长、副政指,马鞍山铁厂警卫队副指导员、指导员、保卫处股长、副科长,市公安局副科长、科长,马钢保卫处副处长,马鞍山供电局支部书记、党委书记兼局长,马鞍山市公安局党委书记、局长,市直机关党委书记等职。1982年12月离休,享受副地市级医疗待遇。2002年11月26日逝世,终年75岁。

邓 强 安徽五河县人,1928年12月出生,1940年1月参加革命工作,1943年11月加入中国共产党。历任战士、书记、作战参谋、后勤科长等职。1976年4月任市工商局副局长,1983年10月任市工商局督导员,1989年3月离休,享受副厅级待遇。2002年12月14日逝世,终年75岁。

(年鉴科)

荣 誉 榜

2002 年度全国“五一”劳动奖状获得单位

马钢(集团)姑山矿业有限责任公司铁运车间修车班 现有职工 27 人,其中女职工 1 人,平均年龄 35.1 岁,7 个工种,3 个特殊作业岗位,4 人拥有复合工种作业资格,是车间主要生产检修班组之一,担负着矿业公司烧结车、KF 自翻车、敞篷车等 116 辆铁路运输车辆的日常检修和维护保养工作。随着矿山改革的进一步深化,企业经济核算越来越细,企业的生产困难,成本压力传递到这个班,成本效益考核与班组每个职工的劳动效率、生产效益,乃至个人的切身利益紧紧地联系在一起,职工的工作量、劳动强度也逐年加大。

修车班承担检修的铁路车辆都是 20 世纪 70、80 年代的产品,由于年头久,设备老化,检修成本提高,使这个班成为车间的成本消耗大户,也是全矿发生大宗维修费用的班组之一,如何把检修费用降下来,把检修质量搞上去,成为全班同志关注的主要问题。面对检修成本压力,大家出主意,想办法,认为只有管理创新,进一步完善竞争激励机制,才能把降本增效工作做深做细;他们从兄弟单位学来了工时考核好经验,试行之初,班组职工说工时考核又苦又累,又不多拿奖金,是自己和自己过不去,有点想不通。班委会一班人认为,这是一项自我加压,提高检修效率和质量的有效途径。通过几年的坚持,班组整体素质提高了,工作中活好派了,质量和检修效率都大幅度提高,同时检修成本也降下来了。自 2000 年起,他们还逐步推出了工时考核公示制,不但激活了考核,也鼓舞了士气,全班上下呈现出人人勤奋工作,争创效益,个个争当检修能手和降本增效尖兵的良好局面。

通过近几年班组建设的探索与实践,这个班的职工体会到,只有一套降本增效的制度还不行,还必须在大的方面有所突破。他们首先从烧结车大修入手,把以往烧结车辆大修外委任务揽了下来。他们算了一笔账,按每年 4 辆车大修,矿业公司就要支出 20 多万元的大修费,如果自己干,不但可以为矿业公司减少这笔开支,而且还可以让职工从观念上有一个根本的转变,同时也能提高班组职工的检修技术水平,最显著的还是减轻矿业公司资金运作的压力,节约可观的维修费用。于是他们主动请缨,从 1998 年起承揽了每年烧结车辆的大修任务,他们克服了减员分流后班组人员少检修任务重,大修劳动强度大等多重困难,出色的完成了每年 4—5 辆烧结车大修任务,大修质量毫不逊色外委,几年来为矿业公司节约了 80 多万元大修费用,仅 2002 年就节约了 10 万多元。

以往矿用烧结车的开门风缸,缸体固定螺柱孔易断裂,导致整个风缸废弃,一件就价值近 2 000 元。现在他们找到了废物利用的新办法,在缸体固定面上重新选位打孔,重新固定利用,使每个开门风缸使用寿命提高了 2 至 4 倍,仅此一项一年就节约成本 3 万余元;缓冲器箱体易磨损,他们就在废旧箱体上补焊打磨、压制,修复再用,一年可以修复 40 多个,节约费用支出又是 12 万多元;车辆摇枕梁断裂了,他们就用废旧的 KF 车摇枕梁经技术改造后替代,每件就可节约 1 万多元;自动梁是紧缺件,他们用自制工具对弯曲断裂的自动梁进行校正,加固焊接,满足了生产急需。与此同时,通过技术革新和技术改造,这个班的整体技术水平不断提高,大家脑子活了,修旧利废的劲头更足了。

班委会抓大不放小,一滴油、一块破布、一颗螺帽也不能浪费。在日常检修中,他们从细小的事做起,润滑油按检修等级计量使用,废油集中存放留作他用,这样既节约了用油,又大大地改善了检修现场的环境卫生,他们的修旧利废工作细化到一颗螺帽,一根几十元的钩舌销,大量用过的破布集中后清洗反复使用,仅 2002 年一年他们就这样捡回了近万元的效益,大家从中享受到了当家理财的乐趣,全班仅物料回收就创出效益 15 000 多元。

修车班自 1998 年以来,针对厂房设备老化、材料堆放杂乱,休息室简陋破旧,班组文明建设难度大等实际情况,制定出班组建设计划,并认真组织实施。他们首先从班组的工作场所和休息室整治入手,对年久失修的休息室进行修缮。班组休息室内部进行装修美化,采用“职工拿一点,班组出一点,车间行政支持一点”的办法,安装了空调,制作了衣柜,添置了盆景花草,职工有了一个整洁舒适的休息环境。同时按照马钢(集团)公司相关规定要求,制定和完善了各项制度,成本消耗、检修工时等经济技术指标上墙,考勤、奖金分配、工时考核“三公开”，各种台账、原始记录及时准确，职工们严格操作规程和作业程序，确保安全生产，保证了基础工作落实，各类设备和材料的存放实行定置管理。这些制度的制定和实施，促进了班组建设和班务管理，也纠正了部分职工的一些不良习惯，促使职工在生产中重视对设备、备品备件、工具、材料的规范化管理。杜绝了以往设备无人管，工具随手扔，备品备件到处塞，材料随处放的脏乱差现象，形成一颗螺丝有人捡，一块破布有人收，原先丢弃的废备件又回到班组。通过几年的努力，这个班有了长足的进步，从基础管理到技术改造技术创新，各方面工作都上了一个新台阶，五年累计降本增效210多万元，人均年创收6万多元，一举成为矿业公司乃至马钢（集团）公司的“名牌”班组。班集体多次被矿业公司评为先进班组，荣获马钢（集团）公司模范班组、标兵班组称号，马鞍山市模范班组和安徽省模范班组等殊荣。2003年5月被中华全国总工会授予2002年度全国“五一”劳动奖状。

安徽省先进集体

中国人民银行马鞍山市中心支行

马鞍山钢铁股份有限公司煤焦化公司

马鞍山市天成纺织有限责任公司

马鞍山发电厂

当涂县塘南镇桃元村

安徽省劳动模范、先进工作者

（1997—2002年度）

姓　名	工作单位	姓　名	工作单位
朱昌逑	马钢股份公司	韩玉春	市人民医院
刘汉如	安徽星马汽车股份有限公司	吴结才	马钢技术中心H型钢研所
许德美	市商业银行	阮小敖	港务管理局港务三公司
崔　宪	马钢集团南山矿业公司	杨　康	市文艺创作室
朱苠南	马钢销售公司	王青山	十七冶金建设公司
占正奉	安徽山鹰股份有限公司	殷坤才	当涂县新桥乡涂山村
孙兴龙	安徽新力药业股份有限公司马鞍山分厂	周祥武	雨山乡安民村
杨祖柏	当涂县信访局	黄汝水	马钢三轧厂
童海保	市金家庄区检察院	韩存周	马钢建设公司机电分公司
陈民宪	市公安局	杨峻峰	马钢一铁厂
胡　敏	当涂县法院丹阳法庭	张少全	马钢股份公司第三炼钢厂
周东红	安徽中周集团	耿文德	十七冶施工设备租赁公司
陈治才	市金姿纺织装饰有限公司	李　玉	市花山区建委环卫所
李书会	矿院设备制造公司	严家云	市政管理处路灯所
孙建国	马鞍山钢铁设计研究总院	赵晓玲	雨山粮油销售公司珍珠园粮店
叶　明	市第十一中学	王世祥	供电局城市居民用电服务所
俞洁文	马钢山南小学	丁守芳	市天成纺织有限责任公司
金重山	马钢医院	张元瑞	安徽地质矿产局三二二地质队
李书会	矿山研究院		

2002 年度省部以上其他荣誉称号获得者名录

荣誉获得者	荣誉称号	颁奖单位
马鞍山市	1999—2000 年度全国科技先进市	国家科技部
劳动和社会保障局	集体一等功	国家劳动和社会保障部
信访局	全省信访工作先进集体	安徽省委、省政府
安全生产监督管理局	全国安全生产监督管理先进单位	国家安全生产监督管理局
发电厂电气分场输变电 QC 小组	全国优秀质量管理小组	全国总工会、团中央、中科协、中质协
发电厂	安徽省先进集体	安徽省人民政府
发电厂	安徽省第三届文明单位标兵	安徽省委、省政府
中级法院	全国青少年犯罪研究先进集体	中国青少年研究会
雨山区法院	全国人民调解指导工作先进集体	最高人民法院、国家司法部
雨山区法院	第五届省文明单位	安徽省委、省政府
花山区法院	第五届省文明单位	安徽省委、省政府
教育局德育办	全国家庭教育工作先进集体	全国妇联、国家教育部
金家庄区妇联	省妇联系统先进集体	安徽省妇联、省人事厅
图书馆	全国文化工作先进集体	国家文化部、人事部
环保局	第二批国家级生态示范区建设优秀组织单位	国家环保总局
人行马鞍山市中心支行	安徽省第五届文明单位	安徽省委、省政府
人行马鞍山市中心支行	安徽省先进集体	安徽省委、省政府
马钢路桥建筑有限责任公司人民调解委员会	模范人民调解委员会	国家司法部
金家庄区卫生局	“九五”期间农厕工作先进单位	全国爱国卫生委员会
市委书记　郑牧民	1999—2000 年度全国市科技进步考核先进个人	国家科技部

荣誉获得者	荣誉称号	颁奖单位
市长 陈世礼	1999—2000年度全国市科技进步考核先进个人	国家科技部
副市长 鲍寿柏	1999—2000年度全国市科技进步考核先进个人	国家科技部
科技局局长 陈苏汉	1999—2000年度全国市科技进步考核先进个人	国家科技部
科技局 王金霞	全省专利系统先进工作者	省科技厅、省人事厅、省专利管理局
万能达发电有限责任公司 郑家方	全国质量管理小组活动卓越领导者	全国总工会、团中央、中科协、中质协
当涂法院 胡敏	全国人民满意的好法官	最高人民法院
妇联 刘月华	省妇联系统先进个人	安徽省妇联、省人事厅
文化局 范以鹏	全国文化市场管理先进个人	国家文化部
人行 王俞	全国金融系统青年岗位能手	中央金融工委
金家庄区政府 陈群	全省宣传系统先进个人	安徽省人事厅、宣传部
公安局 陈民宪	一等功	安徽省人民政府
公安局 陈民宪	二级英模	国家公安部
建筑管理处 薛守贵	全国建设工程质量监督先进个人	国家建设部
农业委员会 姚志荣	绿色长廊工程建筑先进个人	安徽省委、省政府
纪律检察委员会 李顺祥	全国纪检监察系统先进工作者	中纪委、监察部
计划生育委员会 詹正洪	全国计划生育优秀工作者	国家计生委
中国人寿保险公司马鞍山分公司 陈克民	全国金融“五一”劳动奖章	中国金融工会全国委员会

2002年度全市精神文明十佳诚信集体

马钢销售公司 马钢销售公司承担马钢90%以上钢材销售任务。公司坚持营销创新，保证了马钢产销平衡和效益稳步增长。2001年销售钢材460万吨，销售收入76亿元，为马钢销售收入在全省率先突破百亿元作出突出贡献，2002年，销售钢材503万吨，销售收入93亿元，为马钢完成115亿销售收入再立新功。

马钢销售公司充分发挥营销“龙头”作用，及时向公司内部传递市场信息，紧紧贴近市场设计价格策略，将贸易保值、区域价格、不同品种价格制定与市场变化规律有机结合，保证马钢产品销售价格稳定上升；坚持把“双高”产品促销作为工作重点，提高马钢现有产品资源赢利能力。销售公司树立“顾客是上帝又是朋友”的服务理念，提高合同兑现率和客户满意度。2002年马钢合同兑现率保持95%以上，居全国各大钢之首，大大提高马钢的信誉度,同时对代理商信守资源和价格两大保护政策,牢牢吸引客户,保证了马钢提前预收货款销售实现。

销售公司还努力营造争创一流、永不满足的企业文化氛围,着力培养员工认同的经营理念、行为准则、价值观念。该公司获得马钢 2001 年度“先进单位”、“文明单位”称号,2002 年度马钢“双十佳”、省和国家工商局“重合同守信誉先进单位”称号。

市青年志愿者协会 马鞍山市青年志愿者协会成立于 1994 年。现拥有固定会员 2 万名,通过开展志愿服务,帮助有特殊困难的社会成员,在人与人之间架起和谐共处、诚信互助的桥梁。至今大约 3 万名志愿者累计为社会提供了 30 万人次近 1 200 小时的志愿服务,其中 2002 年为社会提供了 350 万小时的志愿服务,为我市的两个文明建设作出了积极贡献。

该协会先后实施开展了“一助一”社区结对服务、志愿者扶贫接力计划、志愿者助老“金晖行动”、大中学生暑期“三下乡”社会实践、多次组织志愿者突击队参与抗洪抢险和救灾,在省八运会、2001 年全国百城市自行车赛志愿服务行动中分别获得市政府和团省委的通令嘉奖。在全市 18 个窗口行业的 2 000 多个青年集体中广泛开展了“青年文明号信用建设示范行动”,在与市卫生局开展的卫生志愿者活动中,先后选派了 4 批共 19 名卫生志愿者分别赴当涂县新博乡、护河镇等地进行每期半年的医疗卫生服务。

青年志愿者行动,以实实在在的服务极大地改善了社会风气,成为新形势下加强公民道德建设的有效载体,其显著的社会效果、良好的人才效益得到各级领导和社会各界的充分肯定和广泛好评。市青年志愿者协会和部分基层志愿者组织也多次获得国家、省和市级的表彰。

马鞍山供电局 马鞍山供电局把城乡居民用电满意不满意,作为自己工作的奋斗目标,注重兑现社会承诺,增加服务项目,提高服务质量,积极创建诚信企业。

该局始终坚持以“人民电业为人民”的宗旨,以“优质、方便、规范、真诚”为方针,开展双放心工程,即“政府放心、客户放心”。向社会公开承诺,将“企居用电分离”,实行一户一表,二十四小时故障抢险制度,在农村推行十项承诺。为了取信于民,他们坚持以人为本,牢固树立“以客户为中心”的服务理念,成立了“五大中心”,一切用电业务只进一个门,只找一个人,努力做到“三快、三好”,即用电报装快、装表接电快、事故处理快;办事态度好、服务作风好、工作质量好;他们于 2002 年 4 月开通了“95598”供电服务热线,还成立了“黄绿红”便民服务队,义务为孤寡老人、离退休老教师、伤残军人等提供用电维修服务,深受居民的好评。在全市农村实行了“三公开、四到户、五统一”,使城乡居民用上了明白电、放心电。2002 年,该局共完成社会用电量 35.8 亿千瓦时,比去年同期增长 10.93%,上缴国家税收 5 316 万元,同比增长 12.4%,荣获省电力公司迎峰度夏一等奖。马鞍山供电局先后荣获了马鞍山市文明单位、马鞍山市文明行业、安徽省消费者满意的服务单位、国电公司一流供电企业等称号。

马鞍山电信分公司 马鞍山电信分公司始终坚持“用户至上,用心服务”的经营理念,规范经营,诚信服务,公司的通信技术能力和服务水平得到显著提高,为促进全市的经济建设和方便市民生活提供了强有力的通信保障和优质诚信服务。

近年来,该公司始终坚持以人为本,狠抓员工的素质教育和业务技能培训,着力提高职工职业道德水准、业务技能和诚信服务能力。建立健全了客户服务体系。专门成立服务质量监督检查室和大客户服务中心等机构,积极推行“首问责任制”、大客户绿色通道、达标竞赛、社会义务监督员等有效措施,强化服务意识,严格执行国家电信资费政策和标准,收费公开。服务窗口人员统一着装、佩带工号牌,做到用户办事来有迎声,问有答声,走有送声。实行新业务回访和对老弱、病残等特殊用户上门跟踪服务等,积极拓宽服务领域。在全省率先推出无线市话小灵通新业务项目,扩大网络规模,促进了我市通信能力的提高。该公司连续五届被授予省级文明单位。

中国工商银行马鞍山分行营业部 工行马鞍山分行营业部坚持以客户为中心,以市场为导向,把诚信作为立行之本、兴行之策,切实为广大客户提供各种优质服务,积极构建健康的信用体系,在金融业唱响了诚信为本、服务社会的主旋律。面对“入世”的挑战以及金融业日趋激烈的市场竞争,该营业部把“明礼诚信”作为员工必备的道德规范,在经营活动中牢固树立“实事求是、依法合规、履约重诺、诚实守信”的经营理念,引导员工按“严格、规范、谨慎、诚信、创新”的行风校正自己的经营行为。在各营业窗口抓“台前”促“幕后”,狠抓管理塑形象,通过开展“微笑献客户,委屈留自己”大讨论,“党员示范岗”及“来有迎声,问有答声,走有送声”等多种服务,将诚信观念渗透到每一项业务,体现到每一个岗位,落实到每一名员工,一人一事抓规范,一点一滴养习惯,不断激发大家“爱岗敬业、诚实守信、办事公道、服务群众、奉献社会”的热情。多年的诚信服务,该营业部既赢得了市场,又赢得了荣誉。市场营销呈现出喜人形势。该部贷款余额达 4.5 亿元,存款余额达 12.5 亿元,近三年创造利润 3 000 余万元。该部先后 40 多次受到国家、省、市级荣誉表彰,并获得“全国金融系统先进单位”、“省级文明单位”、“全国职工职业道德建设先进单位”、“全国消费者信得过单位”等称号。

马鞍山人民广播电台交通音乐台 马鞍山交通音乐台自2001年12月28日开播以来，以诚实守信的工作责任感和认真负责的工作态度，努力做交通法规的宣传员，道路管理的协理员，广大听众的服务员，积极传播先进文化，大力弘扬主旋律，较好地发挥了党和政府联系人民群众的桥梁纽带作用。

交通音乐台全体工作人员把司机当成朋友，把交通音乐台当成他们的家，为他们排忧解难。每当出租车司机发生纠纷矛盾激化时，即使是深夜主持人闻讯也迅速赶往现场调解处理，用他们真诚的服务、言而有信的工作态度、耐心细致的说服教育，使一触即发的矛盾冲突平息下来。他们坚持将典型引路，示范带路，在全市5 000多名出租车司机中考核聘用了16名思想端正，组织纪律性强的出租车司机作为交通音乐台的首批路况记者，并通过电波将“随时愿意帮助处于困境中的人们”的承诺传遍千家万户。他们还开展了“爱心司机”评选活动，相继推出“为孤寡老人提供免费乘车，向行动不便的乘客提供背上背下服务”等一系列爱心服务新举措。

一年来，交通音乐台的主持人和路况记者，义务救助遇到困难的市民2 000多次，义务发布路况信息4 000多条，义务抢救危重病人100多人次，通过交通音乐台工作人员归还失主的钱物价值上百万元。他们用真诚的服务和勤劳的汗水，实现了“有求必应，有难必帮，模范带头”的庄严承诺。

当涂东门医院 当涂东门医院是我省创办的第一家民营医院。五年来，该院以良好的职业道德，精湛的医疗技术，低廉的惠民价格，竭诚为广大患者提供优质服务。

几年来，医院开展各类手术4 000多例，没有发生一例医疗事故，医院将药品利润降到物价部门审核的最低标准，药品营业额仅占总营业额的28%，远低于卫生部规定的药品收入不超过总收入50%的标准。该院实行“公开价格，一日清单制，一次性定价收费”，让患者看明白病，以诚实守信，公开公道的良好作风赢得了广大患者及家属的一致好评。

在为患者提供优质细心服务的同时，东门医院还积极扶弱济贫，关爱弱势群体。该院王祥院长得知身患奇症濒临绝境的农家女小刘慧的病情后，立即伸出援助之手，请来上海等地专家为她会诊，并全部免收其治疗护理及食宿费，使小刘慧病情得到有效的控制，重新回到学校。近年来医院资助10名春蕾女童，为孤寡老人和革命军人送医药及食品达万余元，出资4万余元支持社会公益事业，每年为贫困患者减免医疗费达12万余元。

金奖银奖不如老百姓的夸奖。几年来，四方百姓为东门医院送来奖旗达150多面，凭着崇高的医德医风，精湛的医技和坚持常年扶贫济困的良好风尚，当涂东门医院赢得了千家万户的赞誉。

市群艺馆文化艺术学校 市群艺馆艺校是我市最早培养少年儿童的文化艺术类学校。自开办以来，始终遵循“教书、育人、传艺”的办学宗旨，坚持社会效益为主，诚信办学，培养一批又一批艺术新苗，赢得了家长及社会的普遍赞扬，为我市的两个文明建设作出了贡献。

近几年来，面对蓬勃兴起的各类艺术培训班的竞争，艺校始终把握为社会服务、为先进文化服务的方向，以诚信办事为本，育人传艺为主，严格按照规定的标准收费，做到取之于学生、用之于学生。对下岗职工家庭的学生，实行学费减免，并免费提供各种学习用品。艺校与中国音乐学院合作，在马鞍山成立了华东地区唯一的音乐校外考级区。与安工大艺术学校建立了少儿培训基地，不断提高教学质量，与此同时，艺校不断加大对硬件设施的投入，努力为学生营造优美的学习环境。对教师积极进行政治理论和业务技能的学习培训，不断提高综合素质，诚信办学，夯实了艺校在市场经济中赖以生存的根基，同时也赢得了较高声誉，为国家输送了大批文艺人才。

市长运公司 市长运公司坚持“诚信为本、服务社会”的宗旨，大力加强作风建设，着力为广大乘客提供优质文明的服务，弘扬了窗口行业的文明新风，为提升我市文明形象起到积极的推动作用。

作为市交通单位的“龙头企业”，该公司坚持“以客为尊、诚信服务”的经营理念，狠抓窗口单位的诚信建设，竭力为广大乘客提供优质文明的服务。在长途汽车站、长运快客、旅游车站等窗口单位，针对客流量大、人多复杂的情况，推出了首问负责制、委屈服务，并采取延长售票时间，随时售票等方式，着力为广大旅客服务。在太白公司，把抓好出租车司机的职业道德建设作为突破口，先后推出了“党员示范车”、“拥军车”、“爱心的”等“新风车”，积极传播精神文明，受到广大乘客称赞。在长运驾校，通过悬挂举报箱、设立举报电话、公开服务承诺等，接受社会监督。该公司加大硬件投入，改善经营环境，为广大旅客提供温馨的服务，通过岗位培训、外出参观，政治理论学习等形式，积极贯彻《公民道德建设实施纲要》，狠抓员工的思想素质和职业道德教育，市长运公司以乘客第一的诚信经营理念，积极服务于广大乘客，为我市窗口行业树立良好的形象，该公司及所属企业先后获得多项省、部、市级等荣誉称号。

市劳动就业局职介中心 市劳动就业局职介中心是全市下岗失业人员就业及农村剩余劳动力转移的服务机构。近几年来,职介中心时刻为下岗失业人员实现再就业着想,自 1999 年至今,共为下岗失业人员举办用工洽谈会 170 余场,举办下岗女工、下岗青工、下岗职工出中心专场招聘会 16 场,提供就业岗位 3 万多个,安置下岗失业人员 2 万多人上岗,劳务输出 3 533 人,为 8 500 多人提供了劳动保障事务代理服务,受到各级领导和广大群众的充分肯定。

职介中心领导注重加强职工的思想教育和业务技能培训,牢固树立为下岗失业人员诚信服务的思想,多渠道拓宽就业岗位,加大空岗信息收集力度,保证每天近百条空岗信息及时准确地发布,在全省率先开展了劳动保障事务代理工作,为下岗失业人员提供档案保管、社会保险费交纳、党团组织关系管理等 10 项服务,受到了下岗失业人员的普遍欢迎。

职介中心先后多次被市劳动保障部门评为先进集体,1997 年被北京市确定为劳务输出基地,2000 年被省劳动和社会保障厅评为先进职业介绍机构,2002 年被市政府评为下岗职工再就业先进单位,同年被团省委授予"青年文明号"。

2002 年度全市精神文明十佳文明市民

深化改革创效益的优秀企业家 钱森力

钱森力是马钢巨龙有限责任公司董事长兼总经理,在他的带领下,公司职工同心同德,奋力拼搏,企业经营状况明显好转。2002 年,公司超额完成了生产计划 32.6%,销售收入比 2001 年增加 50%,实现政策性扭亏达 250 万元。

1996 年 3 月,钱森力到任时,巨龙公司亏损严重,职工工资不能按时发放,为使企业走出困境,他在加强企业内部管理的同时,深化改革。钱森力积极引进外资,公司与法国圣戈班集团合资取得成功后,产量每年以翻番的速度增加,既为国家交纳了大量的税金,又解决了巨龙公司 400 名职工再就业。在企业资金极度匮乏的情况下挤出钱来,购置了一批计算机,建起了局域网和 ERP 系统,建起了国内唯一的一条回转支承数控化生产线,大大提高了生产能力,回转支承产品产销两旺。2002 年 6 月,产品首次突破了日产 1 000 套的历史纪录,产品先后获得国优、省优、部优称号。产品不仅覆盖全国 26 个省市,并批量出口美国、加拿大、日本等国。2002 年 11 月,钱森力荣获安徽省冶金行业优秀企业家光荣称号。

白手起家勇闯市场的典范 王邦耀

王邦耀是马钢集团力生有限责任公司制冷维修中心经理助理,他凭着一股顽强的拼搏精神,白手起家勇闯市场,他带领维修中心从过去只有三个人,年产值仅几万元的小班组,发展到现在拥有 14 名中高级制冷维修技术人才,年产值达 230 万元的经济实体。

制冷维修中心成立初期,一无所有,王邦耀靠着吃苦拼命的精神,带领几名职工,一步一个脚印地打开了马鞍山制冷维修市场。通过勤奋学习,他不但自己顺利地拿下了高级制冷工等级证书,而且主动把技术毫无保留地传授给年轻的同志。2002 年 8 月,制冷维修中心喜获"安徽省一级家电维修资质",成为马鞍山惟一一家获得资质书的制冷维修企业。目前,他们已拥有制冷维修成员单位 20 多家,成为我市制冷维修市场的一支重要力量。2001 年实现产值 150 万元,2002 年实现产值 230 万元,2001 年王邦耀被评为"力生公司标兵"。

安民有方的村支书 林立刚

林立刚是雨山乡安民村党总支书记,1998 年担任村党总支书记以来,带领村"两委"一班人,走出了一条适合村情发展的新路子,全村实现了经济发展,社会稳定,农民安居乐业的目标,被当地村民赞为"安民有方的好支书"。

安民村素有"都市里的村庄"之称,全村人均耕地不足三分地,农民既无地可种,又没有企业可以安置,大部分青壮劳力闲置在家,林立刚上任后首先提出了抓发展村级经济,把富余劳力安置好,让农民有活干。在建白肉市场那阵子,林立刚每天早晨四点钟就起床,先后十多次到农贸市场宣传有关优惠政策，在他的努力下，农民白肉市场初具规模，并产生了良好效益。几年来，安民村相继建成了鸳鸯服装厂、安民大酒店等30多家企业，安置富余劳力达一千多人。2002年，全村实现了社会总产值1.16亿元，农民人均收入4 300元，连续四年在全市村级经济综合指标考评中，安民村名列第一。

自强不息创新业的下岗女工 袁淑梅

袁淑梅是十七冶下岗女工，她下岗不失志、以自尊、自信、自强、自立的精神，创办了杨丽萍芦荟绿色美容中心，用艰辛的劳动编织着人生和希望和未来。

1998年袁淑梅先是家庭变故，随后下岗，使她陷入了人生的最低谷，擦干眼泪后的袁淑梅告诫自己"要生存、必须靠自己"，她读了大量的书籍、杂志，在增长知识、扩大视野的同时，掌握市场信息，为再就业作准备。一次，袁淑梅看到了大连市杨丽萍芦荟绿色美容中心的事迹报道后，对芦荟产生了浓厚的兴趣，于是她毅然北上大连，拜杨丽萍为师。在历经半年的勤奋苦学后，袁淑梅带着先进的美容技术在马鞍山开了第一家杨丽萍芦荟绿色美容中心。为开拓市场，袁淑梅四处奔波，广泛宣传，袁淑梅以真诚赢得客户的信赖，每年"三八"妇女节，美容中心都免费为顾客服务，在招收学员时，下岗职工优先录用。现在，美容中心有15名员工，下岗女工就有9人。2002年，袁淑梅已在全市开了三家美容店，生意日渐红火。

几年来，袁涉梅先后荣获"市下岗职工再就业先进个人"、市"钢城女工'十五'双文明立功标兵"，2002年中央电视台《劳动·就业》栏目还对袁淑梅事迹做了专题报道。

先进文化艺术的传播者 柴 征

柴征是金家庄区新风社区文艺协会会长，民族健身舞教师，从事群众文艺教学辅导和舞蹈创作27年，用健康向上的文化艺术活动牢牢占领宣传文化阵地。他与爱人创办的《映山红》民俗艺术团和广场健身晚练点，吸引了许多市民，激起了广大群众追求健康文明的生活热情。

柴征为了用健康的文艺活动占领广场这一阵地，他精心编制了一套既适应于广场集体表演，又适合个人家庭等各种不同场所活动的"民族健身舞"，并得到北京市舞蹈学院民族舞教授张迎松的指点和肯定。柴征的民族健身舞以其新颖独特的形式和艺术魅力，受到广大群众的喜爱。柴征自费购买了功放音响，在幸福广场开设了健身晚练点。为了使广场文艺活动正常开展，柴征拿出了家里所有的积蓄，并先后借了三万多元购置演出用的服装、专业电脑和音响。2001年柴征的母亲患晚期食道癌，生命垂危，恰好此时柴征正在忙着排练国庆大型广场文艺演出，没能见上母亲最后一面成了柴征终生的遗憾。他将老母亲临终留给他的4千元积蓄用在国庆广场文艺演出活动当中。

三年来，他共创办24个教学健身舞蹈点，参加健身的群众从几十人发展到现在的570多人，每年参加健身锻炼的人数达5万人次。参学人数达8万人次，他创作的大型民族舞《荷、蚌、旱船闹新春》曾多次被邀请参加市级大型演出，许多作品都在"江南之花"、香港回归等大型文艺演出活动中获奖。

用爱回报社会的古月公司经理 张言发

张言发是古月汽车出租旅游公司经理，多年来，他用真情回报社会，以诚信面对客户，赢得社会各界赞誉。

张言发凭着吃苦耐劳、自信自强、闯出了自己一番天地。事业有成后，他不忘回报社会、扶贫济困。去年，他在全市出租车行业首创"新风车"队，为现役军人、残疾人、70岁以上老人免费服务2 000多人次，免费接送高考学生2 000人次，先后五次组织员工走进武警部队营房，向最可爱的人赠送各类报刊、书籍、防暑降温物品价值达2万元。去年年底，张言发积极响应市总工会号召，向困难职工捐赠现金1万元。去年"六一"，古月车又将市儿童福利院的12名孤残儿童带进常州中华恐龙园，让这些姓马的孩子享受到与父母关爱呵护的孩子同样的欢乐。张言发还拿出5千多元，订了50份马鞍山日报和晚报赠送给下岗职工。几年来，张言发先后为市敬老院、福利院、特困生和抗洪救灾等光彩事业捐赠物品、现金达28万元。年缴纳各种税金70万元，被评为我市"民营企业纳税大户"。

反腐路上勇开拓的检察干部　万　里

万里是花山区人民检察院控申科科长,23年来始终战斗在反腐败、职务犯罪第一线,公正执法,文明办案,开拓创新,执着地为检察事业贡献力量。

万里大胆改革勇于创新,在全省率先实施实名举报反馈承诺制,使该院2002年首次来信来访140件,未发生一件越级访、重复访,首办息诉率达100%。受到省院领导的好评,在全市检察机关控申检察部门推广。在日常工作中,万里以身作则,敢于排除困难和阻力,依法办案,2002年侦破6件贿赂案,侦破职务犯罪案件7件。他充分利用现代科技手段,将举报宣传知识制作网页在市有关单位局域网内开展举报宣传。并撰写理论调研、信息等宣传稿件60余篇,以自身行动为国徽增添光彩。

为城市排涝作贡献的站长　周兆云

周兆云是市政处排水所雨山河泵站站长,多年来在平凡岗位上默默奉献,用青春谱写了绚丽多彩的篇章。

雨山河排涝泵站担负着城市内涝排放任务,被誉为整个城市的生命线,该泵站建设于60年代,泵站底层经常有淤泥沉积,周兆云多次深入到机房底部清淤。夏天,泵站底层空气流通不畅,酷热难耐,他不顾熏人的异味和蚊虫叮咬,带领职工把淤泥一桶桶地往上拎,确保了泵机正常运转和设备安全。每年汛期,周兆云总是风里来,雨里去,不管白天黑夜都及时赶到泵站,仔细察看水位,合理调度泵机运行,保证雨水及时排放。

雨山河3号泵站去年建成投入使用后,为了使泵站正常发挥其功能,周兆云认真钻研和掌握操作技能,大胆采用了一些新的管理手段,取得了很好效果。雨山河泵站在他的带领下,先后获得省建设厅文明泵站,市文明班组等荣誉称号,他本人也多次获得有关部门奖励和表彰。

勇于拼搏创佳绩的工程师　苏义清

苏义清是马钢港务原料厂工程师,在负责该厂二期扩建工程中一心扑在工地上,敢于拼搏,勇闯难关,

他放弃了无数个休息日与施工人员滚打在一起,解决了一道道施工中的难题,为该厂二期工程节约了数百万元资金。

该厂混匀配矿槽改造是二期扩建工程的主要项目之一,基础部分原设计采用预制桩。由于现场不具备施工条件,他不胆提出选用钻孔灌注桩这一危险性大的方案。面对这一难题,苏义清白天跑现场,进行实地勘探;夜晚查资料,进行分析、研究,终于拿出了充分的证据,论证了"灌注桩方案"的可行,并得到专家们的一致认同。实施这一方案,不仅确保了工程顺利,而且节约投资350万元。在施工高峰期,他不分白天黑夜的工作,随叫随到,从无怨言。为了确保工期进度和严把质量关,他积极与施工单位配合,解决施工中出现的问题。在苏义清的努力拼搏下,港务原料厂二期土建工程以及钢结构安装项目顺利推进。

开拓进取的农村信用事业的带头人　王金凤

王金凤是当涂护河信用社主任。多年来她刻苦钻研知识,扎实工作。于1992年担任当涂县护河信用社主任,受到四方百姓的一致好评。

王金凤从任职的那一天起,就深知自己责任重大。当时护河信用社存在"两高一低"的现象,即不良资产比例高、亏损额高、存款余额低,针对这一情况,王金凤一上任就深入农村积极开展调查并制定了三条措施:一是强化优质,开办了电脑储蓄,提高了服务手段;二是实行工作责任制和激励制度奖勤罚懒;三是增收节支。她上任的第二年就摘掉了亏损的帽子,截至2002年11月,护河信用社不良资产比1998年下降了30个百分点;各项存款余额也比1998年增长了776.94万元。掌握着信贷大权的王金凤在信贷业务方面坚决按章办事,坚持原则,坚决杜绝了信贷上的不正之风。在王金凤的影响下,护河信用社的廉政建设蔚然成风。王金凤自参加工作以来,多次被评为市、县级金融先进工作者。

享受国家特殊津贴人员

刘　高　现任江苏锡钢集团有限公司全国产化合金钢方坯连铸机工程中的项目经理，该项目由中国冶金建设集团马鞍山钢铁设计研究总院设计、供货、安装调试总承包。该合金钢方坯连铸机为中国冶金建设集团马鞍山钢铁设计研究总院开发的新机型，国产化率100%；该机在国产连铸机中首次采用了冷却工艺独特的新型二冷系统、新型刚性引锭杆和摩擦传动引锭杆存放装置等新技术，装备水平和产品质量达到目前国际水平，填补了我国合金钢方坯连铸机的空白，项目投资仅为引进国外合金钢连铸机的1/4－1/3，已产出多种高附加值合金钢连铸坯，当年投产，当年收回投资。该项目获2000年度部级优秀设计三等奖。

刘高在浙江杭州钢铁集团公司80吨电炉连铸工程中，任炼钢专业负责人，并兼任现场负责人。该项目采用了世界先进水平的超高功率直流电弧炉、钢包精炼炉和高效合金钢方坯连铸机组成三位一体组合优化生产线，设计年产量42万吨，1999年3月投产，年底即达产，2000年生产合格铸坯56万吨，2001年计划生产65万吨，其生产指标名列国内前茅。该项目获2000年度部级优秀设计二等奖。

在江苏无锡锡兴钢铁股份有限公司“电炉—全连铸—热送—热轧”高效节能短流程示范生产线中，该同志任主要设计人。该项目1995年获江苏省人民政府科学技术进步二等奖。

在我院组织的“电炉—钢包炉—连铸”高阶段设计基本模式的开发项目中，刘高同志任主要设计人，该项目1996年获部级优秀管理二等奖。在江苏无锡钢厂30万吨特钢配套改造工程设计项目中，刘高同志任主要设计人，该项目获1989年度部级优秀设计二等奖。2002年享受国家特殊津贴待遇。

夏　华　大学毕业以来一直从事技术工作，1978年起主要致力于电力高次谐波滤波装置的开发和研制，主持滤波电抗器的研制、参数测量、调试方法的研究，1985年全国第一套大型电力滤波装置在马钢一次投运成功，结束了我国依赖进口的局面。冶金部专家鉴定会结论：达到世界水平，其中双调式电抗器属于首创。该技术已获国家发明专利，至今已在全国推广应用70余套，获得了巨大的经济效益和良好的社会效益。该技术成果还获得冶金部科技进步奖、优秀设计奖等。

20世纪80年代中期开始，该同志潜心钻研SVC技术，克服种种困难和挫折，1994年研制出全国第一套用于炼钢电弧炉的国产化SR型SVC，冶金部专家鉴定会结论：该装置完全解决了电炉产生的电压波动、电压闪变、负序、谐波和功率因数低等所有问题，技术指标达到国际同类型先进水平。该项目获冶金部科技进步奖，安徽省金桥工程奖。

1999年开始，夏华同志着手研制智能型自动投切滤波装置，2000年应用于工程实践，获得良好效果，目前已在全国推广，深受用户欢迎。夏华同志潜心钻研专业理论，注意总结实践经验，先后在国家和省部级刊物上发表了《双调式低能耗电力高次谐波滤波装置》等6篇论文。夏华同志1993年获得安徽省专利特等奖，1998年被安徽省科委、省科协、省经贸委、省工会、省劳动厅联合授予“安徽省一线职工技术状元”称号。2002年享受国家特殊津贴待遇。

生 活 新 知

防治非典型性肺炎基本知识

1. 什么是非典型性肺炎?

非典型性肺炎是指近来世界部分国家和我国局部地区发生的,原因不明,主要以近距离空气飞沫和密切接触传播为主的呼吸道传染病。最近,世界卫生组织宣布,引起本次非典型性肺炎的病原体是冠状病毒科新种,称为SARS病毒,传染性较强,病情重,进展快,危害大。

2. 非典型性肺炎有哪些症状?与普通感冒有什么区别?

非典型性肺炎临床表现为起病急,以发热为首发症状,体温一般高于38摄氏度,偶有畏寒,可伴有头痛、关节酸痛、全身乏力、腹泻等;一般没有上呼吸道其他症状;可有干咳,少痰,偶有血丝痰;可有胸闷,严重者会出现呼吸加速、气促或明显呼吸窘迫。

普通感冒通常是在淋雨、受凉,过度疲劳后,因抵抗力下降,才容易得病。因此,普通感冒往往是个别出现,不会像非典型性肺炎那样流行。普通感冒发病时,多数是低热,很少高热,病人鼻塞流涕、咽喉疼痛、头痛、全身酸痛、疲乏无力,症状较轻微,如果没有并发症,一般不会危及生命。

3. 非典型性肺炎潜伏期有多长?

一般约为2至12天,通常在4至5天。

4. 非典型性肺炎是怎样传播的?

非典型性肺炎的传播方式可能主要是通过近距离空气飞沫传播,以及与病人密切接触造成的。密切接触是指:治疗或护理病人、探视病人;与病人共同生活;直接接触病人的呼吸道分泌物或体液。

5. 非典型性肺炎有没有特别有效的治疗办法?

非典型性肺炎目前还没有消灭病毒的特效药物和治疗办法,但经过及时的支持性治疗和对症治疗后,绝大多数病人可以痊愈康复。

6. 个人怎样预防非典型性肺炎?

主要是培养和保持良好的个人卫生习惯。经常洗手,洗手后,要用清洁的毛巾或纸巾擦干;打喷嚏、咳嗽和清洁鼻子后要洗手;不要共用餐具、茶具和毛巾;注意饮食均衡,定期运动,根据气候变化及时增减衣服,注意休息,避免过度疲劳,增强身体的抵抗力;尽量不到人口密集、空气流通不畅的公共场所。

7. 当家人或朋友被确诊为非典型性肺炎患者时,应当采取哪些预防措施?

在当地疾病预防控制机构的指导下,对患者家中或近期曾滞留的场所进行消毒处理,包括空气、家具、衣物等;为控制疫情,与患者密切接触者应配合疾病控制机构进行医学观察或隔离,一般为2周;避免探视病人,如必须探视时,一定要戴口罩,并穿防护服;随时注意自己的身体状况,如有不适要马上到医院检查。

8. 出现发热、咳嗽、全身酸痛等症状时应该怎么办?

如果出现发热,体温达38摄氏度以上,咳嗽、全身酸痛等症状和体征,千万不可麻痹大意,存在侥幸心理,要马上去医院就诊,立即减少与家人、同事和周围人员的接触。

9. 在公共场所怎样预防非典型性肺炎?

不随地吐痰、打喷嚏或咳嗽时应掩口鼻,之后要洗手;避免接触眼、鼻、口,如需要触摸,应当先洗手;尽量不要聚餐,如必须聚餐时,应当用公匙和公筷;采取措施确保空气流通;公用设施如桌椅、电话、门窗把手应经常消毒。

10. 开窗户通风病毒会不会进入房间?

非典主要是通过飞沫传染,比如和病人说话,打喷嚏等,如果空气流通得好,这些病毒很快就稀释了,室外空气中的病毒很少,一般不会染病。

11. 饮茶能增加人体抗感染能力?

一杯普通的茶也许是人体抵抗传染性疾病的有力武器,这是美国研究人员在新出版的《国家科学院院刊》中报告的,他们发现茶叶中的化学物质能够将人体抵御疾病的能力提高5倍。

12. 非典治愈者的肺会变成纤维肺,之后也活不了多久,是这样吗?

这个观点是不正确的。80%的治愈者会恢复正常,不会留下后遗症。所谓后遗症,不光非典,即使是普通肺炎,如果治疗不彻底,肺部也会有局部的纤维化。

13. 小孩和糖尿病人是否可以用胸腺肽来预防?

5岁的孩子是不能用的,因为他自己的胸腺正在生长发育,不像成年人,胸腺已经停止生长了,相对于成人,儿童染病的机会少一点。即使儿童染病的机会少,我们一样也要加小心,平常尽量少带孩子上街或者去人多的地方,保障孩子的休息,保障孩子的营养平衡。

14. 家里能用紫外线消毒灯吗?

紫外线消毒是一个很老的办法,目前还没有证据表明紫外线消毒灯能够杀死空气中的冠状病毒。紫外线消毒灯更适合医疗机构用,不同的功率影响不同的面积,对眼睛是有一定程度的伤害的,用紫外线消毒灯的时候要注意保护眼睛,这种灯在医院用可以,不适合家里用。

15. 接触一个被隔离的人后是否需要被隔离?

第一,看他所接触的人是否确诊为非典。第二,看是什么程度的接触,是密切接触还是说几句话甚至擦肩而过的这种接触。第三,看接触后已经过了多长时间,如果是两礼拜以后,就没事。如果还在潜伏期,那就要注意身体状况,如有不适,就需要看医生。

16. 潜伏期非典病人传染性不大?

非典病人是本病的主要传染源,一般症状越重,传染性越强。对于处于潜伏期的病人,专家一般认为传染性不大,有的基本没有传染性。

17. 睡不好吃不好会导致抵抗力下降?

要对这个病的本身有一个科学的认识,因为恐慌来自于感到对病势未知,越是对病没有科学的认识,就会越感到恐慌。要想减少恐慌,我们要对这个疾病,形成一个真正的科学全面的认识,这样就知道这个病究竟有多么可怕,我们把它怕到什么程度,重视到什么程度,才是客观的、准确的、释怯的情况反应,而不要做过度的反应。

18. 非典是直接发烧到38摄氏度以上吗?

非典的临床表现可以是刚开始低烧,后面慢慢升,也可以是突然发高烧。有些人一发烧就跟非典联系到一起,是过分恐慌,我们应该重视非典,但也不要随便把普通发烧归到非典里面来。比如有个人发烧,并伴有咳嗽,如果他流鼻涕,鼻子阻塞,这种就不是非典。

19. 高烧不持续是SARS吗?

一般病人都是急性发病,以发烧为主,一般有关节疼、全身不适等症状,SARS一般都是持续发烧,而且一般的药都退不了。发烧不持续可能不是SARS,还需要和普通的伤风感冒区别一下。

20. 邻居确诊为非典,我们应该注意什么?

主要是看你距离邻居到底有多远,如果很近,那么平常要注意一些,少去邻居家串门,减少传染的可能性。如果比较远的话,就应该没有太大的问题。如果邻居住在对面或者楼上楼下,平常就不要开窗户。

21. 家中没有过氧乙酸怎么办?

通常过氧乙酸主要是在医院等医疗系统应用,最具消毒的作用,但对于身体健康的正常人来说,保持有规律的作息时间,注意个人卫生,减少在人口密集的公共场所出入,保证室内空气的流通就可以有效预防非典的传播。

22. 公共食堂怎样防"典"?

1. 食物来源:要保持清洁,必须从合法渠道采购原料用品,减少生食和野味品种的供应。2. 餐具消毒:营业前必须对餐具用具进行消毒,首选煮沸消毒15—30分钟,或流通蒸汽消毒30分钟。也可用0.5%过氧乙酸溶液或250mg/L-500mg/L二溴海因溶液或250mg/L-500mg/L有效氯消毒剂溶液浸泡30分钟后,再用清水洗净。

23. 正常作息有多重要?

对人们的生活来说,休息是一种调节剂,不能过短,也不能过长,5—7天的休息都是一个合理的范围。之所以有些人在心理和生理上有不舒服的感觉,这是环境适应问题。主要还在于个人自我心态的调节。有的人会休息,探亲访友、聚会娱乐一样没耽误,自己也休息好了,到上班时精神焕发,而有的人对休假没什么安排,一放假把原来的生物钟全打乱了,喝酒、熬夜,假期结束了,人也精疲力竭了,原来亚健康的隐形状态就容易在假日后成为疾病,影响人们的正常工作和生活。

24. 家中有病弱老人,应该采取哪些预防措施?

病弱老人身体虚弱,抵抗力差,相对容易感染非典,一旦感染,愈后不佳,所以一定要把好预防这一关。老人应杜绝前往疫区或到接收非典病人的医院看病,应尽可能待在家中。室内保持空气流通,注意均衡饮食,要有足够的休息时间,减轻思想压力,家人要多给老人传递预防非典的正面消息。如家中有成员在医院或高危区域工作,应该暂时避免来往。注意气候季节变化,适时增减衣服。不能乱用药。少饮酒,不吸烟。

25. 患有呼吸系统疾病的人该怎么预防?

患者应遵从医嘱,包括适当服用处方药物及充分休息;保持良好个人卫生;确保室内空气流通;患者应戴上口罩,避免传染给照顾患者的人;照顾患者的人也应戴上口罩,降低通过呼吸道受感染的机会。

26. 得过非典的人治好后还要隔离吗?

非典出院病人最好还是在家里先隔离一段时间。这些人体质虚弱,需要调理,要注意营养均衡和保持空气流通,别劳累,并按医嘱多加注意,以免病情发生反复。另外,非典治愈出院者对该病毒是有免疫力的,一般来说该病不会反复。

27. 有没有一种可预防非典的特效药?

国家中医药管理局和北京市中医药管理局都推荐了药方,但这不是每个人都要喝的,普通人群就没有必要喝中药。只有到过疫区和非典病人或疑似病人有过接触史的人,也就是易感人群才应该服药。如果选择服用中药提高免疫力,吃 3 至 5 天就可以了,再多就没有必要了。孩子肠胃功能弱,最好不要喝。如果服用,10 岁左右的孩子药量应为成人的一半,5 岁的孩子药量应为成人的 1/4。而出现不良反应后应停止服药。中药要温服,不能喝冷的。自己家煎的药由于没有密封,一天后就不能服用了,如果放在冰箱里可保质两天左右。此外,人们在服维 C 时,不应大量服用,多吃将会中毒。大人可一天服用三次,一次吃三片,小孩可酌减。

28. **口罩怎么保持卫生?**

口罩最好 4 个小时换一次。如果没有消毒液,用普通香皂洗口罩也可。最重要的是口罩一定要晾晒在阳光下,因为紫外线有很好的杀毒作用。市场上有一种活性炭的口罩,由于该口罩无法清洗,因此使用一天后,应淘汰。

29. **是不是点上香就不要开窗户了,否则香味不就跑了吗?**

千万不要点蚊香。卫生香、檀香都可以起到净化空气的作用,但对非典并没有特效预防作用。因此对它们不要过分依赖,不要老点香,最重要的是空气流通。另外,消毒后仍要经常开窗换气。熏醋对非典型性肺炎病毒没有预防作用。

交 通 指 南

马鞍山市公交线路一览表

线路	起 迄 站	首末班时间	中 途 停 靠 站
1 路	江边	6:00—20:05	藕塘、联农、长江小学、一烧结厂、一铁厂、工人电影院、市中医院、杨家山、新联家俱商场(宁芜路)、火车站、二中、公交总公司、安工大附中(八中)、矿院、东苑大药房、东苑酒店
	市政处	6:00—19:30	
2 路	纺织厂	6:00—19:30	马建二公司、珍珠园五村、珍珠园四村、市物价局(中国人寿大厦)、中行金属大厦(大北庄)、洪滨丝画艺术馆(影华园)、红十字门诊部、田园饭店、大马院、雨山九村、百货批发大楼、国际装饰大世界(雨山一村)、红旗桥、人民医院、美华电脑学校(文化宫)、矿院、东苑大药房、东苑酒店
	市政处	6:00—19:30	
3 路	火车站	6:00—22:00	长途汽车站、红旗桥、人民医院、美华电脑学校(文化宫)、矿院、安工大(时代电脑学校)、新亚百货大楼、人防办、马钢高级技校、华电超市、汽运处、建材二厂、公路直属分局、霍里山、安工大东校区、兴和、林场、自配厂、地磅房、石山公园、新华书店
	向山	5:00—21:40	
游 14 路	火车站	6:00—19:30	长途汽车站、红旗桥、国际装饰大世界(雨山一村)、百货批发大楼、雨山九村、一轧钢、高速线材厂、H 型钢厂、宋山、小九华、牌坊
	采石风景区	6:00—19:30	
5 路	火车站	6:00—19:30	宁芜路、水泥厂、曙光路、油库、慈湖、检查站、铸管厂
	钢丝绳厂	6:00—19:50	
6 路	旅游汽车站	6:00—20:00	中级法院*、聋哑学校、生化制药厂、雨山路、中行金融大厦(大北庄)、洪滨丝画艺术馆(影华园)、华联商厦、安工大(时代电脑学校)、矿院、美华电脑学校(文化宫)、实验小学、顺天大酒店
	火车站	6:00—20:00	
游 27 路	火车站	6:00—19:00	公交总公司、博泰房产公司、轮胎厂、东源建材城、马濮路口、红东村、二十中*、冯桥、王村、窑头村、大桃冲、小桃冲、新门口、霍里镇、马步桥、庙子眼、团部山*、芦庄、双板汽修部、双板、上板庄、齐凤、轧钢厂、中上村、盆山、蜈庙、油坊、黄里、吴上*
	濮塘风景区	5:30—19:00	
8 路	纺织厂	6:00—18:30	雨东小区、田园饭店、大马院、雨山九村、百货批发大楼、国际装饰大世界(雨山一村)、红旗桥、人民医院、美华电脑学校(文化宫)、安工大附中(八中)、马钢医院、自来水公司、高潮村、团结新村、光明桥、林里、葛羊山、市老年公寓
	上湖	6:00—18:30	

线路	起 迄 站	首末班时间	中 途 停 靠 站
10路	火车站(矿院方向)	6:00—20:00	公交总公司、安工大附中(八中)、矿院、安工大(时代电脑学校)、华联商厦、市人防办(妇幼保健医院)、电视大学、仁济口腔医院、生化制药厂、雨山路、联通公司(珍珠园)、马建二公司、雨东小区、田园饭店、马钢宾馆、富园饭店、红旗桥、长途汽车站
	火车站(红旗桥方向)	6:00—20:00	
13路	盛德轩大酒店(大治村)	6:00—20:00	江东商场、雨山九村、百货批发大楼、国际装饰大世界(雨山一村)、红旗桥、人民医院、展览馆、实验小学、顺天大酒店、火车站、新联家俱商场(宁芜路)、杨家山、市中医院
	工人电影院	6:00—20:30	
14路	盛德轩大酒店(大治村)	6:00—20:00	江东商场、红星中学、雨山九村、大马院、田园饭店、红十字门诊、新亚百货大楼、市人防办、马钢高级技校、公交一公司(安工大职业技术学院)、马濮路口、东源建材城、轮胎厂、博泰房产公司、马钢医院
	自来水公司	6:00—20:30	
16路	雨山七村	6:30—17:10	雨山九村、大马院、田园饭店、红十字门诊、洪滨丝画艺术馆(影华园)、中行金融大厦(大北庄)、雨山路、生化制药厂、聋哑学校、建材二厂、公路直属分局、霍里山、安工大东校区、兴和、地磅房、石山公园、向山、杜塘、向山检查站、锁库、高村、任村、吴村、小桥、轧钢厂
	濮塘风景区	6:40—18:10	
18路	雨山七村	6:00—19:30	雨山九村、江东商场、山南小区、纺织厂、雨东小区、花雨广场、建设大厦、大北庄、电视大学、舒友贵宾楼、华电超市、银杏苑、玫瑰园、中级法院
	旅游汽车站	6:00—19:30	
19路	生化制药厂	5:50—18:00	聋哑学校、旅游汽车站、公路直属分局、银黄桥、计庄、前进村、夏院、银塘镇
	黄梅山铁矿	6:20—18:30	
20路	火车站	6:00—18:30	长途汽车站、红旗桥、雨山一村、百货批发大楼、马钢公司、滑模楼、马钢宾馆、田园饭店、雨东小区、纺织厂、山南小区、鸳鸯村、安民村、旧车交易中心、汤阳、星马公司、科创中心、泰尔重工
	开发区管委会	6:00—18:30	
21路	市政处	6:00—19:00	汤家庄、通达机械厂、成功学校、马钢医院、公交总公司、二中、火车站、宁芜路、耐火厂、钟村、三轧厂、金家庄粮油公司、一铁厂、一烧结厂、长江小学、联农
	山鹰公司	6:00—19:30	
23路	雨山七村	6:00—19:30	雨山九村、大马院、田园饭店、红十字门诊、新亚百货大楼、市人防办、舒友贵宾楼、华电超市、银杏苑、玫瑰园、中级法院*、建材二厂、公路直属分局、霍里山、安工大东校区、兴和、林场、自配厂、地磅房、石山公园、南山矿俱乐部
	南山矿	6:00—19:30	
26路	雨山七村	6:00—18:20	雨山九村、一轧钢、高速线材厂、H型钢厂、宋山、小九华、牌坊、二水厂、芦场村委会、七队、东塘
	芦场村昌蒲池	6:00—18:20	
28路	教师新村	6:00—19:30	雨山路、中行金融大厦(大北庄)、洪滨丝画艺术馆(影华园)、新亚百货大楼、市人防办、马钢高级技校、公交一公司(安工大职业技术学院)、马濮路口、东源建材城、轮胎厂、矿院、美华电脑学校(文化宫)、人民医院、红旗桥、长途汽车站
	火车站	6:00—19:30	
105路	火车站	6:00—18:40	宁芜路、水泥厂、曙光路、油库、慈湖、曙光一村、杨河梗、万能达公司、联农小学、联农铜材厂
	慈姥山庄	6:25—19:05	
109路	雨山七村	6:00—18:40	雨山九村、大马院、田园饭店、红十字门诊、洪滨丝画艺术馆(影华园)、中行金融大厦(大北庄)、雨山路、湖东南路、教师新村、平山头、谢家村、二气柜、窑厂、三江水泥厂、张前村、印山村、十六中
	佳山乡	6:00—18:40	

线路	起 讫 站	首末班时间	中 途 停 靠 站
115 路	火车站	6:00—19:45	宁芜路、水泥厂、曙光路、九中、二轧、三铁厂
	慈湖西	6:00—19:45	
117 路	雨山七村	6:00—18:15	雨山九村、一轧钢、动力厂、三台路、新冶公司、大高炉、(招呼站)、焦化厂、(招呼站)、化工厂、恒兴村、薛家凹、(招呼站)
	九华村	6:00—18:15	
122 路	纺织厂	6:00—18:30	青少年宫、田园饭店、红十字门诊、新亚百货大楼、市人防办、马钢高级技校、红东村、陶宕村、市政处、汤家庄、花果山、光明桥、林里、葛羊山、市老年公寓
	上湖	6:00—18:30	
124 路	南山矿	6:30—17:30	南山矿俱乐部、新华书店、向山、镇政府、杜塘、向山检查站、锁库、高村、任村、吴村、小桥、轧钢厂
	濮塘风景区	6:30—17:50	
125 路	火车站	6:00—18:00	宁芜路、水泥厂、曙光路、油库、慈湖、检查站、车管所、慈湖窑厂
	杨家村	6:20—18:20	
127 路	纺织厂	6:00—19:00	马建二公司、珍珠园五村、珍珠园四村、市物价局(中国人寿大厦)、中行金融大厦(大北庄)、洪滨丝画艺术馆(影华园)、华联商厦、安工大(时代电脑学校)、矿院、美华电脑学校(文化宫)、实验小学、顺天大酒店、火车站、新联家俱商场(宁芜路)、杨家山、市中医院
	工人电影院	6:00—19:00	
夜班	红十字门诊	17:00—22:50	田园饭店、大马院、雨山九村、百货批发大楼、国际装饰大世界(雨山一村)、红旗桥、人民医院、展览馆、实验小学、顺天大酒店、火车站、新联家俱商场(宁芜路)、杨家山、市中医院
	工人电影院	17:35—23:15	
大北庄	火车站	20:10—22:30	顺天大酒店、实验小学、美华电脑学校(文化宫)、矿院、安工大(时代电脑学校)、华联商厦、洪滨丝画艺术馆(影华园)、中行金融大厦(大北庄)、雨山路
	生化药厂	20:10—22:30	
电厂专线	火车站	6:30—18:30	火车站、宁芜路、耐火厂、钟村、三轧厂、金家庄粮油公司、一铁厂、一烧结厂、三叉口
	一电厂	7:00—19:00	

备注:另有 11 路、12 路暂时停开,* 为招呼站

马鞍山长途汽车票价、时刻表

乘车点:长途汽车站

班 次	开车时间	终点站	车 型	类 别	票价(元)
00263	05:40	合肥交通	中型普		20.50
00203	06:30	合肥交通	中型普		20.50
00351	07:10	合肥长途	大高一		41.00
00352	08:10	合肥长途	中高一	快客	41.00
00353	09:10	合肥长途	大高一		41.00
00350	10:00	合肥长途	中高一		41.00
00334	10:40	合肥长途	中高一		41.00
00323	11:20	合肥长途	中高一	快客	41.00
00356	12:00	合肥长途	中高一	快客	41.00

班 次	开车时间	终点站	车 型	类 别	票价(元)
00354	13:40	合肥长途	大高一		41.00
00373	14:50	合肥长途	中高一		41.00
00267	07:00	巢湖	中型中		17.50
00256	08:20	巢湖	中型中		17.50
00213	09:00	巢湖	中型普		14.50
00240	09:50	巢湖	中型普		14.50
00259	10:30	巢湖	中型普		14.50
00232	11:00	巢湖	中型普		14.50
00218	12:00	巢湖	中型普		14.50
00268	13:00	巢湖	中型中		17.50
00257	13:45	巢湖	中型普		14.50
00231	14:30	巢湖	中型普		14.50
00260	15:00	巢湖	中型普		14.50
00280	15:50	巢湖	中型普		14.50
00230	16:50	巢湖	中型普		14.50
00220	13:20	东关	小型普		16.50
00207	06:50	全椒	中型中		13.00
00266	09:50	全椒	中型普		14.00
00219	12:30	全椒	中型普		13.00
00276	13:30	全椒	中高一		15.00
00226	14:30	全椒	中型普		13.00
00279	13:10	古河	中型普		16.00
00241	07:50	香泉	中型普		7.00
00216	08:50	香泉	中型中		8.00
00251	10:50	香泉	中型普		7.00
00224	14:10	香泉	小型普		8.00
00227	15:10	香泉	小型中		8.00
00210	07:55	石涧	中型普		16.00
00254	13:00	善后	中型中		12.50
00121	06:20	界首	中型中		81.00
00105	07:00	亳州	中型中		70.50
00125	06:00	阜阳	中型中		62.50
00118	07:00	淮北	中高一		66.50

班　次	开车时间	终点站	车　型	类　别	票价(元)
00149	05:40	固镇	中型中		55.00
01226	06:10	颍上	中高一		52.50
00102	06:40	蒙城	中型中		50.50
00101	06:30	灵璧	大型普		36.50
00146	07:20	蚌埠	中高一		58.50
00277	07:40	六安	小型中		36.00
00107	07:30	凤阳	中高一		33.50
01006	07:40	明光	小型中		31.00
00111	13:30	明光	中型中		31.50
00239	08:00	寿县	中型中		37.00
00126	14:10	定远	中型中		30.50
00325	05:40	无为	中型中		21.50
00328	06:00	无为	小型中		21.50
00365	06:20	无为	小型中		21.50
00301	06:50	无为	中高一		21.50
00304	07:20	无为	中型中		21.50
00305	08:10	无为	小型普		17.00
00310	09:00	无为	小型中		21.50
00326	09:30	无为	小型中		21.50
00314	10:00	无为	中高一		21.50
00331	10:30	无为	中型中		21.50
00311	11:00	无为	中型中		21.50
00322	11:30	无为	小型普		17.00
00315	12:00	无为	中型中		21.50
00367	12:30	无为	小型中		21.50
00332	13:00	无为	中型中		21.50
00319	13:30	无为	小型普		17.00
00307	14:00	无为	中型中		21.50
00372	14:30	无为	小型普		17.00
00327	15:00	无为	小型中		21.50
00253	06:45	白山	中型中		22.00
00249	05:50	庐江	小型中		24.50
00271	07:50	庐江	小型中		32.50

班　次	开车时间	终点站	车　型	类　别	票价(元)
00222	13:00	庐江	中型中		28.50
00321	06:45	安庆	中型普	快客	58.50
01301	07:50	安庆	中高一	快客	58.50
00339	12:10	安庆	小型中	快客	58.50
00375	14:20	安庆	中高一		58.50
01224	06:30	桐城	中高一		37.00
00265	11:10	桐城	中型普		30.50
00340	08:40	九城坂	中高一		78.00
00303	07:00	贵池	中高一		48.00
00336	13:00	贵池	中高一		48.00
00360	06:30	泾县	中型普		20.00
00361	06:55	泾县	小型中		24.50
00343	08:00	泾县	中型普		20.00
00341	09:15	泾县	小型中		24.50
00344	11:25	泾县	中型中		24.50
00345	11:50	泾县	小型中		24.50
00402	06:40	郎溪	中高一		19.50
00405	12:30	郎溪	小型普		17.50
00306	07:20	铜陵	小型中		29.50
00324	13:30	铜陵	小型中		29.50
00414	07:40	广德	小型中		24.00
00312	10:00	南陵	中型中		18.00
00369	13:30	南陵	中型中		18.00
00317	12:40	弋江	中型中		17.50
00316	12:40	荻港	小型普		15.50
01001	07:00	上海	大高一		76.00
01003	09:00	上海	大高一	快客	76.00
01004	14:30	上海	大高一		76.00
夜班	19:50	上海	卧铺		66.00
00401	06:00	杭州	中高一	快客	65.00
00407	09:10	宁波	卧普通		129.50
00119	09:20	苏州	中高一		55.50
00114	07:30	无锡	中高一		48.00

班　次	开车时间	终 点 站	车　　型	类　　别	票价(元)
00115	13:20	无锡	小型中		49.00
01005	07:40	常州	小型中		39.50
00136	06:10	江阴	中型中		45.00
00403	07:10	宜兴	大型中		34.00
00406	13:00	宜兴	中高一		34.00
00408	13:20	金坛	中型普		21.00
00404	12:00	溧阳	中型普		17.50
00410	07:00	高淳	小型中		19.50
00112	06:00	启东	大型普		60.00
00151	07:00	扬州	小型中		33.50
00108	07:00	淮阴	中型中		48.00
00117	07:20	泗洪	中型普		34.50
00110	07:50	睢宁	中型中		43.50
00148	08:00	青岛	大高一	快客	150.00
01303	14:30	武汉	卧高级		138.00

乘车点:太阳广场

班　次	开车时间	终 点 站	车　　型	类　　别	票价(元)
00212	05:40	合肥	小型中		30.00
00225	06:10	合肥	小型中		30.00
00283	06:40	合肥	小型中		30.00
00261	07:10	合肥	小型中		41.00
01301	07:40	安庆	中高一	快客	58.50
00228	07:40	合肥	小型中		30.00
00229	08:00	合肥	小型中		30.00
00234	08:20	合肥	小型中		30.00
00236	09:10	合肥	小型中		41.00
00237	09:50	合肥	小型中		30.00
00238	10:30	合肥	小型中		30.00
00262	11:20	合肥	小型中		41.00
00242	11:50	合肥	小型中		30.00
00243	12:40	合肥	小型中		20.50

班　次	开车时间	终点站	车　　型	类　　别	票价(元)
00244	13:20	合肥	小型中		20.50
00246	14:00	合肥	小型中		30.00
00247	14:40	合肥	小型中		30.00

循环班车,乘车点,长途汽车站

往和县6:30—17:30,40分钟一班,票价8.00元

往芜湖6:00—18:00,10分钟一班,票价10.00元

往南京6:30—16:00,30分钟一班,票价7.00元

往合肥6:20—17:00,30分钟一班,票价30.00元

铁路马鞍山站旅客列车简明时刻表

2003年5月11日零时起实行

车　次	运　行　区　间	始发时间	到　开　时　间	终到时间
T708	铜陵~上海	14:27	16:36~16:40	20:40
K102	温州~北京	8:45	22:52~22:57	14:57
K156	昆明~南京西	20:52	4:56~5:04	6:53
K46	福州~北京	11:26	6:54~7:01	22:20
K26	东莞东~南京西	15:36	16:23~16:29	18:35
K820	黄山~上海	20:05	1:13~1:20	7:08
1034	金华西~沈阳北	19:20	5:13~5:20	7:39
1592	杭州~大同	21:05	3:47~3:52	12:18
1706	杭州~郑州	19:19	2:06~2:11	13:05
2184	鹰潭~上海	15:58	4:03~4:10	11:36
2240	南昌~南京西	14:32	5:31~5:50	7:37
2522	厦门~南京西	8:58	13:33~13:44	15:43
5048	铜陵~上海	9:05	12:01~12:08	18:58
5062	铜陵~无锡	7:28	10:36~10:44	15:40
8058	黄山~南京西	6:38	15:02~15:12	17:19
5098	铜陵~南京南	14:56	17:58~18:04	19:04
5096	芜湖~南京南	6:23	7:16~7:24	8:14

车　次	运　行　区　间	始发时间	到　开　时　间	终到时间
T705	上海~铜陵	7:00	11:02~11:06	13:15
K101	北京~温州	23:10	15:09~15:14	5:30

车　次	运　行　区　间	始发时间	到　开　时　间	终到时间
K155	南京西～昆明	10:30	12:05～12:12	20:39
K45	北京～福州	9:03	0:12～0:21	19:41
K25	南京西～东莞东	19:13	20:40～20:46	23:28
K819	上海～黄山	21:14	2:47～2:52	8:12
1033	沈阳北～金华西	18:50	21:35～21:42	7:33
1591	大同～杭州	21:20	5:48～5:55	12:38
1705	郑州～杭州	21:59	9:44～9:51	16:52
2183	上海～鹰潭	13:47	19:49～19:56	7:22
2239	南京西～南昌	12:54	14:39～14:46	6:06
2521	南京西～厦门	21:54	23:38～23:45	6:00
5043	常州～铜陵	13:41	17:24～17:30	20:40
5047	上海～铜陵	4:04	10:34～10:41	14:53
8057	南京西～黄山	5:24	7:13～7:19	15:16
5097	南京南～铜陵	8:42	9:57～10:03	13:48
5095	南京南～芜湖	19:36	20:18～20:22	21:13

（马鞍山站　申家强）

客轮运行时刻表

武汉——南京（快班）

	下　水	上　水
武　汉	11:00	9:00
黄　石	15:10～15:30	1:10～1:30
武　穴	18:10～18:30	20:30～21:00
九　江	20:00～20:30	18:00～18:30
华　阳	23:30～24:00	12:00～12:30
安　庆	2:00～2:30	9:40～10:00
池　州	4:20～4:30	5:40～6:00
铜　陵	6:50～7:00	2:50～3:00
芜　湖	9:40～10:00	21:30～22:00
马鞍山	12:50～13:00	19:20～19:30
南　京	15:00	17:00

南京禄口机场进出港航时刻表

南京至	航班号	班期	去程起飞时间	回程起飞时间	飞行时间	机型
北京	MU5141/42	每日	0810	1030	1:40	A320
	MU5129/30	每日	0930	1205	1:40	A320
	CA1508/07	每日	1025	0730	1:40	B738
	FM155/156	每日	1105	0835	1:40	B738
	MU5137/38	每日	1310	1530	1:35	A320
	CA1538/37	每日	1445	1225	1:40	B738
	MU5157/58	每日	1600	1820	1:40	A320
	CA1562/61	每日	1730	1505	1:40	B738
	MU5169/70	每日	1755	2020	1:40	A320
	CA1504/03	每日	2005	1735	1:35	B738
	HU7121/22	每日	1140	1415	1:40	JET
广州	MU5337/38	每日	0815	1050	2:00	A320
	CZ3514/13	每日	1035	0805	1:50	B757
	CZ6349/50	四、七	1205	1450	2:10	M82
	CZ3822/21	每日	1550	1200	2:00	B733
	FM355/356	每日	1610	1325	2:05	B757
	MU5395/96	每日	1705	1945	1:40	A320
	CZ3508/07	每日	1920	1550	1:50	B757
深圳	MU5309/10	二、五、七	0810	1420	2:10	A320
	MU5907/08	一、三、四、六	0915	1210	2:10	A320
	CZ3560/59	每日	1145	0910	2:00	A320
	MU5331/32	每日	1435	1730	1:55	A320
	ZH858/857	每日	1730	0920	1:50	B738
成都	MU2815/16	一、四、六	0815	1135	2:30	BAE143
	MU5427/28	二、三、五、七	0900	1200	2:15	A320
	CA4506/05	每日	1010	0715	2:15	B757
	MU5421/22	每日	1445	1745	2:20	A320
福州	MF8538/37	每日	0920	0855	1:15	B737
	MU7505/06	三、六	1020	1210	1:15	B733
	MF8638/37	二、五	2030	1235	1:00	B737
	MF8636/37	四、七	2050	1235	1:10	B737
厦门	MU2853/54	每日	1740	2000	1:25	BAE143
	MF8508/07	每日	1100	0720	1:15	B737
	CZ6841/42	二、五	1310	1540	1:40	M82
	CZ6953/54	三、六	1405	1555	1:45	M82
	MU5841/42	三、六	1440	1650	1:10	A320
	MF8618/17	四、七	1930	1120	1:30	B737
	MF8112/11	一、三、六	2040	1430	1:40	B737
	MF8616/15	二、五	2000	1120	1:30	B737
	MU2853/54	三、四、五、七	1620	1840	1:40	BAE143
西安	MU2865/66	二、三、五、七	0810	1050	1:50	BAE146
	MU2865/66	四	1550	1830	1:50	BAE146
	MU2865/66	六	1730	2000	2:00	BAE146
	HU7822/21	一、三、五、七	1140	0930	1:50	B737
	HU7822/21	二、四、六	1200	0930	1:50	DH4
沈阳	CZ6382/81	一、五	1915	0740	2:00	M90
海口	HU7122/21	每日	1100	0835	2:50	B737
青岛	MU5665/66	一、二、三、四、六	0805	1515	1:00	A320
	FM567/68	五	1450	2005	1:10	CRJ
	FM567/68	三、七	1510	2005	1:10	CRJ
	SC720/19	一、二、四、五、七	1510	0830	1:30	S34
	SC720/21	三、六	1540	1130	1:00	S34

南京至	航班号	班期	去程起飞时间	回程起飞时间	飞行时间	机型
重庆	CA4546/45 MU5447/48 MU2875/76	二、四、五、七 每日 二、四、六	1100 1340 0805	0755 2010 1200	1:55 2:00 1:55	B737 A320 BAE143
昆明	MU4572/71 MU2843/44 MU2811/12 MU4574/73 MU5447/48 MU5409/10	一、二、三、五、六 二、四、五、六 一、三、七 四、七 每日 一、四、五、七	1055 0800 0800 1205 1340 0820	0740 1305 1240 0740 1825 1300	2:50 4:10 4:10 2:50 3:50 3:50	B737 BAE143 BAE143 B737 A320 A320
天津	CA1532/31	一、五	2130	1330	1:40	B733
长沙	MU2811/12 MU5439/40 CA4578/77 MU5409/10 MU5409/10 MU4574/73	一、三、七 二、三、六 一、二、三、五、六 一、四 五 四、七	0800 0820 1140 1350 0820 1205	1535 1400 0950 2045 1520 1005	1:45 1:20 1:20 1:00 1:00 1:15	BAE143 A320 B757 A320 A320 B733
哈尔滨	MU5665/66 MF8615/16 MF8635/36 CZ6954/53	一、二、三、四、六 二、五 三、七 三、六	0805 1340 1430 1800	1235 1650 1740 1030	3:30 2:20 3:30 2:40	A320 B737 B737 M82
桂林	FM337/38 MU5351/52 MU2847/48 MU2847/48 MU2847/48 CA1531/32	三、五、七 三、四、六、七 一、二、四、五 六 七 一、五	0810 1905 1425 1540 1630 1600	1050 2140 2035 2140 1920 1840	2:00 2:00 2:15 2:15 2:10 2:05	CRJ A320 BAE146 BAE143 BAE143 B733
大连	MU5621/22 CZ6528/27	一、二、四、五、七 一、三、四、五、六、七	1710 1020	1920 0800	1:30 1:30	A320 M82
长春	ZH858/57 MF8617/18 MF8637/38 CZ6842/41 CZ6350/49	每日 四、七 二、五 二、五 四、七	1140 1340 1415 1740 1745	1430 1640 1730 0940 0820	2:10 2:20 2:25 2:30 2:40	B738 B737 B737 M82 M82
贵阳	MU2819/20 MU5439/40 CZ6451/52	一、三、五、七 二、三、五、六、七 一、三	0805 0820 1820	1720 1210 2100	3:45 3:10 2:00	BAE143 A320 A321
武汉	MU2857/58 MU2857/58 CZ3848/47	六 三 二、五	1420 1640 1925	1600 1820 1750	1:00 1:00 0:50	BAE143 BAE143 B738
汕头	CZ6381/82	二、五	1030	1640	2:00	M90
石家庄	MF8111/12	一、三、六	1630	1835	1:25	B737
温州	MU7509/10	一、四	1020	1220	1:20	B733
乌鲁木齐	CZ9536/35	一、四、五	1520	0900	5:50	B737
南昌	MU2843/44 MU2819/20 MU5457/58	二、四、五、六 一、三、五、七 五、七	0800 0805 0820	1600 1940 1420	1:00 1:10 1:00	BAE143 BAE143 A320

说明:1. 以上为参考时刻,以当日电脑查询为准;

2. 预售单程、往返、联程、团队、散客机票及国际、香港机票;

3. 票价明折明扣,电话预订,免费送票上门。

订票电话:皖江客票联售中心,0555—2478174

马鞍山东南票务中心,0555—2407522

马鞍山元昌票务中心,0555—2472340

东方航空南京出港票价

(元)

北京	900	沈阳	1300	太原	780	重庆	1 130
广州	1040	海口	1640	青岛	620	北海	1490
天津	780	哈尔滨	1470	长春	1300	桂林	1040
深圳	1220	昆明	1550	长沙	740	石家庄	750
南昌	590	大连	820	南宁	1380	福州	670
武汉	580	宁波	490	汕头	1080	西安	960
成都	1370	贵阳	1150	厦门	870		
乌鲁木齐	2330	珠海	1320	郑州	640		

说明:根据不同季节,票价实行下浮。

订票电话:马鞍山万邦票务中心 0555—2613178

马鞍山倍力票务中心 0555—2336016

市民出行咨询服务电话

火车站问讯		2475404
火车票预订		2491555
轮船问讯		2845044
长途汽车站问讯		2472374
旅游汽车站问讯		2323400
市内公交	总公司值班	2473377
	一公司值班	2324644
	二公司值班	2322229
	旅游公司值班	2472497

马鞍山各大医院急救电话

医院名称	电话
市人民医院	2402120(专线) 8222340(急诊)
市第二人民医院	2364039(专线)
马钢医院	2499995(急诊) 2883333(急诊)
十七冶医院	2612920(专线) 2329234(急诊)
市精神康复医院	3122849(急诊)
市中医院	2820120(专线) 2810632(急诊)

水电气抢险电话

自来水抢险	2474221
煤气抢险	2472300(调度室) 2472626(花山) 2614149(雨山) 2811407(金家庄)
供电局报修中心	95598 6711552(当涂)
焦化厂火警	2883981
马钢煤气抢险	2882222

常用急用电话

盗警	110
火警	119
医疗急救	120

交通肇事	122
天气预报	121
障碍台	112
查号台	114
报时台	117
电话费查询台	170
市长公开电话	12345
价格举报中心	12358
法律咨询	1248
消费者投诉	12315
质量技术投诉	12365
环境保护举报	12369
市检察院举报中心	2322000
市公安局监督	2473565

马鞍山旅行社电话

旅行社名称	电　话	旅行社名称	电　话
中国国际旅行社	2497163	外贸旅行社	2404220
中国旅行社	2499566	采石矶旅行社	2406716
职工旅行社	2403180	皇嘉旅行社	2475200
青年旅行社	2478378	倍力旅行社	2336016
雨山湖旅行社	8321199	楚江假日旅行社	2883372
山水旅行社	2350753	红盾旅行社	2401318
长江旅行社	2845967	众德利旅行社	2405899
公交旅行社	2472497	太白旅行社	2486789
东方之旅旅行社	2333103	春秋旅行社	2610966
教育旅行社	2499781	航天旅行社	2617656

附 录

组织机构及干部名录

中共马鞍山市委

书　记　郑牧民
副书记　丁海中　顾建国　姚玉舟　鲍寿柏
常　委　成　浩　陆　阳　靳林春　陈　鹏
　　　　孙铭和　方志宏
副秘书长　盛厚林

马鞍山市人大常委会

主　任　朱佩蓉
副主任　茆家培　赖祯林　刘桂兰　陶德甫
　　　　王兴来　李学智　尹孔贵　王明贵
秘书长　王月明
副秘书长　任康才　吴祥荣

马鞍山市人民政府

市　长　丁海中
副市长　陈大娜　杜永田　周宏基　聂庆义
　　　　戴自明　牛弩韬　单文钧
市长助理　刘荣华
秘书长　龙李海
副秘书长　胡明柱　王兴无　谢祖荣　杜和题
　　　　孟庆英

政协马鞍山市委员会

主　席　李福增
副主席　陈义金　陆平君　时其芹　朱宇宙
　　　　张中元　朱本立　余永怡　沈逢祥
　　　　屈文飞　何永炎
秘书长　徐连彬
副秘书长　邢修桂　包国钧

中共马鞍山市纪委

书　记　靳林春
副书记　宋志刚　李　群

马鞍山军分区

第一书记　郑牧民
司令员　陆　阳
政治委员　徐如栋
参谋长　步锦昆
政治部主任　王庆年
后勤部长　米道亮

市中级人民法院

院　长　张　卉
副院长　沈卫东　孙起斌　孙建勇

市人民检察院

检察长　刘　恩
副检察长　魏邦贵　宋丰年　陶先平　王为明

市委工作部门及直属单位

办公室
主　任　苏从勇
副主任　徐太保　许才珍　周加华　吴瑞华
政策研究室
主　任　苏从勇
副主任　许才珍
督查室
主　任　徐太保
副主任　李　迅
组织部
部　长　成　浩
副部长　胡邦明　李宗平
组织员办公室
主　任　李宗平
副主任　杨　剑
宣传部
部　长　孙铭和
副部长　曾凤华　崔训诚　吴秀华　康文彬
统战部

部　长　　罗熙贤
副部长　　谭亚平　蔡颖强
政法委
书　记　　李凤德
副书记　　范代民　尹礼荣
社会治安综合治理委员会办公室(与政法委合署)
副主任　　郝世铸
信访局(市政府信访局)
局　长　　杭　玲
副局长　　何祖义　谢德发
老干部局
局　长　　陈道田
副局长　　吴福来　肖　俊
档案局
局　长　　孙有贵
副局长　　李树成　史文娟
党史研究室
主　任　　马似潮
副主任　　程一楠
文明委办公室
主　任　　康文彬
副主任　　曹彦才
机构编制委员会办公室
主　任　　芮　琼
副主任　　曹述生
党　校
校　长　　姚玉舟
副校长　　华黎明　周学斌　邓浩春　郑秋亮
　　　　　邓华光
马鞍山日报社
总编辑　党组书记　　刘新生
副总编辑　　吉太耘　刘沧海

市委直属工委、党委

马鞍山经济技术开发区党工委
书　记　　聂庆义
副书记　　樊家胜　张国宝
市属机关工委
书　记　　孙贤富
副书记　　喻　华　卜玉霞　刘进军
市行政服务中心党工委
副书记　　管松录　程世梅
建设委员会党委
书　记　　仇传友
教育局党委
书　记　　张效富
公安局党委
书　记　　陈开华
副书记　　范继林
交通局党委
书　记　　孙　奇
副书记　　蒋　祥
粮食局党委
书　记　　吴永洁
供销社党委
书　记　　陈宝根
副书记　　桂　明
经贸发展有限公司党委
书　记　　汪建刚
副书记　　黄志宇
建设投资有限责任公司工委
书　记　　徐道才

市人大常委会工作部门

办公室
主　任　　吴祥荣
副主任　　牛艾力　郑双武
研究室
主　任　　张汉山
财政经济(预算)工作委员会
主　任　　汤少卿
副主任　　高秋宁　汤卫平
内务司法(民宗侨外)工作委员会
主　任　　殷锡荣
副主任　　刘月华　王永兰
教育科学文化卫生工作委员会
主　任　　耿　军
副主任　　颜行一
城乡建设环境与资源保护工作委员会
副主任　　刘兴文
人事代表选举工作委员会
主　任　　钱乃正

市政府工作部门及直属单位

办公室
主　任　　金庆丰
副主任　　洪学农　邵　许　隋　涌　侯沪东
政务督查和目标管理委员会办公室
副主任　　徐祥贵　黄童根
发展计划委员会
主　任　　梁　成
副主任　　杨勇义　罗　云　章　正

经济贸易委员会
主　任　金　朝
副主任　马少华　刘　序　沈兆玲　包为兴
建设委员会
主　任　胡明柱
副主任　仇传友　郭其永　徐业志　刘继忠
农业委员会
主　任　李声荣
副主任　徐宏斌　尹道柱　姚育东　陈大来

民族事务委员会（宗教事务局）
主　任　刘幼卿
副主任　张抗美
教育局
局　长　郭应曾
副局长　万亚平　夏光明　田战雷
科学技术局
局　长　党组书记　陈苏汉
副局长　詹世桂　王晓焱
公安局
局　长　陈开华
副局长　杨志刚　崔　林　章银发　江保胜
监察局
局　长　宋志刚
副局长　隋学义　卓龙华
民政局
局　长　党组书记　彭传清
副局长　宋建成　高振荣　陶文俊

司法局
局　长　党组书记　许根森
副局长　沈如银　张玉科
财政局
局　长　党组书记　魏正平
副局长　程宏旺　孙惠珍　徐道才
人事局
局　长　芮　琼
副局长　江世伟　王石林
劳动和社会保障局
局　长　张昔林
党组书记　朱金陵
副局长　王海翔　秦建媛　万炳屏
国土资源局
局　长　党组书记　王海风
副局长　孙　烨　谷代和　邓国宝
环境保护局
局　长　党组书记　张东明
副局长　语圣国　朱同乐
市容管理局（城市管理行政执法局）
局　长　党组书记　张晓华
副局长　赵建国（兼）　刘宜国　杨发宝
交通局
局　长　孙　奇
副局长　文新纯　雷　宏　黄少平
水利局
局　长　党组书记　张国华
副局长　汪金煌
对外贸易经济合作局
局　长　党组书记　陈士楚
副局长　周　鹰　周学斌
粮食局
局　长　吴永洁
副局长　骆君发　叶晓京
文化局
局　长　黄双喜
党组书记　王明祥
副局长　吴大巢　王　平
新闻出版局（在文化局加挂牌子）
局　长　黄双喜
副局长　李　涛
广播电视局
局　长　党组书记　曾凤华
副局长　鞠永平　王保月　秦北城
卫生局
局　长　党组书记　何少锋
副局长　张建生　郝建平
党组副书记　李玉珍
体育局
局　长　桂声民
副局长　马孝诚　杨爱莲
计划生育委员会
主　任　王桂英
副主任　殷积宾　高　翔
旅游局
局　长　党组书记　燕维才
副局长　许　霞
统计局
局　长　党组书记　黄　兵
副局长　蒋祖荣　丁济民　戴晓泉
物价局
局　长　党组书记　张宏展
副局长　徐泽宝　高　晴　郭玮莲

审计局
局　长　党组书记　　张延玉
副局长　　沈永生　孔德政　蒋利平
房地产管理局
局　长　　周天鑫
副局长　　李志全
招商局
局　长　　庄国权
副局长　　钱士刚
地震局
局　长　　郑勇前
副局长　　陈家荣
外事办公室
主　任　党组书记　　夏文宝
副主任　　孙　波
国有资产管理办公室
主　任　　周著青
副主任　　高国求
人民防空办公室
主　任　党组书记　　何恩禄
副主任　　吕希深　郑联盟
地方志办公室
主　任　　李祖鑫
蔬菜产销办公室
主　任　　吴义发
副主任　　甘新林　夏盛贵
住房制度改革办公室
副主任　　李怀国　任俊芝
接待处
副主任　　季必俊　吴立云
建筑管理处
主　任　　戴维民
党总支书记赵正华
副主任　　尹维贵　阿克斌
贸促会
会　长　　赵新云
经济技术开发区管理委员会
主　任　　樊家胜
副主任　　高晓平　吴昭旭
行政服务中心
主　任　　管松录
副主任　　虞基华
驻深圳办事处
主　任　　程兆乐

市政协工作部门

办公室
主　任　　邢修桂
提案委员会
主　任　　张德应
副主任　　华黎明　胡明柱　孙文植　柳兴河
经济科技委员会
主　任　　方锦蓉
副主任　　——董必利　袁学宏　祝玉学　姜有银
文教卫体委员会
主　任　　张　林
副主任　　杨新法　张正平　管松录　张梅璋
社会法制委员会
主　任　　刘书顺
副主任　　傅良银　周可好　赵传仁　秦元哲
文史和学习委员会
主　任　　尹伟根
副主任　　徐菊芬　吴秀华　汪荣政
台港澳侨联络委员会
主　任　　程金柱
副主任　　林南泉　刘幼卿　尹长潮

民主党派·工商联

民革马鞍山市委
主　委　　李　影
副主委　　邱显康　殷守章
民盟马鞍山市委
主　委　　田战雷
副主委　　刘为洲
农工党马鞍山市委
主　委　　吴成荣
副主委　　郝　鹏　陈立民
九三学社马鞍山市委
副主委　　陈春林　诟圣国
民进马鞍山市委
主　委　　孙文植
副主委　　郭薇薇　何桂芳
致公党马鞍山市委
主　委　　秦德美
民建马鞍山市委
主　委　　周东红
副主委　　王　霞
工商业联合会
会　长　　王青松
党组书记　刘桂莲
副会长　　朱兴亚　俞汉青　沉基前　刘先桃
　　　　　汪创奇　汪国华　曺金海

群 众 团 体

市总工会

主 席 党组书记 王厚林

副主席 朱成海 苗 云 谷 强

共青团马鞍山市委

副书记 王启荣 胡春华 田 昕

市妇女联合会

主 席 党组书记 臧刘章

副主席 华玮珠 史达蓉

市科学技术协会

副主席 党组书记 单玉芬

市社会科学联合会

主 席 周正国

副主席 曹乐平

市文学艺术界联合会

主 席 罗 屏

党组书记 闫照斌

副主席 袁 诚

市归国华侨联合会

主 席 林南泉

省垂直管理部门及直属单位

国家安全局

局 长 党组书记 胡孝云

国家税务局

局 长 党组书记 谢国良

副局长 张贤才 张 鸣 程筱兰

地方税务局

局 长 党组书记 刘荣华

副局长 姚 频 胡春武 魏海勇

工商行政管理局

局 长 党组书记 耿锦昌

副局长 江文通 罗耕宽 高方兴 夏家海

质量技术监督局

局 长 江家如

副局长 张保林 郝朝成 王思辉

气象局

副局长 杨 宏 汪晓宇

药品监督管理局

局 长 党组书记 李继业

副局长 王文标 姚卫华

出入境检验检疫局

局 长 党组书记 缪龙祥

副局长 杨荣秀 唐达标

烟草专卖局(烟草公司)

局 长 总经理 党组书记 盛昌科

副局长 张树华 凤利民

海 关

关 长 党组书记 高井泉

副关长 李红兵

武警支队

第一政委 陈开华(兼)

支队长 陶志平

政 委 郎小明

副支队长 刘宗东

消防支队

支队长 余道元

政 委 郑 正

副支队长 丁灯荣

供电局

局 长 周宗发

党委书记 王秀玲

副局长 陈晓苏 唐晓明 王邦中

党委副书记 徐俊荣

港务局

局 长 张荣祥

副局长 沈江涛 褚荣祥 高克华

邮政局

局 长 党组书记 朱荣全

副局长 陶 辉 刘希军

电信马鞍山分公司

总经理 党组书记 顾 平

副总经理 方 毅 蒋 亮

马鞍山发电厂

厂 长 徐 旭

党委书记 施大福

副厂长 施大福 焦马保 徐支援

党委副书记 陈 力

万能达发电有限责任公司

总经理 郑家方

党委书记 贺华伶

副总经理 李传国 杨拓荒

三二二地质队

队 长 吴宜明

党委书记 杨吉成

副队长 季昌森

综合地质大队

队 长 俞广河

党委书记 俞广河

副队长 华冬启 梁文学

党委副书记 余家乐

省化工地质勘查总院

院　长　　胡爱国

副院长　　朱方祥

部分市属企事业单位

华夏星火杂志社

党支部副书记　孙政法

副总编辑　王德广　陈之均

第二中学

校　长　　汪延茂

党总支副书记　　陈建雄

副校长　　高国平　徐礼荣

电教中心(电视大学)

主　任　　胡支农

党总支副书记　　胡支农　　吴双英

副主任　于德福　熊孔怀

职业教育中心

副主任　　滕培定　许宗斌

党总支副书记　　司绍宏

工业学校

校　长　　樊昌发

党总支副书记　　李会春

副校长　　吴建潮　施正和

师范学校

校　长　　喻长志

党总支书记　　夏元楷

副校长　　汤立庆　杨斌田

党总支副书记　汤立庆

安工大高级职业学校

副校长　　姚国成　欧阳国

人民医院

党委书记　於永帆

副院长　　王社临　杨家驷　詹圣伟

供销社

主　任　　陈步超

副主任　邵爱萍　韩淑芬

市建设投资有限责任公司

董事长　　魏正平

总经理　　徐道才

副总经理　张　敏

市经贸发展有限公司

董事长　　谢祖荣

副董事长　总经理　汪建刚

副总经理　刘　荃　王　健

物资集团总公司

总经理　　徐学武

党委书记　闫文年

安徽星马汽车股份有限公司

董事长　　刘汉如

总经理　　沈伟良

副总经理　邱卫人　陈祥斌　段超飞　邵　键

　　　　　金方放　王　彦

党委书记　刘汉如

副书记　　汪竹焰　庄伟康

金星化工(集团)有限公司

董事长　　王金生

党委书记　徐先荣

副董事长　徐先荣

总经理　　訾　吉

副总经理　黄良坤　俞能书　周建生

党委副书记　王云龙

马鞍山山鹰纸业集团有限公司

董事长　　周著青

总经理　　王德贤

党委书记　王德贤

副书记　　王黄来

安徽山鹰纸业股份有限公司

董事长　　王德贤

总经理　　汤涌泉

副总经理　夏　林　杨义传　李奕祯

党委书记　王德贤

副书记　　王黄来

江南养殖工贸(集团)有限公司

董事长　　陈大来

总经理　　潘先松

金融保险单位

人民银行马鞍山市中心支行

行　长　　尚长庭

副行长　　阮方葆　张摘月　陈联明

工商银行马鞍山分行

行　长　　刘　军

副行长　　刘仁权　任荣华　孙宝琴

中国银行马鞍山分行

行　长　党委书记　　王　庆

副行长　　唐士平　许志勇

建设银行马鞍山分行

行　长　党委书记　　杨庆生

副行长　　苏宇虹　许春雨　刘希卿　陈联明

农业银行马鞍山分行

副行长　　胡德启　鞠建平　东子林

农业发展银行马鞍山分行

副行长 朱建华 彭泽安 张耀彬

马鞍山商业银行

董事长 行 长 党组书记 许德美

副行长 隋 慎 孙 晓 汤 川

党组副书记 沈卫国

中国人民保险公司马鞍山分公司

总经理 党委书记 管殿林

副总经理 王诗贵

中国人寿保险公司马鞍山分公司

总经理 陈克民

副总经理 周光丽

中国平安财产保险公司马鞍山中心支公司

总经理 陈孝忠

副总经理 宣义俊

中国平安人寿保险公司马鞍山中心支公司

总经理 谢礼斌

副总经理 唐 滨

科 研 单 位

马鞍山钢铁设计研究总院

院 长 陆仁义

副院长 王之廉 陈炳华 黄平华 陈道明 解天智

党委书记 王之廉

副书记 杨君亭

纪委书记 杨君亭

总工程师 胡懿同

副总工程师 刘 高 吴文忠 王守容 卫 卫

工会主席 柴孟春

马鞍山矿山研究院

院 长 王运敏

副院长 项宏海 洪石笙 毛益平

党委副书记 孙建华

副总工程师 蔡鸿起

高 等 院 校

安徽工业大学

校 长 董元篪

副校长 岑豫皖 陈大宏 李辉生

党委书记 邢善所

副书记 董元篪 岑豫皖 邢 琅

校长助理 孙中建

纪委书记 李 明

马钢(集团)控股有限公司

总经理 顾建国

副总经理 顾章根 王让民 施兆贵 丛明奇 胡献余

党委书记 顾章根

副书记 顾建国 赵建明 李克章

纪委书记 赵建明

工会主席 李克章

马钢股份有限公司

董事长 顾建国

副董事长 顾章根

党委书记 顾章根

副书记 顾建国 赵建明 李克章

总经理 朱昌逑

副总经理 苏鉴钢 高海建 惠志刚 施雄梁 丌四华

总经济师 苏鉴钢

总工程师 施雄梁

监事会主席 高晋生

纪委书记 赵建明

工会主席 李克章

中国第十七冶金建设公司

总经理 刘 喆

副总经理 杨志清 王建国 邹宗枚 彭毅忠

党委书记 杨志清

副书记 刘 喆 尹似松

总工程师 汤惠群

副总工程师 方汉兴

纪委书记 尹似松

县 区

花 山 区

区委书记 魏俊智

副书记 龚 明 卞建秋 胡桂云

区人大主任 魏俊智

副主任 谢祖松 傅台常 郭薇薇 徐泽民

区 长 龚 明

副区长 孙兴华 夏盛强 周正忍 王 霞 张孝银

区政协主席 傅玉琴

副主席 陈宝瑞 王 笑 戴吉士 陈立民

区纪委书记 胡桂云

区人民法院院长 孙维桃

区人民检察院检察长　徐利俊

雨　山　区

区委书记　宋金虎
副书记　杨少虎　马建亭　韩君华
区人大主任　宋金虎
副主任　王翠霞　吴继红　朱能兴　林颂平
区　长　杨少虎
副区长　高明年　张　莲　曹化根　徐泽能　金云友
区政协主席　魏来源
副主席　吴成玉　贾占云　蒋宗和　韩国强
区纪委书记　韩君华
区人民法院院长　潘志勇
区人民检察院检察长　马宁泰

金 家 庄 区

区委书记　吕金宝
副书记　史达武　任代平　赵　宏
区人大主任　吕金宝
副主任　郭孝法　谢文芳　刘宗武　李杰民
区　长　史达武
副区长　刘　殊　程　霞　陈长春　任本年　李　真
区政协主席　陈国光
副主席　姜永平　纪孝国　张秉佑　齐德华
区纪委书记　任代平
区人民法院院长　庞正雄
区人民检察院检察长　童海保

当　涂　县

县委书记　陈　鹏
副书记　毛长江　曹晓武　方　文　操隆山　胡庆甫
县人大主任　陈　鹏
副主任　吴世桂　耿德传　田运和　王明霞　王文璋　晋　松
县　长　毛长江
副县长　刘东奎　蔡克英　汪玉春　詹传平　陈宝玉　詹正洪
县政协主席　赵皖生
副主席　毛贻宏　王传荣　周时隆　张玉汉　刘秀福　潘　欣
县纪委书记　方　文
县人民法院院长　刘重建
县人民检察院检察长　王稼葆

2002年全市党政机构变动情况

2002年1月29日，马鞍山市机构编制委员会以马机编(2002)2号文印发《马鞍山市党政机构改革方案实施意见》，据此《意见》，全市党政机构撤销12个，合并3个，更名11个，增设3个，保留31个。具体变动情况如下表：

机构变动情况表

类　别	机　构　名　称	
撤销机构	口岸办公室　商务局　电子工业局　冶金建材工业局　机械工业局　化学工业局　纺织总会　轻工总会　土地管理局　地质矿产局　经济体制改革委员会　政府经济研究室	
合并机构	并前机构名称	并入机构名称
	爱国卫生运动委员会办公室	市卫生局
	保密委员会办公室(国家保密局)	市委办公室
	乡镇企业局	农业委员会
更名机构	原机构名称	更名后机构名称
	市委、市政府人民来信来访办公室	市委、市政府信访局
	计划委员会	发展计划委员会
	农村经济委员会	农业委员会
	对外经济贸易委员会	对外贸易经济合作局

类别	机构名称	
更名机构	市容管理委员会	市容管理局
	教育委员会	教育局
	科学技术委员会	科学技术局
	劳动局	劳动和社会保障局
	体育运动委员会	体育局
	旅游事业管理局	旅游局
	政府法制局	政府法制办公室

增设机构表

机构名称	成立时间	批准文号	内设机构	编制人数				
				局长	副局长	科以上干部	其余	合计
水利局	2002.2.16	马机编[2002]2号	室、科、处、所、站共8个	1	1	13	41	56
国土资源局	2002.1.29	马机编[2002]2号	1室7科	1	3	17	12	33
药品监督管理局	2002.6.6	皖政[2001]107号	1室3科	1	2	7	8	18

新任高级职称人员名录

市属单位

副教授

胡国安

高级工程师

刘世福(建设工程) 李　宁(建设工程)
代玉良(建设工程) 谢　松(建设工程)
孙　彤(建设工程) 李　明(建设工程)
王柢中(建设工程) 徐训奇(建设工程)
鲍秀根(建设工程) 蒋育红(建设工程)
许克福(建设工程) 杨邦华(电子信息)
卢银平(环 保) 夏发业(机械)
尹双青(药学) 王春林(染整)
刁孟超(环境监测) 王　俞(计算机软件)
乐造明(电力工程技术) 查火荣(电力工程技术)
李隆庆(电力工程技术) 胡　全(电力工程技术)
耿传芳(电力工程技术) 孙宏刚(电力工程技术)

高级经济师

罗永红 陈远志 周立功 施大福
赵　林

高级会计师

虞　光 胡春年 邵义胜

高级审计师

肖　泳

主任医师

黄金国(泌尿外科) 范兆轩(妇产科)
宋汉民(消化内科) 舒　航(血液内科)
张少华(药学)

副主任医师

潘春生(公共卫生) 方大春(疾控)
朱宏斌(预防医学) 唐丽宇(口腔科)
陈卫红(内分泌科) 张惠萍(超声诊断)
夏慧新(输血检验)

副主任技师

刘　燕(卫生检验)

主任记者

阮学义

一级美术师

杨　阳

副研究馆员

马仁军(群文)

主任舞台技师

冯俐娜(艺术)

二级演奏员

舒鸿均(艺术)　王正伟(艺术)
姜爱蓉(艺术)

二级演员

张朝晖(艺术)　胡向红(艺术)

中专高级讲师

陆江淮(语文)　白　莹(体育)
朱和平(教育学)　程宏亮(语文)
刘　燕(生物)　黄宜宁(技校系列)

中学高级教师

李莲芝(幼教)　陈义国(体育)
姜国芳(语文)

(综合人事局等单位来稿)

马钢(集团)控股有限公司
马鞍山钢铁股份有限公司

正高级工程师

高海潮　汤曙光　李爱群　叶光平

副教授

王小平(哲学)

研究馆员

郭翠华(群文)

高级工程师

李重光　胡文凯　石玉军　李帮平
巩光彬　涂全平　李小兵　王志强
邓新民　苑　智　叶焕生　罗　文
卜宜文　丁　晖　汪泓一　王丛林
钱向红　顾有根　王向红　张　婕
施爱加　方　红　赵　莹　张秀艳
左平生　陈于海　范铁山　陈建明
沈立嵩　狄　青　王荣林　夏振宝
尤海平　陈文英　赵红兵　刘建华
林　庄　何道伟　谢　陵　苏　群
齐书祥　李永付　吴　川　董卫兵
董　炜　杜先葵　范汝贵　张道富
夏　红　郭　民　施　诚　石　玮
苏少东　吴远根　汪　立　陈海山
李　寅　邓卫东　陶　炜　肖　龙
许祥红　毕小保　徐立宇　徐文革
汪焰流　蒲　红　毛庆云　孔维斌
薛　宏　魏廷智　周德勇　叶明成
陈　虎　丁　刚　蒋海涛　汪立新
许　洲　李　锋　赵愉歆　王　洋
孙　茜　高凌云　蔡长生　胡增涛
孙晓忠　陆克从　钱伏虎　王文忠
李海吟　罗武龙　刘德华　孙　烽
节永烈　邬纳新　翁海胜　龚志翔
吴文华　杨俊国　刘　铝　曾文清
陈　霞　杨文武　赵志华　周天武
夏　杨　翟宏伟　谈世龙　方秀富
伏　明　陈　斌　黄礼胜　张　044
王红春

高级经济师

苏鉴钢　朱　岚　项　爽　孙皖峰
蒋文峰　石明良

高级会计师

杨丽娟

高级政工师

黄卫桢　鲁　萍　王新明　邵　宇
金太和　程青平　曾　斌　杭　斌
李辉平　刘皖辉　李　蓓　王茂龙
孙贵华　翟德智　陈能全　胡劲松
孙明珍　陈荣美　施韶华　郭立斌
秦志斌　沈芝敏　吴义生　谢庆山
董志军　王世发　徐利华　黄裕清
吴光辉　李茂红　王家建　谈　平
孙兴发　张明胜　刘海源　兰彩萍
王承翔　周著萍　李　兰　刘　全
盛玉玺　张文阶　唐承迹　魏跃进
李能文　狄　宜　杨卫国　虞　平
年思友　唐士洪　刁节新　周美谦
朱　颐　蔡新俊　简　宋　蒋道会
孔援生　陆晓军　杨家龙　李洪涛
林　强　陶绪明　齐继祥　王庆国
胡智慧　闵桂花　柳先和　彭生贯
邹　权　朱诗席　韩新华　史国瑞
马咏梅　孙龙华

主任医师

胡家胜　曹多志　孟庆涛

副主任医师

夏　超　李　强　程光乐　葛孝忠
徐志明

一级美术师

封学文

中学高级教师

张建勋　陈玉宝　李传立　钱灿林

凌威勇 朱 人 部德水 孔北南
杨永霞 高素宁 吴 莹 章成红
高永生 张德海 张建宝 张 蓉
裴迪梓 夏巧云

技校高级讲师

孙亚娟 李应玲 王从云 朱宗凯

（人事部技管科）

中国第十七冶金建设公司

教授级高级工程师

王建国（工民建）

高级工程师

胡社教（工民建） 张 烨（工民建）
刘少美（工民建） 罗宗亮（工民建）
王福明（采矿工程）
闵永欣（供热通风与空调工程）
汪亦农（冶金机械） 陆文元（工民建）
顾满荣（工民建） 张立葆（工程测量）
胡传龙（工程测量） 唐世敏（地质学）
余志忠（焊接工艺及设备）
韩晓春（工民建）

高级经济师

周毅忠（国际贸易）
孙传兵（焊接工艺及设备）
李淑英（经济管理）
施松林（经济管理）
蒋跃远（工业管理）

高级政工师

孙 琪（经济管理）
张建设（政治学）
韩 建（政治学）
陆秋雯（政治学）
方 静（行政管理）

高级会计师

方汉兴（财务会计）

副主任医师

麻继锋（医学） 苏化功（普化科）
刘 天（传染科） 余佩英（儿科）

马鞍山钢铁设计研究总院

教授级高级工程师

陆永华（工民建） 郑 俊（环境工程）
芦 强（机械工艺设备）
周良荣（团矿）
叶学农（团矿） 王德强（工民建）
王泉荣（电厂热能动力）
李应树（矿山机械） 柯 华（工民建）
陈祥本（金属压力加工）
陈春林（工业电气自动化）
陈林权（钢铁冶金） 沈 涛（钢铁冶金）
李岳建（金属压力加工）
吴双全（金属压力加工）
陆培兴（通风） 孙 斌（金属压力加工）
张 健（制冷工艺）

高级工程师

张光明（岩土工程）
潘啸波（金属材料及热处理）
翟平湖（建筑学）
盛国忠（电力传动及自动化）
王仁重（工程造价管理）
楼洪兴（起重运输与工程机械）
王 翔（建筑学） 马 源（工民建）
宫含红（自动化仪表）
陶峥嵘（工业电气自动化）
曹 军（选矿工程）
李远德（地质矿产勘查）
徐德华（电机）
张俊杰（给排水） 龚文雄（团矿）
陈延贵（热能工程） 陈 林（钢铁冶金）

高级经济师

李晓斌（国民经济计划）

高级会计师

陈文龙（工业会计） 李来贵（工业会计）

副译审

赵新武（英语）

马鞍山矿山研究院

教授级高级工程师

张 野（选矿工程） 曾云南（工业电气自动化）

高级工程师

吴冷峻（汽车运用工程）
于 江（汽车运用工程）
周曲波（选矿工程） 孙其国（水文与工程地质）
汪兴亮（工业电气自动化）
何晓华（地质工程）
曹作忠（矿井建设） 江龙剑（地质工程）
曹晓钧（应用电子技术）

安徽工业大学

教 授

张捍东（自动化）
张绍德（工业自动化）
朱大奇（测试计量与仪器）
杨亚达（工业企业管理）
李辽沙（冶金物理化学）
水恒福（基本有机化工）

张玉华(机械设计与制造)
徐培民(机械设计及理论)
冷护基(机电一体化)
李致平(经济学) 徐龙封(数学)
陈松林(基础数学) 尹富林(英语)
尹桂全(金属物理) 陈　光(热能工程)
张千峰(化学工程)

研究员

曹大文(高等教育研究)

副教授

王　伟(计算机控制) 张世峰(工业自动化)
刘素珍(工业会计) 张文艺(采矿)
武杏荣(无机非金属材料)
王世范(无机化学) 张辉宣(工业自动化)
李金厚(自动控制) 黄永兴(统计学)
骆　阳(工企自动化) 樊　勇(体育)
朱富民(体育) 张敬和(基础数学)
戚枝淬(法学) 梁华府(历史)
张洪根(思想政治教育)
魏邦良(中文) 赵文辉(英语教育)
钱健清(金属压力加工)
袁晓敏(金属物理) 陈文波(应用数学)

副研究员

陈德宏(信息处理)

高级工程师

岳月发(工业自动化)
蒋伟锋(冶金分析化学)
沈正金(煤化工) 纪　平(无线电技术)
曹　燕(金属压力加工) 章　静(压力加工)

高级实验师

张智敏(物理化学) 纪国富(机电一体化工程)

高级讲师

贾　平(管理科学与工程)

统 计 资 料

2002 年度马鞍山市社会经济基本情况统计表

代码	项　　　目	计量单位	全　市	市辖区
224	一、人口、劳动力及土地面积	*		
001	年末总人口	万人	122.12	55.12
002	其中:非农业人口	万人	54.18	44.35
003	年平均人口	万人	121.09	54.03
004	暂住人口(一个月以上)	万人	3.12	2.67
005	年出生人口	人	10541	4377
006	年死亡人口	人	5175	1675
007	年末总户数	万户	36.28	16.98
008	年末单位从业人员数	万人	17.26	15.40
009	第一产业(农、林、牧、渔业)	万人	0.03	0.03
010	第二产业	万人	11.64	11.33
011	(1)采掘业	万人	2.30	2.30
012	(2)制造业	万人	7.67	7.39
013	(3)电力、煤气及水的生产和供应业	万人	0.41	0.40
014	(4)建筑业	万人	1.26	1.24
015	第三产业	万人	5.54	4.04
016	(1)地质勘查业、水利管理业	万人	0.23	0.21

代码	项　　目	计量单位	全　市	市辖区
017	(2)交通运输、仓储及邮电通信业	万人	0.45	0.41
018	(3)批发和零售贸易、餐饮业	万人	0.88	0.66
019	(4)金融、保险业	万人	0.48	0.41
020	(5)房地产业	万人	0.10	0.09
021	(6)社会服务业	万人	0.58	0.52
022	(7)卫生、体育和社会福利业	万人	0.41	0.28
023	(8)教育、文化艺术和广播电影电视业	万人	1.30	0.70
024	(9)科学研究和综合技术服务业	万人	0.11	0.10
025	(10)国家机关、政党机关和社会团体	万人	1.00	0.66
026	(11)其他行业	万人	0.00	0.00
027	私营和个体从业人员	人	47738	43901
028	年末城镇登记失业人员数	人	11613	9802
029	行政区域土地面积	平方公里	1686	301
030	其中:建成区面积	平方公里	0	44
031	居住用地面积	平方公里	0	9
032	公共设施用地面积	平方公里	0	5
033	工业用地面积	平方公里	0	17
225	二、综合经济	*		
034	(一)国内生产总值(当年价格)	万元	1545927	1264954
035	第一产业增加值	万元	131753	14278
036	第二产业增加值	万元	929536	849595
037	其中:工业增加值	万元	795124	728042
038	第三产业增加值	万元	484638	401081
039	其中:交通运输仓储及邮电通讯业	万元	94647	82423
040	金融、保险业	万元	76646	64848
041	房地产业	万元	88982	58206
042	科学研究和综合技术服务业	万元	4344	4150
044	人均国内生产总值	元	12768	23412
226	(二)财政、金融、保险	*		
046	中央财政预算内收入	万元	121701	115088
047	地方财政预算内收入	万元	110072	97547
048	地方财政预算内支出	万元	134345	111106
049	其中:基本建设支出	万元	6549	6195

代码	项目	计量单位	全市	市辖区
050	企业挖潜改造资金和科技三项费用	万元	4549	3654
051	城市维护建设费	万元	8918	8339
052	文教科学卫生事业费	万元	22447	15199
053	其中:科学事业费支出	万元	293	259
054	教育事业费支出	万元	14756	8776
055	抚恤和社会福利救济费	万元	4156	3164
056	社会保障支出	万元	29163	27946
057	政策性补贴	万元	114	113
058	年末金融机构存款余额	万元	1488432	1248572
059	其中:城乡居民储蓄年末余额	万元	927666	738369
060	年末金融机构各项贷款余额	万元	913808	756909
061	承保额	万元	2495703	2366221
062	保费	万元	37046	32949
063	已决赔款	万元	5890	4871
227	三、农业	*		
064	年末实有耕地面积	千公顷	50	0
065	蔬菜产量	吨	158369	0
066	水果产量	吨	47192	0
067	肉类总产量	吨	27506	0
068	奶类产量	吨	1475	0
069	水产品产量	吨	58954	0
228	四、工业	*		
229	国有及年销售收入500万元以上非国有工业企	*		
070	工业企业数	个	148	110
071	内资企业	个	134	99
072	港、澳、台商投资企业	个	4	1
073	外商投资企业	个	10	10
074	工业总产值(当年价)	万元	1840526	1723757
075	内资企业	万元	1785394	1674233
076	港、澳、台商投资企业	万元	5808	200
077	外商投资企业	万元	49324	49324
078	从业人员年平均人数	万人	10.79	10.16
079	流动资产年平均余额	万元	1004195	966948

代码	项　　　目	计量单位	全　市	市辖区
080	固定资产净值年平均余额	万元	1634451	1609003
081	产品销售收入	万元	1883470	1772274
082	其中:产品销售税金及附加	万元	19015	18774
083	本年应交增值税	万元	121722	118204
084	利润总额	万元	94345	91868
230	年销售收入500万元以下非国有工业企业主要	*		
085	(限额以下)工业企业数	个	5139	2594
086	(限额以下)工业总产值	万元	418058	217187
231	五、交通运输、邮电通信、能源电力	*		
087	铁路客运量	万人	89.20	0
088	铁路货运量	万吨	399	0
089	境内铁路里程	公里	36	0
090	民用汽车拥有量	辆	16752	0
091	其中:私人汽车拥有量	辆	11834	0
099	年末邮电局(所)数	处	103	70
100	邮政业务总量	万元	7887	5990
101	电信业务总量	万元	18174	13646
102	本地电话用户数	万户	28.11	16.59
103	年末移动电话用户数	户	229306	169071
104	国际互联网用户数	户	47225	41782
106	全年用电量	万千瓦小时	391967	358569
107	其中:工业用电	万千瓦小时	348185	327718
108	城乡居民生活用电	万千瓦小时	20173	14019
232	六、内外贸易、外经、旅游	*		
109	批发零售贸易业商品销售总额	万元	416069	409658
110	社会消费品零售额	万元	414215	311713
111	限额以上批发零售贸易企业数	个	31	28
233	其中零售业:按经营方式分组	*		
112	1. 连锁商店	个	9	9
113	2. 非连锁商店	个	14	13
234	按零售业态分组	*		
114	1. 百货商店	个	15	14
115	2. 超级市场	个	8	8

代码	项目	计量单位	全市	市辖区
116	限额以上餐饮企业数	个	6	6
117	进口额(海关数)	万美元	28047	0
118	出口额(海关数)	万美元	9308	0
235	外国和港澳台地区在华直接投资:	*		
119	当年新签项目(合同)个数	个	11	11
120	当年合同外资金额	万美元	2648	2648
121	当年实际使用外资金额	万美元	4272	4272
122	已投产(营业)企业数	个	48	41
123	从业人员数	人	50280	50280
124	国际旅游者人数	人	6104	0
125	其中:外国人	人	3573	0
126	港、澳、台同胞	人	2531	0
127	国际旅游收入	万美元	461	0
128	星级饭店数	个	10	0
129	国际旅游住宿客房出租间天数	间天	201151	0
130	国际旅游住宿客房核定出租间天数	间天	730145	0
236	七、固定资产投资	*		
131	固定资产投资完成额	万元	570219	526690
132	其中:房地产开发投资完成额	万元	99740	90193
133	其中:住宅	万元	79891	73887
134	全年新增固定资产	万元	311801	272273
135	本年施工住宅面积	万平方米	164.73	141.23
136	本年竣工住宅面积	万平方米	94.14	73.41
137	商品房屋销售面积	万平方米	64.22	54.34
138	其中:销售给个人	万平方米	61.52	51.64
139	商品房屋空置面积	万平方米	2.96	2.27
140	商品房屋销售额	万元	90989	81720
141	其中:销售给个人	万元	87210	77941
237	八、教育、科技、文化、卫生	*		
238	学校数	*		
142	(学校数)高等学校	所	1	1
143	(学校数)中等专业学校	所	4	4
144	(学校数)普通中学	所	66	26

代码	项 目	计量单位	全 市	市辖区
145	(学校数)小学	所	261	45
239	专任教师数	*		
146	(专任教师)高等学校	人	704	704
147	(专任教师)中等专业学校	人	233	233
148	(专任教师)普通中学	人	3694	1975
149	(专任教师)小学	人	4849	2452
240	在校学生数	*		
150	(在校学生)高等学校	人	14444	14444
151	(在校学生)中等专业学校	人	2483	2483
152	(在校学生)普通中学	万人	7.47	3.18
153	(在校学生)小学	万人	11.30	4.44
154	成人高等教育学校在校学生数	人	5226	5226
155	各类专业技术人员数	万人	3.64	3.01
156	其中:中级技术职称以上人员数	万人	1.82	1.58
157	从事科技活动人员数	人	3964	3964
158	剧场、影剧院数	个	8	7
159	公共图书馆图书藏量	千册、件	314	253
160	医院、卫生院数	个	48	17
161	医院、卫生院床位数	张	2971	2262
162	医生数	人	1748	1301
241	九、人民生活	*		
163	在岗职工平均人数	万人	16.72	14.93
164	在岗职工工资总额	万元	228030	211302
165	居民人均可支配收入	元	0	7720
166	居民人均消费支出	元	0	5992
167	其中:(1)食品	元	0	2416
168	(2)衣着用品	元	0	628
169	(3)家庭设备、用品及服务	元	0	488
170	(4)医疗保健	元	0	417
171	(5)交通和通讯	元	0	637
172	(6)娱乐、教育、文化服务	元	0	727
173	(7)居住	元	0	486
174	人均住房使用面积	平方米	0	15.09

代码	项　　　　目	计量单位	全　市	市辖区
175	按房屋产权分:租赁公房	户	0	6
176	租赁私房	户	0	0
177	自有房	户	0	93
178	其他	户	0	1
179	无卫生设备户数	户	0	2
180	居民消费价格指数(上年为100)	0	100.20	
181	年末离休、退休、退职人员数	万人	8.73	8.04
182	基本养老保险参保职工	人	196300	181249
183	基本医疗保险参保人数	人	238900	235418
184	失业保险参保人数	人	219200	198247
185	社会福利院数	个	34	8
186	社会福利院床位数	张	1578	630
187	社区服务设施数	个	983	920
188	居民最低生活保障线以下人数	人	36476	30606
189	居民最低生活保障已保人数	人	36476	30606
242	十、社会治安	*		
190	交通事故件数	件	7908	6670
191	交通事故死亡人数	人	103	36
192	刑事案件立案数	件	11245	9970
193	犯罪人数	人	868	644
243	十一、市政公用事业	*		
194	年末实有铺装道路面积	万平方米	0	524
195	排水管道长度	公里	0	268
196	供水综合生产能力(包括自备水源)	万立方米/	0	319
197	供水总量	万立方米	0	45181
198	其中:居民家庭用水量	万立方米	0	3988
199	用水人口	万人	0	55.12
200	煤气(人工、天然气)供气总量	万立方米	0	3838
201	其中:家庭用量	万立方米	0	3081
202	用煤气人口	人	0	379000
203	液化石油气供气总量	吨	0	10218
204	其中:家庭用量	吨	0	10218
205	用液化气人口	人	0	172200

代码	项　　　目	计量单位	全　市	市辖区
206	年末实有公共汽(电)车营运车辆数	辆	0	509
207	全年公共汽(电)车客运总量	万人次	0	8149.56
208	年末实有出租汽车数	辆	0	2911
209	园林绿地面积	公顷	0	4279
210	其中:公共绿地面积	公顷	0	468
211	建成区绿化覆盖面积	公顷	0	1873
244	十二、环境保护	*		
212	环境污染治理投资额	万元	21366	0
213	三废综合利用产品产值	万元	4431	0
214	工业废水排放量	万吨	13408	0
215	工业废水排放达标量	万吨	13039	0
216	工业二氧化硫去除量	吨	6989	0
217	工业二氧化硫排放量	吨	42702	0
218	工业烟尘去除量	吨	456788	0
219	工业烟尘排放量	吨	9320	0
220	工业固体废物综合利用率	%	59	0
221	环境噪声达标面积	平方公里	27	0
222	生活污水处理率	%	3	0
223	生活垃圾无害化处理率	%	100	0

（盛　寒　王　芳）

2002 年度马鞍山市国民经济和社会发展统计公报

2002 年，全市人民在市委、市政府的正确领导下，高举邓小平理论伟大旗帜，全面贯彻“三个代表”重要思想，积极应对加入世贸组织后的新形势，解放思想，优化环境，进一步扩大对外开放，加大招商引资力度，大力推进国有企业改革，着力培育新的经济增长点，经济发展活力明显增强，运行质量显著提高，主要经济指标增幅创近几年来最好水平，居民生活水平继续改善，各项社会事业取得新的成绩。

一、综　　合

国民经济快速增长。初步统计，全年国内生产总值突破 150 亿元，达 154.8 亿元，按可比价格计算，比上年增长 12.7%，增速比上年加快 3.7 个百分点。其中：第一产业增加值 13.2 亿元，增长 2.2%；第二产业增加值 93 亿元，增长 15.2%；第三产业增加值 48.6 亿元，增长 11%。人均国内生产总值首次超过 1 500 美元，达到 12 783 元人民币(折合为 1 546 美元)。

结构调整步伐加快。经济结构进一步优化，三次产业结构由上年的 9.3∶59.2∶31.5 调整为 8.5∶60.1∶31.4。非公有制经济尤其是私营个体经济增长加快，全年私营个体经济增加值为 32.4 亿元，比上年增长 19%，占国内生产总值的份额达 21%。市级工业加速发展，市级工业产值占全部工业总产值的比重由上年的 23.06% 上升到 27.78%。

市场价格平稳。全年居民消费价格指数为 100.2，价格总水平比上年微升 0.2%。其中，食品类价格上涨 0.7%，衣着类、医疗保健及个人用品类和娱乐教育文化用品类价格分别上涨 1.6%、2.7% 和 1.9%。家庭设备用品类、居住价格类、交通通信类价格分别下降 2.3%、1.5% 和 4%。

劳动就业服务体系进一步完善。年末经认定的职业介绍机构为 10 家。全年共对 1.7 万人进行职业指导和培训。劳动力市场共举办用工洽谈会51次。全年新增就业岗位1.6万个。城镇登记失业率为4.2%。

各项改革继续向前推进。国有及国有控股大中型企业的公司制改革继续推进,国有中小企业多种形式的改制取得积极进展。农村税费改革取得阶段性重要成果。粮棉流通体制改革进一步深化。城镇职工基本医疗保险制度、医疗机构和药品生产流通体制改革稳步推进。

国民经济和社会发展中存在的问题主要是:城镇就业不足和农民增收不快的矛盾仍然突出,城乡居民低收入户增收困难;机制不适应发展市场经济的要求,经济开放度不高,非公经济发展不足,部分国有中小企业经济效益较差;经济结构不合理的矛盾仍然较为突出,产品科技含量不高、新兴产业发展缓慢、个体私营经济发展和县区经济实力较为薄弱等。

二、农　　业

农业生产稳定增长。全市积极组织实施农业三大工程,大力实施农产品优质化工程,农业结构调整取得新的进展。全年完成农业总产值(按1990年不变价格计算)10.46亿元,比上年增长2.3%。其中:农业产值4.51亿元,下降2.1%;林业产值0.14亿元,增长5.2%;畜牧业产值1.78亿元,增长4.9%;渔业产值4.02亿元,增长6.5%。养殖业所占比重由上年的53.5%升至55.4%。

种植业结构继续调整。全年粮食总播种面积比上年下降3.2%,农作物种植比重由上年的55.2%降至54.5%。在粮食作物中,夏粮、双季稻种植面积大幅度减少,夏粮作物种植面积下降10.5%,早稻种植面积下降21.8%,双季晚稻种植面积下降16.8%,而粳稻面积扩大较多,增幅为3.8%。油料作物播种面积为33 292公顷,增长1.0%,在午季作物中所占比重达八成以上。蔬菜种植面积扩大较多,增幅为14.4%,达到0.34万公顷。

粮食、茶叶增产。全年粮食产量35.72万吨,比上年增长5.1%;茶叶产量87吨,比上年增长22.5%。

棉花、油料减产。受自然灾害和价格大幅下降调减播种面积的影响,棉花、油料产量均有所降低,棉花产量1 825吨,比上年下降29.6%;油料产量5.28万吨,比上年下降21.7%。

畜牧业、渔业生产稳步发展。全年肉类总产量达2.75万吨,比上年下降2.5%;牛奶产量达1475吨,增幅超过三成,为34%;水产品产量达5.9万吨,比上年增长3.3%。

农业生产条件继续改善。年末农业机械总动力46万千瓦,比上年增长1.39%。其中:农用拖拉机1.22万台,农用运输车1 001辆,排灌动力机械7.2万台。全年化肥施用量(折纯)2.36万吨。全年农村用电量12 436万千瓦小时,比上年增长11.79%。农用塑料薄膜使用量达515吨,比上年增长6.6%。有效灌溉面积为4.8万公顷。自来水受益村占村民委员会总数的比重达79.5%,比上年提高15.8个百分点;通汽车村占村民委员会总数的比重升至99.5%。

三、工业和建筑业

工业生产强劲增长。工业生产借助国际市场逐步复苏、国内市场需求回升的有利时机,在重点骨干企业的拉动下,实现加快增长。全年共完成全部工业总产值(按1990年不变价格计算)153.23亿元,比上年增长21.86%,增速比上年加快6.82个百分点。其中:市级工业完成42.57亿元,马钢完成70.56亿元,县区工业完成40.1亿元,分别比上年增长46.79%、12.56%和17.73%。在全部工业总产值中,规模以上工业企业共完成工业总产值125.27亿元,比上年增长25.17%,增速比上年加快7.33个百分点。其中:国有及国有控股企业完成100.29亿元,增长22.1%;集体企业完成9.99亿元,增长29.91%;其他企业完成14.99亿元,增长46.24%。

工业经济效益大幅提升。全年规模以上工业经济效益综合指数达115.93,比上年提高19.24个百分点。全年累计实现产品销售收入184.61亿元,比上年增长23.36%;实现利税21.18亿元,比上年增长34.78%;实现利润8.43亿元,比上年增长64.88%。工业企业亏损面有所下降,亏损企业亏损额比上年下降14.38%。

建筑业继续回升。全年实现建筑业增加值9.96亿元,比上年增长19.38%。施工工程个数3 534个,其中投标承包工程2374个;房屋建筑施工面积282.3万平方米,比上年增加53.5万平方米,其中投标承包的房屋施工面积217万平方米,增加39.3万平方米;房屋竣工面积154.2万平方米,比上年增加8.4万平方米。四级及以上建筑企业实现利税1.19亿元,比上年增长9.68%。

四、固定资产投资

固定资产投资高速增长。全年累计完成全社会固定资产投资61.68亿元,比上年增长77.49%,增速比上年加快63.89个百分点。其中:基本建设投资完成18.75亿元,比上年增长83.93%;更新改造投资完成27.06亿元,比上年增长1.36倍;房地产投资完成9.97亿元,比上年增长30.86%。按经济类型划分:国有经济投资22.79亿元,增长53.47%;集体经济投资1.72

亿元,增长 8.86%;其他经济投资 32.32 亿元,增长 129.55%。开发区建设投资成倍增长,完成 2.77 亿元,比上年增长 1.25 倍。

重点项目建设顺利推进。全年完成投资额 24.05 亿元,比上年增长 1.41 倍。其中国债项目完成 14.78 亿元,比上年增长 1.28 倍。主要有:马钢建筑用薄板工程完成投资 76 154 万元,马芜高速公路完成投资 38 513万元,江东大道完成 5 226 万元,湖西南路完成 4 700万元,红旗南路完成 2 100 万元,马濮路改造完成 5 000 万元。水利工程加紧推进。其中:江堤加固工程完成投资 19 762 万元,雨山湖排水整治工程完成 3 829 万元。本年竣工的主要投资项目有:安徽星马汽车股份有限公司 5 000 辆专用汽车技改完成 10 985 万元,马钢股份有限公司平改转工程完成 24 317 万元,安徽山鹰纸业股份有限公司 8 万吨牛皮箱纸板技改完成 5 957 万元,中橡(马鞍山)化学工业有限公司 3.5 万吨新工艺炭黑完成 10 144 万元。

小城镇建设成效显著。全年小城镇建设总投入达 3.8 亿元。小城镇基础设施日趋完善,道路铺装率超过 75%。8 个中心镇建设持续、健康发展,全年中心镇建设实际投资 1.77 亿元,镇区道路铺装率达 87.1%。

五、国内贸易

商业市场繁荣兴旺。随着国家扩大内需和提高中低收入阶层居民收入的各项政策措施的稳步实施,全市专卖、连锁、超市、加盟店、大卖场等各种经营业态不断出现,邮购、电话订购、电视购物、网上订购等各类营销方式悄然兴起,农贸、建材、果品等各类专业和综合批发市场相继建成。全年累计完成社会消费品零售总额 41.42 亿元,比上年增长 8.27%。按地区分:市区社会消费品零售额 31.17 亿元,比上年增长 8.76%;当涂县社会消费品零售额 10.25 亿元,比上年增长 6.8%。按行业分:批发零售贸易业零售额 29.78 亿元,比上年增长 15.04%;餐饮业零售额 4.77 亿元,比上年增长 19.19%。其中限额以上批发零售业和餐饮业增幅分别为 19.36% 和 22.94%。

六、对外经济和旅游业

引进外资成倍增长。全市以招商引资为重点,以开发区和各具特色的县区经济园区为载体,抓住国际资本和国内沿海地区产业梯度转移的历史性机遇,不断优化投资环境,创新招商方式,拓宽招商领域,招商引资取得突破性进展。全年实际利用外资 4 272 万美元,比上年增长 1.4 倍。实际利用内资接近 10 亿元,达到 9.9 亿元。全年批准设立外商投资企业 11 个,其中有 5 家落户开发区。

外贸进出口继续增长。全年外贸进出口总额完成 34 579 万美元,比上年增长 20%。其中:进口 25 165 万美元 ,比上年增长 62%;出口 9 414 万美元,比上年下降 29%。在出口总额中,马钢出口 5 738 万美元,下降 35%;市级及县区出口 3 676 万美元,下降 18%。按贸易方式分:一般贸易出口 8 607 万美元,占出口总额的比重为 91%;加工贸易出口 807 万美元,占出口总额的比重为 9%。

旅游业发展持续加快。全年共接待国内游客 175.37 万人次,比上年增长 32.54%。接待入境人数 6 104人次、24 355 人·天,分别比上年增长 17.61% 和 18.29%。年末星级宾馆 11 家。其中:四星、三星级宾馆各 1 家,其他星级宾馆 9 家;涉外宾馆房间数达 1 065 间,床位 2 196 张。旅游业外汇收入 460.91 万美元(不含旅游商品创汇收入),比上年增长 18.78%。

七、交通和邮电

交通运输业发展稳定。铁路运输和公路运输保持稳定的发展势头,水路旅客运输继续下降。全年完成货物运输量 824.41 万吨 ,比上年下降 1.7%。其中:铁路运输 398.8 万吨,增长 7.8%;公路运输 129.5 万吨 ,增长 6.2%;水路运输 296.11 万吨,下降 14.5%。旅客运输量 545.47 万人次,比上年下降 3.7%。其中:铁路运输 89.2 万人次,增长 6.1%;公路运输 455.3 万人次,减少 5.2%;水路运输 0.97 万人次,下降 46.1%。全年港口完成货物吞吐量 1151.45 万吨,比上年增长 12.3%,其中外贸货物吞吐量达 9.24 万吨,下降 26.7%。

邮电业保持快速发展势头。邮电业加快建设步伐,网络规模日益扩大,技术水平不断提高,通信能力明显增强。不仅完成了邮储计算机网络系统改造,还开通了电子汇兑系统、185 客户服务中心,实施村邮工程和邮政报刊亭建设及高速骨干传输网、接入网和互联网建设等一批工程。全年完成邮电业务总量(按 1990 年不变价格计算)7.59 亿元,比上年增长 16.8%。年末电话交换机总容量为 34.76 万门,比上年增加 3.17 万门。年末固定电话用户达到 28.11 万户。其中:城市电话用户 18.59 万户,乡村电话用户 9.52 万户。年末移动电话用户达到 22.93 万户,比上年增加 2.33 万户。年末国际互联网用户超过 4 万户,比上年增加 2.11 万户。

八、财政、金融和保险

财政收入大幅增长。全年累计完成财政收入 24.12 亿元,比上年增长 20.51%,增速比上年加快 11.94 个百分点。其中:中央财政收入 12.17 亿元,比上年增长17.58%；地方财政收入11.95亿元，比上年增长23.64%。全年累计财政支出14.26亿元，比上年增长34.58%。其中：基本建设支出增长151.02%；社会保障支出增长109.17%。

金融运行稳定。金融机构继续执行稳健的货币政策，各项存贷款业务迅速增长，有力地支持了地方经济的快速发展。年末金融机构存款余额为148.84亿元，比年初增加20.37亿元。在各类存款中，城乡居民储蓄存款达92.77亿元，比年初增加14.53亿元，表明随着经济的加快发展，人民得到了更多的实惠。年末贷款余额为91.38亿元，比年初增加8.12亿元。其中：短期贷款余额高达57.39亿元，比年初增加3.89亿元，短期贷款所占份额为62.8%，表明贷款的流动性不断增强，贷款结构继续得到改善。全年货币投放294.09亿元，比上年增加59.56亿元；货币回笼278.92亿元，比上年增加55.67亿元；货币净投放15.17亿元，比上年增加3.89亿元。

保险事业快速发展。泰康人寿、太平洋财险等保险机构进驻马鞍山，年末全市保险机构达到6家。全年保险公司保费收入总额3.7亿元，比上年增长41.76%；已决赔付0.59亿元。在保险公司保费收入总额中，人寿保险份额明显提高，人寿险所占比重达73%。

九、教育和科学技术

各类教育全面发展。全年财政用于教育支出达4.91亿元，比上年增长24.84%，增幅比上年提高18.59个百分点。积极推进教师继续教育工作，建设现代化的高素质教师队伍，全市教师岗位合格率100%。年末中等专业学校3所，在校学生数为2 603人；技工学校4所，在校学生数为4 241人；职业学校8所，在校学生数为3 036人；普通中学66所，在校学生数为7.47万人；小学261所，在校学生数为11.29万人。小学适龄儿童入学率为99.77%，升学率为99.5%，初中毕业生升学率为60.9%。其中：市区升学率为90.2%，当涂县升学率为42%。

科技经济一体化取得成效。科技投入继续增加，全年财政用于科技三项费用达1 526万元，比上年增长17.2%。全市大中型工业企业科技活动内部支出达7.98亿元，比上年增长80.5%，占销售收入的比例升至4.76%。安徽隆达科技有限公司、马钢设计院有限责任公司和市玉龙金属制品有限公司被省科技厅认定省高新技术企业。建立健全科技中介服务体系和企业技术中心。建立了高新技术产业孵化基地，组建了市生产力促进中心。在开发区筹建的马鞍山高新技术创业服务中心竣工，已有多家企业正式入驻。安徽天源科技股份有限公司技术中心被认定为省级技术中心。年末全市拥有国家级技术中心1家，省级企业技术中心5家。

专利申请稳定发展。全年代理专利申请52件，继续位居全省前列。

企业技术进步取得新进展。全年共开发新产品65项。其中，马钢股份有限公司连铸低碳易拉钢开发、BSG460热轧带肋钢筋、DDGH冷轧螺纹用热轧盘条、75m^2烧结机系统优化烧结技术的开发应用等4个产品（技术）通过了省部级鉴定。全年列入国家和省重点技术创新项目为31个，项目涉及企业信息化、钢铁、有色、化工、建材、机械、电子信息、轻工、纺织等9个行业，行业涉及面与项目个数，在全省各市位居前列。其中：国家技术创新项目7个；国家重点新产品试产项目1个；省重点技术创新项目23个。铁路车辆专用大规格帽型钢、航空用稀土锌铝镁合金镀层钢丝绳、建筑用高品质耐火H型钢研制开发、蓄热式加热炉技术开发等项目列入国家技术创新项目计划；马钢股份有限公司的KKD快速客车轮项目列入国家重点新产品试产计划；安徽山鹰纸业股份有限公司的ERP信息系统建设、安徽星马汽车股份有限公司的AH5130GJB型小容量混凝土搅拌运输车、市黄池食品集团公司的生物技术与机电一体化创新项目等进入省级重点技术创新项目计划。

十、文化、卫生和体育

文化事业健康发展。年末拥有公共图书馆2个，藏书31.37万册。艺术表演团体3个，群众艺术馆、文化馆5个。文物保护工作进一步加强，李白墓园、朱然文物陈列馆得到扩建。朱然家族墓地成为全市首处全国重点文物保护单位。年末广播人口覆盖率为94.58%，电视人口覆盖率为95%。年末共有有线电视台、站30个。年末综合档案馆2个，档案资料11.03万卷册，总建筑面积3 138平方米。

卫生事业不断进步。年末共有卫生机构246个。其中：医院、卫生院50个；卫生防疫、防治机构7个；妇幼卫生保健机构5个；个体办诊所42个。共有病床3 342张，其中医院、卫生院病床3 258张。共有卫生技术人员5 046人。其中：医院、卫生院4 255人：卫生防疫、防治机构222人：妇幼卫生保健机构60人：个体办诊所64人。在卫生技术人员中，医生2 226人，护师、护士1 892人。全年四苗全程接种率达98.8%，乙肝疫苗全程接种率达100%。

体育事业蓬勃发展。在省十运会比赛中，我市运动健儿共获得47枚金牌、28枚银牌、36.25枚铜牌，并获组委会特别颁发的“体育道德风尚奖”。中小学体育达标率保持较高水平。全市中学体育达标率为

92.1%,小学体育达标率为94.6%。体育设施日益完善,全民健身活动丰富多彩,全民健身活动进一步开展。利用体育彩票筹集公益金扶持“全民健身路径工程”和“社区晨晚练点示范点工程”。成功举办了环湖接力健身长跑、“奥林杯”青年保龄球大赛、“皖露杯”乒乓球大赛、“梦都杯”少儿围棋定级赛和青少年武术锦标赛。

十一、环境保护

环境保护事业继续发展。年末共有环境监理、监测站7个,环境噪声达标区15个,总面积27.2平方公里;烟尘控制区9个,总面积38.2平方公里。人均绿地面积8.49平方米,城区绿化覆盖率达42.57%,城市面貌大为改观。全年完成环境污染治理项目37项,工业烟尘排放达标率97.6%,工业废水排放达标率95.63%,工业固体废物处置利用率96.5%,集中式饮用水水源地水质达标率100%。生态环境保护得到加强,环境质量明显改善,城市环境综合整治水平提高。“白色污染”专项整治工作成效显著,城区内“白色垃圾”基本消除。安徽山鹰纸业股份有限公司日处理1.8万吨造纸污水处理工程获“安徽省环境污染治理优秀工程”称号。矿山生态示范建设取得突破性进展,南山铁矿被国家环保总局命名为“国家级生态示范区”。

十二、人口、人民生活和社会保障

人口自然增长率下降。年末户籍人口为122.12万人,比上年增加2.07万人。其中:农业人口67.94万人,非农业人口54.18万人;男女性别比为108:100。据抽样调查,人口出生率为10.85‰,死亡率为4.27‰,自然增长率为6.58‰。

居民生活水平进一步提高。据居民家庭抽样调查,全年城镇居民人均可支配收入达7 720元,比上年增长12.2%;人均消费支出5 992元,比上年增长7.2%;城镇居民家庭恩格尔系数为38.6%,比上年降低1.3个百分点;每百户城镇家庭拥有彩色电视机125台,电冰箱96台,空调器80台,移动电话54部,沐浴热水器82台,照相机55架,影碟机46台,家用电脑13台。全年农民人均纯收入为2 919元,比上年增长5.6%。年末城乡居民人均储蓄余额达7 597元,比上年增加1 127元,增长17.41%。居民住房条件继续改善。全年城乡竣工住宅建筑面积151.31万平方米,比上年增加35.29万平方米,增长30.42%。其中:城镇97.44万平方米,农村53.87万平方米。年末城镇居民人均住房建筑面积为21.36平方米,农村居民人均住房面积为27.1平方米。

社会保障制度日益完善。年末全市参加失业保险职工人数为21.92万人,领取失业保险金人数为1.16万人;有19.63万职工和7.84万离退休人员参加了基本养老保险;城镇职工的基本医疗保险覆盖面扩大到23.89万人。全市享受低保人数达到3.81万人,比上年增加1.28万人,基本实现了“应保尽保”。

社会福利事业不断巩固发展。年末全市拥有社会(儿童)福利院34所,拥有床位1 578张,年末在院人数1193人;社区服务中心12个,社区服务设施983个。

附1: 2002年工农业主要产品产量

产品名称	计量单位	2002年实绩	比上年增长(%)
一、农产品产量			
粮食	万吨	35.72	5.1
油料	吨	52 790	-21.7
其中:花生	吨	177	-32.2
油菜籽	吨	52 541	-21.6
棉花	吨	1 825	-29.6
水果	吨	3 743	-1.9
水产品	吨	58 594	3.3
蔬菜	万吨	15.84	16.5
肉类	吨	27 506	-2.5
其中:猪肉	吨	16 335	-6.3
牛奶	吨	1 475	34.0
禽蛋	吨	5 913	3.8
猪出栏数	万头	21.78	-1.3
猪存栏数	万头	18.96	-5.3
羊存栏数	万只	7.66	2.4
大牲畜存栏数	万头	0.94	-29.9
家禽存栏数	万只	452.61	-0.3
二、工业产品产量			
铁矿石	万吨	786.03	3.20
生铁	万吨	493.34	6.02
钢	万吨	541.55	12.88
钢材	万吨	541.46	18.14
发电量	亿千瓦时	51.87	20.44
硫酸	万吨	20.62	7.39
钢绞线	万吨	1.44	-15.14
炭黑	万吨	2.81	26.73
钢丝绳	吨	635	-24.22
专用汽车	辆	3008	87.53
机制纸及纸板	万吨	19.76	52.33
金属切割机床	台	410	2.50
气体压缩机	台	1 457	-28.16
钢丝	万吨	1.19	8.78
布	万米	5 239	-1.73
服装	万件	448.4	-15.73
铸铁管	万吨	5.77	40.81
啤酒	万吨	4.50	10.22

附2： 2002年居民消费价格指数

（以上年为100）

居民消费价格总指数	100.2
食品	100.7
其中：粮食	96.9
油脂	99.2
肉禽及其制品	98.6
蛋	105.2
水产品	99.1
蔬菜	111.5
鲜果	109.1
烟酒及用品	99.0
衣着	101.6
家庭设备用品	97.7
医疗保健和个人用品	102.7
交通和通讯	96.0
娱乐教育文化用品	101.9
居住	98.5

注：1. 本公报为初步统计数。

2. 国内生产总值、各产业增加值绝对数按当年价计算，增长速度按可比价计算。

2002年度马鞍山市环境状况公报

大气环境状况

一、废气及主要污染物排放量

2002年，全市工业废气排放总量为1 049.75亿标立方米，二氧化硫排放总量为4.30万吨，其中工业二氧化硫排放量为4.27万吨，烟尘排放总量为1万吨，其中工业烟尘排放量为0.93万吨，工业粉尘排放量为1.60万吨。

二、环境空气质量

2002年马鞍山市整体环境空气质量状况良好。二氧化硫（SO_2）、二氧化氮（NO_2）和一氧化碳（CO）的年均值达到国家《环境空气质量标准》（GB 3095－1996）一级标准；居民区和工业区可吸入颗粒物（PM_{10}）年均值达到国家《环境空气质量标准》中二级标准和三级标准，满足各功能区的要求。2002年共发布空气质量日报211期（从6月2日起开始发布），其中环境空气质量为优良的天数有176天，占总数的83.4％。可吸入颗粒物仍是我市环境空气中的首要污染物。

三、酸雨

马鞍山市是国家划定的酸雨控制区，2002年全市降水pH年均值为6.26，降水酸性比去年略强。降水pH检出范围在4.28～8.10之间，全年出现了2次酸性降水，酸雨频率为2.4％。

四、措施与行动

狠抓老工业污染源治理不放松。投资1 740万元的三钢转炉二次粉尘治理完成，年削减粉尘排放6 000多吨；完成了的马钢一烧球团成品卸料除尘改造和马钢热电厂一号电除尘改造工程，两项工程投资分别为360万元和276万元。

逐步推行清洁生产，进一步促进企业的末端治理向全过程污染控制转变。2002年，马钢煤焦化公司等四家企业的清洁生产审核项目通过了验收，其中煤焦化公司、第二烧结厂、第二轧钢厂被列入2002年全省70家开展清洁生产示范工作企业名单。青岛啤酒（马鞍山）有限公司开展了ISO14000质量体系认证工作。

开展机动车尾气污染专项整治，拟定了《马鞍山市机动车尾气污染治理实施方案》和《马鞍山市机动车排气污染监督管理办法》，为全面开展尾气治理奠定了基础。

加强对烟控区内所有炉、窑、灶的监督管理。2002年全市共淘汰、关停11台锅炉，窑炉2座，整治2台锅炉（其中1台改为电炉），取缔拆除土锅炉16台，我市的大灶已全部实现燃气化。

将饮食业油烟污染管理工作纳入城市大气污染防治强制管理范围。2002年对11家老的餐饮项目进行了治理，对新、扩、改建的饮食业单位，环保、工商联手，加大了源头把关的力度。

水环境状况

一、废水及主要污染物排放量

2002年，全市工业和城镇生活废水排放总量16 660.78万吨，其中：工业废水13 407.78万吨，城镇生活污水3 253.00万吨。外排废水中，化学需氧量为23 930吨，氨氮排放量为1 658吨。工业废水排放达标率为97.25％，比2001年提高3个百分点，万元工业产值废水排放量为81.86吨，比2001年下降7.1吨/万元。

二、地表水环境

依据国家《地表水环境质量标准》（GB 3838－2002），2002年我市主要地表水体水质状况如下：

1. 长江马鞍山段水质达国家《地表水环境质量标

准》Ⅱ类标准,水质状况稳定,满足规划功能规定的要求。

2. 慈湖河水体为劣Ⅴ类水质。主要超标污染物为氨氮、生化需氧量和溶解氧;首要污染物氨氮年均值超标0.2倍;整体上看各项指标的监测值比2001年有所下降。

3. 采石河基本达到Ⅳ类水质要求。采石河下游部分监测点位、部分时段生化需氧量监测值较高;上、中游河段水质较2001年明显改善。

4. 雨山河水体为劣Ⅴ类水质。主要污染物为生化需氧量和氨氮;生化需氧量和氨氮年均值分别超标1.1倍和2.1倍;和2001年相比,污染程度略有加剧。

5. 雨山湖水体属劣Ⅴ类水质。各项监测指标值有升有降,主要超标污染物为总磷和总氮;总磷超标3.8倍、总氮超标1.2倍;整体上看污染程度比2001年有所上升。

6. 南湖水体属劣Ⅴ类水质。超标污染物有生化需氧量、氨氮、总磷和总氮;总氮超标4.4倍、氨氮超标3.6倍、生化需氧量超标2.6倍、总磷超标0.4倍;南湖污染重于雨山湖。

7. 饮用水源水质保持良好,30项监测指标均符合国家地表水Ⅱ类标准。

三、措施与行动

按照国家环境保护总局和省环保局的统一布置,完成了马鞍山市城市级水环境功能区划工作,并通过省环保局和国家环保局组织的验收。将全市23个水域确定为饮用水源区、自然保护区、渔业用水区、工业用水区、农业用水区、景观娱乐用水区等六类功能区,形成了市域和城区两个层次、1:25万和1:5万数字电子地图两个平台,从功能区划水域—入河排污口—主要污染源三级管理的综合成果。

1999年开始兴建的雨山湖引(排)水工程,2002年已全面完成,项目总投资21 340万元,它是实现雨山湖综合治理的一个重要组成部分。利用荷兰政府贷款建设,日处理能力10万吨的第二污水处理厂建设项目,2002年完成土地征用,开始土建施工,预计到2004年底投入运行。这两项工程的建设,将大大减轻雨山湖、南湖、雨山河的污染。

采石河综合整治已经启动,慈湖河综合整治已列入计划。

利用六期国债,总投资达1.6亿元的马钢污水分区集中处理循环工程,其中11个子项中部分子项完成,其余进展顺利,预计2004年建成运行。该项目的建成,将提高我市的工业用水循环率,减轻工业废水对六汾河、雨山河以及长江岸边的污染。山鹰纸业股份公司日处理8万吨造纸污水处理工程运行良好,获"安徽省环境污染治理优秀工程"称号。

认真贯彻实施《安徽省城镇生活饮用水水源环境保护条例》,对饮用水源地重新建立标志,对第二自来水厂取水口上游的小码头进行了集中整治。

声学环境状况

2002年全市声学环境继续保持良好状况,各功能区环境噪声声级基本能达到国家规定的各类适用区标准,全市各功能区噪声级呈下降趋势,城市环境噪声污染逐步得到控制。由于交通环境的改善,和对机动车管理力度的加大,全市交通噪声的平均等效声级低于国家规定标准,75.5%的路段达到国家规定标准,交通噪声的污染总体上呈现缓解趋势。

一、道路交通噪声

通过对17条城区主次交通干线进行的交通噪声监测,2002年全市平均车流量972辆/时,平均等效声级值为68.0 dB(A),低于国家规定标准的2.0 dB(A)。达到了《城市区域环境噪声标准》(GB3096-1993)中规定的4类标准。与2001年相比较,全市平均车流量减少127辆/时,平均等效声级值下降0.9dB(A)。

健康路、马向路、马钢大道、胜利路等4条道路的交通噪声等效声级超过国家规定标准,超标路段较2001年有所减少。

二、区域环境噪声

2002年全市区域环境噪声网格布点164个,网格覆盖面积为41平方公里,网格覆盖人口数为51.82万人,对2002年监测数据统计表明,城市区域环境噪声昼间平均等效声级55.7dB(A),达到了《城市区域环境噪声标准》(GB3096-1993)中2类标准,比2001年下降1.8dB(A)。

固体废物防治

一、状况

2002年,全市工业固体废物产生量为813.19万吨,比2001年增加15万吨,其中尾矿约占工业固废产生量的55%,工业固体废物综合利用率为59.13%,比2001年提高近9个百分点。城市生活垃圾产生量为8.9万吨,全部进行了清运和卫生填埋。

二、措施与行动

继续开展了"白色垃圾"专项整治工作。2002年由市经贸委、环保、质量技术监督、工商、市容管理、卫生、宣传等部门组成的联合执法组开展了两次"禁白"工作集中检查,没收一次性发泡塑料餐具20多万只,并对责任人处以罚款。

提高粉煤灰综合利用水平。投资215万元的马鞍山市发电厂气力输灰系统改造项目,通过了市环保局组织的验收,2002 年 3 月投入运行,综合利用粉煤灰 6.1 万吨,取得经济效益 70 万元;万能达发电厂也投资 170 万元,采用气力输灰技术对粉煤灰进行综合利用,年利用粉煤灰 13 万吨,取得了良好的经济效益和社会效益,对提高工业固废综合利用水平,促进节能降耗,都发挥了积极的作用。

由 GEF(全球环境基金)组织的资助的向山垃圾填埋场填埋气体综合利用示范工程,2002 年初已经正式开工建设,医院垃圾集中焚烧炉进行了招标。山鹰纸业股份有限公司的城市生活垃圾及工业固体废弃物焚烧发电供热项目亦已启动。

生态环境保护

2002 年,我市坚持污染防治与生态保护并重的方针,经济、社会、环境效益日益显著。到 2002 年底,全市共建成省级自然保护区 1 个,国家级生态示范区 1 个,森林公园 3 个,省级生态村 3 个,市级生态村 4 个,县级生态村 7 个,当涂县大姜村无公害食品基地、博望镇生活垃圾处理等一批生态工程取得积极进展。采石、濮塘风景区已升格为国家级风景区,并获得“国家 AA 级风景区”称号。我市良好的生态环境,吸引了众多的境内外游客,2002 年旅游外汇收入 460.91 万美元,比上年增长 18.78%。

马鞍山市作为资源型城市,矿区生态恢复工作历来是我市生态环境保护和建设的重点, 2002 年 5 月南山铁矿被国家环保总局命名为"国家级矿区生态示范区",成为全国唯一的金属矿山"矿区生态示范区";黄梅山矿在第一期 100 公顷生态恢复工程的基础上,启动了第二期 70 公顷生态恢复工程建设;姑山矿对矿山废弃地、排土场、尾矿库等开展了耐适性育苗研究,矿山生态示范建设取得进展。

在抓生态村建设的同时,我市对城镇生态建设工作也加大了力度。在 2002 年全市首次开展了全国环境优美乡镇创建工作。

2002 年,根据国家环保总局的要求,基本完成了“中国东部 19 省(市)生态环境现状调查”马鞍山市基号础数据的采集工作。编写了《马鞍山市生态环境遥感调查分析报告》,开展了我市蔬菜生产基地环境问题的调查工作,环保等部门共同编制了《马鞍山市绿色高效农业开发区环境保护规划》,生态环境保护基础工作得到完善。

创建国家环保模范城

2002 年 8 月,我市正式启动“创建国家环保模范城市”工作,力争到 2005 年把马鞍山市建设成经济持续发展、环境质量良好、生态良性循环、城市清洁优美的国家环境保护模范城市。创建国家环保模范城市,是省政府、市委、市政府提出的“十五”期间我市环保工作的总体目标,是进一步提升我市综合竞争力,改善投资环境,在皖江开发开放中实现“率先突破”的重要举措。

为加强对创模工作的组织领导,市委、市政府下发了《马鞍山市创建国家环境保护模范城市实施方案》,召开了全市环境保护暨创建国家环保模范城市动员大会,成立了创模工作领导小组。创模工作领导小组由各区县政府、市委宣传部、市计委、马钢股份公司等 36 个成员单位组成,领导小组下设办公室,并成立社会经济、城市环境及生态建设、环境质量与污染控制、宣传教育四个专业组。实行创模目标责任制和考核奖惩制度。市政府与相关部门签订创模目标责任书,定期考核,把创模工作实绩作为考核领导干部政绩的重要内容。2002 年,创模工作已紧张有序地按计划开展。

市委、市政府主要文件目录

2002 年中共马鞍山市委主要文件目录

1. 关于进一步加强和改进党的作风建设的实施意见
   马发[2002]1 号　　1 月 7 日
2. 关于集中整治和改善经济发展环境的实施意见
   马发[2002]2 号　　4 月 28 日
3. 关于扩大区级管理权限,健全区级功能的实施意见
   马发[2002]3 号　　4 月 28 日
4. 关于认真做好县(区)换届工作的通知
   马发[2002]4 号　　9 月 11 日
5. 关于进一步做好老龄工作的意见
   马发[2002]5 号　　10 月 22 日
6. 关于认真学习贯彻党的十六大精神的通知
   马发[2002]6 号　　11 月 21 日
7. 关于在加快皖江开发开放中实现“率先突破”的决定
   马发[2002]7 号　　12 月 16 日
8. 关于进一步做好下岗失业人员再就业工作的通知
   马发[2002]8 号　　12 月 30 日
9. 关于大力发展社区就业的意见
   马发[2002]9 号　　12 月 31 日

(市委办公室　郑梅)

2002 年马鞍山市人民政府主要文件目录

1. 关于改革户籍管理制度推进我市城市化进程的通知
马政[2002]3 号
2. 关于下达 2002 年招商引资目标任务的通知
马政[2002]16 号
3. 关于下达 2002 年重点项目建设任务的通知
马政[2002]17 号
4. 关于下达 2002 年企业改革工作任务的通知
马政[2002]18 号
5. 批转市物价局、市建委关于调整自来水销售价格和开征污水处理费意见的通知
马政[2002]19 号
6. 批转市科技局关于贯彻省政府农业科技发展纲要(2001—2010)实施意见的通知
马政[2002]20 号
7. 关于在全市推行政务公开的意见
马政[2002]38 号
8. 关于同意市建设投资有限责任公司章程的批复
马政秘[2002]1 号
9. 关于同意市经贸发展有限公司国有资产授权经营范围的批复
马政秘[2002]10 号
10. 关于同意市建设投资有限责任公司以土地收益权作为城建打捆项目贷款质押的批复
马政秘[2002]24 号
11. 关于完善市建设投资公司运营机制的通知
马政秘[2002]31 号
12. 关于下达 2002 年新增就业岗位目标任务的通知
马政秘[2002]36 号
13. 关于调整完善我市城镇职工医疗保险制度改革政策的通知
马政[2002]44 号
14. 关于调整完善我市国家公务员医疗补助政策的通知
马政[2002]45 号
15. 关于加快国有粮食企业改革的意见
马政[2002]53 号
16. 关于改进房地产开发项目审批管理程序的意见
马政[2002]55 号
17. 关于调整职工住房公积金缴存比例和 2002 年现有公有住房出售成本价及租金标准的通知
马政[2002]57 号
18. 印发关于涉及建设项目规费征收和减免的意见的通知
马政[2002]66 号
19. 关于印发《马鞍山市国有资产管理暂行办法》和《马鞍山市国有资产经营公司监事会暂行办法》的通知
马政[2002]67 号
20. 关于修改《马鞍山市职工住房分配货币化暂行办法》的通知
马政[2002]74 号
21. 关于取消、调整市有关机构部分行政审批事项的通知
马政[2002]76 号
22. 关于进一步加强我市住宅区物业管理工作的通知
马政[2002]80 号
23. 关于加强城乡规划监督管理的通知
马政[2002]81 号
24. 关于同意实施马鞍山市热电联产规划的批复
马政秘[2002]44 号
25. 关于同意市建设投资有限责任公司以天然气等四项收费权作为城建打捆项目贷款质押的批复
马政秘[2002]48 号
26. 关于马鞍山市城市供水水资源规划的批复
马政秘[2002]51 号
27. 关于市、区行政执法局履行城市绿化管理、市政道路管理行政处罚权职责的通知
马政秘[2002]63 号
28. 关于慈湖工业园、金家庄工业园、雨山工业园控制性详细规划方案的批复
马政秘[2002]66 号
29. 关于同意马鞍山市中小学布局规划的批复
马政秘[2002]68 号

(市府办文秘科)

法 规 选 编

马鞍山市征用土地补偿安置办法

第一章 总 则

第一条 为了加强对征地工作的管理,维护当事人各方合法权益,根据有关法律法规,结合本市实际,制定本办法。

第二条 本市市辖区内征用集体所有土地的补

偿和安置，以及建设项目占用征地撤组后剩余土地的补偿和安置适用本办法。国家和省确定的重大基础设施项目对征用土地的补偿安置标准另有规定的，从其规定。

第三条 市人民政府统一领导全市征地工作。

市国土资源局统一管理征地工作，统筹拟订征地各类方案，依法上报批准；组织实施补充耕地方案、供地方案；监督征地补偿安置方案、房屋拆迁方案的实施。各区人民政府组织区土地行政主管部门、乡（镇）政府及相关机构具体实施征地补偿安置方案、房屋拆迁方案，统筹处理征地农转非人员及征地撤组后社会管理事务。征地和拆迁事务性、技术性工作可以委托征迁事务机构办理。

村民委员会应当协助行政机关及征迁事务机构办理征地事务，维护农民合法权益，引导、教育农民依法办事。

规划、农林、民政、信访等有关部门应积极配合做好征用土地相关工作，妥善解决有关问题。

第四条 征地工作应当贯彻公正、公开原则。征地费用的收支、用途应当公开，接受当事人查询和社会各界监督。禁止侵占、截留、挪用征地费用。

监察、财政和审计部门应依法加强对征地工作的监察和专项监督，依法处理违纪违法行为。

第五条 市、区土地行政主管部门应当建立、健全征地档案管理制度，加强对征地档案资料的管理。

第二章 征地程序

第六条 市国土资源局统筹拟订农用地转用方案、补充耕地方案、征用土地方案（单独选址的项目需要征用市土地利用总体规划确定的城市建设范围外的土地，供地方案一并拟订、报批），报经市政府审核同意后，依法上报有批准权的人民政府审批。征用林地的，应当先征得林业行政主管部门同意。

第七条 征用土地方案经依法批准后，以市政府名义将批准征地的机关、文号，征用土地的用途、范围、面积以及征地补偿标准、农业人员安置办法和办理征地补偿登记的期限、地点等，在被征用土地所在村组予以公告。其中，征用乡（镇）农民集体所有土地的，在乡（镇）人民政府所在地进行公告。

第八条 被征用土地的所有权人、使用权人应当在公告规定的期限内，持土地权属证书或其他有效证明到指定的地点办理征地补偿登记。未如期办理征地补偿登记的，以土地行政主管部门调查结果为准。

第九条 根据批准的征用土地方案，依照本办法规定的补偿安置标准，市国土资源局统筹拟订征地补偿安置方案、房屋拆迁方案，在被征用土地所在地公告，听取意见。征地补偿安置方案、房屋拆迁方案经市政府批准后，由各区政府负责组织实施。对大型工程、重点项目，必要时，由市政府指令市国土资源局负责组织实施，区政府协同配合。

第十条 征用土地的各项费用自征地补偿安置方案批准之日起 3 个月内全额支付。被征用土地的所有权人和使用权人应当自征地各项费用付清之日起 30 日内交付被征用的土地。征地和房屋拆迁的补偿、安置争议不影响征地行为的实施。

第十一条 对征地和房屋拆迁补偿、安置争议的协调、裁决和责令交出土地及申请人民法院强制执行等依照法律、法规的规定办理。

第三章 补 偿

第十二条 征用土地应依法支付土地补偿费、安置补助费以及地上附属物和青苗补偿费。

第十三条 土地补偿费按《中华人民共和国土地管理法》第四十七条和《安徽省实施〈中华人民共和国土地管理法〉办法》第三十四条规定的标准执行。具体标准见表一。

土地补偿费标准

表一 单位：元/亩

土地类别	平均年产值	补偿标准	补偿金额	说明
五年以上专业菜地	2 300	8 倍	18 400	钢架大棚另补 2 000 元/亩，竹架大棚另补 1 500 元/亩
五年以下专业菜地	1 900	8 倍	15 200	
水田	1100	8 倍	8 800	
旱地	800	8 倍	6 400	
经济作物地	1 300	8 倍	10 400	常年种植
精养鱼塘	1 700	6 倍	10 200	包括人工开挖等设施补偿

土地类别	平均年产值	补偿标准	补偿全额	说　明
鱼苗塘	2 000	6倍	12 000	
一般鱼塘	700	6倍	4 200	
藕菱塘	1 000	6倍	6 000	
果园、桑园、茶园、苗圃	1 200	7倍	8 400	未曾收获的,按6倍补偿
林地	700	6倍	4 200	含竹林
耕种不满三年的开荒地	800	4倍	3 200	
集体建设用地	800	4倍	3 200	
其他土地	800	3倍	2 400	

第十四条 土地补偿费属农民集体所有,设立财务专户,乡(镇)管理,所有人使用。被征用土地属村民组所有的,应当将70%的土地补偿费直接支付给被安置人员,用于购买住房等生活、生产支出。

第十五条 安置补助费按照需要安置的农业人口数计算。需要安置的农业人口数,按照被征用耕地数量除以征地前被征用单位平均每人占有耕地的数量计算。人均占有耕地数量等于被征地单位耕地面积除以总人口。被征地单位总人口为下达征地公告之日在籍的符合安置条件的常住人员。每一个需要安置的农业人口安置补助费为12 000元。

耕地是指菜地、水田、旱地、经济作物地等四类地。精养鱼塘按耕地计算。一般鱼塘、藕菱塘、园地、林地折半计算为耕地面积。

第十六条 青苗补偿费归青苗所有者所有。青苗补偿按征地时实际种植面积计算。无青苗的,不予补偿。擅自占用耕地成片栽种树木或挖塘养鱼等,按原使用用途计算青苗补偿费。具体补偿标准见表二。

青苗补偿费标准

表二　　单位:元/亩

类　别	品　种	标　准	备　注
蔬菜类	专业蔬菜地蔬菜	1 000	非专业菜地按70%计补
水生蔬菜		800	藕、茭、菱等
粮油作物类	水稻	600	
小麦、大麦、山芋		500	
蚕豆、绿豆、黄豆、芝麻、花生		600	
油菜		500	
经济作物类	甘蔗、棉花、麻类、西瓜、香瓜、草莓、药材、香料	1 000	
鱼类	精养塘鱼	800	鱼苗塘鱼苗1200放养两年以上的,不予补偿
一般塘鱼		600	
园类 果园、茶园		1 200	
桑园、竹园		800	

第十七条 零星栽种的一般树木按实补偿。具体补偿标准见表三。

零星树木补偿标准

表三　　　　单位:元/株

种　类	围　径(公分)	离地面一米高处量取	补偿金额(元)	备　注
一般树木	10以下(不含10)	2	树高1米以下每棵补偿1元	
	10－20	3		
	20－30	5		
	30－40	8		
	40以上	10	果树10以下(不含10)每棵占地不足$2m^2$,按$2m^2$一棵计补	
	10－20	10		
	20－30	20		
	30－40	30		
	40－50	40		
	50以上	50		

第十八条 房屋、地上附着物、构筑物,凭集体土地使用权证或其他有效证件按下列标准计算补偿。具体补偿标准见表四、表五。住房补偿款的给付及使用适用本办法中对住房安置款的有关规定。

征地拆迁房屋补偿标准

表四　　　　单位:元/平方米(建筑面积)

房屋类别	等　级	结构特征	重置价	备　注
框架结构	1	有地梁、圈梁、构造柱,楼顶、楼层构造	330－350	楼层预制的执行330
砖混结构(平房执行下限)	1	有地梁、圈梁,楼顶、楼层构造	290－310	楼层预制的执行290
	2	有地梁,楼顶构造	260－280	楼层预制的执行260
	3	有地梁,瓦顶230－250楼层预制执行230		
砖木结构(楼房执行上限)	1	实墙瓦顶,檐高3、2米以上,层高3米以上	180－200	檐高、层高每下降0.2米,补偿标准降低10元
	2	斗墙瓦顶,檐高3、2米以上,层高3米以上	110－130	檐高、层高每下降0.2米,补偿标准降低10元
简易结构	1	砖墙	80	檐高2.4米以下,每下降0.2米,补偿标准降低5元,每少一方墙扣15%
	2	石墙	60	
	3	土墙	40	

说明:(一)结合成新计补,不足5成新的按5成计算。房屋折旧率每年为2%。(二)房屋补偿包括门,窗,雨

篷,室内水泥、砖地坪等。外阳台、外走廊按50%计算为房屋面积。封闭阳台按100%计算为房屋面积。自拆自建的,增加20%补偿标准。(三)房屋装潢酌情予以补偿,按装潢面积10-20元/m^2计补,总补偿额不超过房屋补偿价的10%。(四)电话、有线电视、空调等拆移按届时行业收费标准计补。(五)拆迁工业厂房以同类房屋补偿标准为基数,檐高5米(含5米)以上的标准厂房,另加价70%;檐高3.4米(含3.4米)-5米的标准厂房,另加价50%;檐高2.8米(含2.8米)-3.4米的厂房,另加价30%;沿高2.8米以下的厂房和其他非住宅房,不加价。(六)对被拆迁房屋补偿后,由被拆迁人自拆。未在期限内自拆的,由拆迁人代为拆除,以料抵工。

地上构筑物、附着物补偿标准

表五

类别	单位	标准	类别	单位	标准
砖砌围墙	元/平方米	15	坟墓(一冢二棺)	元/冢	500
石砌围墙	元/平方米	10	下水管道	元/米	8
土围墙	元/平方米	5	灶台	元/个	90
砖砌水井	元/口	300	室外水泥地坪	元/平方米	15

第十九条 下列地上附着物、青苗不予补偿:

(一)未依法取得用地批准、规划许可或在批准、许可的面积外多建的房屋和其他建筑物;

(二)征用土地方案公告后抢栽的花草、树木及搭建的建筑物;

(三)超过批准使用期限,或虽末明确使用期限但已使用2年以上的临时用地上的建筑物;

(四)天然野生杂丛。

第二十条 搬迁补助费和临时安置补助费(过渡费)的补助标准见表六。

搬迁补助费和临时安置补助费(过渡费)补助标准

表六

搬迁补助费(元/户)		
1-3人户	4-5人户	6人以上户
300	400	500

临时安置补助费(过渡费)(元) 按每人360元标准补助。属自拆自建的,增加20%补助。由拆迁人提供临时安置周转房的不发给临时安置补助费。

第二十一条 拆迁学校、医院等公益事业用房,应当按城市规划要求予以重建或置换。不需要重建的,按本办法规定给予货币补偿。

第二十二条 对具备工商营业执照,用地与建设手续合法的乡村企业,按下列规定补偿:

(一)拆迁企业房屋按本办法规定的补偿标准补偿。

(二)拆迁企业的停产停业费、搬迁费按拆迁企业房屋补偿总费用的15-20%给予补偿。

第二十三条 征用郊区专业菜地,按照国家有关规定缴纳新菜地开发建设基金,标准为5 000元/亩。新菜地开发建设基金安排由各区使用,专款专用。

第二十四条 征地时按每亩耕地3 000元的标准补偿农村基础设施建设支出,归所有者(投资者)所有或由负责重建的单位使用。农村基础设施建设包括农村道路、农电设施、排灌水利设施等。

第四章 人员安置

第二十五条 征农民集体土地,对需要安置的农业人口,实行货币安置。每一个需要安置的农业人口的安置补助费为12 000元。对男16周岁至55周岁,女16周岁至50周岁的劳动力,另按每人3 000元一次性发给就业扶助费。安置补助费和就业扶助费支付给被安置人员。被安置人员与农村集体经济组织或其他单位达成安置协议的,补偿安置费和就业扶助费按协议支付给安置单位。

第二十六条 被征地单位的下列人员属于应安置人员:

(一)常住农业人口以及出生和合法婚入人员;

(二)原有常住户口的现役义务兵;

(三)原有常住户口的劳改劳教人员;

(四)1995年8月1日前户口迁入被征地村民组,有承包地和住房,主要劳动力从事农业生产并承担农业义务的人员。承包地未达到所在村民组人均水平的,按实占比例予以安置。

第二十七条 历次征地已安置人员,不属于应安置人员,不得重复安置;1982年10月15日后迁入人员不符合前条第四项规定条件的,不予安置;但均可以办理户口农转非。

第二十八条 自费农转非人员、在校大中专生不属于应安置人员。征地时给予每人6 000元的补助。自费农转非人员已不从事农业生产、有固定工作或有稳定收入的除外。

第二十九条 下列人员将其应得的补偿安置费一次性拨给区民政部门,由民政部门按规定安置或发放生活费。

(一)未满16周岁的孤儿;

(二)男满60周岁,女满55周岁的孤老人员;

(三)持有残疾证明、丧失劳动能力且无监护人的人员;

(四)经县级以上医院证明患有精神病且无监护人的人员。

第三十条 应予安置的农业人口,就地农转非,按下列程序办理相关手续:

(一)市国土资源局按需要安置的农业人口数确定农转非人数;

(二)村(组)根据本办法第十五条、第二十六条、第二十七的规定确定农转非人员名单,经乡(镇)、区政府核审后,交市国土资源局核准;

(三)市国土资源局向市公安局送交征地安置人员农转非审批材料;

(四)市公安局审批办理户口农转非手续。

第五章 住房安置

第三十一条 符合下列条件的,属于住房安置对象:

(一)征地公告前依法办理用地批准、规划许可的被拆迁房屋的所有人;

(二)符合第二十六条规定的应安置人员;

原有常住农业户口,后转为非农业户口,仍在原居房生活的,比照应安置人员予以住房安置;但已享有城镇住房福利的除外。

第三十二条 有下列情形之一的,不属于住房安置对象:

(一)房屋未被拆迁的;

(二)暂住户或虽是常住户口但属租房居住的;

(三)通过买卖、继承、赠予等方式取得房屋实际使用权、收益权,但不是拆迁地集体经济组织成员的;

(四)历次征地拆迁中已予住房安置或住房货币安置的。

第三十三条 住房安置实行货币安置;按每人$20m^2$建筑面积乘以经济实用房综合价的70%(按900元计算)计付货币安置款。独生子女另增加$10m^2$的安置补助款(9 000元)。人均主房建筑面积不足$15m^2$的,不足部分相应扣除住房货币安置款。

第三十四条 住房安置款以被拆迁人名义存入银行,开具拆迁结算凭证,并自拆迁结算凭证签发之日起按银行活期存款利率计息。

住房安置款应当专项用于购买住宅房屋。

第三十五条 被拆迁人以住房安置款购买住房的,应当持购房合同、拆迁安置证明和拆迁结算凭证,由市土地征迁事务处办理资金结转手续。

第三十六条 被拆迁人以房屋补偿安置款购买住宅房屋的,比照届时房改政策,计征相关税费。

第三十七条 被拆迁人凭拆迁安置户证明,可以在本市购买经济适用房。拆迁安置证明由市土地征迁事务处发给。

第三十八条 被拆迁人在两个以上农村集体经济组织建有住房的,征迁时只安置一次住房。

第三十九条 对第二十七条规定的后迁入人员,住房拆迁实行自拆自建方式安置,不计付货币安置款。宅基地统一规划、由乡(镇)政府统一安排。宅基地“三通一平”及公用设施建设费按4 000元/户计算,由乡(镇)或村包干使用。

第六章 附 则

第四十条 线型工程征地、中远郊区单个建设项目征地,如不适宜货币安置的,经市政府批准,依照本办法计算土地补偿费;安置补助费按被征地的平均年产值的5倍计算。补偿、安置费支付给村组,以调地或其他方式解决被征地农民的生产生活。住房实行自拆自建,不计付货币安置款。依法办理宅基地使用及住房建设审批手续。

第四十一条 对征地安置人员农转非后,家庭成员人均收入低于城市居民最低生活保障标准的,执行城市居民最低生活保障制度。

第四十二条 征用农民集体所有的土地,经各方协商一致,可以适用《马鞍山市国有土地资本运营管理办法》第七条规定的其他方式安置。

第四十三条 征地管理费按征地费用的4%收取,按规定交省部分后,市、区按4.5∶5.5分成。拆迁管理费按拆迁补偿安置总费用的0.5%收取,市、区按4∶6分成。拆迁事务费按省有关规定执行,支付给经办的拆迁事务机构。

第四十四条 本办法公布前已办理征地批准手续,公布征地补偿安置方案的,按原方案执行。

第四十五条 本办法具体应用中的问题由市国土资源局、市政府法制办公室共同解释。

第四十六条 当涂县人民政府可以根据法律、法规的规定，结合本县实际情况制定当涂县征用土地补偿安置办法。

第四十七条 本办法自2002年3月1日起施行。1990年11月16日市人民政府第7号令发布，1994年5月24日市人民政府第19号令修订的《马鞍山市实施〈中华人民共和国土地管理法〉办法》同时废止。

附：《马鞍山市国有土地资本运营管理办法》第七条：征用农民集体所有的土地，对应安置的人员，除实行货币化补偿安置外，也可以采取下列方式进行安置：

（一）划出与征地补偿费等价的建设用地给被征地的农村集体经济组织，作为生产生活用地；

（二）将征地补偿费折成股份，由被征地的农村集体经济组织或者土地使用者（承包经营者）持股，参与分红；

（三）将征地补偿费转为土地债券，发放给被征地的农村集体经济组织或者土地使用者（承包经营者）。

马鞍山市人民政府关于改革户籍管理制度推进我市城市化进程的通知

（2002年1月22日）
马政［2002］3号

为加快我市户籍制度改革步伐，推进我市城市化和城乡现代化进程，根据《安徽省人民政府批转省公安厅关于进一步改进户籍管理推进城镇化进程意见的通知》（皖政［2001］54号）等有关文件精神，参照外地经验，结合我市实际情况，综合考虑我市经济、社会发展实际需要和承受能力，现就改革我市户籍管理制度有关事宜通知如下：

一、取消户口控制指标，实行市区户口准入制度

（一）已具有我市市区（指城市建成区、下同）常住户口，并在市区有合法固定住所的居民，其配偶、未婚子女、父母均可登记为市区常住户口。

合法固定住所是指购买的住房、自建房、租住单位的住房。租住社会出租房一年期以上的，视为有合法固定住所。对违法搭建或临时租用的住房不得视为合法固定住所（下同）。

（二）非我市市区常住户口的下列人员，本人及其配偶、随其共同居住的直系亲属均可登记为我市市区常住户口：

1. 在我市投资、兴办实业或经商，并在我市市区有合法固定住所的；

2. 被我市国家机关录用为公务员或比照实行公务员制度的事业组织和社会团体录用为工作人员的；

3. 被我市企业及其他经济组织聘用为经营管理人员、专业技术人员的；

4. 被我市用人单位招用为合同制工人（含雇用员工），在我市市区有合法固定住所的；

5. 在市区购买了商品房的。

（三）各类大中专或技校毕业生来我市谋职，暂未落实工作的，可先落户，后找工作。在市区有合法固定住所的，可登记为市区常住户口；暂昧骨合法固定住所的，可在市人才交流中心登记为常住集体户口。

（四）外商及港、澳、台胞或市外企业、人员在我市投资达一定规模，由市利用外资机构转申请，投资人的亲属户可以代位登记为我市市区常住户口。

（五）对市区内的无耕地或少量耕地的村、组，撤销村、组建制，所有村民就地登记为市区常住户口，实行城市化管理。

（六）其他基本符合《安徽省政府批转省公安厅关于进一步改进户籍管理推进城镇化进程意见的通知》（皖政［2001］54号）规定，可以登记为我市市区常住户口的，均从宽执行，予以登记。

二、全面推进小城镇户籍制度改革

（一）小城镇户籍管理制度改革的实施范围：向山镇、霍里镇、濮塘镇，当涂县城关镇及县以下小城镇，市或县政府批准的经济、科技园区。

（二）在上述范围内有合法固定的住所、稳定的职业或生活来源的人员及其共同居住生活的配偶、直系亲属，可就地登记为城镇常住户口。

（三）在上述范围内已办理“自理口粮户”的人员，符合上项条件的，统一登记为城镇常住户口。

（四）在乡镇工作的人员，本人、配偶及其直系亲属可登记为城镇常住户口。

（五）办理了小城镇户口的人员，不再办理粮油供应关系手续，根据本人意愿，可保留其承包土地的经营权，也允许依法有偿转让。农村集体经济组织要严格执行承包合同，防止进镇农民的耕地撂荒和非法改变用途，对进镇农户的宅基地，要适时置换，防止闲置浪费。

（六）小城镇之间，居民只要有合法固定住所，可自由迁徙，不受其他限制。

三、简化工作程序，确保政令畅通

（一）户口迁入登记，由本人申请，附规定的证明材料，按公安机关规定的办理程序办理。对证明材料齐全的，应当立即办理。

（二）办理户口迁入手续，不得收取城市增容费和其他类似费用，只收工本费。

（三）对执行本通知新迁入户口的人员，在入学、参军、就业等方面与当地原有居民享有同等权利，履行同等义务，不得实行歧视性政策。

（四）各级政府、各有关部门应超前统筹规划，积极做好各项准备工作，加强对新增人口的数量和层次的预测、分析和管理，做好服务工作，维护其合法利益。

四、本通知自2002年2月1日执行。过去相关文件与本通知相抵触的，一律停止执行。执行中的有关问题由市公安局负责解释。对市公安局解释有异议的，由市政府法制局复核处理。

中共马鞍山市委、马鞍山市人民政府关于集中整治和改善经济发展环境的实施意见

（2002年4月28日）

马发［2002］2号

集中整治和改善经济发展环境，是适应入世新形势，营造发展新优势，实现我市新世纪之初发展目标的迫切需要，也是全市广大群众及企业、投资者的强烈要求。市委、市政府决定将今年作为“环境整治年”，动员全市各方面力量，下决心解决影响经济发展环境的突出问题。根据省委、省政府部署，结合马鞍山实际，现就集中整治和改善经济发展环境提出以下意见。

一、指导思想和目标要求

1. 下决心解决突出问题，争取我市经济发展环境尽快得到明显改善。以邓小平理论和江泽民同志“三个代表”重要思想为指导，紧紧围绕“加快发展、富民强市”这一主题，以建设“规范、透明的法制和政策环境，廉洁、高效的政务环境，统一开放、公平竞争的市场环境，文明、安定的人文环境以及相对完善、配套的硬环境”为目标，从解放思想入手，以行政管理、执法部门和窗口行业为重点以简政放权、转变职能、加强服务为突破口，全市发动，上下联动，软硬环境一起抓，通过集中整治，务求在解决群众、企业和投资者反映强烈的问题上取得明显成效，使全市经济发展环境在年内有明显改善，并为今后不断改善和全面优化发展环境奠定基础。

二、工作重点

2. 在全市广泛深入地开展解放思想、优化环境、加快发展的宣传教育。各新闻媒体都要设立专题、专栏，加强对解放思想、优化环境的宣传教育，近阶段要重点抓好对典型问题的曝光和剖析。要发动社会各界积极参与，使“人人都是投资环境，事事关系马鞍山形象”的观念深入人心。市直部门要开展“学、查、比”活动，形成解放思想抓开放、齐心协力促发展的浓烈氛围。此项工作由市委宣传部、市直工委牵头负责。

3. 继续清理规范性文件。坚持法制统一、非歧视和公开透明的原则，集中清理与WTO规则不相适应的规范性文件，该废止的废止，该修订的修订。清理后保留、修订以及今后新制定的规范性文件，都要在《马鞍山市人民政府公报》上刊登，免费向有关单位发送，并登录上网、汇编成册，供投资者和公众随时查询。此项工作由市政府法制办、市政府办公室负责。

4. 加大行政审批制度改革力度。凡是妨碍市场开放和公平竞争，以及实际上难以发挥有效作用的行政审批，坚决予以取消；可以用市场机制代替的行政审批，要通过市场机制运作。此项工作由市政府法制办负责，各部门配合。

5. 加强对收费的监督和管理。对照《安徽省行政事业性收费项目标准目录》，继续清理行政事业性收费项目，痛击决取消不合理的收费，降低证照、检验、管理费等过高的收费标准。组织开展对企业和群众反映强烈的乱收费行为的专项治理和监督。在农村重点整治义务教育、婚姻登记、计划生育、农民建房、农业生产用水、农网改造和电费、农机等方面的乱收费行为的专项治理和监督。在农村重点整治和电费、农机等方面的乱收费行为，在城镇重点规范涉及企业改制、技术改造、纳税等方面的代理、评估咨询收费及其他中介收费行为。此项工作由市物价局牵头负责。

6. 深化财政体制改革。严格实行“收支两条线”

管理。公安、法院、环保、计划生育、建设、国土资源等执收执罚部门的收费收入要全部上缴国库,纳入预算;其他行政事业单位的收费收入一律缴入财政专户管理。加快建立市级国库集中收付制度,今年试点,明年争取全面推开。此项工作由市财政局、监察局牵头负责。

7. 赋予县、区更大的发展自主权、决策权。有关部门要按照“简政放权、政企分开、依法行政、优质服务”的要求,在经济管理、城市管理、社会事业管理等方面,把该放的权力最大限度地下放。按照属地管理的原则逐步将市属中小企业下放到区。改革市对区财政体制。采取措施支持县域经济的发展。此项工作由市财政局、国资办、人事局、市委办公室、市政府办公室牵头负责,各部门配合。

8. 完善开发区综合服务功能。授予开发区市级经济管理权限,健全开发区管委会的职能。市工商、税务、公安、金融、保险等部门要在开发区设立分支和办事机构,其他部门要建立联络制度为投资者提供快捷、周到的服务。此项工作由开发区管委会、市工商局、公安局、国税局、地税局、人行负责,各部门配合。

9. 完善“一站式”服务方式。加强市行政服务中心功能建设各部门经市政府批准予以保留的行政审批事项,除特殊情况经市政府同意外,一律进入行政服务中心办理。对投资项目实行联审联办,凡符合审批条件的,要现场办结。有审批责任的部门要改革审批机制,争取做到一个公章对外。进一步完善市行政服务中心硬件建设。

方便市民办事。市行政服务中心在非工作日要安排人员值班,对要求办理的事项先接收、再办理。市劳动和社会保障、公安、房地产、民政等与群众日常生活联系密切的部门,非工作日要安排人员值班,照常提供服务。此项工作由市行政服务中心、劳动与社会保障局、公安局、房地产局、民政局负责。

10. 加强对投资的服务。对投资额100万美元以上、500万元人民币以上的外来投资项目,由市外资办、开发区管委会会同有关部门组织专门力量,全程负责帮助办理相关手续。降低企业设立的门槛。对市内外投资者一时达不到登记条件而又急需开展筹建等相关活动的,可先核发6个月预备期的营业执照;对中小投资者注册有限责任公司时资金有困难的,允许注册资本金在2年内分期注入,首期注入资本金可以放宽至法定注册资本金的10%,最低可降至3万元。积极推进企业设立登记制度改革。其他办理证照的部门,要坚持一切为投资者着想,采取有效措施,提供周到的服务。此项工作由市外资办、开发区管委会、工商局负责,各部门配合。

11. 加强和改善对中小企业的金融服务。各金融机构要正确处理防范金融风险与支持经济发展的关系,加大对中小企业信贷支持的力度,尤其是对产品有市场的中小企业,要采取切实可行的措施给予支持,提供服务。同时,加强金融安全区建设。此项工作由市人行牵头负责。

12. 深入开展整顿和规范市场经济秩序工作。继续开展打击制售假冒伪劣产品、整顿和规范建筑市场、交通运输市场、文化市场、旅游市场等专项整治工作。抓好整顿加油站、集贸市场等工作。严格规范和执行招抽标制度,全面推行经营性土地使用权出让招标拍卖、建设工程项目公开招标投标、政府采购、产权交易进入市场等制度,严肃查处领导干部干预和插手招标投标等违纪违法行为。此项工作由市整治和规范市场经济秩序领导小组办公室牵头,有关部门负责。

13. 培育和发展各类中介组织。党政机关要坚决与所办的中介组织、企业彻底脱钩,使其独立经营,客观、公正执业。有关部门要对中介组织和专业技术机构依法进行确认并加强管理,不允许部门或中介组织利用部门权力强制法人和个人接受其指定的中介服务。对中介组织出具虚假资信证明、虚假评估、虚假鉴证等不法行为,要依法予以惩治。要积极引进外地中介组织进入我市,促进竞争。此项工作由市工商局、人事局、民政局会同有关行业行政管理部门负责。

14. 全面实行政务公开。市政府组成部门、直属机构、部门管理机构、省驻马具有行政管理职能的单位,除法律、法规规定不宜公开的除外,其他与人民群众和投资者利益相关的事项都属政务公开的范围。具有行政管理职能的事业单位要全面推行事务公开。大力推广电子政务,提高科学管理水平,促进政务公开。此项工作由市纠风办、市直工委、市政府办公室负责。

15. 进一步提高行政管理、行政执法部门的依法行政和管理服务水平。市工商、税务、建设、规划、国土、交通、教育、技监、卫生、环保、公安、海关、检验检疫、药监、烟草等部门要结合自身特点,进一步解放思想,针对行政管理和行政执法中存在的突出问题,开展集中整治。重点是整治不顾大局,令不行禁不止,影响和妨碍对外开放、经济发展的行为;乱收费、乱罚款、乱摊派、“吃拿卡要”等以权谋私的行为;办事拖拉、刁难基层的行为;执法不公和野蛮、粗暴执法的行为;不给好处不办事、给了好处乱办事等行为。通过集中整治,年内取得明显成效。同时,加强制度建设,全面加强管理,增强行政管理、执法人员的以经济建设为中心的意识、依法行政意识和服务意识,提高队伍的整体素质。继续推进相对集中行政处罚权试点工作,完善机构,提高效率。此项工作由市监察局、行政执法局牵头负责,有关部门配合。

16. 抓好窗口行业和单位的行风建设。重点是供电、供水、供气、汽车运输、城市公交和出租车、铁路、银行、医院、电信、邮政等公共服务行业，以及宾馆、餐饮、商场、旅行社、旅游景点等单位和场所。上述窗口行业和单位要以加强职业道德建设、优质规范服务为主要内容，针对自身存在的突出问题，制定整改方案，深入开展创建文明行业活动，突出抓好一批文明示范窗口，广泛使用礼貌用语，全面推行服务承诺制度，加强行风建设。对行风不正、损害用语，全面推行服务承诺制度，加强行风建设。对行风不正、损害马鞍山形象的单位，要通报批评、公开曝光，严重的要依法取消其执业资格，并追究相关责任人的责任。此项工作由市文明办、总工会、纠风办牵头负责。

17. 开展创建“人民满意的基层站所”活动。在基层设站所的部门，要按照省统一部署，积极开展“人民满意的基层站所”评议活动。广泛发动群众参与，评议结果对外公布，接受群众监督。对“人民满意的基层站所”进行表彰，对群众满意率较低的站所，责成主管部门提出改进方案，限期整改。此项工作由市人事局、总工会牵头负责。

18. 健全投诉受理网络。市政风建设和投资者投诉受理机构要规范高效运作，并协调有关投诉受理机构的工作，健全投诉受理网络，建立投诉受理工作机制，使投资者、公民投诉得到及时有效的办理。对投诉受理机构的协调处理意见，有关部门必须执行。对拒不执行、推诿扯皮的，由纪检、监察部门追究其责任。此项工作由市纪委、监察局、纠风办牵头负责。

19. 加大力度开展政风评议活动。将有关部门举办的单项评议活动归并到全市政风评议活动之中，改进评议方法，评议结果及时对外公布，并作为年终考核奖惩、干部任用的依据。名列后五名的单位，实行市及市以上先进单位一票否决。连续两年列后五年的单位，由组织部门对其领导班子进行考核、追究责任；干部管理权限不在我市的，向其上级主管部门通报情况，提出建议。此项工作由市监察局、市委组织部、市直工委牵头负责。

20. 精简会议和文件。对各类会议和文件，要从严控制，尽快取得明显成效。推广办文办事限时制，提高工作效率。此项工作由市委办公室、市政府办公室负责。

21. 控制检查、评比、表彰活动。对检查、评比、表彰项目实行全年总量控制，建立审批制度。严禁开展要求企业等基层单位出钱、配套的达标、评比和考核活动，对必须组织的工作评比和考核要规范标准，简化程序，改进方法，注重实效。此项工作由市委办公室、市政府办公室、市人事局负责。

22. 强化督促落实工作。加强督查和行政监察工作，确保市委、市政府决策和部署的落实，做到有令必行，行则必快，有禁必止，止则必坚。大力倡导和支持将上级精神与本地实际结合起来，勇于创新，大胆实践，创造性地开展工作。改革目标管理考核奖惩办法，实行重奖真罚。此项工作由市监察局、市委督查室、市政务督和目标管理委员会办公室负责。

23. 加强社会治安综合治理。完善和落实社会治安综合治理措施，解决好群众反映强烈的问题。严厉打击严重刑事犯罪和各种经济犯罪行动。严厉打击敲诈勒索、强买强卖、强行承包工程、索要“保护费”等不法行业。对涉及到外来投资者的报警案件，公安机关要积极侦办、挂牌督办，及时反馈办理情况。简化外事和出入境管理手续，尽力为外商提供便利。此项工作由市委政法委、市公安局、外办、外经贸局负责。

24. 大力优化硬环境。对正在实施的基础设施建设项目，各责任单位要克服困难，加大力度推进，按期完成建设任务。加快开发区建设和发展，加快推进慈湖工业园区、县区工业园的规划建设，构建招商引资的优良载体。完善城市管理体制，整治和改善市容环境，加强公民道德建设，提高城市文明程度。此项工作由市计委、建委、开发区管委会、当涂县、各区政府、市容局、文明办牵头负责。

三、组织领导

25. 成立市集中整治和改善经济发展环境联席会议及办公室。联席会议召集人为市委副书记、市长丁海中；成员为市委副书记鲍寿柏，市委常委、宣传部长孙铭和，副市长陈大娜、杜永田、周宏基、聂庆义、戴自明、牛弩韬，市政府秘书长龙李海，市委副秘书长盛厚林；市直有关部门和县区主要负责同志参加会议。联席会议主要职责是统一领导、组织整治和改善经济发展环境工作，制定工作计划，组织督促检查，协调解决工作中的重大问题，确保集中整治工作取得实效。联席会议办公室主任由龙李海同志兼任；市纪委副书记、市监察局局长宋志刚，市直工委书记孙贤富，市政府办公室主任金庆丰，市委宣传部副部长吴秀华任办公室副主任。联席会议办公室负责日常的检查、联络和协调工作。县、区及主要部门都要成立由主要负责同志挂帅的相应领导机构，统一领导和组织区域内或本部门的整治工作。

26. 制定具体的实施方案。有分工任务的单位要结合实际，抓紧制定具体的实施方案，5月中旬经市集中整治和改善经济发展环境联席会议办公室审核后组织实施。市里将抓一批突出问题的整治。对问题较多、整改不力的，要严肃批评、限期整改，直至采取组织措施。与此同时，有关部门要抓紧做好向省争取政策的工作。

27. 实行责任制和责任追究制。县区和各部门要把集中整治和改善经济发展环境作为"一把手"工程，主要负责人为第一责任人，对区域内和职责范围内的整治工作负总责。把集中整治和改善经济发展环境工作的成果，作为衡量和考核县区、各部门及其主要负责同志工作实绩的重要内容。对各单位的整治工作实行专项督查，同时更多地组织暗访。要把党内监督、法律监督、民主监督和群众监督有效地结合起来，充分发挥新闻单位的舆论监督作用，推动各项整治措施的落实。对群众、企业和投资者的投诉、举报，要认真对待，严肃查处，做到件件有结果，事事有交待。

整治和改善经济发展环境，事关马鞍山市的振兴和发展。全市上下要以此次解放思想大讨论为动力，集中时间、集中力量落实各项措施，解决突出问题，争取我市经济发展环境尽快得到明显改善，加速推进马鞍山对外开放和经济建设，加快实现市第六次党代会确定的奋斗目标。

马鞍山市机构编制委员会关于印发马鞍山市党政机构改革方案实施意见的通知

（2002年1月29日）

马机编[2002]2号

经市委、市政府研究同意，现将《马鞍山市党政机构改革方案实施意见》印发给你们，请结合本部门实际，认真贯彻执行。

马鞍山市党政机构改革方案实施意见

根据《中共安徽省委、安徽省人民政府关于马鞍山市党政机构改革方案的通知》（皖[2001]86号），现就做好我市党政机构改革的实施工作，提出如下意见。

一、市委机构的调整与设置

保留纪律检查委员会机关（监察局与其合署办公）、办公室（政策研究室与其一个机构两块牌子）、组织部、宣传部、统一战线工作部、政法委员会（社会治安综合治理委员会办公室与其合署办公）、直属机关工作委员会。

保密委员会办公室（国家保密局）并入市委办公室，保留牌子。

市委、市政府人民来信来访办公室更名为市委、市政府信访局。

机构编制委员会办公室为机构编制委员会的常设办事机构，既是市委的工作机构，又是市政府的工作机构，列入市委序列，与人事局合署办公。

保留老干部局，仍由组织部管理。

保留台湾工作办公室（政府台湾事务办公室），仍由统一战线工作部管理。

调整后市委设置工作机构8个，部门管理机构2个。

二、市政府工作部门的调整与设置

计划委员会更名为发展计划委员会。

保留经济贸易委员会、财政局。国有资产管理委员会办公室为市国有资产管理委员会的常设办事机构，也是市政府国有资产工作主管部门。

农村经济委员会更名为农业委员会，乡镇企业局并入农业委员会，在农业委员会设乡镇企业办公室，作为农业委员会的内设机构，副县级建制。乡镇企业办公室及原农经委的农林办公室，畜牧水产办公室对外分别挂乡镇企业局、农林局、畜牧水产局的牌子。

增设水利局。

对外经济贸易委员会更名为对外贸易经济合作局。

不再保留口岸办公室、商务局、电子工业局、冶金建材工业局、机械工业局、化学工业局、纺织总会、轻工总会，其行政管理职能划入经济贸易委员会。

环境保护局改为省、市双重领导，以市领导为主的管理体制。

市容管理委员会更名为市容管理局，加挂城市管理行政执法局牌子。

将药品生产行业管理职能划入经济贸易委员会，

药政、药检和药品生产流通监管职能划入即将组建的由省垂直管理的药品监督管理局。

教育委员会更名为教育局。

科学技术委员会更名为科学技术局。

将民族事务委员会(宗教事务局)由部门管理机构改为政府工作部门。

在原劳动局基础上组建劳动和社会保障局,将机关事业单位职工社会保险、城镇职工基本医疗保险、农村社会保险职能调整到劳动和社会保障局统一管理。

不再保留土地管理局、地质矿产局,组建国土资源局,将测绘行政管理职能划入国土资源局。

体育运动委员会更名为体育局。

保留办公室、公安局、监察局、民政局、司法局、人事局、卫生局、计划生育委员会、审计局、广播电视局、统计局、物价局、外事办公室(侨务办公室)。

保留文化局,加挂新闻出版局(版权局)牌子。

将旅游事业管理局改为旅游局,为行政机构。

不再保留经济体制改革委员会、政府经济研究室,其行政管理职能划入政府办公室。

将爱国卫生运动委员会办公室并入卫生局。

此外,政府法制局更名为政府法制办公室,仍由政府办公室管理;城市规划局仍由建设委员会管理;房地产管理局改由建设委员会管理,正县级建制不变。

保留人民防空办公室,为国防动员委员会的常设办事机构,也是政府人民防空工作主管部门 。

经上述调整,市政府设置工作部门32个(监察局与纪律检查委员会机关合署办公,列入政府部门系列,不计政府机构个数),部门管理机构3个,议事协调机构的常设办公机构2个。

在市政府32个工作部门 中,发展计划委员会、经贸委、教育局、科技局、民族事务委员会(宗教事务局)、公安局、监察局、民政局、司法局、财政局、人事局、劳动和社会保障局、国土资源局、建设委员会、交通局、农业委员会、水利局、对外贸易经济合作局、文化局、卫生局、计划生育委员会、审计局、外事办公室等23个部门为市政府组成部门。

三、各部门“三定”方案的制定

定职能、定内设机构、定编制的“三定”工作是实施机构改革方案的重要内容,机构改革方案中保留、调整与新设的党政机构以及人大、政协、群众团体、民主党派、检察院、法院都要重新进行“三定”。“三定”的主要内容包括本部门职能调整(划入、划出、增加和转变职能)的情况,部门的主要职责,内设机构数量、名称和主要职责,人员编制总数,各部门领导职数和内设机构的领导职数。

“三定”工作的具体要求是:

(一)职能界定

职能界定是“三定”工作的核心,是实施政府职能转变的关键,是确定内设机构和核定人员编制的基础。各部门的职能界定按照转变职能,实行政企、政事、政社分开,改革行政审批制度,减少审批事项,以及理顺关系,权责一致和将相同或相近的职能交由同一个部门承担的要求,在对本部门现有职能分解、梳理的基础上,确定哪些职能需要加强,哪些职能应该下放、转移或取消,哪些职能与其他部门存在交叉,并提出调整、理顺职能的措施和意见。要将属于企业的经营管理权真正下放给企业,将辅助性、技术性、服务性的职能交给事业单位和社会中介组织,将应由县区政府管理的职能下放给县区政府。各部门定职能的基本原则是上下对口。由于省政府和我市政府机构不完全对应,因而必然出现上下职能不能对应的问题。对这个问题要在有关部门的协调下,按照有利于工作的原则,明确一个部门承担,需要几个部门共同承担的,要明确主次。

(二)内设机构的设置

各部门内设机构的精简幅度不作统一规定,原则上根据各部门的总编制数,除去领导职数以外,每个科室要达到3外编制左右。职责交叉、重复设置的要坚决裁并,职责相近或职能单一的应综合设置。

各部门内设机构名称一般称科、室。

各部门纪检(监察)机构的设置按有关文件执行。

(三)人员编制与领导职数的核定

全市党政群机关(不包括公检法司)行政编制总体按30%的比例精简。其中市委各部门按18%的比例精简,市政府各部门按35%的比例精简,市人大、市政协按15%的比例精简,市各群众团体按18%的比例精简,市纪委(监察局)和各民主党派编制不减。公检法司部门按10%的比例精简。各区总体按30%的比例精简,区直各部门精简比例由各区党委和政府研究确定。

各部门在拟定本部门“三定”方案中,对行政编制的精简一定要按市委、市政府研究的意见减到位,少数部门因职能调整编制精简数需要微调的由市编办提出意见,市编委审定。

除工、青、妇以外,其他群众团体在上轮机构改革中全部使用了事业编制,其精简幅度与行政编制的精简幅度相同。

少数部门因行政编制不足而使用事业编制的和后勤服务人员使用事业编制的,根据不同情况按5—10%的比例精简。

市区两级城市管理执法队伍的编制暂不作精简。

市区两级政法委从公检法机关调剂使用的编制,按公检法机关的精简比例精简。

根据省有关规定,考虑到这次机构改革人员编制精简的幅度较大,可按精简后行政编制总数5—10%

关于调整完善我市城镇职工医疗保险制度改革政策的通知

为深化城镇职工医疗保险制度改革,进一步减轻参保人员负担,简化就医结算程序,在坚持改革方向和基本原则的前提下,结合前一阶段医改的实践,现将我市城镇职工基本医疗保险及医疗救助政策调整如下:

一、关于基本医疗保险政策的调整

(一)扩大乙类药品的范围,取消乙类药品个人先行自付的费用。在执行《安徽省基本医疗保险药品目录》的基础上,进一步扩大我市乙类药品的范围,对原属公费医疗药品目录而未列入省药品目录的药品暂按乙类药品列入基本医疗保险药品范围。同时,对参保人员使用乙类药品须由个人先行自付20%的费用暂不收取。

(二)适当降低部分付费诊疗项目个人先行自付比例。对部分付费诊疗项目以及物价部门核准的一次性单项收费超过200元以上(含200元)的检查、治疗项目及医用材料,个人先行自付比例由20%调整为10%;透析治疗费用应由个人先行承担10%的费用暂不收取。进口(含合资)体内置换人工器官、体内置放材料购置费用个人先行自付比例仍按原规定30%执行。

(三)取消统筹基金费用段并降低个人自付比例。统筹基金支付时,不再划分费用段,在职职工和退休人员个人自付比例按三、二、一级医疗机构分别调整为10%、8%、6%和5%、4%、3%。

(四)扩大规定病种范围,按年龄段重新确定起付标准。在现有14个门诊规定病种基础上再增加7个病种,具体是:肾病综合症、类风湿关节炎、慢性再生障碍性贫血、系统性硬化症、慢性阻塞性肺病、炎性肠病(仅指克罗恩病、溃疡性结肠炎)、活动性肺结核。同时,规定病种起付标准由原来不区分年龄段均为1 200元调整为:45岁以下在职职工1 200元、45岁以上在职职工1 000元、退休人员800元。

(五)对规定病种门诊基本医疗费用实行统筹和医疗救助基金限额补助。为减少统筹和医疗救助基金的出超风险,增强参保人员的费用节约意识,对21个规定病种中的18种实行限额补助。限额标准为:系统性红斑狼疮、慢性再生障碍性贫血、系统性硬化症以及肾病综合症等4个门诊规定病种,统筹和医疗救助基金年最高支付限额为在职职工5 000元、退休人员7 500元;冠心病等14个门诊规定病种,统筹和医疗救助基金年最高支付限额为在职职工2 000元、退休人员2 500元。对同时患有上述两种及两种以上规定病种的患者,每增加一种,在最高补助限额的基础上另增加补助800元。限额补助标准以外的基本医疗费用,从企业补充医疗保险基金或公务员医疗补助经费中给予适当补助。

恶性肿瘤(包括白血病)门诊放化疗、尿毒症门诊透析治疗、组织器官移植手术后门诊使用抗排斥、免疫抑制剂3个门诊规定病种仍按原规定执行,不实行限额控制。

(六)放宽个人账户支付范围。为方便参保人员就医和费用结算,允许个人账户支付基本医疗保险范围外的医疗费用,但基本医疗保险范围外的医疗费用不能纳入公务员医疗补助范围。

二、关于医疗救助政策的调整

(一)提高医疗救助基金的年最高支付限额,降低医疗救助基金支付段个人自付比例。将医疗救助基金年最高支付限额由原来的10万元提高到15万元。进入医疗救助基金支付后,将原规定的三个费用段改为两个费用段,即:基本医疗费用10万元以下的部分,在职职工和退休人员个人自付比例分别为10%和5%;10万元以上至医疗救助基金最高支付限额的部分,在职职工和退休人员的个人自付比例分别为5%和2.5%。

(二)新增住院床日补贴。为进一步减轻住院参保人员个人负担,对经市医疗保险经办机构确认住院治疗(不含门诊留观)的参保人员,从住院第四天开始,由医疗救助基金每天补贴20元,每次住院最多补贴10天,每年度最多补贴50天。

三、加强医疗保险管理工作

(一)加强统筹基金的管理和监督。按照统筹基金"以收定支、收支平衡"的原则,市劳动保障部门要加强对基金的管理和监督,建立基本医疗保险基金监督检查和预警制度,定期通报基金的运行情况。同时要随着医改政策的调整,适时调整定点医疗机构的住院结算标准，监督各定点医疗机构切实将住院参保人员住院期间的非基本医疗费用控制在10%以内。

（二）抓紧制定特困群体参加医疗保险办法，督促和指导企业建立内部补充医疗保险制度。为保障困难群体的基本医疗，市劳动保障部门要抓紧研究制定特困群体参加医疗保险的办法，切实做好破产、关停企业职工参加医疗保险和下岗出中心人员基本医疗保险关系接续工作。同时，督促和指导各参保企业根据自身情况，建立企业内部补充医疗保险制度，切实减轻企业参保人员个人负担。

（三）加快医疗卫生和药品生产流通体制的配套改革。医疗卫生、药品生产流通体制改革是保证医改效果的重要改革措施，必须同步加快推进。市卫生、药监部门要加强对定点医疗机构医疗服务行为和定点药店经营活动的管理、监督，并定期将结果向社会公布。市物价部门要加强对医疗服务收费项目和药品价格的检查和管理。各定点医疗机构、药店要严格实行药品收支两条线管理，积极推行药品公开招标采购制度。凡属基本医疗保险药品目录范围内的药品应逐步纳入公开招标采购范围，并严格执行物价部门核定的临时零售价格。对超过物价部门核定的临时零售价格以上的部分，医疗保险基金不予支付。

为提高参保人员医疗消费的透明度，各定点医疗机构应建立“住院费用日清单”制度。同时，将参保人员住院费用信息每日传送市医疗保险经办机构接受监控。

（四）开展多种形式的医改政策宣传。医疗保险制度改革是一项长期复杂的系统工程，涉及面广、政策性强、改革难度大，市劳动保障部门要针对参保单位和参保人员关心的问题，加强多种形式的医改政策宣传，真正做到医改政策家喻户晓、人人皆知。

四、原基本医疗保险、医疗救助政策与本通知不一致的，按本通知规定执行。

五、本通知自2002年8月1日起执行。实施中的具体问题，由市劳动保障部门负责解释。

关于调整完善我市国家公务员医疗补助政策的通知

根据马鞍山实际，在调整完善基本医疗保险和医疗救助政策的同时，现将我市国家公务员医疗补助政策调整如下：

一、将普通门诊基本医疗费用纳入公务员医疗补助范围的上限由调整前不区分年龄段均为1 500元调整为按不同年龄段分别确定。调整后的费用上限为：45岁以下（含45岁，下同）在职职工2 000元、45岁以上在职职工3 000元、退休人员4 000元。超过上限的部分不予补助。

二、规定病种门诊费用实行限额补助后，将规定病种门诊限额补助标准以外的基本医疗费用纳入公务员医疗补助范围。

三、为使更多的在职公务员能够享受到公务员医疗补助，将在职公务员医疗补助起补点由原来的本人当年一个月缴费工资调整为上一年度全市职工年人均工资的8%，退休人员起补点不变仍为上一年度全市职工年人均工资的5%。一个年度内，起补点以下医疗费用不予补助，由参保人员个人负担。

四、年度内参保公务员起补点以上的基本医疗费用由原来不划分年龄段也不预定补助比例调整为划分三个年龄段并按相对应的补助比例进行补助。资金补助的比例为：45岁以下在职职工60%、45岁以上在职职工70%、退休人员80%。

五、在现行公务员医疗补助筹资规模不变的情况下，年度公务员补助资金不足兑现既定补助比例时，市财政按实予以补足。

六、原公务员医疗补助有关规定与本通知不一致的，按本通知规定执行。

七、本通知自2002年8月1日起执行。实施中的具体问题由市劳动保障部门负责解释。

马鞍山市人民政府关于取消、调整市有关机构部分行政审批事项的通知

（2002年11月1日）

马政［2002］76号

为加快转变政府职能，促进依法行政，改善经济发展环境，根据国家行政审批制度改革精神，市政府再次部署对全市行政审批事项进行了清理。经2002年10月21日市政府第25次常务会议讨论通过，决定取消、调整市计委等28个市有关机构106项行政审批事项。现予公布。

市计委（6项）

一、取消的行政审批事项

1. 外商投资300万—3 000万美元且建设、经营条件无需综合协调和平衡的鼓励类项目的可行性研究报告审批

2. 经营性房地产开发项目审批

二、转为备案

3. 企业出资，不需要上报省、国家审批，不及战略性资源开发利用和公共安全，国家产业政策鼓励发展的城市基础设施项目审批。包括城市供水设施、城市污水处理设施、城市垃圾处理设施、城市燃气设施（不含天然气利用）、城市集中供热设施、城市道路和桥梁隧道等

4. 企业出资，不需要上报省、国家审批，不涉及战略性资源开发利用和公共安全，国家产业政策鼓励发展的农林水利项目审批。包括种植业、畜牧业、渔业、饮料工业等农业项目，林产工业、木材采运、林业机械、营造林及苗圃等林业项目，水库、水闸、引水供水工程、堤防、河道整治、灌区（含水调节）、水土保持、人畜饮水、小水电等

5. 企业出资，不需要上报省、国家审批，不涉及战略性资源开发利用和公共安全，国家产业政策鼓励发展的社会事业项目审批。包括博物馆、图书馆、文化馆、影剧院等文化项目，教学实验和生活设施项目，医疗和其他卫生设施项目，各类体育设施项目，广播电影电视设施项目，养老院、福利院、残疾人康复活动设施、社区服务设施等民政福利项目，计划生育科研、服务设施项目，旅游宾馆饭店和旅游娱乐设施

6. 企业出资，不需要上报省、国家审批，不涉及战略性资源开发利用和公共安全，国家产业政策鼓励发展的商贸设施项目审批。包括连锁超市和配送中心、2万平方米以下的百货商场、非农产品批发市场、各类商品储备库

市外经贸局（3项）

一、取消的行政审批事项

1. 三资企业进出口计划审批

二、转为登记备案

2. 生产企业自营进出口经营权审核

三、转由市经贸委受理，市外经贸局会签后申报

3. 商业、物资企业进出口经营权审核

市建委（10项）

一、取消的行政审批事项

1. 预制构件、商品砼企业资质审核

2. 城市规划区内取用地下水（含单位自建供水设施取用地下水）审核

3. 建筑业企业跨区域从事建筑活动登记备案

4. 建设项目标底备案

5. 非国有投资或非国家融资建设工程竣工结算审查

二、转为备案

6. 建设工程勘察、设计合同审查

三、合并的行政审批事项

7. 绿化工程设计方案审批

8. 改变绿化工程设计方案审批

（以上两项合并为绿化工程设计方案审批）

9. 建筑工程项目施工图设计文件审查

10. 建设工程抗震设计审查

（以上两项合并为建筑工程项目施工图设计文件审查）

市房地产管理局（9项）

一、取消的行政审批事项

1. 公有房屋买卖价格批准

2. 城镇个人建造住宅审批

3. 从事房屋修缮企事业单位资质登记或等级核准

4. 房屋拆迁补偿和货币化安置协议备案

二、合并的行政审批事项

5. 房屋租赁登记备案
6. 经营性公房租赁审核
（以上两项合并为房屋租赁登记备案）
7. 房地产中介服务机构资格审核
8. 房地产中介服务机构设立备案
9. 房地产经营单位资质审核
（以上三项合并为房地产中介服务机构资质审核）

市农委(2项)
取消的行政审批事项
1. 省、市级无检疫对象苗圃审批
2. 国有林场采伐方案审批

市教育局(2项)
一、取消的行政审批事项
1. 职业中专、职业高中招生计划审批
二、转为备案
2. 职业中专、职业高中录取核准

市市容局(3项)
一、取消的行政审批事项
1. 从事环卫经营性服务资质审查
2. 建筑垃圾、工程渣土承运资质审查
二、转为市规划局征求市市容局意见
3. 城市新区开发或旧区改造配套环卫设施规划审核

市公安局(6项)
取消的行政审批事项
1. 体育竞技射击场馆审核
2. 发布计算机病毒疫情消息审批
3. 射击运动枪支降级使用审批
4. 开办道路交通专业培训机构审批
5. 省外生产在我市销售的安全技术防范产品审批
6. 外省安全技术防范工程从业单位在我市承接技防工程资质报验

市消防支队(3项)
取消的行政审批事项
1. 易燃易爆化学物品准运证
2. 易燃易爆化学物品消防安全许可证
3. 化学危险物品经营许可证消防安全审查

市国家安全局(2项)
合并的行政审批事项
1. 涉外建设项目国家安全事项审核
2. 涉外旅游星级饭店国家安全事项审核
（以上两项合并为涉外建设项目国家安全事项审核）

市司法局(2项)
取消的行政审批事项
1. 报考律师资格审核
2. 申报律师资格审核

市国资办(1项)
转为核准、备案
国有资产评估立项及评估报告审批
市民政局(1项)
取消的行政审批事项
全市的国内婚姻介绍机构

市人事局(2项)
取消的行政审批事项
1. 事业单位高级专家延退核准
2. 事业单位临时用工计划核准

市文化局(1项)
取消的行政审批事项
城市间的文化交流审批

市环保局(5项)
一、取消的行政审批事项
1. 汽车及其发动机新产品环保资料备案
2. 锅炉新产品环保资料备案
二、合并的行政审批事项
3. 建设项目环境影响登记表审批
4. 建设项目环境影响报告表审批
5. 建设项目环评报告书审批
（以上三项合并为建设项目环评审批）

市交通局(4项)
取消的行政审批事项
1. 非经营性教练场开业审批
2. 道路危险货物临时及非专业运输证
3. 水运企业单位和个人船舶出售、报废、报停备案
4. 跨地货运配载线路专营

市劳动和社会保障局(2项)
取消的行政审批事项
1. 市范围内企业工人调动工作审批

2. 务工许可证

市国土资源局(1项)
转为备案
地价评估报告确认

市物价局(3项)
取消的行政审批事项
1. 农药、农膜、种子、化肥等重要农业生产资料价格审批
2. 测定餐饮、舞厅、歌厅、卡拉OK厅平均毛利率、差价率及合理幅度
3. 宾馆分等定级定价

市水利局(5项)
取消的行政审批事项
1. 水利工程投标资格预审报告审批
2. 水利工程评标机构报审
3. 水利工程中标单位报审
4. 水利工程招标文件审核
5. 水利工程标底审核

市卫生局(10项)
一、取消的行政审批事项
1. 化妆品广告审批
2. 爱婴县评审
3. 中医一技之长审批
4. 杀虫剂卫生许可证
5. 外地消毒产品、一次性医疗、卫生用品准销证
二、合并的行政审批事项
6. 新生儿疾病筛查机构审批
7. 医疗机构设置审批
8. 医学需要胎儿性别鉴定机构审批
(以上三项合并为医疗机构设置审批)
9. 医疗卫生单位从事性病诊疗行为许可
10. 医疗机构注册
(以上两项合并为医疗机构注册)

市人防办(6项)
取消的行政审批事项
1. 人防工程开工报告审批
2. 人防工程施工组织设计审批
3. 市外设计单位设计我市人防工程资质审核
4. 市外监理单位承担我市人防工程监理业务审核
5. 承担人防工程设计资质审核
6. 承担人防工程施工企业资格审核

市档案局(3项)
一、取消的行政审批事项
1. 档案年检
二、合并行政审批事项
2. 企业档案工作目标管理认定
3. 乡镇企业档案工作目标管理认定
(以上两项合并为企业档案工作目标管理认定)

市工商局(6项)
取消的行政审批事项
1. 化肥生产企业跨地区设立直销点、联销点、代销点资格审批
2. 广告显示屏管理审批
3. 办理营业执照前查验婚育证明
4. 机动车交易验证盖章
5. 建设工程勘察、设计合同强制鉴证
6. 建设工程施工合同强制鉴证

市质量技术监督局(6项)
取消的行政审批事项
1. 个体工商户易地制造、修理计量器具审批
2. 制造修理计量器具许可证年度审核
3. 质量检验机构推荐产品
4. 产品采用国际标准和国外先进标准认可
5. 计量器具商品广告审核
6. 强检计量器具报废、封存、停用备案

市国税局(1项)
取消的行政审批事项
个体工商户不设账簿审批

市地税局(1项)
取消的行政审批事项
个体工商户不设账簿审批

自公布之日起,以上取消的行政审批事项停止执行,调整的行政审批事项按调整的结论执行。取消的行政审批事项中,有的属国家规定了新的管理方式,各有关机构要严格按新规定执行,避免管理脱节。对保留的行政审批事项,各有关机构要简化程序,减少环节,加强并改善管理,强化服务,提高效率。实行审批责任追究制,对不按规定的审批条件、程序实施行政审批,甚至越权审批、滥用职权、徇私舞弊,以及审批后不依法履行监督责任的,应依法追究主管有关工作的领导和直接责任人员相应的法律责任。

索 引

主体部类索引

主题分析索引说明

一、本索引采用主题分析索引方法编制，按汉语拼音字母顺序排列，字母相同的按声调排列，声调相同的按后一字音序排列。

二、本索引标引词一般采用中心词或简称。特载、专文、大事记、荣誉榜、生活新知、附录等未作索引。

三、标引词后数字表示内容所在页码，数字后的字母a、b表示左栏、右栏。

四、本索引编有附见系统和参见系统，附见款目在主款目下行缩2字排印，索引标引词后第二个页码为参见系统。

E

F

G

H

J

K

马鞍山市三和实业有限公司

2002年11月6日市委市政府主要领导及相关部门领导出席农工商超市奠基仪式

市委书记丁海中（左二）在上海农工商董事长杨得新（左一）、三和公司董事长孙有旭（右一）陪同下参观超市

市长姚玉舟率公司领导及相关职能部门领导在上海洽谈招商引资合作事宜

三和实业有限公司成立于1997年，是马鞍山市政府重点扶持的民营企业，经营范围主要为贸易、工程安装、房屋租赁等。其中贸易以机电设备、工业焊材、纸业、办公自动化等为主。工程安装以水电安装为主，是马鞍山市安装行业中的佼佼者，具有代表性的电力安装工程有：市广播电视局大楼、山鹰造纸公司老厂改造及新生产基地、星马专汽开发区新生产基地、联通公司大楼、邮政局大楼、上海农工商超市马鞍山大卖场等。2002年与马鞍山市广电局联手，共同引进上海农工商超市有限公司，被市政府列为重点招商引资项目。2003年，公司步入资本运营时代，与外资联手，筹建物流配送中心，该项目位于雨山经济开发区工业园内。目前，已办妥入园手续，首批50亩用地已经签约。该项目一期工程预计总投资1800万元，一期工程建成后，年预计收益300万元。

公司联系电话：0555－2480298　2483118

华联商厦总经理　王忠保

商场一角

华联商厦于1996年1月建成营业，三层营业大厅面积6000多平方米，经营20000多种商品，职工500多人。7年来共实现销售4亿多元，上缴税金1800多万元，其中2002年销售7300多万元，实现利税260万元。

几年来华联商厦以名优品牌为经营战略，以穿着用品为经营龙头，以优质服务为经营宗旨，诚信服务，先后获得了中国消费者协会授予的“全国诚信单位”、中国商业名牌管理委员会授予的“中国商业名牌重点培植企业”、安徽省“百城万店无假货”活动领导小组授予的“安徽省购物放心店”、马鞍山市委、市政府授予的“文明单位”、马鞍山市打假领导小组授予的“无假冒伪劣商店”、马鞍山市工商局授予的“重合同守信用单位”等荣誉称号，最近，华联商厦又获得了中国商业联合会授予的“2002年全国商业行业顾客满意企业”的殊荣。社会效益、经济效益双丰收，精神文明、物质文明同发展。

马鞍山市华联商厦
中国商业名牌
重点培植企业
中国商业名牌管理委员会办公室
二〇〇二年十一月

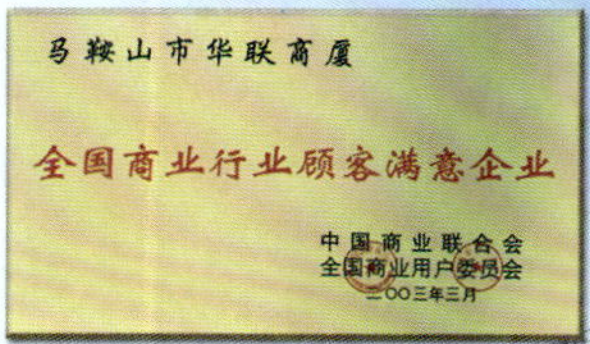

马鞍山市华联商厦
全国商业行业顾客满意企业
中国商业联合会
全国商业用户委员会
二〇〇三年三月

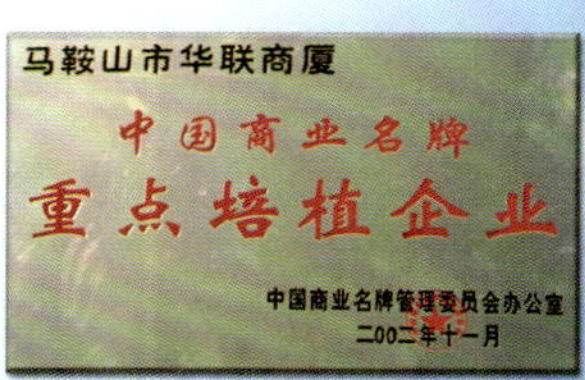

华联商厦一直注重文明服务工作，不断开展一系列的诚信让利活动，每半个月一次的幸运日和每日一次的幸运时活动及各项便民服务，都深受广大消费者的欢迎。

商厦大楼

人气蒸升的超市场景

超市开业景观一瞥

喜庆的年度总结表彰会

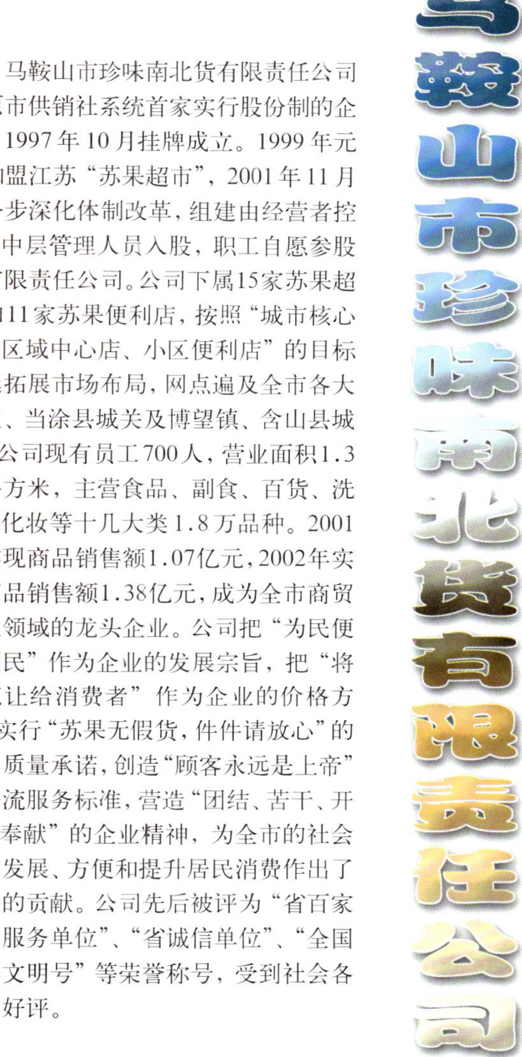

马鞍山市珍味南北货有限责任公司

马鞍山市珍味南北货有限责任公司是原市供销社系统首家实行股份制的企业，1997年10月挂牌成立。1999年元月加盟江苏“苏果超市”，2001年11月进一步深化体制改革，组建由经营者控股，中层管理人员入股，职工自愿参股的有限责任公司。公司下属15家苏果超市和11家苏果便利店，按照“城市核心店、区域中心店、小区便利店”的目标外延拓展市场布局，网点遍及全市各大城区、当涂县城关及博望镇、含山县城关。公司现有员工700人，营业面积1.3万平方米，主营食品、副食、百货、洗涤、化妆等十几大类1.8万品种。2001年实现商品销售额1.07亿元，2002年实现商品销售额1.38亿元，成为全市商贸流通领域的龙头企业。公司把“为民便民利民”作为企业的发展宗旨，把“将实惠让给消费者”作为企业的价格方针，实行“苏果无假货，件件请放心”的商品质量承诺，创造“顾客永远是上帝”的一流服务标准，营造“团结、苦干、开拓、奉献”的企业精神，为全市的社会经济发展、方便和提升居民消费作出了积极的贡献。公司先后被评为“省百家优质服务单位”、“省诚信单位”、“全国青年文明号”等荣誉称号，受到社会各界的好评。

全国供销合作总社主任莅临指导

金都宾馆

总台服务大厅

金都宾馆为二星级旅游涉外宾馆，隶属于马鞍山市劳动就业管理局，地处马鞍山市湖北路2号。宾馆的前身为江南酒家，1999年11月18日重新改造，2001年1月1日竣工投入试营业。占地面积2000多平方米，建筑面积3400平方米。宾馆拥有客房43间，设标准间29间，单人间9间，套房5间，共75张床位，房内装修良好，家俱舒适，有空调、国际国内直拨电话、彩色闭路电视系统、24小时供应热水，并按二星级标准配有文具及卫生用品。宾馆有中餐厅和大小宴会厅11个，可供300人同时进餐。有大小会议室3个，可承接中小型会议和专业学术会议。宾馆歌舞厅融现代音响、灯光、影视为一体，可举行各种舞会及聚会；健身房设有全套的健身器具。宾馆还设有棋牌室、美容美发中心、商务中心、旅游用品部、洗衣房等服务设施。

宾馆外景

宾馆客房

金都人努力追求至善至美，真情期待着您的光临。

地址：中国安徽马鞍山湖北路2号

订房：(0555)2404988

订餐：(0555)2404999

传真：(0555)2404977

宾馆餐厅

梦都餐饮发展有限责任公司

合肥梦城大酒楼

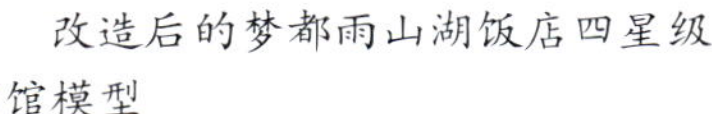

改造后的梦都雨山湖饭店四星级宾馆模型

梦都餐饮公司始建于1994年，经过8年多的艰苦创业，现已发展成为拥有员工1500人、固定资产6000万元的大型餐饮连锁企业。公司在马鞍山有4家分店，年创利税居全市同行业之首，2002年出资2650万元收购了马鞍山市大型国有宾馆雨山湖饭店。在合肥有两家分店，一店主体七层全部经营餐饮，连同新建附楼经营面积共6000平方米，二店经营面积近8000平方米，被喻为超级餐饮航母。

公司先后荣获纳税先进单位、卫生先进单位、国家二级酒店、国家旅游定点饭店、全国绿色餐饮企业等称号，2000年和2001年连续两年被评为“安徽省民营企业200强”，2002年被所属区政府评为“优秀私营企业”。公司设有内部培训学校，创办了《梦都报》，实施了电脑点菜系统，中层以上管理人员全部具有ISO9002质量体系认证内审员资格。企业文化建设卓有成效，建有合唱团、足球队，员工业余文化生活丰富多彩。

近年来，公司在大力发展连锁餐饮的同时，积极向相关产业拓展，成立了食品工业事业部、宾馆事业部、房地产事业部，未来五年内将发展成为集餐饮、宾馆、食品加工、快餐、房地产为一体的大型企业集团。

梦都企业价值观

对顾客：时时刻刻替顾客想，让顾客满意，成为对顾客有价值的企业。

对社会：不断走近大众，走近社区，与社会融为一体，成为对社会有贡献、有价值的企业。

梦都员工精神：

用一流管理创造一流品质

以感恩心情回报顾客信赖

马鞍山梦都花中城大酒店

顺华房地产开发有限责任公司

马鞍山顺华房地产开发有限责任公司成立于1995年，公司下辖有顺华贸易公司、顺意置换公司、华意物业管理公司、华氏实业有限公司等。注册资本1038万元。公司现有职工35人，拥有高级工程师、注册会计师等建筑管理、经济管理、技术人员。公司内部法人治理机构为董事长室、总经理室、党支部、工会、工程部、预决算部、财务部、材料设备部、销售部、物业管理部、人事部、保安部、办公室等。

近年来，公司开发建设了各种新型商住楼8万余平方米，所建楼舍80%达优良工程，工程质量合格率为100%，2001年即实现产值超亿元，向国家上缴各项税费400余万元。同时为社会奉献捐款达30余万元。多次荣获市、区“私营企业纳税大户”和“私营明星企业”光荣称号。 2002年又荣获省级“光彩之星”光荣称号。市工商局授予“重合同、守信用”企业和“先进基层党组织”光荣称号。

目前，树立企业形象，打造顺华品牌的16000平方米的顺华园小区正在施工建设中。先进的管理方法和优秀的企业文化正注入该公司，公司坚持“以人为本、艰苦创业、正视差距、强化管理、质量第一、服务一流”的企业精神，为社会作出更大贡献。

公司法人代表：阮传华

电话：0555—2349398　2365660

传真：0555—2349528　邮编：243011

市长姚玉舟在公司指导工作，并同总经理阮传华亲切交谈

市委常委、组织部长成浩(左三)、副部长李宗平(左四)，以及市直工委、工商联、工商局等领导出席党支部大会

公司慰问破获特大案件有功公安民警并赠锦旗

党支部书记率调研组深入住户了解情况进行调研

公司开发的顺华园小区

董事长　王发礼

金鞍房地产开发有限责任公司

2000年7月—2001年6月

AA级信用企业

中国农业银行　安徽省分行
合肥融诚信息咨询有限责任公司

马鞍山市金鞍房地产开发有限公司由股东王发礼、王发友于2002年11月发起成立，注册资本人民币588万元，公司所在地马鞍山市雨山区雨东村11栋3号楼二层，董事长王发礼。公司现有各类专业人员8人，其中高级工程师1名、工程师2名、会计师1名。

金鞍房地产开发有限公司成立以来，积极参与马鞍山市的房地产开发建设，目前正联合开发马鞍山市江东小区工程。该小区建筑面积10000多平方米，预计2003年底完工。

金鞍房地产开发有限公司拥有雄厚的资金和各类专业人才，立志加速发展，尽快成为在市内外都具有一定影响力的专业房地产开发公司。

中层干部在研究工作

中国铁路物资上海

书记（法人代表） 江新生

马鞍山材料厂是中铁上海公司唯一的外埠材料厂，主要经营全国铁路运输、生产、科研教育物资的采购、供应、销售、服务工作。

厂区占地面积：30000平方米，拥有现代化仓库3栋，面积7400平方米。露天料场2座，面积15700平方米。拥有3条铁路专用线，合计1.4公里。拥有各类设备13台，同时起重量70吨。年物资作业吞吐量20万吨。

马鞍山材料厂贯彻“从严治厂、风正务实”的企业宗旨，坚持以“提供优质服务，树立诚信企业”为工作先导，积极组织职工为铁路事业大建设、大发展做贡献。历年获得“安徽省文明单位”、“市文明单位”、“市园林化单位”、“中华全国总工会模范职工之家”、“铁道部先进单位”、“中华全国铁路总工会模范职工之家”、“市区综合治理先进单位”等荣誉称号。2000年通过了ISO9001：2000国际质量体系认证。2002年完成商品销售收入5.3亿元，上缴财政税金140万元，实现利润917.4万元。实现安全生产无事故。

主营品车轮

地址：金家庄区慈湖团结村
电话：0555—8226495
　　　0555—8226315
传真：0555—8226424

厂景（作业料场 ）

公司马鞍山材料厂

经营厂长刘龙英组织研讨业务经营工作

奖杯

安徽省
文明单位
中共安徽省委
安徽省人民政府

从严治厂 风正务实

中国铁路物资总公司
上海公司
马鞍山材料厂

厂大门

马鞍山发电厂

马鞍山发电厂厂长　徐　旭

马鞍山发电厂属国有大Ⅱ型火力发电企业，拥有固定资产4.44亿元。装机容量30.2万千瓦，年发电能力20亿千瓦时。多年来，完成利税均列入马鞍山市前十名。截至2002年12月31日，全厂安全生产2349天，实现安全无事故第15个长周期，全年实现安全生产“七无”目标，创历史最高记录，列全省同行业之首，在全国同类型机组中排名第二。

2002年，该厂全年发电逾14亿千瓦时，各项主要经济指标继续保持一流企业标准。在完成生产任务的同时，该厂还加大管理创新力度，加快企业发展步伐，在“凝全员心，聚创造力”的主题下，开展了将32项活动贯穿全年的“凝心聚力工程”，为电力体制改革积极做好应对准备工作。同时，该厂大力发展多种经营产业，2002年，下属华电超市完成营业额1200万元，获2002年度“全国优质服务月先进单位”荣誉称号；环保项目粉煤灰公司销售粉煤灰8万吨，产值170万元；隆达纯净水公司生产的“皖露”牌纯净水、生态水家喻户晓，占全市桶装饮用水市场的35%，供水点遍布钢城及周边地区。2002年9月，该厂投资500万元在开发区新建隆达科技公司，研制、生产、销售LB系列变频器及计量泵，并承接各类信息网络、水处理、环保工程。2002年，该厂荣获“安徽省先进集体”这一省内最高荣誉，并获得“安徽省第三届文明单位标兵”、“全国安康杯竞赛先进单位”、“全国体能测定先进单位”等共48项荣誉称号，连续第八年保持“华东一流火电企业”称号。

2002年成立于市开发区的隆达科技公司

“华艺之光”歌舞晚会

厂外景

马鞍山发电厂夜景

马钢热

左起：厂长助理栾硕、宋森、工会主席马桢亚、党委书记刘福礼、厂长刘先礼、副厂长任天宝、仲扣成、主任工程师孙福森

马钢热轧板厂（原名马钢中板厂），1975年建成投产，年设计生产能力15万吨。经28年的不断发展，现年产量达80万吨，产品远销东南亚、日本、欧洲等国。该厂1998通过ISO9002质量体系认证。主要产品有普通碳素结构钢板、低合金结构钢板、压力容器用钢板、锅炉用钢板、船用结构钢板等五大系列。

2001年12月，世界上最先进的、总投资24.45亿元人民币的薄板坯连轧工程在该厂开工建设，由此该厂更

厂长刘先礼与外国专家现场办公

产品

生产线一角

轧板厂

名为热轧板厂。薄板生产线采用德国西马克财团提供的CSP技术，年产热轧薄板200万吨，主要生产厚度0.8～8mm、宽度900～1600mm的碳素结构钢、优质碳素结构钢、低合金高强度结构钢、汽车结构钢、高耐候结构钢、管线钢和超低碳钢。新生产线将于2003年10月18日建成投产，届时马钢热轧板厂将成为全国建筑和精品板材基地。

冶金产品实物质量金杯奖
中国钢铁工业协会
2001

MC

CHINA METALLURGICAL INDUSTRY QUALITY SYSTEM CERTIFICATION CENTER

QUALITY SYSTEM CERTIFICATE

This is to certify that quality system of

Maanshan Iron and Steel Co., Ltd.

HAS BEEN FOUND TO CONFORM TO THE QUALITY SYSTEM STANDARD:

GB/T19002－1994
idt ISO 9002:1994

THIS CERTIFICATE IS VALID FOR THE FOLLOWING PRODUCTS/SERVICE:

Hot-rolled medium and heavy plates of carbon structural steel, high strength low alloy structural steel, carbon and low alloy steel for boiler, carbon and low alloy steel for pressure vessels and hull structural steel.

This certificate is valid Until June 7, 2001
Date of issue: June 8, 1998

Issued by
Director of CMIQC

MC

中国冶金工业质量体系认证中心

质量体系认证证书

马鞍山钢铁股份有限公司

GB/T19002－1994
idt ISO 9002:1994

碳素结构钢、低合金高强度结构钢、锅炉用碳素钢和低合金钢、压力容器用碳素钢和低合金钢及船体用结构钢的热轧中厚钢板。

中心主任：

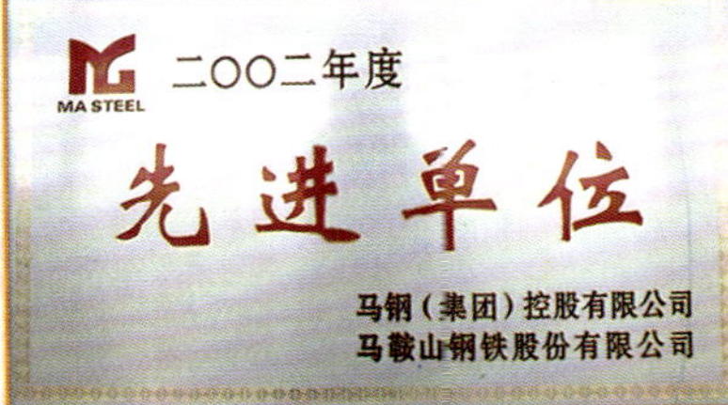

德国引进具有世界先进水平的热轧薄板生产线

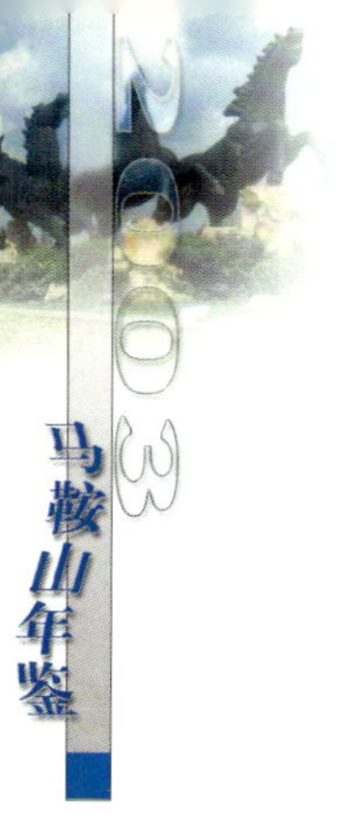

公司总经理、法人代表吴宜明

马鞍山长江地质工程公司

马鞍山长江地质工程公司是经国家工商行政管理局注册登记、建设部批准的国家一级施工企业，是通过国际ISO9001质量认证、具有独立法人地位的全民所有制企业。

公司注册资金1505万元，拥有129名中高级技术人员，各种施工设备3015台套，多次参与国家、省、市重点工程建设，先后在北京、上海、海南、广东、黑龙江、辽宁、天津、陕西、山西、湖北、湖南、江西、浙江等20多个省、市承担670多个大中型施工项目。

公司下属8个工程处、4个机械设备加工厂和1个探矿塑料厂。工程涉及软地基处理、地质灾害、尾矿库坝、边坡治理、找水成井、物探、化探、测绘等十几个领域，享有较高的声誉。

业务范围：钻孔灌注桩、树根桩、静压桩、打孔桩、深层搅拌桩、旋喷桩、井点降水、水平孔、辐射井排渗、围幕灌浆、压密注浆、边坡锚杆加固、水文凿井、巷道、坝基、软地基加固、工程勘察、测量、土石方工程及各种机械制造、工矿配件加工等。

公司领导在马钢南山矿溢洪塔研究施工方案

辐射井夜间施工

吴宜明(左)在凹山采矿场指挥治理边坡

马钢高速线材厂

厂长　王卫东

办公楼外景

高线操作室

马钢股份有限公司高速线材厂始建于1985年，于1987年5月建成投产，现拥有高速线材和棒材两套轧机。

总投资2.4亿元、投产于1987年的原高速线材轧机，主体设备从西德西马克公司引进，其技术与装备水平为当时世界之最。投产16年，累计生产多品种多规格的线材846万吨，实现利润超过24亿元。产品屡获殊荣，其中优碳、普碳盘条分获1990、1991年国优金奖，为国内同类产品绝无仅有。1997年高线盘条通过ISO9002国际质量体系认证。产品被广泛应用在国内多家重点工程项目中，畅销国外。2001年8月，马钢与德国西马克、西门子公司签署了线材轧机改造工程协议。2002年11月，转入单线生产。2003年1月18日至3月18日，高线改造工程圆满成功。这套新型高速线材轧机改造投资1.7亿元，设计年产50万吨，采用了具有当今世界线材轧制领域前沿的热机轧制、减定径机技术和二级自动化控制技术，可生产优质碳素结构钢、冷镦钢、弹簧钢、轴承钢、焊条钢、低合金钢等高附加值钢种，产品规格Φ5—Φ20mm，盘重可达2.5吨，保证终轧速度105m/s，最快可达120m/s。不同的轧制路径可满足全方位的质量要求，装备技术再次领先世界前列。

1998年12月，总投资5.94亿元的棒材轧机投产，主要工艺技术及设备由意大利波米尼和瑞典AAB电气公司提供，设计年产60万吨，可生产直径12—16mm圆钢、直径12—50mm螺纹钢、14×14-50×50mm方钢、35×6-100×25mm扁钢，为我国目前设计产量最高，技术最先进的棒材轧机之一。截止2002年末，已生产棒材近300万吨。1999年，棒材产品通过ISO9002国际质量体系认证。

工厂现有职工1228人，专业技术人员130人，投产16年，工厂在消化吸收引进技术并转化为良好经济效益的同时，注重企业精神文明建设，成效卓著。

党和国家领导人江泽民、李鹏等先后视察该厂，给予高度评价。

新型高线轧机

高线吐丝机

马钢热电厂

厂长　居思洋

马钢股份有限公司热电厂筹备于1990年，1993年元月18日正式挂牌成立，系马钢公司的主要电力和蒸汽能源生产基地。最初装备“三炉两机”，即三台220t/h高温高压煤粉锅炉和两台额定功率50MW汽轮发电机组。设计年供热4.295×10^{6}GJ，供电5.24亿Kwh，三炉两机于1993年10月至1994年12月份相继建成投产。1999年至2000年间，热电厂先后将两台汽轮发电机改造增容至60MW，形成了120MW的电力生产能力。2001年7月，成功建成时为全国第三座、安徽省第一座220t/h全烧高炉煤气锅炉，形成目前“四炉两机”的装备。全厂现有在册职工801人，拥有各类工程技术人员95人，其中具有中高级职称61人，工人技师14人。

马钢热电厂建厂以来，尤其是1998年新一任领导班子上任以来，在上级部门的正确领导和关心支持下，坚持实施科技兴企战略，加强各项管理工作，大胆推行各项改革，机组安全稳定运行，发电量逐年攀升，年年完成和超额完成马钢公司下达的各项生产经营任务，精神文明建设硕果累累。至2002年底，累计发电66.29亿Kwh，发电量最高年份2002年达9.48亿Kwh，是设计能力的1.8倍；累计供热1969.2万GJ。各项工作也得到上级的充分肯定，先后数次被评为马鞍山市“园林化单位”、“文明单位”和马钢公司“先进单位”、“文明单位标兵”，成为马钢公司非钢产业的亮点和重要的经济效益增长点。

如今，热电厂又加快了发展步伐。第二座220t/h全烧高炉煤气锅炉和3号60MW汽轮机发电机组正在抓紧建设，将分别于年底前投产运行；根据马钢公司部署逐步将三台煤粉锅炉改造成全烧高炉煤气锅炉……全厂上下为把热电厂逐步建设成为清洁文明、花园式工厂和省级文明单位而努力奋斗！

开工仪式

热电厂主车间

热电厂全景

马钢股份有限公司动力厂主要担负着马钢动力介质供应和动力设备检修等任务。全厂现有1280人，各类专业管理技术人员126人。

该厂可承接220kv及以下高压、低压供配电所的安装、调试；电力充油设备的

厂区鸟瞰

马钢动力厂

色谱分析、试验；各类电磁站、行车等电气安装；各类电机、风机变压器设备检修改造；各类旋转机械的动平衡；各种机械轴瓦的浇注和加工；各种大型空压机组，透平机械安装、调试；各类结构件制作和安装(屏、箱、柜)、铁塔制作等；各种动力介质管道架设施工。

该厂在完成动力保产服务任务的同时先后承担了马鞍山市供电局两条110kv线路架设(富园线)；合肥肥西500kv变电所220kv部分罐式SF6组合电器全套试验；安庆石化总厂热电分厂110kv组合电器全套试验；上海梅山(集团)、芜湖钢铁总厂等单位的机电检修工程。

厂长：李爱群　党委书记　焦其华
电话：0555-2889121
传真：0555 — 2882321
地址：马鞍山市宁芜路三台
邮编：243000

马钢供排水

厂长　高宗林

马钢供排水厂成立于1991年9月，是马钢股份公司重点保产单位。该厂担负着马钢厂区生产、生活供水、工业循环水处理和厂区排水及部分城区、市属企业的生产和生活水供应的任务。

马钢供排水厂现有固定资产6亿元，职工1134名，日供水能力近300万吨。厂部下辖3个运行车间、2个检修车间及厂属供排水机电设备安装公司。拥有生活水、工业净水、循环水等多个水种的生产、供应能力，水质均达到国家和企业标准。供排水厂始终瞄准“创建全国冶金行业一流供排水

厂领导班子成员从左到右：徐福友(工会主席)、左爱华(副厂长)、唐安全(党委书记)、高宗林(厂长)、姚效云(副厂长)、汪为民(主任工程师)

厂庆十周年

十佳人物

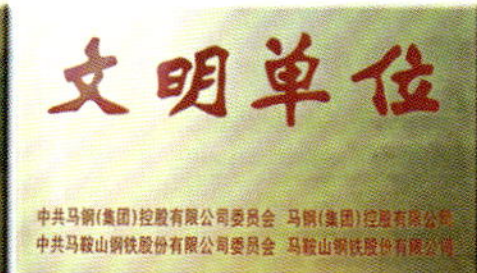

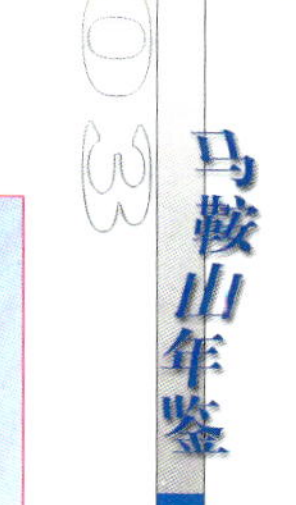

厂”的建厂目标，以强化管理规范企业运作，以先进技术提升保产能力，以企业文化凝聚发展动力，奋力开拓创新，不断超过自我，两个文明建设取得优异成绩。1991年被原冶金部授予“清洁工厂”称号；1992年起先后多次被市、马钢公司授予“文明单位”及“先进单位”称号；1996年至2001年保持马钢两公司安全生产金牌单位称号，实现了安全生产“六连冠”。

书记　唐安全

2002年思想政治研究年，宣传报道工作表彰会

厂水处理环保工程公司制造安装的化学除油器

三钢异型坯水处理站操作室

厂水质分析实验中心一角

职工大会

大高炉水净化站一角

75平方米烧结机系统优化烧结技术通过鉴定，属于国内首创具有国内领先水平

马钢第二

没有卓越

马钢第二烧结厂正式建厂于1969年2月，是马钢公司主要生产厂矿之一，占地19万余平方米，职工965人，固定资产净值6297万元，有3台75平方米烧结机，1座250立方米石灰竖窑，1座混匀料场。2002年生产烧结矿340.3万吨，主要供马钢一铁厂、二铁厂9座中型高炉使用。所生产的烧结矿一级品率78.8%，综合合格率97.22%，含粉率10.58%，燃耗45千克/吨，电耗30.16

开拓创新、团结奋进的领导班子

——精神文明创建活动——

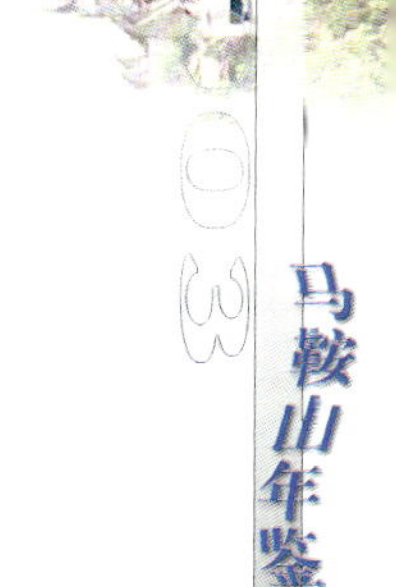

厂长、党委书记　王桂龙

烧结厂

千瓦时／吨，工序能耗58.95千克／吨，部分指标进入全国同类机炉先进行列。全年无重大设备、火灾、爆炸事故，无工亡、重伤事故，创历史最好水平。

第二烧结厂始终把企业文化和精神文明建设融为一体，积极开展文明车间、文明科室、文明班组创建活动，取得了重大成果。先后获得市先进单位、市园林化单位、省文明单位标兵等荣誉称号，把一个具有30多年历史的老厂基本建成了集设备优良、工艺先进为一体的现代化花园式工厂。

初具雏形的园林化厂区

只有超越

届
位标兵
中共安徽省委
安徽省人民政府
二○○二年四月

二○○二年度
先进单位
马钢（集团）控股有限公司
马鞍山钢铁股份有限公司

安徽省第四届
文明单位
中共安徽省委
安徽省人民政府
2000年3月

1999—2000年度
先进单位
马鞍山市人民政府
二○○一年五月

马钢设计研究院

左起：党委委员葛新建　副院长周浩峰　院长、党委书记王文潇　副院长曹月林

马钢（集团）控股有限公司设计研究院是马钢公司下属的子公司，该院成立于1978年，主行业具有冶金矿山(采矿、选矿)工程甲级、民用建筑乙级、建材行业(非金属矿)乙级、环境工程专项设计乙级、工程咨询甲级设计等(咨询)资质。2001年获准为国土资源勘察开采登记申请代理机构。

该院是一所设计与科研同体的院所，在铁矿和辅料矿山设计与科研中积累了丰富的经验，在磁铁矿、赤铁矿及镜铁矿的选别设计与研究上以及在矿山可持续发展和新型建矿模式等方面具有特色。建院二十多年来，共完成大小设计项目1000多项，科研项目100多项，为马钢科技进步起了积极的作用，创造了较大的经济效益和社会效益。先后有30多个工程设计、科研项目获国家、省科技进步奖、优秀设计咨询奖。

近年来，该院又先后设计了“马钢花园小住宅设计”、“马钢钢渣生产加工线工程设计”、“桃冲矿业公司深部矿石选矿试验研究”、“安徽省数字长江信息系统”、“淮安军分区新区及住宅设计”、“淮安东方花园住宅设计”、“四川满银沟80万吨／年选场初步设计”等项目。并加速新产品和软件开发，走技术型实业化道路，开发了“民用住宅水、电、气自动抄表系统”、“住宅门禁系统”、“EWS—200型生产设备无线遥测系统”、“GIS地理信息管理系统”、“马鞍山市电子地图”等系统软件，拥有多项专利技术。

该院连续多年保持了“马鞍山市文明单位”、“马鞍山市卫生先进单位”、“马鞍山市园林化单位”等多项荣誉称号。

研究院外景

联系电话：0555—2880045

设计室一角

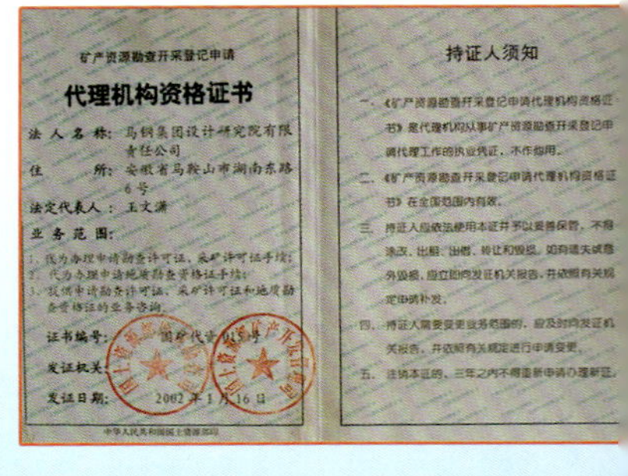
矿产资源勘查开采登记申请

代理机构资格证书

法人名称：马钢集团设计研究院有限责任公司

住所：安徽省马鞍山市湖南东路6号

法定代表人：王文潇

业务范围：

1. 代为办理申请勘查许可证、采矿许可证手续；
2. 代为办理申请地质勘查资格证手续；
3. 提供申请勘查许可证、采矿许可证和地质勘查资格证的业务咨询。

证书编号：国矿代字015号

发证机关：

发证日期：2002年1月16日

中华人民共和国国土资源部印制

持证人须知

一、《矿产资源勘查开采登记申请代理机构资格证书》是代理机构从事矿产资源勘查开采登记申请代理工作的执业凭证，不作他用。

二、《矿产资源勘查开采登记申请代理机构资格证书》在全国范围内有效。

三、持证人应依法使用本证并予以妥善保管，不得涂改、出租、出借、转让和毁损。如有遗失或意外毁损，应立即向发证机关报告，并依照有关规定申请补发。

四、持证人需要变更业务范围的，应及时向发证机关报告，并依照有关规定进行申请变更。

五、注销本证的，三年之内不得重新申请办理新证。

工程设计证书

甲级

单位名称：马钢集团设计研究院

业务范围：冶金行业（采矿、选矿）甲级

证书编号：310118-sj

有效期：****

发证部门：

2002年

工程设计证书

乙级

单位名称：马钢集团设计研究院

业务范围：建筑工程****

证书编号：111138-sy

有效期：****

发证部门：

2002年

工程设计证书

乙级

单位名称：马钢集团设计研究院

业务范围：建材行业（非金属矿）乙级

证书编号：110118-sy

有效期：至2004年7月17日

发证部门：

2002年

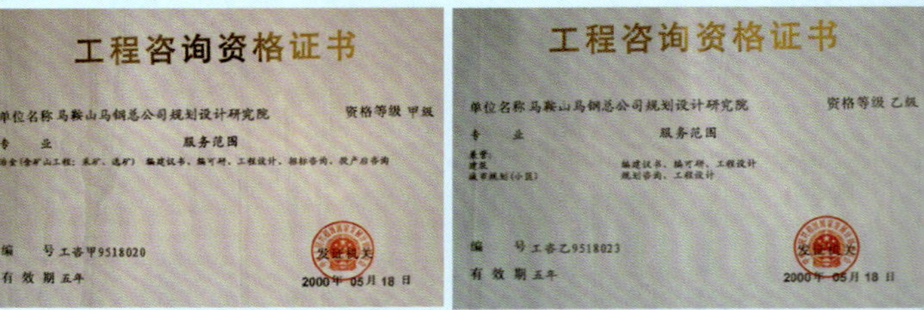
工程咨询资格证书

单位名称 马鞍山马钢总公司规划设计研究院　资格等级 甲级

专业　服务范围

冶金（含矿山工程：采矿、选矿）　编建议书、编可研、工程设计、招标咨询、投产后咨询

编号 工咨甲9518020

有效期 五年

发证机关

2000年05月18日

工程咨询资格证书

单位名称 马鞍山马钢总公司规划设计研究院　资格等级 乙级

专业　服务范围

编建议书、编可研、工程设计、规划咨询、工程设计

编号 工咨乙9518023

有效期 五年

发证机关

2000年05月18日

“黑马”牌铁氧体预烧料

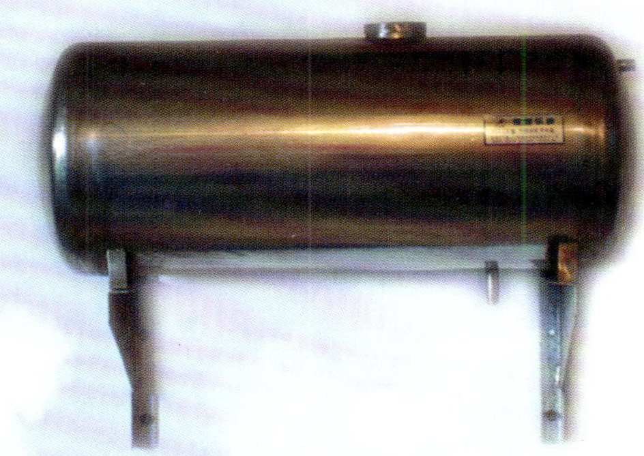

“家家乐”不锈钢水箱

马钢江东磁粉厂

马钢江东磁粉厂位于马鞍山市金家庄区幸福路1号，创建于1979年8月，占地面积5万余平方米，职工总数916人，持中专以上文凭及高中级技术职称人数68人，具有独立法人资格(注册资金350万元)。主要从事永磁铁氧体预烧料生产，工民建施工，机电安装，振动设备制作，金属加工铸造件，耐生材料，砼彩色预制件，仓储库，现有固定资产1036万元。

路面彩砖系列

烧结矿筛给料机、振动设备系列

马钢炉料供销公司

团结战斗有凝聚力的公司领导班子

总结工作，部署任务的年度恳谈会

运用先进的电子商务进行网上招标

炉料供销公司是马鞍山钢铁股份有限公司所辖原燃料采购和供应部门，负责股份公司生产系统所需的原燃料、废钢铁、铁合金等的计划、采购、加工、供应和组织管理工作。公司下设18个职能科室、4个车间、3个管理库，共有职工735人。

2002年，公司面对原燃料资源紧张、运输困难、价格上涨的严峻形势，采取了一系列有力措施：与供方建立中长期供应基地，稳定供应渠道，打通运输环节，切实做好保产供料工作；严格经济责任制考核，强化降本措施，开展增收节支，有效地控制了成本上升的势头。全年采购总量为1560多万吨，采购资金达56亿多元，各项经济技术指标均达到股份公司要求，有力地保证了生产经营的顺行。公司荣获马钢2002年度“文明单位”、合同管理优秀单位、管理创新组织奖等荣誉称号。

化废为宝—废钢铁料场一角

公司经理：刘 云
党委书记：王湘保
公司地址：马鞍山市湖南路49号
电话：0555—2618054
传真：0555—2882397

繁忙的料场—来自四面八方的原料从这里运往铁厂

公司办公楼

马鞍山市濮塘镇政府

党委书记　查　林

镇长　魏　武

濮塘镇位于马鞍山市东郊18公里处，与江苏省江宁区毗邻，距南京禄口国际机场仅16公里。全镇总面积为46平方公里，群山环绕，丘陵起伏，自然风景独特，环境优美。现有耕地980公顷，山林2000公顷，水面670公顷。辖10个村委会，一个居委会，一个镇办林场，人口12113人，是一个农业、林业大镇。这块风景秀丽、物产富绕的土地，有着光荣的历史，在革命战争年代是马鞍山地区第一个党支部诞生地。全镇现有21个党支部，64个党小组，505名党员。

2002年全镇社会总产值达2.7亿元，财政收入达641万元，农民人均纯收入达3310元。近年来，随着经济不断发展，全镇各项社会事业都取得了长足的发展。1999年荣获全国创建文明村镇工作先进单位；2000年荣获“六个好乡镇党委”，8个村荣获“五个好村党支部”荣誉称号。

濮塘风景区面积为18.8平方公里，1998年被省政府批准为省级风景名胜区，2001年被评为国家AA级风景名胜区；景区清秀幽雅、端庄朴实、林木茂盛、古树参天，形成了无山不清秀的独特绿色景观。风景区共分为幽谷、剑湖、元旭三大景区，有白母英姿、剑湖画坊、竹海松涛、钟鼓奇音、篁林古道、玉泉钟声、元旭四友、濮家祠堂、尖龙揽胜、 烈士陵园等十大景点。现已成为市民休闲度假的重要场所。

翠谷大酒店

优美的自然风光

濮塘中心广场

前进中的佳山乡

书记 杨化江

乡长 陈兴保

2002年是佳山乡历史上发展较快的一年。实现总产值3亿元，其中工业产值1.8亿元，比上年增长12.8%，入库税金达991.56万元，比上年增长96.35%。佳乐粮油集团、佳达房地产开发公司、荣鑫轧钢厂等一批重点骨干企业得到快速发展，在全乡经济增长中继续发挥主力军的作用。该乡按照“市场换项目、资源换资金、存量换增量”的基本思路，制定优惠的政策，以宽松的环境，优质的服务，大力发展外向型经济，全力以赴开展招商引资工作，实际利用外资达4500万元。

农业产业结构得到合理调整，基础设施更加完善。2002年，该乡实现农业总产值(90年不变价)1814万元，比上年增长了5.47%，农民人均纯收入达3539元，比上年增长11.4%。“巨森”反季节苹果、猕猴桃、美国布朗李、花卉苗木等基地建设初具规模，并已产生良好的经济效益。

筹资建立了乡农网信息服务站，全面开通9个村级农网信息站。投资35万元兴建了乡农业科技服务中心，加快了科技兴农的步伐。

2002年，佳山乡在雨山区目标管理考核中被评为“优秀乡镇”，土地征迁、计生工作被区委、区政府评为一等奖，招商引资工作荣获二等奖(未设一等奖)。

乡政府办公楼外景

马鞍山市浙棱压缩机厂

厂长　孙祖平

马鞍山市浙棱压缩机厂是生产微型系列压缩机的专业厂。自建厂以来，"浙棱人"本着为用户提供优质产品、完善的售后服务为根本宗旨，全力以赴做好三件事：(一)坚持优质可靠质量；(二)价格合理、有竞争力；(三)精心服务，一丝不苟。用户已遍布大江南北，并赢得广大用户的信赖。我厂产品通过了国家通用机械产品GC认证，确定为安徽省重点维权企业，省名优品牌。产品采用马鞍山市质检局"唯一数码防伪技术"，并可入网查询。

厂址：宁芜路小九华
电话：2101902、2100940
网站：hctp：//www.zheling.com

0.67/7

0.13/12.5

浙棱牌压缩机

马鞍山市华亚智控有限公司

总经理　吴宝洪

马鞍山市华亚智控有限公司是集智能化、自动化控制系统软/硬件开发设计、系统集成、安装工程、维修与一身的高新技术型公司。组建于1995年。公司专业从事工业自动化控制系统的软/硬件设计开发、系统集成与工程建设；计算机网络系统的设计与工程建设；综合布线系统的设计与施工；视讯技术研究、开发、视讯工程；计算机应用产品的硬/软件研制与开发。

该公司技术力量雄厚，拥有专业高级工程师3名，工程师10余名。拥有各类的仪器、仪表、模拟调测系统、计算机辅助设计系统。全公司实行计算机办公管理。公司具有严谨的工作作风，极端负责的工作精神，想用户所想，急用户所急，服务到位认真负责，得到业内用户的一致好评。

该公司除常年为马钢自动化项目服务外，还自主设计开发了数十种工业自动化电子仪器仪表，如32通道模拟数据采集器、各类隔离器、智能电子秤、轨道衡、转矩控制器、无纸记录仪、数字化声纳化渣仪等。

公司法人、总经理：吴宝洪　　联系电话：0555—2882294　2222997

马鞍山市康华房地产开发公司

马鞍山市康华房地产开发有限公司主要从事房地产综合开发、旧城改造、出租出售商品房、旧房调换及相关的装璜、房地产咨询业务。公司谒诚欢迎社会各界前来光顾洽谈合作共同开发建设，并借此感谢社会各界的支持与厚爱。我公司将恪守质量第一，用户至上的经营宗旨，为社会提供良好的服务。

联系电话：0555-2402518

马鞍山汇华建筑设计有限公司

公司设计的上海裕安大厦

公司设计的安工大图书馆

马鞍山市汇华建筑设计有限公司(原马鞍山市建筑设计院)，创始于1956年。其业务遍布全国各主要城市，如北京、南京、苏州、上海、厦门、芜湖、马鞍山等地，在国内设有多家分支机构：上海分院、苏州分院、浙江分部、北京分部。主要业务范围包括建筑设计(甲级)、工程勘察、工程监理、造价咨询、装饰设计、市政设计。

公司拥有高级专业人才50余人，国家一级注册建筑师5人，国家一级注册结构工程师8人，国家注册监理工程师15人，并配备一流的技术和装备。其设计作品已获众多奖项。公司质量管理系统近期完成ISO9001认证。因其所具有的设计能力和大量的优秀作品，汇华设计倍受市场尊崇。

公司设计的安工大东校区教学楼

诚信为本 创长运辉煌

1998 1999年度
出租汽车客运
文明企业
中华人民共和国交通部

2000-2001年度
文明汽车驾驶学校
中华人民共和国交通部

1998 1999年度
文明汽车客运站
中华人民共和国交通部

市长途汽车运输有限责任公司作为我市交通运输系统的“龙头企业”，坚持以“诚信为本，服务社会”为宗旨，把精神文明建设、行业作风建设、优质服务、诚信经营放在突出位置，常抓不懈，层层推进，软硬兼施。在抓好职工职业道德建设的同时，着力加大硬件投入，先后完成改造了市旅游汽车站、长途汽车站等单位的环境建设，提供了一流的环境，一流的服务。几年来，在创优质服务活动中，好人好事层出不穷，雷锋精神无处不在。诚信经营有口皆碑，在我市窗口行业中树立了良好形象。公司及所属单位先后获得国家及省、部级“文明单位、先进单位”等荣誉称号27项，市级创建先进单位20项，2003年3月，经广大市民参与，部门推荐，层层评选，市政府命名为“2002年度全市精神文明十佳诚信集体”称号。

交通局及公司领导视察“诚信”活动现场

快客候车室

旅游汽车站一隅

太白旅游公司综合大厅

旅游汽车站服务中心

马钢第三机械设备制造公司

经理、党委书记 朱曙华

马鞍山钢铁股份有限公司第三机械设备制造公司，前身是中国人民解放军4310厂，始建于1964年，1992年8月成建制有偿转让给马鞍山钢铁公司，更名为马钢第三机械厂（又名马鞍山自动化立体仓库成套设备厂），2000年12月更名为现名。公司占地13.5万平方米，有标准厂房近3万平方米。公司主要从事机械设备、现代自动化仓储成套设备、精密铸造、冶金配件、冶金连轧连铸设备输送辊道、金属结构件生产制造。主导产品：设计、制造、生产国内最新型的（DTII型、TK型、TD75型，其带宽B＝500～1600mm；DJ型、DJII型挡边大倾角0°～90°）胶带输送机整机及其配件（托辊组、改向及传动滚筒……）、埋刮板输送机整机、斗式提升机。主要产品已取得国家颁发的生产许可证和安全认证，并通过ISO9002质量体系认证，是中国重机协会带式输送机分会和中国铸造协会会员单位。

含山二建马鞍山分公司

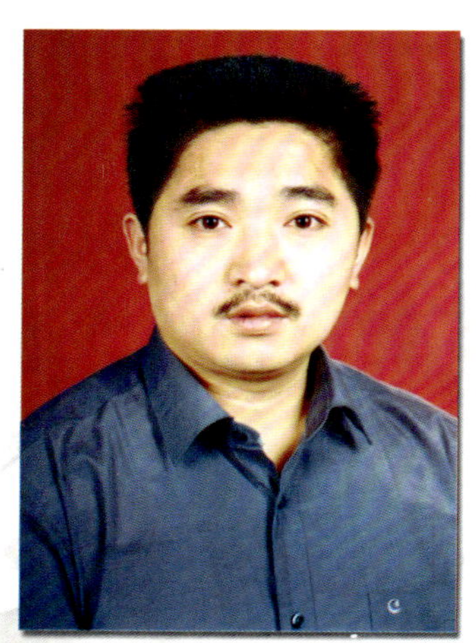

经理 张彬

含山县第二建筑安装工程公司是国家部颁房屋建筑总承包工程二级企业，成立于1950年。马鞍山分公司是1992年成立的二级机构，注册资金125万元。拥有各类专业技术人员34人，注册职工160人。年完成施工总产值1600万元，其中装饰产值300万元。分公司拥有高素质的管理人才，较现代化的施工机械设备，丰富的管理经验，雄厚的施工实力。自开辟马鞍山市场以来先后承建了中房、华冶、十七冶、土地局、房产局、建厦等众多单位的多项公用、民用工程，合格率为100%，优良率在80%以上。特别是近年来，创造了多项部、省、市优质工程和省、市用户满意工程，受到市建管部门的通报表彰，被评为2001年度质量业绩评估“A”级施工单位。分公司一贯坚持“以质量求生存，以信誉求发展，以进度求效益，以安全生产为保证，以文明施工树形象”的生产经营方针，热忱为业主建造一流产品，提供一流服务，并慎重承诺为业主终身保修，终身服务。

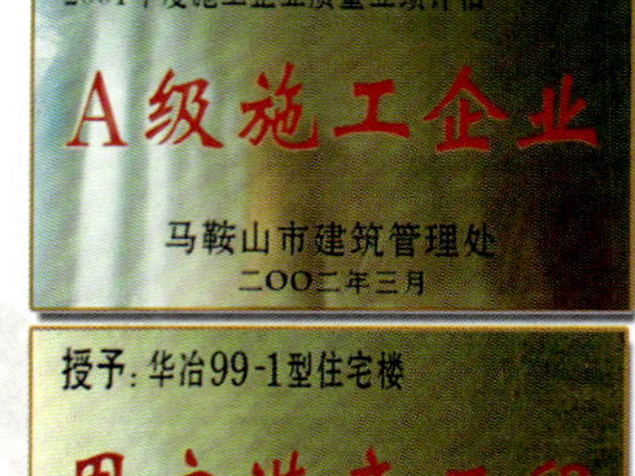

地址：雨山路建管大厦1210室
电话：0555-2334005 13905552227

中国十七冶技工学校

校长　周杏生

安徽省重点技校——中国十七冶技工学校具有40年的办学经验，是马鞍山市第一所技工学校，现设有工民建、机械、工企自动化、财会、经济管理、企业管理、计算机应用、幼儿师范、电工、钳工、铆焊、汽车驾驶、汽车修理、测量、建筑合同预算、宾馆服务、电子电器、电工仪表、纺织、服装等几十个专业。学校教学、实习设施齐全，校外有实习基地。

经过多年的办学实践，学校与时俱进，开拓创新，形成了“自主招生—定向分配—面向社会承诺”的办学特色。所有专业均100%推荐就业，同时实行“中专—技校”双学历，合格毕业生分别颁发省教育厅、省劳动厅核验的毕业证书，保证学生出了校门即进入企业之门。

学校地址：雨山红旗南路朱然公园西南
联系电话：2219330　2219837

校园鸟瞰图

马鞍山市志民房地产开发公司

董事长　刘先桃

市志民房地产开发有限公司成立于1996年10月，地处朱家岗13栋，属三级开发企业，注册资金800万元，法人代表刘先桃，公司现有职工16人，有专业职称资格11人。

公司成立以来，成功地开发了朱家岗、珍珠园、环保大楼、南湖花园、正棱一期等10万多平方米住宅工程，工程合格率达100%，优质优良率达40%以上，尤其是2002年，开发城区安居房3万平方米，上缴税金198万元，综合实力位居全市民营房地产行业之首。

公司2000年被评为“安徽省先进私营企业”、马鞍山市优质私营企业，连续两年进入“省民营企业200强”排行榜，董事长刘先桃被授予“1999—2000年度先进生产者”、“1994—2000年光彩事业心先进个人”、2003年省“十佳女性人才”、“三八红旗手”称号。

马鞍山市人民检察院

1999年10月16日，最高人民检察院检察长韩杼滨（前排中）在省委常委、政法委书记陈瑞鼎、省检察院检察长宋孝贤陪同下，来马鞍山市检察院视察指导工作。图为与市院全体干警合影时的情景

1954年9月，成立马鞍山矿区人民检察院。1956年9月，马鞍山建市，更名为马鞍山市人民检察院。现市三区一县设四个基层检察院。

全市两级检察院牢固树立围绕中心、服务大局的思想，全面履行法律监督职能，依法打击严重刑事犯罪，查办和预防职务犯罪，为促进马鞍山市经济建设和社会发展提供了强有力的保障。市检察系统已涌现出两位中国“十大杰出检察官”、两位全国“模范检察干部”、一个全国“模范检察院”、一个全国“基层示范院”和两个全国“人民满意的检察院”，市院被最高人民检察院荣记集体一等功。

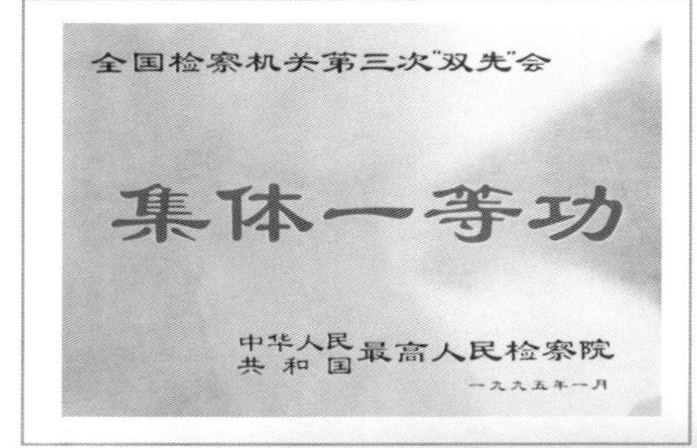
全国检察机关第三次“双先”会

集体一等功

中华人民共和国最高人民检察院

一九九五年一月

市检察院办公楼夜景

马鞍山市民政局

马鞍山市民政局成立于1958年4月（其前身为马鞍山市民政科），内设8个科室 ，辖13个事业单位。作为市政府的组成部门，市民政局担负着生产救灾、社会救济、优待抚恤、复退军人安置、婚姻管理、殡葬改革、基层政权、社区建设、地名区划、社会福利等多项重要职能。近年来，市民政局在市委、市政府的领导下，以"三个代表"重要思想为指导，发扬民政人特有的"孺子牛"精神，主动适应社会主义市场经济发展的需要围绕"改革、发展、稳定"大局，市民政局改革和创新管理体制、工作运行机制和工作手段，充分发挥其社会保障机制作用，不断完善城乡居民最低生活保障制度，大力开展社区建设和基层民主政治建设，积极做好双拥和优抚安置工作，加快推进社会福利社会化进程，加强民间组织等专项社会事务管理，在诸多方面都做出卓有成效的工作。先后获得"全国民政信访先进集体""全省纠风工作先进单位"、"全国爱心献功臣活动先进集体"、"全省民政工作目标考评第一名"等多项荣誉称号，在市委、市政府的考评中也多次获得优秀，为保障人民群众基本生活权益和民主政治权利，促进经济发展和社会进步作出了积极贡献。

别墅式的农村敬老院

风景秀丽的马鞍山市福利院

市老年公寓外景

2002年，马鞍山市气象局在市委、市政府和省气象局的领导下，气象现代化建设不断上新台阶，建设了先进的综合业务平台、人工降雨指挥中心和农村综合经济信息中心，引进了先进的C波段多普勒天气雷达，基本完成了“信息入村”工程，为广大农民架起信息之桥，充分发挥了气象为地方事业服务的职能作用，连续五年获省气象局目标管理优秀，同时荣获省政府第五届文明单位称号。

中国人民银行马鞍山中心支行

人民银行马鞍山市中心支行是中国人民银行总行的派出机构，接受人民银行南京分行领导，在马鞍山辖区内依法履行中央银行职责，贯彻和执行稳健的货币政策；按规定审批、监督管理金融机构；经理国库；维护支付、清算系统的正常运行；负责辖内金融业的统计、调查、分析和预测工作，为保持经济的持续快速健康发展提供良好的金融保障。

市人行办公大楼

截至2002年底，马鞍山市已有工、农、中、建四家国有独资商业银行和农业发展银行分支机构，城市商业银行，农村信用社以及信托办事处，全部金融机构营业网点270个，金融从业人员2900人。金融机构经营本外币存款、贷款、结算等门类齐全的金融业务，国际、国内通汇渠道通畅。随着金融创新的断不深入，各金融机构又先后推出了代客外汇买卖、个人结售汇、远期结售汇和保管箱等新业务品种。个人消费贷款、房地产按揭（抵押）贷款日渐成为各银行新的业务增长点，电话银行和网上银行业务也得到了长足的发展。

金融业的平稳运行为经济发展和居民生产生活提供了便利快捷的服务，2002年末金融机构本外币各项存款余额155亿元，其中居民储蓄存款余额95.86亿元，城乡居民人均储蓄存款余额达7850元；各项贷款余额98.07亿元，其中外汇贷款余额8090万美元，增长幅度为历年之最，有力地支持了涉外经济的发展。

马鞍山市经贸发展公司

2002年2月1日，市委书记郑牧民、市长丁海中出席公司成立大会

马鞍山市经贸发展有限公司成立于2002年2月。公司注册资金2.2亿元人民币，经市政府授权经营17家国有大中型地方工商企业。其经营范围主要包括：市国资委授权范围内的资产经营管理，国有资产产（股）权交易，证券交易，融资与投资，资产租赁、拍卖与收购，信息咨询、代理、中介服务等。

公司是以市政府作为出资者，具有独立法人资格，代表市政府行使国有资产所有权职能，负责国有资产的产权经营和投资管理。通过国有资产的有效运作，推动国有资产进行战略性调整和重组，引导国有资本向支柱产业、高新技术行业及优势骨干企业聚集，增强国有经济的竞争力，实现国有资产的保值和增值。

法人代表：谢祖荣
总经理、党委书记：汪建刚
联系电话：(0555) 2326515、(0555) 2365422
传真：(0555) 2365422
邮政编码：243015
网址：http://www.metd.com.cn
E-mail:mjmf@metd.com.cn
联系地址：马鞍山市湖东中路23号
(正棱大厦六楼)

公司党建活动丰富多彩。图为机关支部“七一”前组织党员前往马鞍山革命历史纪念馆重温入党誓言

公司成立一年来，改革改制工作取得重大成绩。图为市政府授权公司经营的国有企业雨山湖饭店出售签字仪式

金家庄区旧城改造工程指挥部

旧城改造工程指挥部指挥长陈长春（右一）陪同全国人大代表视察金家庄区旧城改造工作

金家庄区是马鞍山市的老城区，位于市区西北面，城区面积18平方公里。80年代后由于城市中心南移，该区经济逐渐萎缩，市政设施老化，文化娱乐设施缺乏，居民生活十分不便，市民对改造环境与提高生活质量呼声高涨。为改善居民居住条件和生活质量，拉动区域经济发展，区委、区政府于1999年7月20日成立了金家庄区旧城改造工程指挥部，采取以政策吸引外资，通过招商引资进行旧城改造，严格规划要求，规范办事程序，使旧城改造工作顺利进行。工程指挥部先后对幸福广场周边文卫村、铁城村、金字塘新村、彭山小区、杨家山小区和宁南小区、马矿新村、塘岔小区、钟村小区及幸福路两侧进行改造，参与旧城改造的开发企业11家，总立项建筑面积64.8万平方米。至2002年底，结构封顶工程已达30万平方米。改造后人均居住面积将由改造前的不足10平方米跃至25平方米，公共绿地面积由不足10%上升至30%。旧城改造工程是政府为民办实事之一，是”三个代表“的重要体现，区委、区政府将一如既往，将旧城改造工程一抓到底。

马鞍山市环境监测中心站

市环境监测中心站与市质量技术监测技术所合作签字仪式

马鞍山市环境监测中心站成立于1975年，副县级事业单位，属国家二级网络站，行政上隶属于马鞍山市环境保护局，业务上接受安徽省环境监测中心站指导，承担全市的环境质量监测、污染源监测和其他服务性监测任务，现已成为马鞍山市环境监测的技术中心，数据中心，网络中心。监测站认真履行环境监测为环境决策管理提供技术支持、为环境执法实施技术监督、为社会经济建设提供技术服务的职能，并取得了显著成绩，1997年被国家环保总局授予全国环保系统先进监测站的光荣称号。

地　　址：马鞍山湖东中路18号　站长：余国忠

联系电话：0555—2322927　传真：0555—2322095

邮政编码：243011

监测中心站实验楼

中心分析实验室

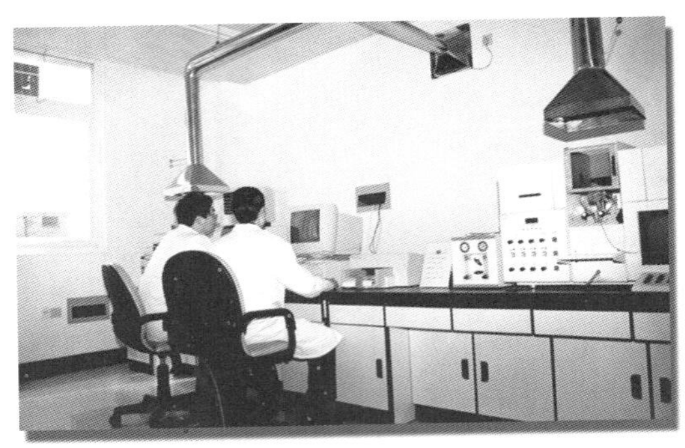

环境样品仪器分析

安徽新力药业股份有限公司
马鞍山分厂

安徽新力药业股份有限公司马鞍山分厂是由原安徽省马鞍山生物化学制药厂改制组成。该厂是以生产生化药物为主的制剂厂，始建于1970年，几十年来产品畅销全国20个省、市、自治区、部分产品远销日本、新加坡、美、法、意大利、香港等国家和地区。

2000年9月，新加坡药业在深圳证交所上市成功，2500万股流通股共募集资金4.5亿元，其中该厂占有17%股份。全厂现有员工300余人，其中大专以上 155人，具有专业职称73人，厂区占地4.4公倾，拥有冻干粉针、水针、原料、胶囊四剂型。年生产冻干粉针、水针各10000万支。可生产的品种有35个，其中包括国家一类新药阿拉瑞林及四类新药戈那瑞林。阿拉瑞林即冻干粉针车间面积3800平方米，拥有国内最先进的生产和检测设备，并于2000年12月通过了国家GMP认证，填补了安徽无一类新药的空白。

企业上市后，扩大了融资渠道，通过两年的运作，管理水平、规模效益取得了长足的发展和进步，实现了旧貌变新颜，跨入21世纪的安徽新力药业股份有限公司马鞍山分厂，必将再次获得高速发展，对我国医药工业及马鞍山市的地方经济做出新的更大贡献。

企业宗旨　繁衍绿色生命　关爱人类健康

马鞍山市金家庄区法院

院长、党组书记
庞正雄

2002年，金家庄区法院坚持“公正与效率”的工作主题，围绕“审判工作要有新的突破，法院改革要有新的举措，队伍建设要有新的成效”目标，以与时俱进的品格和勇气，攻坚克难，开拓进取，各项工作限得新的进展。先后荣茶全省人民法院文明接访室、全省法院指导人民调解工作先进集体；裁判文书改革取得昨显突破，选送的民商事裁判文书在全省法院评比中荣获第一名；审判工作呈现出持续发展的良好态势，诉讼收、结案双双突破1000件，结案率100%，裁判正确率99.6%，案件执行率连续三年保持在90%以上，取得建院以来最好成效。在“两会期间”，区人大代表、区政协委员对金家庄区法院近年来，尤其是2002年的工作给予了高度评价，认为金家庄区法院在改革中发展，在创新中进步，各项工作整体推进、面 风貌发生显著变化。

马鞍山市花山区法院

院长、党组书记
孙维桃

2002年，花山区人民法院紧紧围绕党和国家中心工作，坚持以“公正与效率”为主题，以审判工作为中心，以法院改革为动力，以队伍建设为根本，较好地完成了审判和其他各项工作任务，物质文明、政治文明和精神文明建设取得了丰硕成果。一年来，花山区法院先后获市“模范法院”、“人民满意的政法单位”、省“严打整治斗争和整顿规范市场经济秩序工作先进集体”、省“文明单位”等荣誉称号。

马鞍山市雨山中心小学

从左至右为：校长施茂瑶、书记章西福、副校长：胡定政、杨师方、王宏武

2002年马鞍山市雨山中心小学新建了一栋教学楼，一栋综合楼，现有美术室、舞蹈室、计算机室、图书室、实验室、语音室、乒乓室、少先队活动室、多功能阶梯教室，有2个标准篮球场，校园四季长青，绿草茵茵，香飘校园。

学校多年来，积极推进素质教育，全面提高教学质量。广大教师进一步更新教学理念，与时俱进抓创新，奋力争先办特色，努力提高整体办学水平。学校突出对骨干教师和青年教师的培训力度，不断充电，青年教师赵刚在全国小学英语观摩暨研讨会中荣获一等奖。近年来学校连续被评为区先进学校、先进基层党组织、市安全文明校园，在全国、省、市读书活动中。和全国书法美术大赛中获优秀组织奖，学生多幅作品到国外参展，在市、区小学生田径运动会和小学生篮球比赛中成绩斐然。2002年秋季市小学生田径运动会有2名运动员破市纪录；在学科比赛中多名学生获奖。雨山中心小学素质教育繁花似锦，教学质量硕果累累。

学生们在上电脑课

奖给：
先进学校
中共向山区委
向山区人民政府

奖给：
先进基层党组织
中共向山区委
二〇〇一年六月

马鞍山市青少年“迎接新世纪”爱国主义读书教育活动
组织金奖
马鞍山市青少年爱国主义读书教育活动组织委员会
二〇〇〇年十一月

马鞍山市青少年“[illegible]”读书教育活动
最佳组织奖
马鞍山市青少年读书活动组委会
二〇〇二年十二月

马鞍山市青少年“讲公德、守法纪”爱国主义读书教育活动
组织银奖
马鞍山市青少年爱国主义读书教育活动组织委员会
二〇〇一年十一月

马鞍山市中小学生田径运动会
小学组团体总分
第二名
马鞍山市教育委员会
马鞍山市体育运动委员会
二〇〇一年十月

学校外景

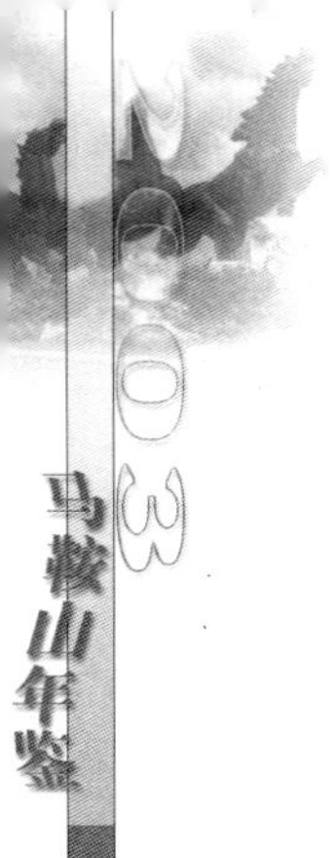

马鞍山市精神康复医院

马鞍山市精神康复医院前身为1938年12月日伪华中矿业股份有限公司马鞍山矿业所向山卫生所。1948年10月，成立马鞍山分矿医院，12月成立向山分诊所。解放后为马鞍山矿务局医院向山矿场卫生所，1955年4月更名为向山硫铁医务所，1961年8月更名为向山硫铁矿职工医院，2000年10月改制更名为马鞍山市精神康复医院。医院占地17652平方米，建筑面积6787平方米，其中医疗用房3773平方米，后勤辅助用房1389平方米，现有在职职工110人，其中卫技人员占85%，高级职称5人，中级职称12人，大专以上学历占卫技人员20%，70%以上是45周岁以下的有知识、有文化、有理想、有朝气的年轻人。

精神专科为医院重点特色科室，另设有内科、外科，妇产科、儿科、骨科、皮肤科、中医科、五官科、口腔科等临床及医技科室20个，并在市区设有社区服务站。医院共设病床120张，其中精神专科病床70张，分男、女两个病区，均配有彩电、空调、活动室，病房整洁舒适，浴室定时开放，工娱疗设备齐全；综合科病床50张，基本诊疗设备齐全，能收治内、儿、外、妇产等各科病人。手术室配有多功能监护仪、麻醉呼吸机、主频电刀、冷光源等设备，能开展甲状腺、胃、胆襄、乳房、四肢骨折、椎间盘、子宫切除、剖腹产等手术。辅助检查、治疗设备有：脑电图机、电休克仪、彩色能量多普勒超声仪、18项血球分析仪、尿分析仪、生化仪、400mAX光机、微波治疗仪、胃镜、六导中文分析心电图机、多功能监护仪、YDB理疗仪等先进设备。院内绿树成荫、环境幽静、布局合理，是理想的医疗、康复之地。医院交通便捷，乘公交车10余分钟即可到达市中心，离江苏省南京市亦只有半小时行车路程。

地址：马鞍山市向山镇
邮编：243031
交通：乘3路、16路公交车到向山站下即可。
电话：院办公室：31010705　急诊室：3122849　　精神科病区：3122947
第二门诊：3124394　东苑服务站：2453205

马鞍山市 药品监督管理局

依据安徽省人民政府《关于印发安徽省药品监督管理体制改革方案的通知》（皖政［2001］107号），2002年6月6日，依法组建马鞍山市药品监督管理局，在省药品监督管理局垂直管理的领导下，负责对本辖区内的药品包括中药材、中药饮片、中成药、化学原料药及其制　剂、抗生素、生化药品、生物制品、诊断药品、放射性药品、麻醉药品、毒性药品、精神药品、医疗器械、卫生材料、医药包装材料等的研究、生产、流通、使用，进行行政监督和技术监督。

江边街道办事处

主任　朱润生

书记　申克勤

全家庄区江边街道办事处辖区面积5.5平方公里，内有山鹰纸业股份有限公司、发电厂、港口等数十家大型企业。

2002年度，在中共金家庄区委、区人民政府的领导下，认真落实“三个代表”重要思想，把特困群众的生活和出路时刻记在心上，投资20万元解决了恒兴社区多户农转非居民的用水问题，实现全市最后一个居民区自来水入户工程；与辖区大企业多方联系，安置下岗再就业200人；为特困家庭解决最低生活保障548户，1493人；投入180万元进行背巷街道改造工程；拆除杨桥小区违法建筑5000平方米，配套完善了小区功能，改造后的小区清新亮丽，小区环境发生了根本性变化，受益群众达3000多户。杨桥小区改造取得了“省级样板小区”的光荣称号。

单位简介

天门山眼镜店

天门山眼镜店是马鞍山市唯一的一家老字号专业眼镜店,企业经过二十多年的努力,不断发展壮大,现设有天门山总店和雨山分店。验光、配镜采用先进的全进口全自动设备,专业技术力量雄厚,有验光师、配镜师。过硬的产品质量和良好的售后服务深受广大消费者的青睐,曾多次被授予省“诚信单位”、市“购物放心店”和“物价、计量、质量信得过企业”等称号。

总店地址:车站路14号　　电话:2474493

分店地址:雨山商城底商　　电话:2615721

马鞍山市文化艺术业余学校

由群众艺术馆直接组织创办的马鞍山市文化艺术业余学校是我市最早培养少年儿童的文化艺术类学校。自1988年开办以来,遵循“教书、育人、传艺”的办学宗旨,以社会效益为第一位,以社会需要为根本任务。辛勤耕耘,无私奉献,培养了一批又一批有用的艺术新苗,为马鞍山市两个文明建设做出了应有的贡献。

十多年来,艺校累计招收培训学生30000多人次,90%是青少年儿童,为厂矿、学校等基层单位培养了大批文艺骨干,还为专业文艺团体、艺术院校和部队输送了近300多名文艺人才。有584名学员的书法、美术作品在全国、省少儿书法、美术大赛中分别有54人获金奖、137人获银奖,189人获铜奖,204人获优秀奖。为社会上辅导、培养书法、美术摄影创作的作品达500多件,参加市、省、全国展出比赛和报刊杂志上发表,仅获得省级奖就有140个,37件作品赴港台和国外展出。我们成立了“市青少年管乐团”、“市青少年合唱团”。2001年8月,市青少年管乐团应邀赴香港参加“缤纷艺术节”的演出,9月份市青少年合唱团应邀赴韩国参加中、日、韩友好城市文艺演出。2002年8月,市青少年管乐团应邀去广州参加“第12届亚太地区管乐艺术节”的大型演出活动,受到国内外一致好评。艺校连续3年获得“马鞍山社会力量办学先进单位”;今年被马鞍山市评为“十佳诚信单位”。

电话:2471650

联系人:汪水华

马鞍山市妇幼保健院　　第二人民医院

马鞍山市妇幼保健院暨市第二人民医院始建于1974年,经过30多年的发展,现已成为一所集预防、临床、保健、教学和科研为一体的具妇幼保健、妇科、产科、儿科特色的区域性综合医院,是全市三区一县妇幼保健和优生优育指导中心。

医院占地面积7000平方米,建筑面积13000平方米,业务用房面积10550平方米。年门诊量近12万人次,年住院病人4000余人次,年分娩量近2000人,约占全市分娩数量的一半。

医院目前职工355人(其中正式在编职工227人、人事代理52人、离退休49人、临时医药技行政人员27人)。全院高级职称29人(其中正高4人),中级技术职称84人。

医院共开设内、外、妇、产、儿等20多个专业科室。编制床位120张,实际开放床位150张。儿科、优生优育遗传中心被列为市卫生局重点专科。

安徽工联物贸有限公司

安徽工联物贸有限公司是一家以二、三类机电产品营销为主的综合性民营企业。公司自营、代理机电装备、机电产品、化工产品、金属材料、煤炭、石油等各类商品和技术的进出口。

公司以南京区域市场为依托,分别在南京的六合区、江宁区、雨花台区设有分公司,与扬子公司、梅山钢铁、南钢等特大型企业和大批客户建有长期稳定的业务关系,为公司的可持续发展提供了可靠的保障。经过十年不断的开拓和努力,安徽工联物贸有限公司已成为马鞍山市机电物贸流通领域的龙头企业。

2002年公司经国家外经贸委批准,拥有外贸经营进出口自营、代理权,先后为国内企业在英国、瑞士、朝鲜等国家代理多种电子产品、机电设备和煤炭的进出口业务。

安徽工联物贸有限公司长年为客户提供汽车消费的优质服务。公司与国内多家汽车生产、经销商签有协议,并且为客户的汽车运输提供全方位服务。

2003年公司在稳定发展机电产品营销这一主营业务的同时,积极扩大进出口业务和汽车销售业务,通过增量业务实现公司长足发展。

公司本着信誉是生存之本的经营理念,与时俱进,锐意进取,不断拓宽经营领域,做大做强。

衷心期盼与各界同仁携手共进!

电话:2495999　　2472131

传真:2490814

E-mail:ahglwm@ alibaba. com

Http:\www. ahglwm. trustpass. china. alibaba. com

马鞍山市三巨机械电气有限公司

马鞍山市三巨机械电气有限公司是我市机电产品销售规模最大企业之一,以销售工业电器见长。该公司是中国天正集团马鞍山总代理、上海人民电缆厂马鞍山总代理、飞雕电器马鞍山总代理、法国hager海格马鞍山总代理,还同西门子、施耐德、欧姆龙、飞利浦亚明等多家电器公司建立了经销关系。主要销售各类国产、进口高低压电器、仪器仪表、电线电缆、照明光源、工业自控、液压气动等元器件。公司还设有生产部、持有安徽省工业产品许可证发放办公室核发的准产证。主要生产各种电器控制成套开关箱柜,还能按客户需要承接定制各种特殊用途的电器箱柜。

该公司坚持“质量第一、用户至上”的企业宗旨,配备了多名专业工程技术人员,以较高的专业水平强化售前售后服务,甘为我市工农业生产发展当好配角。多年来“诚信服务”赢得了冶金、矿山、电力、化工、机械、轻纺、房屋开发公司等众多用户的信赖与好评。

法人代表:王高龙

地址:马鞍山市花山路305号

电话:2475375　　2476410　　2488717

传真:0555－2474029

网址:www. mas114. com

马鞍山市金家庄区人民检察院

2002年,金家庄区人民检察院认真实践“三个代表”重要思想,全面履行法律监督职能,认真落实市检查院的工作计划,完成了“五年三大步”的工作任务。

2002年10月最高人民检察院首次确定全国检察系统30个示范院;金家庄区人民检察院作为全省唯一的代表,被确定为全国基层检察院建设科技强检示范院。

金家庄区检察院始终把文明创建工作摆在重要位置,通过在办案、服务、教育和管理等五个方面不断开拓、全面提高检察队伍整体素质和执行水平。建立案质量“四环把关制”连续保持全院12年无错案记录。开设了文明接待窗口,由检察长定期接待来访人员,对每一件举报都及时受理,对举报线索的查办情况跟踪反馈。2003年元月,中央精神文明委授予金家庄区检察院为“全国创建文明行业工作先进单位”。与之相辉映的是2002年该院涌现出一批先进人物和先进事迹,副检察长周俊银被省检察院荣记二等功,副检查长徐飞,反贪局长高仁军分别被评为“安徽省十大杰出青年卫士”、“马鞍山市十大杰出青年卫士”党组成员,办公室主任陶宏旭被最高人民检察院评为法制宣传优秀通讯员。

金家庄区检察院检察长童海保当选为十届全国人大代表,在全国人大会议上,他递交10份议案和3份建议被采用4份议案,在全国2983名代表中他被采用的议案数位于第八名。

童海保同志先后获得了省先进工作者优秀共产党员、优秀公务员、优秀人大代表、中国“十大杰出检察官”,被省检察院记一等功、三次三等功。

马鞍山市花山区人民检察院

马鞍山市花山区人民检察院于1979年11月筹建,至2003年,已有干警45人,内设反贪污贿赂局、公诉科、侦查监督科、渎职侵权检察科、控告申诉检察科、民事行政检察科、检察技术科、办公室、政工科、行政装备科共10个科(局)室,均为股级机构。

近年来,花山区人民检察院以争创“五好检察院”和“人民满意的检察院”为目标,坚持“公开执法,加强监督、依法办案,从严治检,服务大局”的工作方针,狠抓队伍建设,强化队伍整体素质,重视发挥党组织领导核心作用,支持战斗堡垒作用,党员先锋模范作用,认真履行检察职能,严惩刑事犯罪和职务犯罪,敢于反腐败查办大要案,积极开展预防职务犯罪工作,加大诉讼监督力度,竭力维护司法公正。近年来,花山区检察院先后被市委、市政府评为“第十届、第十一届文明单位”被市政法委评为“人民满意的政法单位”,被省检察院评为“五好检察院”和“人民满意的检察院”,该院控告申诉科被高检院授予“文明接待室”称号;2003年1月,获最高人民检察院颁发“首届全国百家优秀检察建议奖”。该院党组织被市委市政府授予“先进基层党组织”称号。干警孙思清同志被市委评为“优秀党务工作者”。

马鞍山市雨山区人民检察院

雨山区人民检察院以“三个代表”重要思想和党的十六大精神为指导,以“政治坚定、业务精通、作风优良、执法公正”为队伍建设目标,以争创一流工作业绩为重点,加强领导,精心组织,整体推进,注重实效,全面强化干警的思想、作风、纪律教育,各项检察工作稳步发展。2000年跨进了全省检察系统“五好”检察院先进行列,在连续获得第九届、第十届市级文明单位后,2002年3月又被市委、市政府命名为全市首届文明单位标兵。

近年来,雨山区人民检察院面对党和人民的重托,依法履行法律赋予的神圣职责,不断追求“让人民满意”这一根本目标,坚定不移战斗在钢城检察工作第一线,继续用一流的业绩展现共和国检察官的风采。

马鞍山市劳保用品公司　马鞍山市幸福劳保用品有限公司

(省劳保用品定点经营企业)

经营范围

批发、零售各种劳保用品(含特种劳保用品)、五金机电、办公用品、百货针纺、建材日杂、工作服、鞋帽及各种来样来料加工业务。

电话:0555－2812242

地址:马鞍山市幸福路146－148号

马鞍山矿山研究院

2002年马鞍山矿山研究院实现产值1.2亿元,实现到款近亿元,比上年分别增加了5.41%和2.8%,全院有8项科研成果通过鉴定,申报科研成果16项,有6项获得科技进步奖,申请专利2项,获得专利授权4项。2002年该院发起成立了安徽天源科技股份有限公司,股份公司的规范运作带来了良好的经济效益,去年股份公司实现利润近千万元；申报国家级工程技术研究中心获得成功，首批建设经费300万元已下拨到院，这是该院历史上零的突破；申报国家非煤矿山安全评价中心进展较大，此中心的申报成功，为该院今后实现可持续发展增强了充实的后劲；控股成立了天源通力磁材股份有限公司，该院接手该公司后，迅速使其度过难关，使生产经营走上正常的轨道；资质升级换证工作取得突破，一批市场准入资质得以提高，扩大了该院的业务范围，提高了该院的应用能力，为开拓市场提供了必备的工具；矿山岩土工程拓开了新的市场领域，去年该院承接的徽杭高速公路7标段的治理工程，合同金额超千万元；一批省技术中心得到批准。该院申报安徽省省辖乙种危险化学品评价中心获得成功，开辟了一块新的市场领域；天源公司获得安徽省新批准的五家企业技术中心之一，为天源公司今后的发展增添了新的活力；一线分配制度改革顺利实施，调动了一线人员的积极性，留住了人才。

马鞍山市白蚁防治所

马鞍山市白蚁防治所成立于1982年，隶属于市房地产管理局。1991年4月经市编委批准，更名为马鞍山市白蚁防治研究所。该所具有省一级资质，是省骨干白蚁防治机构，主要从事全市白蚁的灭治、预防、研究工作。先后开展了全市白蚁种类调查、全市房屋白蚁危害调查、苏州家白蚁生物学特性研究、樟树的白蚁防治研究等基础性研究工作。